한국사능력검정시험
실전모의고사

심화

정답 및 해설

1회 ········ 4	2회 ········ 20	3회 ········ 36
4회 ········ 51	5회 ········ 67	

인쇄일 2026년 1월 1일 7판 1쇄 인쇄 **발행처** 시스컴 출판사
발행일 2026년 1월 5일 7판 1쇄 발행 **발행인** 송인식
등 록 제17-269호 **지은이** 한국사능력검정 연구회
판 권 시스컴 2026

ISBN 979-11-6941-822-5 13900
정 가 15,000원

주소 서울시 금천구 가산디지털1로 255, 513호(가산포휴) | **홈페이지** www.nadoogong.com
E-mail siscombooks@naver.com | **전화** 02)866-9311 | **Fax** 02)866-9312

발간 이후 발견된 정오사항은 홈페이지 도서정오표에서 알려드립니다(홈페이지→자격증→도서정오표).

이 책의 무단 복제, 복사, 전재 행위는 저작권법에 저촉됩니다. 파본은 구입처에서 교환하실 수 있습니다.

빠른 정답 찾기

제1회 정답

1. ①	2. ⑤	3. ④	4. ②	5. ②	6. ④	7. ②	8. ②	9. ①	10. ④
11. ③	12. ⑤	13. ④	14. ③	15. ⑤	16. ⑤	17. ①	18. ②	19. ④	20. ③
21. ①	22. ④	23. ④	24. ④	25. ④	26. ②	27. ①	28. ①	29. ⑤	30. ②
31. ③	32. ④	33. ①	34. ④	35. ③	36. ①	37. ③	38. ⑤	39. ⑤	40. ⑤
41. ⑤	42. ④	43. ①	44. ④	45. ①	46. ⑤	47. ①	48. ⑤	49. ②	50. ⑤

제2회 정답

1. ④	2. ③	3. ②	4. ③	5. ③	6. ①	7. ①	8. ②	9. ②	10. ④
11. ⑤	12. ①	13. ②	14. ②	15. ②	16. ⑤	17. ②	18. ③	19. ①	20. ④
21. ①	22. ②	23. ③	24. ①	25. ④	26. ②	27. ④	28. ④	29. ③	30. ②
31. ④	32. ④	33. ④	34. ⑤	35. ①	36. ③	37. ②	38. ⑤	39. ④	40. ②
41. ③	42. ④	43. ②	44. ①	45. ①	46. ③	47. ①	48. ①	49. ③	50. ①

제3회 정답

1. ④	2. ⑤	3. ⑤	4. ②	5. ④	6. ②	7. ②	8. ⑤	9. ⑤	10. ⑤
11. ①	12. ⑤	13. ⑤	14. ①	15. ③	16. ④	17. ③	18. ④	19. ②	20. ③
21. ②	22. ③	23. ⑤	24. ⑤	25. ①	26. ②	27. ③	28. ①	29. ④	30. ⑤
31. ⑤	32. ⑤	33. ⑤	34. ③	35. ②	36. ②	37. ②	38. ③	39. ②	40. ③
41. ④	42. ④	43. ④	44. ③	45. ④	46. ⑤	47. ③	48. ①	49. ③	50. ③

제4회 정답

1. ③	2. ④	3. ②	4. ④	5. ⑤	6. ⑤	7. ④	8. ①	9. ⑤	10. ④
11. ②	12. ④	13. ②	14. ②	15. ⑤	16. ②	17. ③	18. ①	19. ②	20. ①
21. ④	22. ②	23. ①	24. ③	25. ②	26. ④	27. ③	28. ③	29. ②	30. ①
31. ③	32. ⑤	33. ③	34. ④	35. ①	36. ⑤	37. ②	38. ③	39. ④	40. ⑤
41. ①	42. ⑤	43. ①	44. ②	45. ④	46. ④	47. ②	48. ⑤	49. ③	50. ④

제5회 정답

1. ①	2. ④	3. ①	4. ⑤	5. ④	6. ②	7. ②	8. ②	9. ③	10. ④
11. ④	12. ②	13. ③	14. ②	15. ④	16. ②	17. ②	18. ⑤	19. ⑤	20. ③
21. ④	22. ④	23. ⑤	24. ⑤	25. ①	26. ④	27. ④	28. ⑤	29. ④	30. ③
31. ④	32. ②	33. ④	34. ④	35. ⑤	36. ⑤	37. ①	38. ②	39. ②	40. ⑤
41. ④	42. ④	43. ④	44. ③	45. ②	46. ④	47. ②	48. ⑤	49. ②	50. ①

제1회 정답 및 해설

1. 구석기 시대의 생활 모습

암기박사 동굴, 바위 그늘 ⇒ 구석기 시대

정답 ①

정답 해설

연천 전곡리는 대표적인 구석기 시대의 유적지로 뗀석기의 한 종류인 주먹도끼가 발견된 곳이다. 구석기 시대에는 주로 동굴이나 바위 그늘에 살면서 도구를 사용하여 사냥을 하거나 어로, 채집 생활을 하였다.

오답 해설

② 청동 방울 : 의례 도구 → 청동기 시대
   청동기 시대에는 청동 방울과 거울 등을 의식을 행하기 위한 의례 도구로 사용하였다. → 동령, 쌍두령, 팔주령 등

③ 따비와 괭이 : 농기구 → 철기 시대
   철기 시대에는 풀뿌리를 뽑거나 밭을 가는 데 쓰는 농기구인 따비와 괭이로 땅을 갈아 농사를 지었다.

④ 거푸집 : 세형 동검 제작 → 철기 시대
   철기 시대에는 거푸집을 이용하여 한국식 동검인 세형 동검을 제작하였다.

⑤ 빗살무늬 토기 : 식량 저장 → 신석기 시대
   신석기 시대에는 빗살무늬 토기를 만들어 음식을 조리하거나 식량을 저장하였다.

2. 고조선의 역사

암기박사 범금 8조 : 사회 질서 유지 법 ⇒ 고조선

정답 ⑤

정답 해설

제시된 사료는 고조선의 마지막 왕인 우거가 한(漢)의 침략으로 멸망한 내용이다. 고조선은 사회 질서를 유지하기 위해 범금 8조를 두었는데, 살인·절도 등의 죄를 다스린 고조선의 만민법으로, 8개조 중 3개 조목의 내용만이 반고(班固)의 한서지리지에 전해지고 있다.

오답 해설

① 정사암 회의 : 귀족 회의체 → 백제
   백제는 귀족 회의체인 정사암 회의에서 국가의 중대사를 결정하였다.

② 왕의 칭호 : 마립간 → 신라
   신라 내물왕 때 김씨에 의한 왕위 계승권이 확립되고(형제 상속), 최고 지배자의 칭호도 대군장을 뜻하는 마립간으로 변경되었다.

③ 가(加) : 사출도 주관 → 부여
   부여는 여러 가(加)들이 별도로 사출도를 주관하였으며, 왕이 직접 통치하는 중앙과 합쳐 5부를 구성하였다. → 마가, 우가, 저가, 구가

④ 진대법 : 빈민 구제 → 고구려
   고구려는 고국천왕 때 을파소의 건의로 빈민을 구제하기 위한 진대법이 실시되었다.

핵심노트 ▶ 고조선 범금 8조의 내용

- **살인죄** : 사람을 죽인 자는 사형에 처함(相殺以當時償殺)
- **상해죄** : 상해를 입힌 자는 곡식으로 배상함(相傷以穀償)
- **절도죄** : 도둑질한 자는 그 주인의 노비로 삼되(相盜者男沒入爲其家奴 女子爲婢) 자속하려면 1인당 50만 전을 내야하며, 비록 속전(贖錢)하여 자유인이 되었어도 이를 부끄럽게 여겨 결혼상대로 하지 않았는데, 이로 인해 도둑이 없어 문을 닫는 일이 없었음(無門戶之閉)
- **간음죄** : 부인들은 정신하여 편벽되고 음란치 않았다(婦人貞信不淫僻)고 한 것으로 보아, 처벌 규정은 없으나 간음이나 질투 등을 금지하는 또 하나의 규정이 있었을 것이라 짐작됨

3. 삼한과 옥저

암기박사 (가) 천군 / 소도 ⇒ 삼한
(나) 가족 공동묘 ⇒ 옥저

정답 ④

정답 해설

(가) **삼한** : 천신의 제사를 주관하는 천군과 소도라는 별읍이 있던 나라는 삼한이다.

(나) **옥저** : 가족의 유골을 한 목곽에 안치하는 가족 공동묘의 매장 풍습이 있었던 나라는 옥저이다. 옥저에는 혼인 풍습으로 민며느리제가 있었는데, 장래에 혼인할 것을 약속한 여자가 어렸을 때 남자의 집에 가서 지내다가 성장한 후에 남자가 예물을 치르고 혼인을 하는 일종의 매매혼이다.

오답 해설

① 동맹 : 10월 추수 감사제 → 고구려
   고구려는 10월에 추수 감사제인 동맹을 국동대혈에서 성대하게 거행하였다. → 하늘에 제사를 지내던 고구려의 도읍 동쪽에 있는 큰 동굴

② 사출도 : 4가(加)의 행정 구획 → 부여
   부여는 왕 아래에 가축의 이름을 딴 마가·우가·저가·구가 등의 4가(加)들이 각기 행정 구획인 사출도를 다스렸다.

③ 책화 : 읍락 간의 경계 중시 → 동예
   동예에는 읍락 간의 경계를 중시하는 책화라는 풍속이 있어서 부족의 영역을 엄격히 구분하였다. → 다른 부족의 생활권을 침범하면 노비와 소, 말로 변상함

⑤ 낙랑, 왜 등에 철을 수출 → 변한
   낙동강 유역(김해, 마산)을 중심으로 발전한 변한은 철이 많이 생산되어 낙랑·왜 등에 수출하였고, 철은 교역에서 화폐처럼 사용되었다.

4

> **핵심노트** ▶ 옥저의 생활 모습
>
> - 왕이 없고 각 읍락에는 읍군·삼로라는 군장이 있어서 자기 부족을 통치하였으나, 큰 정치 세력을 형성하지는 못함
> - 소금과 어물 등 해산물이 풍부하였으며, 이를 고구려에 공납으로 바침
> - 토지가 비옥하여 농사가 잘되어 오곡이 풍부
> - 고구려와 같은 부여족 계통으로, 주거·의복·예절 등에 있어 고구려와 유사 → 혼인풍속 등에서는 차이도 존재
> - 매매혼의 일종인 민며느리제(예부제)가 존재
> - 가족의 시체를 가매장하였다가 나중에 그 뼈를 추려 가족 공동묘인 커다란 목곽에 안치 → 세골장제, 두벌 묻기
> - 가족 공동묘의 목곽 입구에는 죽은 자의 양식으로 쌀을 담은 항아리를 매달아 놓기도 함

4. 신라의 경제 상황

암기박사 서적점, 다점 : 관영 상점 ⇒ 고려   **정답** ②

정답 해설

일본 도다이사 쇼소인에서 발견된 신라 촌락 문서(→민정문서, 신라장적)에는 서원경 부근 4개 촌락의 인구 현황, 토지의 종류와 면적 등이 기록되어 있다. 한편, 고려 시대에는 서경을 비롯한 개경, 동경 등의 대도시에 서적점, 다점 등의 관영 상점이 운영되었다.

오답 해설

① **서시와 남시 설치 → 신라**
   통일 신라 효소왕 때에는 지증왕 때 세워진 동시 외에 수도에 서시와 남시를 추가로 설치하였다.
③ **청해진 : 해상 무역 → 신라**
   통일 신라 때 장보고가 완도의 청해진을 중심으로 해상 무역을 전개하고 국제 무역의 거점으로 번성하였다.
④ **신라방 형성 → 신라**
   통일 신라 때 당의 산둥 반도와 양쯔강 하류 일대에 신라방을 형성하여 활발히 교역하였다.
⑤ **울산항 : 아라비아 상인 교류 → 신라**
   통일 신라 시대에는 울산항을 통해 아라비아 상인들과 교류하는 등 울산항과 당항성이 국제 무역항으로 번성하였다.

5. 나·당 군사 동맹 체결

암기박사 고구려의 원병 요청 거부(642) ⇒ 나·당 군사 동맹 체결(648) ⇒ 황산벌 전투(660)   **정답** ②

정답 해설

(가) **고구려의 원병 요청 거부(642)** : 백제 의자왕의 공격으로 대야성이 점령당하자 신라의 김춘추는 고구려를 직접 찾아가 원병을 요청하였으나 감금당하였다.
- **나·당 군사 동맹 체결(648)** : 김춘추는 중국으로 건너가 당과 군사 동맹을 체결하고 삼국 통일의 초석을 마련하였다.
(나) **황산벌 전투(660)** : 김유신이 지휘한 신라군은 탄현을 공격하고 황산벌에서 계백이 이끈 백제의 결사대를 격파한 뒤 사비성으로 진출하여 백제를 멸망에 이르게 하였다.

오답 해설

① **고구려 : 안승 → 보덕국왕**
   고구려가 멸망한 뒤 신라의 문무왕은 당의 세력을 축출하기 위해 안승을 금마저(익산)에서 보덕국왕으로 임명하였다(674).
③ **살수대첩 → 고구려 영양왕 : 을지문덕**
   고구려 영양왕 때 수 양제(煬帝)가 113만 대군을 이끌고 고구려를 침입했으나 을지문덕이 이끄는 고구려 군이 살수에서 대승을 거두었다(612).
④ **기벌포 전투 → 나·당 전쟁**
   신라 문무왕 때 신라군은 금강 하구의 기벌포에서 당의 대군을 격파하고 나·당 전쟁에서 승리하였다(676).
⑤ **복신, 도침 : 부여풍을 왕으로 추대 → 백제 부흥 운동**
   백제가 멸망한 후 복신과 도침이 왕자 부여풍을 왕으로 추대하여 주류성(한산)에서 백제 부흥 운동을 전개하였다(660).

6. 고구려 부흥 운동

암기박사 평양성 함락 ⇒ 고구려 부흥 운동 ⇒ 매소성 전투   **정답** ④

정답 해설

- **평양성 함락(668)** : 고구려의 마지막 왕인 보장왕 때 당의 장수 계필하력이 이끄는 나·당 연합군이 고구려의 평양성을 함락하고 고구려를 멸망시켰다.
- **고구려 부흥 운동(674)** : 나·당 연합군에 의해 고구려가 멸망한 후 신라의 지원을 받은 검모잠이 보장왕의 서자 안승을 왕으로 추대하여 고구려 부흥 운동을 전개하였으나, 안승이 검모잠을 죽이고 신라로 망명하였다.
- **매소성 전투(675)** : 나·당 전쟁 중 신라가 당나라의 20만 대군을 물리쳐 당나라 세력을 몰아내는 데 결정적인 계기를 마련하였다.

7. 신라 하대의 난

암기박사 김헌창의 난(822) ⇒ 원종과 애노의 난(889) ⇒ 적고적의 난(896)   **정답** ②

정답 해설

- **김헌창의 난(822)** : 신라 하대 헌덕왕 때 웅천주(공주) 도독 김헌창이 아버지가 왕위 쟁탈전에서 패한 것에 대해 불만을 품고 반란을 일으켰다.
(가) **원종과 애노의 난(889)** : 신라 하대 진성여왕 때 중앙 정부의 기강이 극도로 문란해졌고 사벌주(상주)에서 원종과 애노의 난을 시작으로 농민 항쟁이 전국적으로 확산되었다.
- **적고적의 난(896)** : 신라 하대 진성여왕 때 서남쪽에서 봉기한 도적들로, 붉은 바지를 입어 적고적이라 불렸다.

오답 해설

① **김흠돌의 난 → 신라 중대 : 신문왕**
   신문왕 때 장인인 김흠돌이 파진찬 흥원과 대아찬 진공 등과 함께 반란을 일으켰으나 실패하였다.
③ **거칠부 : 국사 편찬 → 신라 상대 : 진흥왕**
   신라는 진흥왕 때 거칠부가 왕명에 의해 국사를 편찬하였으나 현재 전

하지는 않는다.
④ 최초의 진골 출신 왕 : 김춘추 → 신라 중대 : 무열왕
진골 귀족 출신 중 최초로 김춘추가 왕위에 올라 무열왕이 되었다.
⑤ 자장 건의 : 황룡사 구층 목탑 건립 → 신라 상대 : 선덕여왕
선덕여왕 때 자장(慈藏)의 건의로 황룡사 구층 목탑이 경주에 건립되었다.

핵심노트 ▶ 원종과 애노의 난

9세기 말 진성 여왕 때에는 중앙 정부의 기강이 극도로 문란해졌으며, 지방의 조세 납부 거부로 국가 재정이 바닥이 드러났다. 그리하여 한층 더 강압적으로 조세를 징수하자 상주의 원종과 애노의 난을 시작으로 농민의 항쟁이 전국적으로 확산되었다.

8. 발해의 역사

암기박사 주자감 : 유학 교육 기관 ⇒ 발해

정답 ②

정답 해설

해동성국이라 불렸던 국가는 발해이다. 발해는 문왕(대흠무) 때 유학 교육 기관인 주자감을 설치하여 인재를 양성하고 왕족과 귀족을 대상으로 유교 경전을 교육하였다.

오답 해설

① 평양 : 서경 중시 → 고려 태조
고려 태조는 평양을 서경으로 삼아 중시하고 북진 정책의 전진 기지로 삼았다.
③ 연호 : 건원 → 신라 법흥왕
신라 법흥왕은 건원이라는 독자적인 연호를 사용하여 자주 국가로서의 위상을 높였다.
④ 6좌평 관제 정비 → 백제 고이왕
백제 고이왕은 내신 좌평 등 6좌평의 관제를 정비하고 중앙 집권 국가의 토대를 마련하였다. → 내신좌평, 내두좌평, 내법좌평, 병관좌평, 위사좌평, 조정좌평
⑤ 외사정 파견 : 지방관 감찰 → 통일 신라 문무왕
문무왕은 당을 축출하여 통일을 완수한 후 지방관 감찰을 위해 처음으로 외사정을 지방에 파견하였다.

핵심노트 ▶ 주자감

발해의 교육기관으로 왕족과 귀족을 대상으로 교육하였으며, 관제는 당나라 국자감(國子監)을 그대로 본떴다. 국립대학과 같은 전문기관이었으며 당(唐)나라 유학생도 많았다. 주로 통치계급 및 귀족 자제들에게 유학교육을 하는 교육기관으로서 계급신분적인 기관이라 할 수 있다. 관원으로는 장관급인 감(監) 1명, 그 밑에 장(長) 1명이 있었다.

9. 후백제의 견훤

암기박사 후당, 오월에 사신 파견 ⇒ 후백제 견훤

정답 ①

정답 해설
→ 지금의 전주
전라도 지방의 군사력과 호족 세력을 중심으로 완산주에 도읍을 정하고 후백제를 건국한 인물은 견훤이다. 견훤은 중국의 후당과 오월에 사신을 파견하였고, 거란과도 외교 관계를 형성하였다.

오답 해설

② 연호 : 인안 → 발해 무왕(대무예)
발해의 2대 왕인 무왕(대무예)은 인안이라는 독자적인 연호를 사용하여 중국과 대등한 지위를 갖추었다.
③ 완도 : 청해진 → 통일 신라 장보고
통일 신라 때 장보고가 완도에 청해진을 설치하여 해상 무역을 전개하였으며 국제 무역의 거점으로 번성하였다.
④ 국호 : 마진, 연호 : 무태 → 후고구려 궁예
송악에서 후고구려를 건국한 궁예는 국호를 마진으로 고치고 무태라는 연호를 사용하였다.
⑤ 정계와 계백료서 : 관리의 규범 → 고려 태조
고려 태조 왕건은 정계와 계백료서를 지어 신하의 임금에 대한 도리를 강조하고 관리의 규범을 제시하였다.

핵심노트 ▶ 견훤의 후백제

- **건국** : 전라도 지방의 군사력과 호족 세력을 중심으로 완산주(전주)에서 견훤이 건국
- **영토 확장** : 차령 이남의 충청도와 전라도 지역을 차지하여 우수한 경제력과 군사적 우위를 확보
- **외교 관계** : 중국 오월·후당과 통교하였고, 거란과 외교 관계를 추구하였으며, 일본과 교류하였으나 일본의 소극적 태도로 큰 진전을 이루지 못함
- **한계** : 확실한 세력 기반이 없었고 신라의 군사 조직을 흡수하지 못하였으며, 당시의 상황 변화에 적응하지 못함

10. 서산 용현리 마애여래삼존상

암기박사 '백제의 미소' ⇒ 서산 용현리 마애여래삼존상

정답 ④

정답 해설

서산 용현리 마애여래삼존상은 충남 서산시 운산면 용현리에 있는 백제 시대의 불상으로 흔히 '백제의 미소'로 널리 알려져 있다. 이 마애불은 부처를 중심으로 좌우에 보살입상과 반가사유상이 배치된 특이한 삼존형식이다.

오답 해설

① 논산 관촉사 석조 미륵보살입상 → 고려
충남 논산의 관촉사에 있는 석조 미륵보살입상은 고려 시대 최대의 석불입상으로, 은진미륵이라고도 불리며 규모가 거대하고 인체 비례가 불균형하다.
② 경산 팔공산 관봉 석조여래좌상 → 통일 신라
경산 팔공산 관봉 석조여래좌상은 경북 경산시 와촌면에 있는 통일 신라 시대의 불상으로, 불상의 머리 윗부분에 갓 모양의 모자가 얹혀 있다고 하여 갓바위 불상이라고 한다. 원래 있던 바위를 깎아서 환조(丸彫) 기법으로 조성한 것이 특징이다.
③ 영암 월출산 마애여래좌상 → 통일 신라 후기 ~ 고려 초기
전남 영암군 영암읍 회문리에 있는 통일 신라 후기에서 고려 초기의 불상으로, 신체 각 부분의 불균형한 비례와 경직된 표현 등이 고려 시대 거불들의 양식을 따르고 있다.
⑤ 파주 용미리 마애이불입상 → 고려
파주 용미리 마애이불입상은 경기도 파주시 광탄면 용미리에 있는 고려 시대의 불상으로, 천연암벽을 몸체로 삼아 그 위에 목, 머리, 갓 등

6

을 따로 만들어 얹어놓은 2구의 거불이다.

11. 고려 예종의 업적

암기박사 청연각 · 보문각 : 학문 연구 ⇒ 고려 예종

정답 ③

정답 해설
교육 장학 재단인 양현고를 설치하고, 국자감에 7재라는 전문 강좌를 개설한 왕은 고려 예종이다. 그는 관학을 진흥하기 위해 궁중에 학술 연구 기구로 청연각과 보문각을 두어 학문 연구를 장려하였다.

오답 해설
① 연호 : 광덕, 준풍 → 고려 광종
  고려 광종은 국왕을 황제라 칭하고 광덕, 준풍 등의 독자적 연호를 사용하였으며 개경을 황도라 하였다.
② 신돈 : 전민변정도감 → 고려 공민왕
  고려 공민왕 때 신돈이 전민변정도감의 판사로 임명되어 권문세족을 견제하고 전민변정 사업을 추진하였다.
④ 정계와 계백료서 → 고려 태조
  고려 태조 왕건은 정계와 계백료서를 지어 신하의 임금에 대한 도리를 강조하고 관리의 규범을 제시하였다.
⑤ 최승로 : 시무 28조 → 고려 성종
  고려 성종 때 최승로의 시무 28조를 받아들여 통치 체제를 정비하고 유교 정치 이념을 확립하였다.

핵심노트 ▶ 고려 예종의 관학 진흥책

- 국자감을 재정비하여 전문 강좌인 7재를 설치
- 교육 장학 재단인 양현고를 두어 관학의 재정 기반을 강화
- 궁중에 도서관 겸 학문 연구소인 청연각 · 보문각을 두어 유학을 진흥
- 국자감에서 3년 이상 수학한 자에게 예부시 응시 자격을 부여하여 국자감 위상을 정립

12. 고려의 여진 정벌

암기박사 별무반 : 신기군, 신보군, 항마군 ⇒ 고려 vs 여진

정답 ⑤

정답 해설
윤관은 고려 예종 때 별무반을 이끌고 여진족을 정벌한 후 동북 9성을 축조하였다. 고려 숙종 때 여진 정벌을 위해 윤관의 건의로 신기군, 신보군, 항마군 등으로 구성된 별무반을 조직하였다.

오답 해설
① 화통도감 : 화포 제작 → 고려 vs 왜구
  고려 우왕 때 왜구가 자주 침범하자 최무선의 건의로 화통도감을 두어 화포를 제작하였다.
② 박위 : 대마도 정벌 → 고려 vs 왜구
  고려 창왕 때 박위를 파견하여 왜구의 근거지인 대마도를 토벌하였다.
③ 연개소문 : 천리장성 축조 → 고구려 vs 당나라
  고구려 영류왕은 당의 침입에 대비해 연개소문을 보내어 천리장성을 축조하였다.

④ 대장도감 : 팔만대장경 간행 → 고려 vs 몽골
  몽골의 침입으로 초조대장경이 소실된 후 부처의 힘으로 이를 극복하고자 고종 때 강화도에 대장도감을 설치하여 팔만대장경을 간행하였다.

핵심노트 ▶ 별무반의 여진 정벌과 동북 9성

고려는 여진에게 패배한 원인을 첫째, 여진이 기병 중심인 데 반해 고려는 보병 중심인 점, 둘째, 6위가 약화되었다는 점에서 찾았다. 이에 윤관은 숙종에게 신기군(기병), 신보군(보병), 항마군(승병)으로 구성된 별무반을 건의하였다. 예종 2년, 윤관은 별무반을 이끌고 출전하여 갈라전 일대를 점령하고 동북 9성을 축조하였다. 그러나 이어진 여진의 무력 항쟁으로 불리해진 고려는 9성을 환부하고 여진과 화친을 맺었다. 여기에는 장기간 계속된 전쟁 준비로 물자 및 인명 피해가 컸다는 점과, 개경과 9성 사이의 거리가 너무 멀다는 점, 지형 조건상 9성을 지키기 어려웠다는 점도 작용하였다.

13. 고려 무신 정권

암기박사 봉사 10조 : 시정 개혁 ⇒ 최충헌

정답 ④

정답 해설
이의민을 제거하고 무신 간의 권력 쟁탈전을 수습하여 강력한 독재 정권을 이룩한 최충헌은 봉사 10조를 올려 시정 개혁을 요구하였으며, 교정별감이 되어 국방 전반을 장악하였다.

오답 해설
① 야별초 : 좌 · 우별초로 편성 → 최우
  최우는 수도의 치안 유지를 담당하던 야별초를 좌 · 우별초로 나누어 편성하였다.
② 조위총의 난 진압 → 이의민
  서경 유수 조위총이 무신정변의 주동자를 제거하고 나라를 바로잡는다는 명분으로 난을 일으키자 이의민이 이를 진압하고 상장군이 되었다.
③ 무신정변 → 정중부
  고려 의종이 보현원에 행차하였을 때, 정중부는 이의방 등의 무신들과 함께 다수의 문신을 제거하는 무신정변을 일으켰다.
⑤ 도방 설치 → 경대승
  경대승은 정중부를 제거하고 권력을 장악한 후 신변 보호를 위해 사병 집단인 도방을 설치하였다.

14. 만적의 난

암기박사 정중부의 난(1170) ⇒ 만적의 난(1198)

정답 ③

정답 해설
제시된 사료는 고려 무신 집권기 때 개경에서 신분 해방을 도모하며 반란을 일으킨 최충헌의 사노 만적의 난이다(1198). 고려 무신 집권기는 의종이 문신들만 우대하고 무신들을 천대하자 정중부 등의 무신들이 반란을 일으켜 시작되었다(1170).

오답 해설

① **몽골 사신 저고여 피살 → 만적의 난 이후**
고려 무신 집권기 때 몽골 사신 저고여가 귀국길에 피살되어 몽골군이 침입하는 빌미가 되었다(1225).

② **화통도감 설치 → 만적의 난 이후**
고려 우왕 때 최무선의 건의로 화통도감이 설치되어 화약과 화포를 제작하였다(1377).

④ **정방 설치 → 만적의 난 이후**
최우는 자신의 집에 교정도감에서 인사 행정 기능을 분리한 정방을 설치하여 문무 관직에 대한 인사권을 장악하였다(1225).

⑤ **쌍성총관부 공격 → 만적의 난 이후**
공민왕의 반원 자주 정책에 따라 유인우, 이자춘 등이 쌍성총관부를 공격하여 원에 빼앗긴 철령 이북의 땅을 수복하였다(1356).

핵심노트 ▶ 무신 집권기 대표적 민란

- **망이·망소이의 난(1176)** : 공주 명학소의 망이·망소이가 주동이 되어 일으킨 반란
- **전주 관노의 난(1182)** : 경대승 집권기에 있었던 관노들의 난으로 전주를 점령
- **김사미·효심의 난(1193)** : 운문(청도)에서 김사미가, 초전(울산)에서 효심이 신분 해방 및 신라 부흥을 기치로 내걸고 일으킨 최대 규모의 농민 봉기
- **만적의 난(1198)** : 개경에서 최충헌의 사노 만적이 신분 해방을 외치며 반란
- **진주 노비의 난(1200)** : 진주 공·사노비의 반란군이 합주의 부곡 반란군과 연합

15. 고려 시대의 경제 상황

암기박사 경시서 : 시전 감독 ⇒ 고려 시대

정답 ⑤

정답 해설

주전도감에서 동전이 제작되고, 활구라고 불리는 은병이 유통되던 시기는 고려 시대이다. 이 시기에 경시서의 관리들이 물가를 조절하고 상품 종류를 통제하여 수도의 시전을 감독하였다.

오답 해설

① **모내기법 확산 : 이모작 성행 → 조선 후기**
조선 후기에는 모내기법이 전국적으로 확산되면서 벼와 보리의 이모작이 성행하였다.

② **초량 왜관 : 대일 무역 → 조선 후기**
임진왜란 이후 광해군 때 에도막부의 국교 재개 요청으로 기유약조가 체결되어 부산 초량에 왜관을 설치하고 일본과 무역하였다.

③ **도고 : 독점적 도매상인 → 조선 후기**
조선 후기에는 독점적 도매상인 도고(都賈)가 대규모 자본을 동원하여 상품을 매점매석함으로써 이윤 극대화를 추구하였다.

④ **구황 작물 : 감자, 고구마 재배 → 조선 후기**
조선 후기에는 청에서 들여 온 감자와 일본에서 들여 온 고구마 등의 구황 작물이 널리 재배되었다.

핵심노트 ▶ 고려 시대의 상업 활동

- **상업 활동의 성격** : 주로 도시를 중심으로 하여 물물 교환의 형태로 이루어졌으며, 촌락의 상업 활동은 부진
- **시전 설치** : 개경에 시전(관허 상설 상점)을 설치, 경시서에서 관리·감독
- **관영 상점** : 개경·서경·동경 등의 대도시에 주로 설치, 주점·다점·서적점
- **비정기적 시장** : 대도시에 형성되어 도시 거주민의 일용품을 매매
- **경시서 설치** : 매점매석과 같은 상행위를 감독
- **상평창 설치** : 개경과 서경, 12목에 설치된 물가 조절 기관

16. 원 간섭기의 사회 모습

암기박사 망이·망소이의 난 ⇒ 고려 무신 집권기

정답 ⑤

정답 해설

겁령구는 원 간섭기 때 고려의 왕비가 된 원 나라 공주를 따라온 시녀를 의미한다. 한편, 고려 무신 집권기 때 망이·망소이가 가혹한 수탈에 저항하여 공주 명학소에서 봉기하였다.

오답 해설

① **권문세족 : 도평의사사 장악 → 원 간섭기**
원 간섭기에 도병마사가 도평의사사로 개편되면서 최고 상설 기구로 발전하였고, 친원 세력인 권문세족이 도평의사사를 장악하였다.

② **정동행성 : 일본 원정 → 원 간섭기**
원 간섭기인 고려 충렬왕 때 원의 요청에 따라 일본 원정에 참여하기 위해 정동행성이 설치되었다.

③ **응방 : 매 사육 기관 → 원 간섭기**
원 간섭기 때 원 나라에 조공할 매를 기르고 훈련시키는 응방이 설치되었다.

④ **변발과 호복 유행 → 원 간섭기**
고려 시대 원 간섭기에는 지배층을 중심으로 몽골풍의 변발과 호복이 유행하였다.

17. 공민왕의 반원 자주 정책

암기박사 원 간섭기의 시작(1259) ⇒ 정동행성이문소 폐지(1356) ⇒ 고려 우왕 즉위(1374)

정답 ①

정답 해설

- (가) **원 간섭기의 시작(1259)** : 고려 고종 때 몽골과 강화가 체결되어 원 간섭기가 시작되고, 왕실 용어와 관제 등이 격하되었다.
- **정동행성이문소 폐지(1356)** : 공민왕은 원의 연호를 폐지하고 격하된 관제를 복구하였으며, 내정을 간섭하던 정동행성이문소를 폐지하였다.
- (나) **고려 우왕 즉위(1374)** : 공민왕이 시해당한 후 시중 이인임이 백관을 거느리고 우왕을 세웠다.

오답 해설

② **과전법 시행 → (나) 이후**
고려 공양왕 때 과전법을 시행하여 신진 사대부들의 경제적 기반을 확대하고 농민의 지지를 확보하였다(1391).

③ 처인성 전투 → (가) 이전

몽골의 2차 침입 때 처인성 전투에서 김윤후가 이끄는 민병과 승병에 의해 적장 살리타가 사살되자 몽골은 퇴각하였다(1232).

④ 무신 정변 → (가) 이전

정중부·이고·이의방 등의 무신들이 정변을 일으켜 다수의 문신들을 살해한 후 의종을 폐하고 명종을 옹립하였다(1170).

⑤ 위화도 회군 → (나) 이후

우왕이 요동 정벌을 위해 이성계를 파견하였으나 이성계는 4불가론을 들어 요동 정벌을 반대하고 위화도에서 회군하였다(1388).

핵심노트 ▶ 공민왕의 반원 자주 정책

- 원의 연호를 폐지하고 기철 등 친원파 숙청
- 내정을 간섭하던 정동행성이문소 폐지, 원의 관제를 폐지하고 2성 6부의 관제를 복구
- 무력으로 쌍성총관부를 공격하여 철령 이북의 땅을 수복(유인우), 동녕부 요양을 정벌하여 옛 고구려의 영토를 수복(이성계)
- 원(나하추)의 침입을 이성계 등이 격퇴
- 친명 정책의 전개 → 사신 파견, 명의 연호 사용
- 몽골풍의 폐지 → 몽골풍의 의복과 체두변발 금지

18. 조선 세종의 업적

암기박사 갑인자 주조 ⇒ 조선 세종   정답 ②

정답 해설

토지를 비옥도에 따라 구분한 전분 6등법과 풍흉에 따라 구분한 연분 9등법의 공법을 시행한 왕은 조선 세종이다. 이 시기에 개량된 금속 활자인 갑인자가 주조되어 활자 인쇄술이 발전되었다.

→ 정교하고 수려한 조선 활자의 걸작

오답 해설

① 비격진천뢰 : 폭탄의 일종 → 선조 : 이장손

선조 때 이장손은 폭탄의 일종인 비격진천뢰를 발명하였으며 임진왜란 때 실전에서 사용하였다.

③ 거중기 설계 : 기기도설 참고 → 정조 : 정약용

정조 때 정약용은 기기도설을 참고하여 거중기를 설계하였고, 수원 화성 축조 시 거중기와 활차를 이용한 서양식 건축 기술을 도입하였다.

④ 동국지도 : 100리 척의 축척 → 영조 : 정상기

영조 때 정상기는 최초로 100리 척의 축척 개념을 사용한 동국지도를 제작하였다.

⑤ 동의수세보원 : 사상 의학 정립 → 고종 : 이제마

고종 때 이제마는 동의수세보원을 저술하여 사람의 체질을 구분하여 치료하는 사상의학을 정립하였다.

핵심노트 ▶ 세종(1418~1450)의 문화 발전

- 활자 주조 : 경자자, 갑인자, 병진자, 경오자
- 한글 서적 : 용비어천가, 동국정운 → 음운서, 석보상절 → 불경 언해서, 월인천강지곡 → 불교 찬가
- 고려사, 육전등록, 치평요람, 역대병요, 팔도지리지, 효행록, 삼강행실도, 농사직설, 칠정산 내외편, 사시찬요, 총통등록, 의방유취, 향약집성방, 향약채취월령, 태산요록
- 관습도감 설치 : 박연으로 하여금 아악·당악·향악을 정리하게 함
- 불교 정책 : 5교 양종을 선교 양종으로 통합, 궁중에 내불당 건립
- 역법 개정 : 원의 수시력과 명의 대통력을 참고로 하여 칠정산 내편을 만들고 아라비아 회회력을 참조하여 칠정산 외편을 만듦 → 독자성
- 과학 기구 발명 : 측우기, 자격루(물시계), 앙부일구(해시계), 혼천의(천체 운행 측정기)

19. 의주 지역의 역사

암기박사 만상의 근거지 ⇒ 의주   정답 ④

정답 해설

만력제(신종)는 명나라의 황제이고, 의순관은 명나라 사신을 맞이하기 위한 역관으로 의주에 있다. 조선 후기 만상은 의주를 근거지로 삼아 청과의 무역을 통해 재화를 축적하였다.

오답 해설

① 전주 화약 → 전주

동학 농민 운동의 봉기로 청·일군이 개입하자 정부의 휴전 제의에 동학 농민군이 전주에서 화약을 맺었다.

② 나석주 의거 → 경성   → 화해하는 약조

의열단 단원인 나석주는 경성(서울)에 있는 조선 식산 은행에 폭탄을 투척하였다.

③ 만적의 난 → 개경

개경에서 최충헌의 사노 만적을 비롯한 노비들이 신분 해방을 도모하며 반란을 일으켰다.

⑤ 송상현, 정발 순절 → 부산

임진왜란 초기에 부산진 첨사 정발이 부산진성 전투에서 그리고 송상현 부사가 동래성 전투에서 순절하였다.

20. 퇴계 이황

암기박사 예안 향약 : 향촌 교화 ⇒ 퇴계 이황   정답 ③

정답 해설

성학십도를 지어 선조에게 바친 인물은 퇴계 이황으로 군주가 스스로 인격과 학문을 수양하기 위해 노력해야 함을 강조하였다. 그는 또한 경북 안동 예안 지방에 중국 여씨 향약을 모체로 한 예안 향약을 시행하여 향촌 교화를 위해 노력하였다.

오답 해설

① 양명학 연구 : 강화 학파 형성 → 정제두

정제두는 성리학을 비판하고 지행합일의 실천성을 강조하는 양명학을 연구하여 강화 학파를 형성하였다.

② 기축봉사 : 명에 대한 의리 강조 → 송시열

송시열은 효종에게 장문의 상소인 기축봉사를 올려 명에 대한 의리를 강조하고 북벌론을 주장하였다.

④ 동호문답 : 다양한 개혁 방안 제시 → 이이

동호문답은 율곡 이이가 왕도정치의 이상을 문답형식으로 서술하여 선조에게 올린 글로, 이이는 동호문답을 통해 다양한 개혁 방안을 제시하였다.

⑤ 조선경국전 : 재상 중심의 정치 → 정도전

정도전은 조선 초기의 개국공신으로 재상 중심의 정치를 강조한 조선경국전을 편찬하였다.

이황(李滉, 1501~1570)

- **성향** : 도덕적 행위의 근거로서 인간의 심성을 중시, 근본적·이상주의적인 성격, 주리 철학을 확립, 16세기 정통 사림의 사상적 연원
- **저서** : 〈주자서절요〉, 〈성학십도〉, 〈전습록변〉 등
- **학파** : 김성일·유성룡 등의 제자에 의해 영남학파 형성
- **영향** : 위정척사론에 영향, 임진왜란 이후 일본 성리학 발전에 영향 → 제자 강항이 활약

21. 경재소와 유향소

정답 ①

암기박사 유향소 통제 ⇒ 경재소

정답 해설

(가) 경재소 / (나) 유향소
조선 시대의 유향소는 좌수와 별감을 선발하여 운영되던 향촌 자치 기구로, 지방의 수령을 보좌하고 향리를 감찰하였다. 경재소는 현직 관료로 하여금 연고지의 유향소를 통제하게 하는 제도로, 중앙과 지방 간의 연락 업무를 담당하였다.

오답 해설

② 좌수와 별감 선발 → 유향소
유향소는 좌수와 별감을 선발하여 운영되던 향촌 자치 기구로, 지방의 수령을 보좌하고 향리를 감찰하였다.

③ 서경권 행사 → 대간
대간(사헌부, 사간원)의 관리들은 5품 이하의 관원에 대한 서경권을 가졌다. 인사 이동이나 법률 제정 등에서 대간의 서경을 받는 제도 : 왕권 견제

④ 사림의 건의로 혁파 → 소격서
소격서는 국가적 제사를 주관하기 위해 설치된 도교 기관으로, 중종 때 조광조를 비롯한 사림의 건의로 혁파되었다.

⑤ 중앙에서 교수와 훈도 파견 → 향교
향교는 조선 시대 지방의 국립 중등교육기관으로 지방의 부·목·군·현에 하나씩 설립되었으며, 중앙에서 교관인 교수나 훈도가 파견되었다.

 유향소(留鄕所)

> 고려 말 ~ 조선 시대에 걸쳐 지방의 수령을 보좌하던 자문 기관이다. 고려 시대의 사심관에서 유래되었다. 조선 시대의 유향소는 자의적으로 만들어져 지방의 풍기를 단속하고 향리의 폐단을 막는 등 지방 자치의 면모를 보였는데, 태종 초에 지방 수령과 대립하여 중앙 집권을 저해하였으므로 태종 6년(1406)에 폐지되었다. 그러나 좀처럼 없어지지 않아 유향소를 폐지할 수 없게 되자 세종 10년(1428)에 재설치하면서, 이를 감독하기 위해 경재소를 강화하였다. 세조 13년(1467) 이시애의 난 당시 유향소의 일부가 가담했음이 드러나면서 다시 폐지되었지만 성종 19년(1488)에 부활하였다.

22. 이괄의 난

정답 ④

암기박사 중립외교(1619) ⇒ 이괄의 난(1624) ⇒ 삼전도 굴욕(1637)

정답 해설

- **중립외교(1619)** : 광해군 때에 명의 요청에 따라 강홍립이 이끄는 부대가 파병되었으나, 광해군은 명과 후금 사이에서 중립 외교 정책을 추진하여 강홍립을 후금에 투항하도록 하였다.

- (가) **이괄의 난(1624)** : 인조반정의 공신인 이괄이 후금의 침입에 대비하여 병마절도사로 평안도에 주둔하였지만, 공신 책봉에 불만을 품고 난을 일으켰다.
- **삼전도 굴욕(1637)** : 조선 인조 때 청이 군신 관계를 요구하며 침입하자 인조는 남한산성으로 피난하였지만 결국 삼전도(지금의 송파)에서 굴욕적인 강화를 맺는다.

오답 해설

① 권율 : 행주대첩 → 조선 선조
조선 선조 때 발발한 임진왜란 당시 조·명 연합군의 공격으로 평양성을 뺏기고 한양으로 퇴각하던 왜군을 권율이 행주산성에서 격퇴하였다.

② 나선 정벌 : 조총 부대 동원 → 조선 효종
조선 효종 때 청과 러시아 간 국경 충돌로 청이 원병을 요청하자 나선 정벌에 조총 부대가 동원되었다.

③ 청의 인질 : 소현 세자, 봉림 대군 → 조선 인조
병자호란 후 인조는 결국 삼전도에서 굴욕적인 강화를 맺었고 소현 세자와 봉림 대군 등이 청에 인질로 끌려갔다.

⑤ 훈련도감 설치 → 조선 선조
선조 때 왜군의 조총에 대응하고 국방력을 강화하기 위해 포수, 살수, 사수의 삼수병으로 구성된 훈련도감이 설치되었다.

23. 임진왜란의 전개 과정

정답 ④

암기박사 조헌 : 금산전투(1592. 7) ⇒ 김시민 : 진주대첩(1592. 10)

정답 해설

임진왜란 당시 김시민이 왜군의 보급로를 끊고 전라도의 곡창 지대를 지키는 데 기여한 전투는 진주성 전투이다(1592. 10). 이 전투 이전에 조헌이 전라도로 향하는 왜군을 막기 위해 금산에서 의병을 이끌고 활약하였다(1592. 7).

오답 해설

① 이순신 → 명량 해전(1597. 9)
이순신이 명량의 울돌목에서 13척의 배로 왜의 수군을 대파하였고 왜군은 남해안 일대로 후퇴하였다.

② 조·명 연합군 → 평양성 탈환(1593. 1)
임진왜란 때 명나라는 일본의 정명가도에 대한 자위책으로 참전하였고, 조·명 연합군이 평양성을 탈환하였다.

③ 권율 → 행주대첩(1593. 2)
임진왜란 당시 조·명 연합군의 공격으로 평양성을 뺏기고 한양으로 퇴각하던 왜군을 권율이 행주산성에서 격퇴하였다.

⑤ 이순신 → 노량해전(1598. 11)
이순신이 일본 수군과 벌인 마지막 전투인 노량해전에서 적의 유탄에 맞아 전사하였다.

 임진왜란의 주요 전투

> 충주 탄금대 전투(1592. 4) → 한산도 대첩(1592. 7) → 진주 대첩(1592. 10) → 평양성 탈환(1593. 1) → 행주 대첩(1593. 2) → 명량 대첩(1597. 9) → 노량해전(1598. 11)

24. 김육의 활동

암기박사 시헌력 : 서양 천문학 ⇒ 김육

정답 ④

정답 해설

방납의 폐단을 줄이기 위해 대동법을 충청도에서 먼저 시험할 것을 건의한 인물은 김육이다. 조선 인조 때 김육은 서양 천문학의 영향을 받아 청에서 만들어진 시헌력을 도입하자고 건의하였다.

오답 해설

① 기대승 : 사단 칠정 논쟁 → 이황
  퇴계 이황은 기대승과의 7년여에 걸친 사단 칠정 논쟁을 전개하여 성리학의 이해를 심화하였다.
② 북한산비 : 진흥왕 순수비 고증 → 김정희
  추사 김정희는 금석학을 연구하고 금석과안록을 저술하여 북한산비가 진흥왕 순수비임을 고증하였다.
③ 양명학 : 강화학파 → 정제두
  정제두는 성리학을 비판하고 지행합일의 실천성을 강조하는 양명학을 연구하여 강화학파를 형성하였다.
⑤ 열하일기 : 수레와 선박 사용 강조 → 박지원
  조선 후기의 실학자 연암 박지원은 연행사를 따라 청에 다녀온 후 열하일기를 저술하고 수레와 선박의 필요성을 강조하였다.

25. 박세당의 색경

암기박사 색경 : 농사 해설서 ⇒ 박세당

정답 ④

정답 해설 ← 성리학에서 교리를 어지럽히고 사상에 어긋나는 언행을 하는 사람을 이르는 말

노론에 의해 사문난적으로 몰려 당시 학계에서 배척당했고, 유학 경전을 주자와 달리 해석한 사변록을 저술한 인물은 박세당이다. 그는 농사 전반에 걸친 해설서인 색경을 저술하여 농업 기술 발전에 이바지하였다.

오답 해설

① 위훈 삭제 주장 → 조광조
  조선 중종 때 조광조는 반정 공신의 위훈 삭제를 주장하다 주초위왕(走肖爲王) 사건으로 축출되었다. ← 주(走)와 초(肖)를 합치면 조(趙)가 되므로, 조씨 성을 가진 사람이 왕이 된다는 뜻
② 시헌력 도입 → 김육
  조선 인조 때 김육은 청으로부터 시헌력 도입을 건의하였는데, 시헌력은 서양의 수치와 계산 방법이 채택된 숭정역법을 교정한 것이다.
③ 조의제문 작성 → 김종직
  연산군 때에 김종직이 지은 조의제문을 김일손이 사초에 올린 일을 문제 삼아 유자광·윤필상 등의 훈구파가 김일손·김굉필 등의 사림파를 제거하는 무오사화가 발생하였다.
⑤ 강화 학파 형성 → 정제두
  정제두는 성리학을 비판하고 지행합일의 실천성을 강조하는 양명학을 연구하여 강화 학파 형성의 기초를 마련하였다.

핵심노트 ▶ 사변록(思辨錄)

경(經)에 실린 말이 그 근본은 비록 하나이지마는 그 실마리는 천 갈래 만 갈래이니, 이것이 이른바 하나로 모이는 데 생각은 백이나 되고, 같이 돌아가는 데 길은 다르다는 것이다. 그러므로 비록 독창적인 지식과 깊은 조예가 있으면 오히려 그 귀추의 갈피를 다하여 미묘한 부분까지 놓침이 없을 수 없는 경우가 있다. 반드시 여러 장점을 널리 모으고 조그마한 선도 버리지 아니하여야만 대략적인 것도 유실되지 않고, 얕고 가까운 것도 누락되지 아니하여, 깊고 심원하고 정밀하고 구비한 체제가 비로소 완전하게 된다.

26. 조선 정조의 업적

암기박사 박규수 : 삼정이정청 설치 ⇒ 조선 철종

정답 ②

정답 해설 ← 시전 상인이 왕실이나 관청에 물품을 공급하는 대신 부여받은 독점 판매권으로, 난전을 단속할 수 있는 권한 → 명주, 종이, 어물, 모시와 베, 무명, 비단을 파는 점포

시전 상인의 특권을 축소하는 신해통공을 단행하여 육의전을 제외한 시전 상인의 금난전권을 폐지한 것은 조선 정조 때의 일이다. 한편, 임술 농민 봉기가 발발하자 삼정의 문란을 해결하기 위해 안핵사 박규수의 건의로 삼정이정청을 설치한 것은 조선 철종 때의 일이다.

오답 해설

① 장용영 : 친위 부대 → 조선 정조
  조선 정조 때 왕의 친위 부대인 장용영을 설치하고 한양에는 내영, 수원 화성에는 외영을 두었다.
③ 초계문신제 : 인재 양성 → 조선 정조
  조선 정조는 신진 인물이나 중·하급(당하관 이하) 관리 가운데 젊고 유능한 인재를 양성하기 위해 초계문신제를 시행하였다.
④ 규장각 검서관 : 서얼 출신 기용 → 조선 정조
  조선 정조 때 박제가, 이덕무, 유득공 등 서얼 출신의 학자들을 규장각 검서관에 기용하였다. ← 규장각 각신의 보좌, 문서 필사 등의 업무를 맡은 관리
⑤ 대전통편 : 통치 체제 정비 → 조선 정조
  조선 정조는 통치 체제를 정비하기 위해 경국대전을 원전으로 대전통편을 편찬하였다.

핵심노트 ▶ 조선 정조의 업적

- **탕평 정치** : 진붕과 위붕의 구분, 남인(시파) 중용
- **왕권 강화** : 능력 인사 중용, 규장각의 설치·강화, 서얼 등용, 초계문신제 시행, 장용영 설치
- **수원 화성 건설** : 정치적·군사적 기능 부여, 정치적 이상 실현, 화성 행차
- **수령의 권한 강화** : 수령이 군현 단위의 향약을 직접 주관, 지방 사족의 향촌 지배력 억제, 국가의 통치력 강화
- **문물·제도 정비** : 민생 안정과 서얼·노비의 차별 완화, 청과 서양의 문물 수용, 실학 장려, 신해통공(1791), 문체 반정 운동
- **편찬** : 대전통편, 추관지·탁지지, 동문휘고, 증보문헌비고, 무예도보통지, 제언절목, 규장전운, 홍재전서·일득록
- **활자** : 정리자, 한구자, 생생재(목판) 등 주조

27. 담헌 홍대용

암기박사 의산문답 : 중국 중심의 세계관 비판 ⇒ 홍대용

정답 ①

정답 해설

별자리 관측기구인 혼천의를 개량하고 담헌서를 저술한 인물은 조선 후

기의 실학자 홍대용이다. 그는 의산문답에서 지전설과 무한 우주론을 주장하며 중국 중심의 세계관을 비판하였다.

오답 해설

② 발해고 : 남북국이라는 용어 처음 사용 → 유득공
조선 후기의 실학자 유득공은 발해고에서 발해를 북국, 신라를 남국으로 칭하며 남북국이라는 용어를 처음 사용하였다.

③ 금석과안록 : 진흥왕 순수비 고증 → 김정희
추사 김정희는 금석과안록을 저술하여 북한산비가 진흥왕 순수비임을 고증하였다.

④ 서얼 출신 : 규장각 검서관 → 박제가, 이덕무, 유득공
박제가, 이덕무, 유득공 등은 서얼 출신으로 정조 때 규장각 검서관에 등용되었다. (규장각 각신의 보좌, 문서 필사 등의 업무를 맡은 관리)

⑤ 여전론 : 마을 단위 토지 분배와 공동 경작 → 정약용
정약용은 여전론을 통해 마을 단위 토지 분배와 공동 경작을 주장하였다.

핵심노트 ▶ 담헌 홍대용(1731~1783)

- 저술 : 임하경륜, 의산문답, 연기 등이 담헌서에 전해짐, 수학 관계 저술로 주해수용이 있음 (우리나라, 중국, 서양 수학의 연구 성과를 정리)
- 농업(토지) 개혁론으로 균전론을 주장 (경자제를 그대로 인정한 위에서, 1호당 평균 2결씩의 농지를 배분)
- 임하경륜(부국론) : 기술의 혁신, 신분제 개혁 주장, 병농일치의 군대 조직, 교육 기회의 균등을 강조, 성리학의 극복이 부국강병의 근본이라 주장
- 의산문답 : 김석문의 지구 회전설을 계승해 지전설을 주장하여 화이관 비판
  (김석문, 홍대용, 이익, 정약용 등)

28. 세도 정치기의 사건

암기박사 홍경래의 난(1811) ⇒ 동학 창시(1860) ⇒ 임술 농민 봉기(1862)

정답 ①

정답 해설

(가) 홍경래의 난(1811) : 조선 순조 때 서북민에 대한 차별과 가혹한 수취에 반발하여 홍경래 등이 봉기하였으나 정주성에서 관군에게 진압되었다. (평안도민)

- 최제우의 동학 창시(1860) : 조선 철종 때 세도 정치와 사회적 혼란, 서양의 통상 요구와 천주교(서학) 세력의 확대로 인한 위기의식에서 최제우가 동학을 창시하였다.

(나) 임술 농민 봉기(1862) : 조선 철종 때 삼정의 문란과 백낙신의 탐학으로 임술 농민 봉기가 일어나자 사건 수습을 위해 박규수가 안핵사로 파견되었다.

오답 해설

② 이괄의 난 → (가) 이전
인조반정 후 공신 책봉에 불만을 품은 이괄이 난을 일으켜 한양이 점령되자 인조는 도성을 떠나 공산성으로 피란하였다(1624).

③ 오페르트 도굴 사건 → (나) 이후 (흥선 대원군의 아버지)
독일 상인 오페르트가 통상을 거부당하자 충청남도 덕산에 있는 남연군 묘 도굴을 시도하였다(1868).

④ 삼례 집회 → (나) 이후
동학의 창시자로 처형된 최제우의 억울함을 풀고 포교의 자유를 인정받고자 교조 신원을 요구하는 삼례 집회가 개최되었다(1892).

⑤ 이인좌의 난 → (가) 이전
조선 영조 때 이인좌를 중심으로 소론 세력 등이 경종의 죽음에 영조와 노론이 관계되어 있다고 주장하며 난을 일으켰다(1728).

핵심노트 ▶ 세도 정치기의 전개

- 순조(1800~1834) : 정순왕후의 수렴청정, 김조순의 안동 김씨 일파의 세도 정치 전개
- 헌종(1834~1849) : 헌종의 외척인 조만영·조인영 등의 풍양 조씨 가문이 득세
- 철종(1849~1863) : 김문근 등 안동 김씨 세력이 다시 권력 장악

29. 조선 순조 재위 시기의 사실

암기박사 서영보 : 만기요람 ⇒ 조선 순조

정답 ⑤

정답 해설

조선 후기 순조 때 사학(邪學)에 대한 단속이 강화되어 이승훈과 정약종 등 천주교인들에 대한 신유박해가 단행되었다. 이 시기에 서영보, 심상규 등이 왕명으로 조선 후기의 군정, 재정의 내용을 정리한 만기요람을 편찬하였다.

오답 해설

① 이덕무 : 무예도보통지 → 조선 정조
조선 정조 때 이덕무, 박제가, 백동수 등이 왕명으로 훈련 교범인 무예도보통지를 간행하였다.

② 허준 : 동의보감 → 조선 광해군
조선 광해군 때 허준이 전통 한의학을 정리한 동의보감을 간행하여 의료 지식을 민간에 보급하였다.

③ 성현 : 악학궤범 → 조선 성종
조선 성종 때 성현이 궁중의 음악 이론 등을 집대성한 악학궤범을 완성하였다.

④ 설순 : 삼강행실도 → 조선 세종
조선 세종 때 설순이 모범적인 충신, 효자, 열녀를 알리기 위해 윤리서인 삼강행실도를 편찬하였다.

30. 흥선 대원군 집권기

암기박사 만동묘 철폐 ⇒ 흥선 대원군

정답 ②

정답 해설

붕당의 온상이던 서원을 철폐하고, 임오군란 시 5군영의 군사 제도를 복구한 인물은 흥선 대원군이다. 이 시기에 노론의 소굴이 되어 상소와 비판을 올리고 양민을 수탈하는 등 폐해가 심한 만동묘가 철폐되었다.
(임진왜란 때 조선을 도와준 명나라에 대한 보답으로 지은 사당)

오답 해설

① 동의보감 집필 → 조선 광해군
광해군 때에 허준이 전통 한의학을 체계적으로 정리한 동의보감을 집필하여 의료 지식을 민간에 보급하였다.

③ 훈민정음 연구 → 조선 세종
조선 세종은 집현전 학자들과 독창적인 문자인 훈민정음을 연구하였다.

④ 계해약조 체결 → 조선 세종

조선 세종 때 쓰시마 도주의 간청으로 부산포·제포·염포의 3포를 개항한 후 제한된 범위의 무역을 허용한 계해약조가 체결되었다.

⑤ 탕평비 건립 → 조선 영조

조선 영조는 붕당 정치의 폐해를 경계하기 위해 성균관 입구에 탕평비를 건립하였다.

핵심노트 ▶ 흥선 대원군의 개혁 정치

- 왕권 강화 정책 : 사색 등용, 비변사 혁파, 경복궁 재건, 법치 질서 정비(대전회통, 육전조례)
- 애민 정책 : 서원 정리, 삼정의 개혁(양전 사업, 호포제, 사창제)

31. 개화기 외교 사절단

암기박사   청의 무기 제조 기술 습득 ⇒ 영선사   정답 ③

정답 해설

음청사는 영선사 단장으로 청에 파견된 김윤식이 쓴 일기이다. 영선사는 청의 톈진 기기국에서 무기 제조 기술을 습득하고 돌아와 서울에 최초의 근대적 무기 제조 공장인 기기창을 설립하는 계기가 되었다.

오답 해설

① 일본에 파견된 외교 사절단 → 수신사

수신사는 강화도 조약 이후 일본에 파견된 외교 사절단으로 1차에는 김기수, 2차에는 김홍집이 파견되었다.

② 김홍집 : 조선책략 반입 → 제2차 수신사

제2차 수신사 김홍집이 일본에 갔다가 귀국할 때 황준센의 조선책략을 가지고 들어와 개화 정책에 영향을 미쳤다.

④ 일본에 비밀리에 파견 → 조사 시찰단

고종은 개화 반대 여론을 의식하여 박정양·어윤중·홍영식 등으로 구성된 조사 시찰단을 일본에 비밀리에 파견하였다.

⑤ 미국 : 민영익, 홍영식 파견 → 보빙사 신사유람단

보빙사는 미국 공사의 부임에 대한 답례로 파견된 외교 사절단으로, 전권대신 민영익과 부대신 홍영식 등으로 구성되었다.

핵심노트 ▶ 개화기 외교 사절단

- 수신사
  - 제1차 수신사 김기수 : 〈일동기유〉에서 신문명을 조심스럽게 비판하고, 〈수신사 일기〉를 저술하여 일본의 신문물 소개
  - 제2차 수신사 김홍집 : 황준센(황준헌)의 〈조선책략〉을 가지고 들어와 개화 정책에 영향을 미침
- 조사 시찰단(신사 유람단)(1881) : 박정양·어윤중·홍영식 등으로 구성, 일본의 발전상을 보고 돌아와 개화 정책의 추진을 뒷받침 → 박문국·전환국 설치의 계기
- 영선사(1881) : 김윤식을 단장으로 청에 파견하여 무기 제조법과 근대적 군사 훈련법을 배움 → 서울에 최초의 근대식 병기 공장인 기기창 설치
- 보빙 사절단(1883) : 최초의 구미 사절단, 유길준이 미국에 남아 유학하고 유럽 여행 후 귀국

32. 개항 이후 도입된 근대 문물

암기박사
- 이인직 : 은세계 공연 ⇒ 원각사
- 최초의 서양식 병원 ⇒ 광혜원
- 우리나라 최초의 전차 개통 ⇒ 한성 전기 회사

정답 ④

정답 해설

ㄱ. 원각사 : 이인직이 설립한 최초의 서양식 극장인 원각사에서 연극 은세계를 공연하였다.

ㄷ. 광혜원 : 미국인 선교사 알렌(Allen)의 건의로 최초의 서양식 병원인 광혜원이 설립되었다. 후에 제중원으로 개칭

ㄹ. 한성 전기 회사 : 황실과 미국인 콜브란의 합자로 설립된 한성 전기 회사는 한국 최초의 전기 회사로, 서대문과 청량리 사이에 우리나라 최초의 전차를 개통하였다.

오답 해설

ㄴ. 아펜젤러 : 신학문 보급 → 배재 학당

배재 학당은 미국의 개신교 선교사 아펜젤러가 근대 교육을 위해 한양에 세운 학교로 신학문 보급에 기여하였다. 한편, 함경도 덕원 지방의 관민들이 설립한 최초의 근대적 사립 학교는 원산 학사이다.

33. 갑오개혁

암기박사   지방 행정 구역 : 8도 → 23부 ⇒ 제2차 갑오개혁   정답 ①

정답 해설

지방 행정 구역을 8도에서 23부로 개편한 것은 제2차 갑오개혁의 내용에 해당된다.

- 전주 화약(1894. 6) : 동학 농민 운동의 1차 봉기로 청·일군이 개입하자 정부는 농민군에 휴전을 제의해 전주 화약이 성립하였다.
- (가) 제1차 갑오개혁(1894. 7) : 김홍집 친일 내각은 초정부적 정책 의결 기구인 군국기무처를 설치하고 제1차 갑오개혁을 단행하였다.
- 제2차 갑오개혁(1894. 12) : 고종은 제2차 갑오개혁 때 종묘에 나가 독립 서고문을 바치고 개혁의 방향을 제시한 홍범 14조를 반포하였다.

오답 해설

② 청의 연호 폐지, 개국기년 사용 → 제1차 갑오개혁

제1차 갑오개혁 때 청의 연호를 쓰지 않고 개국기년을 사용하여 청의 종주권을 부인하였다.

③ 6조를 8아문으로 개편, 과거제 폐지 → 제1차 갑오개혁

1차 갑오개혁 때 왕실과 정부 사무 분리, 6조를 8아문으로 개편, 과거제 폐지 등의 개혁을 실시하였다.

④ 공사 노비법 혁파, 과부 재가 허용 → 제1차 갑오개혁

제1차 갑오개혁 때 전통적 폐습을 타파하여 공사 노비법을 혁파하고 과부의 재가를 허용하였다.

⑤ 군국기무처 설치 → 제1차 갑오개혁

제1차 갑오개혁 때 근대적 개혁 추진을 위해 초정부적 정책 의결 기구인 군국기무처가 설치되었다.

한국사능력검정시험 심화 실전모의고사

핵심노트 ▶ 제1차 갑오개혁 : 군국기무처

정치	연호 개국, 왕실과 정부 사무 분리, 6조를 80아문으로 개편, 과거제 폐지
경제	재정 일원화로 탁지아문이 관장, 은 본위 화폐 제도, 조세 금납제, 도량형 통일
사회	신분제 철폐, 공·사 노비제 폐지, 조혼 금지, 과부 개가 허용, 인신매매 금지, 고문과 연좌법의 폐지

34. 을사늑약의 결과

암기박사 외교권 박탈, 통감부 설치 ⇒ 을사늑약(1905)

정답 ④

정답 해설

일본이 러·일 전쟁에서 승리하자 을사늑약(제2차 한·일 협약)이 강제로 체결되어 외교권이 박탈되었으며, 통감부가 설치되고 이토 히로부미가 초대 통감으로 부임하였다(1905).

오답 해설

① 제1차 영·일 동맹 체결 → 을사늑약 이전
  극동에서 세력 확대를 꾀하던 러시아를 겨냥하여 영국과 일본이 제1차 영·일 동맹을 체결하였고, 이 동맹으로 영국은 조선에서의 일본의 이권을 인정하고, 일본은 청에서 영국의 이권을 인정하였다(1902).

② 일본 : 경인선 부설권 인수 → 을사늑약 이전
  경인선 철도 부설권은 미국이 부설(1896)하여 일본으로 인수(1898)된 후 일본이 완공하였다(1899).

③ 외교고문 : 묄렌도르프 파견 → 을사늑약 이전
  임오군란 이후 청의 내정 간섭이 강화되어 묄렌도르프가 외교 고문으로 파견되었다(1882).

⑤ 러시아 : 용암포 사건 → 을사늑약 이전
  대한 제국 때 러시아가 용암포를 점령하고 조차를 요구한 용암포 사건이 발생하였다(1903).

조약에 의해 다른 나라로부터 유상 또는 무상으로 영토를 빌림

핵심노트 ▶ 을사늑약

제2조(외교권 박탈) 일본 정부는 한국과 타국 간에 현존하는 조약의 실행을 완수하는 임무를 담당하고 한국 정부는 지금부터 일본 정부의 중개를 거치지 않고서는 국제적 성질을 가진 어떤 조약이나 약속을 맺지 않을 것을 서로 약속한다.
제3조(통감부 설치) 일본 정부는 그 대표자로 한국 황제 폐하 밑에 1명의 통감을 두되 통감은 오로지 외교에 관한 사항을 관리하기 위하여 경성에 주재하고 친히 한국 황제 폐하를 만날 수 있는 권리를 가진다.

35. 최익현의 위적척사 운동

암기박사 을사의병 : 태인에서 거병 ⇒ 최익현

정답 ③

정답 해설

지부복궐척화의소는 강화도 조약 체결에 반대하여 위정척사 운동의 대표적 인물인 최익현이 올린 상소이다. 최익현은 을사늑약이 체결되자 태인에서 의병을 일으켰으나, 결국 체포되어 쓰시마 섬에서 유배 중 순국하였다.

오답 해설

① 독립 의군부 조직 → 임병찬
  고종의 밀지를 받아 독립 의군부를 조직한 임병찬은 조선 총독부에 국권 반환 요구서를 제출하려 하였다.

② 도쿄 의거 → 이봉창
  한인 애국단 소속의 이봉창이 도쿄에서 일왕이 탄 마차를 향해 폭탄을 던졌다.

④ 이완용 습격 → 이재명
  이재명은 명동 성당 앞에서 국권 피탈에 앞장섰던 친일파 이완용을 습격하여 중상을 입혔다.

⑤ 13도 창의군 : 서울 진공 작전 → 이인영, 허위
  정미의병이 확산되는 과정에서 총대장 이인영과 군사장 허위가 13도 창의군을 지휘하여 서울 진공 작전을 전개하였다.

36. 독립 협회의 활동

암기박사 러시아 : 절영도 조차 요구 ⇒ 독립 협회 저지

정답 ②

정답 해설

제시된 사료는 독립 협회가 관민 공동회를 개최한 후 반포한 의회식 중추원 신관제의 내용이다. 서재필을 중심으로 창립된 독립 협회는 만민 공동회를 개최하여 저탄소 설치를 위한 러시아의 절영도 조차 요구를 저지하였다(1898). *지금의 부산 영도*

오답 해설

① 황무지 개간권 반대 운동 → 보안회
  보안회는 일제의 황무지 개간권 요구에 대한 지속적인 반대 운동을 벌여 일본의 황무지 개간권 요구를 저지하였다.

③ 고종의 강제 퇴위 반대 운동 → 대한 자강회 *정미 7조약*
  일제가 고종을 강제 퇴위시키고 순종을 즉위시킨 후 한·일 신협약을 체결하자 대한 자강회는 고종의 강제 퇴위 반대 운동을 전개하였다.

④ 태극 서관 : 계몽 서적 보급 → 신민회
  신민회는 국권 회복과 공화정체의 국민 국가 건설을 목적으로 조직된 비밀 결사 단체로, 계몽 서적을 출판하기 위해 태극 서관을 설립하였다.

⑤ 국채 보상 운동 → 국채 보상 기성회
  국채 보상 기성회가 서울 등 전국 각지로 확대되고 일본에게 진 빚을 갚자는 국채 보상 운동을 주도하였다.

핵심노트 ▶ 독립 협회의 활동

- 이권 수호 운동 : 러시아의 절영도 조차 요구 규탄, 한·러 은행 폐쇄
- 독립 기념물의 건립 : 자주 독립의 상징인 독립문을 세우고, 모화관을 독립관으로 개수
- 민중의 계도 : 강연회·토론회 개최, 독립신문의 발간 등을 통해 근대적 지식과 국권·민권 사상을 고취
- 만민 공동회 개최 : 우리나라 최초의 근대적 민중 대회 → 외국의 내정 간섭·이권 요구·토지 조사 요구 등에 대항하여 반환을 요구
- 관민 공동회 개최 : 만민 공동회의 규탄을 받던 보수 정부가 무너지고 개혁파 박정양이 정권을 장악하자, 정부 관료와 각계각층의 시민 등 만여 명이 참여하여 개최
- 의회 설립 추진 : 의회식 중추원 신관제를 반포하여 최초로 국회 설립 단계까지 진행 (1898. 11)
- 헌의 6조 : 헌의 6조를 결의하고 국왕의 재가를 받음 → 실현되지는 못함

37. 일제의 국권 침탈 과정

암기박사 포츠머스 조약 ⇒ 을사늑약 ⇒ 헤이그 특사 파견

정답 ③

정답 해설
러·일 전쟁에서 승리한 일본은 한국에 대한 일본의 독점적 지배권을 인정받는 포츠머스 조약을 체결한 후, 한국과 을사늑약을 강제로 체결하여 외교권을 박탈하고 통감부를 설치하였다(1905). 이에 고종은 을사늑약의 무효를 선언하고 헤이그 만국 평화 회의에 특사를 파견하였다(1907).

오답 해설
① **이범윤 → 간도 관리사 임명(1902)**
고종은 광무개혁의 일환으로 이범윤을 간도 관리사로 임명하여 간도에 거주하는 조선인의 생명과 재산을 보호하도록 하였다.

② **지계아문 → 지계 발급(1901)**
대한 제국은 근대적 토지 소유제도 마련을 위해 양지아문을 설치하여 양전사업을 실시하고, 지계아문에서 지계를 토지 소유자에게 발급하였다. ← 근대적 토지증서

④ **이도재 → 농광 회사 설립(1904)**
일제의 황무지 개간권 요구에 대해 이도재 등은 농광 회사를 설립하여 황무지를 우리 손으로 개간할 것을 주장하였다.

⑤ **관세 폐지 주장 → 두모포 무력 시위(1878)**
일본 군함이 관세 폐지를 주장하며 두모포에서 대포를 발사하는 무력 시위를 벌였다.

핵심노트 ▶ 일제의 국권 침탈 과정
한·일 의정서(1904) → 1차 한·일 협약(1904) → 가쓰라·태프트 밀약(1905) → 2차 영·일 동맹(1905) → 포츠머스 조약(1905) → 을사늑약(1905) → 한·일 신협약(1907) → 한·일 병합 조약(1910)

38. 대한민국 임시 정부의 활동

암기박사 태극 서관 : 계몽 서적 보급 ⇒ 신민회

정답 ⑤

정답 해설
국제 연맹에 한국 독립의 당위성을 호소하기 위해 한·일 관계 사료집을 편찬한 단체는 대한민국 임시 정부이다. 한편 태극 서관을 설립하여 조선 광문회에서 발간한 계몽 서적을 보급한 단체는 신민회이다.

오답 해설
① **구미 위원부 설치 → 대한민국 임시 정부**
대한민국 임시 정부는 미국에 구미 위원부를 설치하여 국제 연맹과 워싱턴 회의에 우리 민족의 독립 열망을 전달하는 외교 활동을 벌였다.

② **한인 애국단 조직 → 대한민국 임시 정부**
대한민국 임시 정부의 타개책으로 김구는 상하이에 한인 애국단을 조직하여 의열 투쟁을 전개하였다.

③ **이륭양행 : 교통국 설치 → 대한민국 임시 정부**
대한민국 임시 정부는 아일랜드계 영국인 조지 루이스 쇼가 중국 단둥에 설립한 무역선박 회사인 이륭양행에 교통국을 설치하여 국내와 비밀연락을 취하였다.

④ **독립 공채 발행 → 대한민국 임시 정부**
대한민국 임시 정부는 독립운동 자금을 마련하기 위해 국외 거주 동포들에게 독립 공채를 발행하였다.

핵심노트 ▶ 대한민국 임시 정부의 활동
- **군자금의 조달** : 애국 공채 발행이나 국민의 의연금으로 마련, 국내외에서 수합된 자금은 연통제나 교통국 조직망에 의해 임시 정부에 전달되었으며, 만주의 이륭양행이나 부산의 백산 상회를 통하여 전달되기도 함
- **외교 활동** : 파리 강화 회의에 김규식을 대표로 파견하여 독립을 주장, 미국에 구미 위원부를 두어 국제 연맹과 워싱턴 회의에 우리 민족의 독립 열망을 전달
- **문화 활동** : 기관지로 독립신문을 간행하여 배포, 사료 편찬소를 두어 한·일 관계 사료집과 한국 독립 운동 지혈사(박은식) 등 간행
- **군사 활동** : 육군 무관 학교 설립, 임시 정부 직할대 결성, 한국 광복군 창설

39. 무단 통치기의 일제 정책

암기박사 토지 조사령 ⇒ 무단 통치기(1910년대)

정답 ⑤

정답 해설
(가) **조선 총독부 설치(한·일 병합)** : 한·일 병합 조약 후 국권이 피탈되고 식민 통치의 중추 기관인 조선 총독부가 설치되어 일제의 식민 통치가 시작되었다(1910).
- **토지 조사령(무단 통치기)** : 일제는 무단 통치기에 토지 약탈과 식민지화에 필요한 재정 수입원을 마련하기 위해 기한 내에 토지를 신고하게 하는 토지 조사령을 제정하였다(1912).
(나) **경찰 제도 개정(문화 통치기)** : 일제는 3·1 운동 이후 무단 통치를 상징하는 헌병 경찰제를 폐지하고 문화 통치를 위한 보통 경찰제를 도입하였다(1919).

오답 해설
① **여자 정신 근로령 → 민족 말살 통치기**
일제는 민족 말살 통치기에 일본군 위안부 등 여성 동원을 법제화하기 위해 여자 정신 근로령을 공포하였다(1944).

② **경성 제국 대학 설립 → 문화 통치기**
조선 교육회는 우리 손으로 대학을 설립하고자 조선 민립 대학 기성회를 중심으로 모금 운동을 전개하였으나 일제가 경성 제국 대학을 설립하면서 중단되었다(1924).

③ **산미 증식 계획 → 문화 통치기**
일제는 문화 통치기에 자국의 식량 문제를 해결하기 위해 쌀 수탈을 목적으로 하는 산미 증식 계획을 실시하였다(1920).

④ **조선 사상범 예비 구금령 → 민족 말살 통치기**
일제는 민족 말살 통치기에 우리 민족의 사상을 통제하기 위한 조선 사상범 예방 구금령을 통해 독립운동을 탄압하였다(1941).

핵심노트 ▶ 무단 통치기의 일제 정책

- **헌병 경찰제** : 헌병의 경찰 업무 대행, 헌병 경찰의 즉결 처분권 행사, 체포 및 구금(영장 불요)
- **태형 처벌** : 조선 태형령 시행
- **토지 조사 사업(1912~1918)** : 토지 조사령 발표(1912), 토지를 약탈하고 지주층을 회유하여 식민지화에 필요한 재정 수입원을 마련함
- **회사령(1910)** : 회사 설립 허가제를 통해 민족 기업의 성장 억제 및 일제의 상품 시장화
- **자원 약탈 및 경제활동 통제** : 산림령(1911), 어업령(1911), 광업령(1915), 임야조사령(1918)
- **범죄 즉결례(1910)** : 일정한 범죄나 법규 위반 행위에 대해 재판을 거치지 않고 바로 처벌하도록 제정된 법령

40. 이동녕의 활약

암기박사 신민회 조직 ⇒ 이동녕　　**정답** ⑤

정답 해설

서간도 삼원보에 경학사와 신흥 강습소 설립을 주도하고, 3·1 운동 직후 대한민국 임시 의정원의 초대 의장직을 역임한 인물은 이동녕이다. 그는 안창호, 양기탁과 함께 비밀 결사 단체인 신민회를 조직하였다.

오답 해설

① **대한 광복군 정부 수립 → 이상설, 이동휘**
　이상설, 이동휘는 연해주에서 대한 광복군 정부를 수립하고 무장 독립 전쟁을 준비하였다.
② **대한 광복회 총사령 → 박상진**
　박상진은 대한 광복회의 총사령으로 만주에 독립 사관학교를 설립하고 독립군을 양성하여 친일파를 처단하였다.
③ **조선 의용대 창설 → 김원봉**
　김원봉은 중·일 전쟁 발발 직후 중국 국민당과 협력하여 조선 의용대를 창설하였다.
④ **대전자령 전투 → 지청천**
　한국 독립군의 지청천은 만주 사변 이후 중국군과 연합하여 호로군을 조직하고 대전자령 전투에서 일본군을 격퇴하였다.

41. 근우회의 활동

암기박사 신간회의 자매 단체 ⇒ 근우회　　**정답** ⑤

정답 해설

제시된 자료는 김활란을 중심으로 여성의 단결과 지위 향상을 도모하기 위해 조직된 근우회의 행동 강령이다. 근우회는 신간회의 자매 단체로서 민족주의 계열과 사회주의 계열의 여성들이 연합하여 조직한 여성계 민족 유일당 조직이다(1927).

오답 해설

① **근우회 → 3·1 운동 참여(X)**
　근우회는 여성 노동자의 권익 옹호와 생활 개선을 위한 여성 운동에 참여하였으나 3·1 운동과는 직접적인 관련성이 없다.
② **이화 학당 설립 → 스크랜턴 부인**
　미국의 개신교 선교사 스크랜턴 부인은 여성 교육을 위해 이화 학당을 설립하였다.
③ **평양 비밀 여성 독립 운동 단체 → 송죽회**
　송죽회는 일제 강점기 때 평양에서 조직된 비밀 여성 독립 운동 단체로, 독립군의 자금 지원, 망명지사의 가족 돕기, 독립을 위한 회원들의 실력 양성을 목적으로 하였다.
④ **여권통문 공포 → 서울 북촌 양반 여성들**
　서울 북촌의 양반 여성들이 주축이 되어 대한민국 최초의 여성 권리 선언문인 여권통문을 공포하였다.

42. 형평 운동

암기박사 백정에 대한 사회적 차별 철폐 ⇒ 형평 운동　　**정답** ④

정답 해설

'공평은 사회의 근본이요, 애정은 인류의 본령'이라는 취지 아래 전개된 운동은 형평 운동이다. 진주에서 시작된 이 운동은 이학찬을 중심으로 한 백정들이 조선 형평사를 조직하고 백정에 대한 사회적 차별 철폐를 목표로 하였다(1923).

오답 해설

① **안창호 : 흥사단 → 주요한 : 잡지 동광**
　주요한은 사회주의 운동을 표방하였던 잡지들에 맞서 안창호의 흥사단을 배경으로 잡지 동광을 발행하였다(1926).
② **김광제 발의 → 국채 보상 운동**
　정부의 외채를 국민의 힘으로 상환하여 국권을 회복하고자 대구에서 개최한 국민 대회에서 김광제 등의 발의로 국채 보상 운동이 시작되었다(1907).
③ **한·일 학생 간의 충돌 → 광주 학생 항일 운동**
　광주에서 발생한 한·일 학생 간의 충돌을 일본 경찰이 편파적으로 처리하여 광주 학생 항일 운동이 촉발되었다(1929).
⑤ **농촌 계몽 → 브나로드 운동**
　동아일보사에서 '배우자 가르치자 다 함께 브나로드' 구호를 내세우며 농촌 계몽 운동인 브나로드(Vnarod) 운동을 전개하였다(1931).
　러시아어로 '민중 속으로'라는 의미

핵심노트 ▶ 형평 운동(1923)

- **배경** : 백정들은 갑오개혁에 의해 법제적으로는 권리를 인정받았으나, 사회적으로는 오랜 관습 속에서 계속 차별
- **조직** : 이학찬을 중심으로 한 백정들은 진주에서 조선 형평사를 창립
- **전개** : 사회적으로 평등한 대우를 요구하는 형평 운동을 전개
- **변질** : 1930년대 중반 이후 경제적 이익 향상 운동으로 변질

43. 의열단의 독립 운동

암기박사 신채호 : 조선 혁명 선언 ⇒ 의열단 행동 강령　　**정답** ①

정답 해설

김원봉은 의열단 단장으로 독립군 간부 양성을 위해 조선 혁명 군사 정치 간부 학교를 설립하였다. 의열단은 민중의 직접 혁명을 주장하는 신채호의 조선 혁명 선언을 행동 강령으로 삼았다.

오답 해설

② **연통제 : 비밀 행정 조직 → 대한민국 임시 정부**
대한민국 임시 정부는 국내 비밀 행정 조직인 연통제를 실시하여 문서와 명령 전달, 군자금 송부, 정보 보고 등의 업무를 수행하였다.

③ **임병찬 : 고종의 밀지 → 독립 의군부**
임병찬이 고종의 밀지를 받아 결성된 비밀 단체는 독립 의군부로, 고종의 복위 및 대한 제국의 재건을 목표로 조직되었다.

④ **이봉창 의거 계획 → 한인 애국단**
김구는 상해에서 임시 정부의 위기 타개책으로 한인 애국단을 조직하였고, 도쿄에서 일어난 이봉창 의거를 계획하였다.

⑤ **신흥 무관 학교 설립 → 신민회**
신민회는 서간도 삼원보의 경학사에 신흥 강습소를 세워 독립군을 양성하였고 이후 신흥 무관 학교로 발전시켰다.

핵심노트 ▶ 의열단의 독립 운동

- 박재혁의 부산 경찰서 폭탄 투척(1920)
- 김익상의 조선 총독부 폭탄 투척(1921)
- 김상옥의 종로 경찰서 폭탄 투척(1923)
- 김지섭의 일본 황궁 침입 시도(1923)
- 나석주의 동양 척식 주식회사 폭탄 투척(1926)

44. 대종교의 독립 활동

암기박사 항일 무장 단체 : 중광단 결성 ⇒ 대종교

정답 ④

정답 해설

나철은 을사오적을 처단하기 위한 모의 실패 후 대종교를 창시하였다. 이후 대종교의 지도자들은 항일 무장 단체인 중광단을 결성하여 무장 투쟁을 전개하였으며, 3·1 운동 직후 북로 군정서로 개편하여 청산리 대첩에 참여하였다.

오답 해설

① **개벽, 신여성 등의 잡지 발행 → 천도교**
천도교에서는 개벽, 신여성 등의 잡지를 발행하여 민중의 자각과 근대 문물의 보급에 기여하였다.

② **오세창 : 만세보 → 천도교**
만세보는 천도교의 후원을 받아 오세창이 창간한 천도교 기관지로, 사회진보주의를 제창하여 신지식 개발과 신문화 보급 운동 등 민중 계몽에 힘썼다.

③ **이화 학당 : 최초의 여성 교육 기관 → 개신교**
미국의 개신교 선교사 스크랜턴 부인은 여성 교육을 위해 최초의 여성 교육 기관인 이화 학당을 설립하였다.

⑤ **박중빈 : 새생활 운동 → 원불교**
박중빈이 창시한 원불교는 현대화와 생활화를 주창하여 민족 역량 배양과 남녀평등, 허례허식의 폐지 등 생활 개선 및 새생활 운동을 추진하였다.

핵심노트 ▶ 일제 강점기의 종교 활동

- **천도교** : 제2의 3·1 운동을 계획하여 자주 독립 선언문 발표, 개벽·어린이·학생 등의 잡지를 간행하여 민중의 자각과 근대 문물의 보급에 기여
- **개신교** : 천도교와 함께 3·1 운동에 적극 참여, 민중 계몽과 문화 사업을 활발하게 전개, 1930년대 후반에는 신사 참배를 거부하여 탄압을 받음
- **천주교** : 고아원·양로원 등 사회사업을 계속 확대하면서 경향 등의 잡지를 통해 민중 계몽에 이바지, 만주에서 항일 운동 단체인 의민단을 조직하여 항일 무장 투쟁 전개
- **대종교** : 지도자들은 항일 무장 단체인 중광단을 조직, 3·1 운동 직후 북로 군정서로 개편하여 청산리 대첩에 참여
- **불교** : 3·1 운동에 참여, 한용운 등의 승려들이 총독부의 정책에 맞서 민족 종교의 전통을 지키려 노력, 교육 기관을 설립하여 민족 교육 운동에 기여
- **원불교** : 박중빈이 창시(1916), 불교의 현대화와 생활화를 주창, 민족 역량 배양과 남녀평등, 허례허식의 폐지 등 생활 개선 및 새생활 운동에 앞장섬

45. 조선 혁명군

암기박사 양세봉 : 조선 혁명군 ⇒ 영릉가 전투

정답 ①

정답 해설

1929년 조직되어 남만주에서 항일 무장 투쟁을 전개한 부대는 조선 혁명군이다. 양세봉을 총사령으로 하는 조선 혁명군은 중국 의용군과 함께 연합 작전을 전개하여 영릉가 전투에서 일본군을 상대로 승리하였다.

오답 해설

② **중광단 중심 → 북로 군정서군**
북로 군정서는 대종교 지도자들이 조직한 항일 무장 단체인 중광단을 중심으로 3·1 운동 직후 개편·조직되었다.

③ **자유시 참변 → 대한 독립군단**
간도 참변으로 인해 자유시로 이동한 대한 독립 군단은 적색군의 무장 해제 요구에 저항하다 공격을 받아 세력이 약화되었다.

④ **조선 혁명 간부 학교 설립 → 의열단**
의열단 단장인 김원봉은 황포 군관 학교에 입학하여 군사 훈련을 받은 후 조선 혁명 간부 학교를 세워 군사력을 강화하였다.

⑤ **인도·미얀마 전선에 투입 → 한국 광복군**
대한민국 임시 정부 산하의 한국 광복군은 영국군의 요청으로 태평양 전쟁에 참가하여 인도, 미얀마 전선에 투입되었다.

46. 민족 말살 통치기의 일제 정책

암기박사 토지 조사령 ⇒ 무단 통치기

정답 ⑤

정답 해설

일제가 태평양 전쟁으로 물자 부족에 시달리던 시기는 민족 말살 통치기이다. 한편, 기한 내에 소유지를 신고하게 하는 토지 조사령을 제정한 시기는 무단 통치기로, 일제는 토지 약탈과 식민지화에 필요한 재정 수입원을 마련하기 위해 토지 조사령을 발표하고 토지 조사 사업을 실시하였다(1912).

오답 해설

① **여자 정신 근로령 → 민족 말살 통치기**
일제는 민족 말살 통치기에 일본군 위안부 등 여성 동원을 법제화하기

위해 여자 정신 근로령을 공포하였다(1944).
② **육군 특별 지원병제 → 민족 말살 통치기**
일제는 민족 말살 통치기에 일본 병역법 적용에서 배제되었던 조선인을 대상으로 지원 병역을 부여하는 육군 특별 지원병제를 실시하였다(1938).
③ **식량 배급, 미곡 공출 제도 → 민족 말살 통치기**
일제는 민족 말살 통치기에 대공황을 타개하고 전시 군량을 확보하기 위해 식량 배급 및 미곡 공출 제도를 시행하였다(1940).
④ **조선 사상범 예비 구금령 → 민족 말살 통치기**
일제는 민족 말살 통치기에 우리 민족의 사상을 통제하기 위한 조선 사상범 예방 구금령을 통해 독립운동을 탄압하였다(1941).

> 핵심노트 ▶ 민족 말살 통치기의 일제 정책
> - 우리 말, 우리 역사 교육 금지
> - 조선·동아일보 폐간
> - 창씨개명
> - 황국 신민 서사 암송
> - 신사 참배, 궁성 요배 강요
> - 조선 사상범 보호 관찰령
> - 조선 사상범 예비 구금령
> - 병참 기지화 정책
> - 남면북양 정책
> - 국가 총동원령, 국민 징용령, 여자 정신 근로령

47. 4·19 혁명의 결과

암기박사 이승만 대통령 하야(1960) ⇒ 허정 과도 정부 수립(1960) ⇒ 5·16 군사 정변(1961) 정답 ③

정답 해설

(가) 이승만 대통령 하야(1960) : 자유당 정권의 3·15 부정선거 규탄 시위에 대한 유혈 진압에 항거하여 4·19 혁명이 발발하였으며, 국민들의 요구에 굴복하여 이승만 대통령이 하야하였다.
• 허정 과도 정부 수립(1960) : 4·19 혁명으로 이승만 대통령이 하야한 후 혼란 수습을 위해 허정을 수반으로 하는 과도 정부가 수립되었다.
(나) 5·16 군사 정변(1961) : 4·19 혁명 후 장면 내각이 성립하였으나, 박정희를 중심으로 한 군부 세력이 5·16 군사 정변을 일으켜 권력을 장악하였다.

오답 해설

① **조봉암 : 진보당 창당 → (가) 이전**
이승만 정부 때에 조봉암이 혁신 세력을 규합하여 진보당을 창당하였다(1956).
② **국가 보위 비상 대책 위원회 설치 → (나) 이후**
유신 체제 붕괴 후 12·12 군사 반란을 일으킨 전두환의 신군부가 통치권을 확립하기 위해 국가 보위 비상 대책 위원회를 설치하였다(1980).
④ **신한 공사 설립 → (가) 이전**
미군정 시기에 일제의 귀속 재산 처리를 위해 신한 공사가 설립되어 동양 척식 주식회사가 소유했던 재산 및 군정청 소유의 모든 토지를 관리했다(1949).
⑤ **3·1 민주 구국 선언 발표 → (나) 이후**

박정희 정부 때에 유신 체제에 항거하여 재야 정치인들과 가톨릭 신부, 개신교 목사, 대학 교수 등이 긴급 조치 철폐를 요구하는 3·1 민주 구국 선언을 발표하였다(1976).

48. 김대중 정부

암기박사 노사정 위원회 구성 ⇒ 김대중 정부 정답 ⑤

정답 해설

월드컵과 부산 아시안 게임이 개최된 것은 김대중 정부 때의 일이다. 김대중 정부 때에 대통령 직속 자문 기구로 노사정 위원회가 구성되어 고용 안정, 노사 협력, 경제 위기 극복 등의 현안을 논의하였다.

오답 해설

① **포항 제철소 1기 설비 준공 → 박정희 정부**
박정희 정부 때에는 장기적인 철강 공업 육성 계획에 따라 포항 제철소 1기 설비가 준공되었다.
② **미국과 자유 무역 협정(FTA) 체결 → 노무현 정부** ← 발효는 이명박 정부 때부터 임
노무현 정부 때에 한·미 자유 무역 협정(FTA)이 체결되어 미국과의 무역 장벽을 허무는 계기가 되었다.
③ **3저 호황, 수출 증가 → 전두환 정부**
전두환 정부 때에 유가 하락, 달러 가치 하락, 금리 하락의 3저 호황으로 물가가 안정되고 수출이 증가하였다.
④ **금융 실명제 → 김영삼 정부**
김영삼 정부 때에 금융 거래의 투명성을 확보하고자 대통령의 긴급 명령으로 금융 실명제가 실시되었다.

49. 5·18 민주화 운동

암기박사 5·18 민주화 운동 ⇒ 유네스코 세계 기록유산 등재 정답 ②

정답 해설

신군부의 계엄 확대와 무력 진압에 5·18 민주화 운동이 발발하였고, 시위 과정에서 시민군이 자발적으로 조직되었다(1980). 현재 5·18 민주화 운동 관련 기록물은 유네스코 세계 기록 유산으로 등재되어 있다(2011).

오답 해설

① **한·일 국교 정상화 → 6·3 시위**
박정희 정부 때에 한·일 회담에 따른 굴욕적인 한·일 국교 정상화에 반대하여 6·3 시위가 일어났다(1964).
③ **대통령 중심제에서 의원 내각제 변경 → 4·19 혁명**
4·19 혁명 후의 혼란 수습을 위해 허정 과도 내각이 출범되어 대통령 중심제에서 의원 내각제로 바뀌는 계기가 되었다(1960).
④ **긴급 조치 철폐 → 3·1 민주 구국 선언**
박정희 정부의 유신 체제에 항거하여 재야 정치인들과 가톨릭 신부, 개신교 목사, 대학 교수 등이 3·1 민주 구국 선언을 통해 긴급 조치 철폐 등을 요구하였다(1976).
⑤ **4·13 호헌 조치 → 6월 민주 항쟁**
박종철 고문치사와 전두환 정부의 4·13 호헌 조치 발표로 호헌 철폐와 독재 타도 등을 외치며 6월 민주 항쟁이 촉발되었다(1987).

50. 우리나라의 연호(年號)

정답 ⑤

암기박사 연호 : 광무 ⇒ 고종 / 연호 : 융희 ⇒ 순종

정답 해설

융희는 대한제국의 마지막 황제인 순종이 사용한 연호로, 인산일을 기회로 삼아 6·10 만세 운동이 전개되었다. 한편, 3·1 만세 운동이 전개된 것은 순종의 아버지인 고종 때이며, 연호는 광무이다.

오답 해설

① 연호 : 영락 → 고구려 광개토 대왕
  고구려 광개토 대왕은 서쪽으로 선비족의 후연을 격파하여 요동 지역을 확보하였으며, 백제의 위례성을 공격하여 임진강·한강 선까지 진출하였다.

② 연호 : 건원 → 신라 법흥왕
  신라 법흥왕은 병부와 상대등을 설치하여 관등을 정비하고 율령 반포와 공복을 제정하여 통치 질서를 확립하였다.

③ 연호 : 인안 → 발해 무왕
  고왕(대조영)에 이어 왕위에 오른 발해 무왕(대무예)은 동생 대문예를 보내 흑수말갈을 정벌하였다.

④ 연호 : 광덕, 준풍 → 고려 광종
  고려 광종은 인재를 등용하기 위해 후주인 쌍기의 건의를 수용하여 과거제를 도입하였다.

제2회 정답 및 해설

1. 구석기 시대의 생활 모습

암기박사 동굴, 막집 거주 ⇒ 구석기 시대

정답 ④

정답 해설
공주 석장리는 구석기 시대의 대표적인 유적지로 찍개, 주먹도끼 등의 뗀석기가 출토되었다. 이 시대에는 주로 동굴이나 막집에 거주하면서 사냥과 채집 생활을 하였다.

오답 해설
① 명도전, 반량전 → 철기 시대 ←── 중국 춘추 전국 시대에 연과 제에서 사용한 청동 화폐
철기 시대에 중국 화폐인 명도전, 반량전 등의 화폐가 유통되어 중국과의 활발한 교역 관계를 알 수 있다. ←── BC 3세기 무렵 진에서 사용한 청동 화폐

② 반달 돌칼 : 곡식 수확 → 청동기 시대
청동기 시대에는 벼농사가 시작되어 반달 돌칼을 이용하여 곡식을 수확하였다.

③ 거푸집 : 세형 동검 제작 → 철기 시대
철기 시대에는 청동 제품을 제작하던 틀인 거푸집을 이용하여 세형 동검을 만들었다. ←── 초기의 비파형 동검(요령식 동검)이 한국식 동검인 세형 동검으로 발전

⑤ 빗살무늬 토기 : 식량 저장 → 신석기 시대
신석기 시대에는 빗살무늬 토기를 만들어 식량을 조리하거나 저장하는 용도로 사용하였다.

핵심노트 ▶ 구석기 시대의 주요 유적지
단양 도담리 금굴, 단양 상시리 바위 그늘, 공주 석장리, 평남 상원 검은모루 동굴, 연천 전곡리, 제천 점말 동굴, 함북 웅기 굴포리, 청원 두루봉 동굴(흥수굴), 평남 덕천 승리산 동굴, 평양 만달리 동굴, 함북 종성 동관진, 단양 수양개, 제주 어음리 빌레못

2. 부여의 풍속

암기박사 가(加) : 사출도 주관 ⇒ 부여

정답 ③

정답 해설
12월에 영고라는 제천 행사를 열었으며, 사람을 죽여 순장하는 풍습이 행해진 나라는 부여이다. 부여는 여러 가(加)들이 별도로 사출도를 주관하였으며, 왕이 직접 통치하는 중앙과 합쳐 5부를 구성하였다. ←── 마가, 우가, 저가, 구가

오답 해설
① 민며느리제 : 혼인 풍습 → 옥저
혼인 풍습으로 민며느리제가 있었던 나라는 옥저로, 장래에 혼인할 것을 약속한 여자가 어렸을 때 남자의 집에 가서 지내다가 성장한 후에 남자가 예물을 치르고 혼인을 하는 일종의 매매혼이다.

② 낙랑과 왜에 철 수출 → 변한
낙동강 유역(김해, 마산)을 중심으로 발전한 변한은 철이 많이 생산되어 낙랑과 왜에 수출하였다. ←── 철을 교역에서 화폐처럼 사용

④ 단궁, 과하마, 반어피 : 특산물 → 동예
동예는 토지가 비옥하고 해산물이 풍부하여 농경·어로 등 경제 생활이 윤택하였으며, 단궁, 과하마, 반어피 등이 대표적인 특산물이다.

⑤ 사자, 조의, 선인 : 관리 → 고구려
고구려는 왕 아래 대가(大加)들이 존재하였으며, 각기 사자·조의·선인 등의 관리를 거느리고 자치권을 유지하였다. ←── 상가, 대로, 패자, 고추가 등

핵심노트 ▶ 부여의 정치
- 왕 아래에 가축의 이름을 딴 마가·우가·저가·구가와 대사자·사자 등의 관리를 둠
- 4가(加)는 각기 행정 구획인 사출도를 다스리고 있어서, 왕이 직접 통치하는 중앙과 합쳐 5부를 구성 → 5부족 연맹체
- 가(加)들은 왕을 제가 회의에서 추대하기도 하였고, 수해나 한해를 입어 오곡이 잘 익지 않으면 책임을 물어 왕을 교체 → 초기에는 왕권이 약하여 문책당하거나 시행당하기도 함
- 왕이 나온 대표 부족의 세력은 매우 강해서, 궁궐·성책·감옥·창고 등의 시설을 갖추고 부족장들이 통제

3. 신라 진흥왕의 업적

암기박사 화랑도를 국가 조직으로 개편 ⇒ 진흥왕

정답 ②

정답 해설
거칠부가 국사를 편찬하고 이사부가 도살성과 금현성을 점령하였으며 마운령과 황초령에 순수비를 세운 왕은 신라 진흥왕이다. 그 외 진흥왕은 국가적인 조직으로 화랑도를 개편하였다. ←── 씨족 공동체의 전통을 가진 원화(源花)가 발전한 원시 청소년 집단

오답 해설
① 정전 지급 → 성덕왕
통일 신라의 성덕왕은 백성들에게 정전을 지급하여 농민에 대한 국가의 토지 지배력을 강화하였다.

③ 국학 설립 → 신문왕
통일 신라의 신문왕은 국학을 설립하여 유학 교육을 실시하고 유교 이념을 확립하였다.

④ 왕의 칭호 : 마립간 → 내물왕
신라 내물왕 때 김씨에 의한 왕위 계승권이 확립되고(형제 상속), 최고 지배자의 칭호도 대군장을 뜻하는 마립간으로 변경되었다.

⑤ 외사정 파견 : 지방관 감찰 → 문무왕
문무왕은 당을 축출하여 통일을 완수한 후 지방관 감찰을 위하여 외사정을 파견하였다.

20

제2회 정답 및 해설

핵심노트 ▶ 신라 진흥왕(540~576)의 업적

- 남한강 상류 지역인 단양 적성을 점령하여 단양 적성비를 설치(551)
- 백제 성왕과 연합하여 고구려가 점유하던 한강 상류 지역을 차지(551)
- 백제가 점유하던 한강 하류 지역 차지(553)
- 북한산비 설치(561)
- 고령의 대가야를 정복하는 등 낙동강 유역을 확보 → 창녕비, 561
- 원산만과 함흥평야 등을 점령하여 함경남도 진출 → 황초령비·마운령비, 568
- 화랑도를 공인(제도화)하고, 거칠부로 하여금 국사를 편찬하게 함 → 전하지 않음
- 황룡사·흥륜사를 건립하여 불교를 부흥하고, 불교 교단을 정비하여 주통·승통·군통제를 시행
- 최고 정무기관으로 품주를 설치하여 국가기무와 재정을 담당하게 함
  ↳ 신라 최고의 행정기관인 집사부의 전신

4. 백제 무령왕릉

암기박사 피장자와 축조 연대 확인 백제 왕릉 ⇒ 무령왕릉 **정답** ③

정답 해설

중국 남조의 영향을 받아 벽돌로 축조되었으며, 무덤을 수호하는 진묘수가 발굴된 백제 제25대 왕의 무덤은 무령왕릉이다. 무령왕릉은 피장자와 축조 연대가 확인된 유일한 백제 왕릉이다.
↑ 무덤 수호를 목적으로 한 짐승 모양의 신상(神像)

오답 해설

① 석촌동 고분군 → 돌무지무덤
  서울 석촌동 고분군은 고구려 장군총과 유사한 돌무지무덤으로 백제의 건국 세력이 고구려계임을 짐작하게 한다.
② 신라 무덤 양식 → 돌무지덧널무덤
  나무로 곽을 짜고 그 위에 돌을 쌓은 무덤은 신라의 무덤 양식인 돌무지덧널무덤으로 천마총이 이에 해당된다.
④ 금동 대향로 출토 → 부여 능산리 절터
  국보로 지정된 금동 대향로가 출토된 곳은 부여의 능산리 절터로, 백제의 금속 공예 기술이 중국을 능가할 정도로 매우 뛰어났음을 보여주는 걸작품이다.
⑤ 김유신 묘 : 12지 신상 → 굴식돌방무덤
  무덤의 둘레돌에 12지 신상을 조각한 것은 김유신 묘로, 신라의 무덤 양식인 굴식돌방무덤이다. ↳ 호석

핵심노트 ▶ 무령왕릉

무령왕릉은 충남 공주시 금성동에 위치하며 송산리 고분군에 포함되어 있다. 무령왕릉은 당시 중국 양(梁)나라 지배계층 무덤의 형식을 그대로 모방하여 축조한 벽돌무덤 양식이다. 무덤 안에서 무덤의 주인공을 알려주는 묘지석이 발견됨으로써 백제 제25대 무령왕(501~523)의 무덤이라는 사실이 밝혀졌다.

5. 고구려 벽화

암기박사 강서대묘 사신도 : 도교 영향 ⇒ 고구려 벽화 **정답** ③

정답 해설

강서대묘의 사신도는 도교의 영향을 받은 고구려 벽화로, 색의 조화가 뛰어나며 정열과 패기를 지닌 걸작이다. 무덤의 사방을 수호하는 영물인 청룡·백호·주작·현무를 그린 고분벽화이다.

오답 해설

① 수산리 고분 교예도 → 고구려 벽화
  교예도는 평남 강서 수산리 고분에 있는 고구려 시대의 벽화로, 나무다리 위에서 춤추기, 바퀴 굴리기, 공던지기 등의 교예를 하고 있는 모습을 그린 벽화이다.
② 무용총 접객도 → 고구려 벽화
  접객도는 중국 길림성 집안현의 무용총에 있는 고구려 시대의 벽화로, 무덤 주인이 서역에서 온 듯한 손님을 접대하는 모습이 그려져 있어 당시 고구려가 서역과 교류했음을 알 수 있다.
④ 각저총 씨름도 → 고구려 벽화
  씨름도는 중국 길림성 집안현의 각저총에 있는 고구려 벽화로, 고구려인과 서역인으로 보이는 두 사람이 장례행사의 의례적 행위로 씨름을 하는 모습이 그려져 있다.
⑤ 통구 12호분 참수도 → 고구려 벽화
  중국 길림성 집안현 대왕촌의 12호분에 있는 고구려 시대의 벽화로, 고구려 군의 전투 방식과 무장 모습을 보여주는 벽화이다.

핵심노트 ▶ 강서대묘의 사신도

사신도는 각각 동·서·남·북의 방위를 지키는 사방위신인 청룡·백호·주작·현무를 그린 고분벽화이다. 이는 무덤의 사방을 수호하는 영물을 그린 것으로, 도교의 영향을 받아 죽은 자의 사후세계를 지켜준다는 믿음을 담고 있다.

6. 금관가야의 역사

암기박사 신라 법흥왕 때 멸망 ⇒ 김수로 : 금관가야 **정답** ①

정답 해설

김해 대성동 고분군은 김수로왕에 의해 건국된 금관가야의 무덤이다. 금관가야는 법흥왕 때 신라에 복속되어 일부 왕족이 진골로 편입되었다.

오답 해설

② 화백 회의 : 만장일치제 → 신라
  신라는 국가의 중요 결정들을 만장일치제인 화백 회의를 통해 국정을 운영하였다.
③ 진대법 : 빈민 구제 → 고구려
  고구려는 고국천왕 때 을파소의 건의로 빈민을 구제하기 위한 진대법을 실시하였다.
④ 박, 석, 김의 3성 : 왕위 계승 → 신라
  진한의 소국 중 하나인 사로국에서 출발한 신라는 동해안으로 들어온 석탈해 집단이 등장하면서 박, 석, 김의 3성이 번갈아 왕위를 차지하였다.
⑤ 오경박사, 의박사, 역박사 일본 파견 → 백제
  백제는 오경박사, 의박사, 역박사 등을 일본에 파견하여 백제의 선진 문물을 전파하고 일본의 문화 발전에 기여하였다.

핵심노트 ▶ 가야 연맹

- 전기 가야 연맹 : 김수로왕의 금관가야(김해) → 신라 법흥왕 때 멸망(532년)
- 후기 가야 연맹 : 이진아시왕의 대가야(고령) → 신라 진흥왕 때 멸망(562년)

7. 발해의 역사

암기박사 군사 제도 : 9서당 10정 ⇒ 통일 신라

정답 ①

정답 해설

두 부처가 나란히 앉아 있는 모습을 나타낸 이불병좌상이 발견된 것은 발해의 수도였던 동경 용원부 유적지이다. 한편, 중앙군으로 9서당을 편성한 것은 통일 신라로, 신문왕은 중앙군으로 9서당, 지방군으로 10정을 설치하여 9서당 10정의 군사 조직을 갖추었다.

오답 해설

② **중정대 : 관리 감찰 → 발해**
발해는 중정대를 두어 관리들의 비위를 감찰하였다.

③·⑤ **해동성국, 5경 15부 62주 → 발해**
발해의 선왕(대인수)은 발해 최대의 영토를 형성하고 중흥기를 이루어 해동성국이라 불렸으며, 5경 15부 62주의 지방 행정 제도를 갖추었다.

④ **연호 : 인안, 대흥 → 발해**
발해의 무왕(대무예)은 인안, 문왕(대흠무)은 대흥이라는 독자적 연호를 사용하여 중국과 대등한 지위를 갖추었다.

핵심노트 ▶ 발해의 중앙 관제

- 3성 6부 : 3성(정당성 · 선조성 · 중대성) 6부(인 · 의 · 지 · 예 · 신부), 정당성의 장관인 대내상이 국정 총괄
- 중정대 : 관리들의 비위(非違)를 감찰하는 감찰 기관
- 문적원 : 서적의 관리 담당(도서관)
- 주자감 : 중앙의 최고 교육 기관(국립대학)으로 귀족의 자제 교육

8. 최치원의 활동

암기박사 계원필경 저술 ⇒ 최치원

정답 ②

정답 해설

최치원은 6두품 출신으로 당에 유학하여 빈공과에 급제하였고, 황소의 난이 일어나자 격황소서(檄黃巢書)를 지어 이름을 떨쳤다. 또한 귀국 후 진성 여왕에게 시무책 10여 조를 올렸으나 수용되지 않았다. 저서로 당에서 쓴 글을 모은 계원필경을 남겼다.

오답 해설

① **일심 사상, 화쟁 사상 → 원효**
원효는 일심과 화쟁 사상을 중심으로 몸소 아미타 신앙을 전개하고 무애가를 지어 불교 대중화에 힘썼다.

③ **청방인문표 → 강수**
강수는 불교를 세외교라 하여 비판하고, 도덕을 사회적 출세보다 중시하였으며 청방인문표, 답설인귀서 등을 집필하였다.

④ **화왕계 → 설총**
설총은 원효의 아들로 신문왕에게 향락을 배격하고 경계로 삼도록 화왕계를 지어 올렸다.

⑤ **해동고승전 → 각훈**
각훈은 화엄종의 대가로 삼국 시대의 승려 33명의 전기를 수록한 우리나라 최고(最古)의 승전인 해동고승전을 남겼다.

핵심노트 ▶ 최치원

6두품 출신으로 당의 빈공과에 급제하고 귀국 후 진성여왕에게 개혁안 10여 조를 건의하였으나 수용되지 않았다. 골품제의 한계를 자각하고 과거 제도를 주장하였으며, 신라 하대에 반신라적 사상을 견지하여 고려 건국에 큰 영향을 끼쳤다. 작품으로 계원필경, 제왕연대력, 법장화상전, 4산 비명이 전한다.

9. 익산 미륵사지 석탑

암기박사 익산 미륵사지 석탑 ⇒ 금제 사리봉영기 발견

정답 ②

정답 해설

현존하는 삼국 시대 석탑 중 가장 규모가 크며, 목탑 양식을 반영하여 건립된 석탑은 백제의 미륵사지 석탑으로 익산에 있다. 익산 미륵사지 석탑에서는 그 보수 과정에서 금제 사리봉영기가 발견되었다.

오답 해설

① **온조의 백제 건국 → 하남 위례성**
고구려 주몽의 아들 온조가 남하하여 하남 위례성을 도읍으로 삼아 백제를 건국하였다.

③ **금동 대향로 출토 → 부여 능산리 절터**
국보로 지정된 금동 대향로가 출토된 곳은 부여의 능산리 절터로, 백제의 금속 공예 기술이 중국을 능가할 정도로 매우 뛰어났음을 보여주는 걸작품이다.

④ **무령왕릉 → 공주 송산리 고분군**
백제 무령왕과 왕비의 무덤이 발굴된 공주 송산리 고분군은 중국 남조의 영향을 받은 벽돌 무덤 양식으로, 무덤의 주인을 알 수 있는 묘지석이 출토되었다.

⑤ **천정대 → 부여군 규암면 호암사**
백제 때 재상을 선출하던 천정대가 있었던 곳은 충남 부여군 규암면에 있는 호암사이다. → 정사암

10. 고려 광종 재위 기간의 모습

암기박사 노비안검법 : 왕권 강화 ⇒ 고려 광종

정답 ④

정답 해설

광덕이라는 독자적 연호를 사용하였으며 지배층의 위계질서 확립을 목적으로 백관의 공복을 제정한 왕은 고려 광종이다. 광종은 호족·공신 세력을 약화시키고 왕권을 강화하기 위해 노비안검법을 실시하였다.
→ 관원이 조정에 나아갈 때 입는 관복   → 양인이었으나 불법으로 노비가 된 자들 조사하여 해방시킴

오답 해설

① **녹과전 지급 → 고려 원종**
고려 원종은 몽골의 침입으로 전시과 제도가 완전히 붕괴되어 토지를 지급할 수 없게 되자, 일시적으로 관리의 생계를 위해 녹봉 대신 녹과전을 지급하였다.

② **이제현 : 만권당 → 고려 충선왕**
고려 충선왕 때 이제현은 학문 교류를 위해 원의 연경에 독서당인 만권당을 설립하여 성리학 전파에 이바지하였다.

③ **주전도감 : 화폐 주조 → 고려 숙종**

고려 숙종 때에는 화폐 유통의 촉진을 도모하기 위해 주전도감을 설치하여 화폐를 주조하였다.

⑤ 직지심체요절 간행 → 고려 우왕

고려 우왕 때 현존하는 세계 최고(最古)의 금속 활자본인 직지심체요절이 청주 흥덕사에서 간행되었다.

 핵심노트 ▶ 고려 광종의 업적

- 개혁 주도 세력 강화 : 개국 공신 계열의 훈신 등을 숙청하고 군소 호족과 신진 관료 중용
- 군사 기반 마련 : 내군을 장위부로 개편하여 시위군을 강화
- 칭제 건원 : 국왕을 황제라 칭하고 광덕·준풍 등 독자적 연호를 사용, 개경을 황도라 함
- 노비안검법 실시(광종 7, 956) : 양인이었다가 불법으로 노비가 된 자를 조사하여 해방시켜 줌으로써, 호족·공신 세력을 약화시키고 국가 재정 수입 기반을 확대
- 과거 제도의 실시(958) : 후주인 쌍기의 건의로 실시, 유학을 익힌 신진 인사를 등용해 호족 세력을 누르고 신구 세력의 교체를 도모
- 백관의 공복 제정(960) : 지배층의 위계질서 확립을 목적으로 제정, 4등급으로 구분
- 주현공부법 : 국가 수입 증대와 지방 호족 통제를 위해 주현 단위로 공물과 부역의 양을 정함
- 불교의 장려 : 왕사·국사 제도 제정(963), 불교 통합 정책

→ 혜거를 최초의 국사로, 탄문을 왕사로 임명

11. 최승로의 시무 28조

정답 ⑤

암기박사 시무 28조 : 유교 정치 확립 ⇒ 최승로

정답 해설

제시된 사료는 고려 성종 때 최승로가 올린 시무 28조와 관련된 내용이다. 그는 재정 낭비를 초래하는 불교 행사를 억제하고 유교 정치에 근거한 통치 체제 확립에 기여하였다.

오답 해설

① 처인성 전투 → 김윤후

몽골의 2차 침입 때 처인성에서 김윤후가 이끄는 민병과 승병이 적장 살리타를 사살하고 몽골군을 물리쳤다.

② 목종 폐위 → 강조

강조가 정변을 일으켜 김치양을 제거한 후 목종을 폐위하고 대량군(현종)을 즉위시켰다.

③ 교정별감 → 최충헌

최충헌은 사회 개혁책인 봉사 10조를 제시하였으며, 교정별감이 되어 인사, 재정 등 국정 전반을 장악하였다. → 교정도감의 수장

④ 전민변정도감 → 신돈

고려 공민왕 때 신돈은 전민변정도감의 책임자로 임명되어 권문세족을 견제하고 개혁을 이끌었다.

핵심노트 ▶ 최승로의 시무 28조 주요 내용

- 유교 정치 이념을 토대로 하는 중앙 집권적 귀족 정치 지향 → 왕권의 전제화 반대
- 유교적 덕치, 왕도주의와 도덕적 책임 의식
- 지방관 파견과 12목 설치, 군제 개편, 대간 제도 시행
- 신하 예우 및 법치 실현, 왕실의 시위군·노비·가마의 수 감축
- 호족 세력의 억압과 향리 제도 정비 → 향직 개편, 호족의 무기 몰수
- 집권층·권력층의 수탈 방지 및 민생 안정 추구
- 유교적 신분 질서의 확립 → 엄격한 신분관을 유지하고 귀족 관료의 권위와 특권을 옹호
- 유교적 합리주의를 강조하여 불교의 폐단을 지적·비판 → 연등회와 팔관회 폐지
- 대외 관계에서 민족의 자주성 강조 → 북진 정책 계승, 중국 문화의 취사선택
- 개국 공신의 후손 등용 등

12. 고려 시대의 경제 상황

정답 ①

암기박사 벽란도 : 국제 무역항 ⇒ 고려 시대

정답 해설

강화도는 고려 시대 반몽정권의 수도였으며, 교정별감은 고려 무신 집권기 때 국정을 총괄하는 교정도감의 수장이다. 고려 시대에는 예성강 하구의 벽란도가 국제 무역항으로 번성하여 중국의 송 상인을 비롯해 일본, 만양, 아라비아 상인과 활발한 대외 무역이 이루어졌다.

오답 해설

② 송상 : 송방 설치 → 조선 후기

조선 후기에 개성의 송상은 전국에 송방이라는 지점을 설치하고 청과 일본 사이의 중계 무역으로 부를 축적하였다.

③ 동시전 : 시장 감독 → 신라 지증왕

신라 지증왕 때 시장을 감독하기 위한 관청인 동시전이 수도 경주에 설치되었다.

④ 신라방 형성 → 통일 신라

통일 신라는 당의 산둥 반도와 양쯔강 하류 일대에 신라방을 형성하여 활발히 교역하였다.

⑤ 금난전권 폐지 → 조선 정조

조선 정조 때 신해통공을 실시하여 육의전을 제외한 시전 상인의 금난전권을 폐지하였다. → 명주, 종이, 어물, 모시와 베, 무명, 비단을 파는 점포

핵심노트 ▶ 시대별 대표적 무역항

- 삼국 시대 : 당항성
- 통일 신라 : 당항성, 영암, 울산항
- 고려 시대 : 벽란도(국제 무역항), 금주(김해)
- 조선 초기 : 3포(부산포·염포·제포)
- 조선 후기 : 부산포

13. 거란의 침입

정답 ②

암기박사 고려 현종 : 나주 피난 ⇒ 거란의 2차 침입

정답 해설

(가) 거란의 1차 침입(993) : 고려 성종 때 거란이 침입하자 고려는 청천강에서 거란의 침략을 저지하는 한편, 서희가 거란의 소손녕과 협상하여 강동 6주를 획득하였다.
- 거란의 2차 침입(1010) : 고려 현종 때 강조의 정변을 구실로 거란이 강동 6주를 넘겨줄 것을 요구하며 2차 침입을 시도하였고, 현종은 개경이 함락되자 거란의 침략을 피해 나주로 피난하였다.
(나) 거란의 3차 침입(1018) : 거란의 3차 침입에 맞서 강감찬은 귀주에서 대승을 거두었고, 이후 강감찬의 건의와 왕가도의 감독으로 개경에 나성을 축조하였다.

오답 해설

① 외침에 대비 : 광군 조직 → 고려 정종

고려 정종은 외침에 대비하기 위하여 상비군인 광군을 창설하고 청천강에 배치하였다(947).

③ **나세, 심덕부 : 진포 대첩 → 고려 우왕**
고려 말 우왕 때 나세, 심덕부 등이 최무선이 만든 화약과 화포를 실전에서 처음으로 사용하여 진포에서 왜구를 물리쳤다(1380).

④ **만부교 사건 → 고려 태조**
발해를 멸망시킨 거란이 고려와 교류하기 위해 사신을 보내자 태조가 선물로 보낸 낙타를 만부교에 묶어 아사하도록 한 사건이 일어나 거란과의 관계가 악화되었다(942).

⑤ **후주와 사신 교환 → 고려 광종**
고려 광종 때에는 후주와 사신을 교환하여 대외 관계의 안정을 꾀하였으며, 이때 후주인 쌍기가 귀화하여 과거제의 실시를 건의하고 지공거가 되었다(945~975). ← 과거를 관장하는 시험관

핵심노트 ▶ 거란의 침입

구분	원인	결과
1차 침입 (성종 993)	송과의 단절 요구, 정안국의 존재	서희의 외교 담판 → 강동 6주 획득
2차 침입 (현종 1010)	강조의 정변	양규의 흥화진 전투
3차 침입 (현종 1018)	현종의 입조 및 강동 6주 반환 거부	강감찬의 흥화진 전투 & 귀주대첩

14. 고려 시대의 불상

암기박사 서산 용현리 마애여래삼존상 ⇒ 백제 시대

정답 ②

정답 해설
충남 논산의 관촉사에 있는 석조 미륵보살입상은 고려 시대 최대의 석불입상으로, 은진미륵이라고도 불리며 규모가 거대하고 인체 비례가 불균형하다. 한편, 서산 용현리 마애여래삼존상은 충남 서산시 운산면 용현리에 있는 백제 시대의 불상으로 흔히 '백제의 미소'로 널리 알려져 있다.

오답 해설
① **하남 하사창동 철조 석가여래 좌상 → 고려 시대**
경기도 하남시 하사창동에 있는 고려 전기의 폐사지인 천왕사지에서 출토된 철불이다.

③ **안동 이천동 마애여래 입상 → 고려 시대**
경북 안동시 이천동에 있는 고려 시대의 불상으로, 원래 연미사(燕尾寺)가 있었다고 전해지는 곳에 위치하며 근래에 제비원이라는 암자가 새로 들어서 '제비원 석불'이라고도 불린다.

④ **영주 부석사 소조 여래 좌상 → 고려 시대**
경북 영주시의 부석사 무량수전에 봉안되어 있던 고려 시대의 불상으로, 우리나라에 남아 있는 소조 불상 중 가장 크고 오래된 것이다.

⑤ **파주 용미리 마애이불입상 → 고려 시대**
파주 용미리 마애이불입상은 경기도 파주시 광탄면 용미리에 있는 고려 시대의 불상으로, 천연암벽을 몸체로 삼아 그 위에 목, 머리, 갓 등을 따로 만들어 얹어놓은 2구의 거불이다.

15. 조선 태조 이성계

암기박사 조선 건국 : 한양 천도 ⇒ 조선 태조

정답 ②

정답 해설
고려군을 이끌고 전라도 황산에서 적장 아지발도를 사살하는 등 왜구를 크게 물리친 기록은 고려 우왕 때 일어난 이성계의 황산대첩이다. 이후 요동 정벌을 위해 파견된 이성계는 4불가론을 들어 요동 정벌을 반대하고 위화도에서 회군하여 최영을 제거한 후 국호를 조선으로 바꾸고 수도를 한양으로 옮겼다.

오답 해설
① **문하부 낭사 분리 : 사간원 독립 → 조선 태종**
조선 태종은 문하부 낭사를 분리하여 사간원으로 독립시키고 대신들을 견제하였다.

③ **칠정산 : 역법서 → 조선 세종**
조선 세종 때 중국의 수시력과 아라비아의 회회력을 참고로, 한양을 기준으로 한 역법서인 칠정산을 만들었다.

④ **경국대전 완성 : 국가의 통치 규범 → 조선 성종**
조선 성종은 세조 때 편찬에 착수한 경국대전을 완성하여 국가의 통치 규범을 마련하였다.

⑤ **직전법 : 현직 관리에게만 수조지 지급 → 조선 세조**
조선 세조는 왕위에 오른 후 과전이 부족해지자 직전법을 제정하여 현직 관리에게만 수조지를 지급하였다. ← 세를 거둘 수 있는 땅

핵심노트 ▶ 위화도 회군(1388)

- 최영과 이성계 등은 개혁의 방향을 둘러싸고 갈등
- 우왕의 친원 정책에 명이 쌍성총관부가 있던 철령 이북의 땅에 철령위 설치를 통보
- 요동 정벌을 둘러싸고 최영 측과 이성계 측이 대립
- 이성계는 위화도에서 회군하여 최영을 제거하고 군사적 · 정치적 실권을 장악

16. 삼봉 정도전

암기박사 조선경국전 저술 ⇒ 삼봉 정도전

정답 ⑤

정답 해설
불씨잡변을 지어 불교를 비판하고 성리학을 통치 이념으로 확립한 인물은 삼봉 정도전이다. 그는 조선 초기의 개국공신으로 재상 중심의 정치를 주장하였으며, 조선경국전을 저술하여 통치 제도 정비에 기여하였다.

오답 해설
① **계유정난으로 축출 → 김종서, 황보인, 안평대군**
수양대군(세조)이 정인지 · 권람 · 한명회 등과 계유정난을 일으켜 김종서 · 황보인 등의 중신과 안평대군을 축출하고 정치적 실권을 장악하였다.

② **해동제국기 편찬 → 신숙주**
신숙주는 계해약조 당시 일본에 다녀와서 일본의 지세와 국정 등을 기록한 해동제국기를 편찬하였다.

24

③ 기축봉사 : 명에 대한 의리 → 송시열
  송시열은 효종에게 장문의 상소인 기축봉사를 올려 명에 대한 의리와 북벌론을 주장하였다.
④ 성학십도 : 군주의 도 → 이황
  이황은 성학십도를 선조에게 올려 군주의 도(道)에 관한 학문의 요체를 도식으로 설명하였다.

> **핵심노트** ▶ 정도전의 업적
> - 건국 초창기의 문물제도 형성에 크게 공헌
> - 재상 중심의 정치를 강조하고 민본적 통치 규범을 마련
> - 불씨잡변을 통하여 불교를 비판하고 성리학을 통치 이념으로 확립
> - 주요 저서 : 조선경국전→왕도 정치 추구, 신권 정치와 민본 정치 강조, 경제문감, 경제육전→조례의 수집·편찬, 불씨잡변·심기리편→불교 배척, 도교 비판, 고려국사 등
> - 제1차 왕자의 난(1398)으로 제거됨

17. 이승휴의 제왕운기

> **암기박사** 이승휴 : 제왕운기 ⇒ 단군부터 충렬왕까지의 역사 서술

정답 ②

정답 해설

고려 충렬왕 때 이승휴가 지은 제왕운기의 상권에는 중국의 역사가, 하권에는 우리나라의 역사가 서술되어 있다. 중국과 구별되는 역사의 독자성을 강조했다는 평가를 받고 있는 제왕운기는 단군부터 충렬왕까지의 역사를 서사시로 서술하였다(1287).

오답 해설

① 남북국이라는 용어 처음 사용 → 유득공 : 발해고
  발해고는 조선 후기 실학자 유득공이 저술한 역사서로 발해를 북국, 신라를 남국으로 칭하며 남북국이라는 용어를 처음 사용하였다.
③ 정조가 세손 시절부터 쓴 일기 → 일성록
  조선의 역대 임금의 동정과 국정을 기록한 일기인 일성록은 조선 영조 때부터 기록되기 시작하였으며, 정조가 세손 시절부터 쓴 일기에서 유래하였다.
④ 조선 왕조의 백과사전식 기록 → 이긍익 : 연려실기술
  이긍익이 400여 종의 야사를 참고하여 조선 왕조의 역사를 기사본말체 형식으로 백과사전식으로 기록하였다.
⑤ 유교 사관에 입각한 기전체 형식 → 김부식 : 삼국사기
  고려 인종 때 김부식 등이 왕명을 받아 편찬한 삼국사기는 현존하는 우리나라 최고의 역사서로, 유교 사관에 입각하여 기전체 형식으로 서술하였다.

> **핵심노트** ▶ 제왕운기(충렬왕 13, 1287)
> - 시기 : 충렬왕 때 이승휴가 저술
> - 의의 : 우리나라와 중국의 역사를 시로 적은 역사 서사시로 우리 역사를 중국사와 대등하게 파악
> - 사관 : 합리주의적 인식을 바탕으로 하여 유교를 중심으로 다루면서도 불교·도교 문화까지 포괄하여 서술
> - 상권 : 중국의 반고부터 금에 이르기까지 역대 사적을 264구의 7언시로 읊음
> - 하권 : 한국의 역사를 다시 1·2부로 나누어 시로 읊고 주기를 붙임

18. 조선 전기의 과학 기술

> **암기박사** 기기도설 : 거중기 설계 ⇒ 조선 후기

정답 ③

정답 해설

조선 후기 정조 때 다산 정약용은 기기도설을 참고하여 거중기를 설계하였고 수원 화성 축조 시 활용하였다.

오답 해설

① 앙부일구 : 해시계 → 조선 전기
  앙부일구는 조선 전기 세종 때 시간을 측정하기 위해 제작한 해시계이다.
② 자격루 : 물시계 → 조선 전기
  자격루는 조선 전기 세종 때 자동으로 시간을 알려주는 장치가 되어 있는 물시계이다.
④ 갑인자 : 금속 활자 → 조선 전기
  갑인자는 조선 전기 세종 때 주조된 금속 활자로 활자 인쇄술을 발전시켰다.
⑤ 칠정산 내편 : 역법서 → 조선 전기
  칠정산 내편은 조선 전기 세종 때 한양을 기준으로 천체 운동을 계산한 역법서이다.

19. 홍문관의 기능

> **암기박사** 집현전 계승 ⇒ 홍문관

정답 ①

정답 해설

홍문관은 조선 성종 때 집현전을 계승하여 설치된 학술·언론 기관으로 '옥당'이라는 별칭이 있다. 사헌부, 사간원과 함께 삼사로 불렸으며, 왕에게 경서와 사서를 강론하는 경연을 주관하였다.

오답 해설

② 수도의 행정과 치안 담당 → 한성부
  한성부는 수도의 행정과 치안을 담당하였으며 토지 및 가옥 소송도 관여하였다.
③ 서얼 출신 검서관 등용 → 규장각
  조선 정조 때 규장각 검서관에 박제가, 이덕무, 유득공 등의 서얼 출신 학자들이 기용되었다. →규장각 각신의 보좌, 문서 필사 등의 업무를 맡은 관리
④ 임진왜란 : 국정 전반 총괄 → 비변사
  조선 중종 때 외적에 대비하기 위해 비변사가 처음으로 설치되었으며, 임진왜란을 거치면서 국정 전반을 총괄하는 국정 최고 기구로 자리 잡았다.
⑤ 국왕 직속의 사법 기구 → 의금부
  의금부는 국가의 큰 죄인을 다스리는 국왕 직속의 사법 기관으로 반역죄, 강상죄 등을 처결하였다.

핵심노트 ▶ 조선의 중앙 관제

의정부	최고 관부, 삼정승이 국정 총괄
승정원	왕명을 출납하는 비서 기관
의금부	국가의 큰 죄인을 다스리는 기관
사헌부	감찰 탄핵 기관
사간원	언관(言官)으로서 왕에 대한 간쟁
홍문관	경연 관장, 문필·학술 기관, 고문 역할
한성부	수도의 행정과 치안 담당
춘추관	역사서 편찬과 보관 담당
예문관	국왕의 교서 관리
성균관	최고 교육 기관(국립대학)

20. 조선 시대 붕당 정치

암기박사 이언적과 이황의 제자들 ⇒ 남인 **정답** ④

정답 해설
조선 선조 때 동인 출신이었던 정여립이 관직에서 물러나 고향에서 대동계를 조직하였는데, 이를 역모를 꾀한 모반이라고 고변한 붕당은 서인들이다. 한편, 이언적과 이황의 제자들이 주류를 이루었던 남인은 그 주도 세력이었던 류성룡이 서울의 남산 부근에 살았고 영남 출신이었기 때문에 남인이라 불렸다.

오답 해설
① 경신환국 : 남인 숙청 → 서인
허적의 서자 허견 등이 역모를 꾀했다 고발하여 남인을 대거 숙청한 서인이 경신환국으로 정권을 장악하였다.
② 갑술환국 : 폐비 민씨 복위 운동 → 서인
조선 숙종 때 서인이 전개한 폐비 민씨의 복위 운동을 남인이 저지하려 하자 서인이 갑술환국을 주도하고 남인을 축출하였다.
③ 기축옥사 : 동인 제거 → 서인
선조 때 정여립 모반 사건이 계기가 되어 권력을 잡은 서인은 동인에 대한 기축옥사를 주도하였다.
⑤ 기해예송 : 기년복 주장 → 서인 ← 동인은 온건파인 남인과 급진파인 북인으로 분당
효종 사망 시 자의대비의 복제를 두고 서인과 남인 간에 벌어진 기해예송에서 서인은 자의대비의 기년복을 주장하였다.

핵심노트 ▶ 학파의 형성과 분화
- 학파의 형성 : 서경덕 학파, 이황 학파, 조식 학파가 동인을 형성하고 이이 학파, 성혼 학파가 서인을 형성
- 동인은 정여립 모반 사건 등을 계기로 이황 학파의 남인과, 서경덕 학파와 조식 학파의 북인으로 분화
- 서인은 송시열, 이이 등의 노론과 윤증, 성혼 등의 소론으로 분화

21. 조선 시대 관찰사

암기박사 감사, 도백 ⇒ 관찰사 **정답** ①

정답 해설
조선 시대에는 각 도에 감사 또는 도백으로도 불리는 관찰사를 파견하였다. 관찰사는 종 2품 이상의 고위 관리가 임명되었는데, 관내 군현의 수령을 감독하고 근무 성적을 평가하였다.

오답 해설
② 단안(壇案)에 등재 → 향리
군현에서 향리를 임용할 때에는 이족 명부인 단안(壇案)의 등재자 중에서 임명하였다. ← 벼슬아치의 이름, 생년월일, 출신 등을 기록한 책
③ 장례원에서 관리 → 노비
장례원은 노비 문서 및 노비 범죄를 관장하는 기관으로, 이를 통해 노비가 국가의 관리를 받았다.
④ 지방의 행정·사법·군사권 행사 → 수령
조선 시대의 지방관인 수령은 8도의 부, 목, 군, 현에 파견되어 지방의 행정·사법·군사권을 행사하였다.
⑤ 호장, 기관, 장교, 통인 등으로 분류 → 향리
조선 시대의 향리는 우두머리인 호장, 지방 관청의 아전인 기관, 하급 군관인 장교, 지방 관청의 실무를 담당하던 통인 등으로 분류되었다.

22. 조선 정조 재위 기간의 사건

암기박사 장용영 설치 : 왕의 친위 부대 ⇒ 조선 정조 **정답** ②

정답 해설
전라도 진산의 양반 윤지충이 조상의 신주를 불태우고 모친상을 천주교 식으로 지내 신해박해를 받은 것은 조선 정조 때의 일이다. 정조 때에는 왕의 친위 부대인 장용영을 설치하여 한양에는 내영, 수원 화성에는 외영을 두었다.

오답 해설
① 나선 정벌 → 효종
효종은 러시아의 남하로 청과 러시아 간 국경 충돌이 발생하자 청의 원병 요청으로 나선 정벌에 조총 부대를 파견하였다.
③ 백두산정계비 건립 → 숙종
숙종은 청의 요구로 조선과 청의 경계를 정한 백두산정계비를 세워, 동쪽으로 토문강과 서쪽으로 압록강을 경계로 삼았다.
④ 동국문헌비고 편찬 → 영조
영조 때 홍봉한 등이 역대 문물을 정리한 한국학 백과사전인 동국문헌비고를 편찬하였다.
⑤ 수신전·휼양전 폐지 → 세조 ← 관료 사망 후 그의 처에게 세습되는 과전
세조 때 수조권이 세습되던 수신전과 휼양전을 폐지하고 직전법을 시행하여 현직 관리에게만 과전을 지급하였다. ← 토지로부터 조세를 거둘 수 있는 권리 ← 관료 사망 후 그의 자녀가 고아일 때 세습되는 과전

핵심노트 ▶ 천주교 박해 사건

- **추조 적발 사건(정조 9, 1785)**: 이벽, 이승훈, 정약용 등이 김범우의 집에서 미사를 올리다 발각
- **반회 사건(정조 11, 1787)**: 이승훈, 정약용, 이가환 등이 김석대의 집에서 성경 강습
- **신해박해(정조 15, 1791)**: 전라도 진산의 양반 윤지충 등이 신주를 소각하고 모친상을 천주교식으로 지냄
- **신유박해(순조 1, 1801)**: 벽파(노론 강경파)가 시파를 축출하기 위한 정치적 박해, 정약용·정약전 등이 강진과 흑산도로 유배, 황사영 백서(帛書) 사건 발생
- **기해박해(헌종 5, 1839)**: 안동 김씨와 풍양 조씨의 세도 쟁탈전 성격, 척사윤음(斥邪綸音) 반포, 오가작통법을 이용하여 박해
- **병오박해(헌종 12, 1846)**: 김대건 신부 처형
- **병인박해(고종 3, 1866)**: 대왕대비교령으로 천주교 금압령, 최대의 박해, 프랑스 신부와 남종삼 등 8천여 명 처형, 병인양요 발생 원인

23. 창덕궁의 역사

암기박사 태종 : 한양 재천도를 위해 건립 ⇒ 창덕궁

정답 ③

정답 해설

조선의 역대 왕들이 가장 많이 머문 궁궐은 창덕궁으로 왕실 도서관인 규장각이 설치된 곳이다. 창덕궁은 태종이 한양 재천도를 위해 건립하였으며, 현재 유네스코 세계문화유산에 등재되어 있다.

오답 해설

① **고종 : 아관 파천 이후 환궁 → 덕수궁**
덕수궁은 고종이 아관 파천 이후에 환궁한 곳으로, 원래 명칭은 경운궁이었으나 순종이 즉위하면서 태상황이 된 고종이 머무르면서 궁호를 덕수궁으로 바꾸었다.

② **북궐 → 경복궁**
북궐은 경복궁을 창덕궁과 경희궁에 상대하여 이르는 말로 도성 내 북쪽에 있어 북궐이라고 하였다.

④ **일제 : 창경원으로 격하 → 창경궁**
창경궁의 처음 이름은 수강궁으로 세종이 생존한 상왕인 태종을 모시기 위해 지은 궁이었으나, 일제에 의해 창경원으로 격하되고 동물원과 식물원 등이 설치되었다.

⑤ **정도전 : 명칭 결정 → 경복궁**   경복(景福) : '큰 복을 누리다'
태조 이성계가 한양으로 도읍을 천도할 때 정도전이 경복궁과 근정전 등 궁궐과 주요 전각의 명칭을 정하였다.   근정(勤政) : '정사를 부지런히 돌보다'

핵심노트 ▶ 한국의 고궁

- **경복궁**: 사적 제117호로 서울 종로구 세종로 1번지에 위치한다. 조선시대 궁궐 중 가장 중심이 되는 곳으로 태조 3년(1394) 한양으로 수도를 옮긴 후 세웠다.
- **창덕궁**: 조선시대 궁궐 가운데 하나로 태종 5년(1405)에 세워졌다. 당시 종묘·사직과 더불어 정궁인 경복궁이 있었으므로, 이 궁은 하나의 별궁으로 만들어졌다.
- **창경궁**: 조선시대 궁궐로 태종이 거처하던 수강궁터에 지어진 건물이다.
- **덕수궁**: 경운궁으로 불리다가, 고종황제가 1907년 왕위를 순종황제에게 물려준 뒤에 이곳에서 계속 머물게 되면서 고종황제의 장수를 빈다는 뜻의 덕수궁으로 고쳐 부르게 되었다.
- **경희궁**: 원종의 집터에 세워진 조선후기의 대표적인 이궁이다. 광해군 8년(1616)에 세워진 경희궁은 원래 경덕궁 이었으나 영조 36년(1760)에 이름이 바뀌었다.

24. 겸재 정선

암기박사 금강전도 ⇒ 겸재 정선

정답 ③

정답 해설

우리나라의 산천을 사실적으로 표현한 진경산수화의 대표적인 화가는 겸재 정선으로 인왕제색도, 금강전도 등의 뛰어난 작품을 남겼다. 그 중 금강전도는 금강내산을 부감(俯瞰) 형식의 원형구도로 그린 진경산수화이다.

오답 해설

① **고사관수도 → 강희안**
고사관수도는 조선 전기의 사대부 화가 인재 강희안의 작품으로, 깎아지른 듯한 절벽을 배경으로 바위 위에 양팔을 모아 턱을 괸 채 수면을 바라보는 선비의 모습을 묘사하였다.

② **송석원시사야연도 → 김홍도**
송석원시사야연도는 조선 후기의 대표적인 풍속화가인 단원 김홍도가 천수경의 집 송석원에서 열린 중인들의 시모임을 간결하고 운치 있게 묘사한 그림이다. → 천수경의 옥계시사는 조선 후기의 대표적인 시사(詩社)

④ **몽유도원도 → 안견**
몽유도원도는 조선 세종 때 안견이 안평대군의 꿈 이야기를 듣고 표현한 그림으로 자연스러운 현실 세계와 환상적인 이상 세계를 웅장하면서도 능숙하게 처리하였다.

⑤ **한임강명승도권 중 여주신륵사 → 정수영**
한임강명승도권은 조선 순조 때의 선비 화가 정수영이 한강과 임진강의 명승지를 돌아보며 그린 것으로, 12곳의 풍경을 긴 화폭에 진경산수화로 담았다. 한임강명승도권 중 8번 그림에 천년 고찰 신륵사와 동대탑 등의 전경이 잘 묘사되어 있다.

핵심노트 ▶ 겸재 정선

- 18세기 진경산수화의 세계를 개척
- 서울 근교와 강원도의 명승지들을 두루 답사하여 사실적으로 그림
- 대표작 : 인왕제색도, 금강전도, 여산초당도, 입암도 등

25. 금양잡록의 이해

암기박사 금양잡록 : 농서 ⇒ 강희맹

정답 ④

정답 해설

조선 성종 때 강희맹이 손수 농사를 지은 경험과 금양(안양) 지방 농민들의 견문을 종합하여 금양잡록을 저술하였다. → 농사직설에 없는 내용만을 수록하는 것을 원칙으로 함

오답 해설

① **임원경제지 저술 → 서유구**
조선 후기 서유구는 농촌 생활을 위한 백과사전으로 임원경제지를 저술하였다.

② **농상집요 소개 → 이암**
고려 충정왕 때 이암이 목화 재배와 양잠 등 중국 화북 지방의 농법을 소개한 농상집요를 소개·보급하였다.

③ 산림경제 저술 → 홍만선
조선 숙종 때 실학자 홍만선은 인삼, 고추 등의 상품 작물 재배법과 원예 기술을 수록한 산림경제를 저술하였다.
⑤ 농사직설 → 정초, 변효문
농사직설은 세종 때 정초, 변효문 등이 우리 풍토에 맞는 농법을 종합하여 편찬한 우리나라 최초의 농서로, 중국의 농업 기술을 수용하면서 우리의 실정에 맞는 독자적인 농법을 정리하였다.

26. 조선 시대 대일 정책

암기박사 동평관 설치 ⇒ 대일 정책

정답 ②

정답 해설
조선 태종은 일본 사신이 와서 머물던 숙소인 동평관을 한성에 설치하고 일본과의 무역을 허용하였다.

오답 해설
① 광군 조직 → 거란
고려 정종은 거란의 침입에 대비하기 위하여 상비군인 광군을 창설하고 청천강에 배치하였다.
③ 하정사, 성절사, 동지사 → 명·청 *(정월 초하루에 보내는 사신)*
조선은 건국 직후부터 명·청에 매년 정기적 또는 부정기적으로 하정사, 성절사, 동지사 등으로 불리는 사절단을 파견하였다. *(황제의 탄신일에 보내는 사신 / 동지에 보내는 사신)*
④ 북평관 → 여진족
조선 세종 때 사절 왕래를 위해 한성에 여진족 사신의 숙소인 북평관을 개설하였다.
⑤ 어윤중 → 서북 경략사 → 청
고종은 어윤중을 서북 경략사로 임명하여 청과의 국경, 무역, 국방에 관한 사무를 관장토록 하였다.

👆 **핵심노트** ▶ 조선 시대 일본과의 관계

1419 (세종 1)	쓰시마 섬 정벌	이종무
1426 (세종 8)	3포 개항	• 부산포(동래), 제포(진해), 염포(울산) • 개항장에 왜관 설치, 제한된 범위의 교역 허가
1443 (세종 25)	계해약조	제한된 조공 무역 허락 → 세견선 50척, 세사미두 200석, 거류인 60명
1510 (중종 5)	3포 왜란, 임시 관청으로 비변사 설치	임신약조 체결(1512) → 제포만 개항, 계해약조와 비교했을 때 절반의 조건으로 무역 허락
1544 (중종 39)	사량진 왜변	무역 단절, 일본인 왕래 금지
1547 (명종 2)	정미약조	세견선 25척, 인원 제한 위반 시 벌칙 규정의 강화
1555 (명종 10)	을묘왜변	국교 단절, 제승방략 체제로 전환, 비변사의 상설 기구화
1592 (선조 25)	임진왜란, 정유재란 (1597)	비변사의 최고 기구화 → 왕권 약화 및 의정부·육조의 유명무실화 초래
1607~1811	통신사 파견(12회)	국교 재개(1607), 조선의 선진 문화를 일본에 전파
1609 (광해군 2)	기유약조	국교 회복, 부산포에 왜관 설치 → 세견선 20척, 세사미두 100석

27. 조선 후기의 사회 모습

암기박사 상품 작물 재배 ⇒ 조선 후기

정답 ④

정답 해설
월하정인은 조선 후기의 대표적인 풍속 화가 혜원 신윤복이 그린 작품으로, 늦은 밤 인적이 드문 뒷골목에서 남녀 간의 연애를 소재로 한 그림이다. 조선 후기에는 고추, 담배를 시장에서 매매하기 위한 상품 작물로 재배하였다.

오답 해설
① 염포 : 왜관 교역 → 조선 전기
조선 전기 세종 때 염포(울산)를 비롯한 부산포(동래)와 제포(진해) 등의 3포가 개항되고 왜관이 설치되어 일본과 교역하였다.
② 계해약조 체결 → 조선 전기
조선 전기 세종 때 쓰시마 도주의 간청으로 부산포·제포·염포의 3포를 개항한 후, 제한된 범위의 무역을 허용한 계해약조가 체결되었다.
③ 과전법 → 고려말 ~ 조선 전기
고려 공양왕 때 조준 등의 건의로 과전법이 제정되었고, 조선 전기에는 과전법에 따라 토지의 수조권을 지급하였다.
⑤ 화통도감 설치 → 고려 말
고려 말 우왕 때 최무선은 화통도감을 설치하여 화약 무기를 개발하고 화포를 제작하였다.

👆 **핵심노트** ▶ 조선 후기의 경제

농업	• 이앙법(전국), 견종법 → 광작(경영형 부농, 몰락 농민) • 상품 작물의 재배(담배, 고추, 인삼 등) • 구황 작물의 재배(고구마, 감자) • 지대의 변화[타조법(관행) → 도조법(일부)]
상업	• 사상의 활동(경강 상인, 송상 등) • 공인의 활동 → 도고의 출현 • 화폐의 1차적 유통 → 전황 형상 발생 • 공·사무역의 발달(개시, 후시)
수공업	• 납포장 증가 • 선대제 수공업 : 17, 18세기의 보편적 양상
광업	• 7세기 설점수세제 → 18세기 자유로운 채굴 가능·불법적 잠채 성행

28. 세도 정치기의 사회상

암기박사 조선통보 주조 ⇒ 조선 전기

정답 ④

정답 해설
홍경래를 비롯한 우군칙·오용진 등이 주도하여 가산 다복동에서 봉기한 홍경래의 난은 세도 정치기인 조선 순조 때 서북인에 대한 차별에 반발하여 일어났다(1811). 한편, 조선통보는 조선 전기인 세종과 인조 때에 법화로 주조된 화폐이다. *(통화의 원활한 유통을 기하기 위해 법률에 의해 강제통용력을 부여한 화폐)*

오답 해설
① 이양선 출몰 → 세도 정치기

세도 정치기에는 서양배인 이양선이 우리나라 연안에 자주 출몰하여 서구 열강의 접근이 시작되었다.

② 삼정의 문란 : 전정·군정·환곡 → 세도 정치기
세도 정치기에는 수령·아전들의 수탈이 심하였고, 전정·군정·환곡의 삼정이 문란하여 농민의 불만이 극에 달하였다.

③ 삼정의 폐단 : 삼정이정청 설치 → 세도 정치기
세도 정치기에 삼정의 폐단을 시정하기 위한 임시 관청인 삼정이정청이 설치되었지만 큰 효과는 거두지 못하였다.

⑤ 정감록 : 왕조 교체 예언 → 세도 정치기
세도 정치기에는 비기, 도참과 같은 예언 사상이 유행하였고, 정감록을 통해 왕조 교체를 예언하였다.

> **핵심노트 ▶ 세도 정치기의 전개**
> - 순조(1800~1834) : 정순왕후의 수렴청정, 김조순의 안동 김씨 일파의 세도 정치 전개
> - 헌종(1834~1849) : 헌종의 외척인 조만영·조인영 등의 풍양 조씨 가문이 득세
> - 철종(1849~1863) : 김문근 등 안동 김씨 세력이 다시 권력 장악

29. 흥선 대원군 집권기의 사실

정답 ③

암기박사 사창제, 원납전 ⇒ 흥선 대원군

정답 해설

기존 법전을 기본으로 각종 조례 등을 보완하여 체계적으로 정리한 조선 시대 마지막 통일 법전은 대전회통으로, 흥선 대원군 집권기에 편찬되었다.

ㄴ. 사창제 실시 : 흥선 대원군은 환곡의 폐단을 시정하고자 사창제를 실시하여 농민 부담을 경감하고 재정 수입을 확보하였다.

ㄷ. 원납전 징수 : 흥선 대원군은 경복궁 중건에 필요한 경비 충당을 위해 관민에게 강제로 원납전을 징수하였다.
→ 흥선대원군이 경복궁 중건을 위해 강제로 거둔 기부금

오답 해설

ㄱ. 비변사 설치 → 조선 중종
조선 중종 때 삼포왜란을 계기로 외적의 침입에 대비하고자 임시 기구인 비변사가 처음 설치되었다.

ㄹ. 탕평비 건립 → 조선 영조
조선 영조는 붕당 정치의 폐해를 경계하기 위해 성균관 입구에 탕평비를 건립하였다.

> **핵심노트 ▶ 흥선 대원군의 개혁 정치**
> - 왕권 강화 정책 : 사색 등용, 비변사 혁파, 경복궁 재건, 법치 질서 정비(대전회통, 육전조례)
> - 애민 정책 : 서원 정리, 삼정의 개혁(양전 사업, 호포제, 사창제)

30. 병인양요의 원인

정답 ②

암기박사 병인박해 : 병인양요 발발 ⇒ 양헌수 : 정족산성

정답 해설

프랑스 선교사 베르뇌 주교가 처형된 것은 병인박해 때의 일이다. 병인박해 때의 프랑스 신부 처형을 구실로 프랑스의 로즈 제독 함대가 강화도를 침입하여 병인양요가 발발하였고, 양헌수 부대가 정족산성에서 프랑스 군을 격퇴하였다.

오답 해설

① 강화도·영종도 공격 → 운요호 사건
연안을 탐색하다 강화도 초지진에서 조선 측의 포격을 받자 일본 군함 운요호가 보복으로 영종도를 공격하였다. → 강화도 조약체결의 원인

③ 청군 출병 → 임오군란, 동학 농민 운동
임오군란 때는 명성황후 일파가 청에 군대를 요청하여 군란을 진압하고 대원군을 압송하였으며, 동학 농민 운동 때는 조선 정부가 청에게 원군을 요청하여 전주화약이 체결되었다.

④ 안핵사 : 박규수 파견 → 임술 농민 봉기
조선 철종 때 삼정의 문란과 백낙신의 탐학으로 임술 농민 봉기가 일어나자 사태 수습을 위해 박규수가 안핵사로 파견되었다.

⑤ 흥선 대원군 : 톈진 압송 → 임오군란
임오군란 때 명성황후 일파가 청에 군대를 요청하여 군란이 진압되고 흥선 대원군이 톈진으로 압송되었다.

> **핵심노트 ▶ 병인양요(1866)**
> - 프랑스는 병인박해 때의 프랑스 신부 처형을 구실로 로즈 제독이 이끄는 7척의 군함을 파병하여 강화도 침략
> - 대원군의 굳은 항전 의지와 양헌수·한성근 부대의 항전으로 문수산성과 정족산성에서 프랑스 군을 격퇴
> - 프랑스는 철군 시 문화재에 불을 지르고 외규장각에 보관된 유물 360여 점을 약탈, 이 중 도서 300여 권은 2011년에 반환됨

31. 신미양요 이후의 정세

정답 ④

암기박사 신미양요(1871) ⇒ 운요호 사건(1875)

정답 해설

- 신미양요(1871) : 미국이 제너럴셔먼호 사건을 구실로 강화도를 공격하여 신미양요가 발발하자 어재연 부대가 광성보에서 결사 항전하였다.
- 운요호 사건(1875) : 연안을 탐색하다 강화도 초지진에서 조선 측의 포격을 받자 일본 군함 운요호가 보복으로 영종도를 공격하였다. → 강화도 조약체결의 원인

오답 해설

① 제너럴 셔먼호 사건(1866) → 신미양요 이전
대동강에 침입하여 통상을 요구하며 행패를 부리던 미국 상선 제너럴 셔먼호를 박규수와 평양 관민들이 불태웠다.

② 병인양요(1866) → 신미양요 이전
프랑스는 병인박해 때 프랑스 신부 처형을 구실로 로즈 제독의 함대가 양화진을 침입하여 병인양요를 일으켰다.

③ 오페르트 도굴 사건(1868) → 신미양요 이전
독일 상인 오페르트가 통상을 거부당하자 충청남도 덕산에 있는 남연군의 묘 도굴을 시도하였다. → 흥선 대원군의 아버지

⑤ 병인박해(1866) → 신미양요 이전
천주교에 대한 최대의 박해로 흥선 대원군은 프랑스 선교사들과 남종삼 등 8천여 명을 처형하였다.

32. 임오군란의 결과

암기박사 임오군란 ⇒ 제물포 조약 : 일본 경비병 주둔

정답 ④

정답 해설

구식 군인에 대한 차별로 임오군란이 발발하여 포도청과 의금부를 습격하고 일본 공사관을 불태웠다. 이로 인해 조선은 일본 공사관에 경비병의 주둔을 인정한 제물포 조약을 체결하고 배상금 지불과 군란 주동자의 처벌을 약속하였다(1882).

오답 해설

① 통감부의 방해와 탄압 → 국채 보상 운동
국채 보상 운동은 정부의 외채를 국민의 힘으로 상환하여 국권을 회복하자는 운동으로, 통감부의 방해와 탄압으로 실패하였다(1907).

② 개화 정책의 일환 → 통리기무아문 설치
고종은 개화 정책의 일환으로 통리기무아문을 설치하고 그 아래 12사를 두어 외교·군사·산업 등의 업무를 분장하였다(1880).

③ 홍범 14조 반포 → 제2차 갑오개혁
고종은 제2차 갑오개혁 때 종묘에 나가 독립 서고문을 바치고, 홍범 14조를 개혁의 기본 방향으로 제시하였다(1894).

⑤ 강화도 조약 체결 → 수신사 : 김기수 파견
일본과 강화도 조약을 체결한 이후 김기수가 수신사로 일본에 파견되어 메이지 유신 이후 발전된 일본의 문물을 시찰하였다(1876).

핵심노트 ▶ 임오군란으로 인한 조약 체결

- 제물포 조약(1882. 7) : 일본과 제물포 조약을 체결하여 배상금을 지불하고 군란 주동자의 처벌을 약속, 일본 공사관의 경비병 주둔을 인정 → 일본군의 주둔 허용
- 조·청 상민 수륙 무역 장정(1882. 8) : 청의 속국 인정, 치외법권, 서울과 양화진 개방, 내지 통상권, 연안 무역·어업권, 청 군함 항행권 등 → 청 상인의 통상 특권이 넓게 허용되어 조선 상인들의 피해 증가

33. 공주 지역의 역사

암기박사 배중손 : 삼별초 ⇒ 반몽 정권 : 강화도

정답 ④

정답 해설

동학 농민 운동 당시 남접(전봉준)과 북접(손병희)이 연합하여 서울로 북진하다 관군과 일본군을 상대로 격전한 곳은 공주 우금치이다. 한편, 몽골과의 강화가 성립된 후 고려 정부의 개경환도에 반대하여 삼별초가 배중손을 중심으로 반몽 정권을 수립한 곳은 강화도이다.

오답 해설

① 구석기 시대의 유적지 → 공주 석장리
공주 석장리는 구석기 시대의 유적지로서 개 모양의 석상 및 고래·멧돼지·새 등을 새긴 조각과 그림(선각화)이 발견되었다.

② 백제 문주왕 → 웅진 천도
고구려 장수왕의 백제 한성 공격으로 개로왕이 전사하고 한성이 함락되자 문주왕이 즉위하여 수도를 웅진(공주)으로 옮기고 재도약을 준비하였다.

③ 김헌창의 반란 → 웅천주 도독
신라 하대 헌덕왕 때 웅천주(공주) 도독 김헌창이 아버지가 왕위 쟁탈전에서 패한 것에 대해 불만을 품고 반란을 일으켰다.

⑤ 무령왕릉 → 공주 송산리 고분군
백제 무령왕과 왕비의 무덤이 발굴된 공주 송산리 고분군은 중국 남조의 영향을 받은 벽돌 무덤 양식으로, 무덤의 주인을 알 수 있는 묘지석이 출토되었다.

34. 갑오개혁과 을미개혁

암기박사 신분제 폐지(제1차 갑오개혁) ⇒ 홍범 14조(제2차 갑오개혁) ⇒ 단발령 시행(을미개혁)

정답 ⑤

정답 해설

(다) 제1차 갑오개혁(1894) : 제1차 갑오개혁 때 김홍집 친일 내각은 개국 기원이라는 연호를 사용하고 신분제 폐지, 공사 노비법 혁파 등의 개혁을 추진하였다.

(나) 제2차 갑오개혁(1894) : 제2차 갑오개혁은 홍범 14조를 개혁의 기본 방향으로 하여 청의 종주권을 부인하고 왕실과 국정의 사무를 분리하였다.

(가) 을미개혁(1895) : 을미사변 후 김홍집 친일 내각은 을미개혁을 추진하여 건양(建陽)이라는 연호를 제정하였으며, 단발령을 시행하고 태양력을 사용하였다.

35. 군국기무처

암기박사 공사 노비법 폐지 ⇒ 군국기무처

정답 ①

정답 해설

김홍집과 박영효가 주도하는 제2차 갑오개혁 때 군국기무처가 폐지되었다. 군국기무처는 제1차 갑오개혁 때 김홍집 친일 내각이 개혁을 추진하기 위해 설치한 초정부적 정책 의결 기구로, 공사 노비법의 폐지를 결정하였다.

오답 해설

② 임술 농민 봉기 → 삼정이정청
임술 농민 봉기가 발발하자 삼정의 폐단을 시정하기 위해 안핵사 박규수의 건의로 임시 관청인 삼정이정청이 설치되었다.

③ 사림의 건의로 폐지 → 소격서
소격서는 국가적 제사를 주관하기 위해 설치된 도교 기관으로, 조광조를 비롯한 사림의 건의로 중종 때 혁파되었다.

④ 임진왜란 : 국정 최고 기구 → 비변사
조선 중종 때 외적에 대비하기 위해 비변사가 처음으로 설치되었으며, 임진왜란을 거치면서 국정 최고 기구로 자리 잡았다.

⑤ 12사 : 교린사, 군무사, 통상사 등 → 통리기무아문
고종은 개화 정책을 총괄하는 통리기무아문을 설치하고 소속 부서로 교린사, 군무사, 통상사 등의 12사를 두어 외교·군사·산업 등의 업무를 분장하였다.

30

핵심노트 ▶ 제1차 갑오개혁 : 군국기무처

정치	연호 개국, 왕실과 정부 사무 분리, 6조를 80문으로 개편, 과거제 폐지
경제	재정 일원화로 탁지아문이 관장, 은 본위 화폐 제도, 조세 금납제, 도량형 통일
사회	신분제 철폐, 공·사 노비제 폐지, 조혼 금지, 과부 개가 허용, 인신매매 금지, 고문과 연좌법의 폐지

36. 독립협회의 활동

정답 ③

암기박사 만민 공동회 개최 ⇒ 독립협회

정답 해설

서재필 등과 함께 독립협회를 창립하였고, 황성신문의 사장을 역임한 인물은 남궁억이다. 이들이 활동한 독립 협회는 우리나라 최초의 근대적 민중 대회인 만민 공동회를 열어 민권 신장을 추구하였다.

오답 해설

① 105인 사건으로 와해 → 신민회
신민회는 국권 회복과 공화정체의 국민 국가 건설을 목적으로 안창호와 양기탁이 중심이 되어 조직된 비밀 결사 단체로, 일제가 꾸며낸 105인 사건으로 와해되었다.

② 파리 강화 회의 : 독립 청원서 제출 → 신한 청년당
신한 청년당은 파리 강화 회의에 김규식을 대표로 파견하여 독립 청원서를 제출하였다.

④ 독립 공채 발행 → 대한민국 임시 정부
대한민국 임시 정부는 국외 거주 동포들에게 독립 공채를 발행하거나 국민의 의연금으로 독립운동에 필요한 군자금을 마련하였다.

⑤ 소년 운동 주도 → 천도교 소년회
천도교 소년회는 '어린이'라는 말을 만들고 어린이날을 제정하였으며, 어린이 등의 잡지를 발간하여 소년 운동을 주도하였다.

핵심노트 ▶ 독립협회의 활동

- **이권 수호 운동** : 러시아의 절영도 조차 요구 규탄, 한·러 은행 폐쇄
- **독립 기념물의 건립** : 자주 독립의 상징인 독립문을 세우고, 모화관을 독립관으로 개수
- **민중의 계도** : 강연회·토론회 개최, 독립신문의 발간 등을 통해 근대적 지식과 국권·민권 사상을 고취
- **만민 공동회 개최** : 우리나라 최초의 근대적 민중 대회 → 외국의 내정 간섭·이권 요구·토지 조사 요구 등에 대항하여 반환을 요구
- **관민 공동회 개최** : 만민 공동회의 규탄을 받던 보수 정부가 무너지고 개혁파 박정양이 정권을 장악하자, 정부 관료와 각계각층의 시민 등 만여 명이 참여하여 개최
- **의회 설립 추진** : 의회식 중추원 신관제를 반포하여 최초로 국회 설립 단계까지 진행 (1898. 11)
- **헌의 6조** : 헌의 6조를 결의하고 국왕의 재가를 받음 → 실현되지는 못함

37. 을사늑약의 결과

정답 ③

암기박사 통감부 설치 ⇒ 을사늑약(1905)

정답 해설

러·일 전쟁에서 승리한 일본은 을사늑약(제2차 한·일 협약)을 강제로 체결하여 외교권을 박탈하고 통감부를 설치하여 한국의 독점적 지배권을 인정받았다(1905).

오답 해설

① 을미사변 → 아관 파천
명성황후가 시해된 을미사변으로 신변에 위협을 느낀 고종이 러시아 공사관으로 파천하여 1년간 머물렀다(1896).

② 동학 농민 운동 → 청·일 전쟁 ┗ 임금이 도성을 떠나 딴 곳으로 피란함
동학 농민 운동이 발발하여 청과 일본이 톈진 조약에 따라 군대를 파병하였고, 전주화약 후 철수를 거부한 일본군이 청의 군대를 공격하여 청·일 전쟁이 발발하였다(1894).

④ 대한 제국 군대 해산 → 한·일 신협약(정미 7조약)
일제는 모든 통치권이 일제의 통감부로 이관되는 한·일 신협약(정미 7조약)을 체결하고 대한 제국 군대를 강제 해산시켰다(1907).

⑤ 천주교 포교 허용 → 조·프 수호 통상 조약
조선과 프랑스 사이에 맺은 조·프 수호 통상 조약에는 천주교 포교를 허용하는 조항이 들어있다(1886).

핵심노트 ▶ 을사늑약

제2조(외교권 박탈) 일본 정부는 한국과 타국 간에 현존하는 조약의 실행을 완수하는 임무를 담당하고 한국 정부는 지금부터 일본 정부의 중개를 거치지 않고서는 국제적 성질을 가진 어떤 조약이나 약속도 맺지 않을 것을 서로 약속한다.
제3조(통감부 설치) 일본 정부는 그 대표자로 한국 황제 폐하 밑에 1명의 통감을 두되 통감은 오로지 외교에 관한 사항을 관리하기 위하여 경성에 주재하고 친히 한국 황제 폐하를 만날 수 있는 권리를 가진다.

38. 민족주의 사학자 박은식

정답 ⑤

암기박사 한국통사 저술 ⇒ 박은식

정답 해설

국혼을 강조하며 민족의식을 고취한 역사학자이자 독립운동가는 박은식이다. 그는 1925년 대한민국 임시 정부 제2대 대통령으로 취임하였다. 박은식은 "나라는 형(形)이요, 역사는 신(神)이다."라는 국혼을 강조한 역사서인 한국통사를 저술하고 민족주의 사학의 기초를 닦았다.

오답 해설

① 민족의 얼 강조, 조선학 운동 추진 → 정인보
정인보는 '오천 년간 조선의 얼'을 신문에 연재하여 민족의 얼을 강조하고 정약용의 여유당전서 간행 사업을 시작하면서 조선학 운동을 추진하였다.

② 진단 학회 창립 → 이병도, 손진태
이병도, 손진태 등은 진단 학회를 설립하여 실증주의 사학을 발전시키고 진단 학보를 발행하였다.

③ 조선사 편수회 → 식민 사학 기관
일제는 한국사의 자율성·독창성을 부인하고 식민 통치를 합리화하기 위해 식민 사학 기관인 조선사편수회를 설립하여 조선사를 편찬하였다. 조선사 편수회에 들어가 조선사 편찬에 참여하였다.

④ 조선사회경제사 저술 → 백남운
백남운은 유물 사관을 바탕으로 조선사회경제사를 저술하고, 일제 식민 사학의 정체성 이론을 반박하였다.

핵심노트 ▶ 민족주의 사학자 박은식

- **민족정신**을 혼(魂)으로 파악하고, 혼이 담긴 민족사의 중요성을 강조
- **한국통사** : 근대 이후 일본의 침략 과정을 밝힘 → "나라는 형(形)이요, 역사는 신(神)이다."
- **한국독립운동지혈사** : 일제 침략에 대항하여 투쟁한 한민족의 독립 운동을 서술
- **유교구신론** : 양명학을 기초로 유교를 개혁하기 위해 저술
- **기타** : 천개소문전, 동명왕실기 등을 저술, 서사건국지 번역
- 서북학회(1908)의 기관지인 서북학회월보의 주필로 직접 잡지를 편집하고 다수의 애국계몽 논설을 게재
- 임시 정부의 대통령 지도제하에서 제2대 대통령을 지냄

39. 한국 광복군

암기박사 국내 진공 작전 추진 ⇒ 한국 광복군   정답 ④

정답 해설

윤봉길 의거 이후 충칭으로 근거지를 옮긴 대한민국 임시 정부는 한국 광복군을 창설하였다. 한국 광복군은 국내 정진군을 조직하여 국내 진공 작전을 추진하였으나 일제의 패망으로 실현하지는 못했다.

오답 해설

① **숭무 학교 설립 → 이근영**
이근영은 멕시코 메리다 중심지에 한인 무관 양성 학교인 숭무 학교를 설립하여 독립군을 양성하였다.

② **쌍성보 전투 → 한국 독립군**
지청천의 한국 독립군은 중국의 호로군과 함께 쌍성보 전투에서 한중 연합 작전을 전개하였다.

③ **호가장 전투 → 조선 의용대**
조선 의용대는 중국 팔로군과 함께 한중 연합 작전을 펼쳐 중국 화북 지역의 호가장 전투에서 활약하였다.

⑤ **중국 관내에 결성된 최초의 한인 무장 부대 → 조선 의용대**
조선 의용대는 중국 관내(關內)에 결성된 최초의 한인 무장 부대로, 중국 국민당과 연합하여 포로 심문, 요인 사살, 첩보 작전을 수행하였다.

 핵심노트 ▶ 대한민국 임시 정부의 시대 구분

- 1919~1932 : 제1기 상해 시대
- 1932~1940 : 제2기 이동 시대
- 1940~1945 : 제3기 충칭 시대

40. 천도교 소년 운동

암기박사 소년 운동 ⇒ 천도교   정답 ②

정답 해설

개벽과 별건곤은 모두 천도교에서 발간한 잡지이다. 천도교 소년회에서는 '어린이'라는 말을 만들고 어린이날을 제정하는 등 소년 운동을 추진하였다.

오답 해설

① **진주 : 조선 형평사 조직 → 형평 운동**
이학찬을 중심으로 진주에서 조선 형평사를 조직하여 백정에 대한 사회적 차별에 맞섰다.

③ **신민회 : 태극 서관 → 계몽 서적 보급**
신민회는 국권 회복과 공화정체의 국민 국가 건설을 목적으로 조직된 비밀 결사 단체로, 계몽 서적의 보급을 위해 태극 서관을 설립하였다.

④ **일제 : 문화 통치 실시 → 3·1 운동**
3·1 운동에서 나타난 민족적 저항과 국제적 여론 악화는 일제가 이른 바 문화 통치를 실시하는 결과를 가져왔다.

⑤ **라이징 선 석유 회사 : 조선인 구타 사건 → 원산 총파업**
라이징 선 석유 회사의 조선인 구타 사건을 계기로 1920년대 최대의 파업 투쟁인 원산 총파업이 시작되었다.

 핵심노트 ▶ 소년 운동

① **인물** : 김기전, 방정환, 조철호
② **천도교 소년회(1921)**
  - 천도교 청년회에서 독립하면서 소년 운동이 본격화, 전국적 확산
  - 어린이날 제정, 최초의 순수 아동 잡지 〈어린이〉 발행, '어린이'라는 말을 만듦
③ **조선 소년 연합회(1927)** : 전국적 조직체로서 조직되어 체계적인 소년 운동 전개
④ **중단**
  - 지도자들 간의 사상과 이념의 대립으로 분열
  - 일제는 중·일 전쟁 발발 후 한국의 청소년 운동을 일체 금지하고 단체를 해산

41. 6·10 만세 운동

암기박사 민족주의 + 사회주의 ⇒ 6·10 만세 운동   정답 ③

정답 해설

→ 조선과 대한제국에서 왕이나 황제 직계 가족의 장례일

융희는 대한제국의 마지막 연호로 순종을 말한다. 순종의 인산일에 학생들이 격문을 뿌리고 만세를 외친 사건은 6·10 만세운동이다. 이 운동은 천도교를 중심으로 한 민족주의 진영과 조선 공산당을 중심으로 한 사회주의 진영이 함께 준비하였다(1926).

오답 해설

① **대구에서 시작 → 국채 보상 운동**
정부의 외채를 국민의 힘으로 상환하여 국권을 회복하자는 국채 보상 운동은 대구에서 시작되어 전국으로 확산되었다(1907).

② **대한민국 임시 정부 수립 영향 → 3·1 운동**
고종의 인산일(因山日)에 민족 대표 33인의 이름으로 독립 선언서를 발표함으로써 전개된 3·1 운동은 대한민국 임시 정부 수립에 영향을 주었다(1919).

④ **조소앙 : 삼균주의 → 대한민국 건국 강령**
대한민국 임시 정부는 조소앙의 삼균주의를 기초로 정치·경제·교육의 균등을 주장한 대한민국 건국 강령을 발표하였다(1941).

⑤ **신간회 : 진상 조사단 파견 → 광주 학생 항일 운동**
광주에서 발생한 한·일 학생 간의 충돌을 일본 경찰이 편파적으로 처리하여 광주 학생 항일 운동이 발생하자 신간회 중앙 본부가 진상 조사단을 파견하여 지원하였다(1929).

핵심노트 ▶ 6·10 만세 운동(1926)

- **배경** : 순종의 사망을 계기로 민족 감정 고조(제2의 3·1 운동), 일제의 수탈 정책과 식민지 교육에 대한 반발
- **준비** : 민족주의 계열(천도교)과 사회주의 계열이 연대하여 만세 시위 운동을 준비하였으나 사전에 발각
- **전개** : 조선 학생 과학 연구회(사회주의계)를 비롯한 전문학교와 고등보통학교 학생들이 주도
- **결과** : 200여 명의 학생이 검거됨
- **의의** : 민족주의계와 사회주의계가 연대하는 계기 마련 → 신간회 결성(1927)에 영향을 미침

42. 일제의 식민지 정책

암기박사 범죄 즉결례(무단 통치기) ⇒ 보통 경찰제(문화 통치기) ⇒ 조선 사상범 보호 관찰령(민족 말살 통치기)

정답 ④

정답 해설

(나) **범죄 즉결례(무단 통치기)** : 일제는 무단 통치기에 일정한 범죄나 법규 위반 행위에 대해 재판을 거치지 않고 바로 처벌하도록 규정한 범죄 즉결례를 시행하였다.

(다) **보통 경찰제(문화 통치기)** : 일제는 3·1 운동 이후 무단 통치를 상징하는 헌병 경찰제를 폐지하고 문화 통치를 위한 보통 경찰제를 도입하였다.

(가) **조선 사상범 보호 관찰령(민족 말살 통치기)** : 일제는 민족 말살 통치기에 치안 유지법 위반자 중 집행 유예나 형집행 종료 또는 가출옥한 자들을 보호·관찰할 수 있는 조선 사상범 보호 관찰령을 시행하였다.

43. 일제의 산미 증식 계획

암기박사 산미 증식 계획 ⇒ 수리 조합 반대 운동

정답 ②

정답 해설

일본은 내지의 심각한 식량 부족과 쌀값 폭등을 우리나라에서의 식량 수탈로 해결하려고 산미 증식 계획을 추진하였다. 이 과정에서 조선 농민에게 과도한 수리 조합비를 징수하여 수리 조합 반대 운동이 일어났다.

오답 해설

① **이도재 : 농광 회사 설립 → 황무지 개간권 반대 운동**
일제의 황무지 개간권 요구에 대해 이도재 등은 농광 회사를 설립하여 황무지를 우리 손으로 개간할 것을 주장하였다(1904).

③ **미곡 공출 → 중일 전쟁, 태평양 전쟁**
산미 증식 계획은 태평양 전쟁 이전에 종결되었으며, 미곡 공출은 중일 전쟁과 태평양 전쟁 시 군량미 조달을 위해 실시되었다.

④ **미국 하와이 농장주들의 요청 → 하와이 노동 이민**
미국 하와이 농장주들이 대한 제국 정부에 한국 농민의 이민을 요청하면서 우리나라 최초의 하와이 노동 이민이 공식적으로 시작되었다(1902).

⑤ **조·일 통상 장정 → 방곡령 선포**
조선 양곡의 무제한 유출을 허용한 조·일 통상 장정으로 일본으로의 지나친 곡물 반출을 막기 위해 함경도 관찰사 조병식이 방곡령 선포

하였다(1889).

핵심노트 ▶ 산미 증식 계획(1920~1934)

- 수리 조합 설치와 토지 및 품종·종자 개량, 비료 증산 등의 개선 → 수리 조합 반대 운동
- 우리 농업을 논 농사(쌀) 중심의 기형적인 단작형 농업 구조로 전환
- 조선 농회령을 제정(1926)하고 지주 중심의 착취 극대화를 위한 조선 농회 조직

44. 1920년대의 사회 모습

암기박사 연통제 공소 공판(1920) ⇒ 카프(KAPF) 결성(1925) ⇒ 이봉창 의거(1932)

정답 ①

정답 해설

(가) **연통제 공소 공판(1920)** : 임시 정부의 국내 비밀 행정 조직인 연통제 설립을 주도하다 일제에 붙잡힌 관련자들의 공판이다.

- **카프(KAPF) 결성 (1925)** : 사회주의 사상이 지식인 사이에 퍼지면서 카프(KAPF)가 결성되고 문학의 사회적 실천을 강조한 신경향파가 등장하였다. → 조선 프롤레타리아 예술가 동맹

(나) **이봉창 의거(1932)** : 임시 정부의 김구가 조직한 한인 애국단 소속의 이봉창은 도쿄에서 일왕의 행렬에 폭탄을 투척하였다.

오답 해설

② **원각사 : 최초의 서양식 극장 → (가) 이전**
이인직이 설립한 최초의 서양식 극장인 원각사에서 은세계, 치악산 등의 신극이 공연되었다(1908).

③ **육영 공원 : 헐버트, 길모어 등 초빙 → (가) 이전**
육영 공원은 정부가 보빙사 민영익의 건의로 설립한 최초의 근대식 관립 학교로 헐버트, 길모어 등이 교사로 초빙되었다(1886).

④ **한성 전기 회사 : 한국 최초의 전기 회사 → (가) 이전**
황실과 미국인 콜브란의 합자로 한국 최초의 전기 회사인 한성 전기 주식회사가 설립되어 발전소를 건설하고 서대문과 청량리 간에 최초로 전차를 운행하였다(1898).

⑤ **손기정 : 베를린 올림픽 마라톤 대회 우승 → (나) 이후**
손기정 선수는 제11회 베를린 올림픽 마라톤 대회에 참가하여 당시 올림픽 신기록으로 우승하였다(1936).

핵심노트 ▶ 1920년대 중반의 문학 사조

- **신경향파 문학의 대두** : 사회주의 문학, 1920년대 사회주의 사상이 지식인 사이에 퍼지면서 현실 비판 의식이 더욱 강화됨. 1925년 카프(KAPF, 조선 프롤레타리아 예술가 동맹)를 결성
- **프로 문학의 대두** : 신경향파 문학 이후 등장하여 극단적인 계급 노선을 추구
- **국민 문학 운동의 전개** : 민족주의 계열이 계급주의에 반대하고 문학을 통해 민족주의 이념을 전개 → 동반 작가라고 불림, 염상섭과 현진건 등이 대표적

45. 한인 애국단의 독립 활동

암기박사 윤봉길, 이봉창 의거 지원 ⇒ 김구 : 한인 애국단

정답 ①

정답 해설

윤봉길의 상하이 훙커우 공원 의거를 지원한 단체는 한인 애국단으로 이

봉창 의거도 지원하였다. 김구는 상하이에서 임시 정부의 위기 타개책으로 한인 애국단을 조직하였다.

오답 해설

② 영릉가 전투 → 양세봉 : 조선 혁명군
　양세봉의 조선 혁명군은 중국 의용군과 함께 영릉가 전투에서 일본군에 큰 전과를 올렸다.

③ 국권 반환 요구서 → 임병찬 : 독립 의군부
　고종의 밀명으로 조직된 임병찬의 독립 의군부는 조선 총독부에 한국 침략의 부당성을 밝히고 국권 반환 요구서를 제출하려 하였다.

④ 인도·미얀마 전선에 투입 → 지청천 : 한국 광복군
　지청천의 한국 광복군은 연합군의 일원으로 태평양 전쟁에 참가한 후 영국군의 요청으로 인도·미얀마 전선에 투입되었다.

⑤ 조선 혁명 간부 학교 설립 → 김원봉 : 의열단
　의열단 단장인 김원봉은 황포 군관 학교에 입학하여 군사 훈련을 받은 후 조선 혁명 간부 학교를 설립하여 군사 훈련에 힘썼다.

핵심노트 ▶ 한인 애국단

- 1931년 상해에서 김구가 임시 정부의 위기 타개책으로 조직
- 이봉창 의거(1932. 1. 8) : 도쿄에서 일왕의 행렬에 폭탄 투척
- 윤봉길 의거(1932. 4. 29) : 상하이 훙커우 공원에서 열린 일본국 축하 기념식에서 폭탄 투척
- 임시 정부 인사들이 중국 군관학교에서 훈련할 수 있게 되어 한국 광복군의 탄생의 계기가 됨
- 한반도 문제에 대한 국제적 관심 고조, 독립 운동의 의기 고양
- 중국 국민당(장개석) 정부의 임시 정부 지원 계기 → 한국 광복군 창설(1940)

46. 4·19 혁명의 전개

암기박사 대학 교수단 : 대통령 퇴진 요구 시위 ⇒ 4·19 혁명

정답 ③

정답 해설

마산의거에서 행방불명되었던 김주열 학생의 시신이 발견된 사건을 계기로 4·19 혁명이 전국적으로 확산되었다. 4·19 혁명 후 서울 시내 27개 대학 교수단이 대통령 퇴진을 요구하며 시위 행진을 벌였다(1960).

오답 해설

① 한·일 국교 정상화 → 6·3 시위
　박정희 정부 때에 한·일 회담에 따른 굴욕적인 한·일 국교 정상화에 반대하여 6·3 시위가 일어났다(1964).

②·④ 6월 민주 항쟁 → 6·29 민주화 선언 : 5년 단임의 대통령 직선제 개헌
　박종철 고문치사와 전두환 정부의 4·13 호헌 조치 발표로 호헌 철폐와 독재 타도 등의 구호를 내세운 6월 민주 항쟁이 촉발되었고, 그 결과 노태우의 6·29 민주화 선언에 따라 5년 단임의 대통령 직선제 개헌이 이루어졌다(1987).

⑤ 긴급 조치 철폐 → 3·1 민주 구국 선언
　박정희 정부 때에 유신 체제에 항거하여 재야 정치인들과 가톨릭 신부, 개신교 목사, 대학 교수 등이 3·1 민주 구국 선언을 통해 긴급 조치 철폐 등을 요구하였다(1976).

핵심노트 ▶ 4·19 혁명의 전개(1960)

- 3월 15일 : 선거 당일 부정 선거를 규탄한 마산의거에서 경찰의 발포로 많은 사상자 발생 → 3·15 마산의거
- 4월 11일 : 마산의거에서 행방불명되었던 김주열 학생의 시신 발견
- 4월 18일 : 고려대 학생들의 총궐기 시위 직후 정치 깡패들이 기습·폭행하여 수십 명의 사상자 발생 → 4·19 고대생 습격 사건
- 4월 19일 : 부정 선거와 강경 진압으로 인한 사상자 속출 등의 진상이 밝혀지면서 국민의 분노가 극에 달해 학생·시민들의 대규모 시위 발발 → 4·19 혁명
- 4월 22일 : 재야인사들의 이승만 대통령 퇴진 요구
- 4월 25일 : 서울 시내 27개 대학 259명의 대학 교수들의 시국 선언문 발표 → 4·25 대학 교수단 선언
- 4월 26일 : 라디오 연설을 통한 이승만 대통령의 하야 발표, 자유당 정권 붕괴

47. 6·25 전쟁의 경과

암기박사 애치슨 선언 ⇒ 6·25 전쟁 이전

정답 ①

정답 해설

맥아더 장군의 인천 상륙 작전은 6·25 전쟁 중에 수행되었던 작전이다. 6·25 전쟁 이전 미국의 극동 방위선에서 한반도를 제외한 애치슨 선언으로 북한이 남침 가능성을 오판하여 6·25 전쟁이 발발하였다(1950).

오답 해설

② 흥남 철수 작전 → 6·25 전쟁 중
　6·25 전쟁 당시 중공군의 개입으로 전세가 불리해지자, 국군과 유엔 군은 흥남항을 통해 대규모의 철수 작전이 전개되었다(1950).

③ 사사오입 개헌 → 6·25 전쟁 이후
　자유당의 이승만 정부는 권력을 계속 장악하기 위해 초대 대통령에 한해 중임 제한 규정을 철폐하는 개헌안을 제출하였으나, 1표 부족으로 부결되자 사사오입의 논리로 개헌안을 가결하였다(1954).

④ 한·미 상호 방위 조약 체결 → 6·25 전쟁 이후
　이승만 정부 때에 한·미 상호 방위 조약이 체결되어 한반도에서 무력 충돌이 일어날 경우 유엔의 결정 없이 미국이 즉각 개입할 수 있게 되었다(1953).

⑤ 조봉암 : 진보당 창당 → 6·25 전쟁 이후
　이승만 정부 때에 조봉암이 혁신 세력을 규합하여 진보당을 창당하였다(1956).

핵심노트 ▶ 6·25 전쟁의 경과

전쟁 발발 → 서울 함락(1950. 6. 28) → 한강 대교 폭파(1950. 6. 28) → 낙동강 전선으로 후퇴(1950. 7) → 인천 상륙 작전(1950. 9. 15) → 서울 탈환(1950. 9. 28) → 중공군 개입(1950. 10. 25) → 압록강 초산까지 전진(1950. 10. 26) → 서울 철수(1951. 1. 4) → 서울 재수복(1951. 3. 14) → 휴전 제의(1951. 6. 23) → 휴전 협정 체결(1953. 7. 27)

48. 김영삼 정부

암기박사 국민학교 명칭 변경 : 초등학교 ⇒ 김영삼 정부

정답 ①

정답 해설

역사 바로 세우기 운동의 일환으로 옛 조선 총독부 건물을 철거한 것은

김영삼 정부 때의 일이다. 김영삼 정부 때에 일제의 잔재를 청산하기 위해 일제강점기 국민학교령에 의해 사용된 국민학교라는 명칭을 초등학교로 변경하였다.

오답 해설

② 과외 전면 금지, 대학 졸업 정원제 → 전두환 정부
전두환을 중심으로 한 신군부가 국가 보위 비상 대책 위원회를 통해 7·30 교육 개혁 조치를 단행하고, 과외 전면 금지와 대학 졸업 정원제를 시행하였다.

③ 문맹국민 완전퇴치 5개년 계획 → 이승만 정부
이승만 정부 때에 일제 강점기 시절 우리말과 한글 사용 금지로 인한 문맹률을 낮추기 위해 문맹국민 완전퇴치 5개년 계획을 수립하여 추진하였다.

④ 미국 6-3-3 학제 도입 → 이승만 정부
미군정기 때에 미국에서 시행되고 있던 6-3-3 학제를 처음 도입하고, 정부 수립 후 이승만 정부 때에 교육법으로 제정되었다.

⑤ 중학교 입시 제도 폐지 : 추첨제 실시 → 박정희 정부
박정희 정부 때에 문교부는 중학교 입시 제도를 폐지하고 무시험 추첨제를 실시한다는 새로운 중학교 입시 제도를 발표하였다.

핵심노트 ▶ 김영삼 정부(문민 정부, 1993.3 ~ 1998.2)

- 성립 : 1992년 12월 김영삼 대통령 당선 → 5·16 군사 정변 이후 30여 년만의 민간인 출신 대통령
- 주요 정책 : 공직자 재산 등록, 금융 실명제, 지방 자치제 전면 실시, 역사 바로 세우기 운동 → 전두환, 노태우 구속
- 외환위기 : 집권 말기 국제 통화 기금(IMF)의 구제 금융 지원 요청

49. 5·18 민주화 운동

정답 ③

암기박사 5·18 민주화 운동 ⇒ 유네스코 세계 기록유산 등재

정답 해설

임을 위한 행진곡은 5·18 민주화 운동 당시 사망한 윤상원과 박기순의 영혼 결혼식에 헌정된 노래이다. 5·18 민주화 운동은 신군부의 비상계엄 확대와 무력 진압에 저항하여 발발하였으며, 그와 관련된 기록물은 현재 유네스코 세계 기록유산으로 등재되어 있다.

오답 해설

① 박종철, 이한열 희생 → 6월 민주항쟁
박종철 고문치사와 전두환 정부의 4·13 호헌 조치 발표로 6월 민주항쟁이 촉발되었고 시위 도중 이한열 열사가 사망하였다.

② 호헌 철폐, 독재 타도 → 6월 민주항쟁
국민들의 대통령 직선제 요구를 거부하는 전두환 정부의 4·13 호헌 조치 발표로 호헌 철폐와 독재 타도 등의 구호를 내세운 6월 민주 항쟁이 촉발되었다.

④ 대통령 중심제에서 의원 내각제 변경 → 4·19 혁명
4·19 혁명 후의 혼란 수습을 위해 허정 과도 내각이 출범되어 대통령 중심제에서 의원 내각제로 바뀌는 계기가 되었다.

⑤ 대학 교수단 : 대통령 하야 요구 시위 → 4·19 혁명
4·19 혁명 후 서울 시내 27개 대학 259명의 대학 교수들이 시국 선언문을 발표하고 대통령의 하야를 요구하는 시위행진을 벌였다.

50. 박정희 정부의 경제 상황

정답 ①

암기박사 포항 제철소 1기 설비 준공 ⇒ 박정희 정부

정답 해설

광주 대단지 사건은 박정희 정부 때에 주민 수만 명이 정부의 무계획적인 도시정책과 졸속행정에 반발하여 일으킨 사건이다(1971). 박정희 정부 때에는 장기적인 철강 공업 육성 계획에 따라 포항 제철소 1기 설비가 준공되었다(1973).
→ 경기도 광주(지금의 경기도 성남시)

오답 해설

② 미국과 자유 무역 협정(FTA) 체결 → 노무현 정부
노무현 정부 때에 한·미 자유 무역 협정(FTA)이 체결되어 미국과의 무역 장벽을 허무는 계기가 되었다. → 발효는 이명박 정부 때부터 임

③ 3저 호황, 수출 증가 → 전두환 정부
전두환 정부 때에 유가 하락, 달러 가치 하락, 금리 하락의 3저 호황으로 물가가 안정되고 수출이 증가하였다.

④ 금융 실명제 → 김영삼 정부
김영삼 정부 때에 금융 거래의 투명성을 확보하고자 대통령의 긴급 명령으로 금융 실명제가 실시되었다.

⑤ 노사정 위원회 구성 → 김대중 정부
김대중 정부 때에 대통령 직속 자문 기구로 노사정 위원회가 구성되어 고용 안정, 노사 협력, 경제 위기 극복 등의 현안을 논의하였다.

핵심노트 ▶ 경제 개발 계획

- 제1, 2차 경제 개발 계획(1962~1971) : 기간산업, 사회 간접 자본 확충, 경공업 중심의 수출 산업 육성, 베트남 특수로 호황, 새마을 운동 시작(1970)
- 제3, 4차 경제 개발 계획(1972~1981) : 중화학 공업 육성, 중동 진출, 새마을 운동 확산

제3회 정답 및 해설

1. 청동기 시대의 생활 모습

암기박사 고인돌 축조 : 지배층의 무덤 ⇒ 청동기 시대

정답 ④

정답 해설

비파형 동검, 거푸집, 민무늬 토기는 모두 청동기 시대의 대표적인 유물이다. 청동기 시대에는 지배층의 무덤으로 고인돌을 축조하여 당시 계급의 분화 및 지배층의 정치 권력과 경제력을 반영하였다.

오답 해설

① 동굴, 막집 → 구석기 시대
   구석기 시대에는 주로 동굴이나 강가의 막집에서 살면서 도구를 사용하여 사냥을 하거나 어로, 채집 생활을 하였다.

② 철제 농기구 → 철기 시대
   철기 시대에는 기존의 석기나 목기 외에 쟁기, 쇠스랑 등의 철제 농기구를 사용하여 농사를 지었다.

③ 깊이갈이(심경법) → 고려 시대
   소를 이용하여 이랑과 고랑의 높이 차이를 크게 하는 깊이갈이(심경법)가 일반화된 것은 고려 시대이다.

⑤ 평등한 공동체 생활 → 청동기 시대 이전
   계급이 없는 평등한 공동체 생활을 한 것은 청동기 시대 이전이며, 청동기 시대부터 사유 재산 제도와 계급이 발생하였다.

핵심노트 ▶ 고인돌(지석묘)

- 우리나라 전역에 분포하는 청동기 시대의 대표적인 무덤으로, 지배층(족장)의 무덤
- 북방식(탁자식)과 남방식(기반식·바둑판식)이 있는데, 굄돌을 세우고 그 위에 거대하고 평평한 덮개돌을 얹은 북방식이 일반적인 형태
- 건립에 막대한 노동력이 필요하다는 점에서 당시 계급의 분화 및 지배층의 정치 권력·경제력을 반영

2. 옥저와 동예

암기박사 (가) 세골장제, 두벌 묻기 ⇒ 옥저의 매장 풍습
(나) 단궁, 과하마, 반어피 ⇒ 동예의 특산물

정답 ⑤

정답 해설

(가) – 옥저 / (나) – 동예
(가)는 옥저의 매장 풍습에 대한 사료이고, (나)는 동예의 특산물에 대한 사료이다. 옥저와 동예에는 왕이 없고 각 읍락에는 읍군(邑君)·삼로(三老)라는 군장이 있어서 자기 부족을 통치하였다.

오답 해설

① 소도 : 신성 지역 → 삼한
   삼한에는 신성 지역인 소도(蘇塗)가 존재하였으며, 군장의 세력이 미치지 못하여 죄인이 이곳으로 도망치면 잡아가지 못하였다.

② 책화 : 읍락 간의 경계 중시 → 동예
   동예에는 읍락 간의 경계를 중시하는 책화(責禍)가 있어서, 다른 부족의 생활권을 침범하면 노비와 소·말로 변상하게 하였다.

③ 사출도 : 4가(加)의 행정 구획 → 부여
   부여는 왕 아래에 가축의 이름을 딴 마가(馬加)·우가(牛加)·저가(猪加)·구가(狗加) 등의 4가(加)들이 각기 행정 구획인 사출도(四出道)를 주관하였다.

④ 낙랑군과 왜에 철을 수출 → 변한
   낙동강 유역(김해, 마산)을 중심으로 발전한 변한은 철이 많이 생산되어 낙랑군과 왜에 수출하였다.

3. 신라 법흥왕의 업적

암기박사 율령 반포, 공복 제정, 상대등 설치, 불교 공인 ⇒ 법흥왕

정답 ⑤

정답 해설

신라의 법흥왕은 병부와 상대등을 설치하고 율령 반포와 공복(公服)을 제정하여 통치 질서를 확립하였다. 또한 법흥왕은 이차돈의 순교를 계기로 불교를 공인하였다(527).

※ 관원이 조정에 나갈 때 입는 관복(자색·비색·청색)

오답 해설

① 녹읍 폐지 : 관료전 지급 → 통일 신라 : 신문왕
   통일 신라의 신문왕은 관료전을 지급하고 귀족의 경제 기반이었던 녹읍을 폐지하였다.

② 평양 천도 : 남하 정책 → 고구려 : 장수왕
   고구려 장수왕은 수도를 국내성에서 평양으로 옮기고 백제와 신라를 압박하는 남하 정책을 펼쳤다.

③ 거칠부 : 국사 편찬 → 신라 : 진흥왕
   신라 진흥왕은 거칠부로 하여금 국사(國史)를 편찬하게 하였으나 현재 전하지는 않는다.

④ 22담로 : 지방 통제 강화 → 백제 : 무령왕
   백제 무령왕은 지방 통제를 강화하기 위해 지방의 주요 지점에 22담로를 설치하고 왕자·왕족을 파견하였다.

핵심노트 ▶ 신라 법흥왕의 업적

- 제도 정비 : 병부 설치(517), 상대등 제도 마련, 율령 반포, 공복 제정(530) 등을 통하여 통치 질서를 확립하였으며, 각 부의 하급 관료 조직을 흡수하여 17관등제를 완비
- 불교 공인 : 불교식 왕명 사용, 골품제를 정비하고 불교를 공인(527)하여 새롭게 성장하는 세력들을 포섭
- 연호 사용 : 건원(建元)이라는 연호를 사용함으로써 자주 국가로서의 위상을 높임
- 영토 확장 : 대가야와 결혼 동맹을 체결하고(522), 금관가야를 정복하여 낙동강까지 영토를 확장(532)

4. 설총의 이두 정리

> **암기박사** 화왕계, 이두 정리 ⇒ 설총

정답 ②

정답 해설
설총(6두품)은 원효의 아들로, 한자의 음과 훈을 차용한 이두를 체계적으로 정리하여 중국 문화를 보다 광범위하고 수준 높게 이해하고, 신문왕에게 향락을 배격하고 경계로 삼도록 화왕계(花王戒)를 지어 올렸다.

오답 해설
① 청방인문표 → 강수
   강수(6두품)는 불교를 세외교라 하여 비판하고, 도덕을 사회적 출세보다 중시하였으며 〈청방인문표〉, 〈답설인귀서〉 등을 집필하였다.
③ 교관겸수 → 의천
   대각국사 의천은 이론 연마와 수행을 함께 강조하는 교관겸수(敎觀兼修)를 내세워 교선 통합의 이론 체계를 정립하였다.
④ 화엄종 : 아미타 신앙 + 관음 신앙 → 의상
   의상은 낙산사와 부석사를 창건하여 화엄종을 설파하고, 아미타 신앙과 함께 현세에서 고난을 구제받고자 하는 관음 신앙을 강조하였다.
⑤ 십문화쟁론 → 원효
   원효는 화쟁 사상을 주창하고, 종파 간의 사상적 대립을 해소하기 위해 십문화쟁론을 저술하였다.

5. 백제의 도교 문화

> **암기박사** 산수 무늬 벽돌, 금동 대향로 ⇒ 백제 : 도교 문화

정답 ④

정답 해설
ㄴ. **산수 무늬 벽돌** : 충남 부여의 사비시대 절터에서 출토된 벽돌로, 불교적 요소와 도교적 요소를 함께 갖추고 있다. 산수 무늬의 화려한 장식은 당시 백제인들의 문화 수준과 이상적인 정신세계를 반영한다.
ㄹ. **금동 대향로** : 부여의 능산리 절터에서 발견된 금동 대향로는 백제의 금속 공예 기술이 중국을 능가할 정도로 매우 뛰어났음을 보여 주는 걸작품으로, 불교와 도교의 요소를 반영하고 있다.

오답 해설
ㄱ. 광개토 대왕명 호우 → 신라
   경주 호우총에서 발견된 광개토 대왕명 호우는 일명 호우명 그릇이라 불리는데, 그릇 밑바닥에 신라가 광개토대왕을 기리는 내용의 "을묘년국강상광개토지호태왕(乙卯年國岡上廣開土地好太王)"이라는 글씨가 새겨져 있어 당시 신라와 고구려의 관계를 유추해 볼 수 있다.
ㄷ. 강서대묘 사신도 → 고구려
   강서대묘의 사신도는 도교의 영향을 받은 고구려 벽화로 색의 조화가 뛰어나며 정열과 패기를 지닌 걸작이다.

6. 통일 신라 경덕왕의 업적

> **암기박사** 불국사 창건, 녹읍 부활, 한화 정책 ⇒ 통일 신라 경덕왕

정답 ②

정답 해설
불국사를 창건하고 녹읍을 부활한 것은 통일 신라 경덕왕 때의 일이다. 경덕왕은 통치 기구와 지방 행정 구역인 9주의 명칭을 중국식으로 바꾸는 한화(漢化) 정책으로 왕권 강화를 도모하였다.

오답 해설
① 이사부 : 우산국 복속 → 신라 지증왕
   신라 지증왕은 이사부를 파견하여 우산국(울릉도)을 정벌하고 영토로 삼았다.
③ 국학 설립 → 통일 신라 신문왕
   통일 신라의 신문왕은 국학(國學)을 설립하여 유학 교육을 실시하고 유교 이념을 확립하였다.
④ 병부 설치 → 신라 법흥왕
   신라의 법흥왕은 병부를 설치하여 지배 체제를 정비하고, 율령 반포와 공복을 제정하여 통치 질서를 확립하였다.
⑤ 독서삼품과 실시 → 통일 신라 원성왕
   통일 신라의 원성왕은 독서삼품과를 실시하여 유교 경전의 이해 수준에 따라 3등급으로 구분해 관리를 등용하였다.

7. 무덤 양식의 종류

> **암기박사** (가) 돌로 널길과 널방을 만든 봉분 ⇒ 굴식 돌방 무덤
> (나) 널방을 벽돌로 쌓은 양식 ⇒ 벽돌 무덤

정답 ②

정답 해설
(가) 굴식 돌방 무덤 / (나) 벽돌 무덤
ㄱ. **굴식 돌방무덤** : 돌로 널길과 널방을 만들고 그 위에 흙을 덮어 봉분을 만든 것으로, 널방의 벽과 천장에 벽화를 그리기도 하였다.
ㄷ. **벽돌 무덤** : 널방을 벽돌로 쌓고 그 위에 봉분을 만든 무덤 양식으로, 백제의 무령왕릉이 대표적이며 중국 남조의 영향을 받았다.

오답 해설
ㄴ. 껴묻거리(부장품) → 돌무지 덧널 무덤
   신라에서 주로 만든 무덤으로 지상이나 지하에 시신과 껴묻거리(부장품)를 넣은 나무 덧널을 설치하고 그 위에 댓돌을 쌓은 다음 흙으로 덮었다. 도굴이 어려워 대부분 금관, 유리잔 등의 껴묻거리가 그대로 남아 있다.
ㄹ. 12지 신상 → 김유신 묘 : 굴식 돌방 무덤
   김유신 묘는 통일 신라의 무덤 양식인 굴식 돌방 무덤으로, 무덤의 봉토 주위를 둘레돌(호석)로 두르고 12지 신상을 조각하였다.

한국사능력검정시험 심화 실전모의고사

8. 신라 하대의 역사

정답 ⑤

암기박사 최치원 : 시무 10여 조 건의 ⇒ 신라 하대

정답 해설

혜공왕이 피살되고 상대등 김양상이 선덕왕으로 즉위하여 신라 하대가 시작되었다. 이 시기에 6두품 출신으로 당의 빈공과(賓貢科)에 급제하고 귀국한 최치원은 진성 여왕에게 시무 10여 조를 건의하였으나 수용되지 않았다.

오답 해설

① 원광 : 세속 5계 → 신라 상대 : 진평왕
  신라 진평왕 때 원광은 공동체 사회 이념을 바탕으로 불교와 유교, 도교를 수용한 실천 윤리 사상인 세속 5계를 제시하였다.
② 김흠돌의 반란 → 신라 중대 : 신문왕 ─ 사군이충(事君以忠), 사친이효(事親以孝), 교우이신(交友以信), 임전무퇴(臨戰無退), 살생유택(殺生有擇)
  신문왕 때 장인인 김흠돌이 반란을 도모하였으나 실패하였다.
③ 이차돈 순교 : 불교 공인 → 신라 상대 : 법흥왕
  법흥왕 때 이차돈의 순교를 계기로 불교가 공인되었다.
④ 복신, 도침 : 백제 부흥 운동 → 신라 중대 : 문무왕
  백제가 멸망한 후 복신과 도침이 왕자 풍을 왕으로 추대하여 주류성(한산)에서 백제 부흥 운동을 전개하였다.

핵심노트 ▶ 〈삼국사기〉에 따른 신라의 시대 구분

- 상대(박혁거세~진덕여왕) : BC 57~AD 654년 성골 왕, 상대등이 수상, 고대 국가 완성기
- 중대(태종 무열왕~혜공왕) : 654~780년, 진골 왕, 집사부 시중이 수상, 왕권의 전성기 → 상대등 권한 약화
- 하대(선덕왕~경순왕) : 780~935년, 왕위 쟁탈전 가열, 상대등 권한 강화, 호족의 발호 → 왕권 약화

9. 발해의 역사

정답 ⑤

암기박사 남북극, 대씨, 고구려 땅, 5경 15부 62주 ⇒ 발해

정답 해설

제시된 자료는 유득공이 저술한 『발해고』의 일부로, (가) 국가는 발해이다. 발해는 고구려를 계승한 나라로, 3성 6부의 중앙 정치 조직과 5경 15부 62주의 지방 조직, 10위의 군사 제도를 두었다.

오답 해설

① 교정도감 : 무신 정권기 → 최고 기구
  교정도감은 고려 무신정권기에 설치된 최고 정치기관이다.
② 통일 신라 : 군사 조직 → 9서당 10정
  통일 신라는 통일 전 1서당 6정이었던 군사 조직을 9서당(중앙군) 10정(지방군)으로 확대 개편하였다.
③ 고구려, 백제 : 나 · 당 연합군 공격 → 멸망
  고구려와 백제는 나 · 당 연합군의 공격으로 멸망하였다.
④ 조선 후기 : 국방력 강화 → 5군영 설치
  조선 후기에 국방력 강화를 위해 5군영의 군사조직을 설치하였다.

핵심노트 ▶ 발해 국왕의 업적

무왕	인안 연호 사용, 산둥반도 공격(장문휴), 일본과 친선
문왕	대흥 연호 사용, 당과 친선 관계, 신라도 개설, 3성 6부 완비
선왕	건흥 연호 사용, 고구려 옛땅의 회복, 해동성국이라 불림, 지방제도 완비(5경 15부)

10. 후삼국 통일

정답 ⑤

암기박사 공산 전투(927) → 고창 전투(930) → 신라 항복(935) → 일리천 전투(936) ⇒ 후삼국 통일

정답 해설

(라) 공산 전투(927) : 후백제의 견훤이 신라를 공격하자 경애왕의 요청으로 태조 왕건은 견훤군을 공격하였으나 김락과 신숭겸이 전사하는 등 크게 패하였다.
(나) 고창 전투(930) : 후백제의 견훤이 고창 전투에서 고려 태조 왕건이 이끄는 고려군에게 패하였다(930).
(다) 신라 항복(935) : 신라의 마지막 왕인 경순왕(김부)은 고려 태조에게 항복하고 경주의 사심관이 되었다.
(가) 일리천 전투(936) : 태조 왕건의 고려군과 견훤의 장남인 신검의 후백제군이 일리천에서 벌인 전투이다. 이 전투에서 패한 신검이 고려군에 항복하여 후백제는 멸망하게 되었다.

11. 경정 전시과

정답 ①

암기박사 5품 이상 공음전 지급 ⇒ 문종 : 경정 전시과

정답 해설

제시된 사료는 문종(30, 1076) 때 시행된 경정(更定) 전시과의 내용으로, 토지가 부족하여 현직 관리에게 전답과 임야를 분급하여 수취의 권리를 행사하게 하였다. 전시과의 완성 형태로, 5품 이상의 현직 관리에게 공음전을 지급하였으므로 공음 전시과라고도 한다.

오답 해설

② 수신전 · 휼량전 → 과전법
  과전법은 고려 말 공양왕 때 경기 지역에 한정하여 실시된 토지 정책으로 신진 사대부의 경제적 기반이 되었으며 원칙적으로 세습이 불가하나 관리가 사망하면 유가족에게 수신전과 휼양전을 지급하였다.
③ 개국 공신 : 인품, 행실, 공로 기준 → 역분전
  고려 태조가 후삼국 통일에 공을 세운 개국 공신에게 인품, 행실, 공로를 기준으로 역분전을 지급하였다.
④ 관직만을 고려, 170~17결을 차등 지급 → 개정 전시과
  고려 목종은 관직만을 고려하여 19품 관등에 따라 170~17결을 차등 지급하였으며, 현직자의 문관을 우대하고 군인전도 지급하였다.
⑤ 관리의 녹봉 대신 지급 → 녹과전
  몽골의 침입으로 전시과 제도가 완전히 붕괴되어 토지를 지급할 수 없게 되자, 일시적으로 관리의 생계를 위해 녹봉 대신 녹과전을 지급하였다.

핵심노트 ▶ 고려 시대 전시과(田柴科) 제도의 변화

- **시정(始定) 전시과(경종 1, 976)** : 모든 전현직 관리를 대상으로 관품과 인품·세력을 반영하여 전지와 시지를 지급하였다.
- **개정(改定) 전시과(목종 1, 998)** : 관직만을 고려하여 19품 관등에 따라 170~17결을 차등 지급하였으며, 현직자의 문관을 우대하고 군인전도 지급하였다.
- **경정(更定) 전시과(문종 30, 1076)** : 토지가 부족하게 되어 현직 관료에게만 지급하였으며, 5품 이상에게 공음전을 지급하였다.

12. 고려 경종의 업적

암기박사 (가) 쌍기 : 과거 제도 ⇒ 고려 광종(958)
(나) 최승로 : 외관(지방관) ⇒ 고려 성종(983)

정답 ⑤

정답 해설

(가) 고려 광종은 인재를 등용하기 위해 후주 출신 쌍기의 건의로 과거 제도를 시행하였다(958).
(나) 고려 성종은 최승로의 시무 28조에 따라 전국에 12목을 설치하고 지방관인 외관(外官)을 두었다(983).

고려 경종 때 모든 전·현직 관리를 대상으로 관품과 인품·세력을 반영하여 전지와 시지를 지급하였으며, 처음으로 직관(職官)·산관(散官) 각 품의 전시과가 제정되었다(976).

오답 해설

① **5도 양계 → 현종(1018)**
   현종은 5도 양계의 지방 제도를 확립하였다. 5도는 경상도·전라도·양광도·교주도·서해도를 말하며 지방관으로 안찰사를 파견하였고, 양계(兩界)는 북방 국경 지대의 군사 중심지인 동계·북계를 말하며 병마사가 파견되었다.

② **흑창 설치 → 태조(918)**
   태조는 민생 안정을 위해 흑창(黑倉)을 처음 설치하였는데, 흑창은 고구려의 진대법을 계승한 춘대추납의 빈민 구제 기관이다.

③ **7재 개설 → 고려 예종**
   고려 예종 때 관학 진흥을 위해 전문 강좌인 7재(七齋)가 개설되었다(1109). 여택재, 대빙재, 경덕재, 구인재, 복응재, 양정재, 강예재

④ **호패법 실시 → 조선 태종**
   조선 태종 때 호구의 정확한 파악을 위해 16세 이상의 남자들에게 호패를 발급하는 호패법이 실시되었다(1402).

핵심노트 ▶ 경종(975~981)의 전시과 시행과 반동 정치

- **시정 전시과 시행** : 전국적 규모로 전·현직의 모든 관리에게 등급에 따라 토지를 차등 지급하였는데, 관품 이외의 인품도 고려한 점에서 역분전의 성격이 잔존
- **반동 정치** : 광종 때 개혁 정치의 주역들이 제거되고 공신 계열의 반동 정치가 행해짐

13. 무신 정변

암기박사 정중부 : 무신 정변 ⇒ 반무신 정변 : 조위총의 난

정답 ⑤

정답 해설

제시된 자료는 고려 시대 무신 정변에 대한 내용으로, 정중부·이고·이의방 등의 무신들이 정변을 일으켜 다수의 문신들을 살해한 후 의종을 폐하고 명종을 옹립하였다(1170). 무신 정변 이후 서경 유수 조위총이 서북 지방민의 불만을 이용하여 무신정변의 주동자를 제거하고 나라를 바로잡는다는 명분으로 거병하여 많은 농민이 가담하였다(1174).

오답 해설

① **이자겸의 난 → 고려 인종**
   인종을 왕위에 올리면서 왕실의 외척인 이자겸이 난을 일으켜 권력을 독점했으나, 인종은 이를 평정한 후 왕권 회복과 민생 안정을 위한 정치 개혁을 추진하였다(1126).

② **김흠돌의 난 → 통일 신라 신문왕**
   신문왕의 장인인 김흠돌이 파진찬 흥원(興元)과 대아찬 진공(眞功) 등과 함께 반란을 일으켰으나, 신문왕은 이를 진압하고 귀족 세력을 숙청하여 전제 왕권을 강화하였다(681).

③ **묘청의 서경 천도 운동 → 김부식 제압 → 고려 인종**
   묘청의 서경파가 풍수지리설에 근거하여 서경 천도와 칭제건원, 금국 정벌을 주장하며 반란을 일으켰으나 개경파의 김부식이 이끄는 관군의 공격으로 진압되었다(1135).

④ **최충 : 9재 학당 → 고려 문종**
   고려 시대에는 최초의 사학인 최충의 9재 학당(문헌공도)을 비롯한 사학 12도가 융성하여 유학을 교육하였다(1055).

14. 원 간섭기

암기박사 권문세족 : 도평의사사 장악 ⇒ 원 간섭기

정답 ①

정답 해설

 고려 시대 공민왕이 그린 것으로 추정되는 수렵도

천산대렵도에 그려진 변발과 호복을 한 무사의 그림으로 보아 원 간섭기에 해당된다. 이 시기에는 도병마사가 도평의사사(도당)로 개편되어 최고 상설 정무 기구로 발전하였고, 친원 세력이 권문세족으로 성장하면서 도평의사사를 장악하였다.

오답 해설

② **정감록 : 왕조 교체 예언 → 조선 후기**
   조선 후기에는 비기·도참과 같은 예언 사상이 유행하였고, 왕조 교체를 예언하는 정감록이 유포되었다.

③ **교정도감 : 국정 총괄 기구로 부상 → 고려 무신 집권기**
   교정도감은 고려 무신 집권기 때 국정을 총괄하는 기구로 부상하여 인재 천거, 조세 징수, 감찰, 재판 등 최고 집정부 역할을 수행하였다.

④ **이자겸의 난 → 고려 인종**
   왕실 외척인 이자겸이 금의 사대 요구를 수용하는 등 권력을 독점하자 인종이 이자겸을 제거하려 하였고, 이에 이자겸은 난을 일으켰다.

⑤ **김사미·효심의 난 → 고려 무신 집권기**
   김사미·효심의 난은 운문에서 김사미가 그리고 초전에서 효심이 일으킨 무신 집권기 최대 규모의 농민 봉기이다. → 청도 / 울산

핵심노트 ▶ 원 간섭기의 사회 변화

- **신분 상승의 증가**
  - 역관·향리·평민·부곡민·노비·환관으로서 전공을 세운 자, 몽골 귀족과 혼인한 자, 몽골어에 능숙한 자 등
  - 친원 세력이 권문세족으로 성장
- **활발한 문물 교류**
  - 몽골풍의 유행 : 체두변발·몽골식 복장·몽골어
  - 고려양 : 고려의 의복·그릇·음식 등의 풍습이 몽골에 전해짐
- **공녀(貢女)의 공출**
  - 원의 공녀 요구는 심각한 사회 문제를 초래
  - 결혼도감을 설치해 공녀를 공출

15. 서경(평양)과 관련된 역사적 사실

정답 ③

암기박사 묘청의 서경 천도론 : 풍수지리설 ⇒ 김부식이 진압

정답 해설

묘청의 서경파가 풍수지리설에 근거하여 서경(지금의 평양) 천도와 칭제 건원, 금국 정벌을 주장하며 반란을 일으켰으나 김부식이 이끄는 관군의 공격으로 진압되었다(1135). 한편 고려 태조 왕건은 서경을 중시하여 북진 정책의 전진 기지로 삼았다.

오답 해설

① **주세붕 : 백운동 서원 → 경북 영주**
풍기 군수 주세붕이 최초의 사액 서원인 백운동 서원을 설립한 곳은 경북 영주이다.

② **정몽주 피살 → 개경(지금의 개성)**
고려 말 온건 개혁파의 정몽주가 이방원 세력에 의해 개경의 선죽교에서 피살되었다.

④ **최무선 : 왜구 격퇴 → 전북 군산**
최무선은 화약과 화포 제작을 위해 화통도감의 설치를 건의하고, 화포를 사용하여 진포(군산 앞바다)에서 왜구를 격퇴하였다.

⑤ **원산 학사 → 덕원(지금의 원산)**
함경도 덕원부사 정현석과 주민들이 개화파 인물들의 권유로 설립한 최초의 근대적 사립학교이다.

16. 삼짇날의 세시 풍속

정답 ④

암기박사 진달래꽃 화전, 노랑나비 ⇒ 삼짇날

정답 해설

삼짇날은 음력 3월 3일로 답청절(踏靑節)이라고 하는데, 찹쌀가루로 빚은 전 위에 진달래꽃으로 장식한 화전을 부쳐 먹었으며 노랑나비를 보면 길하다는 풍습이 있었다.

오답 해설

① **찬 음식 먹기 → 한식**
한식은 동지(冬至)로부터 105일째 되는 날로, 양력으로 4월 5일 무렵이다. 설날, 단오, 추석과 함께 4대 명절의 하나이며 일정 기간 불의 사용을 금하고 찬 음식을 먹는다. '손 없는 날'이라 하여 산소에 잔디를 새로 입히는 개사초(改莎草)를 하거나 이장(移葬)을 한다.

② **창포물에 머리 감기 → 단옷날**
단옷날은 음력 5월 5일로 수레바퀴 모양의 떡살로 문양을 내는 수리취 떡을 해먹고, 여자는 창포를 삶은 물에 머리를 감고 그네를 뛰며 남자는 씨름을 한다.

③ **부럼, 오곡밥 → 정월 대보름**
정월 대보름은 음력 1월 15일로 땅콩, 호두, 밤 등의 부럼을 깨물어 먹거나 쌀, 조, 수수, 팥, 콩 등을 섞은 오곡밥을 지어 먹었다.

⑤ **추석, 송편, 차례 → 한가위**
한가위는 음력 8월 15일로 추석, 중추절 등으로 불리며, 햅쌀로 송편을 빚고 햇과일 등의 음식을 장만하여 차례를 지낸다.

17. 공민왕의 개혁 정치

정답 ③

암기박사 공민왕 : 개혁정치 ⇒ 원의 연호 폐지, 정동행성 이문소 폐지, 친원 세력 숙청, 신돈 등용

정답 해설

공민왕은 원의 연호를 폐지하고 격하된 관제를 복구하였으며, 내정을 간섭하던 정동행성 이문소를 폐지하고 기철을 비롯한 친원 세력을 숙청하였다. 또한 신돈을 등용하여 전민변정도감을 통해 개혁을 추진하였다. 왕명 출납과 인사 행정을 관장하는 사림원을 설치하여 개혁을 단행한 것은 충선왕 때이다.

핵심노트 ▶ 공민왕의 개혁 정치

반원 자주 정책	대내적 개혁 정책
• 원의 연호 폐지 • 친원파 숙청 • 정동행성 이문소 폐지 • 원의 관제 폐지 • 쌍성총관부 공격으로 철령 이북 땅 수복 • 동녕부 요양 정벌 • 원(나하추)의 침입 격퇴 • 친명 정책 전개 • 몽골풍의 폐지	• 정방 폐지 • 신돈의 등용 • 전민변정도감 운영 • 국자감 → 성균관으로 개칭 • 유학 교육 강화 • 과거 제도 정비

18. 고려의 대외 항쟁

정답 ④

암기박사 고려의 대외 항쟁 ⇒ 흥화진 전투(현종) → 나성 축조(현종) → 윤관의 여진 정벌(예종) → 묘청의 서경 천도(인조)

정답 해설

(다) **양규 : 흥화진 전투 → 고려 현종**
고려 현종 때 강조의 정변을 구실로 강동 6주를 넘겨줄 것을 요구하며 거란이 2차 침입을 시도하자 양규가 흥화진 전투에서 항전하였다(1010).

(나) **강감찬 : 나성 축조 → 고려 현종**
고려 현종 때 거란의 3차 침입에 맞서 강감찬은 귀주에서 대승을 거둔 후 개경에 나성을 축조하였다(1018).

(가) **윤관 : 동북 9성 축조 → 고려 예종**
고려 예종 때 윤관은 별무반을 이끌고 여진을 정벌하여 동북 지방 일

대에 9성을 축조하였다(1107).
(라) **묘청 : 서경 천도 운동 → 고려 인종**
고려 인종 때 묘청의 서경파가 풍수지리설에 근거하여 서경 천도와 칭제 건원, 금국 정벌을 주장하였다(1135).

19. 이자겸의 난

정답 ②

암기박사 이자겸 ⇒ 외척 정치, 금의 군신 관계 요구 수용

정답 해설

인종을 왕위에 올리면서 왕실 외척인 이자겸이 금과의 무력 충돌을 피하기 위해 금의 군신 관계 요구를 수용하는 등 전권을 행사하자 인종은 이자겸을 제거하려 한다. 이에 이자겸은 척준경과 함께 난을 일으켰으나 인종은 척준경을 회유하여 이자겸을 숙청한 후 정지상을 통해 척준경도 축출하였다.

오답 해설

① **거란의 침입 대비 → 강감찬 : 나성 축조**
강감찬은 귀주 대첩에서 승리한 후 거란의 침입에 대비하기 위하여 개경에 나성을 축조하였다.

③ **여진족 정벌 : 동북 9성 축조 → 윤관 : 별무반**
고려 숙종 때 윤관의 건의로 조직된 별무반은 예종 때 여진족을 정벌하고 동북 9성을 쌓았다.

④ **김치양 제거, 현종 즉위 → 강조의 정변**
고려 목종 때 강조가 김치양과 천추태후 일당을 제거한 후 목종까지 폐하고 대량군(현종)을 즉위시켰다.

⑤ **공주 : 명학소 → 망이 · 망소이의 난**
고려 시대 무신 정권기에 망이 · 망소이가 가혹한 수탈에 저항하여 공주 명학소(鳴鶴所)에서 반란을 일으켰다.

핵심노트 ▶ 이자겸의 난이 미친 영향

- 왕실의 권위 하락
- 특정 가문의 정치 독점에 대한 반성
- 이자겸의 주도로 맺은 금과의 사대 관계에 대한 불만 상승

20. 단원 김홍도

정답 ③

암기박사 옥순봉도, 자화상, 군선도 병풍 ⇒ 김홍도

정답 해설

조선 후기 화가 김홍도는 풍속화, 산수화, 기록화, 초상화 등 다양한 분야에서 뛰어난 작품을 남겼는데, 군선도 병풍은 신선도의 대표작으로, 서왕모의 반도회에 초대를 받고 약수를 건너는 신선들의 모습을 그린 수묵담채화이다.

오답 해설

① **몽유도원도 → 안견**
몽유도원도는 조선 세종 때 안견이 안평대군의 꿈 이야기를 듣고 표현한 그림이다. 자연스러운 현실 세계와 환상적인 이상 세계를 웅장하면서도 능숙하게 처리하고, 대각선적인 운동감을 활용하여 구현한 걸작이다.

② **인왕제색도 → 정선**
인왕제색도는 조선 후기 진경산수화의 대가 겸재 정선의 작품으로, 비가 내린 뒤의 인왕산의 분위기를 적묵법(積墨法)으로 진하고 묵직하게 표현한 산수화이다.

④ **세한도 → 김정희**
세한도는 조선 후기의 학자 추사 김정희가 그린 작품으로, 화가가 아닌 선비가 그린 문인화의 대표작이다.

⑤ **강희안 → 고사관수도**
조선 전기의 사대부 화가 인재 강희안의 작품으로, 깎아지른 듯한 절벽을 배경으로 바위 위에 양팔을 모아 턱을 괸 채 수면을 바라보는 선비의 모습을 묘사하였다.

21. 세종의 업적

정답 ②

암기박사 앙부일구, 칠정산, 갑인자 ⇒ 조선 세종

정답 해설

조선 세종 때에는 시간을 측정하기 위해 해시계인 앙부일구를 제작하였고, 한양을 기준으로 한 역법서인 칠정산을 편찬하였다. 또한 개량된 금속 활자인 갑인자를 주조하여 활자 인쇄술을 발전시켰다.
→ 정교하고 수려한 조선 활자의 걸작

오답 해설

① **곤여만국전도 : 세계 지도 → 선조 : 이광정**
천주교의 전도를 위해 중국에 온 이탈리아 선교사 마테오 리치가 제작한 세계 지도를 조선 선조 때 이광정이 전하였다.

③ **언문지 : 우리말 음운 연구서 → 순조 : 유희**
조선 순조 때 유희는 우리말 음운 연구서인 언문지를 저술하여 음리(音理)와 음가(音價)를 규명하였다.

④ **거중기 설계 : 기기도설 참고 → 정조 : 정약용**
정조 때 정약용은 기기도설을 참고하여 거중기를 설계하였고, 수원 화성 축조 시 거중기와 활차를 이용한 서양식 건축 기술을 도입하였다.

⑤ **동의수세보원 : 사상 의학 정립 → 고종 : 이제마**
고종 때 이제마는 동의수세보원(東醫壽世保元)을 저술하여 사람의 체질을 구분하여 치료하는 사상의학을 정립하였다.

핵심노트 ▶ 세종(1418~1450)의 문화 발전

- **활자 주조** : 경자자, 갑인자, 병진자, 경오자
- **한글 서적** : 〈용비어천가〉, 〈동국정운〉→음운서, 〈석보상절〉→불경 언해서, 〈월인천강지곡〉
  →불교 찬가
- 〈고려사〉, 〈육전등록〉, 〈치평요람〉, 〈역대병요〉, 〈팔도지리지〉, 〈효행록〉, 〈삼강행실도〉, 〈농사직설〉, 〈칠정산 내외편〉, 〈사시찬요〉, 〈총통등록〉, 〈의방유취〉, 〈향약집성방〉, 〈향약채취월령〉, 〈태산요록〉
- **관습도감 설치** : 박연으로 하여금 아악 · 당악 · 향악을 정리하게 함
- **불교 정책** : 5교 양종을 선교 양종으로 통합, 궁중에 내불당 건립
- **역법 개정** : 원의 수시력과 명의 대통력을 참고하여 칠정산 내편을 만들고 아라비아 회회력을 참조하여 칠정산 외편을 만듦 →독자성
- **과학 기구 발명** : 측우기, 자격루(물시계), 앙부일구(해시계), 혼천의(천체 운행 측정기)

22. 우암 송시열

암기박사 기축봉사 : 북벌론 주장 ⇒ 송시열

정답 ③

정답 해설
노론의 영수인 송시열은 효종에게 장문의 상소인 기축봉사를 올려 명에 대한 의리와 북벌론을 주장하였다.

오답 해설
① 계유정난으로 축출 → 김종서, 황보인, 안평대군
수양대군(세조)이 정인지·권람·한명회 등과 계유정난을 일으켜 김종서·황보인 등의 중신과 안평대군을 축출하고 정치적 실권을 장악하였다.

② 해동제국기 편찬 → 신숙주
신숙주는 계해약조 당시 일본에 다녀와서 일본의 지세와 국정 등을 기록한 해동제국기를 편찬하였다.

④ 성학십도 : 군주의 도 → 이황
이황은 성학십도를 선조에게 올려 군주의 도(道)에 관한 학문의 요체를 도식으로 설명하였다.

⑤ 조선경국전 저술 → 정도전
정도전은 조선 초기의 개국공신으로 조선경국전을 저술하여 통치 제도 정비에 기여하였다.

23. 숙종의 환국 정치

암기박사 숙종 : 환국 정치 ⇒ 경신환국 → 기사환국 → 갑술환국

정답 ⑤

정답 해설
(가) 경신환국(1680) : 서인이 허적(남인)의 서자 허견 등이 역모를 꾀했다고 고발하여 남인을 대거 숙청하고 서인이 집권하였다.
• 기사환국(1689) : 희빈 장씨 소생의 원자 책봉 문제로 기사환국이 발생하여 숙종은 서인을 유배·사사하고 인현왕후를 폐비시켰다.
(나) 갑술환국(1694) : 인현왕후의 복위 운동을 저지하려던 남인이 실권하고 서인이 집권하였다.

오답 해설
① 폐비 윤씨 사사 사건 : 갑자사화 → 연산군
연산군의 친모인 폐비 윤씨의 사사 사건의 전말이 알려지면서 갑자사화가 발생하여 관련자들이 화를 입었다.

② 북인이 정국 주도 → 광해군
광해군 때에 북인은 적극적 사회·경제 정책을 펴고 광해군의 중립 외교를 지지하여 서인과 남인을 누르고 정국을 주도하였다.

③ 자의대비의 복상 문제 : 기해예송 → 현종
효종 사망 시 자의대비의 복상 문제로 서인과 남인 사이에 기해 예송이 전개되었다.

④ 외척 간의 세력 다툼 : 을사사화 → 명종
명종을 옹립한 유원형의 소윤파와 인종의 외척 세력인 윤임의 대윤파 간 대립으로 을사사화가 일어났다.

24. 조선 시대의 삼사(三司)

암기박사 서경권 행사 ⇒ 양사(사간원, 사헌부)

정답 ⑤

정답 해설
(가) 홍문관 : 경연을 관장, 문필·학술 기관, 고문 역할, 장은 대제학(정2품)
(나) 사헌부 : 감찰 탄핵 기관, 사간원과 함께 대간(臺諫)을 구성하여 서경권 행사, 장은 대사헌(종2품)
(다) 사간원 : 언관(言官)으로서 왕에 대한 간쟁, 장은 대사간(정3품)
조선 시대의 삼사는 사헌부·사간원·홍문관을 지칭하는데, 이들은 언론과 감찰·간쟁을 담당하였다. 특히 사간원, 사헌부 양사의 소속 관원을 대간(臺諫)이라고도 불렀다.

오답 해설
① 서경권 행사 → 양사(사간원, 사헌부)
양사(사간원, 사헌부)의 관리들은 5품 이하의 관원에 대한 서경권(署經權)을 행사하였다.

② 정책의 심의·결정, 국정 총괄 → 의정부
의정부는 정1품의 삼정승(영의정·좌의정·우의정)이 정책을 심의·결정하면서 국정을 총괄하였다.

③ 장관 : 대사헌(종2품) → 사헌부
감찰 탄핵 기관인 사헌부의 장관으로 종2품 대사헌이 있었다. 사간원의 장관은 정3품의 대사간이다.

④ 화폐, 곡식의 출납과 회계 → 고려 시대 : 삼사
조선 시대의 삼사(三司)와 달리 고려 시대의 삼사는 전곡(화폐와 곡식)의 출납에 대한 회계와 녹봉 관리를 담당하였다.

25. 유수원의 활동상

암기박사 우서 : 사농공상의 직업적 평등 주장 ⇒ 유수원

정답 ①

정답 해설
유수원은 중국과 우리 문물을 비교하면서 정치·경제·사회 전반의 개혁을 제시하였는데, 우서(迂書)에서 사농공상의 직업적 평등과 전문화를 주장하였다.

오답 해설
② 오학론 : 성리학의 폐해 지적 → 정약용
조선 후기의 실학자 정약용은 오학론에서 당대의 주요 학문 경향인 성리학, 훈고학, 문장학, 과거학, 술수학의 폐해를 지적하였다.

③ 사상 의학 확립 → 이제마
이제마는 사람의 체질을 태양인, 태음인, 소양인, 소음인으로 구분하여 치료하는 사상 의학을 확립하였다.

④ 혼천의 : 별자리 관측 기구 → 홍대용
홍대용은 천체의 운행과 위치를 측정하는 별자리 관측 기구인 혼천의를 제작하였다.

⑤ 열하일기 : 청의 문물 소개 → 박지원
연암 박지원은 연행사를 따라 청에 다녀온 후 열하일기(熱河日記)를 집필하여 청의 문물을 소개하고 이를 수용할 것을 주장하였다.

👆 **핵심노트** ▶ 유수원(1694~1755)의 개혁론

- 농업의 전문화·상업화, 기술 혁신을 통해 생산력 증강
- 농업에만 의존해서는 안 되며 상공업을 함께 진흥 → 상공업 진흥과 기술 혁신 강조
- 사·농·공·상의 직업적 평등과 전문화를 주장 → 신분 차별의 철폐
- 상인 간의 합자를 통한 경영 규모의 확대
- 상인이 생산자를 고용하여 생산·판매 주관 → 선대제 수공업 등
- 대상인의 지역 사회 개발 참여 및 학교 건립·교량 건설·방위 시설 구축 등에 대한 공헌
- 국가의 상업 활동 통제를 통한 물자 낭비·가격 조작 방지, 사상의 횡포 견제

26. 효종 재위 기간의 사건

암기박사 나선 정벌 : 조총 부대 동원 ⇒ 효종

정답 ②

정답 해설

병자호란의 결과 중국 심양에 볼모로 잡혀간 봉림 대군은 인조의 아들 효종이다. 효종 때 러시아의 남하로 청과 러시아 간 국경 충돌이 발생하자 나선 정벌을 위해 조총 부대를 동원하였다.

오답 해설

① 신기전 제작 → 조선 세종
신기전(神機箭)은 조선 세종 때 고려 말 최무선이 화약국에서 제조한 주화(走火)를 개량한 병기로 대신기전, 산화신기전, 중신기전, 소신기전 등의 여러 종류가 있다.

③ 경국대전 완성 → 조선 성종
성종은 세조 때 편찬을 착수한 경국대전을 완성하여 법령을 정비하였다.

④ 강홍립 : 후금에 투항 → 조선 광해군
조선 광해군 때에 명의 요청으로 강홍립의 부대를 파병하였으나, 광해군은 명과 후금 사이에서 중립 외교 정책을 추진하여 강홍립을 후금에 투항하도록 하였다.

⑤ 초계문신제 : 문신 재교육 → 조선 정조
정조는 신진 인물이나 중·하급(당하관 이하) 관리 가운데 능력 있는 자들을 재교육시키고 시험을 통해 승진시키는 초계문신제(抄啓文臣制)를 시행하였다.

👆 **핵심노트** ▶ 나선 정벌(羅禪征伐)

- 배경 : 러시아의 남하로 청과 러시아 간 국경 충돌이 발생하자 청이 원병을 요청
- 제1차 나선 정벌(효종 5, 1654) : 헤이룽강(흑룡강) 유역에 침입한 러시아군을 변급이 격퇴
- 제2차 나선 정벌(효종 9, 1658) : 헤이룽강 유역에서 신유가 조총군을 이끌고 러시아군을 격퇴

27. 광해군의 중립 외교

암기박사 광해군 : 중립 외교, 인목대비 유폐, 영창대군 살해 ⇒ 인조 반정

정답 ④

정답 해설

광해군과 북인은 명과 후금 사이에서 중립 외교를 펼쳤으나, 이에 반발한 서인이 인목대비 유폐와 영창대군 살해 사건을 계기로 인조반정을 일으켜 정국의 주도권을 장악하였다.

오답 해설

① 정도전 피살 → 제1차 왕자의 난
조선 초기의 개국공신인 정도전은 제1차 왕자의 난 때 세자 방석과 함께 이방원에 의해 피살되었다.

② 성삼문 : 사육신 → 단종 복위 운동
성삼문은 세조의 왕위 찬탈에 저항하여 단종 복위를 꾀하다 처형되었다.

③ 정여립 모반 사건 → 기축옥사
선조 때 정여립 모반 사건으로 권력을 잡은 서인은 동인에 대한 기축옥사를 주도하였고, 동인은 온건파인 남인과 급진파인 북인으로 분당되었다.

⑤ 폐비 윤씨 사사 사건 → 갑자사화
연산군의 친모인 폐비 윤씨의 사사 사건의 전말이 알려지면서 갑자사화가 발생하여 관련자들이 화를 당하였다.

28. 향촌 자치 기구 유향소

암기박사 좌수와 별감 : 향촌 자치 기구 ⇒ 유향소

정답 ①

정답 해설

조선 시대의 유향소(留鄕所)는 좌수와 별감을 선발하여 운영되던 향촌 자치 기구로, 지방의 수령을 보좌하고 향리를 감찰하였다. 경재소(京在所)는 현직 관료로 하여금 연고지의 유향소를 통제하게 하는 제도로, 중앙과 지방 간의 연락 업무를 담당하였다.

오답 해설

② 대성전 : 선현에 제사 → 향교
향교(鄕校)는 조선 시대 지방의 국립 중등 교육 기관으로 지방 관리와 서민의 자제들을 교육하였으며, 대성전을 세워 선현에 제사를 지냈다. → 공자의 위패를 모시는 전각

③ 지방의 사림 세력이 설립 → 서원
풍기 군수 주세붕의 백운동 서원을 시작으로 주로 지방의 사림 세력에 의해 설립된 서원은 사림의 농촌 지배를 보다 강화하고 향촌 사림을 결집시켰다. → 최초의 사액 서원

④ 농민 : 공동 노동 작업 공동체 → 두레
두레는 농민들로 구성된 공동 노동의 작업 공동체로, 농촌 사회의 상호 협력과 감찰을 목적으로 조직되었다.

⑤ 조선 시대 관립 교육 기관 → 성균관
조선 시대 최고의 관립 교육 기관인 성균관은 대성전과 명륜당을 중심으로 구성되어 있으며, 문묘(文廟)를 세워 성현의 제사도 지냈다. → 공자의 위패를 모시는 전각 / 유학의 강의실
→ 공자와 여러 성현의 위패(位牌)를 모신 사당

👆 **핵심노트** ▶ 유향소(留鄕所)

고려 말 ~ 조선 시대에 걸쳐 지방의 수령을 보좌하던 자문 기관이다. 고려 시대의 사심관에서 유래되었다. 조선 시대의 유향소는 자의적으로 만들어져 지방의 풍기를 단속하고 향리의 폐단을 막는 등 지방 자치의 면모를 보였는데, 태종 초에 지방 수령과 대립하여 중앙 집권을 저해하였으므로 태종 6년(1406)에 폐지되었다. 그러나 좀처럼 없어지지 않아 유향소를 폐지할 수 없게 되자 세종 10년(1428)에 재설치하면서, 이를 감독하기 위해 경재소를 강화하였다. 세조 13년(1467) 이시애의 난 당시 유향소의 일부가 가담했음이 드러나면서 다시 폐지되었지만 성종 19년(1488)에 부활되었다.

29. 시전 상인의 활동

암기박사 금난전권, 상권 수호 운동 ⇒ 시전 상인

정답 ④

정답 해설
금난전권은 시전 상인이 왕실이나 관청에 물품을 공급하는 대신 부여받은 독점 판매권인데, 조선 정조는 신해통공을 실시하여 육의전을 제외한 금난전권을 폐지하였다(1791). 시전 상인들은 일본 상인들로부터 서울의 상권을 지키기 위해 황국 중앙 총상회를 만들어 상권 수호 운동을 전개하였다(1898).

오답 해설
① 청과의 책문 후시 무역 → 만상
조선 후기 상업의 발달로 사상(私商)이 등장하였고, 의주의 만상은 청과의 밀무역인 후시 무역을 주도하였다.
② 왜관을 통한 무역 활동 → 내상
동래의 내상은 주로 왜관을 중심으로 일본과의 해상 무역을 주도하였다.
③ 사개치부법 → 송상
개성의 송상은 전국에 송방이라는 지점을 설치하고 청과 일본 사이의 중계 무역으로 부를 축적하였는데, 사개치부법이라는 독자적인 회계법을 창안하였다.
⑤ 한강 중심 운송업 → 경강상인
경강상인(강상)은 한강을 중심으로 선박을 이용한 운송업(대동미 운송)에 종사하면서 거상으로 성장하였다.

30. 백운동 서원

암기박사 주세붕 : 백운동 서원 ⇒ 최초의 사액 서원

정답 ⑤

정답 해설
서원은 조선 시대의 사립 교육 기관으로 중종 때 주세붕이 설립한 백운동 서원이 시초이다. 백운동 서원은 안향의 봉사를 위해 설립한 최초의 사액 서원으로 국왕으로부터 현판과 함께 서적·토지·노비 등을 받았다.

오답 해설
① 학술 연구 기구 → 청연각
고려 예종 때 관학을 진흥하기 위해 궁중에 학술 연구 기구로 청연각이 설치되었으며 주로 경연의 장소로 이용되었다.
②·③ 부·목·군·현에 하나씩 설립 : 교수·훈도가 지도 → 향교
향교(郷校)는 조선 시대 지방의 국립 중등교육기관으로 전국의 부·목·군·현에 하나씩 설립되었고, 중앙에서 파견된 교수나 훈도가 지방 관리와 서민의 자제들을 지도하였다.
④ 유학, 율학, 서학, 산학 교육 → 국자감
고려 시대 유학 교육을 위해 설립된 국립대학인 국자감에서는 유학을 비롯하여 율학, 서학, 산학을 교육하였다.

 핵심노트 ▶ 서원

- **기원** : 중종 38년(1543)에 풍기 군수 주세붕이 안향의 봉사를 위해 설립한 백운동 서원
- **운영의 독자성** : 독자적인 규정을 통한 교육 및 연구
- **사액 서원의 특권** : 면세·면역, 국가로부터 서적·토지·노비 등을 받음
- **보급** : 사화로 인해 향촌에서 은거하던 사림의 활동 기반으로서 임진왜란 이후 급속히 발전
- **공헌** : 학문 발달과 지방 문화 발전에 기여
- **폐단** : 사림들의 농민 수탈 기구로 전락, 붕당 결속의 온상지 → 쟁을 격화

31. 조선 시대 문화유산

암기박사 현존하는 중층의 불전 중 가장 큰 규모 ⇒ 구례 화엄사 각황전

정답 ⑤

정답 해설
구례 화엄사의 각황전은 조선 숙종 때 계파대사가 중건한 중층의 대불전으로 현존하는 중층의 불전 중 규모가 가장 크다. 정면 7칸, 측면 5칸의 팔작지붕으로 2층의 다포식 건물이며 내부가 통층으로 되어 웅장감을 준다.

오답 해설
① 안동 : 봉정사 극락전 → 현존하는 가장 오래된 목조 건축물
봉정사 극락전은 경북 안동시 봉정사에 있는 고려 시대 주심포 양식의 건축물로, 현존하는 가장 오래된 목조 건축물이다.
② 예산 : 수덕사 대웅전 → 모란과 들국화 벽화
수덕사 대웅전은 충남 예산군 수덕사에 있는 고려 시대 주심포 양식의 건물로, 모란이나 들국화를 그린 벽화가 유명하다.
③ 부여 : 무량사 극락전 → 조선 중기의 중층 불전
충남 부여군 무량사에 있는 조선 중기의 중층 불전 건축물로, 외관상으로 보면 중층이나 내부는 상하층의 구분 없이 하나로 통해 있다.
④ 논산 : 쌍계사 대웅전 → 겹처마 팔작지붕 건물
쌍계사 대웅전은 충남 논산에 있는 조선 시대의 불전으로, 겹처마 팔작지붕에 앞면 5칸 옆면 3칸의 단층 건물이다.

32. 천주교의 독립 활동

암기박사 황사영 백서 사건, 의민단 조직 ⇒ 천주교

정답 ⑤

정답 해설
황사영 백서에는 천주교에 대한 정부의 탄압 상황과 신앙의 자유를 얻기 위해 외국 군대의 출병을 요청하는 내용 등이 쓰여 있다. 천주교는 만주에서 항일 운동 단체인 의민단을 조직하여 독립 전쟁을 전개하였다.

오답 해설
① 오세창 : 만세보 → 천도교
만세보는 천도교의 후원을 받아 오세창이 창간한 천도교 기관지로, 사회진보주의를 제창하여 신지식 개발과 신문화 보급 운동 등 민중 계몽에 힘썼다.
② 이화 학당 : 최초의 여성 교육 기관 → 개신교
미국의 개신교 선교사 스크랜턴 부인은 여성 교육을 위해 최초의 여성 교육 기관인 이화 학당을 설립하였다.

③ 중광단 : 항일 무장 단체 → 대종교
대종교의 지도자들은 항일 무장 단체인 중광단을 조직하였고, 3·1 운동 직후 북로 군정서로 개편하여 청산리 대첩에 참여하였다.
④ 박중빈 : 새생활 운동 → 원불교
박중빈이 창시한 원불교는 현대화와 생활화를 주장하여 민족 역량 배양과 남녀평등, 허례허식의 폐지 등 생활 개선 및 새생활 운동을 추진하였다.

33. 신민회의 활동

정답 ⑤

> 암기박사 태극 서관 설립 : 계몽 서적 보급 ⇒ 신민회

정답 해설

신민회는 국권 회복과 공화정체의 국민 국가 건설을 목적으로 안창호와 양기탁이 중심이 되어 조직된 비밀 결사 단체로, 민중 계몽을 위해 태극 서관을 설립하고 계몽 서적을 보급하였다.

오답 해설

① 고종의 강제 퇴위 반대 운동 → 대한 자강회
일제가 고종을 강제 퇴위시키고 순종을 즉위시킨 후 한·일 신협약(정미 7조약)을 체결하자 대한 자강회는 고종의 강제 퇴위 반대 운동을 주도하였다.
② 일제의 황무지 개간권 요구 저지 → 보안회
보안회는 일제의 황무지 개간권 요구에 대한 지속적인 반대 운동을 벌여 일제의 황무지 개간권 요구를 저지하였다.
③ 중추원 개편 : 의회 설립 추진 → 독립 협회
서재필을 중심으로 창립된 독립 협회는 중추원 개편을 통한 의회 설립을 추진하였다.
④ 복벽주의 단체 → 독립 의군부
임병찬이 고종의 밀지를 받아 결성한 비밀 무장 단체인 독립 의군부는 복벽주의를 내세우며 의병 전쟁을 준비하였다. ─ 나라를 되찾아 임금을 다시 세우겠다는 주장

핵심노트 ▶ 신민회의 활동

- 문화적·경제적 실력 양성 운동 : 자기 회사 설립(평양), 태극서관 설립(대구), 대성 학교·오산 학교·점진 학교 설립 등
- 양기탁 등이 경영하던 대한매일신보를 기관지로 활용했고, 1908년 최남선의 주도하에 〈소년〉을 기관 잡지로 창간
- 군사적 실력 양성 운동 : 이상룡·이시영이 남만주에 삼원보, 이승희·이상설이 밀산부에 한흥동을 각각 건설하여 항일 의병 운동에 이어 무장 독립 운동의 터전이 됨

34. 최익현의 계유상소

정답 ③

> 암기박사 계유 상소 : 대원군의 하야, 서원 철폐 비판 ⇒ 최익현

정답 해설

제시된 사료는 최익현의 계유 상소이다(1873). 최익현은 서원 철폐 비판과 흥선 대원군의 하야를 요구하는 계유 상소를 올렸고, 지부복궐척화의소를 올려 왜양일체론을 주장하며 위정 척사 운동을 전개하였다. 을사늑약 체결에 반대하여 태인에서 의병 활동을 전개하다 체포되어 쓰시마 섬에서 순국하였다.

35. 대한 광복회의 활동

정답 ②

> 암기박사 공화 정체의 국민 국가 수립 지향 ⇒ 대한 광복회

정답 해설

대한 광복회는 박상진(총사령)과 김좌진(부사령)을 중심으로 공화 정체의 국민 국가 수립을 지향하며 군대식으로 조직되었으며, 만주에 독립 사관 학교를 설립하고 독립군을 양성하여 친일파를 처단하였다.

오답 해설

① 중·일 전쟁 발발 직후 조직 → 조선 의용대
김원봉의 조선 의용대는 중국 관내(關內)에서 결성된 최초의 한인 무장 부대로, 중·일 전쟁 발발 직후에 조직되었다.
③ 파리 강화 회의 : 김규식 파견 → 신한 청년당
신한 청년당은 파리 강화 회의에 김규식을 대표로 파견하여 독립 청원서를 제출하였다.
④ 임병찬 : 고종의 밀지를 받아 결성 → 독립 의군부
임병찬이 고종의 밀지를 받아 결성한 비밀 무장 단체인 독립 의군부는 고종의 복위 및 대한 제국의 재건을 목표로 활동한 복벽주의 단체이다.
⑤ 조선 총독부에 폭탄 투척 → 의열단 : 김익상
의열단 소속의 김익상은 조선 총독부에 폭탄을 투척하는 의거를 일으켰다.

핵심노트 ▶ 대한 광복회(1915~1918)

- 조직 : 풍기의 대한 광복단과 대구의 조선 국권 회복단의 일부 인사가 모여 군대식으로 조직·결성, 각 도와 만주에 지부 설치, 박상진(총사령)·김좌진(부사령)·채기중
- 활동 : 군자금을 모아 만주에 독립 사관학교 설립, 연해주에서 무기 구입, 독립 전쟁을 통한 국권 회복을 목표로 함

36. 제2차 갑오개혁

정답 ②

> 암기박사 전국 8도를 23부로 개편 ⇒ 제2차 갑오개혁

정답 해설

고종은 제2차 갑오개혁 시 종묘에 나가 독립 서고문을 바치고 개혁의 기본 방향을 제시한 홍범 14조를 반포하였다. 고종은 제2차 갑오개혁 때 지방 행정 구역을 8도에서 23부 337군으로 개편하였다.

오답 해설

① 연호 : 건양(建陽) → 을미개혁
을미사변 후 김홍집 친일 내각은 을미개혁을 추진하여 단발령을 시행하고 태양력을 사용하였으며 건양(建陽)이라는 연호를 제정하였다.
③ 원수부 설치 → 광무개혁
광무개혁 때 고종 황제는 군 통수권을 장악하기 위해 황제 직속의 원수부를 설치하였다.
④ 양전사업 : 지계 발급 → 광무개혁
대한 제국은 광무개혁 때 근대적 토지 소유제도의 마련을 위해 양지아문을 설치하여 양전사업을 실시하고, 지계아문에서 토지 소유자에게 지계를 발급하였다. ─ 근대적 토지증서
⑤ 공사 노비법 혁파, 과거제 폐지 → 제1차 갑오개혁

제1차 갑오개혁 때 행정 기구를 6조에서 8아문으로 개편하고 공사 노비법을 혁파하였으며 과거제를 폐지하였다.

핵심노트 ▶ 제2차 갑오개혁의 내용(1894. 12~1895. 7)

정치	• 의정부 80아문을 7부로 개편 • 지방관제를 8도에서 23부 337군으로 개편 → 종래의 도·부·목·군·현의 대소행정구역 통폐합, 소지역주의 채택 • 내각과 분리된 궁내부 관제를 대폭 축소 • 지방관의 사법권·군사권 박탈 → 행정권만을 가짐 • 사법권과 행정권 분리(사법부 독립)와 재판소 설치(1심·2심 재판소 분리·설치)를 위해 〈재판소구성법〉과 〈법관양성소규정〉 등을 공포
교육	• 교육입국조서 발표(근대적 학제 등) • 신교육 실시, 한성사범학교 설립
군사 경찰	훈련대·시위대 설치, 근대적 군사·경찰제도 확립을 위한 〈군부관제〉, 〈경무청관제〉 등을 제정

37. 민족 운동 지도자 이상재

암기박사 민족 유일당 : 신간회 회장 ⇒ 이상재

정답 ②

정답 해설

민족주의 진영과 사회주의 진영이 민족 유일당, 민족 협동 전선의 기치 아래 창립 대회를 개최하고 신간회의 회장으로 이상재를 추대하였다(1927).

오답 해설

① 흥사단 조직 → 안창호
  신민회에서 활동한 안창호는 미국 샌프란시스코로 건너가 재미 한인을 중심으로 한 민족 운동 단체인 흥사단을 조직하였다.
③ 대한민국 건국 강령 : 삼균주의 → 조소앙
  조소앙은 새로운 국가 건설의 이념으로 삼균주의를 주창하였고, 대한민국 임시 정부는 조소앙의 삼균주의에 따라 정치·경제·교육의 균등을 주장한 대한민국 건국 강령을 제정하였다.
④ 한국독립운동지혈사 : 독립 투쟁 과정 → 박은식
  박은식은 일제 침략에 대항하여 투쟁한 한민족의 독립 운동을 서술한 한국독립운동지혈사를 저술하였다.
⑤ 조선사회경제사 : 식민주의 사학의 정체성 이론 반박 → 백남운
  백남운은 사적 유물론을 도입하여 조선사회경제사를 저술하고, 일제의 식민주의 사학의 정체성 이론을 반박하였다.

38. 물산 장려 운동

암기박사 평양 : 조선 물산 장려회 발족 ⇒ 물산 장려 운동

정답 ③

정답 해설

산업 장려, 토산품 애용 등을 내세운 물산 장려 운동은 '조선 사람 조선 것'이라는 구호 아래 조만식, 이상재 등의 주도로 평양에서 조선 물산 장려회가 발족된 후 전국으로 확산되었다(1920).

오답 해설

① 한·일 학생 간의 충돌 → 광주 학생 항일 운동
  광주에서 발생한 한·일 학생 간의 충돌을 일본 경찰이 편파적으로 처리하여 광주 학생 항일 운동이 촉발되었다(1929).
② 진주 : 조선 형평사 → 형평 운동
  갑오개혁에 의해 신분이 해방된 뒤에도 오랜 관습 속에서 계속 차별을 받자 이학찬을 중심으로 한 백정들은 진주에서 조선 형평사를 조직하고 형평 운동을 전개하였다(1923).
④ 대구 국민 대회 : 김광제, 서상돈 등 발의 → 국채 보상 운동
  국채 보상 운동은 정부의 외채를 국민의 힘으로 상환하여 국권을 회복하자는 운동으로, 대구에서 개최한 국민 대회에서 김광제, 서상돈 등의 발의로 본격화되었다(1907).
⑤ 농촌 계몽 → 브나로드 운동
  동아일보사에서 '배우자 가르치자 다 함께 브나로드' 구호를 내세우며 농촌 계몽 운동인 브나로드(Vnarod) 운동을 전개하였다(1931). → 러시아어로 '민중 속으로'라는 의미

39. 대한민국 임시 정부의 활동

암기박사 고종의 강제 퇴위 반대 운동 ⇒ 대한 자강회

정답 ②

정답 해설

일제가 고종을 강제 퇴위시키고 순종을 즉위시킨 후 한·일 신협약(정미7조약)을 체결하자 대한 자강회는 고종의 강제 퇴위 반대 운동을 전개하였다.

오답 해설

① 연통제 → 임시 정부의 국내 비밀 행정 조직
  대한민국 임시 정부는 국내 비밀 행정 조직으로 문서와 명령 전달, 군자금 송부, 정보 보고 등의 업무를 담당하는 연통제(聯通制)를 두었다.
③ 의회식 중추원 → 임시 정부 : 신관제 반포
  대한민국 임시 정부는 의회식 중추원인 신관제를 반포하여 최초로 국회 설립 단계까지 진행하였다.
④ 독립 공채 발행 → 임시 정부의 독립운동 자금 마련
  대한민국 임시 정부는 애국 공채를 발행하거나 국민의 의연금으로 독립운동에 필요한 군자금을 조달하였다.
⑤ 임시 사료 편찬 위원회 → 임시 정부 : 한·일 관계 사료집 발간
  대한민국 임시 정부는 임시 사료 편찬 위원회를 설치하여 한·일 관계 사료집을 발간하였다.

핵심노트 ▶ 대한민국 임시 정부의 활동

• 군자금의 조달 : 애국 공채 발행이나 국민의 의연금으로 마련
• 외교 활동 : 파리 강화 회의에 김규식 파견, 미국에 구미 위원부 설치
• 문화 활동 : 독립신문 간행, 사료 편찬소를 두어 한·일 관계 사료집 간행
• 군사 활동 : 육군 무관 학교의 설립, 임시정부 직할대, 한국 광복군 창설

40. 일제의 화폐 정리 사업

정답 ③

암기박사 화폐 정리 사업 ⇒ 통화량 감소 : 국내 중소 상인 타격

정답 해설

화폐 정리 사업은 조선의 상평통보나 백동화 등을 일본 제일 은행에서 만든 새 화폐로 교환하도록 한 사업으로, 재정 고문 메가타의 주도로 시행되었다. 일제의 화폐 정리 사업으로 유통 화폐가 부족해지면서 통화량이 줄어들고 이에 대처하지 못한 국내 중소 상인들이 타격을 입었다.

오답 해설

① 전환국 → 근대식 화폐 발행 기구
   종래 사용하던 상평통보를 대체할 새 화폐 발행을 위해 전환국이 설치되었다(1883).

② 제1차 갑오개혁 → 은본위 화폐 제도 채택
   제1차 갑오개혁 때 신식화폐발행장정을 발표하여 은본위 화폐 제도를 채택하고 조세의 금납제를 시행하였다(1894).

④ 황국 중앙 총상회 → 시전 상인 : 상권 수호 운동
   시전 상인들이 일본 상인들로부터 서울의 상권을 지키기 위해 황국 중앙 총상회를 만들어 상권 수호 운동을 전개하였다(1898).

⑤ 방곡령 → 일본으로의 곡물 유출 경계
   일본 상인의 농촌 시장 침투와 지나친 곡물 반출을 막기 위해 함경도 관찰사 조병식이 방곡령을 선포하였다(1889).

핵심노트 ▶ 화폐 정리 사업(1905, 재정 고문 메가타)

- 일본의 제일 은행이 대한 제국의 화폐 발행권, 국고 출납권 장악
- 금 본위 화폐 제도
- 영향 : 민족 은행 몰락, 국내 중소 상인 몰락, 화폐 가치 상승

41. 한성순보의 발간

정답 ④

암기박사 정부에서 발행한 순 한문 신문 ⇒ 한성순보

정답 해설

한성순보는 박영효 등 개화파가 창간하여 박문국에서 발간한 최초의 신문으로, 정부에서 발행하는 순 한문 신문이었다. 국가 정책 홍보와 서양의 근대 문물을 소개하고 있으며 열흘마다 발행하는 것이 원칙이었다.

오답 해설

① 최초의 상업 광고 → 한성주보
   박문국이 재설치 된 후 최초의 상업 광고가 실린 한성주보가 발행되었다.

② 항일 의병 운동 보도 → 대한매일신보
   영국인 베델이 양기탁 등과 함께 창간한 신민회 기관지로 항일 의병 운동을 호의적으로 보도하였다.

③ 장지연 : 시일야방성대곡 게재 → 황성신문
   을사늑약의 부당함을 알리기 위한 장지연의 시일야방성대곡이 황성신문에 게재되었다.

⑤ 총독부의 기관지로 전락 → 경성일보, 매일신보
   한성신보와 대동신보를 합병한 경성일보와 총독부가 대한매일신보를 매수해 발행한 매일신보는 국권 피탈 후 총독부의 기관지로 전락하였다.

42. 남강 이승훈

정답 ④

암기박사 신민회 : 태극 서관 운영 ⇒ 남강 이승훈

정답 해설

남강 이승훈은 비밀 결사 단체인 신민회에 가입하여 민중 계몽을 위해 태극 서관을 운영하고 출판물을 간행하였으며, 민족 교육을 위해 오산 학교를 설립하였다. 그러나 일제가 날조한 105인 사건에 연루되어 옥고를 치르기도 하였으며, 3·1 운동 당시 민족 대표 33인 중 기독교 측 대표로 참가하였다.

오답 해설

① 국문 연구소 설립 : 한글 연구 → 주시경, 지석영
   주시경·지석영 등은 국문 정리와 국어의 이해 체계 확립을 위해 국문 연구소를 설립하였으며, 〈국어문법〉을 편찬하였다.

② 한인 애국단 결성 → 김구
   김구는 상해에서 임시정부의 위기 타개책으로 한인 애국단을 조직하였고, 한인 애국단 소속의 이봉창과 윤봉길은 항일 의거 활동을 전개하였다.

③ 권업회 조직, 대한 광복군 정부 수립 → 이상설
   이상설은 연해주에서 권업회를 조직하고 대한 광복군 정부를 수립하여 독립 운동을 전개하였다.

⑤ 국민 대표 회의 소집 요구 → 신채호
   이승만의 위임 통치 청원을 이유로 신채호, 박용만 등 외교 중심 노선에 비판적인 인사들이 상해에서 국민 대표 회의를 소집하였으나 창조파와 개조파의 대립으로 분열되었다.

43. 민족 말살 통치기의 일제 정책

정답 ④

암기박사 국가 총동원령, 국민 징용령 ⇒ 민족 말살 통치기

정답 해설

제시된 사료는 민족 말살 통치기의 병참 기지화 정책에 대한 내용이다. 당시는 일제가 대공황을 타개하기 위해 침략 전쟁을 확대하던 시기로 중·일 전쟁을 위해 국가 총동원령을 내려 미곡과 금속제를 공출하고, 여자 정신대 근로령을 내려 일본군 위안부를 동원하는 등 반인륜적 범죄를 저질렀다. 또한 조선인 근로자의 노동력을 착취하기 위해 국민 징용령을 공포하였다(1939).

오답 해설

① 토지 조사 사업 실시 → 무단 통치기
   일제는 무단 통치기에 근대적 토지 소유권 확립을 명분으로 토지 조사 사업을 실시하여 토지를 약탈하였다(1912).

② 신간회 창립 → 문화 통치기
   민족주의 진영과 사회주의 진영이 민족 유일당, 민족 협동 전선의 기치 아래 신간회 창립 대회를 개최하고 이상재를 회장으로 선출하였다(1927).

③ 제1차 교육령 제정 → 무단 통치기

일제는 식민지 교육 방침을 규정한 제1차 교육령을 제정하여, 보통학교의 수업 연한을 4년으로 하고 실업 교육을 위주로 기능을 가르치는 데 목적을 두었다(1911).

⑤ 민립 대학 설립 운동 → 문화 통치기

총독부가 대학 설립 요구를 묵살하자 조선 교육회는 우리 손으로 대학을 설립하고자 조선 민립 대학 기성회를 중심으로 모금 운동을 전개하였다(1922).

44. 일제의 조선 수탈 법령

정답 ③

암기박사 법령 제정 순서 ⇒ 회사령 → 토지 조사령 → 조선 농지령 → 국가 총동원령

정답 해설

(가) 회사 설립 허가제 → 회사령(1910)
일제는 회사 설립 시 총독의 허가를 받도록 하는 회사령을 공포하여 민족 기업의 설립을 방해하였다.

(다) 토지 조사 사업 → 토지 조사령(1912)
일제는 토지 약탈과 식민지화에 필요한 재정 수입원을 마련하기 위해 토지 조사령을 발표하고 토지 조사 사업을 실시하였다.

(라) 지주의 소작권 제한 → 조선 농지령(1934)
일제가 조선 농민을 회유·단속하기 위해 지주의 소작권을 제한하여 소작인을 보호한다는 명목하에 조선 농지령을 제정하였다.

(나) 전쟁 물자 공출 → 국가 총동원령(1938)
일제는 국가 총동원령을 내려 미곡과 금속제를 공출하고 여자 정신대 근로령을 내려 일본군 위안부를 동원하였다.

45. 원산 총파업

정답 ③

암기박사 1920년대 최대의 파업 투쟁 ⇒ 원산 총파업

정답 해설

원산 총파업은 원산 노동 연합회의 소속 노동자와 일반 노동자들이 합세하여 노동 조건 개선을 요구하며 전개한 1920년대 최대의 파업 투쟁이다(1929). 이후 노동자 강주룡이 을밀대 지붕에서 고공 농성을 전개한 평양 고무 공장 파업이 일어났다(1931).

오답 해설

① 회사령 철폐 → 일본 상품의 관세 철폐(1923)
일제는 회사 설립 시 허가제인 기존의 회사령을 철폐하고 신고제로 전환함으로써 일본 상품의 관세가 철폐되는 계기가 되었으며, 이로 인해 일본 독점 자본의 진출을 용이하게 하였다.

② 최초의 여성 노동자 연대 파업 → 경성 고무 여자 직공 조합(1923)
경성 고무 여자 직공 조합이 아사(餓死) 동맹을 결성하고 최초의 여성 노동자 연대 파업을 전개하였다.

④ 암태도 소작 쟁의 → 농민운동(1923)
암태도 소작 쟁의는 전남 신안군 암태도의 소작농민들이 전개한 농민 운동으로, 지주들의 소작료 인상율 저지와 1920년대 각지의 소작운동에 큰 영향을 미쳤다.

⑤ 최초의 대중적 노동단체 → 조선 노동 공제회(1920)
최초의 대중적 노동단체로써 전국 단위의 노동 운동 단체인 조선 노동 공제회가 조직되었다.

핵심노트 ▶ 일제 강점기 대표적 노동 운동

- 조선 노동 공제회 조직(1920) : 최초의 대중적 노동단체, 전국 단위의 노동 운동 단체
- 부산 부두 노동자 파업(1921) : 최초의 대규모 연대파업, 임금 인상 요구
- 서울 고무 공장 여자 노동자 파업(1923) : 최초의 여성 노동자 연대 파업
- 원산 총파업(1929) : 원산 노동 연합회 노동자 주도, 1920년대 최대의 파업투쟁
- 평양 고무 공장 파업(1931) : 노동자 강주룡이 을밀대 지붕에서 전개한 최초의 고공 농성 운동

46. 박정희 정부

정답 ⑤

암기박사 3·1 민주 구국 선언 ⇒ 박정희 정부

정답 해설

국민의 윤리와 정신적인 기반을 확고히 하기 위하여 국민 교육 헌장이 반포된 시기는 박정희 정부 때이다. 박정희 정부 때에 유신 체제에 항거하여 재야 정치인들과 가톨릭 신부, 개신교 목사, 대학 교수 등이 긴급 조치 철폐를 요구하는 3·1 민주 구국 선언을 발표하였다(1976).

오답 해설

① 국민학교 명칭 변경 : 초등학교 → 김영삼 정부
김영삼 정부 때에 일제의 잔재를 청산하기 위해 일제강점기 국민학교령에 의해 사용된 국민학교라는 명칭을 초등학교로 변경하였다.

② 3·15 부정선거 → 이승만 정부
이승만 정부 때 여당 부통령 후보 당선을 위한 3·15 부정 선거가 자행되어 4·19 혁명이 촉발되었다.

③ 비상 계엄 확대 → 전두환 정부
박정희 대통령이 시해된 10·26 사태 이후 전두환 등의 신군부 세력이 쿠데타를 일으켜 권력을 장악하고 비상 계엄을 전국으로 확대 선포하였다.

④ 미국 6-3-3 학제 도입 → 이승만 정부
미군정기 때에 미국에서 시행되고 있던 6-3-3 학제를 처음 도입하고, 정부 수립 후 이승만 정부 때에 교육법으로 제정되었다.

47. 대종교의 독립 활동

정답 ③

암기박사 항일 무장 단체 : 중광단 결성 ⇒ 대종교

정답 해설

김혁은 나철이 조직한 대종교에 귀의하여 신민부를 조직하였고, 성동 사관학교를 설립하여 독립군을 양성하였다. 천도교와 더불어 양대 민족 종교를 형성한 대종교는 항일 무장 단체인 중광단을 조직하여 무장 투쟁을 전개하였다.

오답 해설

① 개벽, 신여성 등의 잡지 발행 → 천도교
천도교에서는 개벽, 신여성 등의 잡지를 발행하여 민중의 자각과 근대 문물의 보급에 기여하였다.

48

② 배재 학당 설립 → 개신교
미국의 개신교 선교사 아펜젤러가 선교를 목적으로 한양에 세운 학교로 신학문 보급에 기여하였다.
④ 박중빈 : 새생활 운동 → 원불교
박중빈이 창시한 원불교는 현대화와 생활화를 주창하여 민족 역량 배양과 남녀평등, 허례허식의 폐지 등 생활 개선 및 새생활 운동을 추진하였다.
⑤ 경향신문 발행 → 천주교
천주교(가톨릭교회)에서 기관지인 경향신문을 발행하여 민중 계몽을 위해 노력하였다.

핵심노트 ▶ 일제 강점기의 종교 활동

- **천도교** : 제2의 3·1 운동을 계획하여 자주 독립 선언문 발표, 〈개벽〉·〈어린이〉·〈학생〉 등의 잡지를 간행하여 민중의 자각과 근대 문물의 보급에 기여
- **개신교** : 천도교와 함께 3·1 운동에 적극 참여, 민중 계몽과 문화 사업을 활발하게 전개, 1930년대 후반에는 신사 참배를 거부하여 탄압을 받음
- **천주교** : 고아원·양로원 등 사회사업을 계속 확대하면서 〈경향〉 등의 잡지를 통해 민중 계몽에 이바지, 만주에서 항일 운동 단체인 의민단을 조직하여 항일 무장 투쟁 전개
- **대종교** : 지도자들은 항일 무장 단체인 중광단을 조직, 3·1 운동 직후 북로 군정서로 개편하여 청산리 대첩에 참여 → 천도교와 더불어 양대 민족 종교를 형성
- **불교** : 3·1 운동에 참여, 한용운 등의 승려들이 총본부의 정책에 맞서 민족 종교의 전통을 지키려 노력, 교육 기관을 설립하여 민족 교육 운동에 기여
- **원불교** : 박중빈이 창시(1916), 불교의 현대화와 생활화를 주창, 민족 역량 배양과 남녀평등, 허례허식의 폐지 등 생활 개선 및 새생활 운동에 앞장섬

48. 4·19 혁명의 결과
정답 ①

암기박사 4·19 혁명 : 이승만 대통령 하야 ⇒ 허정 과도 정부 수립

정답 해설
자유당 정권의 3·15 부정선거 규탄 시위에 대한 유혈 진압에 항거하여 4·19 혁명이 발발하였으며 그 결과 이승만 대통령이 하야하였다(1960). 4·19 혁명 후의 혼란 수습을 위해 허정 과도 정부가 수립되어 내각 책임제와 양원제 국회로 헌법을 개정하였다.

오답 해설
② 한·일 국교 정상화 → 6·3 시위
박정희 정부가 일제 강점기에 대한 사죄와 과거사 청산이 무시된 채 일본과 국교를 정상화 한 것에 대한 반발로 6·3 시위가 촉발되었다(1964).
③ 신군부의 계엄령 확대 → 5·18 민주화 운동
신군부의 비상계엄 확대와 무력 진압에 항거하여 5·18 민주화 운동이 발발하였고, 계엄군의 무자비한 진압으로 많은 시민과 학생이 희생되었다(1980).
④ 긴급 조치 철폐 → 3·1 민주 구국 선언
박정희 정부의 유신 체제에 항거하여 긴급 조치 철폐 등을 주장하며 재야 정치인들과 가톨릭 신부, 개신교 목사, 대학 교수 등이 3·1 민주 구국 선언문을 발표하였다(1976).
⑤ 6월 민주 항쟁 → 6·29 민주화 선언
전두환 정부의 4·13 호헌 조치 발표로 6월 민주 항쟁이 촉발되었고, 그 결과 노태우의 6·29 민주화 선언에 따라 5년 단임의 대통령 직선제 개헌이 이루어졌다(1987).

49. 5·18 민주화 운동
정답 ③

암기박사 5·18 민주화 운동 ⇒ 유네스코 세계 기록유산 등재

정답 해설
전두환·노태우 등의 신군부 세력이 쿠데타를 일으켜 권력을 장악하고 비상 계엄 확대와 무력 진압이 발생하자 이에 저항하여 5·18 민주화 운동이 전개되었다(1980). 5·18 민주화 운동 관련 기록물은 유네스코 세계 기록유산으로 등재되었다(2011).

오답 해설
① 박종철, 이한열 희생 → 6월 민주항쟁
박종철 고문치사와 전두환 정부의 4·13 호헌 조치 발표로 6월 민주 항쟁이 촉발되었고 시위 도중 이한열 열사가 사망하였다.
② 호헌 철폐, 독재 타도 → 6월 민주항쟁
국민들의 대통령 직선제 요구를 거부하는 전두환 정부의 4·13 호헌 조치 발표로 호헌 철폐와 독재 타도 등의 구호를 내세운 6월 민주 항쟁이 촉발되었다.
④ 대통령 중심제에서 의원 내각제 변경 → 4·19 혁명
4·19 혁명 후의 혼란 수습을 위해 허정 과도 내각이 출범되어 대통령 중심제에서 의원 내각제로 바뀌는 계기가 되었다.
⑤ 대학 교수단 : 대통령 하야 요구 시위 → 4·19 혁명
4·19 혁명 후 서울 시내 27개 대학 259명의 대학 교수들이 시국 선언문을 발표하고 대통령의 하야를 요구하는 시위행진을 벌였다.

50. 노태우 정부의 대북 정책
정답 ③

암기박사 남북한 유엔 동시 가입, 남북 기본 합의서 채택, 한반도 비핵화 공동 선언 ⇒ 노태우 정부

정답 해설
제24회 서울 올림픽 대회가 개최된 노태우 정부 때에는 남북한 유엔 동시 가입, 남북 기본 합의서 채택, 한반도 비핵화 공동 선언 등과 같은 적극적인 북방 외교 정책을 펼쳤다.

오답 해설
① 7·4 남북 공동 성명 발표 → 박정희 정부
박정희 정부 때에는 7·4 남북 공동 선언문을 발표하여 '자주·평화·민족 대단결'의 민족 통일 3대 원칙을 제시하였다.
②·⑤ 제1차 남북 정상회담, 6·15 남북 공동 선언문 → 김대중 정부
김대중 정부 때에는 햇볕정책의 일환으로 평양에서 최초로 남북 정상회담이 개최되었고, 6·15 남북 공동 선언문이 채택되었다.
④ 이산가족의 고향 방문 → 전두환 정부
전두환 정부 때에는 이산가족의 고향 방문이 처음으로 성사되어 평양에서 남북한 이산가족 상봉이 이루어졌다.

한국사능력검정시험 심화 실전모의고사

 핵심노트 ▶ 노태우 정부의 대북 정책

- 7·7선언(1988) : 북한을 적대의 대상이 아니라 상호 신뢰·화해·협력을 바탕으로 공동 번영을 추구하는 민족 공동체 일원으로 인식
- 한민족 공동체 통일 방안(1989) : 자주·평화·민주의 원칙 아래 제시
- 남북 고위급 회담(1991) : 남북한 유엔 동시 가입
- 남북 기본 합의서 채택(1991)·발효(1992) : 상호 화해와 불가침, 교류 및 협력 확대 등을 규정
- 한반도 비핵화 공동 선언 채택(1991)·발효(1992) : 핵무기의 보유나 사용금지 등을 규정

제4회 정답 및 해설

1. 구석기 시대의 생활 모습

> 암기박사 동굴, 막집 ⇒ 구석기 시대

정답 ③

정답 해설

경기도 고양시 도내동 유적 발굴 현장에서 발견된 주먹도끼, 찌르개, 돌날 등은 모두 구석기 시대의 도구들로, 이 시기에는 주로 동굴이나 강가의 막집에서 살면서 도구를 사용하여 사냥을 하거나 어로, 채집 생활을 하였다.

오답 해설

① **빗살무늬 토기 : 식량 저장 → 신석기 시대**
신석기 시대에는 빗살무늬 토기를 이용하여 식량을 저장하였다.
② **깊이갈이(심경법) → 고려 시대**
소를 이용하여 이랑과 고랑의 높이 차이를 크게 하는 깊이갈이(심경법)가 일반화된 것은 고려 시대이다.
④ **반달 돌칼 : 곡식 수확 → 청동기 시대**
벼농사가 시작되어 반달 돌칼을 이용하여 곡식을 수확한 시기는 청동기 시대이다.
⑤ **거푸집 : 세형 동검 제작 → 철기 시대**
철기 시대에는 거푸집을 이용하여 세형 동검을 제작하였는데, 세형 동검은 청동기 시대의 비파형 동검이 한국식 동검으로 발전한 것이다.

> 핵심노트 ▶ 구석기 시대의 주거 생활
>
> - 대부분 자연 동굴에 거주하였으며, 바위 그늘(단양 상시리)이나 강가에 막집(공주 석장리)을 짓고 거주하기도 함
> - 구석기 후기의 막집 자리에는 기둥 자리와 담 자리, 불 땐 자리가 남아 있음
> - 주거지의 규모 : 작은 것은 3~4명, 큰 것은 10명 정도가 살 수 있을 정도의 크기

2. 고구려와 옥저

> 암기박사 (가) 서옥제 ⇒ 고구려
> (나) 민며느리제 ⇒ 옥저

정답 ④

정답 해설

(가) 고구려 / (나) 옥저
혼인을 약속한 여자 아이를 데려다 키워서 며느리로 삼는 민며느리제가 있었던 나라는 옥저이다. 옥저는 가족의 유골을 한 목곽에 안치하는 가족 공동묘의 매장 풍습이 있었다.

오답 해설

① **책화 : 읍락 간의 경계 중시 → 동예**
동예에는 읍락 간의 경계를 중시하는 책화(責禍)가 있어서 부족의 영역을 엄격히 구분하며, 다른 부족의 생활권을 침범하면 노비와 소 · 말로 변상하게 하였다.

② **낙랑, 왜 등에 철 수출 → 변한**
낙동강 유역(김해, 마산)을 중심으로 발전한 변한은 철이 많이 생산되어 낙랑, 왜 등에 수출하였다. → 교역에서 화폐처럼 사용되기도 함
③ **사출도 : 4가(加)의 행정 구획 → 부여**
부여는 왕 아래에 가축의 이름을 딴 마가(馬加) · 우가(牛加) · 저가(猪加) · 구가(狗加) 등의 4가(加)들이 별도로 사출도(四出道)를 주관하였다.
⑤ **제사장 : 천군, 신성 지역 : 소도 → 삼한**
삼한에서는 제정이 분리되어 제사장인 천군(天君)이 따로 존재하였으며, 신성 지역인 소도(蘇塗)에서 의례를 주관하고 제사를 지냈다.

3. 신라 법흥왕의 업적

> 암기박사 신라 불교 공인 ⇒ 법흥왕 : 이차돈의 순교

정답 ②

정답 해설

신라는 법흥왕 때 이차돈의 순교 후 불교를 공인하였다. 법흥왕은 병부와 상대등을 설치하고 율령 반포와 공복을 제정하여 통치 질서를 확립하였다.

오답 해설

① **22부 설치 → 백제 성왕**
백제는 성왕 때 사비로 천도한 후 중앙 관청을 22부로 확대하고, 행정 조직을 5부(수도) 5방(지방)으로 정비하였다.
③ **거칠부 : 국사 편찬 → 신라 진흥왕**
신라는 진흥왕 때 화랑도를 공인하고 거칠부로 하여금 〈국사(國史)〉를 편찬하게 하였다.
④ **왕의 칭호 : 마립간 → 신라 내물왕**
신라 내물왕 때 김씨에 의한 왕위 계승권이 확립되고(형제 상속), 최고 지배자의 칭호도 대군장을 뜻하는 마립간으로 변경되었다.
⑤ **국학 설립 → 통일 신라 신문왕**
통일 신라의 신문왕은 국학(國學)을 설립하여 유학 교육을 실시하고 유교 이념을 확립하였다.

> 핵심노트 ▶ 신라 법흥왕의 업적
>
> - **제도 정비** : 병부 설치(517), 상대등 제도 마련, 율령 반포, 공복 제정(530) 등을 통하여 통치 질서를 확립하였으며, 각 부의 하급 관료 조직을 흡수하여 17관등제를 완비
> - **불교 공인** : 불교식 왕명 사용, 골품제를 정비하고 불교를 공인(527)하여 새롭게 성장하는 세력들을 포섭
> - **연호 사용** : 건원(建元)이라는 연호를 사용함으로써 자주 국가로서의 위상을 높임
> - **영토 확장** : 대가야와 결혼 동맹을 체결하고(522), 금관가야를 정복하여 낙동강까지 영토를 확장(532)

4. 고구려의 역사

암기박사　정답 ④

(가) 백제 근초고왕 ⇒ 고구려 평양성 공격 : 고국원왕 전사
(나) 고구려 장수왕 ⇒ 백제 한성 공격 : 개로왕 전사

정답 해설

(가) 백제의 전성기를 이끈 근초고왕이 고구려의 평양성을 공격하였고, 고구려왕 사유(斯由)가 전사하였다(371). → 고국원왕
(나) 고구려왕 거련(巨璉)이 백제의 수도 한성을 함락하였고, 백제의 개로왕이 전사하였다(475). → 장수왕

'영락(永樂)'이라는 독자적인 연호를 사용한 광개토 대왕은 신라 내물왕의 요청을 받아 신라에 침입한 왜를 낙동강 유역에서 물리쳤다(400).

오답 해설

① 신라 : 지증왕 → 우산국 복속
　신라 지증왕은 이사부를 파견하여 우산국(울릉도)을 정벌하고 그 부속 도서(독도)를 복속시켰다(512).
② 고구려 : 태조왕 → 옥저 복속
　고구려 태조왕은 중앙 집권 체제를 확립하고 활발한 정복 전쟁으로 부전 고원을 넘어 옥저를 복속시켰다(1C).
③ 백제 : 문주왕 → 웅진 천도
　고구려 장수왕의 공격으로 백제의 수도 한성이 함락되고 개로왕이 전사하자, 문주왕이 즉위하여 한성에서 웅진으로 수도를 천도하였다(475).
⑤ 여제 동맹 → 신라에 대항
　신라가 한강 유역을 차지하자 백제와 고구려가 동맹을 맺고 신라의 팽창과 신라와 당의 연결을 막았다(642).

5. 신라 하대의 역사

암기박사　정답 ⑤

최치원 : 시무 10여 조 건의 ⇒ 신라 하대

정답 해설

장보고가 완도의 청해진에서 해상 무역을 전개할 때 항해의 안전을 기원하기 위해 산둥반도에 법화원을 건립한 것은 신라 하대의 일이다. 이 시기에 6두품 출신으로 당의 빈공과(賓貢科)에 급제하고 귀국한 최치원은 진성 여왕에게 시무 10여 조를 건의하였으나 수용되지 않았다.
→ 신라원 : 신라방에 세워진 사원

오답 해설

① 최초의 진골 출신 왕 : 김춘추 → 신라 중대 : 무열왕
　진골 귀족 출신 중 최초로 김춘추가 왕위에 올라 무열왕이 되었다.
② 김흠돌의 반란 → 신라 중대 : 신문왕
　신문왕 때 장인인 김흠돌이 반란을 도모하였으나 실패하였다.
③ 이차돈 순교 : 불교 공인 → 신라 상대 : 법흥왕
　법흥왕 때 이차돈의 순교를 계기로 불교가 공인되었다.
④ 자장 건의 : 황룡사 구층 목탑 건립 → 신라 상대 : 선덕여왕
　선덕여왕 때 자장(慈藏)의 건의로 황룡사 구층 목탑이 경주에 건립되었으나 몽골의 침입으로 소실되었다.

핵심노트 ▶ 신라 하대의 정치적 변동

- **왕위 쟁탈전의 전개** : 진골 귀족들은 경제 기반을 확대하여 사병을 거느렸으며, 이러한 군사력과 경제력을 토대로 왕위 쟁탈전 전개 → 진골 귀족 내부의 분열을 의미하며, 이로 인해 신라 하대 155년 간 20명의 왕이 교체됨
- **왕권의 약화** : 왕권이 약화되고 귀족 연합적인 정치가 운영되었으며, 집사부 시중보다 상대등의 권력이 다시 강대해짐 → 상대등 중심의 족당 정치 전개
- **지방 통제력의 약화** : 김헌창의 난(822)은 중앙 정부의 지방 통제력이 더욱 약화되는 계기로 작용
- **새로운 세력의 성장** : 골품제로 정치적 출세가 제한된 6두품 세력과 반독립적 지방 호족 세력이 결탁하여 성장함

6. 화순 쌍봉사 철감선사탑

암기박사　정답 ⑤

화순 쌍봉사 철감선사탑 ⇒ 통일 신라 석탑 : 전남 쌍봉사

정답 해설

화순 쌍봉사 철감선사탑은 전라남도 화순군의 쌍봉사에 있는 통일 신라의 승탑으로, 철감선사 도윤의 사리가 봉안되어 있다. 8각 원당형에 속하는 통일 신라 시대의 부도 중에서 조식이 화려한 걸작품으로 신라 신라 하대 선종의 유행과 깊은 관련이 있다.

오답 해설

① 구례 : 화엄사 4사자 3층 석탑 → 통일 신라 석탑
　전남 구례의 화엄사에 있는 통일 신라의 석탑으로 석가모니 진신(眞身)이 머물러 있는 기단 모서리에 사자를 넣어 사자좌 위에 탑이 서 있는 독특한 형태의 석탑이다.
② 경주 : 불국사 3층 석탑 → 통일 신라 석탑
　경북 경주의 불국사에 있는 통일 신라의 석탑으로 석가탑 또는 무영탑으로 불리는데, 신라의 전형적인 석탑 양식을 대표한다. 현존하는 세계 최고(最古)의 목판 인쇄물인 무구정광대다라니경이 발견된 석탑이기도 하다.
③ 발해 석등 → 발해 : 상경
　발해의 수도였던 상경에 남아 있는 석등은 8각의 기단 위에 볼록한 간석을 두고 연꽃을 조각하여 고구려의 영향을 받았으며, 발해 석조 미술의 대표로 꼽힌다.
④ 화엄사 각황전 앞 석등 → 통일 신라 석등 : 구례 화엄사
　전남 구례군의 화엄사 각황전 앞에 있는 통일 신라 시대의 석등으로, 한국에 현존하는 석등 중 가장 크다.

7. 통일 신라의 지방 통치 체제

암기박사　정답 ④

외사정 : 지방관 감찰 ⇒ 통일 신라

정답 해설

통일 신라는 통일 전 5주 2소경을 9주 5소경 체제로 정비하여 중앙 집권 및 지방 통제력을 강화하였으며, 주·군에 감찰 기관인 외사정(감찰관)을 파견하여 지방관을 감찰하였다.

오답 해설

① 경재소 : 유향소 통제 → 조선 시대

조선 시대의 경재소(京在所)는 현직 관료로 하여금 연고지의 유향소를 통제하게 하는 제도로, 중앙과 지방 간의 연락 업무를 담당하였다.

② 22담로 : 지방 행정 구역 → 백제
백제 무령왕은 지방 통제를 강화하기 위해 지방의 주요 지점에 22담로를 설치하고 왕자·왕족을 파견하였다.

③ 양계, 병마사 파견 → 고려 현종
고려 현종은 5도 양계의 지방 제도를 확립하였는데, 이 중 양계(兩界)는 북방 국경 지대의 군사 중심지인 동계·북계를 말하며 병마사가 파견되었다.

⑤ 8도, 관찰사 파견 → 조선 시대
조선 시대에는 전국을 8도로 나누고 크기에 따라 지방관의 등급을 조절하였으며, 각 도에 관찰사(종2품, 외직의 장)를 보내 관할 고을의 수령을 감독했다.

핵심노트 ▶ 통일 신라의 지방 통치 체제

- 통일 전 5주 2소경을 9주 5소경 체제로 정비 → 중앙 집권 및 지방 통제력 강화
- 말단 행정 단위인 촌은 토착 세력인 촌주가 지방관의 통제를 받으며 다스림
- 향(鄕)·부곡(部曲)의 특수 행정 구역 존재 → 향과 부곡민은 농업에 종사하는 하층 양인
- 지방관의 감찰을 위하여 주·군에 감찰 기관인 외사정(감찰관)을 파견
- 지방 세력을 견제하기 위하여 상수리 제도를 실시

8. 신라 하대의 역사

암기박사 지방 통제력 약화 : 김헌창의 난 ⇒ 신라 하대
정답 ①

정답 해설

혜공왕이 피살되고 상대등 김양상이 선덕왕으로 즉위하여 신라 하대가 시작되었다. 신라 하대 때에는 치열한 왕위 쟁탈전으로 왕권이 약화되어 지방 호족 세력들이 성장하였고, 중앙 정부의 지방 통제력 약화가 계기가 되어 웅천주 도독 김헌창이 반란을 일으켰다.

오답 해설

② 신라 경순왕 : 사심관 → 고려 태조
사심관은 왕권 유지를 위한 호족 세력의 회유책의 일환으로, 고려 태조 때 신라의 마지막 왕인 경순왕을 경주의 사심관에 임명한 것이 시초였다.

③ 강조의 정변 → 고려 목종
고려 목종 때 강조가 김치양과 천추태후 일당을 제거한 후 목종까지 폐하고 대량군(현종)을 즉위시켰다.

④ 관료전 지급, 녹읍 폐지 → 통일 신라 신문왕
통일 신라의 신문왕 때 관리에게 관료전을 지급하고 귀족의 경제 기반이었던 녹읍을 폐지하였다.

⑤ 이암 : 농상집요 소개 → 고려 충정왕
고려 충정왕 때 이암이 중국 화북 지방의 농법을 정리한 농상집요를 소개·보급하였다.

핵심노트 ▶ 〈삼국사기〉에 따른 신라의 시대 구분

- 상대(박혁거세~진덕여왕) : BC 57~AD 654년 성골 왕, 상대등이 수상, 고대 국가 완성기
- 중대(태종 무열왕~혜공왕) : 654~780년, 진골 왕, 집사부 시중이 수상, 왕권의 전성기
- 하대(선덕왕~경순왕) : 780~935년, 왕위 쟁탈전 가열, 상대등 권한 강화, 호족의 발호

9. 발해의 문화유산

암기박사 치미, 석등, 돌사자상, 이불병좌상 ⇒ 발해 문화유산
산수 무늬 벽돌 ⇒ 백제 문화유산
정답 ⑤

정답 해설

제3대 문왕과 제9대 간왕은 모두 발해의 왕이다. 발해의 문화유산으로는 석등, 영광탑, 돌사자상, 이불병좌상 등이 있다. 산수 무늬 벽돌은 충남 부여의 사비 시대 절터에서 출토된 백제의 문화유산으로 당시 백제인들의 문화 수준과 이상적인 정신세계를 반영한다.

오답 해설

① 발해 석등 → 발해 문화유산
발해의 수도였던 상경에서 발굴된 발해 석등은 8각의 기단 위에 볼록한 간석을 두고 연꽃을 조각하여 고구려의 영향을 받았으며, 발해 석조 미술의 대표로 꼽는다.

② 장백 영광탑 → 발해 문화유산
중국 길림성 장백진 북서쪽 탑산에 있는 발해 시대의 누각식 전탑으로 장방형, 규형, 다각형의 벽돌로 쌓은 5층의 벽돌탑이다.

③ 돌사자상 → 발해 문화유산
발해의 돌사자상은 정혜공주 무덤에서 출토된 두 개의 화강암 사자상이 대표적인데, 당나라의 돌사자상보다 크기가 작지만 강한 힘을 표현한 조각 수법이 돋보인다.

④ 이불병좌상 → 발해 문화유산
이불병좌상(二佛竝坐象)은 흙을 구워 만든 것으로, 두 부처가 나란히 앉아 있는 모습을 나타낸다. 발해의 수도였던 동경 용원부 유적지에서 발굴되었으며, 고구려 양식을 계승하였다.

10. 고려 성종의 업적

암기박사 최승로의 시무28조 : 12목 설치, 지방관 파견 ⇒ 고려 성종
정답 ④

정답 해설

고려 성종 때에는 신라 6두품 출신의 유학자들이 국정을 주도하면서 국정 쇄신과 유교 정치를 실현하였는데, 최승로의 시무 28조에 따라 전국의 주요 지역에 12목을 설치하고 지방관을 파견하였다.

오답 해설

① 양계 : 병마사 파견 → 고려 현종
고려 현종은 5도 양계의 지방 제도를 확립하였는데, 이 중 양계(兩界)는 북방 국경 지대의 군사 중심지인 동계·북계를 말하며 병마사가 파견되었다.

② 노비안검법 실시 → 고려 광종
고려 광종은 노비안검법을 실시하여 양인이었다가 불법으로 노비가

된 자를 조사하여 해방시켜 줌으로써, 호족·공신 세력을 약화시키고 왕권을 강화하였다.

③ 과거 제도 : 후주인 쌍기의 건의 → 고려 광종

고려 광종 때 인재를 등용하기 위해 후주 출신 쌍기의 건의로 과거 제도를 실시하였다.

⑤ 전민변정도감 설치 → 고려 공민왕

고려 공민왕 때 신돈을 등용하여 전민변정도감을 설치하고, 권문세족에게 빼앗긴 토지와 노비를 본래의 소유주에게 돌려주거나 양민으로 해방시켰다.

핵심노트 ▶ 최승로의 시무 28조 주요 내용

- 유교 정치 이념을 토대로 하는 중앙 집권적 귀족 정치 지향 → 왕권의 전제화 반대
- 유교적 덕치, 왕도주의와 도덕적 책임 의식
- 지방관 파견과 12목 설치, 군제 개편, 대간 제도 시행
- 신하 예우 및 법치 실현, 왕실의 시위군·노비·가마의 수 감축
- 호족 세력의 억압과 향리 제도 정비 → 향직 개편, 호족의 무기 몰수
- 집권층·권력층의 수탈 방지 및 민생 안정 추구
- 유교적 신분 질서의 확립 → 엄격한 신분관을 유지하고 귀족 관료의 권위와 특권을 옹호
- 유교적 합리주의를 강조하여 불교의 폐단을 지적·비판 → 연등회와 팔관회 폐지
- 대외 관계에서 민족의 자주성 강조 → 북진 정책 계승, 중국 문화의 취사선택
- 개국 공신의 후손 등용 등

11. 궁예와 견훤

정답 ②

 (가) 궁예 : 송악 ⇒ 후고구려 건국
(나) 견훤 : 완산주 ⇒ 후백제 건국

정답 해설

(가) 궁예 / (나) 견훤

신라 왕족 출신의 궁예는 초적·도적 세력을 기반으로 반신라 감정을 자극하면서 세력을 확대한 후, 양길(梁吉)을 몰아내고 송악(개성)에서 후고구려를 건국하였다.

오답 해설

① 신라 금성 공격 : 경애왕 자결 → 견훤

견훤은 후백제를 건국한 후 신라의 수도인 금성을 습격하여 경애왕을 자결시키고, 경순왕을 왕위에 올렸다.

③ 국호 마진, 철원 천도 → 궁예

궁예는 국호를 마진(摩震)으로 고치고 철원으로 천도 후, 다시 국호를 태봉(泰封)으로 변경하였다.

④ 훈요 10조 → 태조 왕건

고려 태조 왕건은 훈요 10조에서 자신의 사후 후대 왕들이 지켜야 할 정책 방향을 제시하고 불교 숭상을 강조하였다.

⑤ 신검 → 황산 전투 : 후백제 멸망

후백제는 신검이 선산 부근에서 왕건의 고려군에게 패배한 후 황산 전투에서 항복하여 멸망하였다.

12. 공민왕의 개혁 정치

정답 ④

 원의 연호 폐지, 정동행성 이문소 폐지, 친원 세력 숙청, 정방 혁파 ⇒ 공민왕 : 개혁 정치

정답 해설

제시된 사료는 고려 말 공민왕의 개혁 정치에 대한 내용이다. 공민왕은 원의 연호를 폐지하고 격하된 관제를 복구하였으며, 내정을 간섭하던 정동행성 이문소를 폐지하고 기철을 비롯한 친원 세력을 숙청하였다. 또한 인사 행정을 담당하여 신진 사대부의 등장을 억제하였던 정방을 혁파하였다(1351~1374).

핵심노트 ▶ 공민왕의 개혁 정치

반원 자주 정책	대내적 개혁 정책
• 원의 연호 폐지 • 친원파 숙청 • 정동행성 이문소 폐지 • 원의 관제 폐지 • 쌍성총관부 공격으로 철령 이북 땅 수복 • 동녕부 요양 정벌 • 원(나하추)의 침입 격퇴 • 친명 정책 전개 • 몽골풍의 폐지	• 정방 폐지 • 신돈의 등용 • 전민변정도감 운영 • 국자감 → 성균관으로 개칭 • 유학 교육 강화 • 과거 제도 정비

13. 별무반의 여진 정벌

정답 ②

여진 정벌 : 동북 9성 확보 ⇒ 윤관 : 별무반

정답 해설

별무반은 고려 숙종 때 여진 정벌을 위해 윤관의 건의로 조직된 특수 부대로, 고려 예종 때 윤관이 별무반을 이끌고 여진을 정벌하여 동북 9성 일대를 확보하였다(1107). 영주성, 공험진, 길주성, 웅주성, 진양성, 복주성, 숭녕진, 함주성 통태진

오답 해설

① 개혁 추진 → 신돈 : 전민변정도감

고려 공민왕 때 신돈은 전민변정도감을 통해 의욕적으로 개혁을 추진하였으며, 민중으로부터 큰 지지를 받았다.

③ 대몽항쟁 → 배중손 : 삼별초

삼별초는 개경환도에 반대하여 진도에서 용장성을 쌓고 저항했으나 여·몽 연합군의 공격으로 함락된 후 제주도로 근거지를 옮겨 계속 항쟁하였다.

④ 인사권 장악 → 최우 : 정방

최우는 자신의 집에 정방(政房)을 설치하였는데, 이는 교정도감에서 인사 행정 기능을 분리한 것으로 문무 관직에 대한 인사권을 장악하였다.

⑤ 지방군 → 신문왕 : 10정

통일 신라 때 신문왕은 지방군을 10정으로 확대 개편하여 9주에 1정씩 배치하고 한주(漢州)에만 1정을 더 두었다.

14. 원 간섭기의 사회 모습

암기박사 변발과 호복 유행 ⇒ 원 간섭기

정답 ②

정답 해설
고려 원 간섭기에는 왕이 원의 공주와 결혼하여 원의 부마국으로 전락하였는데, 제국 대장 공주는 충렬왕의 왕비이다. 이 시기에 원의 풍습인 변발과 호복이 지배층을 중심으로 유행하였다.

오답 해설
① 농사직설 : 정초 → 조선 전기
  농사직설은 조선 세종 때 정초 등이 편찬한 우리나라 최초의 농서로서, 중국의 농업 기술을 수용하면서 우리 실정에 맞는 독자적인 농법을 정리하였다.
③ 흑창 : 빈민 구제 기관 → 고려 초기
  흑창(黑倉)은 고구려의 진대법을 계승한 춘대추납의 빈민 구제 기관으로 민생 안정을 위해 고려 태조 때 처음 설치되었다.
④ 공인 : 관허 상인 → 조선 후기
  조선 후기 공인(貢人)은 대동법이 실시되면서 등장한 관허 상인으로, 공가를 받고 관청에 물품을 납부하였다.
⑤ 상품 작물의 재배 → 조선 후기
  조선 후기에는 인삼, 담배, 약재, 목화, 삼 등 시장에서 매매하기 위한 상품 작물의 재배가 활발해졌다.

핵심노트 ▶ 원 간섭기의 사회 변화
- 신분 상승의 증가
  - 역관·향리·평민·부곡민·노비·환관으로서 전공을 세운 자, 몽골 귀족과 혼인한 자, 몽골어에 능숙한 자 등
  - 친원 세력이 권문세족으로 성장
- 활발한 문물 교류
  - 몽골풍의 유행 : 체두변발·몽골식 복장·몽골어
  - 고려양 : 고려의 의복·그릇·음식 등의 풍습이 몽골에 전해짐
- 공녀(貢女)의 공출
  - 원의 공녀 요구는 심각한 사회 문제를 초래
  - 결혼도감을 설치해 공녀를 공출

15. 대각국사 의천

암기박사 천태종 창시, 교관겸수 주장 ⇒ 대각국사 의천

정답 ⑤

정답 해설
문종의 넷째 아들인 대각국사 의천은 교종을 중심으로 선종을 통합하기 위하여 국청사를 창건하고 해동 천태종을 창시하였다. 이론 연마와 수행을 함께 강조하는 교관겸수(敎觀兼修)를 주장하고 지관(止觀)을 강조하였다.

지(止)는 정신을 집중하여 마음이 적정해진 상태이고,
관(觀)은 있는 그대로의 진리인 실상을 관찰하는 것

오답 해설
① 정혜사 결사 : 불교계 개혁 → 지눌
  조계종을 창시한 보조국사 지눌은 정혜사를 결성하여 불교계를 개혁하고자 하였고, 돈오점수를 바탕으로 한 꾸준한 수행과 정혜쌍수를 그 수행 방법으로 내세웠다.

② 유불 일치설 : 심성 도야 강조 → 혜심
  진각국사 혜심은 심성의 도야를 강조한 유불 일치설(儒佛一致說)을 제창하였다.
③ 법화 신앙 : 백련사 결사 주도 → 요세
  원묘국사 요세(了世)는 강진 만덕사(백련사)에서 법화 신앙을 중심으로 백련결사(白蓮結社)를 조직하고 불교 정화 운동을 전개하였다.
④ 해동고승전 : 우리나라 최고(最古)의 승전 → 각훈
  각훈의 해동고승전은 삼국 시대의 승려 33명의 전기를 수록한 우리나라 최고(最古)의 승전으로, 우리 불교사를 중국과 대등한 입장에서 서술하고 교종의 입장에서 불교 역사와 사상을 정리하였다.

핵심노트 ▶ 의천의 교단 통합 운동
- 흥왕사를 근거로 삼아 화엄종을 중심으로 교종 통합을 추구 → 불완전한 교단상의 통합, 형식적 통합
- 선종을 통합하기 위하여 국청사를 창건하고 천태종을 창시 → 교종의 입장에서 선종을 통합
- 국청사를 중심으로 이론의 연마와 실천을 아울러 강조하는 교관겸수(敎觀兼修)를 제창, 지관(止觀)을 강조
- 관념적인 화엄학을 비판하고, 원효의 화쟁 사상을 중시
- 불교의 폐단을 시정하는 대책이 뒤따르지 않아 의천 사후 교단은 다시 분열 → 의천파와 균여파로 분열

16. 「삼국유사」 / 「제왕운기」

암기박사 (가) 기사본말체 형식의 사서 ⇒ 일연 : 「삼국유사」
(나) 역사 서사시 ⇒ 이승휴 : 「제왕운기」

정답 ②

정답 해설
(가) 「삼국유사」 : 단군부터 고려 말까지의 불교사를 중심으로 서술한 기사본말체 형식의 사서이다. 단군을 우리 민족의 시조로 보아 단군의 건국 이야기를 수록하고 있으며 그 외에 가야에 대한 기록과 고대의 민간 설화나 전래 기록, 불교 설화, 향가 등을 수록하였다.
(나) 「제왕운기」 : 우리나라의 역사를 단군에서부터 서술하면서 우리 역사를 중국사와 대등하게 파악하는 자주성을 보여주었다. 합리주의적 인식을 바탕으로 하여 유교를 중심으로 다루면서도 불교·도교 문화까지 포괄하여 서술하였다.

오답 해설
① 김부식 : 기전체 사서 → 「삼국사기」
  「삼국사기」는 고려 인종 때 김부식 등이 왕명을 받아 편찬한 기전체(紀傳體) 사서로, 현존하는 우리나라 최고의 역사서이다.
③ 남북국이라는 용어 사용 → 유득공 : 「발해고」
  조선 후기 실학자 유득공은 「발해고」를 저술하여 발해를 북국, 신라를 남국으로 칭하며 한반도 중심의 협소한 사관을 극복하였다.
④ 유네스코 세계 기록 유산으로 등재 → 「조선왕조실록」, 「승정원일기」
  「삼국유사」와 「제왕운기」는 둘 다 유네스코 세계 기록 유산으로 등재되어 있지 않으며, 「조선왕조실록」과 「승정원일기」는 유네스코 세계 기록 유산으로 등재되어 있다.
⑤ 사초, 시정기 근거 → 실록청 : 「조선왕조실록」
  「조선왕조실록」은 왕의 사후 사초와 시정기 등을 토대로 춘추관에 설치된 실록청에서 편찬되었다.

핵심노트 ▶ 〈삼국유사〉와 〈제왕운기〉의 단군 기록

- 일연의 〈삼국유사〉: 단군에 대한 최초의 기록이다. 환웅이 웅녀와 혼인하여 단군을 낳은 것으로 기록하여 원형에 충실한 서술을 하고 있으며, 고조선이라는 표현을 처음으로 사용하였다.
- 이승휴의 〈제왕운기〉: 환웅의 손녀가 사람이 된 후 단군을 낳은 것으로 기록하여, 원형과 거리가 있다.

17. 고려의 문화유산

정답 ③

암기박사 영주 부석사 소조 여래 좌상 ⇒ 고려의 문화유산

정답 해설

영주 부석사 소조 여래 좌상은 경북 영주시의 부석사 무량수전에 봉안되어 있던 고려 시대의 불상으로, 우리나라에 남아 있는 소조 불상 중 가장 크고 오래된 것이다.

오답 해설

① 금동 정지원명 석가여래 삼존 입상 → 백제
정지원이라는 명문이 새겨진 백제의 불상으로, 충남 부여의 부소산성에 있는 송월대에서 발견되었다. 주형광배에 본존상과 두 협시보살이 함께 주조된 일광삼존불상이다.

② 금동 연가 7년명 여래 입상 → 고구려
두꺼운 의상과 긴 얼굴 모습에서 북조 양식을 따르고 있으나, 강인한 인상과 은은한 미소에는 고구려의 독창성이 보인다.

④ 경주 구황동 금제 여래 좌상 → 통일 신라
경북 경주시 구황동 삼층석탑에서 발견된 불상으로, 두광과 신광이 합쳐진 투각의 광배, 당당한 신체의 불신, 연화대좌로 이루어져 있다.

⑤ 이불 병좌상 → 발해
발해의 수도였던 동경 용원부 유적지에서 발굴된 이불병좌상(二佛竝坐像)은 고구려의 양식을 계승하였다. 흙을 구워 만든 것으로, 두 부처가 나란히 앉아 있는 모습을 나타낸다.

18. 정도전의 업적

정답 ①

암기박사 〈불씨잡변〉: 불교 비판 ⇒ 정도전

정답 해설

정도전은 건국 초창기에 도성 축조와 경복궁 건설 등 문물제도 형성에 크게 공헌하였으며, 조선의 헌법이라고 할 수 있는 〈조선경국전〉을 편찬하였다. 또한 〈불씨잡변(佛氏雜辨)〉을 지어 불교를 비판하고 성리학을 통치 이념으로 확립하였다.

오답 해설

② 만권당: 원의 학자들과 교유 → 이제현
충선왕 때 이제현은 만권당에서 원의 학자들과 교유하였고, 귀국 후 이색 등에게 영향을 주어 성리학 전파에 이바지하였다.

③ 해동제국기 편찬 → 신숙주
신숙주는 계해약조 당시 일본에 다녀와서 일본의 지세와 국정 등을 기록한 해동제국기를 편찬하였다.

④ 기축봉사 → 송시열
송시열은 효종에게 장문의 상소인 기축봉사를 올려 명에 대한 의리와 북벌론을 주장하였다.

⑤ 삼별초: 대몽 항쟁 → 배중손
삼별초는 개경환도에 반대하여 진도에서 용장성을 쌓고 저항했으나 여·몽 연합군의 공격으로 함락된 후 제주도로 근거지를 옮겨 계속 항쟁하였다.

핵심노트 ▶ 정도전의 업적

- 건국 초창기의 문물제도 형성에 크게 공헌
- 재상 중심의 정치를 강조하고 민본적 통치 규범을 마련
- 〈불씨잡변(佛氏雜辨)〉을 통하여 불교를 비판하고 성리학을 통치 이념으로 확립
- 주요 저서: 〈조선경국전〉 → 왕도 정치 추구, 신권 정치와 민본 정치 강조, 〈경제문감〉, 〈경제육전〉 → 조례의 수집·편찬, 〈불씨잡변〉·〈심기리편〉 → 불교 배척, 도교 비판, 〈고려국사〉 등
- 제1차 왕자의 난(1398)으로 제거됨

19. 조광조의 개혁 정치

정답 ②

암기박사 위훈 삭제, 소학 보급, 공납 개선 ⇒ 조광조

정답 해설

제시된 사료는 조선 중종 때 중종 반정의 공신 대다수가 거짓 공훈으로 공신에 올랐다 하여 그들의 관직을 박탈하려 한 조광조의 위훈 삭제(僞勳 削除)의 내용이다. 조광조는 현량과를 통해 사림을 대거 등용하고 소학의 보급과 공납의 개선을 주장하였으며 주자가례를 장려하고 유향소 철폐를 주장하는 등 개혁 정치를 추진하였다.

오답 해설

① 조의제문: 무오사화의 발단 → 김종직 ← 항우에게 왕위를 빼앗기고 죽은 초나라 의제를 기리는 내용을 통해 단종에게서 왕위를 빼앗은 세조를 비난한 글
연산군 때에 김종직이 지은 〈조의제문〉을 김일손이 사초(史草)에 올린 일이 발단이 되어 김일손 등이 처형되는 무오사화가 발생하였다.

③ 기축봉사: 명에 대한 의리 강조 → 송시열
송시열은 효종에게 장문의 상소인 기축봉사를 올려 명에 대한 의리를 강조하고 북벌론을 주장하였다.

④ 예안 향약: 향촌 교화 → 이황
이황은 경북 안동 예안 지방에 중국 여씨 향약을 모체로 한 예안 향약을 시행하여 향촌 교화를 위해 노력하였다.

⑤ 사변록: 주자의 경전 해석 비판 → 박세당
박세당은 사변록에서 유교 경전에 대한 독자적 해석을 시도하였으나, 주자의 경전 해석을 비판하다 사문난적으로 몰려 학계에서 배척되었다.

핵심노트 ▶ 조광조의 개혁 정치

- 현량과(천거과) 실시: 천거제의 일종인 현량과를 통해 사림을 대거 등용
- 위훈 삭제(僞勳 削除): 중종 반정의 공신 대다수가 거짓 공훈으로 공신에 올랐다 하여 그들의 관직을 박탈하려 함 → 훈구 세력의 불만을 야기해 기묘사화 발생
- 이조 전랑권 형성: 이조·병조의 전랑에게 인사권과 후임자 추천권 부여
- 도학 정치를 위한 성학군주론 주장 → 경연 및 언론 활성화를 주장
- 공납제의 폐단을 지적하고 대공수미법 주장
- 균전론을 내세워 토지소유의 조정(분배)과 1/10세를 제시
- 향촌 자치를 위해 향약의 전국적 시행을 추진
- 불교·도교 행사 금지: 승과제도 및 소격서 폐지
- 〈주자가례〉를 장려하고 유교 윤리·의례의 보급을 추진

56

- 《소학》의 교육과 보급운동을 전개 → 이를 통해 유교적 가치를 강조하고 지주전호제를 옹호
- 언문청을 설치하여 한글 보급
- 유향소 철폐를 주장

20. 무오사화의 원인

암기박사 김종직 : 〈조의제문〉 ⇒ 무오사화

정답 ①

정답 해설

연산군 때에 김종직이 지은 〈조의제문〉을 김일손이 사초(史草)에 올린 일을 문제 삼아 유자광·윤구상 등의 훈구파가 김일손·김굉필 등의 사림파를 제거하는 무오사화가 발생하였다(1498).

오답 해설

② **외척 간의 권력 다툼 → 을사사화**
명종을 옹립한 소윤파의 윤원로·윤원형 형제가 인종의 외척 세력인 대윤파 윤임 등을 축출하면서 외척 간의 권력 다툼인 을사사화가 발생하였다(1545).

③ **폐비 윤씨 사사 사건 → 갑자사화**
연산군의 친모인 폐비 윤씨의 사사 사건의 전말이 알려지면서 갑자사화가 발생하여 관련자들이 화를 입었다.

④ **조광조 : 위훈 삭제 → 기묘사화**
조선 중종 때 위훈 삭제 등 조광조의 급격한 개혁은 공신(훈구 세력 등)의 반발을 샀는데, 남곤·심정 등의 훈구파는 주초위왕의 모략을 꾸며 조광조 등의 사림파 대부분을 제거하였다(1519).

⑤ **희빈 장씨 소생의 원자 책봉 → 기사환국**
희빈 장씨 소생의 원자 책봉 문제로 기사환국이 발생하여 숙종은 서인을 유배·사사하고 인현왕후를 폐비시켰다.

21. 청화백자

암기박사 백자 청화죽문 각병 ⇒ 청화백자

정답 ④

정답 해설

청화 백자는 조선 후기의 대표적인 도자기로 형태가 다양하고 안료도 청화·철화·진사 등으로 다채로웠다. 국보 제258호인 백자 청화죽문 각병은 회회청 또는 토청 등의 코발트 안료를 사용하여 만든 대표적인 청화백자이다.

오답 해설

① **분청사기 박지연화어문 편병 → 분청사기**
조선 전기의 분청사기 편병으로 회갈색의 바탕흙 위에 백토로 분장한 뒤 무늬 이외의 지면을 긁어내는 박지기법을 사용하였다.

② **백자 달항아리 → 조선 후기 : 백자**
온화한 순백색과 부드러운 곡선, 넉넉하고 꾸밈없는 형태를 고루 갖춘 조선 후기의 백자 항아리로, 몸통의 접합부가 비교적 완전하고 전체적인 비례에 안정감이 있다.

③ **청자 상감운학문 매병 → 고려청자**
학과 구름을 상감기법으로 새겨 넣은 대표적인 고려 시대 상감청자 매

병이다.

⑤ **백자 철화포도원숭이문 항아리 → 조선 후기**
포도덩굴과 원숭이를 그려 넣은 조선 시대의 대표적인 백자 항아리이다(국보 제93호).

핵심노트 ▶ 시대별 자기의 변천

순수 청자(11세기) → 상감 청자(12세기) → 분청사기(15세기 전후) → 순수 백자(16세기) → 청화 백자(17~18세기)

22. 서원의 기능

암기박사 백운동 서원, 향음주례, 향촌 사회의 교화 ⇒ 서원

정답 ②

정답 해설

조선 중종 때 풍기 군수 주세붕이 안향의 봉사를 위해 설립한 백운동 서원은 이황의 건의로 국왕으로부터 소수 서원이라는 편액을 받으며 최초의 사액 서원이 되었다. 서원에서는 봄·가을로 향음주례(鄕飮酒禮)를 지내는 동시에 이름난 선비나 공신의 덕행을 추모하고 학문을 수양함으로써 향촌 사회를 교화하였다.

오답 해설

① **교수나 훈도가 지도 → 향교**
향교(鄕校)는 조선 시대 지방의 국립 중등교육기관으로 지방의 부·목·군·현에 설립되었으며, 중앙에서 교수와 훈도가 파견되어 지방 관리와 서민의 자제들을 교육하였다.

③ **도교 : 국가적 제사 주관 → 소격서**
소격서(昭格署)는 국가적 제사를 주관하기 위해 설치된 도교 기관으로, 중종 때 조광조를 비롯한 사림의 건의로 혁파되었다.

④ **유학부 : 국자학, 태학, 사문학 → 국자감**
고려 시대의 국립대학인 국자감은 국자학, 태학, 사문학의 유학부 외에 율학, 서학, 산학의 기술학부가 있었다.

⑤ **매향 활동 → 향도**
향도(香徒)는 향나무를 바닷가에 묻는 매향(埋香) 활동을 통해 미륵을 만나 구원받고자 하는 불교 신앙 공동체이다. 향도는 후에 상호 부조를 위한 공동체 조직으로 발전하였다.

핵심노트 ▶ 서원

- **기원** : 중종 38년(1543)에 풍기 군수 주세붕이 안향의 봉사를 위해 설립한 백운동 서원
- **운영의 독자성** : 독자적인 규정을 통한 교육 및 연구
- **사액 서원의 특권** : 면세·면역, 국가로부터 서적·토지·노비 등을 받음
- **보급** : 사화로 인해 향촌에서 은거하던 사림의 활동 기반으로서 임진왜란 이후 급속히 발전
- **공헌** : 학문 발달과 지방 문화 발전에 기여
- **폐단** : 사림들의 농민 수탈 기구로 전락, 붕당 결속의 온상지

23. 겸재 정선

암기박사 인왕제색도 ⇒ 겸재 정선

정답 ①

정답 해설
인왕제색도는 조선 후기 진경산수화의 대가 겸재 정선의 작품으로, 비가 내린 뒤의 인왕산의 분위기를 적묵법(積墨法)으로 진하고 묵직하게 표현한 산수화이다.

오답 해설
② 씨름도 → 김홍도
씨름도는 조선 후기의 대표적인 풍속화가인 단원 김홍도가 그린 그림으로, 씨름을 하는 사람들을 중심으로 구경꾼들의 모습을 실감나게 묘사한 작품이다.

③ 몽유도원도 → 안견
몽유도원도는 조선 세종 때 안견이 안평대군의 꿈 이야기를 듣고 표현한 그림으로 자연스러운 현실 세계와 환상적인 이상 세계를 웅장하면서도 능숙하게 처리하였다.

④ 단오도 → 신윤복
단오도는 조선 후기의 풍속 화가 혜원 신윤복이 그린 작품으로, 단옷날 그네타기 놀이와 냇물에 몸을 씻는 아낙네들의 풍속을 묘사하고 있다.

⑤ 고사관수도 → 강희안
고사관수도는 조선 전기의 사대부 화가 인재 강희안의 작품으로, 깎아지른 듯한 절벽을 배경으로 바위 위에 양팔을 모아 턱을 괸 채 수면을 바라보는 선비의 모습을 묘사하였다.

핵심노트 ▶ 겸재 정선
- 18세기 진경산수화의 세계를 개척
- 서울 근교와 강원도의 명승지들을 두루 답사하여 사실적으로 그림
- 대표작 : 인왕제색도, 금강전도, 여산초당도, 입암도 등

24. 삼짇날의 세시 풍속

암기박사 노랑나비, 화전, 풀각시 놀이 ⇒ 삼짇날

정답 ③

정답 해설
삼짇날은 음력 3월 3일로 답청절(踏靑節)이라고 하는데, 진달래가 피는 봄이면 찹쌀가루로 빚은 전 위에 진달래꽃을 올려 화전을 부쳐 먹고, 여자 아이들은 지랑풀이나 각시풀 같은 풀을 가지고 각시 인형을 만들고 놀았다.

오답 해설
① 새알심 넣은 팥죽 → 동지
동지는 일 년 중 밤이 가장 긴 날로 양력 12월 22일 경이며, 민가에서는 잡귀잡신의 침입을 막기 위해 새알심을 넣은 팥죽을 쑤어 먹었다.

② 창포 삶은 물에 머리 감기 → 단오
단오는 음력 5월 5일로 수레바퀴 모양의 떡살로 문양을 내는 수리취떡을 해먹고, 여자는 창포물에 머리를 감고 그네를 뛰며 남자는 씨름을 한다.

④ 찬 음식 먹기 → 한식
한식은 동지(冬至)로부터 105일째 되는 날로, 양력으로 4월 5일 무렵이다. 설날, 단오, 추석과 함께 4대 명절의 하나이며 일정 기간 불의 사용을 금하고 찬 음식을 먹는다. '손 없는 날'이라 하여 산소에 잔디를 새로 입히는 개사초(改莎草)를 하거나 이장(移葬)을 한다.

⑤ 부럼 깨물기 → 정월 대보름
정월 대보름은 음력 1월 15일로 땅콩, 호두, 밤 등의 부럼을 깨물어 먹거나 쌀, 조, 수수, 팥, 콩 등을 섞은 오곡밥을 지어 먹는다.

25. 효종 때의 역사적 사실

암기박사 북벌 정책, 나선 정벌 ⇒ 효종

정답 ①

정답 해설
(가) 왕은 효종이다. 효종 때 러시아의 남하로 청과 러시아 간 국경 충돌이 발생하자 효종은 조총 부대를 파견하였고, 러시아와 청 간에 나선 정벌이 발생했다. 따라서 (가) 왕의 재위 기간에 볼 수 있는 장면은 '나선 정벌에 동원되는 군인'이다.

오답 해설
② 정조 : 서얼 → 규장각 검서관 등용
정조는 능력 있는 서얼을 등용하여 규장각 검서관으로 임명하였다.

③ 명종 : 방납의 폐단 → 극심
명종 때 공물에 대하여 불법 수단으로 상납을 막은 후 대납을 통해 이득을 취하는 방납의 폐단이 극심하였다.

④ 개항 이후 : 서양식 병원 → 광혜원
개항 이후 최초의 서양식 병원인 광혜원을 설립하여 미국인 선교사 알렌이 운영하도록 하였다.

⑤ 정조 : 화성 축조 → 백성들의 노동력 제공
조선 후기 정조 때 화성이 축조되었고, 백성들은 품삯을 받고 노동력을 제공하였다.

26. 양명학자 정제두

암기박사 양명학 연구 ⇒ 정제두 : 강화 학파

정답 ④

정답 해설
하곡집은 조선 후기 양명학자 정제두의 시문집으로, 정제두는 성리학을 비판하고 지행합일의 실천성을 강조하는 양명학을 연구하여 강화 학파 형성의 기초를 마련하였다.

오답 해설
① 해동제국기 편찬 → 신숙주
해동제국기는 신숙주가 계해약조 당시 일본에 다녀와서 일본의 지세와 국정 등을 기록한 책이다.

② 서얼 출신 규장각 검서관 → 박제가, 이덕무, 유득공
조선 정조는 박제가, 이덕무, 유득공 등 능력 있는 서얼을 등용하여 규장각 검서관으로 임명하였다. ▶ 규장각 각신의 보좌, 문서 필사 등의 업무를 맡은 관리

③ 사상 의학 확립 → 이제마
이제마는 사람의 체질을 태양인, 태음인, 소양인, 소음인으로 구분하

고 체질에 따라 처방을 달리해야 한다는 사상 의학을 확립하였다.

⑤ **인물성동론 : 낙론 → 이간**
이간을 중심으로 한 낙론자들은 호락논쟁(湖洛論爭)에서 사람과 사물의 본성이 같다는 인물성동론(人物性同論)을 주장하였다. → 호론(湖論)은 사람과 사물의 본성이 다르다는 인물성이론(人物性異論)을 주장

 핵심노트 ▶ 정제두의 업적

- 〈존언〉·〈만물일체설〉 등으로 양명학의 학문적 체계를 수립
- 왕수인의 〈전습록〉을 비판한 이황의 〈전습록변〉에 대해 〈변퇴계전습록변〉을 지어 다시 비판
- 양지설(良知說), 지행합일설 강조
- 일반민을 도덕 실천의 주체로 상정하고, 이를 바탕으로 신분제 폐지를 주장
- 강화도에서 양명학 연구와 제자를 양성하고 가학의 형태로 강화학파를 이룸

27. 서얼의 신분 상승

정답 ③

암기박사 규장각 검서관에 등용, 통청 운동 전개 ⇒ 서얼

정답 해설

서얼은 양반의 자손 가운데 첩의 소생을 이르는 말로 양첩의 자제는 서자, 천첩의 자제는 얼자라고 하였다.
ㄴ. 조선 후기 서얼은 청요직 진출을 요구하는 집단 상소를 올려 통청 운동을 전개하였다.
ㄷ. 정조는 박제가, 이덕무, 유득공 등 능력 있는 서얼을 등용하여 규장각 검서관으로 임명하였다.

오답 해설

ㄱ. **화척, 양수척 → 백정**
화척은 도축업에 종사하는 사람이고, 양수척은 짐승 가죽으로 공예품을 만드는 사람으로 모두 고려 시대의 백정을 의미한다.
ㄹ. **조선 형평사 조직 → 백정**
백정들은 갑오개혁에 의해 법제적으로는 권리를 인정받았으나, 사회적으로는 오랜 관습 속에서 계속 차별을 받았다. 이에 이학찬을 중심으로 한 백정들은 진주에서 차별 철폐를 위해 조선 형평사를 조직하였다.

28. 왕의 비서 기관 승정원

정답 ③

암기박사 왕의 비서 기관 : 왕명 출납 ⇒ 승정원

정답 해설

조선 태종 때 독립된 기구로 개편되었고 6인의 승지로 구성된 기관은 승정원이다. 이 기구는 국왕의 직속 기관으로 왕명의 출납을 맡은 왕의 비서 기관이다. → 은대(銀臺) 학사

오답 해설

① **수도의 행정과 치안 담당 → 한성부**
한성부는 수도의 행정과 치안을 담당하였으며, 장은 판윤(정2품)이다.
② **서경권 행사 → 양사 : 사헌부, 사간원**
양사(사헌부, 사간원)의 관리들은 5품 이하의 관원에 대해 서경권(署 인사 이동이나 법률 제정 등에서 대간의 서명을 받는 제도 : 왕권 견제

經權)을 가졌다.
④ **정책의 심의 · 결정, 국정 총괄 → 의정부**
의정부는 정1품의 삼정승(영의정 · 좌의정 · 우의정)이 정책을 심의 · 결정하면서 국정을 총괄하였다.
⑤ **왕의 자문과 경연 관장 → 홍문관**
홍문관은 사헌부, 사간원과 함께 삼사를 구성하였으며 학술 기관으로 왕의 자문과 경연을 관장하였다.

 핵심노트 ▶ 조선의 중앙 관제

의정부	최고 관부, 삼정승이 국정 총괄
승정원	왕명을 출납하는 비서 기관
의금부	국가의 큰 죄인을 다스리는 기관
사헌부	감찰 탄핵 기관
사간원	언관(言官)으로서 왕에 대한 간쟁
홍문관	경연 관장, 문필 · 학술 기관, 고문 역할
한성부	수도의 행정과 치안 담당
춘추관	역사서 편찬과 보관 담당
예문관	국왕의 교서 관리
성균관	최고 교육 기관(국립대학)

29. 균역법의 시행

정답 ②

암기박사 군포 2필을 1필로 경감 : 균역법 시행 ⇒ 재정 부족 : 선무군관포

정답 해설

조선 영조 때 군역의 부담을 덜어주기 위해 종전의 군적수포제에서 군포 2필을 부담하던 것을 1년에 군포 1필로 경감하는 균역법을 시행하였다. 균역법의 실시로 재정이 감소되자 일부 상층 양인에게 선무군관(選武軍官)이란 칭호를 주고 1년에 1필의 군포를 징수하였고, 그 외 지주에게 결작을 부과하거나 잡세 등으로 보충하였다.

오답 해설

① **근대적 토지증서 → 지계**
대한 제국은 근대적 토지 소유제도 마련을 위해 양지아문을 설치하여 양전사업을 실시하고, 지계아문에서 지계(토지증서)를 토지 소유자에게 발급하였다.
③ **풍흉과 토지의 비옥도 → 연분9등법, 전분9등법**
조선 세종 때 전세를 풍흉의 정도에 따라 차등 부과하는 연분9등법과 토지의 비옥도에 따라 차등 부과하는 전분9등법을 시행하였다.
④ **경기 지방에 한하여 과전 지급 → 과전법**
고려 공양왕은 과전법을 시행하여 경기 지방에 한하여 관리들에게 과전을 지급하였다.
⑤ **선혜법 : 경기도에서 처음 시행 → 대동법**
광해군 때 토지 결수에 따라 공물을 쌀로 대신 납부하게 하는 대동법이 선혜법이라는 이름으로 경기도에서 처음 시행되었다.

> **핵심노트** ▶ 균역법의 시행으로 인한 재정 보충
>
> - **결작** : 감소된 재정을 보충하기 위해 지주에게 결작을 부과
> - **선무군관포** : 일부 상층 양인에게 선무군관이란 칭호를 주고 군포 1필 부과
> - **잡세** : 어장세·염세·선박세 등

30. 조선 정조의 업적

암기박사 수원 화성 건립, 장용영 설치 ⇒ 정조   정답 ①

정답 해설

수원 화성은 정조 때 전통적 성곽 양식 위에 서양식 건축 기술을 도입하여 축조한 것이다. 정조는 왕권을 강화하기 위해 왕의 친위 부대인 장용영을 설치하였는데, 각 군영의 독립적 성격을 약화시키고 병권을 장악하였다.

오답 해설

② 백두산정계비 건립 → 숙종
  숙종은 청의 요구로 조선과 청의 경계를 정한 백두산정계비를 세워, 동쪽으로 토문강과 서쪽으로 압록강을 경계로 삼았다.
③ 동국문헌비고 편찬 → 영조
  영조 때에는 홍봉한 등이 지리·정치·경제·문화 등을 체계적으로 정리한 동국문헌비고를 편찬하여 역대 문물을 정리하였다.
④ 삼정이정청 설치 → 철종
  철종은 임술 농민 봉기가 발발하자 삼정의 문란을 해결하기 위해 안핵사 박규수의 건의로 삼정이정청을 설치하였다.
⑤ 탕평비 건립 : 붕당의 폐해 경계 → 영조
  영조는 붕당 정치의 폐해를 경계하기 위해 성균관 입구에 탕평비를 건립하였다.

> **핵심노트** ▶ 정조의 업적
>
> - **탕평 정치** : 진붕(眞朋)과 위붕(僞朋)의 구분, 남인(시파) 중용
> - **왕권 강화** : 능력 인사 중용, 규장각의 설치·강화, 서얼 등용, 초계문신제(抄啓文臣制) 시행, 장용영 설치
> - **수원 화성 건설** : 정치적·군사적 기능 부여, 정치적 이상 실현, 화성 행차
> - **수령의 권한 강화** : 수령이 군현 단위의 향약을 직접 주관, 지방 사족의 향촌 지배력 억제, 국가의 통치력 강화
> - **문물·제도 정비** : 민생 안정과 서얼·노비의 차별 완화, 청과 서양의 문물 수용, 실학 장려, 신해통공(1791), 문체 반정 운동
> - **편찬** : 대전통편, 추관지·탁지지, 동문휘고, 증보문헌비고, 무예도보통지, 제언절목, 규장전운, 홍재전서·일득록
> - **활자** : 정리자, 한구자, 생생자(목판) 등 주조

31. 흥선 대원군

암기박사 호포제 : 양반에게도 군포 징수 ⇒ 흥선 대원군   정답 ③

정답 해설

고종의 아버지는 흥선 대원군으로 그는 운현궁을 그의 개인 저택으로 사용하였다. 흥선 대원군은 군정의 문란을 개혁하기 위하여 양반에게도 군포를 징수하는 호포제(戶布制)를 추진하였다.

오답 해설

① 어영청 : 북벌 추진 → 효종
  효종은 총포병과 기병 위주로 어영청의 기능을 강화하고 북벌 운동을 추진하였다.
② 백두산정계비 건립 : 청과의 국경 → 숙종
  숙종은 청의 요구로 조선과 청의 경계를 정한 백두산 정계비를 건립하여, 동쪽으로 토문강과 서쪽으로 압록강을 경계로 삼았다.
④ 삼정이정청 설치 : 삼정의 문란 개선 → 철종
  철종은 임술 농민 봉기가 발발하자 삼정의 문란을 개선하기 위해 안핵사 박규수의 건의로 삼정이정청을 설치하였다.
⑤ 신해통공 실시 : 금난전권 폐지 → 정조
  정조는 육의전 이외 시전 상인의 특권인 금난전권을 폐지하는 신해통공을 실시하였다.

> **핵심노트** ▶ 흥선 대원군의 개혁 정치
>
> - **왕권 강화 정책** : 사색 등용, 비변사 혁파, 경복궁 재건, 법치 질서 정비(대전회통, 육전조례)
> - **애민 정책** : 서원 정리, 삼정의 개혁(양전 사업, 호포제, 사창제)

32. 병인양요의 원인

암기박사 병인박해 ⇒ 병인양요 발발   정답 ⑤

정답 해설

프랑스군이 철군 시 문화재에 불을 지르고 외규장각의 의궤를 국외로 약탈한 것은 병인양요 때의 일이다(1866). 병인양요는 프랑스가 병인박해로 천주교 선교사와 신자들이 처형된 것을 구실로 강화도를 공격하면서 발발하였다.

오답 해설

① 영국 : 러시아의 남하 견제 → 거문도 사건
  갑신정변 이후 조·러 수호 통상 조약이 체결되자 영국은 러시아의 남하를 견제하기 위해 거문도를 불법으로 점령하였다.
② 조·일 통상 장정 → 조병식 : 방곡령 선포
  조선 양곡의 무제한 유출을 허용한 조·일 통상 장정으로 일본으로의 지나친 곡물 반출을 막기 위해 함경도 관찰사 조병식이 방곡령을 선포하였다.
③ 오페르트 도굴사건 → 흥선 대원군 : 쇄국 정책
  독일 상인 오페르트가 통상을 거부당하자 충청남도 덕산에 있는 남연군의 묘를 도굴하다가 발각되었고, 이로 인해 흥선 대원군의 쇄국 의지는 더욱 강화되었다.
④ 서인 : 친명 배금 정책 → 정묘호란, 병자호란
  서인들은 인조반정을 통해 인조를 왕으로 봉하고 친명 배금 정책을 추진하였고, 이는 정묘호란과 병자호란이 발발하는 원인이 되었다.

> **핵심노트** ▶ 병인양요(1866)
>
> - 프랑스는 병인박해 때의 프랑스 신부 처형을 구실로 로즈 제독이 이끄는 7척의 군함을 파병하여 강화도 침략
> - 대원군의 굳은 항전 의지와 양헌수·한성근 부대의 항전으로 문수산성과 정족산성에서 프랑스 군을 격퇴

- 프랑스는 철군 시 문화재에 불을 지르고 외규장각에 보관된 유물 360여 점을 약탈, 이 중 도서 300여 권은 2011년에 반환됨

33. 개화파 박규수 / 척화파 최익현

정답 ③

암기박사 (가) 임술 농민 봉기 ⇒ 박규수 : 삼정이정청
(나) 을사늑약 체결 ⇒ 최익현 : 을사의병

정답 해설

최익현은 흥선 대원군의 하야를 요구하는 탄핵 상소를 올렸고, 왜양일체론에 입각하여 위정 척사 운동을 전개하였다. 또한 을사늑약 체결에 반대하여 태인에서 의병 활동을 전개하다 체포되었고, 이후 쓰시마 섬으로 유배되어 결국 순국하였다.

오답 해설

① 대한 광복회 조직 → 박상진
박상진은 대한 광복회를 조직하여 만주에 독립 사관학교를 설립하고 독립군을 양성하여 친일 부호를 처단하였다.

② 북학의 저술 → 박제가
박제가는 청에 다녀온 후 「북학의」를 저술하여 청의 문물 수용을 주장하였다.

④ 영남 만인소 → 이만손
이만손을 비롯한 영남 유생들이 김홍집의 조선책략 유포에 반발하여 영남 만인소를 주도하였다.

⑤ 13도 창의군 결성 → 이인영
정미의병이 확산되는 과정에서 유생 이인영이 의병 연합군인 13도 창의군을 결성하여 서울 진공 작전을 전개하였다.

핵심노트 ▶ 척화파와 개화파

- 척화파 : 외국과의 화친을 배척 → 흥선 대원군, 최익현
- 개화파 : 나라의 문호를 개방 → 박규수, 오경석, 유홍기, 이동인, 이규경

34. 강화도 조약

정답 ③

암기박사 운요호 사건 ⇒ 강화도 조약 : 수신사 파견

정답 해설

일본 군함 운요호가 연안을 탐색하다 강화도 초지진에서 조선 측의 포격을 받자 이를 구실로 최초의 근대적 조약이자 불평등 조약인 강화도 조약이 체결되었다. 강화도 조약 이후 고종은 문호를 개방하고 김기수를 일본에 (제1차) 수신사로 파견하여 메이지 유신 이후 발전된 일본의 문물을 시찰하도록 하였다(1876).

오답 해설

① 거중조정 → 조·미 수호 통상 조약
조·미 수호 통상 조약은 서양과 맺은 최초의 조약으로, 거중조정(상호 안전 보장), 치외법권, 최혜국 대우 등이 포함된 불평등 조약이다(1882).

② 제너럴셔먼호 사건 구실, 어재연 항전 → 신미양요
미국이 제너럴셔먼호 사건을 구실로 강화도를 공격하여 신미양요가 발발하자 어재연 등이 이끄는 조선의 수비대가 광성보에서 항전하였다(1871).

④ 박규수 : 삼정이정청 설치 → 임술 농민 봉기
임술 농민 봉기가 발발하자 삼정의 폐단을 시정하기 위해 안핵사 박규수의 건의로 임시 관청인 삼정이정청을 설치하였다(1862).

⑤ 민영환 : 자결로써 항거 → 을사늑약
을사늑약 체결에 반발하여 민영환, 조병세 등 많은 이들이 자결로써 항거하였다(1905).

35. 개항기 발행 신문

정답 ①

암기박사 박문국에서 발간한 최초의 신문 ⇒ 한성순보

정답 해설

한성순보는 박영효 등 개화파가 창간하여 박문국에서 발간한 최초의 신문으로, 정부에서 발행하는 순 한문 신문이었다. 국가 정책 홍보와 서양의 근대 문물을 소개하고 있으며 열흘마다 발행하는 것이 원칙이었다.

오답 해설

② 국채 보상 운동 후원 → 대한매일신보
국채 보상 운동은 정부의 외채를 국민의 힘으로 상환하여 국권을 회복하자는 운동으로, 대한매일신보의 지원을 받아 전국으로 확산되었다.

③ 영문판 발행 → 독립신문, 대한매일신보
서재필이 민중 계몽을 위해 창간한 독립신문과 영국인 베델이 양기탁 등과 함께 창간한 대한매일신보 등은 외국인이 읽을 수 있도록 영문으로도 발행되었다.

④ 총독부의 기관지로 전락 → 경성일보, 매일신보
한성신보와 대동신보를 합병한 경성일보와 총독부가 대한매일신보를 매수해 발행한 매일신보는 국권 피탈 후 총독부의 기관지로 전락하였다.

⑤ 최초의 상업 광고 → 한성주보
박문국이 재설치 된 후 최초의 상업 광고가 실린 한성주보가 발행되었다.

핵심노트 ▶ 개항기 발행 신문

언론기관	주요 활동
한성순보 (1883~1884)	박영효 등 개화파가 창간하여 박문국에서 발간한 최초의 신문, 관보 성격의 순한문판 신문으로, 10일 주기로 발간
한성주보 (1886~1888)	박문국 재설치 후 〈한성순보〉를 이어 속간, 최초의 국한문 혼용, 최초의 상업광고
독립신문 (1896~1899)	서재필이 발행한 독립협회의 기관지, 최초의 민간지, 격일간지, 순한글판과 영문판 간행, 띄어쓰기 실시
매일신문 (1898~1899)	협성회의 회보를 발전시킨 최초의 순한글 일간지, 독립협회 해산으로 폐간
황성신문 (1898~1910)	남궁억, 유근 등 개신유학자들이 발간, 국한문 혼용, 민족주의적 성격의 항일 신문, 보안회 지원, 장지연의 '시일야방성대곡'을 게재하고 을사조약을 폭로하여 80일간 정간
제국신문 (1898~1910)	이종일이 발행할 순한글의 계몽적 일간지 → 일반 대중과 부녀자 중심
대한매일신보 (1904~1910)	영국인 베델이 양기탁 등과 함께 창간, 국한문판·한글판·영문판 간행(최대 발행부수), 신민회 기관지, 국채 보상 운동에 주도적 참여, 총독부에 매수되어 일제 기관지(매일신보)로 속간

만세보 (1906~1907)	천도교의 후원을 받아 오세창이 창간한 천도교 기관지, 이인직의 〈혈의 누〉 연재
경향신문(1906)	가톨릭 교회의 기관지, 주간지, 민족성 강조
대한민보 (1909~1910)	대한협회의 기관지로, 일진회의 기관지인 〈국민신보〉에 대항
경남일보(1909)	최초의 지방지

36. 을사늑약 체결 이후의 상황

정답 ⑤

암기박사 을사늑약 ⇒ 헤이그 특사 파견

정답 해설

제시된 자료는 을사늑약에 관한 내용이다. 을사늑약 체결 이후 고종은 조약 무효를 선언하고 헤이그에 특사를 파견하여 일제 침략의 부당성과 국제적 압력을 호소하고자 하였다.

오답 해설

① 개항 이후 : 개화 정책 기구 → 통리기무아문 설치
개항 이후 개화 정책 전담 기구인 통리기무아문이 설치되었다.

② 이만손 : 개화 정책 반대 → 영남 만인소
이만손을 비롯한 영남 유생들은 개화 정책에 반대하여 영남 만인소를 올렸다.

③ 세도 정치기 : 삼정의 문란, 서북인 차별 → 홍경래의 난
세도 정치기에 삼정의 문란과 서북인에 대한 차별로 홍경래의 난이 발생하였다.

④ 동학 농민 운동 : 전주 화약 → 집강소 설치
동학 농민 운동 당시 전주 화약이 성립되어 농민군은 전라도 일대에 집강소를 설치하고 폐정 개혁 12개조를 요구하였다.

핵심노트 ▶ 을사의병의 격문

작년 10월에 저들이 한 행위는 오랜 옛날에도 일찍이 없던 일로서 억압으로 한 조각의 종이에 조인하여 500년 전해오던 종묘사직이 드디어 하룻밤에 망하였으니 ……
— 최익현의 격문 —

37. 대한제국의 광무개혁

정답 ③

암기박사 원수부 설치 : 군 통수권 장악 ⇒ 대한제국 : 광무개혁

정답 해설

옛것을 근본으로 새로운 것을 참작한다.
구본신참(舊本新參)을 원칙으로 추진되었으며, 상공 학교를 설립하고, 양전 사업을 실시하여 지계를 발급한 것은 광무개혁이다. 아관파천 후 환궁한 고종은 국호를 대한제국, 연호를 광무로 고치고 환구단에서 황제 즉위식을 거행하였다. 또한 군 통수권을 장악하기 위해 황제 직속의 원수부를 설치하였다.
└▶ 근대적 토지증서

오답 해설

① 개화 정책 → 별기군 창설(1881)
일본과 강화도 조약을 체결한 이후 개화 정책의 일환으로 무위영 아래 별도로 신식 군대인 별기군이 창설되었다.

② 영선사 : 김윤식 → 청에 파견(1881)
김윤식을 단장으로 하는 영선사가 청에 파견되어 톈진 기기국에서 무기 제조법과 근대적 군사 훈련법을 습득하였다.

④ 서양식 근대 교육 기관 → 육영 공원 설립(1886)
보빙사 민영익의 건의로 서양식 근대 교육 기관인 육영 공원이 세워졌는데, 미국인 헐버트와 길모어 등을 교사로 초빙하여 상류층의 자제들에게 근대 학문을 교육하였다. ▶ 조선에서 최초로 미국 등 서방 세계에 파견된 외교 사절단

⑤ 개화 정책 → 통리기무아문 신설(1880)
고종은 개화 정책을 담당하는 통리기무아문을 신설하고 그 아래 12사를 두어 외교·군사·산업 등의 업무를 분장하였다.

핵심노트 ▶ 광무개혁

- **정치면** : 황제권 강화(전제황권), 대한국 국제 반포, 해삼위(블라디보스토크) 통상 사무관 및 간도 관리사 파견, 한·청 통상 조약 체결
- **경제면** : 양지아문 설치 및 지계 발급, 내장원의 재정업무 관할, 황실의 공장 및 민간 회사 설립 지원, 실업학교 및 기술교육기관 설립
- **사회면** : 광제원(廣濟院) 설치, 신교육령 발표, 교통·통신·전기·의료 시설 확충
- **군사면** : 원수부 설치, 시위대·진위대 증강, 무관 학교 설립(장교 양성)

38. 도산 안창호

정답 ③

암기박사 신민회 : 대성 학교 설립 ⇒ 도산 안창호

정답 해설

도산 안창호와 양기탁 등은 국권 회복과 공화정체의 국민 국가 건설을 목적으로 신민회를 결성하고, 민족 교육과 인재 양성을 위해 대성 학교와 오산 학교를 설립하였다.

오답 해설

① 대한매일신보 : 베델과 공동 창간 → 양기탁
한말의 언론인이자 독립운동가인 양기탁은 만민 공동회 간부로 활약하다 영국인 베델과 제휴하여 대한매일신보를 창간하였다.

② 조선어 연구회 : 가갸날 제정 → 이윤재·최현배
이윤재·최현배 등은 3·1 운동 이후 국문 연구소의 전통을 이어받아 조선어 연구회를 조직한 후, 가갸날을 제정하고 기관지인 〈한글〉을 발행하였다.

④ 서유견문 : 서양 근대 문명 소개 → 유길준
미국에 보빙사의 일행으로 파견된 유길준은 유럽을 여행한 후 서유견문을 집필하여 서양 근대 문명을 소개하고 새로운 국·한문체의 보급에 공헌하였다.

⑤ 독사신론 : 민족 중심의 역사 서술 → 신채호
신채호는 만주와 부여족 중심의 고대사를 서술한 독사신론을 집필하여 근대 민족주의 역사학의 초석을 다졌다.

62

39. 일제의 경복궁 훼손

> **암기박사** 조선 정궁, 조선 총독부 건물 위치, 조선 물산 공진회 개최 장소 ⇒ 경복궁

정답 ⑤

정답 해설
▶ 정도전이 '큰 복을 누리다'라는 뜻을 가진 '경복(景福)'이라는 이름을 지음
ㄷ. 경복궁은 태조 이성계가 한양으로 도읍을 천도하면서 처음 지어졌고, 임진왜란 당시 불타 소실된 것을 흥선 대원군이 국왕의 권위를 제고하고자 경복궁의 근정전과 경회루를 재건하였다.
ㄹ. 일제 강점기 때에 경복궁 내에 조선 총독부 건물이 지어졌으며, 일제의 조선 물산 공진회 개최 장소로 이용되었다.

오답 해설
ㄱ. **제1차 미·소 공동 위원회 개최 → 덕수궁 : 석조전**
덕수궁 석조전은 덕수궁 안에 지어진 최초의 서양식 석조 건물로, 르네상스식 건물로 지어졌으며 제1차 미·소 공동 위원회가 개최되었다.
ㄴ. **태종 : 한양 재천도를 위해 건립 → 창덕궁**
태종이 한양 재천도를 위하여 건립한 궁은 창덕궁으로 유네스코 세계 문화유산에 등재되어 있다.

40. 6·10 만세 운동

> **암기박사** 6·10 만세 운동 ⇒ 민족 유일당 운동 전개

정답 ⑤

정답 해설
순종의 인산(因山)일을 계기로 일어난 6·10 만세 운동은 천도교를 중심으로 한 민족주의 세력과 조선 공산당을 중심으로 한 사회주의 세력이 연대하여 민족 유일당 운동이 전개되는 계기가 되었다.

오답 해설
① **조선 노동 총동맹 → 사회주의 노동자 운동**
1924년 사회주의자를 중심으로 결성된 노동자·농민 운동 단체인 조선 노·농 총동맹이 1927년 조선 농민 총동맹과 조선 노동 총동맹으로 분리되어 보다 조직적으로 농민 및 노동자 운동을 전개하였다.
② **105인 사건 → 신민회 해체**
일제가 총독 데라우치 마사타케의 암살 미수 사건을 날조한 후 신민회 회원 105명을 기소하여 신민회가 해체되었다.
③ **신간회 : 진상 조사단 파견 → 광주 학생 항일 운동**
광주에서 발생한 한·일 학생 간의 충돌을 일본 경찰이 편파적으로 처리한 것이 발단이 되어 광주 학생 항일 운동이 발생하였고, 이에 신간회 중앙 본부는 진상 조사단을 파견하였다.
④ **3·1운동 → 일제의 문화 통치 실시**
3·1운동으로 인해 국제 여론이 악화되자 일제는 통치 방식을 무단 통치에서 문화 통치로 바꾸었다.

41. 신민회의 활동

> **암기박사** 대성 학교, 오산 학교 : 민족 교육 기관 ⇒ 신민회

정답 ①

정답 해설
신민회는 국권 회복과 공화정체의 국민 국가 건설을 목적으로 안창호와 양기탁이 중심이 되어 조직된 비밀 결사 단체로, 대성 학교와 오산 학교를 세워 민족 교육을 전개하였다.

오답 해설
② **고종의 강제 퇴위 반대 운동 → 대한 자강회**
고종이 을사늑약의 부당성을 알리기 위해 헤이그에 밀사를 파견한 것 때문에 일제가 고종을 강제 퇴위시키자 대한 자강회는 고종의 강제 퇴위에 반대하는 시위를 주도하였다.
③ **일본 국왕에 폭탄 투척 → 이봉창 : 한인 애국단**
한인 애국단 소속의 이봉창은 도쿄에서 일왕의 행렬에 폭탄을 투척하였다.
④ **국권 반환 요구서 → 독립 의군부**
독립 의군부는 고종의 밀명으로 임병찬 등을 중심으로 결성된 복벽주의 단체로, 조선 총독부에 한국 침략의 부당성을 밝히고 국권 반환 요구서를 발송하려 하였다.
⑤ **독립 공채 발행 → 대한민국 임시 정부**
대한민국 임시 정부는 애국 공채를 발행하거나 국민의 의연금으로 독립운동에 필요한 군자금을 조달하였다.

> **핵심노트 ▶ 신민회의 활동**
>
> - 문화적·경제적 실력 양성 운동 : 자기 회사 설립(평양), 태극서관 설립(대구), 대성 학교·오산 학교·점진 학교 설립 등
> - 양기탁 등이 경영하던 대한매일신보를 기관지로 활용했고, 1908년 최남선의 주도하에 〈소년〉을 기관 잡지로 창간
> - 군사적 실력 양성 운동 : 이상룡·이시영이 남만주에 삼원보, 이승희·이상설이 밀산부에 한흥동을 각각 건설하여 항일 의병 운동에 이어 무장 독립 운동의 터전이 됨

42. 천도교의 소년 운동

> **암기박사** 소년 운동 : 〈어린이〉 잡지 발간 ⇒ 천도교

정답 ⑤

정답 해설
천도교는 손병희가 동학을 바탕으로 발전시킨 종교로 천도교 소년회에서 '어린이'라는 말을 만들고 어린이날을 제정하였으며, 최초의 순수 아동 잡지인 〈어린이〉를 발간하여 소년 운동을 주도하였다.

오답 해설
① **중광단 결성 → 대종교**
대종교의 지도자들은 항일 무장 단체인 중광단을 조직하였고, 3·1 운동 직후 북로 군정서로 개편하여 청산리 대첩에 참여하였다.
② **초제 거행 → 도교**
도교는 신선 사상과 결합하여 불로장생을 추구하였으며, 궁중에서는 하늘에 제사 지내는 초제를 거행하였다.
③ **박중빈 : 새생활 운동 → 원불교**

박중빈이 창시한 원불교는 현대화와 생활화를 주창하여 민족 역량 배양과 남녀평등, 허례허식의 폐지 등 생활 개선 및 새생활 운동을 추진하였다.

④ 배재 학당 설립 → 개신교

미국의 개신교 선교사 아펜젤러가 선교를 목적으로 한양에 세운 학교로 신학문 보급에 기여하였다.

핵심노트 ▶ 일제 강점기의 종교 활동

- 천도교 : 제2의 3·1 운동을 계획하여 자주 독립 선언문 발표, 〈개벽〉·〈어린이〉·〈학생〉 등의 잡지를 간행하여 민중의 자각과 근대 문물의 보급에 기여
- 개신교 : 천도교와 함께 3·1 운동에 적극 참여, 민중 계몽과 문화 사업을 활발하게 전개, 1930년대 후반에는 신사 참배를 거부하여 탄압을 받음
- 천주교 : 고아원·양로원 등 사회사업을 계속 확대하면서 〈경향〉 등의 잡지를 통해 민중 계몽에 이바지, 만주에서 항일 운동 단체인 의민단을 조직하여 항일 무장 투쟁 전개
- 대종교 : 지도자들은 항일 무장 단체인 중광단 조직, 3·1 운동 직후 북로 군정서로 개편하여 청산리 대첩에 참여 → 천도교와 더불어 양대 민족 종교를 형성
- 불교 : 3·1 운동에 참여, 한용운 등의 승려들이 총독부의 정책에 맞서 민족 종교의 전통을 지키려 노력, 교육 기관을 설립하여 민족 교육 운동에 기여
- 원불교 : 박중빈이 창시(1916), 불교의 현대화와 생활화를 주창, 민족 역량 배양과 남녀평등, 허례허식의 폐지 등 생활 개선 및 새생활 운동에 앞장섬

43. 민족주의 사학자 박은식

정답 ①

암기박사 「한국통사」, 임시 정부 2대 대통령 ⇒ 박은식

정답 해설

제시된 사료는 근대 이후 일본의 침략 과정을 서술한 박은식의 「한국통사」이다. 중국 상하이에 설립된 대한민국 임시 정부는 이승만이 제1대 대통령으로 활동한 후 미국에 대한 위임 통치건을 이유로 이승만이 탄핵되고 박은식을 2대 대통령으로 추대하였다.

오답 해설

② 대한민국 건국 강령 : 삼균주의 → 조소앙

조소앙은 새로운 국가 건설의 이념으로 삼균주의를 주창하였고, 대한민국 임시 정부는 조소앙의 삼균주의에 따라 정치·경제·교육의 균등을 주장한 대한민국 건국 강령을 제정하였다.

③ 「독사신론」: 민족 중심의 역사 서술 → 신채호

신채호는 만주와 부여족 중심의 고대사를 서술한 「독사신론」을 집필하여 근대 민족주의 역사학의 초석을 다졌다.

④ 조선 건국 동맹 결성 → 여운형

여운형은 일제의 패망과 광복에 대비하여 일제 타도와 민주국가 건설을 목표로 조선 건국 동맹을 결성하였다.

⑤ 「조선사회경제사」: 식민주의 사학의 정체성 이론 반박 → 백남운

백남운은 사적 유물론을 도입하여 「조선사회경제사」를 저술하고, 일제의 식민주의 사학의 정체성 이론을 반박하였다.

핵심노트 ▶ 민족주의 사학자 박은식

- 민족정신을 혼(魂)으로 파악하고, 혼이 담긴 민족사의 중요성을 강조
- 〈한국통사〉: 근대 이후 일본의 침략 과정을 밝힘
- 〈한국독립운동지혈사〉: 일제 침략에 대항하여 투쟁한 한민족의 독립 운동을 서술
- 유교구신론 : 양명학을 기초로 유교를 개혁하기 위해 저술
- 기타 : 〈천개소문전〉, 〈동명왕실기〉 등을 저술, 〈서사건국지〉 번역
- 서북학회(1908)의 기관지인 〈서북학회월보〉의 주필로 직접 잡지를 편집하고 다수의 애

국계몽 논설을 게재
- 임시 정부의 대통령 지도제하에서 제2대 대통령을 지냄

44. 조선 건국 준비 위원회

정답 ②

암기박사 좌우 합작 조선 건국 동맹, 식량 대책 위원회 ⇒ 조선 건국 준비 위원회

정답 해설

제시된 사료는 여운형과 안재홍 등이 건국 작업을 진행하기 위해 조직한 조선 건국 준비 위원회의 건국 강령이다(1944).

ㄱ. 조선 건국 준비 위원회는 전국에 145개의 지부를 결성하고 건국 치안대를 조직하여 질서 유지 활동을 하였으며 식량 대책 위원회도 설치하였다.

ㄷ. 조선 건국 준비 위원회는 좌우 합작 형태의 조선 건국 동맹 세력을 바탕으로 지방 조직과 군사위원회 등을 통해 건국 작업을 진행하기 위해 설립되었다.

오답 해설

ㄴ. 경학사 설치 → 신민회

신민회는 서간도의 삼원보에 한인 자치 기구인 경학사를 설치하였다.

ㄹ. 일제의 잔재 청산 → 반민족 행위 특별 조사 위원회

제헌 국회에서 일제 강점기 친일 행위를 한 사람들을 처벌하고 공민권을 제한하기 위해 반민족 행위 처벌법을 제정하고 반민족 행위 특별 조사 위원회를 구성하였다.

핵심노트 ▶ 조선 건국 준비 위원회(1945. 8. 15)

- 여운형(위원장)·안재홍(부위원장), 좌우익 인사 포함
- 건국 강령 : 완전한 독립국가 건설과 민주주의 정권 수립
- 활동 : 건국 치안대 조직, 식량 대책 위원회 설치, 지방지부 조직 확장
- 본격적인 건국 작업에 착수하면서 좌·우익이 분열

45. 물산 장려 운동

정답 ④

암기박사 조선 사람 조선 것 ⇒ 물산 장려 운동

정답 해설

일제가 일본 제품 배척 운동으로 간주하고 사회주의자들이 유산 계급의 이익을 위한 것이라고 주장한 운동은 물산 장려 운동이다. 조만식, 이상재 등의 주도로 평양에서 조선 물산 장려회가 발족되고, '조선 사람 조선 것'이라는 구호 아래 전국적 민족 운동으로 확산되었다.

오답 해설

① 신간회 창립 계기 → 민족 유일당 운동

6·10 만세 운동 이후 조선 공산당을 중심으로 한 사회주의 세력과 천도교를 중심으로 한 민족주의 세력이 연합한 민족 유일당 운동을 신간회 창립의 계기가 되었다.

② 진주 : 조선 형평사 → 형평 운동

이학찬을 중심으로 한 백정들이 조선 형평사를 조직하고 전개한 형평

64

운동은 진주에서 시작되어 전국으로 확산되었다.
③ 국민 성금 : 국채 상환 → 국채 보상 운동
　정부의 외채를 국민의 힘으로 상환하여 국권을 회복하자는 국채 보상 운동은 국민의 성금을 모아 국채를 갚고자 하였다.
⑤ 조선 농민 총동맹 → 농민 운동
　조선 농민 총동맹과 같은 농민 단체를 결성하여 지주를 상대로 소작 쟁의를 전개하였다.

> **핵심노트** ▶ 물산 장려 운동
>
> - 배경 : 회사령 철폐(1920)와 관세 철폐(1923) 등으로 일본 대기업의 한국 진출이 용이해지자 국내 기업의 위기감 고조
> - 목적 : 민족 기업을 지원하고 민족 산업을 육성함으로써 민족 경제의 자립을 달성
> - 발족 : 조선 물산 장려회(1920)가 조만식 등이 중심이 되어 평양에서 최초 발족
> - 활동 : 일본 상품 배격, 국산품 애용 등을 강조
> - 구호 : 내 살림 내 것으로, 조선 사람 조선 것, 우리가 만들어서 우리가 쓰자
> - 확산 : 전국적 민족 운동으로 확산되면서 근검 절약, 생활 개선, 금주 · 단연 운동도 전개
> - 문제점 : 상인, 자본가 중심으로 추진되어 상품 가격 상승 초래, 사회주의자들의 비판
> - 결과 : 초기에는 전국적으로 확산되었으나, 일제의 탄압과 친일파의 개입, 사회주의 계열의 방해 등으로 큰 성과를 거두지 못함

46. 부산 정치 파동

암기박사 부산 정치 파동, 조봉암 사건 ⇒ 이승만 정부 **정답** ④

정답 해설

제시된 사건은 이승만 정부가 재선과 독재정권 확립을 위해 제출한 대통령 직선제 도입을 골자로 한 개헌에 반대하던 국회의원들을 강제로 연행한 부산 정치 파동이다. 이승만 정부 때에 조봉암이 혁신 세력을 규합하여 진보당을 창당하였으나 간첩 혐의로 처형되었다.

오답 해설

① 통일 주체 국민 회의 → 박정희 정부
　박정희 정부 때 유신 헌법에 따라 중임 제한을 철폐하고 통일 주체 국민 회의의 대의원 간접선거로 대통령을 선출하였다.
② 새마을 운동 → 박정희 정부
　박정희 정부 때에 농촌 근대화를 표방한 범국민적 지역사회 개발운동인 새마을 운동이 전개되었다.
③ 삼청 교육대 → 전두환 정부
　전두환 정부 때 비상계엄이 발령된 직후 국가보위비상대책위원회가 사회 정화를 명분으로 전국 각지의 군부대 내에 삼청 교육대를 설치하였다.
⑤ 서독에 광부 파견 → 박정희 정부
　박정희 정부 때에 외화벌이를 위해 한 · 독 정부 간의 협정에 따라 서독으로 광부가 파견되었다.

47. 6 · 3 시위 촉발 원인

암기박사 한 · 일 협정 체결 ⇒ 6 · 3 시위 촉발 **정답** ②

정답 해설

(가) 한 · 미 상호 방위 조약 : 이승만 정부 때에 한 · 미 상호 방위 조약이 체결되어 한반도에서 무력 충돌이 일어날 경우 유엔의 결정 없이 미국이 즉각 개입할 수 있게 되었다(1953).
(나) 브라운 각서 : 박정희 정부 때의 월남 파병과 관련된 통고서로, 월남 파병을 조건으로 국군의 전력 증강과 차관 원조를 약속 받았다(1966).
박정희 정부 때에 한 · 일 협정을 체결하고 대한민국과 일본이 국교를 정상화하였으나, 일제 강점기에 대한 사죄와 과거사 청산 없이 일본과 한 · 일 협정을 체결한 것에 대한 반발로 6 · 3 시위가 촉발되었다(1965).

오답 해설

① 경제 협력 개발 기구(OECD) 가입 → 김영삼 정부
　김영삼 정부 때에 선진국 진입의 관문인 경제 협력 개발 기구(OECD)에 29번째 회원국으로 가입하였다(1996).
③ 중국, 소련, 동유럽 국가와 수교 → 노태우 정부
　노태우 정부의 적극적 북방 정책으로 소련 및 동유럽 사회주의 국가들과 수교(1990) 후 중화 인민 공화국과 국교를 수립하였다(1992).
④ 미국과 자유 무역 협정(FTA) 체결 → 이명박 정부
　이명박 정부 때에 한 · 미 자유 무역 협정(FTA)이 체결되어 미국과의 무역 장벽을 허무는 계기가 되었다(2011).
⑤ 세계 무역 기구(WTO)의 출범 → 김영삼 정부
　김영삼 정부 때에 세계 무역 기구(WTO)의 출범으로 시장 개방이 가속화되었다(1995).

48. 독도의 역사적 사실

암기박사 지증왕, 세종실록 지리지, 안용복, 칙령 제41호, 러 · 일 전쟁 ⇒ 독도 **정답** ⑤

정답 해설

정약전이 자산어보(玆山魚譜)를 저술한 곳은 흑산도이다. 정약전은 흑산도 귀양 중 근해의 해산물 등을 직접 채집 · 조사하여 155종의 해산물에 대한 명칭 · 분포 · 형태 · 습성 등을 기록한 자산어보를 저술하였다.

오답 해설

① 울릉도의 독도 관할 → 대한 제국 칙령 제41호
　대한 제국은 칙령 제41호를 통해 울릉도를 군으로 승격시키고 독도를 관할하게 하였다.
② 우산국 복속 → 신라 지증왕 : 이사부
　신라 지증왕은 이사부를 파견하여 우산국(울릉도)을 복속시켰다(512).
③ 울릉도와 독도가 조선의 영토임을 확인 → 안용복
　조선 숙종 때 동래의 어민인 안용복은 울릉도에 출몰하는 일본 어민들을 쫓아내고, 일본에 2차례 건너가 울릉도와 독도가 조선의 영토임을 확인받고 돌아왔다.
④ 일제 : 독도의 불법 편입 → 러 · 일 전쟁
　러 · 일 전쟁 중에 일본은 독도를 무주지(無主地)라고 하여 시네마현에 불법적으로 편입시켰다.

49. 김대중 정부의 통일 노력

정답 ③

> **암기박사** 외환 위기 극복, 6·15 남북 공동 선언 ⇒ 김대중 정부

정답 해설

외환위기 극복을 위해 금 모으기 운동을 전개하고 노사정 위원회 설치 등 다각적인 노력을 통해 국제 통화 기금(IMF)의 구제 금융 지원을 예정보다 3년이나 빨리 상환한 것은 김대중 정부 때의 일이다. 이 시기에 햇볕 정책의 일환으로 평양에서 최초로 남북 정상회담이 개최되었고, 6·15 남북 공동 선언문이 채택되었다.

오답 해설

① **남북한 유엔 동시 가입 → 노태우 정부**
노태우 정부 때에는 제46차 UN 총회에서 개별 회원국으로 남북한 유엔 동시 가입이 이루어졌다.

② **7·4 남북 공동 성명 발표 → 박정희 정부**
박정희 정부 때에 7·4 남북 공동 성명을 발표하여 '자주·평화·민족 대단결'의 민족 통일 3대 원칙을 제시하였다.

④ **한반도 비핵화 공동 선언 → 노태우 정부**
노태우 정부 때에는 한반도에서 핵무기의 보유나 사용금지 등을 규정한 한반도 비핵화 공동 선언에 서명하였다.

⑤ **최초의 이산가족 고향 방문 → 전두환 정부**
전두환 정부 때에는 최초로 이산가족의 고향 방문이 성사되어 평양에서 이산가족 고향 방문과 예술 공연단 교환을 실현하였다.

> **핵심노트** ▶ 김대중 정부(국민의 정부, 1998.3 ~ 2003.2)
>
> - 베를린 선언 : 남북 경협, 냉전 종식과 평화 공존, 남북한 당국 간 대화 추진
> - 남북 정상 회담 개최 : 평양에서 최초로 남북 정상 회담 개최
> - 6·15 남북 공동 선언 : 1국가 2체제 통일 방안 수용, 이산가족 방문단의 교환, 협력과 교류의 활성화 등
> - 금강산 관광 시작(1998), 육로 관광은 2003년부터 시작
> - 경의선 철도 연결 사업 → 2000년 9월 착공, 2003년 12월 완공
> - 남북한의 교류 협력을 위한 개성 공업 지구 조성에 합의
> - 중학교 의무 교육 실시, 만 5세 유아에 대한 무상 교육·보육 등 추진

정책의 일환으로 금강산 관광 사업과 경의선 복원 공사가 시작되었다.

③ **새마을 운동 → 박정희 정부**
박정희 정부는 농촌 환경 개선과 소득 증대를 목표로 범국민적 지역 사회 개발 운동인 새마을 운동을 시작하였다.

⑤ **개성 공단 건설 → 김대중 정부**
김대중 정부 때에 남북 정상회담이 최초로 개최되고, 남북한 경제 협력 사업의 일환으로 개성 공단이 건설되었다.

> **핵심노트** ▶ 김영삼 정부(문민 정부, 1993.3 ~ 1998.2)
>
> - 성립 : 1992년 12월 김영삼 대통령 당선 → 5·16 군사 정변 이후 30여 년만의 민간인 출신 대통령
> - 주요 정책 : 공직자 재산 등록, 금융 실명제, 지방 자치제 전면 실시, 역사 바로 세우기 운동 → 전두환, 노태우 구속
> - 외환위기 : 집권 말기 국제 통화 기금(IMF)의 구제 금융 지원 요청

50. 김영삼 정부

정답 ④

> **암기박사** OECD 가입, 금융 실명제 ⇒ 김영삼 정부

정답 해설

김영삼 정부 때에 선진국 진입의 관문인 경제 협력 개발 기구(OECD)에 29번째 회원국으로 가입하였으며, 금융 거래의 투명성을 확보하고자 대통령의 긴급 명령으로 금융 실명제를 전격 시행하였다.

오답 해설

① **남북 기본 합의서 채택 → 노태우 정부**
노태우 정부 때에는 남북한 정부 간 최초의 공식 합의서인 남북 기본 합의서를 교환하여 상호 화해와 불가침, 교류 및 협력 확대 등을 규정하였다.

② **금강산 관광 사업, 경의선 복원 공사 → 김대중 정부**
김대중 정부 때에 평양에서 최초로 남북 정상 회담이 개최되었고, 햇볕

제5회 정답 및 해설

1. 신석기 시대의 생활 모습

암기박사 빗살무늬 토기 : 식량 저장 ⇒ 신석기 시대

정답 ①

정답 해설

농경과 정착 생활이 시작된 것은 신석기 시대로, 가락바퀴를 이용하여 실을 뽑았으며 갈판 위에 곡식을 올려놓고 갈돌로 갈아서 음식을 만들어 먹었다. 또한 신석기 시대에는 빗살무늬 토기를 만들어 식량을 저장하였다.

오답 해설

② **우경(牛耕) : 깊이갈이(심경법) → 고려 시대**
소를 이용하여 이랑과 고랑의 높이 차이를 크게 하는 깊이갈이(심경법)가 일반화된 것은 고려 시대이다.

③ **반달 돌칼 : 곡식 수확 → 청동기 시대**
벼농사가 시작되어 반달 돌칼을 이용하여 곡식을 수확한 시기는 청동기 시대이다.

④ **거푸집 : 세형 동검 제작 → 철기 시대**
철기 시대에는 청동 제품을 제작하던 틀인 거푸집을 이용하여 세형 동검을 제작하였다.
↑ 초기의 비파형 동검(요령식 동검)이 한국식 동검인 세형 동검으로 발전

⑤ **사냥 도구 : 슴베찌르개 → 구석기 시대**
구석기 시대에는 슴베찌르개를 처음 제작하여 사냥을 하였는데, 슴베는 '자루'를 의미하며 주로 창날이나 화살촉으로 사용되었다.

핵심노트 ▶ 신석기 시대의 경제 생활

- **농경과 목축의 시작** : 신석기 시대 중기까지는 사냥·채집·어로 생활이 중심이었고, 후기부터 농경과 목축이 시작됨
- **유물 및 유적** : 봉산 지탑리와 평양 남경 유적의 탄화된 좁쌀은 신석기 후기의 잡곡류(조·피·수수) 경작을 반영함 → 쌀이나 콩, 보리 등은 청동기 시대부터 경작됨
- **주요 농기구** : 돌괭이(석초), 돌보습, 돌삽, 돌낫, 맷돌(연석) 등 → 나무로 된 농기구도 존재했을 것으로 짐작됨
- **농경 형태** : 집 근처의 조그만 텃밭을 이용하거나 강가의 퇴적지를 소규모로 경작
- **사냥·채집·어로** : 주로 활이나 돌창, 돌도끼 등으로 사슴류와 멧돼지 등을 사냥하거나 다양한 크기의 그물, 작살, 뼈낚시 등을 이용하여 고기를 잡음
- **원시 수공업** : 가락바퀴(방추차)나 뼈바늘(골침)로 옷, 그물, 농기구 등을 제작

2. 동예의 풍습

암기박사 책화, 무천, 특산물 : 단궁, 과하마, 반어피 ⇒ 동예

정답 ④

정답 해설

동예는 토지가 비옥하고 해산물이 풍부하여 농경·어로 등 경제 생활이 윤택하였으며, 특산물로 단궁, 과하마, 반어피 등이 유명하다. 동예에는 다른 부족의 영역을 침범하면 노비나 소, 말로 변상하는 책화(責禍)라는 풍속이 있었으며 매년 10월에 무천이라는 제천 행사를 열었다.

오답 해설

① **신지 : 대군장, 읍차 : 소군장 → 삼한**
삼한의 지배자 중 세력이 큰 대군장은 신지·견지 등으로, 세력이 이보다 작은 소군장은 부례·읍차 등으로 불렸다.

② **민며느리제 : 혼인 풍습 → 옥저**
옥저에는 혼인 풍습으로 민며느리제가 있었는데, 장래에 혼인할 것을 약속한 여자가 어렸을 때 남자의 집에 가서 지내다가 성장한 후에 남자가 예물을 치르고 혼인을 하는 일종의 매매혼이다.

③ **사출도 : 4가(加)의 행정 구획 → 부여**
부여는 왕 아래에 가축의 이름을 딴 마가(馬加)·우가(牛加)·저가(猪加)·구가(狗加) 등의 4가(加)들이 각기 행정 구획인 사출도(四出道)를 다스렸다.

⑤ **사자, 조의, 선인 : 관리 → 고구려**
고구려는 5부족 연맹체로 왕 아래 상가, 대로, 패자, 고추가 등의 대가(大加)들이 존재하였으며, 대가들은 각기 사자·조의·선인 등의 관리를 거느렸다.

3. 신라의 성장

암기박사 (가) 국호 : 신라, '왕'의 칭호 사용 ⇒ 신라 지증왕
(나) 관산성 전투 : 백제 성왕 전사 ⇒ 신라 진흥왕

정답 ①

정답 해설

(가) 신라 지증왕은 국호를 사로국에서 '신라'로 바꾸고, 왕의 칭호를 마립간에서 '왕'으로 고쳤다(503).
(나) 신라와 백제가 나·제 동맹을 맺고 고구려에 대항하여 한강 유역을 수복하였으나, 신라 진흥왕이 백제가 차지한 지역을 점령하자 이에 분노한 백제 성왕이 신라를 공격하다 관산성 전투에서 전사하였다(554).
- 신라의 법흥왕은 이차돈의 순교 후 불교를 공인하였고 불교식 왕명을 사용하였다(527).

오답 해설

② **대가야 병합 → 신라 진흥왕**
신라 진흥왕은 고령의 대가야를 정복하고 낙동강 유역을 확보하였다(562).

③ **낙랑군 축출 → 고구려 미천왕**
고구려의 미천왕은 낙랑군과 대방군을 축출하여 서로는 요하, 남으로는 한강에 이르는 영토를 확장하였다(314).

④ **백제 수도 한성 함락 → 고구려 장수왕**
고구려 장수왕은 수도를 평양으로 천도한 후 백제의 수도 한성을 공격하여 함락하였다(475).

⑤ **백제 멸망 : 계백의 황산벌 전투 → 신라 무열왕**
김유신의 신라군에 맞서 계백이 이끄는 백제의 군대가 황산벌에서 결사 항전하였으나 패하였다(660).

한국사능력검정시험 심화 실전모의고사

4. 금관가야

암기박사 낙랑과 왜를 연결하는 중계 무역으로 번성 ⇒ 김해 : 금관가야

정답 ⑤

정답 해설

대성동 고분군에서 출토된 청동 솥과 대동면 덕산리에서 출토된 도기 기마인물형 뿔잔은 모두 금관가야의 문화유산이다. 금관가야는 김해를 중심으로 한 낙동강 유역 일대에서 김수로에 의해 건국되었는데, 신라 법흥왕 때 멸망하였고 낙랑과 왜를 연결하는 중계 무역으로 번성하였다.

오답 해설

① **책화 : 읍락 간의 경계 중시 → 동예**
동예에는 읍락 간의 경계를 중시하는 책화(責禍)가 있어서 부족의 영역을 엄격히 구분하며, 다른 부족의 생활권을 침범하면 노비와 소·말로 변상하게 하였다.

② **욕살, 처려근지 : 지방관 → 고구려**
고구려에서는 각 지방의 성(城)이 군사적 요지로 개별적 방위망을 형성하였고, 욕살·처려근지 등의 지방관이 병권을 행사하였다.

③ **22담로 : 지방 통제 강화 → 백제**
백제 무령왕은 지방 통제를 강화하기 위해 지방의 주요 지점에 22담로를 설치하고 왕자·왕족을 파견하였다.

④ **박, 석, 김의 3성 : 왕위 계승 → 신라**
진한의 소국 중 하나인 사로국에서 출발한 신라는 동해안으로 들어온 석탈해 집단이 등장하면서 박, 석, 김의 3성이 왕위를 교대로 차지하였다.

핵심노트 ▶ 가야 연맹의 주도권 변동

- 김해의 금관가야를 중심으로 한 전기 가야 연맹은 4세기 초부터 백제와 신라의 팽창에 밀려 점차 약화되기 시작
- 4세기 말부터 5세기 초에 신라를 후원하는 고구려군의 공격으로 중심 세력이 해체되고 낙동강 서안으로 세력이 축소
- 5세기 이후 김해·창원을 중심으로 한 동남부 세력이 쇠퇴하고 고령 지방을 중심으로 하는 대가야가 주도권을 행사하며 후기 가야 연맹을 형성 → 5세기 이후 금관가야의 고분유적지는 축소되고 대가야 중심지의 유적지는 확대됨

5. 고구려의 전성기

암기박사 (가) 백제 토벌 ⇒ 광개토 대왕(400년)
(나) 개로왕 전사 ⇒ 장수왕(475)

정답 ④

정답 해설

(가) 광개토 대왕은 '영락(永樂)'이라는 독자적인 연호를 사용하였으며, 영락 6년 친히 군대를 이끌고 백제를 토벌하였다(400).
(나) 장수왕은 백제의 수도 한성을 함락하고 개로왕을 전사시켰다(475).

- 장수왕은 수도를 통구에서 평양으로 천도(427)하여 안으로 귀족 세력을 억제하여 왕권을 강화하고 밖으로 백제와 신라를 압박하였다(남하 정책).

오답 해설

① **불교 수용 → 백제 침류왕**

백제의 침류왕은 동진에서 온 마라난타를 통해 불교를 수용하였다(384).

② **서안평 점령 → 고구려 미천왕**
고구려 미천왕은 서안평을 점령하여 고조선의 옛 땅을 회복하였다(311).

③ **나·제 동맹 강화 → 백제 동성왕**
백제 동성왕은 신라의 소지 마립간에 사신을 보내 혼인을 청하였고, 이에 소지 마립간은 이(벌)찬 비지의 딸을 백제로 보내 두 나라의 동맹 관계를 굳건히 하였다(493).

⑤ **화랑도를 국가 조직으로 개편 → 진흥왕**
화랑도(花郎徒)는 씨족 공동체의 전통을 가진 원화(源花)가 발전한 원시 청소년 집단으로, 진흥왕 때 국가 조직으로 개편되었다(576).

핵심노트 ▶ 장수왕의 남하 정책이 미친 영향

- 신라와 백제의 나·제 동맹 체결(433~553)
- 백제의 개로왕이 북위(후위)에 군사 원조를 요청(472)
- 백제가 수도를 한성에서 웅진(공주)으로 천도(475)
- 충북 중원 고구려비의 건립(5C 무렵)

6. 석탑의 제작 시기

암기박사 분황사 모전 석탑(신라 상대) ⇒ 화엄사 4사자 3층 석탑(신라 중대) ⇒ 쌍봉사 철감선사탑(신라 하대)

정답 ②

정답 해설

(가) **경주 : 분황사 모전 석탑 → 신라 상대**
경북 경주의 분황사에 있는 모전 석탑은 석재를 벽돌 모양으로 만들어 쌓은 탑으로, 현존하는 신라 석탑 중 가장 오래된 석탑이다.

(다) **구례 : 화엄사 4사자 3층 석탑 → 신라 중대**
전남 구례의 화엄사에 있는 통일 신라의 석탑으로 석가모니 진신(眞身)이 머물러 있는 기단 모서리에 사자를 넣어 사자좌 위에 탑이 서 있는 독특한 형태의 석탑이다.

(나) **화순 : 쌍봉사 철감선사탑 → 신라 하대**
전라남도 화순군의 쌍봉사에 있는 통일 신라의 승탑으로, 철감선사 도윤의 사리가 봉인되어 있다. 8각 원당형에 속하는 통일 신라 시대의 부도 중에서 조식이 화려한 걸작품으로 신라 하대 선종의 유행과 깊은 관련이 있다.

7. 고구려 진대법

암기박사 고구려 빈민 구제 제도 ⇒ 을파소 : 진대법

정답 ②

정답 해설

진대법(賑貸法)은 고구려 고국천왕 때 을파소의 건의로 실시된 빈민 구제 제도로 백성들에게 곡식을 빌려주는 춘대추납의 빈민 구제 제도이다. 진대법은 고려 시대의 흑창(태조)과 의창(성종), 조선 시대의 의창과 사창 등으로 계승·발전되었다.

오답 해설

① **양현고 설치 : 장학 기금 마련 → 고려 예종**

68

고려 예종은 국립 교육 기관인 국자감 내에 장학 기금 마련을 위해 양현고를 두어 관학의 재정 기반을 강화하였다.

③ **동·서 대비원 : 환자 치료 및 빈민 구제 → 고려 정종**
고려 정종 때 환자 치료와 빈민 구제를 위해 개경의 동쪽과 서쪽에 동·서 대비원을 설치하였다.

④ **제위보 : 빈민 구제 기관 → 고려 광종**
고려 광종 때에는 기금을 모아 그 이자로 빈민을 구제하는 제위보를 운영하였다.

⑤ **구제도감 : 질병 확산 대처 → 고려 예종**
고려 예종 때 재해 발생 시 임시 기관으로 의료 시설인 구제도감을 설치하여 질병 확산에 대처하였다.

> 핵심노트 ▶ 고구려 진대법
> • 고구려 고국천왕 때 을파소의 건의로 실시된 빈민 구제 제도
> • 관곡을 대여하는 제도로서, 일반 백성들이 채무 노비로 전락하는 것을 막고자 함
> • 고려 시대의 흑창(태조)과 의창(성종), 조선 시대의 의창과 사창 등으로 계승·발전

8. 호족의 이해

암기박사   신라 말, 지방 세력 ⇒ 호족

정답 ②

정답 해설

(가)는 호족이다. 호족은 신라 말 중앙 통제가 약화되자 농민 봉기를 배경으로 반독립적 세력으로 성장하였다. 그 출신 유형에는 몰락하여 낙향한 중앙 귀족, 해상 세력, 군진 세력 등이 있다. 대표적 인물로는 왕건, 견훤이 있다.

오답 해설

① **사림 : 향약 → 지방민 교화**
조선 시대 사림은 향약, 유향소와 서원 등을 바탕으로 지방민을 교화하고 향촌 사회의 지배 세력을 구축하였다.

③ **권문세족 : 도평의사사 → 권력 장악**
원 간섭기에 권문세족은 도평의사사와 정방을 통해 권력을 행사하였다.

④ **신진 사대부 : 성리학 → 이념적 기반**
고려 말 지방 향리 출신의 신진 사대부는 성리학을 이념적 기반으로 삼아 권문세족에 맞서 개혁 정치를 시도하였다.

⑤ **이성계, 최영 : 신흥 무인 세력 → 홍건적, 왜구 격퇴**
고려 말 이성계, 최영 중심의 신흥 무인 세력은 홍건적과 왜구의 침입을 격퇴하면서 성장하였다.

> 핵심노트 ▶ 호족
> 호족은 신라 말 고려 초의 사회 변동을 주도적으로 이끈 지방 세력에 대한 칭호로, 이들은 대토지를 소유하고 개인 사병을 보유하였으며, 문화의 독점적 향유를 누리고 있었다. 반신라 세력으로 고려 성립에 영향을 미쳤으며 이후 고려의 관료로 진출하였다.

9. 발해의 역사

암기박사   5경 15부 62주 : 지방 관제 ⇒ 발해

정답 ③

정답 해설

러시아 연해주 콕샤로프카성 일대에서 발견된 고구려 계통의 온돌 시설과 토기 등은 해동성국으로 불린 발해의 문화유산이다. 발해는 3성 6부의 중앙 관제와 5경 15부 62주의 지방 행정 제도를 갖추었다.

오답 해설

① **경당 : 지방 교육 기관 → 고구려**
고구려 장수왕 때 지방 청소년의 무예·한학 교육을 위해 경당을 설치하였다.

② **22담로 : 지방 행정 구역 → 백제**
백제 무령왕은 지방 통제를 강화하기 위해 지방의 주요 지점에 22담로를 설치하고 왕자·왕족을 파견하였다.

④ **13부 : 중앙 행정 조직 → 통일 신라**
통일 신라는 집사부 아래 관리 인사와 관등의 업무를 맡던 위화부를 비롯하여 13부를 두고 행정 업무를 분담하였다.

⑤ **일본에 오경박사, 의박사, 역박사 파견 → 백제**
백제는 오경박사, 의박사, 역박사 등을 일본에 파견하여 백제의 선진 문물을 전파하고 일본의 문화 발전에 기여하였다.

> 핵심노트 ▶ 발해의 지방 관제(5경 15부 62주)
> • 5경(상경·중경·남경·동경·서경) : 군사 행정의 중심, 고구려 5부의 전통에 신라의 5소경과 당의 5경제를 모방
> • 15부 : 지방 행정의 중심인 15부에는 도독을 둠
> • 62주 : 주에는 자사를 파견하고 주 밑의 현에는 현승을 파견해 통치를 맡김 → 지방관은 고구려인을 임명

10. 통일 신라의 경제 상황

암기박사   무역항 : 울산항, 당항성 ⇒ 통일 신라

정답 ④

정답 해설

사료에 제시된 '나마'는 신라 17관등 중 제11관등의 명칭이며, 월지(안압지)는 경주에 있는 연못으로 통일 신라의 뛰어난 조경술이 잘 드러나 있다. 통일 신라 시대에는 대당 무역이 발달하여 울산항, 당항성 등이 국제 무역항으로 번성하였다.

오답 해설

① **화폐 : 은병 → 고려 시대**
고려 시대에는 은 1근을 사용하여 우리나라의 지형을 본 떠 만든 은병이 화폐로 제작되었다.

② **부경(桴京) : 창고 → 고구려**
고구려의 대가들과 지배층인 형(兄)은 농사를 짓지 않는 좌식 계층으로, 집집마다 부경(桴京)이라는 창고가 있었다.

③ **목화, 담배 : 상품 작물 → 조선 후기**
조선 후기에는 상업의 발달로 시장에서 매매하기 위한 목화, 담배 등의 상품 작물 재배가 활발히 이루어졌다.

⑤ **직전법 실시 → 조선 세조**
조선 세조는 과전이 부족해지자 현직 관리를 대상으로 직전법을 실시하여 수조권(收租權)을 지급하였다.
↳ 토지로부터 조세를 거둘 수 있는 권리

11. 이자겸의 난

암기박사 이자겸 ⇒ 외척 정치, 금의 군신 관계 요구 수용

정답 ④

정답 해설
인종을 왕위에 올리면서 왕실 외척인 이자겸이 금과의 무력 충돌을 피하기 위해 금의 군신 관계 요구를 수용하는 등 전권을 행사하자 인종은 이자겸을 제거하려 한다. 이에 이자겸은 척준경과 함께 난을 일으켰으나 인종은 척준경을 회유하여 이자겸을 숙청한 후 정지상을 통해 척준경도 축출하였다.

오답 해설
① **강조의 정변 → 현종 즉위**
고려 목종 때 강조가 김치양과 천추태후 일당을 제거한 후 목종까지 폐하고 대량군(현종)을 즉위시켰다.
② **거란의 침입 대비 → 강감찬 : 나성 축조**
강감찬은 귀주 대첩에서 승리한 후 거란의 침입에 대비하기 위하여 개경에 나성을 축조하였다.
③ **최충헌의 사노 : 신분 해방 요구 → 만적의 난**
개경에서 최충헌의 사노 만적이 신분 해방을 외치며 반란을 일으켰다.
⑤ **쌍기 : 과거제 실시 → 신진 인사 등용**
고려 광종은 후주 출신 쌍기의 건의로 과거제를 실시하여 신진 인사를 대거 등용하였다.

👉 **핵심노트** ▶ 이자겸의 난이 미친 영향

- 왕실의 권위 하락
- 특정 가문의 정치 독점에 대한 반성
- 이자겸의 주도로 맺은 금과의 사대 관계에 대한 불만 상승

12. 강감찬의 귀주대첩

암기박사 거란의 3차 침입 : 강동 6주의 반환 요구 ⇒ 강감찬 : 귀주 대첩

정답 ④

정답 해설
강동 6주의 반환 등을 요구하며 10만 대군의 소배압이 이끄는 거란의 3차 침입에 맞서 강감찬은 귀주대첩에서 대승을 거두었다(1019). 이후 고려는 개경에 나성을 축조하고, 압록강에서 동해안의 도련포에 이르는 천리장성을 쌓아 국방을 강화하였다.

오답 해설
① **홍건적의 2차 침입 → 공민왕 : 최영 · 이성계**
홍건적의 2차 침입 때 개경이 함락되자 공민왕은 복주(안동)로 피란하였고 최영, 이성계 등이 격퇴하였다.
② **최무선의 화포 → 진포 대첩 : 왜구 격퇴**
최무선은 화약과 화포 제작을 위해 화통도감의 설치를 건의하고, 화포를 사용하여 진포(금강 하구)에서 왜구를 격퇴하였다.
③ **몽골의 침입 → 최우 : 강화도로 천도**
몽골의 무리한 조공 요구와 내정 간섭에 반발한 최우는 다루가치를 사살하고 강화도로 천도하여 방비를 강화하였다.
⑤ **윤관의 별무반 → 여진 정벌 : 동북 9성 축조**
별무반은 숙종 때 여진 정벌을 위해 윤관의 건의로 조직된 특수 부대이다. 윤관은 예종 때 별무반을 이끌고 천리장성을 넘어 동북 지방 일대에 9성을 축조하였다.

13. 우리 지역의 역사

암기박사 신립 : 탄금대 전투 ⇒ 충주

정답 ③

정답 해설
임진왜란 때 부산에 상륙한 왜군이 파죽지세로 쳐들어오자 도순변사 신립이 충주 탄금대에서 배수진을 치고 전투를 벌였으나 대패하였다.

오답 해설
① **효심의 난 : 무신 집권기의 난 → (마) 울산**
효심의 난은 초전(울산)에서 신분 해방 및 신라 부흥을 기치로 내걸고 일으킨 무신 집권기 최대 규모의 농민 봉기이다.
② **암태도 소작 쟁의 : 농민운동 → (라) 목포**
암태도 소작 쟁의는 전남 신안군 암태도의 소작농민들이 전개한 농민 운동으로, 지주들의 소작료 인상율 저지와 1920년대 각지의 소작운동에 큰 영향을 미쳤다.
④ **강주룡 : 을밀대 고공 농성 → (가) 평양**
평양 고무 농장 파업이 일어나 노동자 강주룡이 을밀대 지붕에서 고공 농성을 벌였다.
⑤ **벽란도 : 고려 시대 국제 무역항 → (나) 인천**
고려 시대에는 대외 무역을 장려하여 예성강 어귀의 벽란도를 통해 송과의 국제 무역이 이루어졌으며, 일본 · 만양 · 아라비아 상인들도 내왕하였다.

14. 고려 시대 원 간섭기

암기박사 (가) 왕의 시호(諡號) 격하 ⇒ 고려 시대 : 원 간섭기
(나) 친원 세력 숙청 ⇒ 공민왕 : 반원 정책

정답 ②

정답 해설
(가)는 고려 시대의 원 간섭기(1270~1351)에 해당하고 (나)는 공민왕의 개혁 정치가 이루어져 기철 등의 친원 세력을 숙청(1356)하던 시기이다. (가)와 (나)의 시기 사이에는 원의 일본 원정을 위해 정동행성이 설치(1280)되었으나 실제로는 내정 간섭을 위한 기구로 변질되었다.

오답 해설
① **최충헌의 사노 : 신분 해방 요구 → 만적의 난**
개경에서 최충헌의 사노 만적이 신분 해방을 외치며 반란을 일으켰다(1198).
③ **요동정벌 → 이성계 : 위화도 회군**
우왕이 요동 정벌을 위해 이성계를 파견하였으나 이성계는 4불가론을

70

들어 요동 정벌을 반대하고 위화도에서 회군하였다(1388).
④ 전민변정도감 설치 → 공민왕 : 신돈
고려 공민왕 때 신돈은 전민변정도감을 통해 의욕적으로 개혁을 추진하였으며, 민중으로부터 큰 지지를 받았다(1366).
⑤ 몽골의 침입 대비 → 팔만대장경
팔만대장경은 몽골의 침입으로 초조대장경이 소실된 후 부처의 힘으로 이를 극복하고자 고종 때 강화도에 대장도감을 설치하여 16년 만에 완성하였다(1251).

15. 고려 시대의 경제 상황

> **암기박사** 건원중보 : 우리나라 최초의 화폐 ⇒ 고려 성종
>
> **정답 ④**

정답 해설

주전도감에서 해동통보가 주조된 것은 고려 숙종 때이다. 고려 성종 때에는 우리나라 최초의 화폐인 건원중보가 발행되어 금속 화폐의 통용이 추진되었다.

오답 해설

① 특산물 : 솔빈부의 말 → 발해
솔빈부는 발해의 지방 행정 구역인 15부 중의 하나로, 그 지역의 특산물인 말이 주요 수출품으로 거래되었다.
② 장보고 : 청해진 → 통일 신라
통일신라 때 장보고는 완도에 청해진을 설치하여 해상 무역을 전개하고 국제 무역의 거점으로 번성하였다.
③ 동시전 : 시장 감독 → 신라
신라 지증왕 때 시장을 감독하는 관청인 동시전(東市典)이 수도 경주에 설치되었다.
⑤ 설점수세제 : 민간 광산 개발 허용 → 조선 후기
조선 후기에 설점수세제를 시행하여 민간의 광산 개발이 허용되었고, 정부에서는 별장을 파견하여 수세를 독점하였다.

> **핵심노트** ▶ 고려 시대의 화폐 주조
>
> • 성종 : 건원중보
> • 숙종 : 삼한통보, 해동통보, 해동중보, 동국통보, 활구(은병)
> • 충렬왕 : 쇄은
> • 충혜왕 : 소은병
> • 공양왕 : 저화

16. 고려와 조선의 지방 통치 체제

> **암기박사** (가) 5도 양계 ⇒ 고려의 지방 통치 체제
> (나) 8도 ⇒ 조선의 지방 통치 체제
>
> **정답 ②**

정답 해설

(가) 5도 양계 : 고려 시대의 5도는 경상도·전라도·양광도·교주도·서해도를 말하며 지방관으로 안찰사를 파견하였고, 양계(兩界)는 북방 국경 지대의 군사 중심지인 동계·북계를 말하며 병마사가 파견되어 적의 침입에 대비하였다.
(나) 8도 : 조선 시대에는 전국을 함경도, 평안도, 황해도, 강원도, 경기도, 충청도, 전라도, 경상도의 8도로 나누고 크기에 따라 지방관의 등급을 조정하였다. 8도에는 행정·감찰·사법·군사권을 지닌 관찰사(종2품, 외직의 장)를 파견하였다.

오답 해설

① 경재소 : 유향소 통제 → 조선
조선 시대의 경재소(京在所)는 현직 관료로 하여금 연고지의 유향소를 통제하게 하는 제도로, 중앙과 지방 간의 연락 업무를 담당하였다.
③ 주현 < 속현 → 고려
고려에서는 중앙으로부터 지방관이 파견되는 주현보다 지방관이 파견되지 않는 속현이 더 많았다.
④ 향리 제도 → 고려
고려 시대에는 호장, 부호장을 상층부로 하는 향리 제도를 처음 마련하여 각 지방 관청의 행정 실무를 담당하도록 하였다.
⑤ 관찰사 파견 : 수령 감독 → 조선
조선 시대에는 전국을 8도로 나누고 크기에 따라 지방관의 등급을 조절하였으며, 각 도에 관찰사(종2품, 외직의 장)를 보내 관할 고을의 수령을 감독했다.

17. 개성 경천사지 10층 석탑

> **암기박사** 개성 경천사지 10층 석탑 ⇒ 원의 영향을 받은 고려 시대 석탑
>
> **정답 ③**

정답 해설

개성 경천사지 10층 석탑은 원의 영향을 받아 고려 후기 충목왕 때 조성된 석탑으로, 기존의 신라계 석탑과는 양식을 달리하는 가장 특이하고 세련된 기교를 보이는 탑이다.

오답 해설

① 논산 관촉사 석조 미륵보살 입상 → 고려
충남 논산에 있는 고려 시대 최대의 석불 입상으로 은진미륵이라고도 불리며 거대하고 인체 비례가 불균형하다.
② 무인상 → 통일신라
통일 신라의 왕릉인 원성왕릉 앞에 세워진 무인상은 이국적인 얼굴과 복식을 한 서역인의 모습으로, 당시 신라가 아라비아 등 서역과 활발하게 교류하였음을 보여준다.
④ 정토사 홍법국사 실상탑 → 고려
정토사 홍법국사 실상탑은 고려 목종 때의 승려인 홍법국사의 부도로, 탑신부가 일반 승탑과 달리 공모양의 원구형인 것이 특징이다.
⑤ 무구정광대다라니경 → 통일 신라
무구정광대다라니경은 현존하는 세계 최고(最古)의 목판 인쇄물로, 불국사 삼층 석탑을 보수하는 과정에서 발견되었다.

18. 이규보의 〈동명왕편〉

> **암기박사** 이규보 : 〈동명왕편〉 ⇒ 고구려 계승 의식 반영
>
> **정답 ⑤**

정답 해설

이규보의 〈동명왕편〉은 고구려 건국 시조인 동명왕의 업적을 칭송한 영

웅 서사시로 고구려의 계승 의식을 반영하고 있다. 종래 한문학 형식에서 벗어나 자유로운 문장체로 한국의 전통과 연결된 새로운 문학 체계를 발전시켰다.

오답 해설

① 유득공 : 〈발해고〉 → 남북국이라는 용어 사용
  〈발해고〉는 조선 후기 실학자 유득공이 저술한 역사서로 발해를 북국, 신라를 남국으로 칭하며 한반도 중심의 협소한 사관을 극복하였다.
② 단군왕검의 건국 이야기 → 일연,「삼국유사」
  일연의「삼국유사」는 단군부터 고려 말까지의 불교사를 중심으로 서술한 기사본말체 형식의 사서이다.
③ 서거정 :〈동국통감〉→ 단군 조선부터 고려까지의 역사 기록
  〈동국통감〉은 세조 때 편찬에 착수하였다가 완성하지 못한 것을 성종 때 서거정이 왕명으로 편찬한 편년체 사서로, 단군 조선부터 고려까지의 역사를 기록한 최초의 통사이다.
④ 사초, 시정기 근거 → 실록청 :「조선왕조실록」
  「조선왕조실록」은 왕의 사후 사초와 시정기 등을 근거로 춘추관에 설치된 실록청에서 편찬하였다.

19. 향약의 조직과 기능

암기박사 풍속 교화와 향촌 자치 ⇒ 향약   **정답** ⑤

정답 해설

도약정과 부약정 등 지방 사족이 주요 직임을 맡은 조직은 향약이다. 조선 중종 때 조광조에 의하여 처음 보급되고 16세기 이후에 전국적으로 확산된 향약은 향촌 자치 규약으로 풍속 교화와 향촌 자치의 기능을 담당하였다.

오답 해설

① 좌수, 별감을 두어 운영 → 유향소
  조선 시대의 유향소(留鄕所)는 좌수와 별감을 중심으로 운영되던 향촌 자치 기구로, 지방의 수령을 보좌하고 향리를 감찰하였다.
② 문묘를 세워 선현에 제사 → 성균관, 향교
  조선 시대 최고 교육기관인 성균관과 지방 교육기관인 향교에서는 문묘(文廟)를 세워 선현에 제사를 지냈다. ← 선현의 위패(位牌)를 모신 사당
③ 유향소 통제 → 경재소
  조선 시대의 경재소(京在所)는 현직 관료로 하여금 연고지의 유향소를 통제하게 하는 제도로, 중앙과 지방 간의 연락 업무를 담당하였다.
④ 흥선 대원군 때 철폐 → 서원
  흥선 대원군은 국가 재정을 좀먹고 백성을 수탈하며 붕당의 온상이던 서원을 정리하여, 600여 개소의 서원 가운데 47개소만 남기고 모두 철폐하였다.

20. 추석의 세시 풍속

암기박사 음력 8월 15일 : 가배, 중추절, 한가위 ⇒ 추석   **정답** ③

정답 해설

추석은 음력 8월 15일로 가배, 중추절, 한가위 등으로 불리며, 햅쌀로 송편을 빚고 햇과일 등의 음식을 장만하여 차례를 지낸다.

오답 해설

① 양력 2월 4일 무렵 → 입춘
  입춘은 양력 2월 4일 무렵으로 입춘이 지난 뒤에도 날씨가 몹시 추워지면 "입춘을 거꾸로 붙였나."라고 말한다. 또한 입춘에는 복이 들어오길 바라며 '입춘대길(立春大吉)'이라는 지방을 써서 집 대문에 붙인다.
② 양력 3월 5일 무렵 → 경칩
  경칩은 양력 3월 5일 무렵으로 우수 경칩에 대동강 물이 풀린다고 하여 완연한 봄을 느낄 수 있는 날이며, 동면하던 개구리가 잠에서 깨어나는 시기이다.
④ 음력 1월 1일 → 설날
  설날은 한 해의 시작인 음력 정월 초하루로, 아침에 설빔을 입고 조상에게 차례를 지내며 떡국을 먹고 어른들에게 세배를 한다.
⑤ 음력 1월 15일 → 정월 대보름
  정월 대보름은 음력 1월 15일로 땅콩, 호두, 밤 등의 부럼을 깨물어 먹거나 쌀, 조, 수수, 팥, 콩 등을 섞은 오곡밥을 지어 먹는다.

21. 조선 성종의 업적

암기박사 경국대전 완성 : 국가의 통치 규범 ⇒ 조선 성종   **정답** ④

정답 해설

조선 성종 때에는 우리의 역사, 문학, 지리, 음악 등 다양한 분야에서 편찬 사업이 활발하게 이루어져 동문선, 동국여지승람, 악학궤범 등을 편찬하였다. 또한 세조 때 편찬에 착수한 경국대전을 완성하여 국가의 통치 규범을 마련하였다.

오답 해설

① 초계문신제 : 문신 재교육 → 정조
  정조는 신진 인물이나 중·하급(당하관 이하) 관리 가운데 능력 있는 자들을 재교육시키고 시험을 통해 승진시키는 초계문신제(抄啓文臣制)를 실시하였다.
② 갑인자 : 개량된 금속 활자 → 세종
  세종은 개량된 금속 활자인 갑인자를 주조하여 활자 인쇄술을 발전시켰다. ← 정교하고 수려한 조선 활자의 결작
③ 조선 건국 : 한양 천도 → 조선 태조
  조선 태조 이성계는 위화도에서 회군하여 최영을 제거한 후 국호를 조선으로 바꾸고 수도를 한양으로 옮겼다.
⑤ 직전법 : 현직 관리에게만 수조지 지급 → 조선 세조
  조선 세조는 왕위에 오른 후 과전이 부족해지자 직전법을 제정하여 현직 관리에게만 수조지(收租地)를 지급하였다. ← 세를 거둘 수 있는 땅

👉 **핵심노트** ▶ 조선 성종(1469~1494)의 업적

- **사림(士林) 등용** : 김숙자·김종직 등의 사림을 등용하여 의정부의 대신들을 견제 → 훈구와 사림의 균형을 추구
- **홍문관(옥당) 설치** : 학술·언론 기관(집현전 계승), 경서(經書) 및 사적(史籍)관리, 문한의 처리 및 왕의 정치적 고문 역할
- **경연 중시** : 단순히 왕의 학문 연마를 위한 자리가 아니라 신하(정승, 관리)가 함께 모여 정책을 토론하고 심의
- **독서당(호당) 운영** : 관료의 학문 재충전을 위해 운영한 제도, 성종 때 마포의 남호 독서당, 중종 때 두모포에 동호 독서당이 대표적

- **관학의 진흥** : 성균관과 향교에 학전(學田)과 서적을 지급하고 관학을 진흥
- **유향소의 부활(1488)** : 유향소는 세조 때 이시애의 난으로 폐지(1488)되었으나 성종 때 사림 세력의 정치적 영향력 확대에 따라 부활됨
- **〈경국대전〉 반포(1485)** : 세조 때 착수해 성종 때 완성·반포
- **토지 제도** : 직전법 하에서 관수관급제를 실시해 양반관료의 토지 겸병과 세습, 수탈 방지
- **숭유억불책** : 도첩제 폐지 → 승려가 되는 길을 없앤 완전한 억불책
- **문물 정비와 편찬 사업** : 건국 이후 문물제도의 정비를 마무리하고, 〈경국대전〉, 〈삼국사절요〉, 〈고려사요〉, 〈악학궤범〉, 〈동국통감〉, 〈동국여지승람〉, 〈동문선〉, 〈국조오례의〉 등을 편찬

22. 비변사의 변천사

정답 ④

암기박사 비변사의 변천 ⇒ 임시 기구(중종) → 상설 기구화(명종) → 최고 기구화(선조) → 변질(세도 정치기) → 혁파(흥선 대원군)

정답 해설

조선 중종 때 설치된 비변사는 왜란과 호란을 대비한 임시 기구였으나 을묘왜변을 계기로 상설 기구화 되었다. 세도 정치기에는 외척 세력의 정치적 도구로 변질되었고 흥선 대원군 때 혁파되었다. 어사대의 관원과 중서문하성의 낭사로 구성된 것은 고려 시대의 대간(臺諫)으로, 간쟁·봉박권·서경권을 갖는다.

오답 해설

① **명종 : 을묘왜변 → 비변사의 상설기구화**
비변사는 왜구와 여진족을 대비한 임시기구였으나, 명종 때 을묘왜변을 계기로 상설 기구화 되어 군사 문제를 처리하였다.
② **흥선 대원군 → 비변사 혁파**
흥선 대원군은 집권기에 왕권 강화의 일환으로 비변사를 혁파하고 의정부의 권한을 강화하였다.
③ **선조 : 임진왜란 → 비변사의 최고 기구화**
선조 때 임진왜란을 거치면서 조직과 기능이 확대되어 국정의 총괄 기구로 부상하였으나, 그 영향으로 왕권이 약화되고 의정부와 육조 중심의 행정 체계도 유명무실해졌다.
⑤ **세도 정치기 → 비변사의 변질**
세도 정치기에는 비변사가 외척 세력의 권력 기반으로 변질되어 정치적 기능이 강화된 비변사를 거의 독점적으로 장악하였다.

23. 갑자사화

정답 ⑤

 무오사화 ⇒ 갑자사화 ⇒ 기묘사화

정답 해설

(가) **무오사화(1498)** : 연산군 때에 김종직이 지은 조의제문을 김일손이 사초(史草)에 올린 일이 발단이 되어 김일손 등이 처형되는 무오사화가 발생하였다. → 항우에게 왕위를 빼앗기고 죽은 초나라 의제를 기리는 내용을 통해 단종에게서 왕위를 빼앗은 세조를 비난한 글
- **갑자사화(1504)** : 연산군의 친모인 폐비 윤씨 사사 사건의 전말이 알려져 김굉필 등이 처형되는 등 관련자들이 화를 입었다.
(나) **기묘사화(1519)** : 중종 때 위훈 삭제 등 조광조의 급격한 개혁은 공신(훈구 세력 등)의 반발을 샀는데, 남곤·심정 등의 훈구파는 주초위 → 주(走)와 초(肖)를 합치면 조(趙)가 되므로, 조씨 성을 가진 사람이 왕이 된다는 뜻

왕의 모략을 꾸며 조광조·김정·김식·정구·김안국 등 사림파 대부분을 제거하였다.

오답 해설

① **양재역 벽서 사건 → 명종**
명종 때 소윤인 윤원형 일파가 대윤인 윤임 일파의 남은 세력을 없애기 위해 벽서를 조작한 양재역 벽서 사건으로 이언적 등이 화를 입었다.
② **사림의 붕당 → 선조**
선조 때 언론 삼사 요직의 인사권과 추천권을 가진 이조 전랑 임명권을 둘러싼 대립으로 사림이 동인과 서인으로 나뉘며 붕당 정치가 시작되었다.
③ **단종 복위 운동 → 세조** → 성삼문, 이개, 박팽년, 하위지, 유성원, 유응부
세조 때 성삼문 등의 사육신이 세조의 왕위 찬탈에 저항하여 상왕인 단종 복위를 꾀하다 처형되었다.
④ **이괄의 난 → 인조**
인조반정을 주도한 서인은 광해군을 축출하고 정권을 장악하였으나, 이때 공신 책봉에 불만을 품고 이괄이 반란을 일으켰다.

핵심노트 ▶ 4대 사화

무오사화 (연산군, 1498)	사초에 올린 김종직의 〈조의제문〉이 발단 → 김일손 등의 사림파 몰락
갑자사화 (연산군, 1504)	연산군이 친모 윤씨의 폐비사건을 보복 → 일부 훈구파와 사림파의 피해
기묘사화 (중종, 1519)	위훈 삭제 등 조광조의 급격한 개혁에 대한 반발 → 주초위왕의 모략으로 조광조 등 사림파 몰락
을사사화 (명종, 1545)	명종을 옹립한 유원형의 소윤파와 인종의 외척 세력인 윤임의 대윤 파간 대립 → 윤임의 대윤파가 축출됨

24. 정묘호란의 발발 원인

정답 ⑤

암기박사 인조반정 : 이괄의 난 ⇒ 정묘호란

정답 해설

인조반정을 주도한 서인은 광해군을 축출하고 정권을 장악하였으나, 이때 공신 책봉에 불만을 품은 이괄이 난을 일으켰으나 실패하였다. 이를 빌미로 후금이 공격하여 정묘호란이 발발하자 철산 용골산성의 정봉수와 의주의 이립 등이 관군과 합세하여 항쟁하였다(1627).

오답 해설

① **권율 → 행주 대첩**
임진왜란 당시 평양성을 빼앗긴 후 한양으로 퇴각한 왜군을 권율이 이끄는 부대가 행주산성에서 대파하였다.
② **선조가 의주로 피난 → 임진왜란**
임진왜란 초기 왜군은 상주와 충주를 거쳐 한양을 점령하고 북상하여 평양과 함경도 지방까지 침입하자 전쟁에 대비하지 못한 선조는 의주로 피난하여 명에 원군을 요청하였다.
③ **러시아의 남하 : 청의 원병 요청 → 나선 정벌**
효종 때 러시아의 남하로 청과 러시아 간 국경 충돌이 발생하자 청의 원병 요청으로 조총 부대를 파견하여 러시아군을 격퇴하였다.
④ **강홍립 부대의 파병 → 광해군 : 중립 외교**

광해군 때에 명의 요청으로 강홍립의 부대를 파병하였으나, 광해군은 명과 후금 사이에서 중립 외교 정책을 추진하여 강홍립을 후금에 투항하도록 하였다.

25. 정조의 정책

> **암기박사**　장용영 설치 : 왕권 강화 ⇒ 정조
> **정답** ①

정답 해설

제시된 사료는 정조가 노론 벽파의 영수인 심환지에게 비밀리에 보낸 어찰이다. 정조는 왕권을 강화하기 위해 왕의 친위 부대인 장용영을 설치하였는데, 각 군영의 독립적 성격을 약화시키고 병권을 장악하였다.

오답 해설

② 백두산 정계비 건립 → 숙종
　숙종은 청의 요구로 조선과 청의 경계를 정한 백두산 정계비를 세워, 동쪽으로 토문강과 서쪽으로 압록강을 경계로 삼았다.
③ 삼군부 부활 → 흥선 대원군
　흥선 대원군은 왕권 강화의 일환으로 비변사를 혁파하고 의정부의 권한을 강화하였으며 삼군부를 부활시켜 군국 기무를 전담하게 하였다.
④ 동국문헌비고 편찬 → 영조
　영조 때에는 홍봉한 등이 지리·정치·경제·문화 등을 체계적으로 정리한 동국문헌비고를 편찬하여 역대 문물을 정리하였다.
⑤ 탕평비 건립 : 붕당의 폐해 경계 → 영조
　영조는 붕당 정치의 폐해를 경계하기 위해 성균관 입구에 탕평비를 건립하였다.

26. 도자기의 시대별 제작 순서

> **암기박사**　제작 순서 ⇒ 토기 → 청자 → 분청사기 → 백자
> **정답** ④

정답 해설

(나) 토우 장식 장경호 → 신라
　경북 경주시 노동동 고분에서 출토된 신라의 토기로, 목과 어깨 부위에 토우가 장식되어 있다.
(가) 청자 상감운학문 매병 → 고려
　상감기법으로 표현한 대표적인 고려청자 매병이다(국보 제68호).
(라) 분청사기 박지태극문 편병 → 조선 전기
　조선 전기에 제작된 분청사기 편병으로 독특하고 대담한 태극 문양의 구성이 돋보이는 작품이다.
(다) 백자 철화 포도문 항아리 → 조선 후기
　철을 산화시켜 검은색을 띠게 된 철사 안료로 백자 표면에 포도무늬를 그린 백자 항아리로, 조선 시대 철화 백자 가운데 가장 뛰어난 예술품으로 평가받는다.

27. 균역법의 재정 보충 대책

> **암기박사**　균역법 : 재정 부족 ⇒ 잡세 : 어장세, 염세, 선박세
> **정답** ④

정답 해설

양역의 폐단을 개선하고 군포를 1필로 줄이는 법은 조선 영조 때 실시한 균역법이다. 균역법의 실시로 세입이 감소되자 그 대책으로 어장세, 염세, 선박세 등의 잡세를 국가 재정으로 귀속하였다.

오답 해설

① 양반에게도 군포 부과 → 흥선 대원군 : 호포제
　흥선 대원군은 군정의 문란을 개혁하기 위해 호포제를 실시하고 양반에게도 군포를 부과하였다.
② 1결당 쌀 4~6두 납부 → 인조 : 영정법
　조선 인조 때 영정법을 실시하여 종전 연분 9등제 하에서 풍흉에 따라 최대 20에서 최하 4두를 납부하던 것을 풍흉에 관계없이 토지 1결당 미곡 4~6두로 전세를 고정하였다. ▶전세의 정액화
③ 비옥도 : 6등급 → 세종 : 전분 6등법
　조선 세종 때 전분 6등법을 시행하여 토지를 비옥도에 따라 6등급으로 나눈 후 전세를 차등 부과하였다.
⑤ 쌀, 베, 동전으로 납부 → 광해군 : 대동법
　조선 광해군 때 공납의 폐단을 해결할 목적으로 대동법을 시행하여 특산물 대신 쌀, 베, 동전 등으로 납부하게 하였다.

28. 안견의 몽유도원도

> **암기박사**　안견 ⇒ 몽유도원도
> **정답** ⑤

정답 해설

몽유도원도는 조선 세종 때 안견이 안평대군의 꿈 이야기를 듣고 표현한 그림이다. 자연스러운 현실 세계와 환상적인 이상 세계를 웅장하면서도 능숙하게 처리하고, 대각선적인 운동감을 활용하여 구현한 걸작이다.

오답 해설

① 신윤복 → 상춘야흥
　상춘야흥은 신윤복이 그린 풍속화첩 중의 한 작품으로, 어느 봄날 지체 높은 양반들이 기생과 악공을 불러 봄을 즐기는 들놀이의 모습을 화폭에 담았다.
② 강희안 → 고사관수도
　조선 전기의 사대부 화가 인재 강희안의 작품으로, 깎아지른 듯한 절벽을 배경으로 바위 위에 양팔을 모아 턱을 괸 채 수면을 바라보는 선비의 모습을 묘사하였다.
③ 강세황 → 영통골 입구도
　조선 후기의 화가 강세황이 그린 작품으로, 원근법과 명암법 등 서양화 기법을 반영하여 더욱 실감나게 표현하였다.
④ 김정희 → 세한도
　세한도는 조선 후기의 학자 추사 김정희가 그린 작품으로, 화가가 아닌 선비가 그린 문인화의 대표작이다.

29. 담헌 홍대용

암기박사 〈의산문답〉 : 중국 중심의 화이관 비판 ⇒ 담헌 홍대용

정답 ④

정답 해설

조선 후기의 실학자 담헌 홍대용은 별자리 관측 기구인 혼천의를 제작하였고, 〈의산문답〉을 통해 지전설과 무한 우주론을 주장하여 중국 중심의 화이관을 비판하였다.

오답 해설

① 북학의 : 절약보다 소비 권장 → 박제가
 박제가는 청에 다녀온 후 북학의를 저술하여 생산과 소비의 관계를 우물물에 비유하면서 절약보다 적절한 소비를 권장하였다.
② 양반전 : 양반의 위선·무능 지적 → 박지원
 박지원은 〈양반전〉·〈허생전〉·〈호질〉·〈민옹전〉 등을 통해 양반 사회의 모순과 부조리를 비판·풍자하고 양반의 위선과 무능을 지적하였다.
③ 금석과안록 : 진흥왕 순수비 최초 고증 → 김정희
 북한산비는 신라 진흥왕이 백제가 점유하던 한강 하류 지역을 차지하고 세운 비로, 김정희는 북한산비와 황초령비를 고증하고 금석과안록을 저술하였다.
⑤ 우서 : 사농공상의 직업적 평등과 전문화 → 유수원
 유수원은 중국과 우리 문물을 비교하면서 정치·경제·사회 전반의 개혁을 제시하였는데, 우서(迂書)에서 사농공상의 직업적 평등과 전문화를 주장하였다.

30. 홍경래의 난

암기박사 세도 정치기, 서북 지방 차별 ⇒ 홍경래의 난

정답 ③

정답 해설

밑줄 그은 '사건'은 홍경래의 난이다. 홍경래의 난은 세도 정치기에 발생한 봉기로, 서북인에 대한 차별이 원인이 되어 몰락 양반인 홍경래의 지휘 아래 전개되었다.

오답 해설

① 인조반정 : 공신 책봉에 불만 → 이괄의 난
 인조반정을 주도한 서인은 광해군을 축출하고 정권을 장악하였으나, 이때 공신 책봉에 불만을 품고 이괄이 반란을 일으켰다.
② 동학 농민군 → 황토현 전투
 동학 농민군이 전라 감영의 지방 관군을 물리치고 황토현에서 농민군 최대의 승리를 거두었다.
④ 동학 농민군 → 고부 농민 봉기
 고부 군수 조병갑의 학정에 항거하여 전봉준 등이 농민군을 이끌고 고부 관아를 습격하였다.
⑤ 공주 명학소 반란 → 망이·망소이의 난
 고려 시대 무신 정권기에 망이·망소이가 가혹한 수탈에 저항하여 공주 명학소(鳴鶴所)에서 일으킨 반란이다.

핵심노트 ▶ 홍경래

평안북도의 몰락 양반 출신인 홍경래는 평양 향시를 통과하고 유교와 풍수지리를 익힌 지식인이나, 대과에 낙방하였다. 당시 대과에서는 시골 선비에 대한 차별이 심했을 뿐만 아니라, 서북 출신은 고구려 유민으로 구분되어 천한 취급을 받고 있었으므로 홍경래가 대과를 통해 관직에 나아가는 것은 어려운 일이었다. 세상을 바꿀 것을 결심한 홍경래는 사회를 살피고 동료들을 규합하여 봉기를 주도하였다. 그러나 만 4개월 동안 이어졌던 봉기는 실패로 끝났으며, 홍경래는 정주성 싸움에서 전사하였다.

31. 덕수궁 석조전

암기박사 제1차 미·소 공동 위원회 개최 ⇒ 덕수궁 석조전

정답 ④

정답 해설

덕수궁 석조전은 덕수궁 안에 지어진 최초의 서양식 석조 건물로, 르네상스식 건물로 지어졌으며 제1차 미·소 공동 위원회가 개최되었다.

오답 해설

① 고종 : 대한제국 황제 즉위식 거행 → 환구단
 아관파천 후 환궁한 고종은 국호를 대한제국, 연호를 광무로 고치고 환구단에서 황제 즉위식을 거행하였다.
② 을미사변 : 명성황후 시해 → 경복궁 내 건청궁
 을미사변 때 일본 낭인들이 경복궁 내에 있는 건청궁에서 명성황후를 시해하였다.
③ 은세계, 치악산 공연 → 원각사
 원각사는 이인직이 설립한 최초의 서양식 극장으로 은세계, 치악산 등의 신극이 공연되었다.
⑤ 임오군란 → 선혜청, 일본 공사관
 신식 군대(별기군)와의 차별에 반발하여 구식 군대는 명성황후 정권의 고관들을 살해하고 선혜청과 일본 공사관을 습격하였다.

32. 신미양요의 결과

암기박사 신미양요 : 어재연 항전 ⇒ 척화비 건립

정답 ②

정답 해설

미국이 제너럴셔먼호 사건을 구실로 로저스 제독이 5척의 군함을 이끌고 강화도를 공격하자 어재연 등이 이끄는 조선의 수비대가 광성보, 초지진 등지에서 전투를 벌였고, 이를 계기로 흥선 대원군의 쇄국 의지는 더욱 강해져 종로와 전국 각지에 척화비가 세워졌다.

오답 해설

① 경복궁 중건 → 흥선 대원군
 흥선 대원군은 왕실의 권위를 세우고 국가 위신의 제고를 위해 경복궁을 중건하였다(1865).
③ 제너럴 셔먼호 사건 → 신미양요의 발단
 미국 상선 제너럴 셔먼호가 통상을 요구하다 평양 군민과 충돌하여 불타 침몰된 사건으로 신미양요의 발단이 되었다(1866).
④ 외규장각 의궤 약탈 → 병인양요
 프랑스는 병인박해 때의 프랑스 신부 처형을 구실로 로즈 제독의 함대가 양화진을 침입하여 병인양요를 일으켰고, 철군 시 문화재에 불을

지르고 외규장각의 의궤도 국외로 약탈하였다(1866).
⑤ **천주교에 대한 최대 박해 → 병인박해**
천주교에 대한 최대의 박해로, 흥선 대원군은 프랑스 신부와 남종삼 등 8천여 명을 처형하였다(1866).

33. 대미 사절단 보빙사

암기박사 조·미 수호 통상 조약 체결 ⇒ 보빙사 파견

정답 ④

정답 해설

보빙사는 미국과 조·미 수호 통상 조약이 체결된 후 서양에 파견된 최초의 사절단으로, 미국 공사의 서울 부임에 답하여 전권 대사 민영익 및 홍영식, 서광범 등이 미국에 파견되었다(1883).

오답 해설

① **해동제국기 편찬 → 통신사 : 신숙주**
해동제국기는 조선 세종 때 신숙주가 계해약조 당시 일본에 다녀와서 일본의 지세와 국정 등을 기록한 책이다.

② **조선책략 → 수신사 : 김홍집**
강화도 조약을 체결한 후 조선은 일본에 수신사를 파견하였는데, 2차 수신사인 김홍집은 귀국할 때 〈조선책략〉을 가지고 들어와 개화 정책에 영향을 미쳤다.

③ **암행어사의 형태로 비밀리에 파견 → 조사 시찰단(신사유람단)**
박정양·어윤중·홍영식 등으로 구성된 조사 시찰단(신사유람단)이 암행어사의 형태로 비밀리에 파견되어 일본의 발전상을 보고 돌아와 개화 정책의 추진을 뒷받침하였다.

⑤ **청의 무기 제조 기술 습득 → 영선사**
김윤식을 단장으로 하는 영선사가 청에 파견되어 텐진 기기국에서 무기 제조법과 근대적 군사 훈련법을 습득하였다.

34. 임오군란의 결과

암기박사 임오군란 : 제물포 조약 ⇒ 일본 공사관에 경비병 주둔

정답 ④

정답 해설

제시된 사료에서 군인에게 봉급을 몇 개월 동안 지급하지 못해 난군(亂軍)이 궐을 침범한 것은 임오군란에 대한 내용이다. 임오군란의 결과 일본과 제물포 조약이 체결되어 일본 공사관에 경비병이 주둔하는 계기가 되었다(1882).

오답 해설

① **신미양요 → 척화비 건립**
제너럴셔먼호 사건을 구실로 미국과 신미양요가 발발하였고, 신미양요의 결과 흥선 대원군이 척화교서를 내려 전국 각지에 척화비(斥和碑)가 건립되었다(1871).

② **개화 정책의 일환 → 통리기무아문 설치**
고종은 개화 정책의 일환으로 통리기무아문을 설치하고 그 아래 12사를 두어 외교·군사·산업 등의 업무를 분장하였다(1880).

③ **홍범 14조 반포 → 제2차 갑오개혁**
고종은 제2차 갑오개혁 때 종묘에 나가 독립 서고문을 바치고, 홍범 14조를 개혁의 기본 방향으로 제시하였다(1894).

⑤ **김홍집 : 조선책략 유포 → 이만손 : 영남 만인소**
김홍집의 조선책략 유포에 반발하여 이만손을 비롯한 영남 유생들이 영남 만인소를 올렸다(1881).

핵심노트 ▶ 임오군란으로 인한 조약 체결

- 제물포 조약(1882. 7) : 일본과 제물포 조약을 체결하여 배상금을 지불하고 군란 주동자의 처벌을 약속, 일본 공사관의 경비병 주둔을 인정 → 일본군의 주둔 허용
- 조·청 상민 수륙 무역 장정(1882. 8) : 청의 속국 인정, 치외법권, 서울과 양화진 개방, 내지 통상권, 연안 무역·어업권, 청 군함 항행권 등 → 청 상인의 통상 특권이 넓게 허용되어 조선 상인들의 피해 증가

35. 근대 학교

암기박사 고종 : 교육 입국 조서 반포 ⇒ 한성 사범 학교 설립

정답 ⑤

정답 해설

갑오개혁 이후 고종의 교육 입국 조서 발표에 따라 교원 양성을 위한 한성 사범 학교가 설립되었다(1895).

오답 해설

(가) **육영 공원(1886) → 최초의 근대식 관립 학교**
정부가 보빙사 민영익의 건의로 설립한 최초의 근대식 관립 학교로, 길모어·헐버트 등 미국인 교사를 초빙하여 상류층의 자제들에게 근대 학문을 교육하였다.

(나) **원산 학사(1883) → 최초의 근대적 사립학교**
함경도 덕원부사 정현석과 주민들이 개화파 인물들의 권유로 설립한 최초의 근대적 사립학교로, 외국어·자연 과학 등 근대 학문과 무술을 가르쳤다.

(다) **배재 학당(1885) → 선교 목적으로 설립**
미국의 개신교 선교사 아펜젤러가 선교를 목적으로 한양에 세운 학교로, 신학문 보급에 기여하였다.

(라) **대성 학교(1907) → 신민회의 민족 교육 기관**
신민회에서 민족 교육을 실시하기 위해 대성 학교를 설립하였다.

36. 독립 협회의 활동

암기박사 만민 공동회 : 러시아의 절영도 조차 요구 규탄 ⇒ 독립 협회

정답 ⑤

정답 해설

서재필을 중심으로 창립된 독립 협회는 러시아가 저탄소 설치를 위해 절영도의 조차를 요구하자 만민 공동회를 개최하여 러시아의 요구를 규탄하였다. → 지금의 부산 영도

오답 해설

① **황무지 개간권 반대 운동 → 보안회**
보안회는 일제의 황무지 개간권 요구에 대한 지속적인 반대 운동을 벌여 토지 약탈 음모를 분쇄하였다.

② **고종의 강제 퇴위 반대 운동 → 대한 자강회**
일제가 고종을 강제 퇴위시키고 순종을 즉위시킨 후 한·일 신협약(정

76

미 7조약)을 체결하자 대한 자강회는 고종의 강제 퇴위 반대 운동을 전개하였다.

③ 신흥 무관 학교의 설립 → 신민회

신민회는 서간도 삼원보의 경학사에 독립군을 양성하기 위해 군사 교육 기관인 신흥 강습소를 설립하였고 이후 신흥 무관 학교로 발전하였다.

④ 정우회 선언 → 신간회

사회주의 세력이 정우회 선언을 발표함으로써 민족주의 계열인 조선 민흥회와 연합하여 민족 유일당인 신간회를 결성하였다.

핵심노트 ▶ 독립 협회의 활동

- 이권 수호 운동 : 러시아의 절영도 조차 요구 규탄, 한 · 러 은행 폐쇄
- 독립 기념물의 건립 : 자주 독립의 상징인 독립문을 세우고, 모화관을 독립관으로 개수
- 민중의 계도 : 강연회 · 토론회 개최, 독립신문의 발간 등을 통해 근대적 지식과 국권 · 민권 사상을 고취
- 만민 공동회 개최 : 우리나라 최초의 근대적 민중 대회
- 관민 공동회 개최 : 만민 공동회의 규탄을 받던 보수 정부가 무너지고 개혁파 박정양이 정권을 장악하자, 정부 관료와 각계각층의 시민 만여 명이 참여하여 개최
- 의회 설립 추진 : 의회식 중추원 신관제를 반포하여 최초로 국회 설립 단계까지 진행 (1898. 11)
- 헌의 6조 : 헌의 6조를 결의하고 국왕의 재가를 받음

37. 의열단의 독립 운동

암기박사 신채호 : 조선 혁명 선언 ⇒ 의열단

정답 ①

정답 해설

제시된 사료는 의열단의 단원인 김익상이 조선 총독부에 폭탄을 투척한 사건이다. 김원봉이 만주 길림성에서 조직한 의열단은 신채호의 조선 혁명 선언을 활동 지침으로 하여 무장 투쟁과 민중의 직접 혁명을 통한 독립 쟁취를 주장하였다.

오답 해설

② 임병찬 : 고종의 밀지 → 독립 의군부

임병찬이 고종의 밀지를 받아 조직한 독립 의군부는 고종의 복위 및 대한 제국의 재건을 목표로 활동한 복벽주의 단체이다.

③ 안창호 : 재미 한인 중심 → 흥사단

신민회에서 활동한 안창호는 미국 샌프란시스코로 건너가 재미 한인을 중심으로 한 민족 운동 단체인 흥사단을 조직하였다.

④ 김규식 : 독립 청원서 제출 → 신한 청년당

신한 청년당은 파리 강화 회의에 김규식을 대표로 파견하여 독립 청원서를 제출하였다.

⑤ 노백린 : 한인 비행 학교 설립 → 대한민국 임시 정부

대한민국 임시 정부의 군무총장을 지낸 독립운동가 노백린 장군은 미국 캘리포니아주에 독립군 비행사 육성을 위해 한인 비행 학교를 세웠다.

핵심노트 ▶ 의열단의 독립 운동

- 박재혁의 부산 경찰서 폭탄 투척(1920)
- 김익상의 조선 총독부 폭탄 투척(1921)
- 김상옥의 종로 경찰서 폭탄 투척(1923)
- 김지섭의 일본 황궁 침입 시도(1923)
- 나석주의 동양 척식 주식회사 폭탄 투척(1926)

38. 국민 대표 회의의 개최

암기박사 국민 대표 회의 개최(1923) ⇒ 창조파와 개조파의 대립

정답 ②

정답 해설

임시 정부의 대통령인 이승만의 위임 통치 청원이 알려지면서 신채호, 박용만 등 외교 중심 노선에 비판적인 인사들의 요구로 상하이에서 국민 대표 회의가 소집되었으나 창조파와 개조파의 대립으로 분열되었다.

핵심노트 ▶ 창조파와 개조파의 대립

구분	주장	인물
창조파	• 임시정부 해체, 신정부 수립 • 무력 항쟁 강조	신채호, 박용만
개조파	• 임시정부의 개혁과 존속 주장 • 실력 양성, 자치 운동, 외교 활동 강조	안창호, 이동휘
현상 유지파	• 임시정부를 그대로 유지 • 국민 대표 회의에 불참	이동녕, 김구

39. 소년 운동

암기박사 김기전, 방정환 등이 주도 ⇒ 소년 운동

정답 ②

정답 해설

제시된 어린이날 기념 선전문은 천도교 세력이 중심이 되어 추진한 소년 운동이다. 김기전, 방정환 등은 천도교 소년회를 조직한 후 '어린이'라는 말을 만들고 어린이날을 제정하였으며 최초의 순수 아동 잡지인 〈어린이〉를 발행하였다. 또한 전국적인 조직체로서 조선 소년 연합회를 조직하여 체계적인 소년 운동을 전개하였다.

오답 해설

① 잡지 근우 발간 → 근우회

근우회는 여성 노동자의 권익 옹호와 생활 개선을 위해 김활란 등을 중심으로 한 여성계의 민족 유일당 조직으로 잡지 근우를 발간하였다.

③ 발명 학회와 과학 문명 보급회 창립 → 김용관

한국 최초로 과학의 날을 만든 김용관은 과학의 생활화와 공업지식의 보급을 위해 발명 학회와 과학 문명 보급회를 창립하였다.

④ 가갸날 제정, 〈한글〉 발행 → 조선어 연구회

조선어 연구회는 3 · 1 운동 이후 이윤재 · 최현배 등이 국문 연구소의 전통을 이어 조직한 단체로, 가갸날을 제정하고 기관지인 〈한글〉을 발행하였다.

⑤ 대성 학교, 오산 학교 설립 → 신민회

신민회는 국권 회복과 공화정체의 국민 국가 건설을 목적으로 안창호와 양기탁이 중심이 되어 조직된 비밀 결사 단체로, 대성 학교와 오산 학교를 설립하여 민족 교육을 실시하였다.

40. 김원봉의 독립 운동 단체

정답 ⑤

암기박사 의열단, 조선 민족 혁명당, 조선 의용대 ⇒ 김원봉

정답 해설

김원봉은 신채호의 조선 혁명 선언을 행동 강령으로 하여 만주 길림성에서 의열단을 조직하였고(1919), 이후 황포 군관 학교에 입학하여 군사 훈련을 받았다. 또한 조선 민족 혁명당을 결성하여(1935) 여러 독립 운동 세력을 통합하기 위해 노력하였으며, 중국 우한에서 군사 조직인 조선 의용대를 창설하여(1938) 포로 심문, 요인 사살, 첩보 작전을 수행하였다.

오답 해설

① 일본 국왕에 폭탄 투척 → 이봉창
  한인 애국단 소속의 이봉창은 도쿄에서 일왕의 행렬에 폭탄을 투척하였다(1932).

② 명동 학교 설립 → 김약연
  김약연 등은 중국 북만주 명동촌에 민족의식 고취를 위해 명동 학교를 설립하였다(1908).

③ 조선 혁명군, 영릉가 전투 → 양세봉
  양세봉은 조선 혁명군을 이끌고 중국 의용군과 연합하여 영릉가 전투(1932)와 흥경성 전투(1933)에서 일본군에 대승을 거두었다.

④ 조선 건국 동맹 결성 → 여운형
  여운형은 일제의 패망과 광복에 대비하여 일제 타도와 민주국가 건설을 목표로 조선 건국 동맹을 결성하였다(1944).

41. 해외 이주 동포들의 민족 운동

정답 ④

암기박사
(가) 서간도 ⇒ 경학사, 신흥 강습소 설립
(나) 북간도 ⇒ 서전서숙, 명동 학교 건립
(다) 연해주 ⇒ 해조 신문, 권업회, 대한 광복군 정부

정답 해설

북간도에는 민족 교육을 위해 이상설 등이 최초의 신문학 민족 교육기관인 서전서숙을, 김약연 등이 명동 학교를 건립하였다.

오답 해설

① 권업회 조직, 대한 광복군 정부 수립 → 연해주
  연해주에서는 해조 신문이 창간되었고, 자치 조직인 권업회를 조직하고 대한 광복군 정부를 수립하여 독립 운동을 전개하였다.

② 대조선 국민 군단 조직 → 하와이
  하와이에서는 독립군 사관을 양성할 목적으로 박용만이 대조선 국민 군단을 조직하여 군사 훈련을 하였다.

③ 경학사 결성 → 서간도
  신민회는 서간도의 삼원보에 한인 자치 기구인 경학사를 결성하였다.

⑤ 신흥 강습소 설립 → 서간도
  신민회는 서간도 삼원보의 경학사에 독립군을 양성하기 위해 군사 교육 기관인 신흥 강습소를 설립하였고 이후 신흥 무관 학교로 발전하였다.

42. 대종교의 독립 활동

정답 ④

암기박사 단군 숭배 사상 전파, 중광단 조직 ⇒ 대종교

정답 해설

대종교의 3종사(宗師)인 나철, 김교헌, 서일은 단군 숭배 사상을 전파하여 민족 의식을 고취하였으며 천도교와 더불어 양대 민족 종교를 형성하였다. 대종교의 지도자들은 항일 무장 단체인 중광단을 조직하였고, 3·1 운동 직후 북로 군정서로 개편하여 청산리 대첩에 참여하였다.

오답 해설

① 만세보 → 천도교 기관지 : 오세창
  만세보는 천도교의 후원을 받아 오세창이 창간한 천도교 기관지로, 사회진보주의를 제창하고 일진회의 〈국민신보〉에 대항하였으며 이인직의 〈혈의 누〉를 연재하였다.

② 배재 학당 설립 → 개신교
  미국의 개신교 선교사 아펜젤러가 선교를 목적으로 한양에 세운 학교로 신학문 보급에 기여하였다.

③ 소년 운동 : 〈어린이〉 발간 → 천도교
  천도교 소년회는 '어린이'라는 말을 만들고 어린이날을 제정하였으며, 최초의 순수 아동 잡지인 〈어린이〉를 발간하여 소년 운동을 주도하였다.

⑤ 의민단 조직 → 천주교
  만주에서 항일 운동 단체인 의민단을 조직하여 독립 전쟁을 전개하였다.

43. 3·1 운동의 영향

정답 ④

암기박사 3·1 운동 ⇒ 대한민국 임시 정부 수립 계기

정답 해설

고종의 인산일(因山日)에 민족 대표 33인의 이름으로 독립 선언서를 발표함으로써 전개된 3·1 운동은 대한민국 임시 정부 수립의 계기가 되었다.

오답 해설

①·② 순종의 인산일 : 사회주의 세력 주도 → 6·10 만세 운동
  6·10 만세 운동은 순종의 인산일을 기회로 삼아 사회주의 세력의 주도 아래 계획되었고, 이 운동을 계기로 국내에서 민족 유일당 운동이 전개되었다(1926).

③ 조선 형평사 → 형평 운동
  백정에 대한 사회적 차별 철폐를 위한 형평 운동이 이학찬의 조선 형평사를 중심으로 전국으로 확산되었다(1923).

⑤ 3·1 운동 이전 → 대한 광복회
  박상진이 주도한 대한 광복회는 풍기의 대한광복단과 대구의 조선 국권 회복단의 일부 인사가 모여 군대식으로 조직·결성된 단체로 3·1 운동 이전에 조직되었다(1915).

78

44. 문화 통치기의 일제 정책

정답 ③

🔖 **암기박사** 산미 증식 계획 ⇒ 문화 통치기

정답 해설

제시된 사료의 사이토 마코토는 3·1운동 이후 부임한 조선 총독으로, 3·1운동으로 인해 국제 여론이 악화되자 통치 방식을 무단 통치에서 문화 통치로 바꾸고 지방 자치, 교육 제도 개정, 일본인과 조선인 사이의 차별 대우 철폐를 발표하였다. 그러나 이 시기에 일제는 쌀 수탈을 목적으로 하는 산미 증식 계획을 실시하였다(1920).

오답 해설

① 조선 태형령 → 무단 통치기
　일제는 무단 통치기에 한국인에 한하여 태형을 통해 형벌을 가하는 조선 태형령을 공포하였다(1912).
② 국가 총동원법 → 민족 말살 통치기
　일제는 민족 말살 통치기에 국가 총동원법을 제정하여 미곡과 금속제의 전쟁 물자를 공출하고 근로, 징용, 위안부 등으로 인적 자원을 수탈하였다(1938).
④ 조선 사상범 보호 관찰령 → 민족 말살 통치기
　일제는 민족 말살 통치기에 독립운동 탄압을 위한 조선 사상범 보호 관찰령을 공포하였다(1936).
⑤ 회사령 → 무단 통치기
　일제는 무단 통치기에 회사 설립 시 총독의 허가를 받도록 하는 회사령을 제정하여 민족 기업의 설립을 방해하였다(1910).

45. 카이로 회담

정답 ②

🔖 **암기박사** 국제적으로 한국의 독립을 처음 보장 ⇒ 카이로 회담

정답 해설

카이로 회담은 미국·영국·중국의 3국 수뇌가 국제적으로 한국의 독립을 처음 보장한 회담으로, '적당한 시기에 한국을 독립시킬 것'을 최초로 결의하고 일본의 무조건 항복을 요구하였다(1943. 11).

오답 해설

①·⑤ 소련의 대일 참전 결정 → 얄타 회담
　얄타 회담은 미국·영국·소련의 3국 수뇌가 소련의 대일전 참전을 결정하고, 한반도 신탁통치를 밀약하여 한국 독립에 대해 논의하였다(1945. 2).
③·④ 일본의 무조건 항복 요구 → 포츠담 회담
　포츠담 회담은 독일 항복 후 전후 처리 문제를 협의하기 위해 미국·영국·소련이 개최하였으며, 일본의 무조건 항복과 한국 독립, 한반도 신탁통치를 재확인하였다(1945. 7).

46. 6월 민주 항쟁

정답 ④

🔖 **암기박사** 4·13 호헌 조치 ⇒ 6월 민주 항쟁

정답 해설

박종철 고문치사와 전두환 정부의 4·13 호헌 조치 발표로 호헌 철폐와 독재 타도 등의 구호를 내세운 6월 민주 항쟁이 촉발되었고, 그 결과 노태우의 6·29 민주화 선언에 따라 5년 단임의 대통령 직선제 개헌을 이끌어 냈다.

오답 해설

① 한·일 국교 정상화 → 6·3 시위
　박정희 정부 때에 한·일 회담에 따른 굴욕적인 한·일 국교 정상화에 반대하여 6·3 시위가 일어났다.
② 신군부의 계엄령 확대 → 5·18 민주화 운동
　전두환·노태우 등의 신군부 세력이 쿠데타를 일으켜 권력을 장악하고 비상 계엄 확대와 무력 진압이 발생하자 이에 저항하여 5·18 민주화 운동이 전개되었다.
③ 3·15 부정 선거 → 4·19 혁명
　이승만 정권의 장기 독재와 자유당 정권의 3·15 부정선거로 4·19 혁명이 발발하였고 그 결과 이승만 대통령이 하야하였다.
⑤ 긴급 조치 철폐 → 3·1 민주 구국 선언
　박정희 정부의 유신 체제에 항거하여 긴급 조치 철폐 등을 주장하며 재야 정치인들과 가톨릭 신부, 개신교 목사, 대학 교수 등이 3·1 민주 구국 선언문을 발표하였다.

🖐️ **핵심노트** ▶ 4·19 혁명과 6월 민주 항쟁 비교

	4·19 혁명	6월 민주 항쟁
원인	3·15 부정 선거	4·13 호헌 조치
전개 과정	김주열 사망 → 전국적 시위 → 계엄령 발동	박종철·이한열 사망 → 전국적 시위 · 계엄령 발동 안 함
결과	• 내각 책임제 • 정권 교체(장면 내각)	• 대통령 직선제 • 정권 교체 실패(노태우 정부)

47. 이승만 정부 시기의 경제 상황

정답 ③

🔖 **암기박사** 삼백 산업 성장 ⇒ 이승만 정부

정답 해설

제시문은 이승만 정부 때에 제헌 국회에서 일제 잔재를 청산하기 위해 제정한 반민족 행위 처벌법의 내용이다. 이승만 정부 때에는 1950년대 후반부터 미국의 원조 물자를 토대로 제분·제당·면방직의 삼백 산업이 성장하였다.

오답 해설

① 경부 고속 국도 개통 → 박정희 정부
　박정희 정부 때에 서울과 부산을 연결하는 경부 고속 국도를 개통하였다.
② 경제 협력 개발 기구(OECD) 가입 → 김영삼 정부

김영삼 정부 때에 선진국 진입의 관문인 경제 협력 개발 기구(OECD)에 29번째 회원국으로 가입하였다.

④ **3저 호황, 수출 증가 → 전두환 정부**
전두환 정부 때에 유가 하락, 달러 가치 하락, 금리 하락의 3저 호황으로 물가가 안정되고 수출이 증가하였다.

⑤ **금융 실명제 실시 → 김영삼 정부**
김영삼 정부 때에 부정부패 척결을 위해 대통령의 긴급 명령으로 금융 실명제와 공직자 재산 등록제를 실시하였다.

48. 사사오입 개헌

암기박사 이승만(자유당) : 사사오입 개헌(제2차 개헌, 1954) ⇒ 초대 대통령에 한해 중임 제한 철폐

정답 ⑤

정답 해설

자유당의 이승만 정부는 권력을 계속 장악하기 위해 초대 대통령에 한해 중임 제한 규정을 철폐하는 개헌안을 제출하였으나, 1표 부족으로 부결되자 사사오입의 논리로 개헌안을 불법 통과시켰다.

오답 해설

① **7년 단임제 → 제5공화국(제8차 개헌, 1980)**
전두환·노태우의 신군부 세력은 선거인단에서 대통령을 선출하고, 임기를 7년 단임제로 하는 8차 개헌을 단행하였다.

② **내각 책임제와 양원제 국회 → 허정 과도 내각(제3차 개헌, 1960)**
4·19 혁명 후의 혼란 수습을 위해 허정 과도 내각이 출범되고, 내각 책임제를 기본으로 하여 민의원과 참의원의 양원제 국회로 헌법을 개정하였다.

③ **통일 주체 국민 회의에서 대통령 선출 → 유신 헌법(제7차 개헌, 1972)**
박정희 정부 때 유신 헌법에 따라 중임 제한을 철폐하고 통일 주체 국민회의에서 대통령(임기 6년)을 선출하였다. 긴급조치권, 국회 해산권, 국회의원의 1/3 임명권 등 대통령 권한이 극대화 되었다.

④ **5년 단임의 대통령 직선제 → 제6공화국(제9차 개헌, 1988)**
6월 민주항쟁(1987)의 결과 정부 여당의 6·29 민주화 선언(노태우)에 따라 5년 단임의 대통령 직선제 개헌이 이루어졌다.

49. 독도와 관련된 역사적 사실

암기박사 울릉도의 독도 관할 ⇒ 대한 제국 칙령 제41호

정답 ②

정답 해설

대한 제국은 "독도의 두 섬인 죽도, 석도를 울릉군에서 관리한다."는 칙령 제41호를 통해 울릉도를 군으로 승격시키고 독도를 관할하게 하였다. 그러나 러·일 전쟁 중에 일본은 독도를 무주지(無主地)라고 하여 시네마현에 불법적으로 편입시켰다.

오답 해설

① **병인양요 : 프랑스 → 강화도**
프랑스는 병인박해 때의 프랑스 신부 처형을 구실로 강화도를 공격하여 병인양요가 발발하였으나, 양헌수 부대의 항전으로 정족산성에서 프랑스 군을 격퇴하였다.

③ **저탄소 설치 : 러시아 → 절영도**
러시아가 저탄소 설치를 위해 절영도의 조차를 요구하자 독립 협회는 만민 공동회를 개최하여 러시아의 요구를 저지하였다(1898).

④ **하멜 : 네덜란드 상인 → 제주도**
네덜란드 상인인 하멜 일행이 표류하여 제주도에 도착한 후 우리나라에 서양 문물을 전파하였다.

⑤ **정약전 : 자산어보 → 흑산도**
정약전은 흑산도 귀양 중 근해의 해산물 등을 직접 채집·조사하여 155종의 해산물에 대한 명칭·분포·형태·습성 등을 기록한 자산어보(玆山魚譜)를 저술하였다.

50. 노태우 정부의 통일 정책

암기박사 남북 기본 합의서 교환 ⇒ 노태우 정부

정답 ①

정답 해설

노태우 정부 때에는 냉전 체제가 붕괴되면서 사회주의 국가인 헝가리, 중국 등과 수교를 하였고, 제46차 UN 총회에서 개별 회원국으로 남북한이 동시에 유엔에 가입하였다. 또한 상호 화해와 불가침, 교류 및 협력 확대 등을 규정한 남북한 간 최초의 공식 합의서인 남북 기본 합의서를 교환하였다.

오답 해설

② **7·4 남북 공동 성명 발표 → 박정희 정부**
박정희 정부 때에 7·4 남북 공동 성명을 발표하여 '자주·평화·민족 대단결'의 민족 통일 3대 원칙을 제시하였다.

③ **10·4 남북 공동 선언 채택 → 노무현 정부**
노무현 정부 때에 제2차 남북 정상회담이 개최된 후 10·4 남북 공동 선언문이 채택되어 기본 8개 조항에 합의하고 공동으로 서명하였다.

④ **금강산 해로 관광 사업 → 김대중 정부**
김대중 정부 때에는 평양에서 최초로 남북 정상회담이 개최되었고, 남북 교류 협력이 확대되면서 금강산 해로 관광 사업이 시작되었다.

⑤ **최초의 이산가족 고향 방문 → 전두환 정부**
전두환 정부 때에는 최초로 이산가족의 고향 방문이 성사되어 평양에서 이산가족 고향 방문과 예술 공연단 교환을 실현하였다.

핵심노트 ▶ 노태우 정부의 통일 정책

- 7·7선언(1988) : 북한을 적대의 대상이 아니라 상호 신뢰·화해·협력을 바탕으로 공동 번영을 추구하는 민족 공동체 일원으로 인식
- 한민족 공동체 통일 방안(1989) : 자주·평화·민주의 원칙 아래 제시
- 남북 고위급 회담, 남북한 유엔 동시 가입(1991) : 제46차 유엔 총회에서 남북한이 각각 별개의 의석을 가진 회원국으로 유엔에 가입
- 남북 기본 합의서 채택(1991. 12)·발효(1992) : 상호 화해와 불가침, 교류 및 협력 확대 등을 규정
- 한반도 비핵화 공동 선언 채택(1991. 12)·발효(1992) : 핵무기의 보유나 사용금지 등을 규정

2026

한국사능력검정시험
실전모의고사

심화

제1회

제1회 한국사능력검정시험 문제지

1. 밑줄 그은 '이 시대'의 생활 모습으로 옳은 것은? [1점]

내 손 안의 해설사

해설
연천 전곡리에서 출토된 이 주먹도끼는 찍개, 찌르개와 함께 이 시대를 대표하는 유물입니다. 양면을 가공한 날카로운 날이 특징으로, 동아시아에는 찍개 문화만 존재하였다는 기존 학설을 뒤집는 증거가 되었습니다.

① 주로 동굴이나 바위 그늘에서 살았다.
② 청동 방울 등을 의례 도구로 사용하였다.
③ 따비와 괭이로 땅을 갈아 농사를 지었다.
④ 거푸집을 이용하여 세형동검을 제작하였다.
⑤ 빗살무늬 토기를 만들어 식량을 저장하였다.

2. (가) 나라에 대한 설명으로 옳은 것은? [2점]

> 아들을 거쳐 손자 우거 때 이르러서는 …… 주변의 여러 나라들이 글을 올려 천자를 알현하고자 하였으나, 또한 가로막고 통하지 못하게 하였다. …… 좌장군이 두 군대를 합하여 맹렬히 (가) 을/를 공격하였다. 상 노인, 상 한음, 니계상 참, 장군 왕협 등이 서로 [항복을] 모의하였다. …… [우거]왕이 항복하려 하지 않았다. 한음, 왕협, 노인이 모두 도망하여 한에 항복하였는데, 노인은 도중에 죽었다.
> - 『사기』 -

① 국가 중대사를 정사암에서 논의하였다.
② 마립간이라는 왕의 칭호를 사용하였다.
③ 여러 가(加)들이 다스리는 사출도가 있었다.
④ 빈민을 구제하기 위해 진대법을 시행하였다.
⑤ 사회 질서를 유지하기 위해 범금 8조를 두었다.

3. (가), (나) 나라에 대한 설명으로 옳은 것은? [2점]

> (가) 귀신을 믿기 때문에 국읍마다 한 사람을 세워 천신의 제사를 주관하게 하니 천군이라고 하였다. 또 나라마다 별읍이 있으니 소도라 하였다. 그곳에서는 큰 나무를 세우고 방울과 북을 매달아 놓고 귀신을 섬겼다. 그 안으로 도망쳐 온 사람들은 모두 돌려보내지 않았다.
> - 『삼국지』 동이전 -
>
> (나) 장사를 지낼 때 큰 나무 곽을 만드는데, 길이가 10여 장이나 되며 한쪽을 열어 놓아 문을 만들었다. 사람이 죽으면 모두 가매장을 해서 …… 뼈만 추려 곽 속에 안치하였다. 온 집 식구를 모두 하나의 곽 속에 넣어 두는데, 죽은 사람의 숫자대로 나무를 깎아 생전의 모습과 같이 만들었다.
> - 『삼국지』 동이전 -

① (가) - 10월에 동맹이라는 제천 행사를 열었다.
② (가) - 여러 가(加)들이 별도로 사출도를 다스렸다.
③ (나) - 읍락 간의 경계를 중시하는 책화가 있었다.
④ (나) - 혼인 풍습으로 매매혼인 민며느리제가 있었다.
⑤ (가), (나) - 철이 많이 생산되어 낙랑, 왜 등에 수출하였다.

4. (가) 국가의 경제 상황으로 옳지 <u>않은</u> 것은? [2점]

역사 탐구 동아리 과제

일본 도다이사 쇼소인에서 발견된 (가) 촌락 문서의 사진입니다. 이 문서에 대해 조사한 내용을 올려주세요.

↳ 학생 1 조세 수취와 노동력 동원에 활용할 목적으로 작성되었어요. ♥2
↳ 학생 2 서원경 부근 4개 촌락의 인구 현황, 토지의 종류와 면적 등의 정보가 있어요. ♥2
↳ 학생 3 소, 말, 뽕나무, 잣나무 등의 수도 기록되어 있어요. ♥1

① 수도에 서시와 남시를 설치하였다.
② 서적점, 다점 등의 관영 상점을 운영하였다.
③ 청해진을 중심으로 해상 무역이 번성하였다.
④ 신라방을 형성하여 중국과 활발히 교역하였다.
⑤ 울산항을 통해 아라비아 상인들과 교류하였다.

한국사능력검정시험

5. (가), (나) 사이의 시기에 있었던 사실로 옳은 것은? [3점]

> (가) 고구려 왕이 "마목현과 죽령은 본래 우리나라 땅이니 만약 이를 돌려주지 않는다면 돌아가지 못하리라."라고 말하였다. 김춘추가 "국가의 영토는 신하가 마음대로 할 수 있는 것이 아니므로 신은 감히 명령을 따를 수 없습니다."라고 대답하니, 왕이 분노하여 그를 가두었다.
>
> (나) 김유신 등이 황산 벌판으로 진군하자 백제의 장군 계백이 군사를 거느리고 먼저 험한 곳을 차지하여 세 군데에 진영을 설치하고 기다렸다. 김유신 등은 군사를 세 길로 나누어 네 번을 싸웠으나 전세는 불리하고 병사들은 힘이 다하였다.

① 안승이 보덕국의 왕으로 임명되었다.
② 신라가 당과 군사 동맹을 체결하였다.
③ 을지문덕이 살수에서 대승을 거두었다.
④ 신라군이 기벌포에서 적군을 격파하였다.
⑤ 복신과 도침이 부여풍을 왕으로 추대하였다.

6. 다음 자료의 상황이 나타난 시기를 연표에서 옳게 고른 것은? [2점]

> 검모잠이 남은 백성들을 거두어 신라로 향하였다. 안승을 맞아 들여 임금으로 삼았다. 다식(多式) 등을 신라로 보내어 고하기를, "지금 신 등이 나라의 귀족 안승을 받들어 임금으로 삼았습니다. 원컨대 변방을 지키는 울타리가 되어 영원토록 충성을 다하고자 합니다."라고 하였다. 신라 왕은 그들을 금마저에 정착하게 하였다.

① (가)   ② (나)
③ (다)   ④ (라)
⑤ (마)

7. (가) 시기에 있었던 사실로 옳은 것은? [2점]

① 왕의 장인인 김흠돌의 난을 일으켰다.
② 원종과 애노가 사벌주에서 봉기하였다.
③ 거칠부가 왕명에 의해 국사를 편찬하였다.
④ 김춘추가 진골 출신 최초로 왕위에 올랐다.
⑤ 자장의 건의로 황룡사 9층 목탑이 건립되었다.

8. (가) 국가에 대한 설명으로 옳은 것은? [1점]

① 평양을 서경으로 삼아 중시하였다.
② 주자감을 설치하여 인재를 양성하였다.
③ 건원이라는 독자적 연호를 사용하였다.
④ 내신 좌평 등 6좌평의 관제를 정비하였다.
⑤ 지방관 감찰을 위해 외사정을 파견하였다.

9. (가) 인물에 대한 설명으로 옳은 것은? [2점]

> (가) 은/는 상주 가은현 사람이다. …… [왕의] 총애를 받던 측근들이 정권을 마음대로 휘둘러 기강이 문란해졌다. 기근까지 겹쳐 백성들이 떠돌아다니고, 여러 도적들이 봉기하였다. 이에 (가) 이/가 몰래 [왕위를] 넘겨다보는 마음을 갖고 …… 드디어 무진주를 습격하여 스스로 왕이 되었으나, 아직 감히 공공연하게 왕을 칭하지는 못하였다. …… 서쪽으로 순행하여 완산주에 이르니 그 백성들이 환영하였다.
> – 『삼국사기』 –

① 후당, 오월에 사신을 보냈다.
② 인안이라는 독자적은 연호를 사용하였다.
③ 청해진을 설치하여 해상 무역을 전개하였다.
④ 마진이라는 국호와 무태라는 연호를 사용하였다.
⑤ 정계와 계백료서를 지어 관리의 규범을 제시하였다.

10. (가)에 해당하는 문화유산으로 옳은 것은? [2점]

 ①   ②   ③

 ④   ⑤

11. 다음 장면에 등장하는 왕에 대한 설명으로 옳은 것은? [2점]

① 광덕, 준풍 등의 독자적 연호를 사용하였다.
② 신돈을 중심으로 전민변정 사업을 추진하였다.
③ 청연각과 보문각을 두어 학문 연구를 장려하였다.
④ 정계와 계백료서를 지어 관리의 규범을 제시하였다.
⑤ 최승로의 시무 28조를 받아들여 통치 체제를 정비하였다.

12. (가)에 대한 고려의 대응으로 옳은 것은? [1점]

① 화통도감을 두어 화포를 제작하였다.
② 박위를 파견하여 근거지를 토벌하였다.
③ 연개소문을 보내어 천리장성을 축조하였다.
④ 대장도감을 설치하여 팔만대장경을 간행하였다.
⑤ 신기군, 신보군, 항마군 등으로 구성된 별무반을 조직하였다.

13. (가)~(마)에 들어갈 내용으로 옳은 것은? [3점]

```
한국사 탐구 보고서

■ 주제: 인물로 보는 무신 정권
■ 방법: 문헌 조사, 인터넷 검색 등
■ 조사 내용
```

인물	내 용
정중부	(가)
경대승	(나)
이의민	(다)
최충헌	(라)
최우	(마)

① (가) - 야별초를 좌·우별초로 나누어 편성하였다.
② (나) - 조위총의 난을 진압하여 상장군이 되었다.
③ (다) - 보현원에서 이의방 등과 정변을 일으켰다.
④ (라) - 봉사 10조를 올려 시정 개혁을 요구하였다.
⑤ (마) - 신변 보호를 위해 사병 집단인 도방을 설치하였다.

14. 다음 사건 이전에 일어난 사실로 옳은 것은? [2점]

> 만적 등 6명이 북산에서 땔나무를 하다가, 공사(公私)의 노복들을 불러 모아 모의하며 말하기를, "국가에서 경인년과 계사년 이래로 높은 관직도 천예(賤隸)에서 많이 나왔으니, 장상(將相)에 어찌 씨가 있겠는가? 때가 되면 (누구나) 차지할 수 있는 것이다. 우리들이라고 어찌 뼈 빠지게 일만 하면서 채찍 아래에서 고통만 당하겠는가?"라고 하였다. 여러 노(奴)들이 모두 그렇다고 하였다. …… 가노(家奴) 순정이 한충유에게 변란을 고하자 한충유가 최충헌에게 알렸다. 마침내 만적 등 100여 명을 체포하여 강에 던졌다.

① 사신 저고여가 귀국길에 피살되었다.
② 화통도감이 설치되어 화포를 제작하였다.
③ 정중부가 반란을 일으켜 권력을 차지하였다.
④ 최우가 정방을 설치하여 인사권을 장악하였다.
⑤ 유인우, 이인임 등이 쌍성총관부를 수복하였다.

15. 다음 자료에 나타난 시기의 경제 상황으로 옳은 것은? [1점]

> ○ 주전도감에서 아뢰기를, "백성들이 비로소 동전 사용의 이로움을 알아 편리하게 여기고 있습니다."라고 하였다. 또한 이 해에 은병을 화폐로 삼았다. 은 1근으로 만들되 우리나라 지형을 본떠 만들었으며 속칭 활구라 하였다.
>
> ○ 저포, 은병으로 가치를 표준하여 교역하고 작은 일용품은 쌀로 가격을 계산하여 거래한다. 백성들은 그런 풍속에 익숙하여 편하게 여긴다.

① 모내기법이 전국적으로 확산되었다.
② 초량 왜관을 통해 일본과 무역하였다.
③ 독점적 도매 상인인 도고가 활동하였다.
④ 감자, 고구마 등의 작물이 널리 재배되었다.
⑤ 경시서의 관리들이 수도의 시전을 감독하였다.

16. 다음 가상 뉴스 이전에 있었던 사실로 옳은 것은? [2점]

세자 시절 원의 황녀와 혼인하신 국왕께서는 오늘 고려로 들어오시는 황녀를 맞이하기 위해 서북면에 행차하셨습니다. 이 자리에서 신하들이 본인처럼 변발을 하지 않은 점을 크게 질책하셨습니다.

원의 황녀, 겁령구들과 입국하다

① 권문세족이 도평의사사를 장악하였다.
② 일본 원정을 위해 정동행성이 설치되었다.
③ 매를 기르고 훈련시키는 응방이 설치되었다.
④ 지배층을 중심으로 변발과 호복이 유행하였다.
⑤ 망이·망소이가 가혹한 수탈에 저항하여 봉기하였다.

17. (가), (나) 사이의 시기에 있었던 사실로 옳은 것은? [3점]

> (가) 다루가치가 왕을 비난하면서 말하기를, "선지(宣旨)라 칭하고, 짐(朕)이라 칭하고, 사(赦)라 칭하니 어찌 이렇게 참람합니까?"라고 하였다. …… 이에 선지를 왕지(王旨)로, 짐을 고(孤)로, 사를 유(宥)로, 주(奏)를 정(呈)으로 고쳤다.
>
> (나) 왕이 시해당하자 태후가 종실에서 [후사를] 골라 세우고자 하니, 시중 이인임이 백관을 거느리고 우왕을 세웠다.
> — 『고려사』 —

① 정동행성이문소를 폐지하였다.
② 경기 지역에 한하여 과전법이 실시되었다.
③ 김윤후가 처인성에서 살리타를 사살하였다.
④ 정중부 등이 정변을 일으켜 권력을 장악하였다.
⑤ 이성계가 요동 정벌에 반대해 위화도에서 회군하였다.

18. 밑줄 그은 '왕'의 재위 시기에 있었던 사실로 옳은 것은? [2점]

① 폭탄의 일종인 비격진천뢰가 만들어졌다.
② 개량된 금속 활자인 갑인자가 주조되었다.
③ 기기도설을 참고하여 거중기가 설계되었다.
④ 100리 척을 사용한 동국지도가 제작되었다.
⑤ 사상 의학을 정립한 동의수세보원이 편찬되었다.

19. 밑줄 그은 '이곳'의 역사적 사실로 옳은 것은? [2점]

① 동학 농민군이 정부와 화해하는 약조를 맺었다.
② 나석주가 조선 식산 은행에 폭탄을 투척하였다.
③ 만적을 비롯한 노비들이 신분 해방을 도모하였다.
④ 만상이 근거지로 삼아 청과의 무역을 전개하였다.
⑤ 임진왜란 중 부사 송상현과 첨사 정발이 순절하였다.

20. (가) 인물에 대한 설명으로 옳은 것은? [2점]

① 양명학을 연구하여 강화 학파를 형성하였다.
② 명에 대한 의리를 내세워 기축봉사를 올렸다.
③ 예안 향약을 시행하여 향촌 교화를 위해 노력하였다.
④ 다양한 개혁 방안을 제시한 동호문답을 저술하였다.
⑤ 재상 중심의 정치를 강조한 조선경국전을 편찬하였다.

21. (가), (나) 기구에 대한 설명으로 옳은 것은? [2점]

> 교활한 아전이 여러 가지로 폐단을 일으키는 것은 수령이 듣고 보는 것으로서 다 감찰할 수가 없습니다. 그러나 중앙의 (가) 과/와 지방의 (나) 이/가 서로 들은 대로 규찰하여 교활한 아전을 억제시키고 향촌의 풍속을 유지시킨다면 풍속을 좋은 방향으로 개선하는 데 도움이 될 것입니다.
> — 『성종실록』 —

① (가) - 연고지의 유향소를 통제하였다.
② (가) - 좌수와 별감을 선발하여 운영되었다.
③ (나) - 5품 이하의 관원에 대한 서경권을 가졌다.
④ (나) - 조광조를 비롯한 사림의 건의로 혁파되었다.
⑤ (가), (나) - 중앙에서 교관인 교수나 훈도가 파견되었다.

23. 밑줄 그은 '이 전투' 이후의 사실이 아닌 것은? [3점]

이 자료는 임진왜란에서 공을 세운 김시민을 선무 2등 공신으로 책봉한 교서입니다. 그는 이 전투에서 대승을 거두어 왜군의 보급로를 끊었으며 전라도의 곡창 지대를 지키는 데 기여하였습니다.

① 이순신이 명량에서 대승을 거두었어.
② 조명 연합군이 평양성을 탈환하였어.
③ 권율이 행주산성에서 크게 승리하였어.
④ 조헌이 금산에서 의병을 이끌고 활약하였어.
⑤ 이순신이 노량 앞바다에서 적의 유탄에 전사하였어.

22. (가) 시기에 있었던 사실로 옳은 것은? [3점]

① 권율이 행주산성에서 적군을 격퇴하였다.
② 조총 부대가 파견되어 러시아 군대와 교전하였다.
③ 소현 세자와 봉림 대군 등이 청에 인질로 끌려갔다.
④ 후금의 침입에 대비하여 이괄이 평안도에 주둔하였다.
⑤ 포수, 살수, 사수의 삼수병으로 구성된 훈련도감이 설치되었다.

24. (가) 인물에 대한 설명으로 옳은 것은? [2점]

> 서울에 있는 간사한 무리가 경주인(京主人)이라고 하며 각 도의 공물을 방납하면서 그 값을 두 배에서 수십 배까지 징수하였다. …… 영의정 (가) 이/가 대동법을 충청도에서 먼저 시험할 것을 청하였다. 왕이 여러 차례 신하들에게 의견을 물었으나 서로 엇갈렸다. 이때에 왕이 다시 김육 등 여러 신하들을 불러 그것이 편리한지 여부에 대한 의견들을 듣고 비로소 호서(湖西)에 먼저 행하기로 정하였다.

① 기대승과 사단칠정 논쟁을 전개하였다.
② 북한산비가 진흥왕 순수비임을 고증하였다.
③ 양명학을 연구하여 강화학파를 형성하였다.
④ 청으로부터 시헌력을 도입하자고 건의하였다.
⑤ 열하일기에서 수레와 선박의 사용을 강조하였다.

25. (가)에 들어갈 내용으로 옳은 것은? [2점]

① 반정 공신의 위훈 삭제를 주장하였어.
② 청으로부터 시헌력 도입을 건의하였어.
③ 무호사화의 발단이 된 조의제문을 작성하였어.
④ 색경을 저술하여 농업 기술 발전에 이바지하였어.
⑤ 양명학을 연구하여 강화 학파 형성의 기초를 마련하였어.

26. 밑줄 그은 '전하'의 업적으로 옳지 <u>않은</u> 것은? [2점]

① 친위 부대인 장용영을 조직하였다.
② 박규수의 건의로 삼정이정청을 설치하였다.
③ 인재 양성을 위해 초계문신제를 시행하였다.
④ 서얼 출신의 학자들을 규장각 검서관에 기용하였다.
⑤ 통치 체제를 정비하기 위해 대전통편을 편찬하였다.

27. (가) 인물에 대한 설명으로 옳은 것은? [2점]

① 중국 중심의 세계관을 비판하였다.
② 남북국이라는 용어를 처음 사용하였다.
③ 북한산비가 진흥왕 순수비임을 고증하였다.
④ 서얼 출신으로 규장각 검서관에 등용되었다.
⑤ 여전론을 통해 마을 단위 토지 분배와 공동 경작을 주장하였다.

28. (가), (나) 사이의 시기에 있었던 사실로 옳은 것은? [2점]

(가) 평안 감사가 "이달 19일에 관군이 정주성을 수복하고 두목 홍경래 등을 죽이거나 사로잡았습니다."라고 임금께 보고하였다.

(나) 경상도 안핵사 박규수는 "이번 진주의 백성들이 난을 일으킨 것은 오로지 전 우병사 백낙신이 탐욕을 부려 포학스럽게 행동한 까닭에서 연유한 것이었습니다."라고 임금께 보고하였다.

① 최제우가 동학을 창시하였다.
② 왕이 도성을 떠나 공산성으로 피란하였다.
③ 오페르트가 남연군 묘 도굴을 시도하였다.
④ 교조 신원을 요구하는 삼례 집회가 개최되었다.
⑤ 이인좌를 중심으로 한 소론 세력이 난을 일으켰다.

29. 다음 가상 대화가 이루어진 왕의 재위 기간에 있었던 사실로 옳은 것은? [2점]

① 훈련 교범인 무예도보통지가 간행되었다.
② 전통 한의학을 정리한 동의보감이 저술되었다.
③ 음악 이론 등을 집대성한 악학궤범이 완성되었다.
④ 유교 윤리의 보급을 위해 삼강행실도가 편찬되었다.
⑤ 군정, 재정의 내용을 정리한 만기요람이 만들어졌다.

30. (가) 인물의 집권 시기의 모습으로 가장 적절한 것은? [2점]

○ 왕이 말하였다. "요즘에 서원마다 사무를 자손들이 주관하고 붕당을 각기 주장하니, 이로 인한 폐해가 백성들에게 미치는 경우가 많다고 한다. (가) 의 분부대로 서원을 철폐하고 신주를 땅에 묻어 버리는 등의 절차를 거행하도록 전국에 알려라."

○ (가) 에게 군국사무를 처리하라는 명이 내려지자 그는 궐내에서 거처하며 5군영의 군사 제도를 복구하고 군량을 지급하게 하였다. 그리고 난병(亂兵)들을 물러가게 하고 대사면령을 내렸다.

① 동의보감을 집필하는 의관
② 만동묘 복구를 건의하는 유생
③ 훈민정음을 연구하는 집현전 학자
④ 계해약조의 초안을 작성하는 관리
⑤ 성균관에 탕평비 건립을 명하는 국왕

31. (가) 사절단에 대한 설명으로 옳은 것은? [2점]

① 수신사라는 이름으로 보내졌다.
② 조선책략을 들여와 국내에 소개하였다.
③ 기기국에서 무기 제조 기술을 배우고 돌아왔다.
④ 개화 반대 여론을 의식하여 비밀리에 파견되었다.
⑤ 전권대신 민영익과 부대신 홍영식 등으로 구성되었다.

32. (가)~(라)에 들어갈 내용으로 옳은 것을 〈보기〉에서 고른 것은? [3점]

보 기
ㄱ. (가) – 이인직이 설립한 최초의 서양식 극장이었어요.
ㄴ. (나) – 함경도 덕원 지방의 관민들이 설립한 최초의 근대적 사립 학교였어요.
ㄷ. (다) – 알렌의 건의로 세워진 최초의 서양식 병원이었어요.
ㄹ. (라) – 서대문과 청량리 사이를 오가는 전차를 운영하였어요.

① ㄱ, ㄴ ② ㄱ, ㄷ ③ ㄴ, ㄷ
④ ㄱ, ㄷ, ㄹ ⑤ ㄴ, ㄷ, ㄹ

33. (가)에 들어갈 개혁의 내용으로 옳지 <u>않은</u> 것은? [2점]

① 지방 행정 구역을 8도에서 23부로 개편하였다.
② 청의 연호를 쓰지 않고 개국기년을 사용하였다.
③ 6조에서 8아문으로 개편하고 과거제를 폐지하였다.
④ 공사 노비법을 혁파하고 과부의 재가를 허용하였다.
⑤ 초정부적 정책 의결 기구인 군국기무처를 설치하였다.

34. 다음 사건이 전개된 이후의 사실로 옳은 것은? [2점]

> **사건 일지**
> 11월 10일 이토, 고종에게 일왕의 친서 전달
> 11월 15일 이토, 고종을 접견하고 협상 초안 제출
> 11월 16일 이토, 대한 제국 대신들에게 조약 체결 강요
> 11월 17일 일본군을 동원한 강압적 분위기 속에서 조약 체결 진행
> 11월 18일 이토, 외부인(外部印)을 탈취하여 고종의 윤허 없이 조인

① 제1차 영일 동맹이 체결되었다.
② 일본이 경인선 부설권을 인수하였다.
③ 묄렌도르프가 외교 고문으로 파견되었다.
④ 통감부가 설치되고 초대 통감이 부임하였다.
⑤ 러시아가 용암포를 점령하고 조차를 요구하였다.

35. (가) 인물에 대한 설명으로 옳은 것은? [2점]

> 전 호조 참판 (가) 아룁니다. …… 다행히 성상의 뜻이 척화에 있는 데 힘입어 기정진과 이항로가 상소를 하여 강화가 불가함을 말하자 전하께서 그 말을 받아들여 주셨습니다. 이런 연유로 10년 동안에는 양적들이 우리를 탐내었으나 감히 그 뜻을 펴지 못하였습니다. …… 옛날의 왜인들은 이웃 나라였으나 지금의 왜인들은 도적들이니, 강화할 수 없습니다. 왜인들이 양적들의 앞잡이가 되었기 때문입니다.

① 고종의 밀지를 받아 독립 의군부를 조직하였다.
② 도쿄에서 일왕이 탄 마차를 향해 폭탄을 던졌다.
③ 을사늑약이 체결되자 태인에서 의병을 일으켰다.
④ 명동 성당 앞에서 이완용을 습격하여 중상을 입혔다.
⑤ 13도 창의군을 지휘하여 서울 진공 작전을 전개하였다.

36. 다음 자료를 반포한 단체의 활동으로 옳은 것은? [2점]

> 제1조 중추원은 아래에 열거한 사항을 심사하고 의정(議定)하는 곳으로 할 것이다.
> 1. 법률, 칙령의 제정과 폐지 혹은 개정하는 것에 관한 사항
> 2. 의정부에서 토의를 거쳐 임금에게 상주(上奏)하는 일체 사항
> 제3조 의장은 대황제 폐하가 글로 칙수(勅授)하고, 부의장은 중추원에서 공천에 따라 폐하가 칙수하며, 의관은 그 절반은 정부에서 나라에 공로가 있던 사람을 회의에서 상주하여 추천하고 그 절반은 인민협회(人民協會) 중에서 27세 이상 되는 사람이 정치, 법률, 학식에 통달한 자를 투표해서 선거할 것이다.

① 일본의 황무지 개간권 요구를 저지하였다.
② 러시아의 절영도 조차 요구에 반대하였다.
③ 고종의 강제 퇴위 반대 운동을 전개하였다.
④ 계몽 서적 출판을 위해 태극 서관을 설립하였다.
⑤ 일본에게 진 빚을 갚자는 국채 보상 운동을 주도하였다.

37. 다음 조약이 체결된 이후의 사실로 옳은 것은? [3점]

> 제2조 러시아 제국 정부는 일본국이 한국에서 정치·군사·경제상의 탁월한 이익을 갖는다는 것을 인정하고 일본 제국 정부가 한국에서 필요하다고 인정하는 지도·보호·감리의 조처를 함에 있어 이를 방해하거나 간섭하지 않을 것을 약정한다.

① 이범윤을 간도 관리사로 임명하였다.
② 양전 사업을 실시하고 지계를 발급하였다.
③ 헤이그 만국 평화 회의에 특사가 파견되었다.
④ 일본의 토지 침탈을 막고자 농광 회사가 설립되었다.
⑤ 일본 군함이 관세 문제로 두모포에서 무력 시위를 벌였다.

38. (가) 단체의 활동으로 옳지 않은 것은? [1점]

이 책은 (가) 이/가 국제 연맹에 한국 독립의 당위성을 호소하기 위해 편찬한 것입니다. 여기에는 삼국 시대 이후의 한일 관계사가 기록되어 있으며, 특히 일제의 잔혹한 식민통치 방식과 3·1 운동의 전개 과정이 잘 정리되어 있습니다.

① 구미 위원부를 설치하여 외교 활동을 추진하였다.
② 한인 애국단을 조직하여 의열 투쟁을 전개하였다.
③ 이륭양행에 교통국을 설치하여 국내와 연락을 취하였다.
④ 독립운동 자금을 마련하기 위해 독립 공채를 발행하였다.
⑤ 태극 서관을 설립하여 조선 광문회에서 발간한 서적을 보급하였다.

39. (가), (나) 발표 사이의 시기에 있었던 사실로 옳은 것은? [1점]

> (가) • 조선에 총독부를 설치한다.
> • 조선 총독부에 조선 총독을 두고 위임 범위 내에서 육해군을 통솔하고 일체의 정무를 통할하도록 한다.
> • 통감부 및 그 소속 관서는 당분간 그대로 두고 조선 총독의 직무는 통감이 행하도록 한다.
>
> (나) 총독 임용의 범위를 확장하고 경찰 제도를 개정하며, 또한 일반 관리나 교원 등의 복제를 폐지함으로써 시대의 흐름에 순응하고 …… 조선인의 임용과 대우 등에 관해 더욱 고려하여 …… 정치·사회상의 대우에서도 내지인과 동일한 취급을 할 궁극의 목적을 달성하고자 하는 바이다.

① 여자 정신 근로령을 공포하였다.
② 일제에 의하여 경성 제국 대학이 설립되었다.
③ 쌀 수탈을 목적으로 산미 증식 계획을 실시하였다.
④ 조선 사상범 예방 구금령을 통해 독립운동을 탄압하였다.
⑤ 기한 내에 소유지를 신고하게 하는 토지 조사령을 제정하였다.

40. (가) 인물에 대한 설명으로 옳은 것은? [3점]

이것은 국회 의사당의 중앙홀에 있는 (가) 의 흉상입니다. 그는 국권 피탈 이후 서간도 삼원보로 건너가 경학사와 신흥 강습소 설립을 주도하였으며, 대한민국 임시 의정원의 초대 의장직을 역임하였습니다.

① 연해주에서 대한 광복군 정부를 수립하였다.
② 대한 광복회의 총사령으로 친일파를 처단하였다.
③ 중국 국민당과 협력하여 조선 의용대를 창설하였다.
④ 만주 사변 이후 대전자령 전투에서 일본군을 격퇴하였다.
⑤ 안창호, 양기탁과 함께 비밀 결사 단체인 신민회를 조직하였다.

41. 다음 강령을 발표한 단체에 대한 설명으로 옳은 것은? [2점]

행동 강령

1. 여성에 대한 사회적·법률적 일체 차별 철폐
2. 일체 봉건적 인습과 미신 타파
3. 조혼 폐지 및 결혼의 자유
4. 인신매매 및 공창 폐지
5. 농민 부인의 경제적 이익 옹호
6. 부인 노동의 임금 차별 철폐 및 산전 산후 임금 지불
7. 부인 및 소년공의 위험 노동 및 야업 폐지

① 3·1 운동에 주도적으로 참여하였다.
② 여성 교육을 위해 이화 학당을 설립하였다.
③ 평양에서 조직된 비밀 여성 독립 운동 단체이다.
④ 최초의 여성 권리 선언문인 여권통문을 공표하였다.
⑤ 신간회의 자매 단체로서 여성계 민족 유일당 조직이다.

42. 밑줄 그은 '이 운동'에 대한 설명으로 옳은 것은? [1점]

진주에 있는 이곳은 독립운동가 강상호 선생의 묘입니다. 그는 '공평은 사회의 근본이요, 애정은 인류의 본령'이라는 취지 아래 백정에 대한 권익 보호를 목적으로 전개된 이 운동에 앞장섰습니다.

① 잡지 동광을 발행하였다.
② 김광제 등의 발의로 시작되었다.
③ 한일 학생 간의 충돌에서 비롯되었다.
④ 백정에 대한 차별 철폐를 목표로 하였다.
⑤ 배우자 가르치자 다함께 브나로드를 구호로 내세웠다.

43. (가) 단체에 대한 설명으로 옳은 것은? [2점]

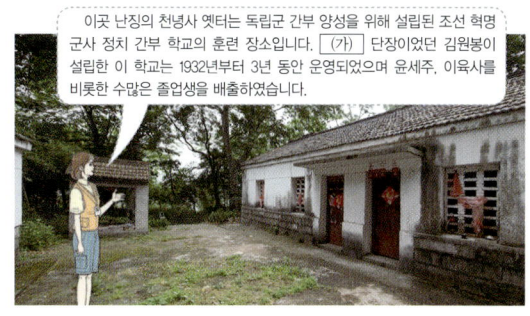

이곳 난징의 천녕사 옛터는 독립군 간부 양성을 위해 설립된 조선 혁명 군사 정치 간부 학교의 훈련 장소입니다. (가) 단장이었던 김원봉이 설립한 이 학교는 1932년부터 3년 동안 운영되었으며 윤세주, 이육사를 비롯한 수많은 졸업생을 배출하였습니다.

① 조선 혁명 선언을 행동 강령으로 삼았다.
② 비밀 행정 조직으로 연통제를 실시하였다.
③ 고종의 밀지를 받아 결성된 비밀 단체이다.
④ 도쿄에서 일어난 이봉창 의거를 계획하였다.
⑤ 신흥 무관 학교를 세워 무장 투쟁을 준비하였다.

44. (가) 종교에 대한 설명으로 옳은 것은? [2점]

공의 이름은 인영(寅永)인데, 뒤에 철(喆)로 고쳤다. …… 보호 조약이 체결된 뒤에 동지와 함께 오적(五賊)의 처단을 모의하였는데, 1907년에 계획이 새어 나가 일을 그르쳤다. 뒤에 (가) 을/를 제창하고 교주를 자임하였는데, 이를 바탕으로 국민을 진흥하려고 하였다. 일찍이 북간도에 가서 그의 무리와 함께 발전을 도모하였다. …… 그의 문인(門人)들은 그를 숭상하여 오백 년 이래 다시 없는 대종사로 여겼다.
– 『유방집』 –

① 개벽, 신여성 등의 잡지를 발행하였다.
② 만세보를 발행하여 민중 계몽에 힘썼다.
③ 여성 교육을 위해 이화 학당을 설립하였다.
④ 중광단을 조직하여 무장 투쟁을 전개하였다.
⑤ 박중빈을 중심으로 새생활 운동을 추진하였다.

45. (가) 부대의 활동으로 옳은 것은? [3점]

학술 대회 안내

우리 학회는 1929년 조직되어 남만주에서 항일 무장 투쟁을 전개하였던 (가) 을/를 조명하는 학술 대회를 개최합니다.

◆ 발표 주제 ◆
1. 흥경성 전투의 전개 과정
2. 1930년대 한중 항일 연합 작전의 성과
3. 총사령 양세봉에 대한 남과 북의 평가

■ 일시: 2025년 ○○월 ○○일 13:00~17:00
■ 장소: □□ 기념관 강당
■ 주최: △△ 학회

① 영릉가 전투에서 승리하였다.
② 중광단을 중심으로 조직되었다.
③ 자유시 참변 이후 세력이 약화되었다.
④ 조선 혁명 간부 학교를 세워 군사력을 강화하였다.
⑤ 영국군의 요청으로 인도, 미얀마 전선에 투입되었다.

46. 밑줄 그은 '시기'에 시행된 일제의 정책으로 옳지 않은 것은? [1점]

송탄유(松炭油) 자재 공출 명령서
일제가 태평양 전쟁으로 물자 부족에 시달리던 시기에 송탄유와 목탄의 할당량 공출을 명령한 문서

① 여자 정신 근로령을 공포하였다.
② 육군 특별 지원병제를 실시하였다.
③ 식량 배급 및 미곡 공출 제도를 시행하였다.
④ 조선 사상범 예방 구금령을 통해 독립운동을 탄압하였다.
⑤ 기한 내에 소유지를 신고하게 하는 토지 조사령을 제정하였다.

47. (가), (나) 발표 사이의 시기에 있었던 사실로 옳은 것은? [2점]

(가) 첫째는 국민이 원한다면 대통령직을 사임할 것이며, 둘째는 지난번 정·부통령 선거에 많은 부정이 있었다고 하니, 선거를 다시 하도록 지시하였고, 셋째는 선거로 인연한 모든 불미스러운 것을 없애게 하기 위해서, 이미 이기붕 의장이 공직에서 완전히 물러나겠다고 결정한 것이다.

(나) 1. 반공을 국시의 제일 의(義)로 삼고 지금까지 형식적이고 구호에만 그친 반공 태세를 재정비 강화한다.
2. 유엔 헌장을 준수하고 국제 협약을 충실히 이행할 것이며 미국을 위시한 자유 우방과의 유대를 더욱 공고히 한다.
......
6. 이와 같은 우리의 과업이 성취되면 참신하고 양심적인 정치인들에게 언제든지 정권을 이양하고 우리들 본연의 임무에 복귀할 준비를 갖춘다.

① 조봉암을 중심으로 진보당이 창당되었다.
② 국가 보위 비상 대책 위원회가 설치되었다.
③ 허정을 수반으로 하는 과도 정부가 수립되었다.
④ 귀속 재산 관리를 위해 신한 공사가 설립되었다.
⑤ 긴급 조치 철폐를 요구하는 3·1 민주 구국 선언이 발표되었다.

48. 밑줄 그은 '정부' 시기의 사실로 옳은 것은? [2점]

대통령은 신년사에서 월드컵과 부산 아시안 게임 개최로 국운 융성의 한 해를 만들자고 강조하며, 공명한 대통령 선거와 지방 자치 선거에 최선을 다하겠다고 밝혔습니다. 아울러 정부도 경제적 정의 실현과 사회 안정망을 강화하여 중산층과 서민 생활 안정에 노력하겠다고 발표했습니다.

대통령, 공명 선거와 사회 정책 방향 제시

① 포항 제철소 1기 설비가 준공되었다.
② 미국과 자유 무역 협정(FTA)을 체결하였다.
③ 3저 호황으로 물가가 안정되고 수출이 증가하였다.
④ 대통령의 긴급 명령으로 금융 실명제를 실시하였다.
⑤ 대통령 직속 자문 기구로 노사정 위원회가 구성되었다.

한국사능력검정시험

49. 다음 자료에 나타난 민주화 운동에 대한 설명으로 옳은 것은? [2점]

> **껍데기 정부와 계엄 당국을 규탄한다**
> 껍데기 과도 정부와 계엄 당국은 민주의 피맺힌 소리를 들으라! …… 모든 시민과 학생들은 처음부터 평화적이고 질서정연한 투쟁을 전개하려고 노력해 왔다. 그러나 계엄 당국이 진지하고도 순수한 데모 대열에 무차별한 사격을 가하여 남녀노소를 불문하고 수많은 사망자가 발생하였고, 부상자 및 연행자는 추계가 불가능한 실정이다. …… 계엄 당국과 정부는 광주 시민과 전 국민의 민주 염원을 묵살함은 물론 민주 투사들을 난동자·폭도로 몰아 무력으로 진압하려고 하고 있다.

① 한·일 국교 정상화에 반대하여 일어났다.
② 관련 기록물이 유네스코 세계 기록유산으로 등재되었다.
③ 대통령 중심제에서 의원 내각제로 바뀌는 계기가 되었다.
④ 3·1 민주 구국 선언을 통해 긴급 조치 철폐 등을 요구하였다.
⑤ 4·13 호헌 조치에 반발하여 호헌 철폐 등의 구호를 내세웠다.

50. (가)~(마)에 대한 설명으로 옳지 않은 것은? [1점]

> **역사 돋보기 우리나라의 연호(年號)**
>
> 연호는 군주가 자기의 치세 연차(年次)에 붙이는 칭호이다. 중국에서 시작되었으며 그 영향으로 우리나라, 일본, 베트남 등에서도 사용되었다. 연호는 원칙적으로 황제만 사용 가능하고, 제후 왕은 독자적인 연호를 쓸 수 없었다.
> 우리나라에서 최초로 확인되는 연호는 고구려 (가) 의 영락이다. 신라도 (나) 이 건원이라는 연호를, 뒤를 이은 진흥왕은 개국·태창·홍제 등의 연호를 사용하였다.
> 발해 고왕은 연호를 천통으로 했으며, (다) 은/는 인안, 문왕은 대흥, 선왕은 건흥이라는 연호를 사용하였다.
> 고려 태조는 천수를 사용하고, (라) 은/는 광덕·준풍을 연호로 삼았다.
> 조선은 고종 대에 개국기년(開國紀年)을 공문서에 사용하다가 건양, 광무로 연호를 정하였다. 그 뒤를 이은 (마) 은/는 융희라는 연호를 사용하였다.

① (가) – 후연을 격파하고 백제를 공격하였다.
② (나) – 병부를 설치하고 율령을 반포하였다.
③ (다) – 대문예를 보내 흑수 말갈을 정벌하였다.
④ (라) – 쌍기의 건의로 과거제가 도입되었다.
⑤ (마) – 인산일에 3·1 만세 운동이 전개되었다.

한국사능력검정시험
실전모의고사

심화

제 1 회

이 시험지의 무단 복제, 복사, 전재 행위는 저작권법에 저촉됩니다. 파본은 구입처에서 교환하실 수 있습니다.

한국사능력검정시험
실전모의고사

심화

제**2**회

제2회 한국사능력검정시험 문제지

1. (가) 시대의 생활 모습으로 옳은 것은? [1점]

공주 석장리에서 남한 최초로 (가) 시대의 유물인 찍개, 주먹도끼 등의 뗀석기가 출토되었습니다. 이번 발굴로 우리나라에서도 (가) 시대가 존재했다는 사실이 입증되었습니다.

① 명도전, 반량전 등의 화폐가 유통되었다.
② 반달 돌칼을 이용하여 곡식을 수확하였다.
③ 거푸집을 이용하여 세형 동검을 만들었다.
④ 주로 동굴이나 강가의 막집에 거주하였다.
⑤ 빗살무늬 토기를 만들어 식량을 저장하였다.

2. (가) 나라에 대한 설명으로 옳은 것은? [2점]

이 유물은 중국 지린성 쑹화강 유역의 둥퇀산 유적에서 출토된 (가) 의 금동제 가면이다. 『삼국지』 동이전에 따르면 (가) 은/는 12월에 영고라는 제천 행사를 열었으며, 사람을 죽여 순장하는 풍습이 행해졌다고 한다.

① 민며느리제라는 혼인 풍습이 있었다.
② 철이 많이 생산되어 낙랑과 왜에 수출하였다.
③ 여러 가(加)들이 별도로 사출도를 주관하였다.
④ 단궁, 과하마, 반어피 등이 대표적인 특산물이다.
⑤ 대가들이 사자, 조의, 선인 등의 관리를 거느렸다.

3. 다음 검색창에 들어갈 왕에 대한 설명으로 옳은 것은? [2점]

① 백성에게 정전을 지급하였다.
② 국가적인 조직으로 화랑도를 개편하였다.
③ 국학을 설립하여 유학 교육을 실시하였다.
④ 최고 지배자의 칭호를 마립간이라 하였다.
⑤ 지방관 감찰을 위하여 외사정을 파견하였다.

4. (가) 왕릉에 대한 설명으로 옳은 것은? [2점]

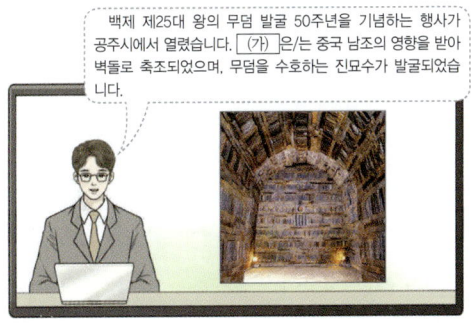

백제 제25대 왕의 무덤 발굴 50주년을 기념하는 행사가 공주시에서 열렸습니다. (가) 은/는 중국 남조의 영향을 받아 벽돌로 축조되었으며, 무덤을 수호하는 진묘수가 발굴되었습니다.

① 서울 석촌동 고분군에 위치하고 있다.
② 나무로 곽을 짜고 그 위에 돌을 쌓았다.
③ 피장자와 축조 연대가 확인된 왕릉이다.
④ 국보로 지정된 금동 대향로가 출토되었다.
⑤ 무덤의 둘레돌에 12지 신상을 조각하였다.

5. 밑줄 그은 '이 벽화'로 옳은 것은? [1점]

이 국가의 고분 벽화는 도읍이었던 지안과 평양 일대에 주로 남아 있는데, 일상생활과 풍속, 신앙과 의례를 묘사한 것으로 유명합니다. 특히, 이 벽화는 도교의 영향을 받은 벽화로, 색의 조화가 뛰어나며 정열과 패기를 지닌 걸작입니다. 이제 벽화 사진을 바탕으로 제작한 영상을 생생하게 만나 보세요.

①
②
③
④
⑤

6. (가) 나라에 대한 설명으로 옳은 것은? [2점]

문화재청이 김해 대성동과 양동리 고분에서 출토된 목걸이 3점에 대해 보물 지정을 예고했습니다. 이 유물은 김수로왕이 건국했다고 전해지는 (가) 의 수준 높은 공예 기술을 보여줍니다. 또한 출토지가 명확하고 보존 상태가 온전하여 학술 및 예술적 가치가 높은 것으로 평가됩니다.

① 법흥왕 때 신라에 복속되었다.
② 만장일치제로 운영된 화백 회의가 있었다.
③ 빈민을 구제하기 위해 진대법을 실시하였다.
④ 박, 석, 김의 3성이 번갈아 왕위를 차지하였다.
⑤ 오경박사, 의박사, 역박사 등을 일본에 파견하였다.

7. (가) 국가에 대한 설명으로 옳지 않은 것은? [3점]

이것은 (가) 의 5경 중 하나인 동경 용원부 유적에서 발견된 불상입니다. 보탑(寶塔) 안의 다보불이 설법하던 석가불을 불러 함께 나란히 앉았다는 법화경의 내용을 형상화하였습니다.

오늘 소개해 주실 문화유산은 무엇입니까?

① 중앙군으로 9서당을 편성하였다.
② 중정대를 두어 관리를 감찰하였다.
③ 전성기에 해동성국이라고도 불렸다.
④ 인안, 대흥 등의 연호를 사용하였다.
⑤ 5경 15부 62주의 지방 행정 제도를 마련하였다.

8. 밑줄 그은 '이 인물'에 대한 설명으로 옳은 것은? [2점]

이곳은 중국 양저우에 있는 이 인물의 기념관입니다. 그는 당에 유학하여 빈공과에 급제하였고, 황소의 난이 일어나자 '격황소서(檄黃巢書)'를 지어 이름을 떨쳤습니다. 또한 귀국 후 진성 여왕에게 시무책 10여 조를 올렸으나 수용되지 않았습니다.

① 일심 사상과 화쟁 사상을 주장하였다.
② 당에서 쓴 글을 모은 계원필경을 남겼다.
③ 외교 문서를 전담하고 청방인문표를 작성하였다.
④ 국왕에게 조언하는 내용의 화왕계를 저술하였다.
⑤ 명망 있는 승려의 전기를 기록한 해동고승전을 남겼다.

9. (가) 문화유산이 위치한 지역에 대한 설명으로 옳은 것은? [3점]

- 종목: 국보 제11호
- 소개: 현존하는 삼국 시대 석탑 중 가장 규모가 크며 목탑 양식을 반영하여 건립되었다. 탑의 중심에는 여러 개의 사각형 돌을 수직으로 쌓아 올린 기둥(심주)이 4층까지 연속된다.

① 온조왕이 왕성으로 삼은 곳이다.
② 금제 사리봉영기가 발견된 곳이다.
③ 백제 금동 대향로가 출토된 곳이다.
④ 무령왕과 왕비의 무덤이 발굴된 곳이다.
⑤ 재상을 선출하던 천정대가 있던 곳이다.

11. 밑줄 그은 '신하'에 대한 설명으로 옳은 것은? [3점]

> 왕이 "중앙의 5품 이상 관리들은 각자 봉사를 올려 시정(時政)의 잘잘못을 논하라."라고 명령하였다. 신하가 상소하였는데 대략 다음과 같은 내용이었다. "…… 이제 앞선 5대 조정의 정치와 교화에 대해서 잘되고 잘못된 행적들을 기록하고, 거울로 삼거나 경계할 만한 것들을 삼가 조목별로 아뢰겠습니다. …… 신이 또 시무(時務) 28조를 기록하여 장계와 함께 따로 봉하여 올립니다."
> — 『고려사절요』 —

① 처인성에서 몽골군을 물리쳤다.
② 정변을 일으켜 목종을 폐위하였다.
③ 교정별감이 되어 국정 전반을 장악하였다.
④ 전민변정도감의 책임자로서 개혁을 이끌었다.
⑤ 유교 정치에 근거한 통치 체제 확립에 기여하였다.

10. 다음 검색창에 들어갈 왕의 재위 기간에 볼 수 있는 모습으로 적절한 것은? [2점]

시기	내용
1년	연호를 광덕으로 정하다
3년	후주에 토산물을 보내다
11년	백관의 공복을 정하다
19년	혜거와 탄문을 국사와 왕사로 삼다

① 녹과전을 지급받는 관리
② 만권당에서 책을 읽는 학자
③ 주전도감에서 화폐를 주조하는 장인
④ 노비안검법에 의해 양인으로 해방된 노비
⑤ 금속 활자로 직지심체요절을 인출하는 기술자

12. (가) 국가의 경제 상황으로 옳은 것은? [1점]

이것은 태안 마도 3호선에서 출수된 죽찰입니다. 당시 (가) 의 수도인 강화에 있던 김준에게 보내는 물목 내역이 적혀 있습니다. 김준은 교정별감이 되어 국정을 장악했던 인물입니다.

김 영공(김준)의 댁에 홍합젓갈 등을 올림

① 벽란도가 국제 무역항으로 번성하였다.
② 송상이 전국 각지에 송방을 설치하였다.
③ 시장을 감독하는 관청인 동시전이 있었다.
④ 신라방을 형성하여 중국과 활발히 교역하였다.
⑤ 육의전을 제외한 시전 상인의 금난전권을 폐지하였다.

13. (가), (나) 사이의 시기에 있었던 사실로 옳은 것은? [2점]

> (가) 왕이 서경에서 안북부까지 나아가 물렀는데, 거란의 소손녕이 봉산군을 공격하여 파괴하였다는 소식을 듣자 더 가지 못하고 돌아왔다. 서희를 보내 화의를 요청하니 침공을 중지하였다.
>
> (나) 강감찬이 수도에 성곽이 없다 하여 나성을 쌓을 것을 요청하니 왕이 그 건의를 따라 왕가도에게 명령하여 축조하게 하였다.

① 광군을 창설하여 외침에 대비하였다.
② 거란의 침략을 피해 왕이 나주로 피난하였다.
③ 나세, 심덕부 등이 진포에서 왜구를 물리쳤다.
④ 만부교 사건이 일어나 거란과의 관계가 악화되었다.
⑤ 후주와 사신을 교환하여 대외 관계의 안정을 꾀하였다.

14. 다음 사진전에 전시될 사진으로 적절하지 <u>않은</u> 것은? [2점]

①   ②   ③

④   ⑤

15. (가) 인물의 활동으로 옳은 것은? [2점]

이것은 황산대첩비의 탁본입니다. 비문에는 당시 양광전라경상도 도순찰사였던 (가) 이/가 고려군을 이끌고 전라도 황산에서 적장 아지발도를 사살하는 등 왜구를 크게 물리친 일이 기록되어 있습니다.

① 문하부 낭사를 분리하여 사간원으로 독립시켰다.
② 국호를 조선으로 바꾸고 수도를 한양으로 옮겼다.
③ 한양을 기준으로 한 역법서인 칠정산을 만들었다.
④ 경국대전을 완성하여 국가의 통치 규범을 마련하였다.
⑤ 직전법을 제정하여 현직 관리에게만 수조지를 지급하였다.

16. 다음 가상 인터뷰의 주인공에 대한 설명으로 옳은 것은? [2점]

① 계유정난을 계기로 정계에서 축출되었다.
② 일본에 다녀와서 해동제국기를 편찬하였다.
③ 기축봉사를 올려 명에 대한 의리를 내세웠다.
④ 군주의 도를 도식으로 설명한 성학십도를 지었다.
⑤ 조선경국전을 저술하여 통치 제도 정비에 기여하였다.

17. 밑줄 그은 '이 책'에 대한 설명으로 옳은 것은? [3점]

이승휴가 지은 이 책의 상권에는 중국의 역사가, 하권에는 우리나라의 역사가 서술되어 있습니다.

이 책은 중국과 구별되는 우리 역사의 독자성을 강조했다는 평가를 받고 있습니다.

① 남북국이라는 용어를 처음 사용하였다.
② 단군부터 충렬왕까지의 역사를 서술하였다.
③ 정조가 세손 시절부터 쓴 일기에서 유래하였다.
④ 조선 왕조의 역사를 백과사전식으로 기록하였다.
⑤ 유교 사관에 입각하여 기전체 형식으로 서술하였다.

18. (가)에 들어갈 내용으로 옳지 않은 것은? [1점]

〈역사 다큐멘터리 제작 기획안〉

15세기 조선, 과학을 꽃 피우다

1. 기획 의도: 조선 초, 부국강병과 민생 안정을 위해 과학 기술 분야에서 노력한 모습을 살펴본다.
2. 구성
   1부 국산 약재와 치료법을 소개한 향약집성방
   2부 (가)
   3부 외적의 침입에 대비한 신무기, 신기전과 화차

① 시간을 측정하는 기구인 앙부일구
② 자동으로 시각을 알려 주는 자격루
③ 기기도설을 참고하여 설계된 거중기
④ 금속 활자 인쇄 기술의 향상을 보여 주는 갑인자
⑤ 한양을 기준으로 천체 운동을 계산한 칠정산 내편

19. (가) 기구에 대한 설명으로 옳은 것은? [2점]

(가)에 대해 알려 줄래?
- 대제학, 부제학 등의 관직을 두었어.
- 궁중의 서적과 문서를 관리하였어.
- 사헌부, 사간헌과 함께 3사로 불렸어.

① 집현전을 계승하여 설치되었다.
② 수도의 행정과 치안을 담당하였다.
③ 검서관에 서얼 출신 학자들이 기용되었다.
④ 임진왜란을 거치면서 국정 전반을 총괄하였다.
⑤ 국왕 직속 사법 기구로 반역죄, 강상죄 등을 처결하였다.

20. 다음 상황을 주도한 붕당에 대한 설명으로 옳지 않은 것은? [3점]

선전관 이용준 등이 정여립을 토벌하기 위하여 급히 전주에 내려갔다. 무리들과 함께 진안 죽도에 숨어 있던 정여립은 군관들이 체포하려 하자 자결하였다.

① 경신환국으로 정권을 장악하였다.
② 폐비 민씨의 복위 운동을 전개하였다.
③ 이발 등을 제거하고 기축옥사를 주도하였다.
④ 이언적과 이황의 제자들이 주류를 이루었다.
⑤ 기해 예송에서 자의 대비의 기년복을 주장하였다.

21. (가)에 대한 설명으로 옳은 것은? [2점]

이 그림은 평양에 새로 부임한 (가) 을/를 환영하는 모습을 묘사한 부벽루연회도입니다. (가) 은/는 대개 종 2품 이상의 고위 관리가 임명되었는데, 관내 군현의 수령을 감독하고 근무 성적을 평가하였습니다.

① 감사, 도백으로도 불렸다.
② 단안(壇案)이라는 명부에 등재되었다.
③ 장례원을 통해 국가의 관리를 받았다.
④ 지방의 행정 · 사법 · 군사권을 행사하였다.
⑤ 호장, 기관, 장교, 통인 등으로 분류되었다.

22. 다음 상황이 발생한 '왕'의 재위 시기에 있었던 사실로 옳은 것은? [3점]

진산의 윤지충은 조상의 신주를 불사르고, 어머니의 장례에도 신주를 모시지 않았습니다. 이런 행동을 하면서도 태연하였으니, 정말 흉악한 자입니다.

근심과 한탄을 금할 수가 없다. 사학(邪學)을 따르는 죄인을 처벌하여 경계로 삼으라.

① 나선 정벌에 조총 부대를 파견하였다.
② 왕의 친위 부대인 장용영을 설치하였다.
③ 청과의 국경을 정하는 백두산정계비를 세웠다.
④ 역대 문물을 정리한 동국문헌비고를 편찬하였다.
⑤ 수조권이 세습되던 수신전과 휼양전을 폐지하였다.

23. (가) 궁궐에 대한 설명으로 옳은 것은? [3점]

조선의 역대 왕들이 가장 많이 머문 궁궐, (가)

① 고종이 아관 파천 이후에 환궁한 곳이다.
② 도성 내 북쪽에 있어 북궐이라고 하였다.
③ 태종이 한양 재천도를 위하여 건립하였다.
④ 일제에 의해 창경원으로 격하되기도 하였다.
⑤ 정도전이 궁궐과 주요 전각의 명칭을 정하였다.

24. (가)에 들어갈 그림으로 옳은 것은? [1점]

①   ②

③   ④

⑤

25. (가)~(마)에 들어갈 내용으로 옳은 것은? [2점]

① (가) – 농촌 생활을 위한 백과사전으로 서유구가 저술
② (나) – 목화 재배와 양잠 등 중국 화북 지방의 농법 소개
③ (다) – 인삼, 고추 등의 상품 작물 재배법과 원예 기술 수록
④ (라) – 강희맹이 손수 농사를 지은 경험과 견문을 종합하여 서술
⑤ (마) – 정초, 변효문 등이 우리 풍토에 맞는 농법을 종합하여 편찬

26. (가) 국가에 대한 조선의 정책으로 옳은 것은? [2점]

① 광군을 조직하여 침입에 대비하였다.
② 한성에 동평관을 두어 무역을 허용하였다.
③ 하정사, 성절사, 동지사 등 사절단을 보내었다.
④ 사절 왕래를 위해 한성에 북평관을 개설하였다.
⑤ 어윤중을 서북 경략사로 임명하여 사무를 관장하였다.

27. 다음 그림이 그려진 시기에 볼 수 있는 모습으로 적절한 것은? [1점]

① 염포의 왜관에서 교역하는 상인
② 계해약조의 문서를 작성하는 관리
③ 과전법에 따라 토지를 지급받는 관원
④ 고추, 담배를 상품 작물로 재배하는 농민
⑤ 화통도감에서 화약 무기를 시험하는 군인

28. 다음 대화가 있었던 시기의 사실로 옳지 않은 것은? [2점]

① 이양선의 출몰을 보고하는 수군
② 군정의 문란으로 고통 받는 농민
③ 삼정이정청 설치를 건의하는 관리
④ 조선통보를 주조하는 관청 소속 장인
⑤ 왕조의 교체를 예언한 정감록을 읽고 있는 양반

29. (가) 법전이 편찬된 시기에 있었던 사실로 옳은 것을 〈보기〉에서 고른 것은? [2점]

보 기
ㄱ. 비변사가 설치되었다.
ㄴ. 사창제가 실시되었다.
ㄷ. 원납전이 징수되었다.
ㄹ. 탕평비가 건립되었다.

① ㄱ, ㄴ ② ㄱ, ㄷ
③ ㄴ, ㄷ ④ ㄴ, ㄹ
⑤ ㄷ, ㄹ

30. (가)가 원인이 되어 발생한 사건에 대한 설명으로 옳은 것은? [2점]

① 운요호가 강화도와 영종도를 공격하였다.
② 양헌수 부대가 정족산성에서 승리하였다.
③ 정부가 청군의 출병을 요청하는 계기가 되었다.
④ 사태 수습을 위해 박규수가 안핵사로 파견되었다.
⑤ 흥선 대원군이 톈진으로 압송되는 결과를 가져왔다.

31. 밑줄 그은 '사건' 이후에 전개된 사실로 옳은 것은? [2점]

① 평양 관민이 제너럴 셔먼호를 불태웠다.
② 로즈 제독의 함대가 양화진을 침입하였다.
③ 오페르트가 남연군 묘 도굴을 시도하였다.
④ 일본 군함 운요호가 영종도를 공격하였다.
⑤ 조선 정부가 프랑스인 선교사들을 처형하였다.

32. 밑줄 그은 '이 사건'에 대한 설명으로 옳은 것은? [1점]

① 통감부의 방해와 탄압으로 실패하였다.
② 통리기무아문이 설치되는 배경이 되었다.
③ 홍범 14조를 개혁의 기본 방향으로 제시하였다.
④ 일본 공사관에 경비병이 주둔하는 계기가 되었다.
⑤ 김기수가 수신사로 일본에 파견되는 결과를 가져왔다.

33. (가) 지역에 대한 설명으로 옳지 않은 것은? [2점]

① 석장리 유적과 구석기 시대
② 웅진 천도와 백제의 재도약
③ 김헌창의 난과 왕위 쟁탈전
④ 삼별초의 봉기와 대몽 항쟁
⑤ 무령왕릉이 있는 송산리 고분군

34. (가)~(다)를 발표된 순서대로 옳게 나열한 것은? [3점]

> (가) 대군주 폐하께서 내리신 조칙에서 "짐이 신민(臣民)에 앞서 머리카락을 자르니, 너희들은 짐의 뜻을 잘 본받아 만국과 나란히 서는 대업을 이루라."라고 하셨다.
> (나) 1. 청나라에 의존하는 생각을 끊어 버리고 자주 독립의 기초를 튼튼히 세운다.
> 1. 왕실 사무와 국정 사무는 반드시 분리시켜 서로 뒤섞지 않는다.
> (다) 1. 문벌, 양반과 상인들의 등급을 없애고 귀천에 관계없이 인재를 선발하여 등용한다.
> 1. 공노비와 사노비에 관한 법을 일체 혁파하고 사람을 사고파는 일을 금지한다.

① (가) - (나) - (다)
② (가) - (다) - (나)
③ (나) - (가) - (다)
④ (나) - (다) - (가)
⑤ (다) - (나) - (가)

35. (가) 기구에 대한 설명으로 옳은 것은? [2점]

① 공사 노비법의 폐지를 결정하였다.
② 임술 농민 봉기를 계기로 설치되었다.
③ 조광조를 비롯한 사림의 건의로 혁파되었다.
④ 임진왜란을 거치면서 국정 최고 기구로 자리 잡았다.
⑤ 소속 부서로 교린사, 군무사, 통상사 등의 12사를 두었다.

36. (가) 단체에 대한 설명으로 옳은 것은? [1점]

> 이달의 독립운동가
> **국권을 지키기 위해 노력한 남궁억**
>
> • 생몰년: 1893~1939
> • 생애 및 활동
> 서울 정동에서 태어났다. 동문학에서 교육을 받았다. 1896년 서재필 등과 함께 (가) 을/를 창립하여 활동하였다. (가) 의 의회 설립 운동이 공화제를 수립하려는 것이라는 의심을 받아 이상재 등과 함께 체포되었다. 러시아와 일본의 한국 침략을 고발하는 논설과 기사를 실은 황성신문 사장을 역임하였다. 정부는 그의 공훈을 기려 건국훈장 독립장을 추서하였다.

① 일제가 조작한 105인 사건으로 와해되었다.
② 파리 강화 회의에 독립 청원서를 제출하였다.
③ 만민 공동회를 열어 민권 신장을 추구하였다.
④ 독립운동 자금 마련을 위해 독립 공채를 발행하였다.
⑤ 어린이 등의 잡지를 발간하여 소년 운동을 주도하였다.

37. 다음 상소가 올려진 사건에 대한 설명으로 옳은 것은? [3점]

> 일본이 러시아에 선전 포고한 이후 우리의 독립과 영토를 보전한다고 몇 번이나 말하였지만, 그것은 우리나라의 이익을 빼앗아 차지하려는 것이었습니다. …… 지금 저들이 황실을 보전하겠다는 말을 폐하께서는 과연 믿으십니까? 지금까지 군주의 지위가 아직 바뀌지 않았고 백성도 아직 죽지 않았으며 각국 공사도 아직 돌아가지 않았습니다. 그리고 조약서가 다행히 폐하의 인준과 참정의 인가를 받은 것이 아니니, 저들이 가지고 있는 것은 역적들이 억지로 만든 헛된 조약에 불과합니다.

① 아관 파천의 배경이 되었다.
② 청일 전쟁 발발의 원인이 되었다.
③ 통감부가 설치되는 결과를 가져왔다.
④ 대한 제국의 군대 해산을 규정하였다.
⑤ 천주교 포교를 허용하는 조항이 들어있다.

38. 다음 인물에 대한 설명으로 옳은 것은? [2점]

이달의 역사 인물

혼이 보존되면 국가는 부활할 것이다

○○○ (1859~1925)

국혼을 강조하며 민족의식을 고취한 역사학자이자 독립운동가이다. 일찍부터 민족 교육의 중요성을 인식하여 서우학회에서 애국 계몽 운동을 펼쳤으며, 실천적인 유교정신을 강조한 『유교구신론』을 저술하였다. 1925년에는 대한민국 임시 정부 제2대 대통령에 취임하였다. 정부에서는 그의 공훈을 기려 건국훈장 대통령장을 추서하였다.

① 민족의 얼을 강조하고 조선학 운동을 추진하였다.
② 진단 학회를 설립하여 실증주의 사학을 발전시켰다.
③ 조선사 편수회에 들어가 조선사 편찬에 참여하였다.
④ 유물 사관을 바탕으로 조선사회경제사를 저술하였다.
⑤ 한국통사를 저술하고 민족주의 사학의 기초를 닦았다.

40. (가) 종교 단체가 주도한 운동으로 옳은 것은? [2점]

① 조선 형평사를 조직하여 사회적 차별에 맞섰다.
② 어린이라는 말을 만들고 어린이 날을 제정하였다.
③ 계몽 서적의 보급을 위해 태극 서관을 설립하였다.
④ 일제가 이른바 문화 통치를 실시하는 결과를 가져왔다.
⑤ 라이징 전 석유 회사의 조선인 구타 사건을 계기로 시작되었다.

39. (가) 군대에 대한 설명으로 옳은 것은? [1점]

① 숭무 학교를 설립하여 독립군을 양성하였다.
② 쌍성보 전투에서 한중 연합 작전을 전개하였다.
③ 중국 팔로군과 함께 호가장 전투에서 활약하였다.
④ 국내 정진군을 조직하여 국내 진공 작전을 추진하였다.
⑤ 중국 관내(關內)에서 결성된 최초의 한인 무장 부대였다.

41. 다음 대화에 나타난 민족 운동에 대한 설명으로 옳은 것은? [2점]

① 대구에서 시작되어 전국으로 확산되었다.
② 대한민국 임시 정부 수립에 영향을 주었다.
③ 민족주의 진영과 사회주의 진영이 함께 준비하였다.
④ 삼균주의에 입각한 대한민국 건국 강령이 발표되었다.
⑤ 신간회 중앙 본부가 진상 조사단을 파견하여 지원하였다.

42. (가)~(다)를 공포된 순서대로 옳게 나열한 것은? [2점]

(가) 제1조 치안 유지법의 죄를 범한 자에 대해 형의 집행 유예 언도가 있었을 경우 또는 소추를 필요로 하지 않기 때문에 공소를 제기하지 않은 경우에는 보호 관찰 심사회의 결의에 따라 보호 관찰에 부칠 수 있다. 형의 집행을 마치거나 또는 가출옥을 허락받았을 경우도 역시 같다.

(나) 제1조 경찰서장 또는 그 직무를 취급하는 자는 그 관할 구역 안의 다음 각호의 범죄를 즉결할 수 있다.
......
제2조 즉결은 정식 재판을 하지 않으며 피고인의 진술을 듣고 증빙을 취조한 후 즉시 언도해야 한다.

(다) 총독은 문무관 어느 쪽이라도 임용될 수 있는 길을 열 것이며, 헌병에 의한 경찰 제도를 고쳐 보통 경찰관에 의한 경찰 제도로 대신할 것이다. 또한 복제를 개정하여 일반 관리와 교원의 제복과 대검(帶劍)을 폐지하고, 조선인의 임용과 대우 등도 고려한다.

① (가) - (나) - (다)   ② (가) - (다) - (나)
③ (나) - (가) - (다)   ④ (나) - (다) - (가)
⑤ (다) - (가) - (나)

43. 다음 자료에 대한 설명으로 옳은 것은? [2점]

○ 내지(內地)는 심각한 식량 부족을 보여 매년 300만 석에서 500만 석의 외국 쌀을 수입하였다. …… 내지에서는 쌀의 증산에 많은 기대를 걸 수 없다. 반면 조선은 관개 설비가 잘 갖춰지지 않아서 대부분의 논이 빗물에 의존하는 상태였기에, 토지 개량 사업을 시작한다면 천혜의 쌀 생산지가 될 수 있었다.

○ 대개 조선인들이 생산한 쌀을 내지로 반출할 때, 결코 자신들이 충분히 소비하고 남은 것을 수출하는 것이 아니다. 생계가 곤란하여 먹을 것을 먹지 못하고 파는 것이다. …… 만주산 잡곡의 수입이 증가하는 사실은 조선인의 생활난이 점점 심각해지고 있음을 실증하는 것이다.

① 농광 회사가 주도하여 추진하였다.
② 추진 과정에서 수리 조합 반대 운동이 일어났다.
③ 태평양 전쟁 이후 군량미 조달을 위해 시작되었다.
④ 하와이 노동 이민이 공식적으로 시작되는 배경이 되었다.
⑤ 함경도와 황해도에서 방곡령이 선포되는 결과를 가져왔다.

44. (가), (나) 시기 사이의 사회 모습으로 적절한 것은? [3점]

(가) 연통제 공소 공판 히라야마 검사의 구형 피고 37명에 대하여 징역형

(나) 금년 1월 8일에 돌발한 앵전문 앞 대역 사건 범인은 경성 출생 이봉창

① 카프(KAPF)에서 활동하는 신경향파 작가
② 원각사에서 은세계 공연을 관람하는 학생
③ 육영 공원에서 영어를 가르치는 미국인 교사
④ 전차 개통식에 참여하는 한성 전기 회사 직원
⑤ 손기정 선수의 올림픽 우승 소식을 보도하는 기자

45. 밑줄 그은 '의거'를 일으킨 단체에 대한 설명으로 옳은 것은? [1점]

이 사진은 1945년 9월 2일 일왕을 대신하여 일본의 외무 대신이 연합군 앞에서 항복 문서에 서명하는 장면입니다.

서명하는 인물은 시게미쓰 마모루인데, 그는 윤봉길의 상하이 훙커우 공원 의거 당시 폭탄에 맞아 다리를 다쳤습니다.

① 김구가 임시 정부의 위기 타개책으로 결성하였다.
② 중국군과 함께 영릉가 전투에서 큰 전과를 올렸다.
③ 조선 총독부에 국권 반환 요구서를 제출하려 하였다.
④ 영국군의 요청으로 인도·미얀마 전선에 투입되었다.
⑤ 조선 혁명 간부 학교를 설립하여 군사 훈련에 힘썼다.

46. 밑줄 그은 '시위'에 대한 설명으로 옳은 것은? [2점]

① 한·일 국교 정상화에 반대하여 일어났다.
② 호헌 철폐와 독재 타도 등의 구호를 내세웠다.
③ 대학 교수단이 대통령 퇴진을 요구하며 시위 행진을 벌였다.
④ 5년 단임의 대통령 직선제 개헌이 이루어지는 계기가 되었다.
⑤ 3·1 민주 구국 선언을 통해 긴급 조치 철폐 등을 요구하였다.

47. 교사의 질문에 대한 학생의 답변으로 옳은 것은? [2점]

① 애치슨 선언이 발표되었어요.
② 흥남 철수 작전이 전개되었어요.
③ 사사오입 개헌안이 가결되었어요.
④ 한미 상호 방위 조약이 체결되었어요.
⑤ 조봉암을 중심으로 진보당이 창당되었어요.

48. 다음 뉴스가 보도된 정부 시기에 있었던 사실로 옳은 것은? [2점]

① 국민학교라는 명칭을 초등학교로 변경하였다.
② 과외 전면 금지와 대학 졸업 정원제를 시행하였다.
③ 문맹국민 완전퇴치 5개년 계획을 수립하여 추진하였다.
④ 미국에서 시행되고 있던 6-3-3 학제를 처음 도입하였다.
⑤ 중학교 입시 제도를 폐지하고 무시험 추첨제를 실시하였다.

49. (가) 민주화 운동에 대한 설명으로 옳은 것은? [2점]

① 박종철과 이한열의 희생으로 확산되었다.
② 호헌 철폐와 독재 타도 등의 구호를 내세웠다.
③ 관련 기록물의 유네스코 세계 기록 유산으로 등재되었다.
④ 대통령 중심지에서 의원 내각제로 바뀌는 계기가 되었다.
⑤ 대통령 하야를 요구하며 대학 교수단이 시위행진을 벌였다.

50. 다음 기사의 사건이 일어난 정부 시기의 경제 상황으로 옳은 것은? [2점]

□□신문

제△△호   ○○○○년 ○○월 ○○일

광주 대단지 주민 5만여 명, 대규모 시위

지난 10일, 경기도 광주시 중부면 광주 대단지에서 5만여 명의 주민들이 차량을 탈취하여 대규모 시위를 벌였다. 이번 시위는 서울 도심을 정비하기 위하여 10만여 명의 주민들을 경기도 광주로 이주시키는 과정에서 발생하였다. 서울시가 처음 내건 이주 조건과 달리, 상하수도나 교통 등 기반 시설이 갖추어지지 않은 채 강제로 이주시켰기 때문이다. 시위 과정에서 관공서와 주유소 등이 불에 탔고, 주민과 경찰 다수가 부상을 입었으며, 일부 주민들이 구속되었다.

① 포항 제철소 1기 설비가 준공되었다.
② 미국과 자유 무역 협정(FTA)을 체결하였다.
③ 3저 호황으로 물가가 안정되고 수출이 증가하였다.
④ 대통령의 긴급 명령으로 금융 실명제를 실시하였다.
⑤ 대통령 직속 자문 기구로 노사정 위원회가 구성되었다.

한국사능력검정시험
실전모의고사

2026

심화

제**3**회

제3회 한국사능력검정시험 문제지

1. (가) 시대의 생활 모습으로 옳은 것은? [1점]

① 주로 동굴이나 막집에 거주하였다.
② 철제 농기구를 제작하여 사용하였다.
③ 소를 이용한 깊이갈이가 일반화되었다.
④ 지배층의 무덤으로 고인돌을 축조하였다.
⑤ 계급이 없는 평등한 공동체 생활을 하였다.

2. (가), (나) 나라에 대한 설명으로 옳은 것은? [2점]

① (가) - 신성 지역인 소도가 존재하였다.
② (가) - 읍락 간의 경계를 중시하는 책화가 있었다.
③ (나) - 여러 가(加)들이 별도로 사출도를 주관하였다.
④ (나) - 철이 많이 생산되어 낙랑군과 왜에 수출하였다.
⑤ (가), (나) - 읍군, 삼로라고 불리는 군장이 통치하였다.

3. 다음 정책을 실시한 왕에 대한 설명으로 옳은 것은? [2점]

○ 정월에 율령을 반포하고, 처음으로 관리들의 공복(公服)을 제정하였다. 붉은 빛과 자주 빛으로 등급을 표시하였다.
○ 4월에 이찬 철부를 상대등으로 삼아 나라의 일을 총괄하게 하였다. 상대등의 관직은 이때 처음 생겼는데, 지금의 재상과 같다.
— 『삼국사기』 —

① 관료전을 지급하고 녹읍을 폐지하였다.
② 국내성에서 평양성으로 도읍을 옮겼다.
③ 거칠부로 하여금 국사를 편찬하게 하였다.
④ 지방에 22담로를 두고 왕족을 파견하였다.
⑤ 이차돈의 순교를 계기로 불교를 공인하였다.

4. 다음 검색창에 들어갈 인물에 대한 설명으로 옳은 것은? [3점]

① 외교 문서 작성에 능하여 청방인문표를 집필하였다.
② 한자의 음과 훈을 차용한 이두를 체계적으로 정리하였다.
③ 교관겸수를 내세워 교선 통합의 이론 체계를 정립하였다.
④ 현세에서 고난을 구제받고자 하는 관음 신앙을 강조하였다.
⑤ 종파 간의 사상적 대립을 해소하기 위해 십문화쟁론을 저술하였다.

5. 다음 기획전에 전시될 문화유산으로 적절한 것을 〈보기〉에서 고른 것은? [1점]

특별 기획전

문화유산을 통해 보는 백제의 도교 문화

도교는 삼국 시대에 전래되어 우리나라 문화에 많은 영향을 주었습니다. 우리 △△박물관에서는 백제의 도교 문화를 살펴볼 수 있는 특별 기획전을 마련하였습니다. 많은 관람 바랍니다.

■ 기간: 2025년 ○○월 ○○일 ~ ○○월 ○○일
■ 장소: △△박물관 기획 전시실

〈보기〉

ㄱ. ㄴ. ㄷ. ㄹ.

① ㄱ, ㄴ ② ㄱ, ㄷ ③ ㄴ, ㄷ
④ ㄴ, ㄹ ⑤ ㄷ, ㄹ

6. 밑줄 그은 '왕'의 재위 기간에 있었던 사실로 옳은 것은? [2점]

● 왕 10년 대상(大相) 대성이 불국사를 처음 창건하였다.
● 왕 16년 중앙과 지방의 여러 관리들에게 매달 주던 녹봉을 없애고 다시 녹읍을 주었다.

① 우산국을 정벌하여 영토로 삼았다.
② 9주의 명칭을 중국식으로 바꾸었다.
③ 국학을 설립하여 유학을 교육하였다.
④ 병부 등을 설치하여 지배 체제를 정비하였다.
⑤ 인재를 등용하고자 독서삼품과를 실시하였다.

7. 교사의 질문에 대한 학생의 답변으로 옳은 것을 〈보기〉에서 고른 것은? [2점]

(가)는 돌로 널길과 널방 등을 만들고 그 위를 흙으로 덮었습니다. (나)는 널방을 벽돌로 쌓고 그 위에 봉분을 만들었습니다. (가), (나) 무덤 양식의 특징에 대해 말해 볼까요?

주제: 삼국 시대의 무덤 양식
(가) (나)

〈보기〉

ㄱ. (가) – 벽과 천장에 벽화를 그리기도 하였습니다.
ㄴ. (가) – 도굴이 어려워 금관, 유리잔 등 많은 껴묻거리가 출토 되었습니다.
ㄷ. (나) – 백제의 무령왕릉이 대표적입니다.
ㄹ. (나) – 봉분 하단에 12지 신상을 조각한 둘레돌이 설치되어 있습니다.

① ㄱ, ㄴ ② ㄱ, ㄷ
③ ㄴ, ㄷ ④ ㄴ, ㄹ
⑤ ㄷ, ㄹ

8. 다음 상황 이후에 전개된 사실로 옳은 것은? [2점]

> 혜공왕 말년에 반신(叛臣)들이 제멋대로 날뛰자 선덕[김양상]이 상대등으로 있으면서 임금 측근의 나쁜 무리를 제거하자고 부르짖었다. 김경신이 이에 참여하여 난을 평정한 공이 있었으므로 선덕이 왕으로 즉위하면서 김경신은 곧 상대등이 되었다. …… 이후 여러 사람의 의논이 일치하여 김경신을 세워 왕위를 계승하게 하니 국인이 모두 만세를 불렀다.

① 원광이 세속 5계를 제시하였다.
② 왕의 장인인 김흠돌이 반란을 도모하였다.
③ 이차돈의 순교를 계기로 불교가 공인되었다.
④ 복신과 도침 등이 주류성에서 군사를 일으켰다.
⑤ 최치원이 국왕에게 시무 10여 조를 건의하였다.

9. (가) 국가에 대한 설명으로 옳은 것은? [2점]

> 부여씨가 망하고 고씨가 망하자 김씨가 그 남쪽을 영유하였고, 대씨가 그 북쪽을 영유하여 (가) (이)라 하였다. 이것이 남북국이라 부르는 것으로 마땅히 남북국사가 있어야 했음에도 고려가 이를 편찬하지 않은 것은 잘못된 일이다. 무릇 대씨가 누구인가? 바로 고구려 사람이다. 그가 소유한 땅은 누구의 땅인가? 바로 고구려 땅이다.

① 교정도감을 설치하였다.
② 9서당 10정의 군사 조직을 갖추었다.
③ 나·당 연합군의 공격으로 멸망하였다.
④ 국방력 강화를 위해 5군영을 설치하였다.
⑤ 전국을 5경 15부 62주로 나누어 다스렸다.

10. (가)~(라)를 일어난 순서대로 옳게 나열한 것은? [3점]

> (가) 태조가 …… 일선군으로 진격하니 신검이 군사를 거느리고 막았다. 일리천을 사이에 두고 대치하였다. …… 후백제의 장군들이 고려 군사의 형세가 매우 큰 것을 보고, 갑옷과 무기를 버리고 항복하였다.
> (나) 견훤이 크게 군사를 일으켜 고창군(古昌郡)의 병산 아래에 가서 태조와 싸웠으나 이기지 못하였다. 전사자가 8천여 명이었다.
> (다) [태조가] 뜰에서 신라왕이 알현하는 예를 받으니 여러 신하가 하례하는 함성으로 궁궐이 진동하였다. …… 신라국을 폐하여 경주라 하고, 그 지역을 [김부에게] 식읍으로 하사하였다.
> (라) 태조는 정예 기병 5천을 거느리고 공산(公山) 아래에서 견훤을 맞아서 크게 싸웠다. 태조의 장수 김락과 신숭겸은 죽고 모든 군사가 패하였으며, 태조는 겨우 죽음을 면하였다.

① (가) - (나) - (다) - (라)
② (가) - (나) - (라) - (다)
③ (나) - (가) - (다) - (라)
④ (다) - (나) - (라) - (가)
⑤ (라) - (나) - (다) - (가)

11. 다음 자료의 토지 제도에 대한 설명으로 옳은 것은? [2점]

> 문종 30년, 양반 전시과를 다시 고쳤다. 제1과는 중서령, 상서령, 문하시중으로 전지 100결과 시지 50결을 주며, 제2과는 문하시랑, 중서시랑으로 전지 90결과 시지 45결을 주고, …… 제18과는 한인(閑人), 잡류(雜類)로 전지 17결을 주었다.
> - 「고려사」 -

① 5품 이상의 현직 관리에게 공음전을 지급하였다.
② 관리가 사망하면 유가족에게 수신전과 휼양전을 지급하였다.
③ 개국 공신에게 인품, 행실, 공로를 기준으로 토지를 분급하였다.
④ 관직만을 고려하여 19품 관등에 따라 170~17결을 차등 지급하였다.
⑤ 전란으로 국가 재정이 악화되자 관리의 녹봉을 대신하여 지급하였다.

12. (가), (나) 사이의 시기에 있었던 사실로 옳은 것은? [2점]

> (가) 쌍기가 처음으로 과거 제도의 실시를 건의하였고, 마침내 지공거가 되어 시(詩)·부(賦)·송(頌)·책(策)으로써 진사 갑과에 최섬 등 2인, 명경업(明經業)에 3인, 복업(卜業)에 2인을 선발하였다.
>
> (나) 최승로가 상서하기를, "…… 지금 살펴보면 지방의 세력가들은 매번 공무를 핑계 삼아 백성을 침탈하므로 백성이 그 명을 감당하지 못합니다. 청컨대 외관(外官)을 두소서."라고 하였다.

① 5도 양계의 지방 제도가 확립되었다.
② 흑창을 설치하여 민생을 안정시켰다.
③ 관학 진흥을 위해 전문 강좌인 7재가 개설되었다.
④ 호구의 정확한 파악을 위해 호패법이 실시되었다.
⑤ 처음으로 직관·산관 각 품의 전시과가 제정되었다.

13. 다음 자료에 나타난 상황 이후의 사실로 옳은 것은? [3점]

> 정중부 등이 왕을 모시던 신하 20여 명을 살해하였다. 왕은 수문전(修文殿)에 앉아서 술을 마시며 영관(伶官)*들에게 음악을 연주하게 하였으며 밤중에야 잠이 들었다. 이고와 채원이 왕을 시해하려고 했으나 양숙이 막았다. …… 정중부가 왕을 협박하여 군기감으로 옮기고, 태자는 영은관으로 옮겼다.
> *영관(伶官): 음악을 맡아보던 벼슬아치

① 왕실의 외척인 이자겸이 난을 일으켰다.
② 왕의 장인인 김흠돌이 반란을 도모하였다.
③ 묘청이 칭제 건원과 금국 정벌을 주장하였다.
④ 최충이 9재 학당을 세워 유학 교육을 실시하였다.
⑤ 서북 지방민의 불만을 이용하여 서경 유수 조위총이 거병하였다.

14. 교사의 질문에 대한 학생의 답변으로 옳은 것은? [2점]

① 권문세족이 도평의사사를 장악했어요.
② 왕조 교체를 예언하는 정감록이 유포되었어요.
③ 교정도감이 국정을 총괄하는 기구로 부상했어요.
④ 이자겸이 왕실의 외척이 되어 권력을 독점하였어요.
⑤ 김사미와 효심이 가혹한 수탈에 저항하여 봉기하였어요.

15. (가) 지역에서 있었던 사실로 옳은 것은? [2점]

> 묘청 등이 왕에게 말하기를, "신들이 보건대 (가) 의 임원역은 음양가들이 말하는 대화세(大華勢)이니 만약 이곳에 궁궐을 세우고 옮기시면 천하를 병합할 수 있을 것이요, 금나라가 공물을 바치고 스스로 항복할 것이며, 36개 나라들이 모두 신하가 될 것입니다."라고 하였다.
> - 『고려사』-

① 주세붕이 백운동 서원을 설립하였다.
② 정몽주가 이방원 세력에 의해 피살되었다.
③ 태조 왕건이 북진 정책의 전진 기지로 삼았다.
④ 최무선이 화포를 사용하여 왜구를 격퇴하였다.
⑤ 우리나라 최초의 근대 교육 기관이 설립되었다.

16. (가)에 들어갈 세시 풍속으로 옳은 것은? [1점]

┌─────────────────────────────────────┐
│ 봄의 첫 걸음, (가) 전통 문화 축제 │
│   │
│ 강남 갔던 제비가 돌아와 새봄을 알린다는 │
│ (가) 을/를 맞아 시민들이 참여할 수 있는 │
│ 다채로운 행사를 마련하였습니다.   │
│ ● 일자: 2025년 ○○월 ○○일   │
│ ● 장소: △△ 전통 문화 센터   │
│ 〈체험 1〉   │
│ ■ 화전 만들기   │
│ - 진달래꽃으로 장식한 화전 부치기   │
│ 〈체험 2〉   │
│ ■ 노랑나비 날려 보내기   │
│ - 이 날 노랑나비를 보면 길하다는 풍습에 따라 시민들에게 행운을 드리고자 살아있는 노랑나비를 날려 보내기 │
└─────────────────────────────────────┘

① 한식　② 단옷날　③ 대보름
④ 삼짇날　⑤ 한가위

17. 밑줄 그은 '여러 개혁'의 내용으로 옳지 <u>않은</u> 것은? [2점]

 신 이연종 아뢰옵니다. 변발을 하고 호복을 입는 것은 선왕의 제도가 아니오니, 전하께서는 그런 것을 본뜨지 마소서.

 그대가 진정 충신이구나! 이제부터 과인은 변발을 풀고, 여러 개혁 조치를 통해 고려를 바로잡아 갈 것이다.

① 원의 연호를 폐지하였다.
② 정동행성 이문소를 폐지하였다.
③ 사림원을 설치하여 개혁을 실시하였다.
④ 기철을 비롯한 친원 세력을 숙청하였다.
⑤ 신돈을 등용하고 전민변정도감을 운용하였다.

18. (가)~(라)를 일어난 순서대로 옳게 나열한 것은? [3점]

(가) 윤관이 여진을 평정하고 6성을 새로 쌓았다 하여 하례하는 표를 올렸고, 임언에게 공적을 칭송하는 글을 짓게 하여 영주(英州) 남청(南廳)에 걸었다. 또 공험진에 비를 세워 경계로 삼았다.

(나) 강감찬이 수도에 성곽이 없다 하여 나성을 쌓을 것을 요청하니, 왕이 그 건의를 따라 왕가도에게 명령하여 축조하게 하였다.

(다) 양규가 흥화진으로부터 군사 7백여 명을 이끌고 통주까지 와서 군사 1천여 명을 수습하였다. 밤중에 곽주로 들어가서 지키고 있던 거란군을 급습하여 모조리 죽인 후 성 안에 있던 남녀 7천여 명을 통주로 옮겼다.

(라) 묘청 등이 왕에게 말하기를, "신들이 보건대 서경의 임원역은 음양가들이 말하는 대화세(大華勢)이니 만약 이곳에 궁궐을 세우고 옮기시면 천하를 병합할 수 있을 것이요, 금이 공물을 바치고 스스로 항복할 것입니다."라고 하였다.

① (가) - (나) - (다) - (라)
② (가) - (나) - (라) - (다)
③ (나) - (가) - (라) - (다)
④ (다) - (나) - (가) - (라)
⑤ (다) - (라) - (나) - (가)

19. 다음 사건에 대한 탐구 활동으로 가장 적절한 것은? [2점]

┌─────────────────────────────────────┐
│ **역 사 신 문**   │
│ 제△△호   ○○○○년 ○○월 ○○일 │
│ ─────────────────────────────────── │
│ **개경의 궁궐이 불타고 왕이 피신하다** │
│   │
│ 왕의 장인이자 외조부로서 권세가 하늘을 찌르던 ○○○이/가 난을 일으켰다. 그의 위세에 위협을 느끼던 내시 김찬, 상장군 최탁 등이 암살을 시도하였으나, 오히려 그의 일파인 척준경 등이 군사를 일으켜 반격하면서 난이 시작된 것이다. 이들이 궁궐에 불을 지르고 국왕이 변란을 피해 달아나면서 정국은 혼란에 빠졌다. │
└─────────────────────────────────────┘

① 강감찬이 나성 축조를 건의한 의도를 분석한다.
② 금의 군신 관계 요구를 수용한 인물에 대해 조사한다.
③ 윤관이 별무반을 조직할 것을 건의한 이유를 살펴본다.
④ 김치양을 제거하고 현종을 즉위시킨 인물에 대해 파악한다.
⑤ 망이·망소이가 공주 명학소에서 반란을 모의한 이유를 알아본다.

20. 다음 특별전에 전시될 그림으로 가장 적절한 것은? [1점]

①   ②

③   ④

⑤

21. (가)에 들어갈 내용으로 옳은 것은? [2점]

① 세계 지도인 곤여만국전도가 전해졌다.
② 개량된 금속 활자인 갑인자가 주조되었어요.
③ 우리말 음운 연구서인 언문지가 저술되었다.
④ 기기도설을 참고하여 거중기가 설계되었어요.
⑤ 사상 의학을 정립한 동의수세보원이 편찬되었어요.

22. (가) 인물에 대한 설명으로 옳은 것은? [2점]

① 계유정난을 계기로 정계에서 축출되었다.
② 일본에 다녀와서 해동제국기를 편찬하였다.
③ 기축봉사를 올려 명에 대한 의리를 내세웠다.
④ 군주의 도를 도식으로 설명한 성학십도를 지었다.
⑤ 조선경국전을 저술하여 통치 제도 정비에 기여하였다.

23. (가), (나) 사이에 있었던 사실로 옳은 것은? [3점]

(가) 서인이 역모를 고발하여 허적과 윤휴 등이 처형되고, 수많은 남인이 관직에서 쫓겨났다.

(나) 남인 대신들의 관작이 삭탈되고, 노론과 소론이 정계에 복귀하였으며 인현 왕후가 복위되었다.

① 폐비 윤씨 사사 사건의 관련자들이 화를 입었다.
② 북인이 서인과 남인을 누르고 정국을 주도하였다.
③ 자의 대비의 복상 문제로 기해예송이 전개되었다.
④ 외척 세력인 대윤과 소윤의 대립으로 사화가 일어났다.
⑤ 희빈 장씨 소생의 원자 책봉 문제로 서인이 축출되었다.

24. (가)~(다) 관리가 속한 관청에 대한 설명으로 옳은 것은? [2점]

① (가) - 5품 이하의 관원에 대한 서경권을 가졌다.
② (나) - 정책을 심의·결정하면서 국정을 총괄하였다.
③ (다) - 장관으로 종2품 대사헌이 있었다.
④ (가), (나) - 고려의 삼사와 같은 기능을 담당하였다.
⑤ (나), (다) - 소속 관원을 대간이라고도 불렀다.

25. 다음 글을 쓴 인물에 대한 설명으로 옳은 것은? [2점]

> 이미 문벌에 따라 사람을 기용하니, 사람이면 모두 오장(五臟)과 칠규(七竅)가 있는데 어느 어리석은 사람이 양반이나 중인이 되려고 하지 않고, 군보(軍保)의 천역(賤役)을 즐겨 지려 하겠는가? 실 한 가닥이나 쌀 한 톨을 납부하더라도 역명을 붙이니 사람들이 반드시 부끄럽게 여긴다.
> - 「우서(迂書)」-

① 사농공상의 직업적 평등을 주장하였다.
② 오학론에서 성리학의 폐해를 지적하였다.
③ 사람의 체질을 연구하여 사상 의학을 확립하였다.
④ 천체의 운행과 위치를 측정하는 혼천의를 제작하였다.
⑤ 연행사를 따라 청에 다녀온 후 열하일기를 집필하였다.

26. 밑줄 그은 '봉림 대군'의 재위 기간에 있었던 사실로 옳은 것은? [3점]

① 신무기인 신기전이 개발되었다.
② 나선 정벌에 조총 부대가 동원되었다.
③ 경국대전을 완성하여 법령을 정비하였다.
④ 명의 요청으로 강홍립 부대가 파병되었다.
⑤ 초계문신을 선발하여 학문 연구에 힘쓰도록 하였다.

27. 다음 상황이 전개된 이후의 사실로 옳은 것은? [1점]

> 고금천하의 법 중에 군율보다 엄격한 것은 없습니다. 그런데 강홍립, 김경서 등은 중국 군대와 함께 적지에 깊숙이 들어가서 힘껏 싸우다 죽지 않고 도리어 투항을 청하여 적의 뜰에 무릎을 꿇었으니, 신하의 대의가 땅을 쓸 듯이 완전히 없어졌습니다. …… 청컨대 강홍립·김경서의 가족들을 모조리 잡아서 구금하라고 명하심으로써 군율을 변경할 수 없다는 것을 분명히 보이소서.

① 왕자의 난이 일어나 정도전 등이 피살되었다.
② 성삼문 등이 상왕의 복위를 꾀하다 처형되었다.
③ 정여립 모반 사건을 계기로 기축옥사가 일어났다.
④ 인조반정으로 서인이 정국의 주도권을 장악하였다.
⑤ 폐비 윤씨 사사 사건의 전말이 알려져 관련자들이 화를 입었다.

28. (가)에 대한 설명으로 옳은 것은? [2점]

○ 사헌부 대사헌 허응 등이 시무 7조를 올렸다. "…… 주·부·군·현에 각각 수령이 있는데, 향원(鄕愿) 가운데 일 삼기를 좋아하는 무리들이 (가) 을/를 설치하고, 아무 때나 무리지어 모여서 수령을 헐뜯고 사람을 올리고 내치고, 백성들을 핍박하는 것이 교활한 향리보다 심합니다. 원하건대, 모두 혁거(革去)하여 오랜 폐단을 없애소서."
― 『태종실록』 ―

○ 헌납 김대가 아뢰기를, "백성을 괴롭힘은 향리보다 더한 자가 없는데, 수령도 반드시 다 어질 수는 없습니다. 그래서 백성이 편안하게 살 수 없는데, 비록 경재소가 있더라도 귀와 눈이 미치지 못하는 곳은 규명해 낼 수가 없습니다. …… (가) 의 법은 매우 훌륭했습니다만 중간에 폐지하여 이러한 큰 폐단이 생겼으니, 다시 세우는 것이 어떻겠습니까?"라고 하였다.
― 『성종실록』 ―

① 좌수와 별감을 선발하여 운영되었다.
② 대성전을 세워 선현에 제사를 지냈다.
③ 지방의 사림 세력이 주로 설립하였다.
④ 농민들로 구성된 공동 노동의 작업 공동체였다.
⑤ 최고의 관립 교육 기관으로 성현의 제사도 지냈다.

29. (가)에 대한 설명으로 옳은 것은? [2점]

지금까지 (가) 에게 한성부 관할 구역의 난전을 단속할 수 있도록 허용했던 금난전권을 폐지한다. 다만, 이번 조치에서 육의전은 제외한다.

① 책문 후시를 통해 대외 무역에 종사하였다.
② 주로 왜관을 중심으로 무역 활동을 하였다.
③ 사개치부법이라는 독자적인 회계법을 창안하였다.
④ 상권 수호를 위해 황국 중앙 총상회를 조직하였다.
⑤ 한강을 중심으로 선박을 이용하여 운송업에 종사하였다.

30. 다음 검색창에 들어갈 교육 기관에 대한 설명으로 옳은 것은? [1점]

풍기 군수 주세붕이 안향을 제사하기 위해 사당을 세운 것이 시초이다. 동아시아에 전파되었던 성리학이 지역화되고 변형되는 독특한 과정을 통합적으로 보여준다는 점 등을 인정받아, 9곳이 2019년에 유네스코 세계유산으로 등재되었다.

① 학술 연구 기구로 청연각이 설치되었다.
② 중앙에서 파견된 교수나 훈도가 지도하였다.
③ 전국의 부·목·군·현에 하나씩 설립되었다.
④ 유학을 비롯하여 율학, 서학, 산학을 교육하였다.
⑤ 국왕으로부터 현판과 함께 노비 등을 받기도 하였다.

31. 다음 설명에 해당하는 문화유산으로 옳은 것은? [2점]

문화유산 카드
● 종목: 국보 제67호
● 소재지: 전라남도 구례군
● 소개: 정면 7칸, 측면 5칸의 다포계 중층 팔작지붕 건물이다. 현존하는 중층의 불전 중에서 가장 큰 규모로 내부 공간은 층의 구분 없이 통층(通層)으로 구성되어 웅장한 느낌을 준다. 임진왜란 때 소실되었으나 1702년(숙종 28)에 중건되어 현재에 이르고 있다.

①
봉정사 극락전

②
수덕사 대웅전

③
무량사 극락전

④
쌍계사 대웅전

⑤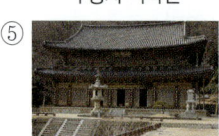
화엄사 각황전

32. (가) 종교에 대한 설명으로 옳은 것은? [2점]

이것은 황사영이 쓴 백서입니다. 백서에는 (가) 에 대한 정부의 탄압 상황과 신앙의 자유를 얻기 위해 외국 군대의 출병을 요청하는 내용 등이 쓰여 있습니다.

① 만세보를 발행하여 민중 계몽에 힘썼다.
② 여성 교육을 위해 이화 학당을 설립하였다.
③ 중광단을 조직하여 무장 투쟁을 전개하였다.
④ 박중빈을 중심으로 새생활 운동을 추진하였다.
⑤ 만주에서 의민단을 조직하여 독립 전쟁을 전개하였다.

33. (가) 단체에 대한 설명으로 옳은 것은? [1점]

(가) 은/는 안창호, 양기탁, 이승훈이 중심이 되어 조직한 비밀 결사 단체로, 국권을 회복한 뒤 공화 정체의 국가를 수립하고자 하였다. 이를 위해서는 실력 양성에 온 힘을 쏟아야 한다고 규정하고 무엇보다 국민을 새롭게 할 것을 주장하였다.

① 고종 강제 퇴위 반대 운동을 주도하였다.
② 일제의 황무지 개간권 요구를 저지하였다.
③ 중추원 개편을 통해 의회 설립을 추진하였다.
④ 복벽주의를 내세우며 의병 전쟁을 준비하였다.
⑤ 태극 서관을 설립하여 계몽 서적을 보급하였다.

34. 다음 상소가 올려진 시기를 연표에서 옳게 고른 것은? [3점]

이 몇 가지 문제는 실로 전하께서 어려서 아직 정사를 도맡아 보지 않고 계시던 시기에 생긴 일입니다. …… 지금부터 임금의 권한을 발휘하시고, 침식을 잊을 정도로 생각하시며 부지런히 일하셔야 할 것입니다. …… 친친(親親)*의 반열에 속하는 사람은 다만 그 지위를 높이고 녹봉을 후하게 줄 뿐이며, 나라의 정사에는 관여하지 못하게 하셔야 할 것입니다.

- 호조 참판 최익현의 상소 -

*친친(親親): 부모와 자식 간의 친밀한 관계를 말함.

1863	1865	1871	1876	1881	1884
고종 즉위	(가) 경복궁 중건	(나) 신미 양요	(다) 강화도 조약	(라) 신사유람단 파견	(마) 갑신 정변

① (가) ② (나) ③ (다)
④ (라) ⑤ (마)

35. 다음 시나리오의 (가) 단체에 대한 설명으로 옳은 것은? [3점]

S# 23. 서대문 감옥 종로 구치감

검 사: (가) 은/는 한국을 독립시킬 목적으로 만든 것인가?
박상진: 그렇다.
검 사: 어떤 방법으로 한국의 국권을 회복할 계획이었나?
박상진: 무기를 구입하여 국권 회복을 준비하고자 하였다.
검 사: 무기의 구입 비용은 어떻게 조달하려 하였나?
박상진: 부호에게서 의연금을 걷고 일본 사람들이 불법 징수한 세금을 압수하여 조달하려 하였다.

① 중·일 전쟁 발발 직후에 조직되었다.
② 공화 정체의 국민 국가 수립을 지향하였다.
③ 파리 강화 회의에 김규식을 대표로 파견하였다.
④ 고종의 밀지를 받아 결성된 비밀 무장 단체이다.
⑤ 조선 총독부에 폭탄을 투척하는 의거를 일으켰다.

36. 밑줄 그은 '이 개혁'의 내용으로 옳은 것은? [2점]

이것은 고종이 종묘에 바친 독립서고문으로 홍범 14조가 포함되어 있습니다. 홍범 14조는 김홍집과 박영효의 연립 내각이 주도한 이 개혁의 기본 방향이 되었습니다.

① 건양이라는 연호를 제정하였다.
② 전국 8도를 23부로 개편하였다.
③ 황제 직속의 원수부를 설치하였다.
④ 양전 사업을 실시하고 지계를 발급하였다.
⑤ 공사 노비법을 혁파하고 과거제를 폐지하였다.

37. (가) 인물에 대한 설명으로 옳은 것은? [2점]

이 사진은 1920년 조선 체육회 창립을 기념하여 열린 '제1회 전조선야구대회'에서 (가) 이(가) 흰 두루마기를 입고 시구하는 모습이다. 그는 서재필 등과 함께 독립 협회를 조직하여 만민 공동회를 주도하고, 민립 대학 설립 운동을 이끄는 등 민족 운동 지도자로서 다양한 활동을 하였다. 1927년에 그가 세상을 떠나자 사회장으로 장례가 치러졌다.

① 재미 한인을 중심으로 흥사단을 조직하였다.
② 민족 단결을 내세운 신간회의 회장으로 추대되었다.
③ 새로운 국가 건설의 이념으로 삼균주의를 주창하였다.
④ 한국독립운동지혈사에서 독립 투쟁 과정을 서술하였다.
⑤ 조선사회경제사에서 식민 사학의 정체성 이론을 반박하였다.

38. (가) 운동에 대한 설명으로 옳은 것은? [1점]

이 사진은 산업 장려, 토산품 애용 등을 내세운 (가) 을/를 효과적으로 선전·계몽하기 위해 월간으로 발행되었던 잡지의 표지입니다. 이 잡지는 1923년 11월에 창간되어 1924년 9월 통권 5호까지 간행되었습니다.

① 한일 학생 간의 충돌에서 비롯되었다.
② 조선 형평사의 주도로 전개되었습니다.
③ 평양에서 시작되어 전국으로 확산되었다.
④ 김광제, 서상돈 등의 발의로 본격화되었다.
⑤ 배우자 가르치자 다함께 브나로드를 구호로 내세웠다.

39. (가)의 활동으로 옳지 않은 것은? [1점]

해외 독립 운동 사적지 정보

(가) 파리 위원부 구지(舊址)

· 사적지 종류: 건물
· 국가: 프랑스
· 주소: 파리 샤토됭 38번지 (38 Rue de Châteaudun, Paris)

사적지 안내

신한 청년단 대표로 파리 강화 회의에 파견된 김규식은 (가) 수립과 함께 외무총장 겸 주 파리 위원부의 대표 위원으로 선임되었다. (가) 의 파리 위원부는 바로 이 건물에 입주하여 여러 외교 선전 활동을 전개하였다.

① 국내 비밀 행정 조직으로 연통제를 두었다.
② 고종의 강제 퇴위 반대 운동을 전개하였다.
③ 중추원 개편을 통한 의회 설립을 추진하였다.
④ 독립운동 자금 마련을 위해 독립 공채를 발행하였다.
⑤ 임시 사료 편찬 위원회를 두고 한·일 관계 사료집을 발간하였다.

40. 밑줄 그은 '이 사업'에 대한 설명으로 옳은 것은? [2점]

> **역사 신문**
> 제△△호 1905년 ○○월 ○○일
> **오늘부터 신화폐로 교환해야**
> 정부는 지난 6월 발표한 탁지부령 제1호에 근거하여 구 백동화를 일본의 제일 은행권으로 교환하는 작업을 오늘부터 실시한다고 발표했다. 이 사업을 주도한 인물은 일본 정부가 추천한 재정 고문 메가타로 알려져 추진 배경에 의구심이 증폭된다.

① 화폐 발행을 위해 전환국이 설치되었다.
② 은본위제가 본격적으로 실시되는 배경이 되었다.
③ 통화량이 줄어들어 국내 상인들이 타격을 입었다.
④ 황국 중앙 총상회가 중심이 되어 반대 운동을 전개하였다.
⑤ 함경도 관찰사 조병식이 방곡령을 선포하는 계기가 되었다.

41. (가) 신문에 대한 설명으로 옳은 것은? [3점]

> **(가)** 창간사
> 그러므로 우리 조정에서도 박문국을 설치하고 관리를 두어 외국 소식을 폭넓게 번역하고 아울러 국내 일까지 실어, 나라 안에 알리는 동시에 여러 나라에 파분(派分)하기로 했다. …… 독자들의 견문을 넓히고 여러 가지 의문점을 풀어 주며 상리(商利)에도 도움을 주고자 한다. 중국과 서양의 관보, 신보를 우편으로 교신하는 것도 이런 뜻이다.

① 최초로 상업 광고가 게재되었다.
② 의병 운동을 호의적으로 보도하였다.
③ 시일야방성대곡이라는 논설을 실었다.
④ 정부에서 발행하는 순 한문 신문이었다.
⑤ 국권 피탈 후 총독부의 기관지로 전락하였다.

42. 다음 인물의 활동으로 옳은 것은? [2점]

> 【이달의 독립운동가】
> **민족의 계몽과 독립에 헌신한**
> **남강(南岡) ○○○**
> ● 생몰 연대: 1864년~1930년
> ● 주요 활동
> - 신민회 가입
> - 자기(磁器) 회사 설립
> - 태극 서관 경영
> - 105인 사건으로 옥고를 치름
> - 3·1 운동 당시 민족 대표 33인 중 기독교 측 대표로 활동
> ● 서훈 내용
> 1962년 건국 훈장 대한민국장 추서

① 국문 연구소를 세워 한글의 문자 체계를 정리하였다.
② 한인 애국단을 조직하여 항일 의거 활동을 전개하였다.
③ 연해주에 권업회를 조직하고 광복군 정부를 수립하였다.
④ 민중 계몽을 위해 태극 서관을 운영하고 출판물을 간행하였다.
⑤ 이승만의 위임 통치 청원을 이유로 국민 대표 회의를 소집하였다.

43. 다음 자료가 발표된 이후에 볼 수 있는 모습으로 옳은 것은? [2점]

> 첫째는 제국의 대륙 병참 기지로서 조선의 사명을 명확히 파악해야 하겠다. 이번 전쟁에서 조선은 대 중국 작전군에게 식량, 잡화 등 상당량의 군수 물자를 공출하여 어느 정도의 효과를 올렸다. 그러나 이 정도로는 아직 불충분하다. …… 대륙의 일본군에게 일본 내지로부터 해상 수송이 차단 당하는 경우가 있더라도 조선의 힘만으로 이것을 보충할 수 있을 정도로 조선 산업 분야를 다각화해야 한다. 특히 군수 공업 육성에 역점을 두어 모든 준비를 해야 할 필요가 있다.
> – 미나미 총독 연설 –

① 토지 조사 사업을 벌이는 일본 관원
② 신간회 창립 대회를 취재하고 있는 기자
③ 제1차 교육령에 따라 보통학교 수업 중인 학생
④ 국민 징용령에 의해 강제 노동에 끌려가는 청년
⑤ 조선 민립 대학 기성 준비회 발족에 참석하는 교사

44. (가)~(라) 법령을 제정된 순서대로 옳게 나열한 것은? [2점]

> (가) 제1조 회사의 설립은 조선 총독의 허가를 받아야 한다.
>
> (나) 제4조 정부는 전시에 국가 총동원상 필요할 때에는 칙령이 정하는 바에 따라 제국 신민을 징용하여 총동원 업무에 종사하게 할 수 있다.
>
> (다) 제4조 토지 소유자는 조선 총독이 정하는 기간 내에 주소, 씨명, 명칭 및 소유지의 소재, 지목, 자번호, 사표, 등급, 지적, 결수를 임시 토지 조사 국장에게 신고해야 한다.
>
> (라) 제7조 ① 소작지의 임대차 기간은 3년 이상이어야 한다. 다만, 영년작물의 재배를 목적으로 하는 임대차에 있어서는 7년 이상이어야 한다.

① (가) - (나) - (다) - (라)
② (가) - (나) - (라) - (다)
③ (가) - (다) - (라) - (나)
④ (나) - (다) - (가) - (라)
⑤ (다) - (라) - (나) - (가)

45. 다음 성명서가 발표된 이후의 사실로 옳은 것은? [3점]

> 금반 우리의 노동 정지는 다만 국제 통상 주식회사 원산 지점이 계약을 무시하고 부두 노동 조합 제1구에 대하여 노동을 정지시킨 것으로 인하여 각 세포 단체가 동정을 표한 것뿐이다. 그러므로 결코 동맹 파업을 행한 것은 아니다. 그럼에도 불구하고 재향 군인회, 소방대가 출동한다 하여 온 도시를 경동케 함은 실로 이해할 수 없는 현상이니 …… 또한 원산 상업 회의소가 우리 연합회 회원과 그 가족 만여 명을 비(非) 시민과 같이 보는 행동을 감행하고 있는 것이 사실임으로 …… 상업 회의소에 대하여 입회 연설회를 개최할 것을 요구하였다.
> — 동아일보 —

① 일본 상품의 관세가 철폐되는 계기가 되었다.
② 경성 고무 여자 직공 조합이 아사 동맹을 결성하였다.
③ 노동자 강주룡이 을밀대 지붕에서 고공 농성을 전개하였다.
④ 전남 신안군 암태도에서 소작농민들이 소작 쟁의를 일으켰다.
⑤ 전국 단위의 노동 운동 단체인 조선 노동 공제회가 조직되었다.

46. 다음 기념사를 발표한 정부 시기에 있었던 사실로 옳은 것은? [2점]

> 오늘 국민 교육 헌장 선포 1주년에 즈음하여, 나는 온 국민과 더불어 뜻깊은 이날을 경축하면서 헌장 이념의 구현을 위한 우리들의 결의를 새로이 하게 된 것을 매우 기쁘게 생각하는 바입니다. 국민 교육 헌장은 우리 민족이 지녀야 할 시대적 사명감과 윤리관을 정립한 역사적 장전이며, 조국 근대화의 물량적 성장을 보완, 촉진시켜 나갈 정신적 지표이며, 국가의 백년대계를 기약하는 국민 교육의 실천 지침인 것입니다.

① 국민학교라는 명칭을 초등학교로 변경하였다.
② 3·15 부정 선거로 여당 부통령 후보가 당선되었다.
③ 신군부에 의해 비상 계엄이 전국으로 확대 선포되었다.
④ 미국에서 시행되고 있던 6-3-3 학제를 처음 도입하였다.
⑤ 긴급 조치 철폐를 요구하는 3·1 민주 구국 선언이 발표되었다.

47. (가) 종교의 활동으로 옳은 것은? [2점]

① 개벽, 신여성 등의 잡지를 발행하였다.
② 배재 학당을 세워 신학문 보급에 힘썼다.
③ 중광단을 조직하여 무장 투쟁을 전개하였다.
④ 박중빈을 중심으로 새생활 운동을 추진하였다.
⑤ 경향신문을 발간하여 민중 계몽에 기여하였다.

48. (가)에 들어갈 민주화 운동에 대한 설명으로 옳은 것은? [2점]

이곳은 이승만의 장기 독재에 저항하여 일어난 (가) 당시 희생된 김주열 열사의 묘소입니다. 3·15 부정 선거를 규탄하는 시위에 참가하였던 열사가 마산 앞바다에서 시신으로 발견되면서, 시위가 전국적으로 확산되었습니다.

① 허정 과도 정부 성립의 배경이 되었다.
② 굴욕적인 한·일 국교 정상화에 반대하였다.
③ 신군부의 비상 계엄 확대에 반대하여 일어났다.
④ 3·1 민주 구국 선언을 통하여 유신 체제에 저항하였다.
⑤ 직선제 개헌을 약속한 6·29 민주화 선언을 이끌어 냈다.

49. 다음 자료에 해당하는 민주화 운동에 대한 설명으로 옳은 것은? [1점]

> 광주 시민들에 따르면, 공수 부대가 학생들의 시위에 잔인하게 대응하면서 상호 간에 폭력적인 결과를 가져왔다고 한다. 계엄령 해제와 수감된 야당 지도자의 석방을 요구하는 학생들이 행진하면서 돌을 던졌다고 하지만, 그렇게 폭력적이지는 않았다고 한다. 광주에 거주하는 25명의 미국인들 – 대부분 선교사, 교사, 평화 봉사단 단원들 – 가운데 한 사람은 "가장 놀랐던 것은 군인들이 저지른 무차별적 폭력이었다."라고 증언하였다.
> – 당시 상황을 보도한 외신 기사 –

① 박종철과 이한열의 희생으로 확산되었다.
② 호헌 철폐와 독재 타도 등의 구호를 내세웠다.
③ 관련 기록물의 유네스코 세계 기록 유산으로 등재되었다.
④ 대통령 중심제에서 의원 내각제로 바뀌는 계기가 되었다.
⑤ 대통령 하야를 요구하며 대학 교수단이 시위행진을 벌였다.

50. 다음 대회를 개최한 정부의 통일 노력으로 옳은 것은? [2점]

제24회 서울 올림픽 대회가 개막되었습니다. 12년 만에 동·서양 진영이 함께 모인 이번 대회에는 159개국의 선수 8,000여 명이 참가하여 과거 어느 대회보다 수준 높은 경기가 펼쳐질 것으로 예상됩니다.

사상 최대 규모의 올림픽 대회 드디어 개막

① 7·4 남북 공동 성명을 발표하였다.
② 6·15 남북 공동 선언문이 채택되었다.
③ 한반도 비핵화를 공동으로 선언하였다.
④ 이산가족의 고향 방문이 처음으로 성사되었다.
⑤ 분단 이후 최초로 남북 정상 회담을 성사시켰다.

한국사능력검정시험
실전모의고사

심화

제3회

이 시험지의 무단 복제, 복사, 전재 행위는 저작권법에 저촉됩니다. 파본은 구입처에서 교환하실 수 있습니다.

2026

한국사능력검정시험
실전모의고사

심화

제**4**회

제4회 한국사능력검정시험 문제지

1. (가) 시대의 생활 모습으로 옳은 것은? [1점]

이것은 경기도 고양시 도내동 유적 발굴 현장 모습입니다. 이 유적에서는 약 4~7만 년 전에 주먹도끼, 찌르개, 돌날 등 (가) 시대의 도구들이 8,000여 점이나 출토되었으며, 대규모의 석기 제작 공간이 있었던 것으로 추정됩니다.

① 빗살무늬 토기에 식량을 저장하였다.
② 소를 이용한 깊이갈이가 일반화되었다.
③ 주로 동굴이나 강가의 막집에서 살았다.
④ 반달 돌칼을 사용하여 곡물을 수확하였다.
⑤ 거푸집을 이용하여 세형 동검을 제작하였다.

2. (가), (나) 나라에 대한 설명으로 옳은 것은? [2점]

철기 시대에 등장한 나라들의 혼인 풍속에 대해 말해 볼까요?
(가) 에는 혼인 후 신랑이 신부의 집 뒤편에 이어진 서옥에 살다가, 자식이 장성하면 신랑집으로 함께 돌아가는 풍속이 있었어요.
(나) 에는 혼인을 약속한 여자아이를 데려다 키워서 며느리로 삼는 민며느리제가 있었어요.

① (가) - 읍락 간의 경계를 중시하는 책화가 있었다.
② (가) - 철이 많이 생산되어 낙랑과 왜에 수출하였다.
③ (나) - 여러 가(加)들이 별도로 사출도를 주관하였다.
④ (나) - 가족의 유골을 한 목곽에 안치하는 풍습이 있었다.
⑤ (가), (나) - 제사장인 천군과 신성 지역인 소도가 있었다.

3. 밑줄 그은 '왕'의 업적으로 옳은 것은? [2점]

왕께서 불교를 일으키려 하시므로 저 이차돈도 불법(佛法)을 위해 목숨을 버리려 합니다. 하늘이시여, 상서로운 일을 백성에게 보여주소서.

① 중앙 관청을 22부로 확대하였다.
② 율령을 반포하고 공복을 제정하였다.
③ 거칠부에게 국사를 편찬하게 하였다.
④ 최고 지배자의 칭호를 마립간이라 하였다.
⑤ 국학을 설립하여 유학 교육을 실시하였다.

4. (가), (나) 사이의 시기에 있었던 사실로 옳은 것은? [3점]

(가) 왕이 태자와 함께 정예군 3만 명을 거느리고 고구려를 침범하여 평양성을 공격하였다. 고구려왕 사유(斯由)가 필사적으로 항전하다가 날아오는 화살에 맞아 죽었다. 왕이 병사를 이끌고 물러났다.
- 『삼국사기』 -

(나) 고구려왕 거련(巨璉)이 병사 3만 명을 거느리고 와서 한성을 포위하였다. …… 왕은 상황이 어렵게 되자 어찌할 바를 모르다가 기병 수십 명을 거느리고 성문을 나가 서쪽으로 달아났는데, 고구려 병사가 추격하여 왕을 살해하였다.
- 『삼국사기』 -

① 신라 지증왕이 우산국을 복속하였다.
② 고구려의 태조왕이 옥저를 복속시켰다.
③ 백제의 문주왕이 웅진으로 천도하였다.
④ 광개토 대왕이 신라에 침입한 왜를 물리쳤다.
⑤ 백제와 고구려가 동맹을 맺고 신라에 대항하였다.

5. 다음 자료에 나타난 시기에 볼 수 있는 모습으로 적절한 것은? [2점]

> 오시(午時)에 북서풍이 불었으므로 돛을 올리고 나아갔다. 미시(未時)와 신시(申時) 사이에 적산의 동쪽 언저리에 도착하여 배를 정박하였다. 북서풍이 더욱 세차게 불었다. 이곳 적산은 바위로만 이루어진 우뚝 솟은 산으로, 문등현 청녕향 적산촌이 위치하고 있다. 산에는 적산 법화원이라는 절이 있는데, 본래 장보고가 처음으로 세운 것이다.
>
> — 『입당구법순례행기』 —

① 진골 귀족인 김춘추가 왕위에 올랐다.
② 왕의 장인인 김흠돌이 반란을 도모하였다.
③ 이차돈의 순교를 계기로 불교가 공인되었다.
④ 자장의 건의로 황룡사 구층 목탑이 건립되었다.
⑤ 최치원이 국왕에게 시무 10여 조를 건의하였다.

6. (가)에 해당하는 문화유산으로 옳은 것은? [1점]

【검색 결과】
○ 종목: 국보 제57호
○ 장소: 전라남도 화순군 쌍봉사
○ 소개: 철감선사 도윤의 사리를 모신 팔각 원당형의 승탑으로 뛰어난 조형미를 갖추고 있다. 신라 하대 선종의 유행과 깊은 관련이 있는 문화유산이다.

 ① ② ③
 ④ ⑤

7. 교사의 질문에 대한 학생의 답변으로 옳은 것은? [2점]

① 경재소를 두어 유향소를 통제하였어요.
② 지방의 22담로에 왕족을 파견하였어요.
③ 국경 지역인 양계에 병마사를 파견했어요.
④ 지방관을 감찰하기 위해 외사정을 두었어요.
⑤ 각 도에 관찰사를 보내 관할 고을의 수령을 감독했어요.

8. 밑줄 그은 '이 시기'에 있었던 사실로 옳은 것은? [2점]

① 웅천주 도독 김헌창이 반란을 일으켰다.
② 경순왕 김부가 경주의 사심관이 되었다.
③ 강조가 정변을 일으켜 김치양을 제거하였다.
④ 관리들에게 관료전이 지급되고 녹읍이 폐지되었다.
⑤ 중국 화북 지방의 농법을 정리한 농상집요가 소개되었다.

9. (가) 국가의 문화유산으로 옳지 <u>않은</u> 것은? [1점]

 ① ② ③

 ④ ⑤

10. 밑줄 그은 '왕'의 업적으로 옳은 것은? [2점]

> 왕이 말하기를, "짐이 정무를 새로이 하게 되어 혹시 잘못된 정치가 있을까 두렵다. 중앙의 5품 이상 관리들은 각자 상서를 올려 정치의 옳고 그름을 논하도록 하라."라고 하였다. 이에 최승로가 왕의 뜻을 받들어 시무 28조를 올렸다.

① 국경 지역인 양계에 병마사를 파견하였다.
② 왕권 강화를 위해 노비안검법을 실시하였다.
③ 쌍기의 건의를 받아들여 과거 제도를 실시하였다.
④ 전국의 주요 지역에 12목을 설치하고 지방관을 파견하였다.
⑤ 전민변정도감을 두어 권문세족의 경제 기반을 약화시키고자 하였다.

11. (가), (나) 인물의 활동으로 옳은 것은? [3점]

> (가) 은/는 본래 신라의 왕자로서 도리어 제 나라를 원수로 삼아 심지어는 선조(先祖)의 화상(畫像)을 칼로 베었으니 그 행위가 매우 어질지 못하였다. (나) 은/는 신라의 백성으로서 신라의 녹을 먹으면서 세력을 키우다가 화(禍)를 일으킬 마음을 품고 (신라의) 도읍을 침범하여 임금과 신하를 살해하니 (그 행위가) 마치 짐승과 같았다. 참으로 천하의 으뜸가는 악인이로다. 그러므로 (가) 은/는 그 신하로부터 버림을 당하였고, (나) 은/는 그 아들에게서 화가 생겨났으니 모두 스스로 불러들인 것인데 누구를 원망한단 말인가.
> - 「삼국유사」 -

① (가) - 신라의 수도를 습격하여 경애왕을 죽게 하였다.
② (가) - 양길(梁吉)을 몰아내고 송악에서 후고구려를 건국하였다.
③ (나) - 국호를 마진으로 바꾸고 철원으로 천도하였다.
④ (나) - 훈요 10조에서 불교 숭상을 강조하였다.
⑤ (가), (나) - 황산 전투에서 왕건의 고려군에게 패배하였다.

12. 다음 상황이 나타난 시기를 연표에서 옳게 고른 것은? [2점]

> 왕이 원(元) 연호의 사용을 중지시키면서 교서를 내렸다. "근래에 나라의 풍속이 크게 바뀌어 오직 권세만을 추구하게 되었으니, 기철 일당이 권세를 믿고 나라의 법도를 뒤흔드는 일이 벌어졌다. …… 법령을 다듬어 명확히 하고 기강을 정돈함으로써 조종(祖宗)이 세운 법을 회복하여 온 나라 백성들과 함께 새롭게 시작하고자 한다."

① (가) ② (나) ③ (다)
④ (라) ⑤ (마)

13. (가) 부대에 대한 설명으로 옳은 것은? [2점]

> 민영(閔瑛)은 사람됨이 호방하며 의협심이 있었다. 어려서부터 매와 개를 데리고 사냥하고 말을 달려 격구(擊毬)하는 것을 좋아하였으며, 벼슬을 구하지 않았다. 그의 부친 민효후가 동계 병마판관이 되어 적에 맞서 싸우다 사망하였다. 그는 이를 한스럽게 여겨 복수를 하여 부친의 치욕을 갚으려 하였다. 때마침 예종이 동쪽 오랑캐를 정벌하려 하자, 민영은 자청하여 (가) 의 신기군에 편성되었다. …… 매번 군대의 선봉이 되어서 말을 타고 돌격하여 적군을 사로잡고 물리친 것이 한두 번이 아니었다.
> ― 민영 묘지명 ―

① 신돈이 책임자로서 개혁을 이끌었다.
② 여진을 정벌하여 동북 9성 일대를 확보하였다.
③ 진도에서 제주도로 근거지를 옮겨 활동하였다.
④ 최우가 자신의 집에 설치하여 인사권을 행사하였다.
⑤ 9주에 1정씩 배치되고 한주(漢州)에만 1정을 더 두었다.

14. 다음 자료에 나타난 시기의 사회 모습으로 옳은 것은? [1점]

> 공주의 겁령구* 등에게 성과 이름을 하사하였는데 홀랄대는 인후로, 삼가는 장순룡으로, 차홀대는 차신으로 하고 관직은 모두 장군으로 하였다. …… 첨의부에서 아뢰기를, "제국 대장 공주의 겁령구와 관료들이 좋은 땅을 많이 차지하여 산천으로 경계를 정하고 사패(賜牌)를 받아 조세를 납입하지 않으니, 청컨대 사패를 도로 거두소서."라고 하였다.
> *겁령구: 시종인

① 농사직설을 소개하는 학자
② 변발을 하고 호복을 입은 관리
③ 흑창(黑倉)에서 곡식을 빌려가는 백성
④ 공가를 받고 관청에 물품을 납부하는 공인
⑤ 고추, 담배 등을 상품 작물로 재배하는 농민

15. (가) 인물에 대한 설명으로 옳은 것은? [2점]

불교 인물 카드

(가)
- 생몰: 1055년~1101년
- 가계: 고려 제11대 왕인 문종의 넷째 아들
- 주요 활동
  - 개경 흥왕사에 설치된 교장도감에서 교장(敎藏) 간행
  - 해동 천태종 개창

① 정혜사를 결성하여 불교계를 개혁하고자 하였다.
② 심성의 도야를 강조한 유불 일치설을 제창하였다.
③ 법화 신앙을 중심으로 백련사 결사를 주도하였다.
④ 승려들의 전기를 정리하여 해동고승전을 편찬하였다.
⑤ 이론 연마와 수행을 함께 강조하는 교관겸수를 주장하였다.

16. (가), (나) 역사서에 대한 설명으로 옳은 것은? [3점]

> (가) 이로 보건대 삼국의 시조가 모두 신비로운 데에서 탄생하였다고 하여 이상할 것이 없다. 이 책 머리에 기이(紀異)편을 싣는 까닭도 바로 여기에 있는 것이다.
>
> (나) 그 요점만을 추려 시(詩)로 읊는다면 살펴보시기에 편리하지 않겠습니까. …… 운(韻)을 넣어 읊조려서 좋은 것은 본보기로 삼고 나쁜 것은 경계의 대상으로 삼으며, 그 일에 따라 비평을 하였습니다.
> ⋮
> 요동에 별개의 천지가 있으니
> 뚜렷이 중국과 구분되어 나누어져 있도다.

① (가) ― 김부식 등이 왕명으로 편찬한 기전체 사서이다.
② (가) ― 단군부터 고려 말까지의 불교사를 중심으로 서술한 기사본말체 사서이다.
③ (나) ― 남북국이라는 용어를 처음 사용하였다.
④ (나) ― 유네스코 세계 기록 유산으로 등재되었다.
⑤ (가), (나) ― 사초, 시정기 등을 바탕으로 실록청에서 편찬하였다.

17. 다음 사진전에 전시될 불상으로 옳은 것은? [2점]

①   ②   ③

④   ⑤

18. (가) 인물에 대한 설명으로 옳은 것은? [1점]

이 책은 (가) 이/가 태조 이성계에게 지어 바친 법전으로, 경제육전과 경국대전의 모체가 되었다고 평가받는다. 이 책에서 재상 중심의 정치를 강조한 (가) 은/는 도성의 축조 계획을 세우고, 새 궁궐의 이름을 경복궁이라고 짓는 등 국가의 기틀을 다지는 데 주도적인 역할을 하였다.

① 불씨잡변을 지어 불교를 비판하였다.
② 만권당에서 원의 학자들과 교유하였다.
③ 일본에 다녀와서 해동제국기를 편찬하였다.
④ 기축봉사를 올려 명에 대한 의리를 내세웠다.
⑤ 삼별초를 이끌고 진도로 이동하여 대몽 항쟁을 펼쳤다.

19. 다음 사건의 인물에 대한 설명으로 옳은 것은? [2점]

정국공신을 개정하는 일로 전지하기를, "충신이 힘을 합쳐 나를 후사(後嗣)로 추대하여 선왕의 유업을 잇게 하니, 그 공이 적다 할 수 없으므로 훈적(勳籍)에 기록하여 영구히 남기도록 명하였다. 그러나 초기에 일이 황급하여 바르게 결단하지 못하고 녹공(錄功)을 분수에 넘치게 하여 뚜렷한 공신까지 흐리게 하였으니 …… 이 때문에 여론이 거세게 일어나 갈수록 울분이 더해 가니 …… 내 어찌 공훈 없이 헛되이 기록된 것을 국시(國是)로 결단하지 않을 수 있겠는가? …… 추가로 바로 잡아서 공권(功券)*을 맑게 하라."라고 하였다.

*공권(功券): 공신에게 지급하던 포상 문서

① 사화의 발단이 된 조의제문을 작성하였다.
② 소학의 보급과 공납의 개선을 주장하였다.
③ 기축봉사를 올려 명에 대한 의리를 강조하였다.
④ 예안 향약을 시행하여 향촌 교화를 위해 노력하였다.
⑤ 사변록에서 유교 경전에 대한 독자적 해석을 시도하였다.

20. 다음 대화를 통해 알 수 있는 사화에 대한 설명으로 옳은 것은? [3점]

① 김일손의 사초가 발단이 되었다.
② 대윤과 소윤의 권력 다툼이 계기가 되었다.
③ 폐비 윤씨 사사 사건의 관련자들이 화를 입었다.
④ 위훈 삭제에 대한 훈구 세력의 반발이 원인이었다.
⑤ 희빈 장씨 소생의 원자 책봉 문제로 환국이 발생하였다.

21. (가)에 들어갈 문화유산으로 옳은 것은? [2점]

①   ②   ③

④   ⑤

22. 다음 기관에 대한 설명으로 옳은 것은? [3점]

① 중앙에서 교수와 훈도가 파견되었다.
② 봄·가을로 향음주례(鄕飮酒禮)를 지냈다.
③ 조광조를 비롯한 사림의 건의로 혁파되었다.
④ 국자학, 태학, 사문학으로 나누어 교육하였다.
⑤ 매향 활동을 하면서 각종 불교 행사를 주관하였다.

23. (가)에 들어갈 그림으로 옳은 것은? [1점]

①   ②

③   ④

⑤

24. (가)에 들어갈 내용으로 가장 적절한 것은? [1점]

세시 풍속 체험 프로그램 안내

강남 갔던 제비가 돌아와 새봄을 알린다는 이 날은 답청절(踏靑節)이라고도 하여 들판에 나가 꽃놀이를 하고 새 풀을 밟으며 봄을 즐기는 날입니다. 이날을 맞이하여 다채로운 행사를 준비하였으니 시민 여러분의 많은 참여 바랍니다.

1. **일시**: 2025년 ○○월 ○○일 10:00~17:00
2. **장소**: △△문화원 야외 체험장
3. **체험 프로그램**
   - 노랑나비 날리기 – 이날 노랑나비를 보면 길하다는 속설에 따라 살아있는 노랑나비를 날려 보내기
   - (가)
   - 풀각시놀이 – 각시풀을 추려서 한쪽 끝을 실로 묶어 머리채를 만든 다음 나뭇가지에 묶어 인형처럼 가지고 놀기

△△문화원

① 새알심 넣어 팥죽 만들기
② 창포 삶은 물에 머리 감기
③ 진달래꽃으로 화전 부치기
④ 불을 사용하지 않고 찬 음식 먹기
⑤ 부스럼을 예방하기 위한 부럼 깨기

25. (가) 왕의 재위 기간에 볼 수 있는 장면으로 가장 적절한 것은? [3점]

8년 간 인질 생활을 경험했던 (가) 은/는 청에 대한 원수를 갚고 치욕을 씻기 위해 북벌 정책을 추진하였다. 이에 송시열, 이완 등을 중용하였으며, 군대를 양성하고 성곽을 수리하는 등 청과의 전쟁을 준비하였다.

① 나선 정벌에 동원되는 군인
② 규장각 검서관에 등용되는 서얼
③ 방납의 폐단으로 고통 받는 농민
④ 광혜원에서 환자를 진료하는 의사
⑤ 품삯을 받고 화성 축조에 참여한 백성

26. (가) 인물에 대한 설명으로 옳은 것은? [2점]

하곡집 중 존언 부분

이 책은 (가) 의 글을 모아 펴낸 문집이다. 그는 학변(學辨), 존언(存言) 등의 글에서 심(心)과 이(理)를 구별하는 주자의 견해를 비판하였다. 또한 지(知)와 행(行)을 둘로 구분하는 것은 물욕에 가려진 것이라고 하면서 양지(良知)의 본체에서 보면 지와 행은 하나라고 주장하였다. 그의 학문은 스승인 박세채, 윤증과의 교류를 통해 심화되었다.

① 일본에 다녀와서 해동제국기를 편찬하였다.
② 서울 출신으로 규장각 검서관에 임용되었다.
③ 사람의 체질을 연구하여 사상 의학을 확립하였다.
④ 양명학을 연구하여 강화 학파 형성의 기초를 마련하였다.
⑤ 호락논쟁에 참여하여 사람과 사물의 본성이 같다고 주장하였다.

27. 밑줄 그은 '이들'에 대한 설명으로 옳은 것을 〈보기〉에서 고른 것은? [2점]

이 책은 1858년 유림 단체인 달서정사에서 펴낸 것입니다. 책 이름의 '규(葵)'자는 해바라기를 뜻합니다. '해바라기가 해를 향하는 데는 본가지나 곁가지가 다름이 없듯이 이들의 충성심도 적자(嫡子)와 다를 바 없다.'는 선조(宣祖)의 말에서 따온 것이라고 합니다.

규사

보 기

ㄱ. 화척, 양수척 등으로 불렸다.
ㄴ. 수차례 통청 운동을 전개하였다.
ㄷ. 규장각 검서관에 등용되기도 하였다.
ㄹ. 차별 철폐를 위해 조선 형평사를 조직하였다.

① ㄱ, ㄴ   ② ㄱ, ㄷ
③ ㄴ, ㄷ   ④ ㄴ, ㄹ
⑤ ㄷ, ㄹ

28. (가) 정치 기구에 대한 설명으로 옳은 것은? [2점]

> 역사 용어 해설
>
> (가)
>
> 1. 개요
> 1405년(태종 5)에 독립된 기구로 개편된 중앙 관서로, 경국대전에 의하면 도승지·좌승지·우승지·좌부승지·우부승지·동부승지 모두 6인의 승지가 있었다.
>
> 2. 관련 사료
> 승지에 임명되는 당상관은 이조나 대사간을 거쳐야 맡을 수 있었고, 인망이 마치 신선과 같으므로 세속 사람들이 '은대(銀臺) 학사'라고 부른다.
> — 『임하필기』—

① 수도의 행정과 치안을 맡아보았다.
② 5품 이하의 관원에 대한 서경권을 가졌다.
③ 왕의 비서 기관으로 왕명 출납을 담당하였다.
④ 정책을 심의·결정하면서 국정을 총괄하였다.
⑤ 왕에게 경서와 사서를 강론하는 경연을 주관하였다.

29. 밑줄 그은 '이 정책'에 대한 설명으로 옳은 것은? [2점]

> 2필 양역(良役)의 폐단이 나라를 망치는 근저가 된 지 오래되었습니다. 조종조(祖宗朝) 이래로 누차 변통시키는 계책을 강구하였지만, 지금에 이르도록 시일만 지체하면서 폐단은 날로 더욱 심해지니 ……. 급기야 임금께서 재차 궁궐 문에 임하시어 민정을 널리 물으셨지만, 호전(戶錢)·결포(結布)의 주장을 모두 행할 수 없게 되자 마침내 개연히 눈물을 흘리시며, "2필의 양역을 비록 다 혁파할 수는 없지만 1필로 줄이는 이 정책은 행하지 않을 수가 없다."라고 하교하시기에 이르렀습니다.

① 양전 사업을 실시하여 지계를 발급하였다.
② 선무군관에게 1년에 1필의 군포를 징수하였다.
③ 풍흉과 토지의 비옥도에 따라 차등 부과하였다.
④ 관리들에게 경기 지방에 한하여 과전을 지급하였다.
⑤ 선혜법이라는 이름으로 경기도에서 처음 시행되었다.

30. 밑줄 그은 '이 왕'의 업적으로 옳은 것은? [2점]

이곳 만석거(萬石渠)는 이 왕이 수원 화성을 건립하면서 축조한 수리 시설 중 하나입니다. 수갑(水閘) 및 수도(水道)를 만든 기술의 혁신성, 백성들의 식량 생산에 이바지한 점, 풍경의 아름다움 등 역사 문화적 가치를 인정받아 2017년 세계 관개 시설물 유산으로 등재되었습니다.

① 왕권을 강화하기 위해 장용영을 설치하였다.
② 청과의 국경을 정하는 백두산정계비를 세웠다.
③ 동국문헌비고를 편찬하여 역대 문물을 정리하였다.
④ 삼정의 문란을 해결하고자 삼정이정청을 설치하였다.
⑤ 붕당 정치의 폐해를 극복하고자 탕평비를 건립하였다.

31. (가) 인물에 대한 설명으로 옳은 것은? [1점]

이곳 운현궁은 (가) 의 개인 저택으로 그의 아들인 고종이 태어나 12살까지 살았던 잠저입니다. 원래 운현은 저택이 위치한 곳의 지명이었는데, 고종이 즉위하면서 궁의 칭호를 받아 운현궁이 되었습니다.

① 어영청을 중심으로 북벌을 추진하였다.
② 청과의 국경을 정하는 백두산정계비를 세웠다.
③ 양반에게도 군포를 징수하는 호포제를 추진하였다.
④ 삼정의 문란을 개선하기 위해 삼정이정청을 설치하였다.
⑤ 육의전 이외 시전 상인의 특권을 폐지하는 신해통공을 실시하였다.

32. (가) 사건의 원인으로 옳은 것은? [2점]

① 영국이 거문도를 점령하였다.
② 함경도 관찰사가 방곡령을 선포하였다.
③ 오페르트가 남연군 묘를 도굴하려 하였다.
④ 서인 정권이 친명 배금 정책을 추진하였다.
⑤ 병인박해로 천주교 선교사와 신자들이 처형되었다.

33. (가), (나) 인물의 활동으로 옳은 것은? [2점]

① (가) - 대한 광복회를 조직하여 친일 부호를 처단하였다.
② (가) - 북학의를 저술하여 청의 문물 수용을 주장하였다.
③ (나) - 왜양일체론에 입각하여 위정 척사 운동을 전개하였다.
④ (나) - 조선책략 유포에 반발하여 영남 만인소를 주도하였다.
⑤ (가), (나) - 13도 창의군을 결성하여 서울 진공 작전을 전개하였다.

34. (가) 조약에 대한 설명으로 옳은 것은? [1점]

① 거중조정의 조항을 포함하였다.
② 어재연 장군이 광성보에서 항전하였다.
③ 김기수를 일본에 수신사로 파견하였다.
④ 박규수의 건의로 삼정이정청을 설치하였다.
⑤ 조약 체결에 항거하여 민영환이 자결하였다.

35. (가)~(마)에 대한 설명으로 옳은 것은? [2점]

① (가) - 박문국에서 발간한 최초의 신문이었다.
② (나) - 국채 보상 운동을 적극적으로 후원하였다.
③ (다) - 외국인이 읽을 수 있도록 영문으로도 발행되었다.
④ (라) - 국권 피탈 후 총독부의 기관지로 전락하였다.
⑤ (마) - 최초로 상업 광고가 게재되었다.

36. 다음 조약의 체결 이후 발생한 상황으로 옳은 것은? [3점]

> 제2조 일본국 정부는 한국과 타국 사이에 현존하는 조약의 실행을 완수할 임무가 있으며, 한국 정부는 금후 일본국 정부의 중개를 거치지 않고는 국제적 성질을 가진 어떤 조약이나 약속도 하지 않는다.
> 제3조 일본국 정부는 그 대표자로 하여금 한국 황제 폐하의 궐하에 1명의 통감(統監)을 두게 하며, 통감은 전적으로 외교에 관한 사항을 관리하기 위하여 경성에 주재하고 한국 황제 폐하를 친히 내알(內謁)할 권리를 가진다.
> ……

① 통리기무아문이 설치되었다.
② 이만손 등이 영남 만인소를 올렸다.
③ 홍경래가 평안도에서 봉기를 일으켰다.
④ 집강소가 설치되어 폐정 개혁이 추진되었다.
⑤ 고종이 헤이그 만국 평화 회의에 특사를 파견하였다.

37. 밑줄 그은 '개혁'에 의해 추진된 정책으로 옳은 것은? [2점]

① 신식 군대인 별기군을 창설하였다.
② 청에 영선사로 김윤식을 파견하였다.
③ 군 통수권 장악을 위하여 원수부를 설치하였다.
④ 서양식 근대 교육 기관인 육영 공원을 설립하였다.
⑤ 개화 정책을 담당하는 통리기무아문을 신설하였다.

38. 다음 인물의 활동으로 옳은 것은? [1점]

○○○ 연보

1878년	평안도 강서 출생
1897년	독립 협회 가입
1912년	대한인 국민회 중앙 총회 조직
1913년	흥사단 조직
1919년	대한민국 임시 정부 내무총장 겸 국무총리 대리
1937년	수양 동우회 사건으로 수감
1938년	서울에서 별세

① 베델과 제휴하여 대한매일신보를 창간하였다.
② 가갸날을 제정하고 기관지인 한글을 발행하였다.
③ 인재를 양성하기 위하여 대성 학교를 설립하였다.
④ 서유견문을 집필하여 서양 근대 문명을 소개하였다.
⑤ 독사신론을 저술하여 민족 중심의 역사 서술을 하였다.

39. 다음 궁궐에 대한 설명으로 옳은 것을 〈보기〉에서 고른 것은? [3점]

〈보기〉
ㄱ. 제1차 미·소 공동 위원회가 개최되었다.
ㄴ. 태종이 한양 재천도를 위하여 건립하였다.
ㄷ. 태조 때 한양으로 천도하면서 처음으로 지어졌다.
ㄹ. 일제의 조선 물산 공진회 개최 장소로 이용되었다.

① ㄱ, ㄴ ② ㄱ, ㄷ ③ ㄴ, ㄷ
④ ㄴ, ㄹ ⑤ ㄷ, ㄹ

40. (가) 민족 운동에 대한 설명으로 옳은 것은? [3점]

이것은 순종의 인산일에 일어난 (가) 당시 장례 행렬에 모인 사람들에게 뿌려진 격문의 일부입니다.

• 대한 독립운동가여 단결하라!
• 일체 납세를 거부하자!
• 일본 물자를 배척하자!
• 언론·출판·집회의 자유를!
• 보통 교육은 의무 교육으로!
• 교육 용어는 조선어로!

① 조선 노동 총동맹을 중심으로 전개되었다.
② 일제가 조작한 105인 사건으로 타격을 입었다.
③ 신간회 중앙 본부가 진상 조사단을 파견하였다.
④ 일제가 이른바 문화 통치를 실시하는 배경이 되었다.
⑤ 국내에서 민족 유일당 운동이 전개되는 계기가 되었다.

41. 다음 활동을 전개한 단체에 대한 설명으로 옳은 것은? [2점]

남만주로 집단 이주하려고 기도하고, 조선 본토에서 상당한 재력이 있는 사람들을 그곳에 이주시켜 토지를 사들이고 촌락을 세워 새 영토로 삼고, 다수의 청년 동지들을 모집하고 파견하여 한인 단체를 일으키고, 학교를 세워 민족 교육을 실시하고 나아가 무관 학교를 설립하여 문무를 겸하는 교육을 실시하면서, 기회를 엿보아 독립 전쟁을 일으켜 구한국의 국권을 회복하고자 하였다.

① 대성 학교를 세워 민족 교육을 전개하였다.
② 고종의 강제 퇴위에 반대하는 시위를 주도하였다.
③ 단원인 이봉창이 일왕의 행렬에 폭탄을 투척하였다.
④ 조선 총독부에 국권 반환 요구서를 발송하려 하였다.
⑤ 독립 운동 자금 마련을 위해 독립 공채를 발행하였다.

42. 다음 검색창에 들어갈 종교에 대한 설명으로 옳은 것은? [2점]

손병희가 동학을 바탕으로 발전시킨 종교이다. 동학의 제3대 교주였던 손병희는 이용구 등 동학교도의 일부가 일진회를 조직하여 친일 매국적 행태를 보이자, 1905년 교명을 개칭하고 교리와 교단 조직을 새롭게 정비하였다.

중앙 대교당

① 항일 무장 단체인 중광단을 결성하였다.
② 하늘에 제사 지내는 초제를 거행하였다.
③ 박중빈을 중심으로 새생활 운동을 추진하였다.
④ 배재 학당을 세워 신학문을 보급하고자 노력하였다.
⑤ 어린이 등의 잡지를 발간하여 소년 운동을 주도하였다.

43. 다음 글을 쓴 인물에 대한 설명으로 옳은 것은? [2점]

내가 세상에 태어난 이후 목격한 최근의 역사는 힘써 볼 만한 일이다. 이에 갑자년(1864)부터 신해년(1911)에 이르기까지 3편 114장을 지어 통사(痛史)라 이름 하니 감히 정사(正史)를 자처하는 것은 아니다. 다행히 우리 동포들이 국혼(國魂)이 담겨 있는 것임을 인정하여 버리거나 내던지지 않기를 바랄 뿐이다.

① 대한민국 임시 정부 제2대 대통령으로 활동하였다.
② 새로운 국가 건설의 이념으로 삼균주의를 주창하였다.
③ 독사신론을 발표하여 민족을 역사 서술의 중심에 두었다.
④ 일제의 패망과 광복에 대비하여 조선 건국 동맹을 결성하였다.
⑤ 조선사회경제사에서 식민주의 사학의 정체성 이론을 반박하였다.

44. 다음 자료의 단체에 대한 설명으로 옳은 것을 〈보기〉에서 고른 것은? [3점]

―― 보 기 ――
ㄱ. 식량 대책 위원회를 설치하였다.
ㄴ. 한인 자치 기관인 경학사를 설치하였다.
ㄷ. 건국 작업을 진행하기 위한 좌우 합작 형태의 단체이다.
ㄹ. 제헌 국회에서 일제의 잔재를 청산하기 위해 조직되었다.

① ㄱ, ㄴ ② ㄱ, ㄷ
③ ㄴ, ㄷ ④ ㄴ, ㄹ
⑤ ㄷ, ㄱ

45. (가) 민족 운동에 대한 설명으로 옳은 것은? [2점]

> (가) 에 대한 반대 측 의견을 종합하건대 크게 두 가지 논점이 있는 것 같다. 하나는 일본인 측이나 또는 관청의 일부분에서 일종의 일본 제품 배척 운동으로 간주하고 불온한 사상이라고 공격하는 것이다. 또 하나는 소위 사회주의자 중 일부 논객이 주장하는 것인데, (가) 은/는 유산 계급의 이익을 위한 것이며 무산 계급에는 아무 관련이 없으니 유산 계급만의 운동으로 남겨 버리자는 것이다.
> ― 동아일보 ―

① 신간회가 창립되는 계기가 되었다.
② 진주에서 시작되어 전국으로 확산되었다.
③ 국민의 성금을 모아 국채를 갚고자 하였다.
④ 조선 사람 조선 것이라는 구호를 내세웠다.
⑤ 농민 단체를 결성하여 소작 쟁의를 전개하였다.

46. 다음 사건이 일어난 정부 시기에 있었던 사실로 옳은 것은? [2점]

> 5월 26일, 부산에서 국회의원 통근 버스가 헌병대로 강제 연행되어 탑승한 야당 의원 50여 명이 구금당하는 사태가 벌어졌다. 내각 책임제를 추진하던 주동 의원들이 체포되었으며, 국제 공산당 사건 혐의로 10여 명의 국회의원이 구속되었다.

① 통일 주체 국민 회의 대의원이 선출되었다.
② 농촌 근대화를 표방한 새마을 운동이 전개되었다.
③ 사회 정화를 명분으로 삼청 교육대가 설치되었다.
④ 조봉암이 혁신 세력을 규합하여 진보당을 창당하였다.
⑤ 한·독 정부 간의 협정에 따라 서독으로 광부가 파견되었다.

47. (가), (나) 사이에 있었던 사실로 옳은 것은? [3점]

> (가) 대한민국과 미국은 서로의 군사적 안전을 보장하는 한·미 상호 방위 조약을 체결하였다.
>
> (나) 미국은 브라운 각서를 통해 한국군의 베트남 추가 파병의 대가로 대한민국에 군사·경제적 지원을 약속하였다.

① 경제 협력 개발 기구(OECD)에 가입하였다.
② 한·일 협정 체결로 인한 6·3 시위가 촉발하였다.
③ 대한민국이 중화 인민 공화국과 국교를 수립하였다.
④ 대한민국과 미국이 자유 무역 협정(FTA)을 체결하였다.
⑤ 세계 무역 기구(WTO)의 출범으로 시장 개방이 가속화되었다.

48. (가)에 대한 탐구 활동으로 적절하지 않은 것은? [2점]

특별전
1500년 세월의 풍상

이번 특별 기획전에서는 신라 지증왕 때 울릉도와 더불어 우리 영토로 편입된 이래, 한민족과 성쇠를 함께 한 (가) 의 역사를 살펴보고자 합니다.

● 일자: ○○○○년 10월 25일
● 장소: △△기념관

① 대한 제국 칙령 제41호 문서를 조사한다.
② 신라 지증왕이 이사부를 파견한 곳을 알아본다.
③ 숙종 때 안용복이 일본으로 건너간 배경을 알아본다.
④ 일본이 러·일 전쟁 중에 불법으로 편입한 지역을 살펴본다.
⑤ 정약전이 섬의 어종을 조사하여 자산어보를 저술한 곳을 찾아본다.

49. 밑줄 그은 '정부'의 통일 노력으로 옳은 것은? [2점]

국민들은 금 모으기 운동에 자발적으로 동참하여 외환 위기 극복에 힘을 보탰습니다. 정부는 지금까지 어떤 노력을 해왔는지 말씀해 주십시오.

정부는 기업에 대한 강도 높은 구조 조정, 노사정 위원회 설치 등 다각적인 노력을 통해 국제 통화 기금(IMF)의 구제 금융 지원금을 예정보다 3년이나 빨리 상환하였습니다.

① 남북한이 유엔에 동시 가입하였다.
② 7·4 남북 공동 성명을 발표하였다.
③ 6·15 남북 공동 선언을 채택하였다.
④ 한반도 비핵화 공동 선언에 서명하였다.
⑤ 최초의 이산가족 고향 방문을 실현하였다.

50. 밑줄 그은 '이 정부'에 대한 설명으로 옳은 것은? [2점]

경제 협력 개발 기구(OECD)는 회원국 상호 간 정책의 조정과 협력을 통해 회원국의 경제·사회 발전을 공동으로 모색하고, 나아가 세계 경제 문제에 공동으로 대처하기 위한 국제 기구이다. 우리나라는 이 정부 시기에 세계 경제 운영에 영향력을 발휘하기 위해 이 기구에 가입하였다.

① 남북 기본 합의서를 채택하였다.
② 금강산 관광 사업과 경의선 복원 공사를 시작하였다.
③ 농촌 환경 개선과 소득 증대를 목표로 새마을 운동을 시작하였다.
④ 금융 거래의 투명성을 확보하고자 금융 실명제를 전격 시행하였다.
⑤ 개성 공단 건설을 통하여 남북 간 경제 교류 사업을 활성화시켰다.

한국사능력검정시험
실전모의고사

심화

제4회

이 시험지의 무단 복제, 복사, 전재 행위는 저작권법에 저촉됩니다. 파본은 구입처에서 교환하실 수 있습니다.

2026

한국사능력검정시험
실전모의고사

심화

제5회

제5회 한국사능력검정시험 문제지

심화

1. (가) 시대의 생활 모습으로 옳은 것은? [1점]

특별 기획전

(가) 시대, 새로운 도구를 사용하다

우리 박물관에서는 농경과 정착 생활이 시작된 (가) 시대 특별전을 마련하였습니다. 당시 사람들이 사용하였던 도구를 통해 그들의 생활 모습을 살펴보는 기회가 되길 바랍니다.

· 기간 : 2025.○○.○○.~○○.○○.
· 장소 : △△ 박물관 기획 전시실
· 주요 전시 유물

① 빗살무늬 토기에 식량을 저장하였다.
② 소를 이용한 깊이갈이가 일반화되었다.
③ 반달 돌칼을 사용하여 곡물을 수확하였다.
④ 거푸집을 이용하여 세형 동검을 제작하였다.
⑤ 사냥을 위해 슴베찌르개를 처음 제작하였다.

2. 밑줄 그은 '이 나라'에 대한 설명으로 옳은 것은? [2점]

이 나라에는 다른 부족의 영역을 침범하면 노비나 소, 말로 변상하는 책화라는 풍습이 있었다고 해.

특산물로는 단궁, 과하마, 반어피 등이 있었어.

① 신지, 읍차 등의 지배자가 있었다.
② 민며느리제라는 혼인 풍습이 있었다.
③ 여러 가(加)들이 별도로 사출도를 다스렸다.
④ 매년 10월에 무천이라는 제천 행사를 열었다.
⑤ 대가들이 사자, 조의, 선인 등의 관리를 거느렸다.

3. (가), (나) 사이의 시기에 있었던 사실로 옳은 것은? [3점]

(가) 여러 신하들이 아뢰기를, "신들의 생각으로는 신(新)은 '덕업이 날로 새로워진다.'는 뜻이고, 라(羅)는 '사방(四方)을 망라한다.'는 뜻이므로 이를 나라 이름으로 삼는 것이 마땅하다고 여겨집니다." 라고 하였다. 왕이 이에 따랐다.

(나) 백제의 왕인 명농이 가량(가야)과 함께 와서 관산성을 공격하였다. …… (신라의) 고간 도도가 급히 쳐서 백제 왕을 죽였다.

① 신라가 불교를 공인하였다.
② 신라가 대가야를 정복하였다.
③ 고구려가 낙랑군을 축출하였다.
④ 고구려가 백제의 한성을 함락하였다.
⑤ 백제 군대가 황산벌에서 결사 항전하였다.

4. 다음 문화유산을 남긴 나라에 대한 설명으로 옳은 것은? [2점]

대성동 고분 출토 청동 솥 | 김해시 경계 | 대동면 덕산리 출토 도기 기마인물형 뿔잔

① 읍락 간의 경계를 중시하는 책화가 있었다.
② 지방 장관으로 욕살, 처려근지 등을 두었다.
③ 지방을 통제하기 위해 22담로를 설치하였다.
④ 박, 석, 김의 3성이 교대로 왕위를 계승하였다.
⑤ 낙랑과 왜를 연결하는 중계 무역으로 번성하였다.

4 한국사능력검정시험

5. (가), (나) 사이의 시기에 있었던 사실로 옳은 것은? [3점]

> (가) 영락 6년 병신(丙申)에 왕이 친히 군사를 이끌고 백제[百殘]를 토벌하였다. …… 백제가 의(義)에 복종치 않고 감히 나와 싸우니 왕이 크게 노하여 아리수를 건너 정병(精兵)을 보내 그 도성에 육박하였다. …… 이에 백제왕[殘主]이 …… 이제부터 영구히 고구려왕의 노객(奴客)이 되겠다고 맹세하였다.
>
> (나) 고구려의 대로 제우, 재증걸루, 고이만년 등이 북쪽 성을 공격한 지 7일 만에 함락시키고 남쪽 성으로 옮겨 공격하자, 성 안이 위험에 빠지고 개로왕이 도망하여 나갔다. 고구려 장수 재증걸루 등이 왕을 보고 …… 그 죄를 책망하며 포박하여 아차성 아래로 보내 죽였다.

① 침류왕이 불교를 수용하였다.
② 미천왕이 서안평을 점령하였다.
③ 동성왕이 나·제 동맹을 강화하였다.
④ 장수왕이 국내성에서 평양으로 천도하였다.
⑤ 진흥왕이 화랑도를 국가 조직으로 개편하였다.

7. 밑줄 그은 '대책'으로 옳은 것은? [2점]

> **고구려에서 찾은 사회 보장 제도**
>
> 사회 보장 제도란 빈곤, 질병 등 사회적 위험으로부터 국민을 보호하기 위한 국가의 조직적 행정을 말한다. 전통 사회의 구휼 정책도 그 범주에 넣을 수 있는데, 고구려에서도 유사한 사례를 찾을 수 있다. 삼국사기에 따르면, 사냥을 나갔던 고국천왕이 길에서 슬피 우는 사람을 만나 그 연유를 물었더니, "가난하여 품을 팔며 어머니를 간신히 모셨는데, 올해는 흉년이 극심해 품을 팔 곳도 찾을 수 없고 곡식을 구하기도 어려워 어찌 어머니를 봉양할까 걱정되어 울고 있습니다."라고 답하였다. 왕이 그를 불쌍히 여겨 위로하고, 재상 을파소와 논의하여 대책을 마련하였다.

① 국학 내에 교육 장학 재단인 양현고를 두었다.
② 백성들에게 곡식을 빌려주는 진대법을 마련하였다.
③ 개경의 동쪽과 서쪽에 동·서 대비원을 설치하였다.
④ 기금을 모아 그 이자로 빈민을 구제하는 제위보를 운영하였다.
⑤ 재해 발생 시 임시 기관으로 의료 시설인 구제도감을 설치하였다.

6. (가)~(다)의 문화유산을 제작된 순서대로 옳게 나열한 것은? [2점]

① (가) - (나) - (다)
② (가) - (다) - (나)
③ (나) - (가) - (다)
④ (나) - (다) - (가)
⑤ (다) - (나) - (가)

8. (가)에 들어갈 용어로 옳은 것은? [1점]

> **역사 용어 해설**
>
> [(가)]
>
> 신라 말 사회가 혼란해지면서 지방에서는 새로운 세력이 성장하였다. 그들은 해상 세력, 군진 세력, 토착 세력인 촌주, 낙향한 귀족 출신 등으로 성주 또는 장군이라 불리며 지방을 실질적으로 장악하였다.

① 사림
② 호족
③ 권문세족
④ 신진 사대부
⑤ 신흥 무인 세력

9. (가) 국가에 대한 설명으로 옳은 것은? [2점]

답사 보고서

■ 주제: (가) 의 유적을 찾아서
■ 기간: 2025년 ○○월 ○○일 ~ ○○월 ○○일
■ 답사지: 러시아 연해주 콕샤로프카성 일대

1. 콕샤로프카 평지성 내부의 온돌 유적

이 유적은 전체 둘레가 1,645m에 이르는 대규모 성곽으로, 내부 건물지에서 고구려 계통의 온돌 시설과 토기 등이 발굴되었다. 이러한 유적과 유물은 해동성국으로 불린 (가) 이/가 고구려의 문화를 계승하였음을 보여준다.

2. 콕샤로프카 성벽

① 경당을 설치하여 학문과 무예를 가르쳤다.
② 지방을 통제하기 위해 22담로를 설치하였다.
③ 5경 15부 62주의 지방 행정 제도를 갖추었다.
④ 집사부 외 13부를 두고 행정 업무를 분담하였다.
⑤ 오경박사, 의박사, 역박사 등을 일본에 파견하였다.

10. (가) 국가의 경제 상황으로 옳은 것은? [2점]

○○신문

제△△호　　　　　　　　　　　　○○○○년 ○○월 ○○일

쇼소인 소장 유물로 보는 고대 한·일 교류

쇼소인 소장 사하리 그릇과 청동 가위

일본 도다이 사 쇼소인의 유물 중에는 일본어로 '사하리'라고 통칭되는 금속제 그릇이 수백여 점 있다. 그중에는 뾰족한 침으로 바닥에 '위수내말(爲水乃末)'이라고 새긴 것도 있는데, '위수'는 사람 이름이고 '내말'은 (가) 의 관등인 '나마'를 의미한다. 또한 청동 가위는 월지(안압지)에서 출토된 것과 매우 유사하여 (가) 이/가 일본과 활발한 문화 교류를 하였음을 알 수 있다.

① 은병이 화폐로 제작되었다.
② 집집마다 부경이라는 창고가 있었다.
③ 목화, 담배 등이 상품 작물로 재배되었다.
④ 울산항, 당항성이 무역항으로 번성하였다.
⑤ 현직 관리를 대상으로 직전법이 실시되었다.

11. 다음 사건에 대한 탐구 활동으로 가장 적절한 것은?
[2점]

역사 신문

제△△호 ○○○○년 ○○월 ○○일

개경의 궁궐이 불타고 왕이 피신하다

왕의 장인이자 외조부로서 권세가 하늘을 찌르던 ○○○이/가 난을 일으켰다. 그의 위세에 위협을 느끼던 내시 김찬, 상장군 최탁 등이 암살을 시도하였으나, 오히려 그의 일파인 척준경 등이 군사를 일으켜 반격하면서 난이 시작된 것이다. 이들이 궁궐에 불을 지르고 국왕이 변란을 피해 달아나면서 정국은 혼란에 빠졌다.

① 강조의 정변으로 인한 결과를 살펴본다.
② 강감찬이 나성 축조를 건의한 의도를 분석한다.
③ 만적이 개경에서 반란을 모의한 이유를 알아본다.
④ 금의 군신 관계 요구를 수용한 인물에 대해 조사한다.
⑤ 쌍기의 건의를 받아들여 과거제를 실시한 이유를 알아본다.

13. (가)~(마) 지역에 대한 탐구 주제로 가장 적절한 것은?
[3점]

① (가) – 무신 집권기 농민 봉기 효심의 난
② (나) – 고액 소작료에 반발한 암태도 소작 쟁의
③ (다) – 신립 장군이 배수의 진을 친 탄금대 전투
④ (라) – 노동자 강주룡이 주도한 을밀대 고공 농성
⑤ (마) – 벽란도에서 이루어진 고려와 송의 국제 무역

12. 교사의 질문에 대한 학생의 답변으로 옳은 것은?
[1점]

이 우표에는 고려 현종 10년(1019)에 강감찬이 이끄는 고려군이 소배압의 10만 대군을 물리친 전투 장면이 그려져 있습니다. 이 전투에 대해 말해 볼까요?

① 개경까지 침입한 홍건적을 몰아냈어요.
② 화포를 이용하여 진포에서 왜구를 격퇴했어요.
③ 몽골의 침입에 대비해 도읍을 강화도로 옮겼어요.
④ 강동 6주의 반환 등을 요구한 거란의 침략을 격퇴했어요.
⑤ 별무반을 편성하여 여진족을 몰아내고 동북 9성을 개척했어요.

14. (가), (나) 사이의 시기에 있었던 사실로 옳은 것은?
[3점]

(가) 다루가치가 왕을 비난하면서 말하기를, "선지(宣旨)라 칭하고, 짐(朕)이라 칭하고, 사(赦)라 칭하니 어찌 이렇게 참람합니까?"라고 하였다. …… 이에 (왕이) 선지를 왕지(王旨)로, 짐을 고(孤)로, 사를 유(宥)로, 주(奏)를 정(呈)으로 고쳤다.
– 『고려사』 –

(나) 대사도 기철, 태감 권겸, 경양 부원군 노책이 반역을 도모하다 처단되었으며 그들의 친족과 당여는 모두 도망쳤다.
– 『고려사』 –

① 최충헌의 사노 만적이 반란을 일으켰다.
② 일본 원정을 위해 정동행성이 설치되었다.
③ 우왕이 요동 정벌을 위해 이성계를 파견하였다.
④ 신돈이 전민변정도감을 통해 개혁을 추진하였다.
⑤ 몽골의 침입을 부처의 힘으로 극복하고자 팔만대장경을 완성하였다.

15. 다음 자료에 나타난 시기의 경제 상황으로 옳은 것은? [2점]

○ 화폐를 주조하는 법을 제정하여, 그것에 따라 주조한 전(錢) 15,000관을 재추와 문무 양반 및 군인에게 나누어 주어 화폐 사용의 시작점으로 삼고 이름을 해동통보라고 하였다.
○ 주현에 명령하여 미곡을 내어 술과 음식을 파는 점포를 열고 백성에게 교역을 허락하여 전(錢)의 이로움을 알게 하였다.

① 솔빈부의 말이 특산물로 거래되었다.
② 청해진이 국제 무역 거점으로 번성하였다.
③ 시장을 감독하는 관청인 동시전이 설치되었다.
④ 건원중보가 발행되어 금속 화폐의 통용이 추진되었다.
⑤ 설점수세제의 시행으로 민간의 광산 개발이 허용되었다.

16. (가), (나) 국가의 지방 통치에 대한 설명으로 옳은 것은? [1점]

① (가) - 경재소를 설치하여 유향소를 통제하였다.
② (가) - 국경 지역인 양계에 병마사를 파견하였다.
③ (나) - 수령이 파견되지 않은 속현이 존재하였다.
④ (나) - 호장, 부호장을 상층부로 하는 향리 제도를 처음 마련하였다.
⑤ (가), (나) - 각 도에 관찰사를 보내 관할 고을의 수령을 감독하였다.

17. (가)에 들어갈 사진으로 적절한 것은? [2점]

특별 사진전
문화유산을 통해 본 고려와 몽골의 교류
우리 박물관에서는 고려와 몽골 간 교류의 역사를 보여주는 문화유산 특별 사진전을 마련하였습니다.
천산대렵도 송광사 티베트문 법지 (가)
· 기간: 2025년 ○○월 ○○일 ~ ○○월 ○○일
· 장소: △△박물관

① ② ③
④ ⑤

18. 다음 역사서에 대한 설명으로 옳은 것은? [2점]

구삼국사(舊三國史)를 얻어 동명왕본기(東明王本紀)를 보니 그 신이한 사적이 세상에 전하는 것보다 더하였다. 그러나 처음에는 믿지 못해 귀환(鬼幻)으로만 여겼는데, 세 번 반복하여 읽어서 점점 그 근원에 들어가니, 환(幻)이 아니고 성(聖)이며 귀(鬼)가 아니고 신(神)이었다. …… 이것을 기술하지 않으면 후인들이 장차 무엇을 볼 것인가.
- 「동명왕편」 -

① 남북국이라는 용어를 처음 사용하였다.
② 단군왕검의 건국 이야기가 수록되어 있다.
③ 단군 조선부터 고려까지의 역사를 기록하였다.
④ 사초, 시정기 등을 바탕으로 실록청에서 편찬하였다.
⑤ 고구려 건국 시조의 일대기를 서사시 형태로 서술하였다.

19. (가) 조직에 대한 설명으로 옳은 것은? [2점]

> 하나, 나이가 많고 덕망과 학술을 지닌 1인을 여러 사람들이 도약정(都約正)으로 추대하고, 학문과 덕행을 지닌 2인을 부약정으로 삼는다. (가) 의 구성원 중에서 교대로 직월(直月)과 사화(司貨)를 맡는다. ……
> 하나, 세 가지 장부를 두어 (가) 에 가입하기를 원하는 자들, 덕업(德業)이 볼 만한 자들, 과실(過失)이 있는 자들을 각각의 장부에 기록한다. 이를 직월이 맡았다가 매번 모임이 있을 때 약정에게 알려서 각각 그 순위를 매긴다.
> ─ 『율곡전서』 ─

① 좌수, 별감을 두어 운영하였다.
② 문묘를 세워 선현에 제사를 지냈다.
③ 중앙에 설치되어 지방을 통제하였다.
④ 흥선 대원군에 의해 대폭 정리되었다.
⑤ 풍속 교화와 향촌 자치의 기능이 있었다.

20. (가) 세시 풍속에 해당하는 속담으로 적절한 것은? [1점]

① 입춘 거꾸로 붙였나.
② 우수 경칩에 대동강 물이 풀린다.
③ 옷은 시집올 때처럼 음식은 한가위처럼.
④ 게으른 선비 설날에 다락에 올라가서 글 읽는다.
⑤ 정월 보름달을 먼저 보는 사람은 복을 많이 받는다.

21. (가) 왕의 업적으로 옳은 것은? [2점]

① 초계문신제를 실시하여 관리를 재교육하였다.
② 갑인자를 주조하여 활자 인쇄술을 발전시켰다.
③ 국호를 조선으로 바꾸고 수도를 한양으로 옮겼다.
④ 경국대전을 완성하여 국가의 통치 규범을 마련하였다.
⑤ 직전법을 제정하여 현직 관리에게만 수조지를 지급하였다.

22. (가)에 대한 설명으로 옳지 않은 것은? [2점]

> 애초에 여진과의 전쟁 때문에 임시로 (가) 을/를 설치했는데, …… 국가의 중요한 일들을 모두 맡긴 것은 아니었습니다. 그런데 오늘에 와서는 큰 일이건 작은 일이건 중요한 것으로 취급하지 않는 것이 없어서, 의정부는 한갓 헛이름만 지니고 육조는 모두 그 직임을 상실하였습니다.
> ─ 「효종실록」 ─

① 을묘왜변을 계기로 상설 기구가 되었다.
② 흥선 대원군이 집권한 시기에 혁파되었다.
③ 임진왜란을 거치면서 조직과 기능이 확대되었다.
④ 어사대의 관원과 중서문하성의 낭사로 구성되었다.
⑤ 세도 정치 시기에 외척 세력의 권력 기반이 되었다.

23. (가), (나) 사이의 시기에 있었던 사실로 옳은 것은? [3점]

> (가) 유자광이 하루는 소매 속에서 책자 한 권을 내놓으니, 바로 김종직의 문집이었다. 그 문집 가운데서 조의제문을 지적하여 여러 추관(推官)에게 두루 보이며 말하기를, "이것은 다 세조를 지목한 것이다. 김일손의 죄악은 모두 김종직이 가르쳐서 이루어진 것이다."라고 하고, 알기 쉽게 글귀마다 주석을 달아 왕에게 아뢰었다.
>
> (나) 조광조가 아뢰기를, "정국공신은 이미 10년이 지난 오래된 일이지만 허위가 많았습니다. …… 사람은 다 부귀를 꾀하는 마음이 있는데 이익의 근원이 크게 열렸으니, 이때에 그 근원을 분명히 끊지 않으면 누구인들 부귀를 꾀하려는 마음을 갖지 않겠습니까? 지금 신속히 고치지 않으면 뒤에는 개정할 수 있는 날이 없을 것입니다."라고 하였다.

① 양재역 벽서 사건이 일어났다.
② 사림이 동인과 서인으로 나뉘었다.
③ 성삼문 등이 상왕의 복위를 꾀하다가 처형되었다.
④ 공신 책봉에 불만을 품고 이괄이 반란을 일으켰다.
⑤ 폐비 윤씨 사사 사건의 전말이 알려져 김굉필 등이 처형되었다.

24. 다음 가상 대화 직후에 전개된 사실로 옳은 것은? [2점]

① 권율이 행주산성에서 왜군을 크게 물리쳤다.
② 일본의 침략으로 선조가 의주로 피난하였다.
③ 청이 나선 정벌을 위하여 군대 파견을 요청하였다.
④ 강홍립이 이끄는 부대가 명의 요청으로 파병되었다.
⑤ 정묘호란이 일어나 정봉수가 용골산성에서 항쟁하였다.

25. (가) 왕이 실시한 정책으로 옳은 것은? [2점]

> 이 편지는 (가) 이/가 노론 벽파의 영수인 심환지에게 비밀리에 보낸 어찰이다. 이 편지에서 그는 "최근 벽파가 떨어져 나간다는 소문이 성행한다고 한다. 지금처럼 벽파가 뒤죽박죽 되었을 때에는 종종 이처럼 근거 없는 소문이 있을 수 있다."라고 언급하기도 하였다. 이와 같이 그는 국정 운영에 필요한 경우 부친인 사도 세자의 추숭(追崇)을 반대한 노론 벽파의 영수와도 수차례 편지를 교환하였다.

① 왕권을 강화하기 위해 장용영을 설치하였다.
② 청과의 경계를 정한 백두산 정계비를 세웠다.
③ 삼군부를 부활시켜 군국 기무를 전담하게 하였다.
④ 동국문헌비고를 편찬하여 역대 문물을 정리하였다.
⑤ 붕당 정치의 폐해를 극복하고자 탕평비를 건립하였다.

26. (가)~(라)의 문화유산을 제작된 순서대로 옳게 나열한 것은? [3점]

① (가) - (나) - (다) - (라)
② (가) - (나) - (라) - (다)
③ (나) - (가) - (다) - (라)
④ (나) - (가) - (라) - (다)
⑤ (다) - (나) - (가) - (라)

27. 밑줄 그은 '대책'으로 옳은 것은? [2점]

양역의 폐단을 개선하기 위해 논의한 호포와 결포는 여러 문제점이 있다고 하니, 그렇다면 군포를 1필로 줄이는 법을 시행하는 것으로 하라. 경들은 1필로 줄였을 때 생기는 세입 감소분을 채울 수 있는 대책을 강구하라.

분부를 받들겠습니다.

① 양반에게도 군포를 부과하였다.
② 1결당 쌀 4~6두로 납부액을 고정하였다.
③ 비옥도에 따라 토지를 6등급으로 나누었다.
④ 어장세, 염세 등을 국가 재정으로 귀속하였다.
⑤ 특산물 대신 쌀, 베, 동전 등으로 납부하게 하였다.

28. (가)에 들어갈 그림으로 옳은 것은? [1점]

현실 세계와 도원(桃園) 세계가 대비를 이루면서도 전체적으로 통일된 분위기를 자아내고 있는 작품으로 안평 대군의 꿈 이야기를 듣고 그린 그림으로 전해진다.

● 전시 기간: 2025년 ○○월 ○○일 ~ ○○일
● 전시 장소: △△ 박물관

① ②

③ ④

⑤

29. 밑줄 그은 '그'에 대한 설명으로 옳은 것은? [2점]

담헌(湛軒), 소행성의 이름으로 다시 태어나다

한국천문연구원은 "국내 연구진이 발견한 새로운 소행성에 대해, 호가 담헌인 그의 인명을 헌정하여 국제천문연맹으로부터 최종 승인을 받았다"라고 밝혔다. 인명이 헌정된 이유는 그가 무한 우주론과 지전설 등을 주장한 조선 후기의 대표적인 과학자이자 실학자이기 때문이다.

① 북학의에서 절약보다 소비를 권장하였다.
② 양반전에서 양반의 위선과 무능을 지적하였다.
③ 북한산의 진흥왕 순수비를 처음으로 고증하였다.
④ 의산문답에서 중국 중심의 세계관을 비판하였다.
⑤ 우서에서 사농공상의 직업적 평등과 전문화를 주장하였다.

30. 밑줄 그은 '사건'으로 옳은 것은? [1점]

이것은 세도 정치기에 서북 지방 사람들에 대한 차별 등에 반발하여 1811년에 일어난 사건을 표시한 지도입니다.

① 이괄의 난 ② 황토현 전투
③ 홍경래의 난 ④ 고부 농민 봉기
⑤ 망이 · 망소이의 난

31. (가)~(마)에서 있었던 사실로 옳은 것은? [3점]

① (가) - 대한 제국 황제 즉위식이 거행되었다.
② (나) - 일본 낭인들이 명성 황후를 시해하였다.
③ (다) - 은세계, 치악산 등의 신극이 공연되었다.
④ (라) - 제1차 미·소 공동 위원회가 개최되었다.
⑤ (마) - 임오군란 때 구식 군인들의 습격이 있었다.

32. 교사의 질문에 대한 학생의 답변으로 옳은 것은? [2점]

① 흥선 대원군이 경복궁을 중건하였습니다.
② 종로와 전국 각지에 척화비가 세워졌습니다.
③ 제너럴 셔먼호가 평양 군민과 충돌하였습니다.
④ 외규장각 건물이 불타고 의궤가 약탈당하였습니다.
⑤ 프랑스 신부와 남종상 등 8천여 명이 처형당했습니다.

33. 밑줄 그은 '사절단'에 대한 설명으로 옳은 것은? [2점]

역사 신문

전권 대사 민영익 일행, 큰 환대 받아

정부가 민영익을 전권 대사로 임명하여 파견한 사절단이 목적지에 무사히 도착하였다. 전년에 체결한 조약에서의 외교관 왕래 교섭이라는 원칙에 따라 파견된 이들은 현지인들로부터 큰 환대를 받았다. 한편, 수행원 가운데 유길준은 그곳에 남아 유학할 것을 고려하고 있다고 한다.

① 보고 들은 내용을 해동제국기로 남겼다.
② 귀국할 때 조선책략을 가지고 들어왔다.
③ 암행어사의 형태로 비밀리에 파견되었다.
④ 조·미 수호 통상 조약의 체결로 파견되었다.
⑤ 기기국에서 무기 제조 기술을 습득하고 돌아왔다.

34. 다음 자료에 나타난 사건에 대한 설명으로 옳은 것은? [3점]

> 난군(亂軍)이 궐을 침범하였다는 소식을 들었다. 이때에 나라 재정이 고갈되어 각 영이 군인에게 지급할 봉급을 몇 개월 동안 지급하지 못하였다. 영에 소속된 군인이 어느 날 밤에 부대를 조직하고 갑자기 궐내로 진입하여 멋대로 난리를 일으켰다. 중전의 국상(國喪)이 공포되자 선생은 가평 관아로 달려가 망곡례를 행하였다. 얼마 후 국상이 와전되어 사실이 아님을 알고, 군중과는 달리 상복을 입지 않고 집밖으로 나가지 않았다.
> - 『성재집』 -

① 전국 각지에 척화비가 건립되었다.
② 통리기무아문이 설치되는 배경이 되었다.
③ 홍범 14조를 개혁의 기본 방향으로 제시하였다.
④ 일본 공사관에 경비병이 주둔하는 계기가 되었다.
⑤ 조선책략 유포에 반발하여 이만손 등이 영남 만인소를 올렸다.

35. (가)~(마)에 대한 설명으로 옳은 것은? [2점]

① (가) – 간도에 만들어진 민족 교육 기관이다.
② (나) – 개신교 선교사가 선교 목적으로 세웠다.
③ (다) – 덕원 지방의 관민들이 합심하여 설립하였다.
④ (라) – 헐버트, 길모어 등 외국인이 교사로 초빙되었다.
⑤ (마) – 고종의 교육 입국 조서 반포를 계기로 설립되었다.

36. (가) 단체의 활동으로 옳은 것은? [1점]

① 일본의 황무지 개간권 요구를 저지하였다.
② 고종의 강제 퇴위 반대 운동을 전개하였다.
③ 신흥 무관 학교를 설립하여 독립군을 양성하였다.
④ 사회주의 세력의 활동 방향을 밝힌 정우회 선언을 발표하였다.
⑤ 만민 공동회를 개최하여 러시아의 절영도 조차 요구를 규탄하였다.

37. 밑줄 그은 '사람'이 소속된 단체에 대한 설명으로 옳은 것은? [2점]

> 어제 12일 상호 10시 20분에 조선 총독부에 폭탄 두 개가 투척되었다. 비서과 분실 인사계실에 던진 한 개는 책상 위에 떨어져서 폭발되지 아니했으며, 다시 회계 과장실에 던진 한 개는 유리창에 맞아 즉시 폭발되어 유리창은 산산이 부서지고 마루에 떨어져서 주먹 하나가 들어갈 만한 구멍을 뚫었다. 폭탄을 던진 사람은 즉시 종적을 감추었으므로 지금 엄중 탐색 중이요, 폭발 소리가 돌연히 일어나자 총독부 안은 물 끓듯 하여 한바탕 아수라장을 이루었다더라.

① 조선 혁명 선언을 활동 지침으로 삼았다.
② 임병찬이 고종의 밀지를 받아 조직하였다.
③ 안창호가 재미 한인을 중심으로 조직하였다.
④ 파리 강화 회의에 독립 청원서를 제출하였다.
⑤ 독립군 비행사 육성을 위해 한인 비행 학교를 세웠다.

38. 다음 회의가 개최된 시기를 연표에서 옳게 고른 것은? [2점]

① (가) ② (나) ③ (다)
④ (라) ⑤ (마)

39. 다음 자료에 나타난 사회 운동에 대한 설명으로 옳은 것은? [1점]

> **어린 동무들에게**
> • 돋는 해와 지는 해를 반드시 보기로 합시다.
> • 어른에게는 물론이고 당신들끼리도 서로 존대하기로 합시다.
> • 뒷간이나 담벽에 글씨를 쓰거나 그림 같은 것을 그리지 말기로 합시다.
> • 길가에서 떼를 지어 놀거나 유리 같은 것을 버리지 말기로 합시다.
> • 꽃이나 풀을 꺾지 말고, 동물을 사랑하기로 합시다.
> • 전차나 기차에서는 어른에게 자리를 사양하기로 합시다.
> • 입은 꼭 다물고 몸은 바르게 가지기로 합시다.
> ─ 1923년 5월 1일 어린이날 기념 선전문 ─

① 잡지 근우를 발간하였다.
② 김기전, 방정환 등이 주도하였다.
③ 발명 학회와 과학 문명 보급회를 창립하였다.
④ 가갸날을 제정하고 기관지인 한글을 발행하였다.
⑤ 대성 학교와 오산 학교를 설립하여 민족 교육을 실시하였다.

40. (가)에 들어갈 내용으로 옳은 것은? [2점]

○○○ 연보
1898년 경상남도 밀양 출생
1919년 의열단 조직
1926년 황푸 군관 학교 졸업
1935년 민족 혁명당 결성
1938년 (가)
1942년 한국광복군 제1지대장 취임

① 도쿄에서 일본 국왕에 폭탄 투척
② 민족의식 고취를 위해 명동 학교 설립
③ 조선 혁명군을 이끌고 영릉가 전투에서 승리
④ 민주국가 건설을 목표로 조선 건국 동맹 결성
⑤ 중국 우한에서 군사 조직인 조선 의용대 창설

41. 교사의 질문에 대한 답변으로 옳은 것은? [3점]

(가)~(다) 지역은 1910년대 해외 이주 동포들의 민족 운동이 일어난 곳입니다. 각 지역의 민족 운동에 대해 발표해 볼까요?

① (가) - 권업회를 조직하고 대한 광복군 정부를 수립하였습니다.
② (가) - 대조선 국민 군단을 조직하여 군사 훈련을 하였습니다.
③ (나) - 한인 자치 기구인 경학사를 결성하였습니다.
④ (나) - 민족 교육을 위해 서전서숙, 명동 학교 등을 건립하였습니다.
⑤ (다) - 독립군 양성을 위해 신흥 강습소를 세웠습니다.

42. (가) 종교에 대한 설명으로 옳은 것은? [2점]

이달의 독립운동가
백포 서 일
(가) 의 3종사(宗師) 중 한 사람으로 진리도설(眞理圖說), 회삼경(會三經) 등의 저술을 통해 교리를 체계화하는 데 크게 기여하였다. 또한 중광단, 정의단, 군정부, 북로군정서, 대한 독립군단을 이끌며 독립 전쟁을 수행하는 등 만주 지역의 항일 운동에 큰 업적을 남겼다.

① 만세보를 발행하여 민중 계몽에 힘썼다.
② 배재 학당을 세워 신학문 보급에 기여하였다.
③ '어린이'라는 말을 만들고 어린이 날을 제정하였다.
④ 단군 숭배 사상을 전파하여 민족 의식을 고취하였다.
⑤ 만주에서 의민단을 조직하여 독립 전쟁을 전개하였다.

43. 다음 자료에 나타난 민족 운동에 대한 설명으로 옳은 것은? [2점]

> 문: 오늘 종로 1가 사거리 큰 길에서 모인 동기를 진술하라.
> 답: 나는 어제 오후 5시 무렵 경성부 남대문로에 있었는데, 자동차에서 뿌린 독립 선언서를 습득하였다. 나는 그 선언서를 읽고 우리 조선국이 독립되었다고 생각하고 기쁨을 참지 못하였다. 그래서 오늘 오후 1시 무렵 종로 1가 사거리 큰 길 중앙에서 독립 만세를 큰 소리로 계속 외쳤더니 5백 명 가량의 군중이 내 주위에 모여들었고, 함께 모자를 흔들면서 만세를 계속 부르며 행진하였다.
> 문: 그 선언서의 내용을 진술하라.
> 답: 우리 조선이 독립국임과 조선인이 자주민인 것을 선언함 등의 내용이었다. 그리고 조선 민족 대표자 33인의 성명을 기재하고 있었다.
> － ○○○신문조서 －

① 사회주의 세력의 주도 아래 계획되었다.
② 순종의 인산일을 기회로 삼아 추진되었다.
③ 조선 형평사를 중심으로 전국으로 확산되었다.
④ 대한민국 임시 정부가 수립되는 계기가 되었다.
⑤ 박상진이 주도한 대한 광복회 결성에 영향을 주었다.

44. 다음 문서가 작성된 당시에 실시된 일제의 정책으로 옳은 것은? [2점]

> 안으로는 세계적 불안의 여파를 받아서 우리 조선 내부의 민심도 안정되지 못하였다. …… 다른 한편으로는 지방 자치를 실시하여 민의 창달의 길을 강구하고, 교육 제도를 개정하여 교화 보급의 신기원을 이루었고, 게다가 위생적 시설의 개선을 촉진하였다. …… 일본인과 조선인 사이의 차별 대우를 철폐하고 동시에 조선인 소장층 중 유력자를 발탁하는 방법을 강구하여, 군수·학교장 등에 발탁된 자가 적지 않다.
> － 사이토 마코토, 「조선 통치에 대하여」 －

① 조선인에 한하여 태형을 통해 형벌을 가하였다.
② 국가 총동원법을 제정하여 인력과 물자를 수탈하였다.
③ 쌀 수탈을 목적으로 하는 산미 증식 계획을 실시하였다.
④ 독립운동 탄압을 위한 조선 사상범 보호 관찰령을 공포하였다.
⑤ 회사 설립 시 총독의 허가를 받도록 하는 회사령을 제정하였다.

45. 다음 선언을 발표한 회담에 대한 설명으로 옳은 것은? [1점]

> 3대 연합국은 일본의 침략을 정지시키며 이를 응징하기 위하여 이번 전쟁을 수행하고 있다. …… 일본은 폭력과 탐욕으로 약탈한 다른 일체의 지역으로부터 축출될 것이다. 앞의 3대국은 한국민의 노예 상태에 유의하여 적당한 절차를 거쳐 한국이 자유롭고 독립적인 상태가 되어야 한다고 결의한다.

① 소련의 대일전 참전을 결의하였다.
② 국제적으로 한국의 독립을 처음 보장하였다.
③ 독일 항복 후 전후 처리 문제를 협의하기 위해 개최되었다.
④ 마지막까지 남아 저항하는 일본에 무조건 항복을 요구하였다.
⑤ 미국, 영국, 소련의 수뇌가 모여 한국 독립에 대해 논의하였다.

46. 다음 선언문을 발표한 민주화 운동에 대한 설명으로 옳은 것은? [2점]

> **국민 합의 배신한 4·13 호헌 조치는 무효임을 전 국민의 이름으로 선언한다.**
>
> 오늘 우리는 전 세계 이목이 우리를 주시하는 가운데 40년 독재 정치를 청산하고 희망찬 민주 국가를 건설하기 위한 거보를 전 국민과 함께 내딛는다. 국가의 미래요 소망인 꽃다운 젊은이를 야만적인 고문으로 죽여 놓고 그것도 모자라 뻔뻔스럽게 국민을 속이려 했던 현 정권에게 국민의 분노가 무엇인지를 분명히 보여주고, 국민적 여망인 개헌을 일방적으로 파기한 4·13 폭거를 철회시키기 위한 민주 장정을 시작한다.

① 한·일 국교 정상화에 반대하여 일어났다.
② 신군부의 비상 계엄 확대가 원인이 되어 일어났다.
③ 3·15 부정 선거에 항의하는 시위에서 시작되었다.
④ 4·13 호헌 조치에 국민들이 저항하며 시작되었다.
⑤ 3·1 민주 구국 선언을 통해 긴급 조치 철폐 등을 요구하였다.

47. 다음 사건이 일어난 시기의 경제 상황으로 옳은 것은? [2점]

지난 5·10 총선을 통해 구성된 국회가 반민족 행위자를 처벌할 수 있는 법안을 통과시켰습니다. 이 법의 적용을 받는 자는 한·일 합방에 협력한 자, 한국의 주권을 침해하는 데 도움을 준 자, 일본 치하 독립운동자나 그 가족을 살상·박해한 자 등입니다. 아울러 반민족 행위를 예비 조사하기 위해 특별 조사 위원회를 설치하기로 했습니다.

① 경부 고속 국도를 개통하였다.
② 경제 협력개발 기구(OECD)에 가입하였다.
③ 제분·제당·면방직의 삼백 산업이 성장하였다.
④ 3저 호황으로 물가가 안정되고 수출이 증가하였다.
⑤ 대통령의 긴급 명령으로 금융 실명제를 실시하였다.

48. 밑줄 그은 '개헌'의 결과로 옳은 것은? [3점]

지난 29일 자유당 및 행정부의 헌법 파괴 행위를 규탄하고 …… 개헌 파동에 대한 우리의 견해와 결의를 재천명하고자 한다. 민의원 재적의원 203명의 3분의 2가 136명이냐 135명이냐 하는 점에 관해서는 이와 같은 경우에 정확한 수학적 3분의 2선인 135.33…을 넘는 최소 인수(人數)인 136명이 의안 통과에 필요한 최저선이라는 데 세계 각국의 학설과 구미 선진 제국의 실지(實地)가 일치되고 있는 것이다. 더욱이 대한민국 헌법에 개헌안의 의결에는 재적 3분의 2 이상의 찬성이 있어야 한다고 명백히 규정되어 있는 만큼 거기서 0.33은 고사하고 0.001만 부족해도 이미 3분의 2에 미달임은 의문의 여지가 없다.

① 대통령의 임기를 7년 단임제로 하였다.
② 민의원과 참의원의 양원제 국회를 운영하였다.
③ 대통령을 통일 주체 국민 회의에서 선출하였다.
④ 5년 단임의 대통령이 직선제에 의해 선출되었다.
⑤ 개헌 당시의 대통령에 한해 중임 제한이 철폐되었다.

49. (가)에 대한 탐구 활동으로 적절한 것은? [2점]

① 양헌수 부대가 프랑스군을 격퇴한 곳을 찾아본다.
② 대한 제국이 반포한 칙령 제41호의 내용을 분석한다.
③ 러시아가 저탄소 설치를 위해 조차를 요구한 곳을 알아본다.
④ 네덜란드 상인인 하멜 일행이 표류하여 도착한 곳을 조사한다.
⑤ 정약전이 섬의 어종을 조사하여 자산어보를 저술한 곳을 살펴본다.

50. 다음 정부 시기의 통일 정책으로 옳은 것은? [2점]

① 남북 기본 합의서를 교환하였다.
② 7·4 남북 공동 성명을 발표하였다.
③ 10·4 남북 공동 선언을 채택하였다.
④ 금강산 해로 관광 사업을 시작하였다.
⑤ 최초의 이산가족 고향 방문을 실현하였다.

2026 한국사능력검정시험 실전모의고사

심화

제5회

OMR답안지
한국사능력검정시험 실전모의고사 심화

OMR답안지
한국사능력검정시험 실전모의고사

심화

2026

한국사능력검정시험
실전모의고사

기본

정답 및 해설

| 1회 ········ 4 | 2회 ········ 18 | 3회 ········ 32 |
| 4회 ········ 46 | 5회 ········ 60 | |

인쇄일 2026년 1월 1일 7판 1쇄 인쇄	**발행처** 시스컴 출판사
발행일 2026년 1월 5일 7판 1쇄 발행	**발행인** 송인식
등 록 제17-269호	**지은이** 한국사능력검정 연구회
판 권 시스컴 2026	
ISBN 979-11-6941-821-8 13900	
정 가 15,000원	

주소 서울시 금천구 가산디지털1로 225, 513호(가산포휴) | **홈페이지** www.nadoogong.com
E-mail siscombooks@naver.com | **전화** 02)866-9311 | **Fax** 02)866-9312

발간 이후 발견된 정오사항은 홈페이지 도서정오표에서 알려드립니다(홈페이지→자격증→도서정오표).

이 책의 무단 복제, 복사, 전재 행위는 저작권법에 저촉됩니다. 파본은 구입처에서 교환하실 수 있습니다.

빠른 정답 찾기

제1회 정답

1 ②	02 ③	03 ④	04 ①	05 ③	06 ③	07 ④	08 ④	09 ③	10 ③
11 ②	12 ④	13 ②	14 ①	15 ①	16 ④	17 ④	18 ④	19 ②	20 ③
21 ④	22 ③	23 ④	24 ①	25 ②	26 ③	27 ④	28 ③	29 ③	30 ③
31 ②	32 ③	33 ①	34 ②	35 ②	36 ②	37 ③	38 ④	39 ④	40 ②
41 ③	42 ①	43 ①	44 ①	45 ④	46 ③	47 ②	48 ④	49 ①	50 ①

제2회 정답

1 ①	02 ②	03 ④	04 ④	05 ③	06 ③	07 ④	08 ③	09 ④	10 ①
11 ④	12 ①	13 ②	14 ①	15 ④	16 ②	17 ④	18 ①	19 ①	20 ④
21 ③	22 ③	23 ①	24 ①	25 ③	26 ①	27 ②	28 ①	29 ①	30 ④
31 ③	32 ②	33 ②	34 ①	35 ①	36 ④	37 ①	38 ③	39 ①	40 ④
41 ③	42 ③	43 ②	44 ④	45 ②	46 ①	47 ②	48 ②	49 ③	50 ①

제3회 정답

1. ③	02. ①	03. ①	04. ④	05. ①	06. ①	07. ①	08. ②	09. ②	10. ③
11. ④	12. ①	13. ③	14. ②	15. ①	16. ④	17. ②	18. ③	19. ③	20. ①
21. ①	22. ②	23. ①	24. ④	25. ②	26. ④	27. ④	28. ④	29. ③	30. ②
31. ②	32. ②	33. ④	34. ②	35. ②	36. ④	37. ②	38. ①	39. ①	40. ②
41. ③	42. ②	43. ②	44. ③	45. ③	46. ②	47. ②	48. ②	49. ①	50. ③

제4회 정답

1. ④	02. ②	03. ②	04. ②	05. ①	06. ③	07. ③	08. ④	09. ④	10. ①
11. ②	12. ③	13. ④	14. ④	15. ②	16. ②	17. ①	18. ④	19. ②	20. ①
21. ④	22. ②	23. ③	24. ②	25. ③	26. ②	27. ④	28. ②	29. ④	30. ③
31. ②	32. ④	33. ④	34. ①	35. ②	36. ①	37. ③	38. ②	39. ①	40. ①
41. ④	42. ②	43. ④	44. ②	45. ①	46. ④	47. ①	48. ①	49. ④	50. ④

제5회 정답

1. ③	02. ④	03. ④	04. ③	05. ②	06. ③	07. ④	08. ②	09. ②	10. ①
11. ①	12. ①	13. ④	14. ②	15. ①	16. ②	17. ②	18. ①	19. ②	20. ②
21. ④	22. ④	23. ②	24. ①	25. ①	26. ③	27. ②	28. ③	29. ①	30. ④
31. ③	32. ①	33. ①	34. ④	35. ④	36. ④	37. ④	38. ④	39. ④	40. ④
41. ②	42. ①	43. ①	44. ③	45. ①	46. ④	47. ④	48. ③	49. ④	50. ①

제1회 정답 및 해설

1. 청동기 시대의 생활 모습

암기박사 비파형 동검 제작 ⇒ 청동기 시대

정답 ②

정답 해설

청동기 시대에는 벼농사가 시작되어 반달 돌칼을 이용하여 곡식을 수확하였다. 또한 청동기 시대에는 거푸집을 이용하여 비파형 동검을 제작하였다.

오답 해설

① 우경 보급 → 신라 : 지증왕
　신라 지증왕 때 권농책으로 우경이 널리 보급되어 깊이갈이가 가능해졌다. → 소를 이용한 농사
③ 철제 농기구 → 철기 시대
　철기 시대에는 기존의 석기나 목기 외에 쟁기, 쇠스랑 등의 철제 농기구를 사용하여 농사를 지었다.
④ 동굴, 막집 → 구석기 시대
　구석기 시대에는 주로 동굴이나 강가의 막집에서 거주하였고 도구를 사용하여 사냥을 하거나 어로, 채집 생활을 하였다.

핵심노트 ▶ 청동기 시대의 유물

- 무덤 : 고인돌, 돌널 무덤, 돌무지 무덤 등 당시의 무덤에서 출토
- 농기구 : 청동 농기구는 없으며, 석기 · 목기로 제작된 농기구가 사용됨, 반달 돌칼(추수용), 바퀴날 도끼(환상석부), 홈자귀(유구석부, 경작용), 돌괭이, 나무 쟁기 등
- 청동기 : 무기(비파형 동검 등), 제기(祭器), 공구, 거친무늬 거울, 장신구(호랑이 · 말 모양의 띠고리 장식, 팔찌, 비녀, 말 재갈 등)

2. 삼한의 사회 모습

암기박사 신지 : 대군장, 읍차 : 소군장 ⇒ 삼한

정답 ③

정답 해설

한반도 남부에서 철기 문화를 바탕으로 발전한 나라는 삼한으로, 신성 지역인 소도에서 의례를 주관하는 천군이라는 제사장이 존재하였다. 또한 삼한에는 대군장인 신지와 소군장인 읍차 등의 지배자가 있었으며, 씨뿌리기를 끝낸 5월과 추수를 마친 10월에 계절제를 지냈다. → 솟대를 세워 표시함

오답 해설

① 범금 8조 : 사회 질서 유지 법 → 고조선
　고조선은 사회 질서를 유지하고 백성을 다스리기 위해 범금 8조를 두었는데, 살인 · 절도 등의 죄를 다스린 만민법이다.
② 서옥제 : 혼인 풍속 → 고구려
　고구려에는 혼인을 정한 뒤 신랑이 신부 집의 뒤꼍에 조그만 집(서옥)을 짓고 거기서 자식을 낳아 기르며, 자식이 장성하면 가족이 함께 신랑 집으로 돌아가는 서옥제(데릴사위제)라는 혼인 풍속이 있었다. → 처가에 머무르며 봉사하는 봉사혼의 일종으로 모계사회의 유습에 해당함
④ 가(加) : 사출도 주관 → 부여
　부여는 왕 아래 가축의 이름을 딴 여러 가(加)들이 별도로 사출도를 주관하였다. → 마가, 우가, 저가, 구가 → 4가(加)의 행정 구역

핵심노트 ▶ 삼한의 주도 세력

- 삼한 중에서 세력이 가장 컸던 마한의 소국 중 하나인 목지국의 지배자가 마한왕 또는 진왕으로 추대되어 삼한 전체의 주도 세력(총연맹장)이 됨
- 삼한의 지배자 중 세력이 큰 대군장은 신지 · 견지 등으로, 세력이 이보다 작은 소군장은 부례 · 읍차 등으로 불림

3. 금관가야의 역사

암기박사 구지가 : 건국 신화 ⇒ 김수로왕 : 금관가야

정답 ④

정답 해설

김수로왕이 건국한 나라는 김해를 중심으로 한 금관가야이다. 구지가는 시조인 김수로왕의 건국 신화 속에 삽입된 노래이다.

오답 해설

① 사비 천도 → 백제 성왕
　백제 성왕은 웅진에서 사비로 천도하고 국호를 남부여로 변경하였다.
② 이사부 : 우산국 복속 → 신라 지증왕
　신라 지증왕은 이사부를 파견하여 우산국(울릉도)을 복속하였다.
③ 장보고 : 청해진 → 통일 신라 흥덕왕
　통일 신라 흥덕왕 때 장보고는 완도에 청해진을 설치하여 해적들을 소탕하고 해상 무역을 장악하였다.

4. 호우명 그릇

암기박사 호우명 그릇 ⇒ 신라와 고구려의 관계

정답 ①

정답 해설

호우명 그릇은 고구려군이 쓰던 그릇이다. 고구려군은 신라에 왜구를 물리치기 위한 지원병으로 갔을 당시 이 그릇을 사용하였다. 고구려군이 신라에 침입한 왜구를 격퇴한 이후, 신라는 고구려의 정치적 간섭을 받게 되었다. 따라서 호우명 그릇을 통해 당시 신라와 고구려의 관계에 대해 분석해볼 수 있다.

오답 해설

② 신라 황남대총 : 서역 문화 → 서역인과의 교류
　신라 황남대총에서 발견된 서역 문화를 통해 당시 신라와 서역인과의 교류를 알 수 있다.

③ **무덤 양식 : 유사성 → 백제 건국 세력과 고구려의 관계**
　백제의 돌무지무덤과 고구려의 돌무지무덤의 유사성을 통해 백제 건국 세력과 고구려의 관계를 파악할 수 있다.
④ **백제 성왕 : 노리사치계 → 일본에 불교문화 전파**
　백제 성왕 때 노리사치계를 통해 일본에 불교문화를 전하였다.

 핵심노트 ▶ 호우명 그릇

> 호우명 그릇은 신라 호우총에서 발견된 청동 그릇으로, 고구려 광개토대왕의 이름이 새겨져 있다. 고구려 광개토대왕의 정식 묘호는 '국강상광개토경평안호태왕'이다. 이는 4세기 말에서 5세기 초 신라에 대한 고구려의 영향력을 가늠할 수 있는 유물이다.

5. 매소성 전투

암기박사　나·당 전쟁 : 매소성 전투, 기벌포 해전 ⇒ 삼국 통일
정답 ③

정답 해설
신라 문무왕은 매소성 전투(675)와 기벌포 해전(676)에서 설인귀가 이끄는 당군을 격퇴하고 나·당 전쟁에서 승리하여 삼국 통일을 이룩하였다.

오답 해설
① **안시성 전투 → 고구려 양만춘**
　연개소문이 정변을 일으키자 당 태종(이세민)이 이를 빌미로 고구려를 공격하였고 양만춘이 안시성 전투에서 당의 군대를 격퇴하였다(645).
② **황산벌 전투 → 백제 계백**
　백제 의자왕 때 계백이 이끄는 백제의 군대가 신라군에 맞서 황산벌에서 최후의 전투를 벌였다(660).
④ **처인성 전투 → 고려 김윤후**
　고려 고종 때 김윤후가 처인성에서 적장 살리타를 사살하고 몽골군을 물리쳤다(1232).

핵심노트 ▶ 신라의 삼국 통일

- 당은 한반도 전체를 장악하고자 신라와 연합한 것으로, 백제의 옛 땅에 웅진도독부를, 고구려의 옛 땅에 안동도호부를 두어 지배 야욕을 보임
- 신라의 경주에도 계림도독부를 두고 문무왕을 계림 도독으로 칭하였으며, 신라 귀족의 분열을 획책함
- 고구려 부흥 운동 세력을 후원하고 백제 땅의 웅진 도독부를 탈환하여 소부리주를 설치(671)
- 마전·적성에서 당군을 물리치고, 이어 당의 대군을 매소성(매초성)에서 격파(676)
- 금강 하구의 기벌포에서 당의 수군을 섬멸하고, 안동도호부를 요동성으로 밀어내는 데 성공함으로써 삼국 통일을 달성(676)

6. 백제 부흥 운동

암기박사　백강 전투 ⇒ 백제 부흥 운동
정답 ③

정답 해설
김유신이 지휘한 신라군은 탄현을 공격하고 황산벌에서 계백이 이끈 백제의 결사대를 격파한 뒤 사비성으로 진출하여 백제를 멸망에 이르게 하였다(660).

백제가 멸망한 후 백제 부흥군은 왜에 원군을 요청하였으나, 나·당 연합군이 백강에서 왜군을 물리쳐 백제 부흥 운동은 실패로 돌아갔다(663).

핵심노트 ▶ 백제 부흥 운동(660~663)

- 복신과 도침이 왕자 풍을 왕으로 추대하여 주류성(한산)에서 백제 부흥 운동 전개
- 흑치상지와 지수신은 임존성(대흥)에서 전개
- 왜에 원군을 요청하여 나·당 연합군과 백강에서 전투
- 지배층의 내분과 나·당 연합군의 공격으로 실패

7. 신라의 역사

암기박사　화랑도 : 청소년 집단 ⇒ 신라
정답 ④

정답 해설
골품이라는 신분에 따라 관등 승진에 제한이 있었던 나라는 신라이다. 신라에는 씨족 공동체의 전통을 가진 원시 청소년 집단으로 화랑도가 있었다. 국선도, 풍류도, 풍월도라고도 불렸으며 대표적인 화랑으로 김유신이 있다.

오답 해설
① **진대법 : 빈민 구제 → 고구려**
　고구려는 고국천왕 때 을파소의 건의로 빈민을 구제하기 위해 진대법을 실시하였다.
② **기인 제도 : 지방 호족 통제 → 고려**
　고려 태조는 지방 호족 세력을 통제하기 위해 지방 호족과 향리의 자제를 인질로 뽑아 중앙에 머무르게 하는 기인 제도를 실시하였다.
③ **22담로 : 왕족 파견 → 백제**
　백제 무령왕은 지방 통제를 강화하기 위해 지방의 주요 지점에 22담로를 설치하고 왕족을 파견하였다.

핵심노트 ▶ 골품제의 성격

- 왕권을 강화하면서 혈연에 따라 사회적 제약이 가해지는 폐쇄적 신분 제도
- 개인의 사회 활동과 정치 활동의 범위까지 엄격히 제한
- 관등 승진의 상한선이 골품에 따라 정해져 불만 세력 발생
- 가옥의 규모와 장식물, 복색, 수레 등 일상생활까지 규제하는 기준

8. 원효의 사상

암기박사　화쟁 사상 주장 ⇒ 원효
정답 ④

정답 해설
일심 사상을 주장하고 무애가를 지어 불교 대중화에 기여하였으며 대승기신론소 등을 저술한 인물은 원효이다. 원효는 다른 종파들과의 대립과 갈등을 종식시키기 위해 화쟁 사상을 주장하였다.

오답 해설
① **세속 5계 : 화랑도의 규범 → 원광**
　원광은 화랑도의 규범으로 사군이충, 사친이효, 교우이신, 임전무퇴, 살생유택의 세속 5계를 지었다.

한국사능력검정시험 기본 실전모의고사

② 국청사 : 천태종 창시 → 의천
대각국사 의천은 선종을 통합하기 위해 국청사를 창건하고 해동 천태종을 창시하였다. → 교종의 입장에서 선종을 통합
③ 돈오점수 : 깨달음 실천 → 지눌
지눌은 인간의 마음이 곧 부처의 마음임을 깨닫고 그 뒤에 깨달음을 실천하는 돈오점수를 강조하였다.

핵심노트 ▶ 원효(617~686)

- 모든 불교 서적을 폭넓게 이해하고 대승기신론소, 금강삼매경론, 십문화쟁론 등을 저술 → 불교의 사상적 이해 기준을 확립
- 대승기신론소에서 대승 불교의 중관파와 유식파의 대립 문제를 연구·비판하고 일심 사상으로 체계화
- '모든 것이 한마음에서 나온다'는 일심 사상을 바탕으로 종파들 간의 사상적 대립을 조화시키고, 여러 종파의 사상을 융합하는 화쟁 사상을 주창
- 파계하고 대중 속에 들어가 극락에 가고자 하는 아미타 신앙을 전도하며 정토종을 보급하여 불교 대중화의 길을 엶 → 고려 시대 의천과 지눌에 영향을 미침
- 경주 분황사에서 법성종을 개창

9. 신라 하대의 난

  신라 하대의 난 : 김헌창의 난 ⇒ 원종과 애노의 난 ⇒ 적고적의 난

정답 해설

- **김헌창의 난**(822) : 신라 하대 헌덕왕 때 웅천주(공주) 도독 김헌창이 아버지가 왕위 쟁탈전에서 패한 것에 대해 불만을 품고 반란을 일으켰다.
- **원종과 애노의 난**(889) : 신라 하대 진성여왕 때 중앙 정부의 기강이 극도로 문란해져 사벌주(상주)의 원종과 애노의 난을 시작으로 농민의 항쟁이 전국적으로 확산되었다.
- **적고적의 난**(896) : 신라 하대 진성여왕 때 서남쪽에서 봉기한 도적들로, 붉은 바지를 입어 적고적이라 불렸다.

오답 해설

① 묘청의 난 → 고려 → 지금의 평양
고려 인종 때 묘청의 서경파가 풍수지리설에 근거하여 서경 천도와 금국 정벌을 주장하며 난을 일으켰으나, 김부식이 이끈 관군의 공격으로 약 1년 만에 진압되었다(1135).
② 홍경래의 난 → 조선 → 평안도인
조선 순조 때 서북민에 대한 차별과 가혹한 수취에 반발하여 홍경래 등이 봉기하여 난을 일으켰다(1811).
④ 망이·망소이의 난 → 고려
고려 무신 집권기 때 망이·망소이가 가혹한 수탈에 저항하여 공주 명학소에서 난을 일으켰다(1176).

핵심노트 ▶ 적고적의 난(896)

진성여왕 10년, 도적들이 나라의 수도 서남쪽 방면에서 일어나 붉은색 바지를 입어 스스로 달리 하매, 사람들이 적고적이라고 불렀다. 그들은 신라의 주와 현을 무찌르고 금성(경주)의 서쪽 모량리에 이르러 민가를 약탈하였다.

10. 발해의 역사

  발해 건국 ⇒ 대조영

정답 해설

치미와 용머리 상은 전성기 때 해동성국이라 불렸던 발해의 문화유산이다. 발해는 고구려 출신 대조영이 고구려 유민과 말갈 집단들을 규합하여 동모산에서 건국하였다.

오답 해설

① 9주 5소경 설치 → 통일 신라
통일 신라는 통일 전 5주 2소경을 9주 5소경 체제로 정비하여 중앙 집권 및 지방 통제력을 강화하였다.
② 한의 침략으로 멸망 → 고조선
고조선은 우거왕 때 한 무제의 침략으로 왕검성이 함락되어 멸망하였다. → 지금의 평양성
④ 안시성 전투 → 고구려
당 태종(이세민)이 고구려를 공격하자 양만춘이 안시성 전투에서 당의 군대를 격퇴하였다.

핵심노트 ▶ 발해의 건국

- 고구려 장군 대조영을 중심으로 한 고구려 유민과 말갈 집단들은 길림성의 돈화시 동모산 기슭에서 발해를 건국(698) → 남쪽의 신라와 남북국의 형세를 형성
- 연호를 천통이라 하였고, 처음에 국호를 진(震)이라 하였다가 곧 발해로 고침(713)
- 건국 후 대조영(고왕)은 당 침략에 대비해 돌궐과 신라에 사신을 보내 통교하였고, 이후 당과도 외교관계를 수립(713)

11. 후삼국 통일 과정

  고려 건국(918) ⇒ 고창 전투(930) ⇒ 일리천 전투(936)

정답 해설

(가) **고려 건국**(918) : 송악의 호족 출신인 왕건이 왕위에서 궁예를 축출하고 고려를 건국하였다.
(다) **고창 전투**(930) : 고려 태조 왕건이 고창 전투에서 견훤의 후백제군을 상대로 승리하였다.
(나) **일리천 전투**(936) : 견훤의 장남인 신검이 일리천에서 고려군에게 패하여 후백제는 멸망하게 되었다.

12. 공민왕의 반원 자주 정책

정동행성이문소 폐지 ⇒ 고려 공민왕

정답 해설

쌍성총관부를 공격하여 원에 빼앗긴 철령 이북의 땅을 되찾은 왕은 고려 공민왕이다. 공민왕은 내정을 간섭하던 정동행성 이문소를 폐지하는 등 원의 간섭을 물리치기 위해 노력하였다.

오답 해설

① **균역법 시행 → 조선 영조**
　조선 영조 때 농민의 부담을 덜어주기 위해 군포 2필을 부담하던 것을 1년에 군포 1필로 경감하는 균역법을 시행하였다.

② **독서삼품과 실시 → 통일 신라 원성왕**
　통일 신라의 원성왕은 관리 등용 제도인 독서삼품과를 실시하여 인재를 등용하였다.

③ **삼강행실도 편찬 → 조선 세종**
　조선 세종 때 모범적인 충신, 효자, 열녀를 알리기 위해 윤리서인 삼강행실도를 편찬하였다.

핵심노트 ▶ 공민왕의 반원 자주 정책

- 원의 연호를 폐지하고 기철 등 친원파 숙청
- 내정을 간섭하던 정동행성이문소 폐지, 원의 관제를 폐지하고 2성 6부의 관제를 복구
- 무력으로 쌍성총관부를 공격하여 철령 이북의 땅을 수복(유인우), 동녕부 요양을 정벌하여 옛 고구려의 영토를 수복(이성계)
- 원(나하추)의 침입을 이성계 등이 격퇴
- 친명 정책의 전개 → 사신 파견, 명의 연호 사용
- 몽골풍의 폐지 → 몽골풍의 의복과 체두변발 금지

---

13. 강감찬의 귀주 대첩

암기박사 귀주 대첩 : 거란의 3차 침입 ⇒ 강감찬

정답 ②

정답 해설

거란의 3차 침입 때 귀주에서 적의 대군을 격파하고 큰 승리를 거둔 인물은 강감찬이다. 그는 거란군을 물리친 후 개경에 나성을 쌓아 북방 세력의 침입에 대비할 것을 건의하였다.

오답 해설

① **별무반 : 동북 9성 축조 → 윤관**
　고려 예종 때 윤관이 별무반을 이끌고 여진을 정벌하여 동북 9성을 축조하였다.

③ **여진 정벌 : 6진 개척 → 김종서**
　조선 세종 때 김종서는 여진을 정벌하고 두만강 유역의 6진을 개척하였다. → 온성·종성·경원·부령·회령·경흥

④ **천리장성 축조 → 연개소문**
　연개소문은 고구려 말기의 장군이자 재상으로 천리장성을 축조하였고, 정변을 일으켜 영류왕을 죽이고 보장왕을 옹립하여 막리지가 되었다.

핵심노트 ▶ 거란의 침입

구분	원인	결과
1차 침입 (성종 993)	송과의 단절 요구, 정안국의 존재	서희의 외교 담판 → 강동 6주 획득
2차 침입 (현종 1010)	강조의 정변	양규의 흥화진 전투
3차 침입 (현종 1018)	현종의 입조 및 강동 6주 반환 거부	강감찬의 귀주대첩

---

14. 고려 시대의 경제 상황

암기박사 전시과 제도 ⇒ 고려 경종

정답 ①

정답 해설

고려 시대에는 송을 비롯한 여러 나라 상인들이 예성강 하구의 벽란도를 통해 무역을 하였다. 고려 경종 때 전시과 제도가 실시되어 관리들에게 전지와 시지를 품계에 따라 차등 지급하였다.
→ 땔감을 얻을 수 있는 임야
→ 농작물을 수확할 수 있는 논이나 밭

오답 해설

② **고구마, 감자 재배 → 조선 후기**
　조선 후기에는 일본에서 들여 온 고구마와 청에서 들여온 감자 등의 구황 작물이 널리 재배되었다. → 기후가 불순한 흉년에도 비교적 안전한 수확을 얻을 수 있는 작물

③ **모내기법 전국 확산 → 조선 후기**
　조선 후기에는 모내기법이 전국적으로 확산되면서 벼와 보리의 이모작이 성행하였다.

④ **동시전 : 시장 감독 → 신라 지증왕**
　신라 지증왕 때 시장을 감독하는 관청인 동시전이 수도 경주에 설치되었다.

핵심노트 ▶ 전시과 제도

- **전지와 시지의 차등 지급** : 관리를 18등급으로 나누어 곡물을 수취할 수 있는 일반 농지인 전지와 땔감을 얻을 수 있는 척박한 토지인 시지를 차등적으로 지급
- **수조권만을 지급** : 왕토 사상을 토대로, 지급된 토지는 소유권을 인정하지 않고 수조권만을 지급
- **수조권 분급** : 과전의 경우 1/10, 둔전·내장전·공해전의 경우 1/4, 소유가 가능한 공음전·공신전의 경우 1/2을 수취
- **수조권의 공유적 성격** : 농민으로부터 직접 수취하는 것은 불가하며, 지방관에 의해 징수되어 국가의 창고에 수송된 뒤에 이를 받아감
- **반납의 원칙** : 관직 복무와 직역에 대한 대가로 수조권만 지급한 것이므로 받은 자가 죽거나 관직에서 물러날 때는 토지를 국가에 반납 → 단, 직역 승계에 따라 세습 가능

---

15. 고려 숙종의 업적

암기박사 별무반 조직 ⇒ 고려 숙종

정답 ①

정답 해설

고려 제15대 왕인 숙종은 국자감에 목판 인쇄 기관인 서적포를 설치하였고, 화폐 유통의 촉진을 도모하기 위해 주전도감에서 해동통보를 제작하였다. 또한 윤관의 건의로 여진 정벌을 위한 특수 부대인 별무반을 조직하였다.

오답 해설

② **건원중보 → 고려 성종**
　건원중보는 고려 성종 때 제작된 우리나라 최초의 화폐로 뒷면에 동국(東國)이라는 글자가 새겨져 있다.

③ **화통도감 설치 → 고려 우왕**
　고려 우왕 때 최무선은 화통도감을 설치하여 화약 무기를 개발하고 화포를 제작하였다.

④ **노비안검법 실시 → 고려 광종**
　고려 광종은 노비안검법을 실시하여 양인이었다가 불법으로 노비가 된 자를 조사하여 해방시켜 줌으로써 호족과 공신 세력을 견제하였다.

> **핵심노트** ▶ 별무반의 여진 정벌과 동북 9성

고려는 여진에게 패배한 원인을 첫째, 여진이 기병 중심인 데 반해 고려는 보병 중심인 점, 둘째, 6위가 약화되었다는 점에서 찾았다. 이에 윤관은 숙종에게 신기군(기병), 신보군(보병), 항마군(승병)으로 구성된 별무반을 건의하였다. 예종 2년, 윤관은 별무반을 이끌고 출전하여 갈라전 일대를 점령하고 동북 9성을 축조하였다. 그러나 이어진 여진의 무력 항쟁으로 불리해진 고려는 9성을 환부하고 여진과 화친을 맺었다. 여기에는 장기간 계속된 전쟁 준비로 물자 및 인명 피해가 컸다는 점과, 개경과 9성 사이의 거리가 너무 멀다는 점, 지형 조건상 9성을 지키기 어려웠다는 점도 작용하였다.

16. 직지심체요절

암기박사 현존 최고(最古)의 금속 활자본 ⇒ 직지심체요절 **정답 ④**

정답 해설

청주 흥덕사에서 간행되었으며 현재 프랑스 국립 도서관에 소장되어 있는 문화유산은 직지심체요절이다. 박병선 박사가 발견하여 세상에 알려진 직지심체요절은 현존하는 세계에서 가장 오래된 금속 활자본이다.

오답 해설

① 김부식이 왕명을 받아 편찬 → 삼국사기
  삼국사기는 고려 인종 때 김부식이 왕명을 받아 편찬한 현존하는 우리나라 최고의 역사서로, 유교 사관에 입각하여 기전체 형식으로 구성되어 있다.
② 우리 풍토에 맞는 농법 소개 → 농사직설
  농사직설은 조선 세종 때 정초 등이 우리 풍토에 맞는 농법을 소개한 농서이다.
③ 정조가 세손 시절부터 쓴 일기 → 일성록
  조선의 역대 임금의 동정과 국정을 기록한 일기인 일성록은 조선 영조 때부터 기록되기 시작하였으며, 정조가 세손 시절부터 쓴 일기에서 유래하였다.

17. 일연의 삼국유사

암기박사 불교사 중심 고대 민간 설화 수록 ⇒ 삼국유사 **정답 ④**

정답 해설

승려 일연이 저술한 역사서는 삼국유사로 왕력, 기이, 흥법 등 9편으로 구성되어 있다. 일연의 삼국유사에는 단군부터 고려 말까지의 불교사를 중심으로 고대의 민간 설화 등이 수록되어 있다.

오답 해설

① 사초, 시정기 바탕 → 조선왕조실록
  조선왕조실록은 왕의 사후 사초, 시정기 등을 바탕으로 춘추관에 설치된 실록청에서 편찬되었다.
② 남북국이라는 용어 최초 사용 → 발해고
  발해고는 조선 후기 실학자 유득공이 저술한 역사서로 발해를 북국, 신라를 남국으로 칭하며 남북국이라는 용어가 처음 사용되었다.
③ 유교 사관, 기전체 서술 → 삼국사기
  삼국사기는 고려 인종 때 김부식 등이 왕명을 받아 편찬한 현존하는 우리나라 최고의 역사서로, 유교 사관에 기초하여 기전체로 서술되었다.

> **핵심노트** ▶ 삼국유사

시기 및 저자	원 간섭기인 충렬왕 11년(1285)에 일연이 저술
사관	불교적·자주적·신이적
체제	기사본말체, 총 9권
내용	• 단군~고려 말 충렬왕 때까지 기록, 신라 관계 기록이 다수 수록됨 • 단군 조선과 가야 등의 기록, 수많은 민간전승과 불교 설화 및 향가 등 수록

18. 조선 태종의 업적

암기박사 6조 직계제 실시 ⇒ 조선 태종 **정답 ④**

정답 해설

두 차례 왕자의 난을 통해 집권한 조선 제3대 왕은 태종으로, 호구의 정확한 파악을 위해 16세 이상의 남자들에게 호패를 발급하는 호패법을 시행하였다. 또한 왕권 강화를 위해 의정부의 권한을 약화시키고 6조 직계제를 실시하였다.

오답 해설

① 균역법 시행 → 조선 영조
  영조 때 농민의 부담을 덜어주기 위해 군포 2필을 부담하던 것을 1년에 군포 1필로 경감하는 균역법을 시행하였다.
② 직전법 실시 → 조선 세조
  세조는 과전이 부족해지자 직전법을 실시하여 현직 관리에게만 수조권을 지급하였다.
③ 5군영 체제 완성 → 조선 숙종
  숙종 때 궁궐 수비를 담당하는 기병으로 구성된 금위영을 설치하여 5군영 체제를 완성하였다.

> **핵심노트** ▶ 조선 태종의 업적

- 국왕 중심의 통치 체제 정비 : 의정부 권한의 약화, 육조 직계제 채택, 사병 혁파, 언론·언관의 억제, 외척과 종친 견제
- 경제 기반의 안정 : 호패법 실시, 양전 사업 실시, 유향소 폐지, 노비변정도감 설치
- 억불숭유 : 사원 정리, 사원전 몰수, 서얼 차대법, 삼가 금지법
- 기타 업적 : 신문고 설치, 주자소 설치, 아악서 설치, 사섬서 설치, 5부 학당 설치

19. 조선 세종의 업적

암기박사 정초 : 농사직설 간행 ⇒ 조선 세종 **정답 ②**

정답 해설

박연이 아악을 정비한 것은 조선 세종 때의 일이다. 이 시기에 정초는 우리 풍토에 맞는 농법을 기록한 농사직설을 간행하였다.

오답 해설

① 만권당 설치 → 고려 충선왕
  고려 충선왕은 원의 연경에 독서당인 만권당을 세워 원의 학자들과 교유하도록 하였다.

③ 대전회통 편찬 → 흥선 대원군
흥선 대원군은 경국대전, 속대전, 대전통편 등을 보완한 대전회통을 편찬하여 통치 체제를 정비하였다.
④ 초계문신제 시행 → 조선 정조
조선 정조는 신진 인물이나 중·하급 관리 가운데 능력 있는 자들을 재교육시키고 시험을 통해 승진시키는 초계문신제를 시행하였다.

> 핵심노트 ▶ 농사직설
> - 세종 때 정초가 편찬
> - 중국 농업 기술 수용, 우리 실정 참고
> - 우리나라의 풍토에 맞는 농사기술 정리
> - 씨앗의 저장법, 토질의 개량법, 모내기법 등

20. 임진왜란의 경과

암기박사 탄금대 전투 ⇒ 진주 대첩 ⇒ 명량 대첩

정답 ③

정답 해설

- 신립의 탄금대 전투(1592. 4) : 임진왜란 때 부산에 상륙한 왜군이 파죽지세로 쳐들어오자 도순변사 신립이 충주 탄금대에서 배수진을 치고 항전하였다.
- (가) 김시민의 진주 대첩(1592. 10) : 임진왜란 당시 진주 목사 김시민의 지휘 아래 조선군은 왜군에 맞서 진주성에서 항전하였다.
- 이순신의 명량 대첩(1597. 9) : 이순신이 명량의 울돌목에서 열두 척의 배로 왜의 수군을 대파하였고 왜군은 남해안 일대로 후퇴하였다.

오답 해설

① 왜구 침입 → 최영 : 홍산 전투(1376)
고려 우왕 때 왜구가 충남 내륙 지방까지 쳐들어오자 최영 장군이 군대를 이끌고 홍산에서 왜구를 물리쳤다.
② 청나라 침입 → 임경업 : 백마산성 전투(1636)
임경업 장군은 병자호란 당시 청나라 군사의 침입을 막기 위해 민병대를 훈련시키고 백마산성에서 항전하였다.
④ 몽골 침입 → 김윤후 : 처인성 전투(1232)
고려 고종 때 김윤후가 처인성에서 적장 살리타를 사살하고 몽골군을 막아냈다.

> 핵심노트 ▶ 임진왜란의 주요 전투
> 충주 탄금대 전투(1592. 4) → 한산도 대첩(1592. 7) → 진주성 싸움(1592. 10) → 평양성 탈환 전투(1593. 1) → 행주대첩(1593. 2) → 명량대첩(1597. 9) → 노량해전(1598. 11)

21. 홍문관의 기능

암기박사 서적 관리 및 왕의 자문 ⇒ 홍문관

정답 ④

정답 해설

궁궐 내의 서적을 관리하고 왕의 각종 자문에 응하는 기구는 홍문관으로 그 수장은 대제학(정2품)이 맡았다. 홍문관은 조선 성종 때 집현전을 계승하여 설치된 학술·언론 기관으로 사헌부, 사간원과 함께 삼사로 불렸다.

오답 해설

① 왕에 대한 간쟁 → 사간원
사간원은 대사간을 수장으로 하는 언관으로서, 왕에 대한 간쟁과 논박을 담당하였다.
② 감찰 탄핵 기관 → 사헌부
사헌부는 감찰 탄핵 기관으로 사간원과 함께 대간을 구성하여 서경권을 행사하였다. (인사 이동이나 법률 제정 등에서 대간의 서명을 받는 제도 : 왕권 견제)
③ 왕명 출납 및 비서 기관 → 승정원
승정원은 국왕의 직속 기관으로 왕명의 출납을 맡은 왕의 비서 기관이다.

> 핵심노트 ▶ 조선의 중앙 관제
>
> | 의정부 | 최고 관부, 삼정승이 국정 총괄 |
> |---|---|
> | 승정원 | 왕명을 출납하는 비서 기관 |
> | 의금부 | 국가의 큰 죄인을 다스리는 기관 |
> | 사헌부 | 감찰 탄핵 기관 |
> | 사간원 | 언관으로서 왕에 대한 간쟁 |
> | 홍문관 | 경연 관장, 문필·학술 기관, 고문 역할 |
> | 한성부 | 수도의 행정과 치안 담당 |
> | 춘추관 | 역사서 편찬과 보관 담당 |
> | 예문관 | 국왕의 교서 관리 |
> | 성균관 | 최고 교육 기관(국립대학) |

22. 한식의 세시 풍속

암기박사 찬 음식 먹는 날 ⇒ 한식

정답 ③

정답 해설

동지 후 105일째 되는 한식은 찬 음식을 먹는다고 해서 그 이름이 유래되었다. 설날, 단오, 추석과 함께 4대 명절의 하나이며, 일정 기간 불의 사용을 금한다. '손 없는 날'이라 하여 산소에 잔디를 새로 입히거나 이장을 한다.

오답 해설

① 차례, 떡국 먹기 → 설날
설날은 한 해의 시작인 음력 정월 초하루로, 아침에 설빔을 입고 조상에게 차례를 지내며 떡국을 먹고 어른들에게 세배를 한다.
② 수리취떡, 창포물, 씨름 → 단오
단오는 음력 5월 5일로 수레바퀴 모양의 떡살로 문양을 내는 수리취떡을 해먹고, 여자는 창포물에 머리를 감고 그네를 뛰며 남자는 씨름을 한다.
④ 진달래꽃 화전, 풀각시 놀이 → 삼짇날
삼짇날은 음력 3월 3일로 답청절이라고 하는데, 진달래가 피는 봄이면 찹쌀가루로 빚은 전 위에 진달래꽃을 올려 화전을 부쳐 먹고, 여자아이들은 지랑풀이나 각시풀 같은 풀을 가지고 각시 인형을 만들고 놀았다.

한국사능력검정시험 기본 실전모의고사

23. 광해군 재위 기간의 사실

정답 ④

[암기박사] 허준 : 동의보감 편찬 ⇒ 광해군

[정답 해설]
인조반정으로 폐위되어 강화도로 유배된 후 제주도에서 생을 마감한 왕은 광해군이다. 이 시기에 허준이 전통 한의학을 집대성한 동의보감을 편찬하여 의료 지식의 민간 보급에 기여하였다.

[오답 해설]
① 직전법 제정 → 세조
  조선 세조는 과전이 부족해지자 현직 관리에게만 수조권을 지급하는 직전법을 제정하였다. (토지로부터 조세를 거둘 수 있는 권리)
② 왕의 친위 부대 : 장용영 설치 → 정조
  장용영은 조선 정조 때 설치된 왕의 친위 부대로 한양에는 내영, 수원 화성에는 외영을 두었다.
③ 만동묘 철폐 → 흥선 대원군
  만동묘는 임진왜란 때 조선을 도와준 명나라에 대한 보답으로 지은 사당으로, 노론의 소굴이 되어 상소와 비판을 올리고 양민을 수탈하는 등 폐해가 심해 흥선 대원군 때 철폐되었다.

[핵심노트] ▶ 광해군의 정치와 인조반정
- 중립 외교 : 명과 후금 사이에서 중립 외교 전개, 전후 복구 사업 추진
- 북인의 독점 : 광해군의 지지 세력인 북인은 서인과 남인 등을 배제
- 인조반정(1623) : 인목대비 유폐, 영창대군 살해, 재정 악화, 민심 이탈 등을 계기로 발발한 인조반정으로 몰락

24. 조선 영조의 업적

정답 ①

[암기박사] 균역법 실시 ⇒ 조선 영조

[정답 해설]
붕당 정치의 폐해를 경계하기 위해 성균관 입구에 탕평비를 건립한 왕은 조선 영조이다. 영조는 농민들의 군역 부담을 덜어주고자 균역법을 실시하여 1년에 군포 2필을 부담하던 것을 1필로 경감하였다.

[오답 해설]
② 신해통공 시행 → 조선 정조
  조선 정조는 신해통공을 시행하여 육의전을 제외한 시전 상인의 금난전권을 폐지하였다. (명주, 종이, 어물, 모시와 베, 무명, 비단을 파는 점포) (시전 상인이 왕실이나 관청에 물품을 공급하는 대신 부여받은 독점 판매권으로, 난전을 단속할 수 있는 권한)
③ 나선 정벌 → 조선 효종
  효종은 러시아의 남하로 청과 러시아 간 국경 충돌이 발생하자 청의 원병 요청으로 나선 정벌을 추진하였다.
④ 백두산정계비 건립 → 조선 숙종
  조선 숙종은 청의 요구로 조선과 청의 경계를 정한 백두산정계비를 세워, 동쪽으로 토문강과 서쪽으로 압록강을 경계로 삼았다.

[핵심노트] ▶ 조선 영조의 업적
- 완론 탕평 : 각 붕당의 타협적 인물들 등용
- 탕평파 육성 : 탕평파를 육성하고 탕평비를 건립
- 산림 부정, 서원 정리 : 붕당의 뿌리를 제거하기 위해 공론의 주재자로 인식되던 산림을 부정, 붕당의 본거지인 서원 대폭 정리
- 이조 전랑 권한 약화 : 붕당의 이익을 대변하던 이조 전랑의 권한을 약화
- 균역법 : 군역 부담 경감을 위해 군포를 2필에서 1필로 경감
- 가혹한 형벌 폐지 : 심한 고문, 형벌 등 폐지
- 서적 간행 : 속오례의, 속대전, 동국문헌비고 등

25. 유형원의 균전제

정답 ②

[암기박사] 균전제 : 토지의 차등 분배 ⇒ 유형원

[정답 해설]
사회 개혁을 뒷받침할 학문 연구를 위해 전북 부안에 내려가 반계수록을 저술한 인물은 조선의 실학자 유형원이다. 그는 신분에 따른 토지의 차등 분배를 주장한 균전제의 실시를 제안하였다.

[오답 해설]
① 정혜결사 제창 → 보조국사 지눌
  보조국사 지눌은 불교의 수행에 있어 정과 혜를 함께 수행하여야 한다는 정혜결사를 제창하고 불교 개혁에 앞장섰다.
③ 훈련도감 창설 → 유성룡
  조선 선조 때 유성룡은 임진왜란 중 왜군의 조총에 대응하고 국방력을 강화하기 위해 훈련도감을 창설하였다.
④ 전민변정도감 설치 → 신돈
  고려 공민왕 때 신돈은 전민변정도감을 설치하고 권문세족에게 빼앗긴 토지와 노비를 본래의 소유주에게 돌려주거나 양민으로 해방시켰다.

[핵심노트] ▶ 유형원의 균전론
- 주나라 정전법의 영향을 받아 자영농 육성을 위한 토지 제도의 개혁을 주장
- 관리 · 선비 · 농민에게 토지의 차등적 재분배를 주장
- 토지 국유제 원칙에서 토지 매매 금지와 대토지 소유 방지를 주장
- 자영농 육성을 통한 병농일치의 군사 제도, 사농일치의 교육 제도 확립을 주장

26. 조선 통신사

정답 ③

[암기박사] 일본과 시문, 서화 등을 통해 문화 교류 ⇒ 통신사

[정답 해설]
일본 에도 막부의 요청으로 조선이 파견한 공식 외교 사절단은 통신사이다. 임진왜란 이후 조선은 19세기 초까지 12회에 걸쳐 일본에 통신사를 파견하고 시문, 서화 등을 통해 문화 교류를 하였다.

[오답 해설]
① 동지사, 정조사, 성절사 → 명 · 청에 보낸 사절단 (동지에 보내는 사신)
  조선은 건국 직후부터 명 · 청에 매년 정기적 또는 부정기적으로 동지사, 정조사, 성절사 등으로 불리는 사절단을 파견하였다.
  (새해를 맞이하여 보내는 사신) (황제의 탄신일에 보내는 사신)

10

② 해국도지, 영환지략 국내 소개 → 오경석
역관인 오경석은 청나라로부터 해국도지, 영환지략을 들여와 국내에 소개하였으며, 개화파 형성에 영향을 미쳤다.
④ 청의 무기 제조 기술 습득 → 영선사
김윤식을 단장으로 하는 영선사가 청에 파견되어 톈진 기기국에서 무기 제조 기술을 습득하고 돌아왔다.

 핵심노트 ▶ 통신사 파견

조선의 왕이 막부의 장군(쇼군)에게 파견하던 사절이다. 실제로 일본에 건너가 통신사로서의 임무를 수행한 것은 세종 11년(1429) 교토에 파견된 정사 박서생의 사절단이 최초이다. 조선 후기의 통신사는 막부의 장군이 있는 에도(도쿄)를 목적지로 파견되었는데, 그곳까지 가는 도중에 통신사가 묵는 객사는 한시문과 학술의 필담창화라고 하는 문화 교류의 장이 되었다.

27. 대동여지도

암기박사 역참, 봉수 등 기호로 표기 ⇒ 김정호 : 대동여지도

정답 ②

정답 해설

김정호가 조선의 지도 제작 기술을 집대성하여 만든 지도는 대동여지도이다. 총 22첩의 목판본 지도로 10리마다 눈금을 표시하였다. 역참, 봉수 등 주요 시설물을 기호로 표기하여 다양한 지리 정보를 전달하였다.

오답 해설

① 중국 중심의 세계관을 표현한 관념도 → 천하도
천하도는 중국 중심의 세계관을 표현한 작자 미상의 관념도로, 조선 중기 이후 여러 종류가 제작되어 민간에서 사용되었다.
③ 서양식 세계 지도 → 곤여만국전도
천주교의 전도를 위해 중국에 온 이탈리아 선교사 마테오 리치가 제작한 세계 지도를 조선 선조 때 이광정이 전하였다.
④ 우리나라에서 제작된 현존 최고(最古)의 세계 지도 → 혼일강리역대국도지도
혼일강리역대국도지도는 우리나라에서 제작된 현존 최고(最古)의 세계 지도로 조선 태종 때 권근, 김사형, 이회 등에 의해 제작되었다.

 핵심노트 ▶ 대동여지도

- 철종 12년(1861) 김정호가 제작한 우리나라 대축척 지도로, 산맥·하천·포구·도로망의 표시가 정밀해지고 거리를 알 수 있도록 10리마다 눈금을 표시
- 전도를 22첩으로 나누어 각 첩을 책처럼 접을 수 있게 만든 분첩절첩식 지도로서, 목판으로 인쇄

28. 황성신문

암기박사 장지연 : 시일야방성대곡 게재 ⇒ 황성신문

정답 ③

정답 해설

황성신문은 남궁억, 유근 등 개신 유학자들에 의해 발행된 국한문 혼용체 신문이다. 을사늑약의 부당성을 알리기 위해 장지연의 시일야방성대곡이 황성신문에 게재되었다.

오답 해설

① 천도교의 기관지 → 만세보
천도교의 후원을 받아 오세창이 발간한 만세보는 천도교의 기관지로 민중 계몽에 힘쓰고 일진회의 국민신보에 대항하였다.
② 최초의 근대 신문 → 박문국 : 한성순보
한성순보는 박영효 등 개화파가 박문국에서 발간한 최초의 근대 신문으로, 정부에서 발표한 새로운 행정 사항 및 해외 여러 나라의 소식을 순 한문으로 열흘마다 발행하였다.
④ 국채 보상 운동 후원 → 대한매일신보
영국인 베델과 양기탁이 함께 창간한 대한매일신보는 신민회의 기관지로 국채 보상 운동의 확산에 기여하였다.

핵심노트 ▶ 개항기 발행 신문

언론기관	주요 활동
한성순보 (1883~1884)	박영효 등 개화파가 창간하여 박문국에서 발간한 최초의 신문, 관보 성격의 순한문판 신문으로, 10일 주기로 발간
한성주보 (1886~1888)	박문국 재설치 후 한성순보를 이어 속간, 최초의 국한문 혼용, 최초의 상업광고
독립신문 (1896~1899)	서재필이 발행한 독립 협회의 기관지, 최초의 민간지, 격일간지, 순한글판과 영문판 간행, 띄어쓰기 실시
매일신문 (1898~1899)	협성회의 회보를 발전시킨 최초의 순한글 일간지, 독립 협회 해산으로 폐간
황성신문 (1898~1910)	남궁억, 유근 등 개신유학자들이 발간, 국한문 혼용, 민족주의적 성격의 항일 신문, 보안회 지원, 장지연의 '시일야방성대곡'을 게재하고 을사조약을 폭로하여 80일간 정간
제국신문 (1898~1910)	이종일이 발행할 순한글의 계몽적 일간지
대한매일신보 (1904~1910)	영국인 베델이 양기탁 등과 함께 창간, 국한문판·한글판·영문판 간행(최대 발행부수), 신민회 기관지, 국채 보상 운동에 주도적 참여, 총독부에 매수되어 일제 기관지(매일신보)로 속간
만세보 (1906~1907)	천도교의 후원을 받아 오세창이 창간한 천도교 기관지, 이인직의 혈의 누 연재
경향신문 (1906)	가톨릭 교회의 기관지, 주간지, 민족성 강조
대한민보 (1909~1910)	대한협회의 기관지로, 일진회의 기관지인 국민신보에 대항
경남일보 (1909)	최초의 지방지

29. 혜원 신윤복

암기박사 월하정인 ⇒ 혜원 신윤복

정답 ③

정답 해설

월하정인은 조선 후기의 대표적인 풍속 화가 혜원 신윤복이 그린 작품으로, 늦은 밤 인적이 드문 뒷골목에서 남녀 간의 연애를 소재로 한 그림이다.

오답 해설

① 인왕제색도 → 정선
인왕제색도는 조선 후기 진경산수화의 대가 겸재 정선의 작품으로, 비가 내린 뒤의 인왕산의 분위기를 적묵법으로 진하고 묵직하게 표현한 산수화이다.

② 대장간 → 김홍도
대장간은 조선 후기의 대표적인 풍속화가 김홍도의 작품으로 대장간에서 일하는 사람들의 특징을 소탈하고 익살스럽게 표현하였다.

④ 몽유도원도 → 안견
몽유도원도는 조선 전기 세종 때 안견이 안평대군의 꿈 이야기를 듣고 표현한 그림으로, 자연스러운 현실 세계와 환상적인 이상 세계를 웅장하면서도 능숙하게 처리하였다.

핵심노트 ▶ 조선 후기 풍속화가 비교
- 김홍도 : 소탈하고 익살스럽고 정감 어린 필치의 풍속화로 유명 → 전원 화가
- 김득신 : 김홍도의 제자이며, 관인 화가로 풍속화에 능했음 → 궁정 화가
- 신윤복 : 간결하고 소탈한 김홍도에 비해 섬세하고 세련된 필치를 구사 → 도회지 화가

30. 임오군란

암기박사 구식 군인에 대한 차별 ⇒ 임오군란   정답 ③

정답 해설

일본에 조사 시찰단이 파견된 이후 개화 정책의 일환으로 신식 군대인 별기군이 창설되었다. 그러나 개화 정책에 대한 불만과 차별을 받던 구식 군인들이 임오군란을 일으켰다(1882).

오답 해설

① 진주 민란 → 임술 농민 봉기
삼정의 문란과 포악한 관리의 수탈로 진주 지역 농민들이 진주성을 점령하는 임술 농민 봉기가 발생하였다(1862).

② 신미양요 → 어재연 : 광성보 전투
미국이 제너럴셔먼호 사건을 구실로 강화도를 공격하여 신미양요가 발발하자, 어재연 부대가 강화도 초지진의 광성보에서 미군에 맞서 싸웠다(1871).

④ 미국 : 통상 요구 → 제너럴셔먼호 사건
평양 관민이 대동강에 침입하여 통상을 요구하는 미국 상선 제너럴셔먼호를 불태웠다(1866).

31. 위정 척사 운동의 전개

암기박사
(가) 이항로 : 척화 주전론 ⇒ 1860년대 통상 반대 운동
(다) 최익현 : 왜양일체론 ⇒ 1870년대 개항 반대 운동
(나) 이만손 : 영남 만인소 ⇒ 1880년대 개화 반대 운동   정답 ②

정답 해설

(가) 이항로의 척화 주전론(1860년대 통상 반대 운동)
이항로를 중심으로 한 유생들은 서양 오랑캐와의 화친을 거부하고 끝까지 싸우자는 척화 주전론을 내세웠다.

(다) 최익현의 왜양일체론(1870년대 개항 반대 운동)
일본이 조선에 개항을 요구하자 최익현 등의 유생들은 일본이 서양 오랑캐와 다를 것이 없다는 왜양일체론을 주장하며 개항에 반대하였다.

(나) 이만손의 영남만인소(1880년대 개화 반대 운동)
이만손을 비롯한 영남 유생들은 김홍집의 조선책략 유포에 반발하여 미국과의 수교에 반대하는 만인소를 올렸다.

핵심노트 ▶ 위정척사 운동의 전개
- 1860년대(통상 반대 운동) : 척화 주전론(이항로, 기정진), 통상 수교 거부 정책을 뒷받침
- 1870년대(개항 반대 운동) : 왜양 일체론(최익현), 개항 불가론
- 1880년대(개화 반대 운동) : 영남 만인소(이만손), 만언척사소(홍재학)
- 1890년대(항일 의병 운동) : 항일 투쟁(유인석, 이소응)

32. 경천사지 십층 석탑

암기박사 경천사지 십층 석탑 ⇒ 고려 후기   정답 ③

정답 해설

고려 후기 충목왕 때 개성의 경천사지에 조성된 석탑으로, 원의 영향을 받은 다각 다층의 대리석 석탑이다. 기존의 신라계 석탑과는 양식을 달리하는 가장 특이하고 정련한 기교를 보이는 탑이다.

오답 해설

① 미륵사지 석탑 → 백제   → 석탑 보수 과정에서 금제 사리 봉안기가 발견됨
전북 익산에 있는 미륵사지 석탑은 백제 시대의 석탑으로, 목탑 양식을 계승한 우리나라에서 가장 오래된 탑이다.

② 분황사 모전 석탑 → 신라
경북 경주의 분황사에 있는 모전 석탑은 석재를 벽돌 모양으로 만들어 쌓은 탑으로, 현존하는 신라 석탑 중 가장 오래된 석탑이다.

④ 불국사 삼층 석탑 → 통일 신라
경북 경주의 불국사에 있는 통일 신라의 석탑으로, 내부에서 현존하는 세계 최고(最古)의 목판 인쇄물인 무구정광대다라니경이 발견되었다.

33. 신민회의 활동

암기박사 105인 사건 ⇒ 신민회 해체   정답 ①

정답 해설

신민회는 안창호, 양기탁 등이 중심이 되어 비밀리에 조직한 단체로, 국권 회복과 공화 정체의 근대 국가 건설을 목표로 하였다. 신민회는 일제가 데라우치 총독 암살 미수 사건이라고 날조한 105인 사건으로 해체되었다.

오답 해설

② 서북 학회 → 애국 계몽 단체
관서 지방의 서우학회와 관북 지방의 한북학회를 통합해 설립된 애국 계몽 단체로, 국권을 회복하고 인권을 신장하여 입헌공화국을 수립하는 데 목적을 두었다.

12

③ 헌정 연구회 → 애국 운동 단체
민족의 정치의식 고취와 입헌정치 체제 수립을 목적으로 이준, 양한묵, 윤효정 등이 창설한 애국 운동 단체이다.
④ 북로 군정서 → 무장 독립군 단체
3·1 운동 직후 대종교의 중광단이 개편되어 만주에서 결성된 무장 독립군 단체로 청산리 전투에서 일본군에 대승을 거두었다.

핵심노트 ▶ 105인 사건

일본 경찰은 안중근의 사촌인 안명근이 무관 학교를 세울 자금을 모으다가 체포되자 이를 총독 데라우치 마사타케의 암살 미수 사건으로 날조하여, 신민회 회원을 비롯한 민족주의자 6백여 명을 검거해 고문을 가하였다. 그 결과 105명이 기소되었는데, 그들 중 윤치호, 양기탁, 안태국, 이승훈, 임치정, 옥관빈 등 6명만이 징역을 선고받았다. 기소된 인물이 105명이라 105인 사건이라 명명되었다(1911).

34. 6·10 만세 운동

암기박사 순종의 인산일 계기 ⇒ 6·10 만세 운동

정답 ②

정답 해설

순종의 인산일을 계기로 중앙 고보 학생들이 격문을 뿌리고 조선 학생 과학 연구회 학생들이 주도한 만세 시위 운동은 6·10 만세 운동이다. 6·10 만세 운동은 민족주의 세력과 사회주의 세력이 연대하여 민족 유일당인 신간회 창립의 계기가 되었다(1926).

오답 해설

① 고종의 인산일 계기 → 3·1운동
고종의 인산일에 민족 대표 33인의 이름으로 독립 선언서를 발표함으로써 전개된 3·1 운동은 대한민국 임시 정부 수립에 영향을 주었다(1919).
③ 신군부의 비상계엄 확대 → 5·18 민주화 운동
전두환·노태우 등의 신군부 세력이 쿠데타를 일으켜 권력을 장악하고 비상계엄을 전국으로 확대하자 이에 저항하여 5·18 민주화 운동이 전개되었다(1980).
④ 한·일 학생 간 충돌 → 광주 학생 항일 운동
광주에서 발생한 한·일 학생 간의 충돌을 일본 경찰이 편파적으로 처리하여 광주 학생 항일 운동이 촉발되었다(1929).

핵심노트 ▶ 6·10 만세 운동(1926)

- 배경 : 순종의 사망을 계기로 민족 감정 고조(제2의 3·1 운동), 일제의 수탈 정책과 식민지 교육에 대한 반발
- 준비 : 민족주의 계열(천도교)과 사회주의 계열이 연대하여 만세 시위 운동을 준비하였으나 사전에 발각
- 전개 : 조선 학생 과학 연구회(사회주의계)를 비롯한 전문학교와 고등보통학교 학생들이 주도
- 결과 : 2000여 명의 학생이 검거됨
- 의의 : 민족주의계와 사회주의계가 연대하는 계기 마련 → 신간회 결성(1927)에 영향을 미침

35. 목포 지역의 역사

암기박사 암태도 소작 쟁의 ⇒ 목포

정답 ②

정답 해설

암태도 소작 쟁의는 전남 신안군 암태도의 소작농민들이 전개한 농민운동으로, 지주들의 소작료 인상률 저지와 1920년대 각지의 소작운동에 큰 영향을 미쳤다(1923).

36. 독립 협회의 활동

암기박사 헌의 6조 건의 ⇒ 독립 협회

정답 ②

정답 해설

러시아가 저탄소 설치를 위해 절영도(지금의 부산 영도)의 조차(조약에 의해 다른 나라로부터 유상 또는 무상으로 영토를 빌림)를 요구하자 독립 협회는 만민 공동회를 개최하여 러시아의 요구를 저지하였다. 또한 독립 협회는 국정개혁안으로 정부에 헌의 6조를 건의하였으나 실현하지는 못하였다.

오답 해설

① 독립 공채 발행 → 대한민국 임시 정부
대한민국 임시 정부는 국외 거주 동포들에게 독립 공채를 발행하거나 국민의 의연금으로 독립운동에 필요한 군자금을 마련하였다.
③ 한글 맞춤법 통일안 발표 → 조선어 학회
조선어 학회는 한글 맞춤법 통일안과 표준어를 제정하고 조선말 큰사전 편찬을 주도하였다.
④ 광주 학생 항일 운동 : 진상 조사단 파견 → 신간회
광주에서 발생한 한·일 학생 간의 충돌을 일본 경찰이 편파적으로 처리하여 광주 학생 항일 운동이 발생하자 신간회 중앙 본부가 진상 조사단을 파견하였다.

핵심노트 ▶ 독립 협회의 활동

- 이권 수호 운동 : 러시아의 절영도 조차 요구 규탄, 한·러 은행 폐쇄
- 독립 기념물의 건립 : 자주 독립의 상징인 독립문을 세우고, 모화관을 독립관으로 개수
- 민중의 계도 : 강연회·토론회 개최, 독립신문의 발간 등을 통해 근대적 지식과 국권·민권 사상을 고취
- 만민 공동회 개최 : 우리나라 최초의 근대적 민중 대회 → 외국의 내정 간섭·이권 요구·토지 조사 요구 등에 대항하여 반환을 요구
- 관민 공동회 개최 : 만민 공동회의 규탄을 받던 보수 정부가 무너지고 개혁파 박정양이 정권을 장악하자, 정부 관료와 각계각층의 시민 등 만여 명이 참여하여 개최
- 의회 설립 추진 : 의회식 중추원 신관제를 반포하여 최초로 국회 설립 단계까지 진행 (1898. 11)
- 헌의 6조 : 헌의 6조를 결의하고 국왕의 재가를 받음 → 실현되지는 못함

37. 민족 운동 지도자 이상재

암기박사 민립 대학 설립 운동 ⇒ 이상재

정답 ④

정답 해설

이상재는 신간회의 초대 회장으로 민족 유일당 운동에 앞장섰다. 그는 우리 손으로 대학을 설립하고자 조선 민립 대학 기성회를 중심으로 민립 대학 설립 운동을 주도하였다.

한국사능력검정시험 기본 실전모의고사

오답 해설

① **한국통사 저술 → 박은식**
박은식은 근대 이후 일본의 침략 과정을 서술한 한국통사를 저술하였다. → "나라는 형(形)이요, 역사는 신(神)이다."

② **삼균주의 주창 → 조소앙**
조소앙은 새로운 국가 건설의 이념으로 삼균주의를 주창하였고, 대한민국 임시 정부는 조소앙의 삼균주의에 따라 정치·경제·교육의 균등을 주장한 대한민국 건국 강령을 제정하였다.

③ **조선 건국 동맹 결성 → 여운형**
여운형은 일제의 패망과 광복에 대비하여 일제 타도와 민주국가 건설을 목표로 조선 건국 동맹을 결성하였다.

핵심노트 ▶ 민립 대학 설립 운동

① 배경 : 민족 역량 강화 위해 고등 교육의 필요성
② 전개
  • 총독부가 대학 설립 요구를 묵살하자 조선 교육회는 우리 손으로 대학을 설립하고자 조선 민립 대학 기성 준비회(이상재, 1922)를 결성
  • 모금 운동 전개(1923) : 조선 민립 대학 기성회를 중심으로 모금 운동 전개 → 한민족 1천만이 한 사람 1원씩
③ 결과
  • 지역 유지들과 사회단체의 후원으로 순조롭게 진행되었으나 일제의 방해와 남부 지방의 가뭄과 수해로 모금이 어려워져 결국 좌절
  • 일제는 1924년 경성 제국 대학 설립을 통해 조선인의 불만 무마를 시도

38. 1920년대의 사회 모습

암기박사 치안 유지법 제정 ⇒ 1920년대

정답 ④

정답 해설

일제는 자국의 식량 문제를 해결하기 위해 1920년부터 산미 증식 계획을 실시하였다. 이 시기에 일제는 사상 통제법으로 치안 유지법을 제정하여 독립 운동가들을 탄압하였다(1925).

오답 해설

① **칼을 찬 교사 → 1910년대**
일제는 무단 통치기에 위협적인 분위기를 조성하기 위해 교사들까지 제복을 입고 칼을 차고 다녔다.

② **브나로드 운동 → 1930년대**
동아일보사에서 문맹 퇴치를 목적으로 '배우자 가르치자 다 함께 브나로드' 등의 구호를 내세우며 브나로드(Vnarod) 운동을 전개하였다(1931). → 러시아어로 '민중 속으로'라는 의미

③ **영남 만인소 → 1880년대**
이만손을 비롯한 영남 유생들이 김홍집의 조선책략 유포에 반발하여 만인소를 올리고 그의 처벌을 요구하였다(1881).

핵심노트 ▶ 치안 유지법

일제가 1925년에 제정한 사상 통제법이다. 공산주의 및 무정부주의 운동을 탄압하기 위해 제정한다고 했으나 사실상 독립 운동에 대한 전반적 탄압을 위해 만들어진 법률이었다.

39. 프랭크 스코필드

암기박사 현충원 안장 최초 외국인 ⇒ 프랭크 스코필드

정답 ④

정답 해설

국립 서울 현충원에 안장된 최초의 외국인은 프랭크 스코필드이다. 그는 3·1 운동 당시 일제가 저지른 제암리 학살 사건의 참상을 외국 언론에 제보하여 일제의 만행을 세계에 폭로하였다.

오답 해설

① **어니스트 베델 → 대한매일신보 창간**
한말의 영국 언론인으로 양기탁과 함께 대한매일신보를 창간하였고, 을사늑약의 무효를 주장하는 등 항일 활동을 벌였다.

② **호머 헐버트 → 육영 공원 교사**
육영 공원에서 외국어를 가르친 교사로, 을사늑약 후 고종에게 헤이그 밀사 파견을 건의하는 등 한국의 국권 회복 운동에 적극 협력하였다.

③ **메리 스크랜튼 → 이화 학당 설립자**
미국의 교육자이자 개신교 선교사로 한국 최초의 여성 교육 기관인 이화 학당을 설립하여 한국의 여성 교육에 이바지하였다.

핵심노트 ▶ 제암리 학살 사건

3·1 운동 당시 일본군이 수원 제암리에서 주민들을 집단 학살한 사건이다. 1919년 4월 15일 한 무리의 일본 군경은 만세 운동이 일어났던 제암리에 가 기독교도와 천도교도 약 30명을 교회당 안에 몰아넣은 후 문을 잠그고 집중 사격을 퍼부었다. 일본군은 증거를 없애기 위해 교회당에 불을 지른 후, 다시 부근의 채암리에 가서 민가를 방화하고 주민들을 학살했다. 이 만행에 분노한 선교사 스코필드(Frank W. Schofield)가 현장을 사진에 담아 〈수원에서의 일본군 잔악 행위에 관한 보고서〉를 작성하여 미국에 보내 여론화하였다.

40. 물산 장려 운동

암기박사 물산 장려 운동 ⇒ 평양

정답 ②

정답 해설

물산 장려 운동은 1920년대에 민족 경제의 자립을 목적으로 평양에서 시작하여 전국으로 확산되었다. 평양에서 조만식이 조선 물산 장려회 발기인 대회를 개최하고 '조선 사람 조선 것'이라는 구호 아래 물산 장려 운동을 전개하였다.

오답 해설

① **혜상공국 혁파 → 갑신정변**
우정국 낙성 축하연을 이용해 갑신정변을 일으킨 개화당 정부는 혜상공국의 혁파를 주장하였다. → 보부상을 보호하기 위한 기관

③ **유생 주도 → 위정척사 운동**
위정척사 운동은 바른 것은 지키고 사악한 것을 물리치는, 즉 성리학 이외의 모든 종교와 사상을 배격하는 운동으로 위정척사 사상을 지닌 유생들이 주도하였다.

④ **문화 통치 실시 계기 → 3·1 운동**
3·1 운동에서 나타난 민족적 저항과 국제적 여론 악화는 일제가 무단 통치를 완화하고 이른바 문화 통치를 실시하는 계기가 되었다.

핵심노트 ▶ 물산 장려 운동

- **배경** : 회사령 철폐(1920)와 관세 철폐(1923) 등으로 일본 대기업의 한국 진출이 용이해지자 국내 기업의 위기감 고조
- **목적** : 민족 기업을 지원하고 민족 산업을 육성함으로써 민족 경제의 자립을 달성
- **발족** : 조선 물산 장려회(1920)가 조만식 등이 중심이 되어 평양에서 최초 발족
- **활동** : 일본 상품 배격, 국산품 애용 등을 강조
- **구호** : 내 살림 내 것으로, 조선 사람 조선 것, 우리가 만들어서 우리가 쓰자
- **확산** : 전국적 민족 운동으로 확산되면서 근검 절약, 생활 개선 금주 · 단연 운동도 전개
- **문제점** : 상인, 자본가 중심으로 추진되어 상품 가격 상승 초래, 사회주의자들의 비판
- **결과** : 초기에는 전국적으로 확산되었으나, 일제의 탄압과 친일파의 개입, 사회주의 계열의 방해 등으로 큰 성과를 거두지 못함

41. 윤봉길 의거

암기박사 홍커우 공원 의거 ⇒ 윤봉길 　**정답** ③

정답 해설

김구가 조직한 한인 애국단 소속의 윤봉길은 상하이 홍커우 공원에서 의거를 일으켜 일본군 축하 기념식에 폭탄을 투척하고 한국인의 독립 의지를 만방에 알렸다(1932).

오답 해설

① 의열단 단장, 한국광복군 부사령관 → 김원봉
　의열단 단장인 김원봉은 황포 군관 학교에 입학하여 군사 훈련을 받은 후 중국 국민당 정부의 지원을 받아 조선 혁명 간부 학교를 설립하였다. 또한 중국 난징에서 좌익계 정당인 조선 민족 혁명당을 결성하였고, 조선의용대 일부를 이끌고 한국광복군에 합류한 후 한국광복군 부사령관으로 활약하였다.

② 일제 강점기 저항 시인 → 윤동주
　윤동주는 일제 강점기에 활동한 시인이자 독립 운동가이다. 그는 문인 활동을 통해 일제의 탄압에 저항하였고, 「서시」, 「별 헤는 밤」 등의 작품을 남겼다.

④ 도쿄에서 일왕에 폭탄 투척 → 이봉창
　이봉창은 일제 강점기 독립 운동가로 김구가 조직한 한인 애국단에 가입한 후 도쿄에서 일본 국왕을 향해 폭탄을 투척하였다.

핵심노트 ▶ 독립운동가의 의거 활동

- 안중근(1909) : 하얼빈에서 이토 히로부미 사살
- 이재명(1909) : 명동 성당 앞에서 이완용 저격
- 박재혁(1920) : 부산 경찰서에 폭탄 투척
- 강우규(1920) : 사이토 총독에게 폭탄 투척
- 나석주(1926) : 동양 척식 주식회사에 폭탄 투척
- 이봉창(1932) : 도쿄에서 일왕에 폭탄 투척
- 윤봉길(1932) : 홍커우 공원에서 일본군에 폭탄 투척

42. 민족 말살 통치기의 일제 정책

암기박사 신사 참배 ⇒ 민족 말살 통치기 　**정답** ①

정답 해설

중일 전쟁 발발 이후 일제가 본격적인 전시 체제 구축을 위해 제정한 법령은 국가 총동원법으로, 민족 말살 통치기에 제정되었다. 이 시기에 일본은 천황을 신격화하여 신사를 세우고 강제로 참배하게 하였다.

오답 해설

② 조선 태형령 → 무단 통치기
　일제는 무단 통치기에 한국인에 한하여 태형을 통해 형벌을 가하는 조선 태형령을 공포하였다.

③ 경성 제국 대학 설립 → 문화 통치기
　조선 교육회는 우리 손으로 대학을 설립하고자 조선 민립 대학 기성회를 중심으로 모금 운동을 전개하였으나 일제가 경성 제국 대학을 설립하면서 중단되었다.

④ 카프(KAPF) 결성 → 문화 통치기
　1920년대 사회주의 사상이 지식인 사이에 퍼지면서 현실 비판 의식이 강하고 문학의 사회적 실천을 강조한 신경향파 작가들이 카프(KAPF)를 결성하였다. ◀조선 프롤레타리아 예술가 동맹▶

핵심노트 ▶ 민족 말살 통치기의 일제 정책

- 우리 말, 우리 역사 교육 금지
- 조선 · 동아일보 폐간
- 창씨개명
- 황국 신민 서사 암송
- 신사 참배, 궁성 요배 강요
- 조선 사상범 보호 관찰령
- 조선 사상범 예비 구금령
- 병참 기지화 정책
- 남면북양 정책
- 국가 총동원령, 국민 징용령, 여자 정신 근로령

43. 독도의 역사

암기박사 울릉도의 독도 관할 ⇒ 대한 제국 칙령 제41호 　**정답** ①

정답 해설

우리나라의 가장 동쪽에 위치한 섬은 독도로, 대한 제국은 "독도의 두 섬인 죽도, 석도를 울릉군에서 관리한다."는 칙령 제41호를 통해 울릉도를 군으로 승격시키고 독도를 관할하게 하였다.

핵심노트 ▶ 독도의 역사

- **우산국 복속** : 신라 지증왕은 이사부를 파견하여 우산국(울릉도)을 복속(512).
- **세종실록 지리지** : 우산과 무릉 2섬이 울진현 정동 바다 가운데 있다고 하면서 울릉도와 독도를 조선 영토로 관리하고 있음을 보여줌(1454).
- **안용복의 일본 도해** : 조선 숙종 때 동래의 어민인 안용복은 울릉도에 출몰하는 일본 어민들을 쫓아내고, 일본에 2차례 건너가 울릉도와 독도가 조선의 영토임을 확인받고 돌아옴(1696).
- **동국문헌비고** : 조선 영조 때 홍봉한 등이 정리한 한국학 백과사전인 동국문헌비고에 울릉과 독도는 모두 우산국의 땅이라고 명확하게 기록됨(1770).
- **심흥택 보고서** : 울도 군수 심흥택이 독도가 울도군 관할이라는 내용이 들어간 문서를 정부에 보고함(1906).

44. 민족주의 사학자 신채호

암기박사 독사신론 집필 ⇒ 신채호

정답 ①

정답 해설

민중의 직접 혁명을 주장하는 조선 혁명 선언을 집필한 대표적인 민족주의 사학자는 단재 신채호이다. 그는 만주와 부여족 중심의 고대사를 서술한 독사신론을 저술하여 민족주의 사관의 기초를 마련하였다.

오답 해설

② 파리 강화 회의 파견 → 김규식
  신한 청년당의 김규식은 파리 강화 회의에 대표로 파견되어 독립 청원서를 제출하였다.

③ 조선사회경제사 저술 → 백남운
  백남운은 유물 사관을 토대로 식민 사학의 정체성론을 반박하는 조선사회경제사를 저술하였다.

④ 대조선 국민 군단 창설 → 박용만
  박용만은 하와이에서 독립군 사관을 양성할 목적으로 대조선 국민 군단을 창설하고 군사 훈련을 실시하였다.

핵심노트 ▶ 민족주의 사학자 신채호

- 조선 상고사 : 역사는 아(我)와 비아(非我)의 투쟁의 기록
- 조선사 연구초 : 낭가 사상을 강조하여 묘청의 서경 천도 운동을 '조선 1천년래 제일대 사건'으로 높이 평가
- 조선 상고 문화사 : 조선 상고사에서 다루지 못한 상고사 관련 부분과 우리 민족의 전통적 풍속, 문화 등을 다룸 → 대종교와 연결되는 전통적 민간신앙에 관심을 보임
- 독사신론 : 일제 식민사관에 기초한 일부 국사교과서를 비판하기 위해 대한 매일 신보에 연재, 만주와 부여족 중심의 고대사 서술로 근대 민족주의 역사학의 초석을 다짐
- 조선 혁명 선언(한국 독립 선언서, 의열단 선언) : 무장투쟁과 민중 혁명을 강조한 민중 봉기를 주장 → 의열단의 요청으로 집필

45. 전두환 정부

암기박사 3저 호황 ⇒ 전두환 정부

정답 ④

정답 해설

삼청 교육대가 운영되고 국풍 81이 개최되었으며 교복 자율화가 시행된 것은 전두환 정부 때의 일이다. 전두환 정부 때에 유가 하락, 달러 가치 하락, 금리 하락의 3저 호황으로 물가가 안정되고 수출이 증가하였다.

오답 해설

① 서울 올림픽 대회 개최 → 노태우 정부
  노태우 정부 때에 동서 양 진영 160개국이 참가한 제24회 서울 올림픽 대회가 개최되었다.

② 한·미 상호 방위 조약 체결 → 이승만 정부
  이승만 정부 때에 한·미 상호 방위 조약이 체결되어 한반도에서 무력 충돌이 일어날 경우 유엔의 결정 없이 미국이 즉각 개입할 수 있게 되었다.

③ 제1차 경제 개발 5개년 계획 실시 → 박정희 정부
  박정희 정부 때에 기간산업, 사회 간접 자본 확충, 경공업 중심의 수출 산업 육성을 위한 제1차 경제 개발 5개년 계획이 실시되었다.

46. 대한민국 정부 수립 과정

암기박사 신탁 통치 반대 집회 ⇒ 유엔 한국 임시 위원단 내한 ⇒ 대한민국 정부 수립

정답 ③

정답 해설

8·15 광복 직후 모스크바 3국 외상 회의에 의해 미·소 공동 위원회를 설치하고 5년간의 한국 신탁이 결정되자 전국적으로 신탁 통치에 대한 반대 운동이 일어났다. 이후 유엔 총회의 결의에 따라 한반도에서 인구 비례에 따른 남북한 총선거 실시를 위해 유엔 한국 임시 위원단이 내한하였다(1948. 1).

오답 해설

① 유신 헌법 공포 → 박정희 정부
  박정희 정부 때 장기 독재를 가능하게 한 유신 헌법이 공포되어 대통령 권한이 극대화 되었다(1972).

② 경부 고속 도로 개통 → 박정희 정부
  박정희 정부 때에 서울과 부산을 연결하는 경부 고속 도로가 개통되었다(1970).

④ 반민족 행위 특별 조사 위원회 구성 → 이승만 정부
  대한민국 정부 수립 후인 이승만 정부 때에 제헌 국회에서 일제 강점기 친일 행위를 한 사람들을 처벌하고 공민권을 제한하기 위해 반민족 행위 특별 조사 위원회가 구성되었다(1948. 9).

핵심노트 ▶ 광복 이후의 현대사

8·15 광복(1945. 8) → 모스크바 3국 외상 회의 개최(1945. 12) → 제1차 미·소 공동 위원회 개최(1946. 3) → 좌·우 합작 위원회 구성(1946. 7) → 제2차 미·소 공동 위원회 개최(1947. 5) → 유엔 한국 임시 위원단 방한(1948. 1) → 김구의 남북 협상 참석(1948. 4) → 5·10 총선거 실시(1948. 5) → 대한 민국 헌법 공포(1948. 7) → 대한 민국 정부 수립(1948. 8)

47. 6·25 전쟁의 경과

암기박사 흥남 철수 작전 ⇒ 6·25 전쟁

정답 ②

정답 해설

판문점에서 열린 휴전 회담은 6·25 전쟁에 대한 휴전 협정을 체결하기 위한 것이다. 6·25 전쟁 당시 중공군의 개입으로 전세가 불리해지자, 국군과 유엔군은 흥남항을 통해 대규모의 철수 작전이 전개되었다.

오답 해설

① 애치슨 선언 → 6·25 전쟁 이전
  6·25 전쟁 이전 미국의 극동 방위선에서 한반도를 제외한 애치슨 선언으로 북한이 남침 가능성을 오판하여 6·25 전쟁이 발발하였다(1950).

③ 미·소 공동 위원회 개최 → 6·25 전쟁 이전
  모스크바 3국 외상 회의의 합의에 따라 한국의 임시정부 수립을 원조할 목적으로 제1차 미·소 공동 위원회가 개최되었다(1946).

④ 조선 건국 준비 위원회 결성 → 6·25 전쟁 이전
  8·15 광복 직후 일제의 패망과 광복에 대비하여 건국 작업을 진행하기 위해 여운형이 조선 건국 준비 위원회를 결성하였다(1945).

핵심노트 ▶ 6·25 전쟁의 경과

전쟁 발발 → 서울 함락(1950. 6. 28) → 한강 대교 폭파(1950. 6. 28) → 낙동강 전선으로 후퇴(1950. 7) → 인천 상륙 작전(1950. 9. 15) → 서울 탈환(1950. 9. 28) → 중공군 개입(1950. 10. 25) → 압록강 초산까지 전진(1950. 10. 26) → 서울 철수(1951. 1. 4) → 서울 재수복(1951. 3. 14) → 휴전 제의(1951. 6. 23) → 휴전 협정 체결(1953. 7. 27)

48. 5·18 민주화 운동

암기박사 신군부의 비상 계엄 확대 ⇒ 5·18 민주화 운동

정답 ④

정답 해설

임을 위한 행진곡은 5·18 민주화 운동 당시 사망한 윤상원과 박기순의 영혼 결혼식에 헌정된 노래이다. 5·18 민주화 운동은 전두환·노태우 등 신군부의 비상계엄 확대와 무력 진압에 저항하여 발발하였다(1980).

오답 해설

① 3·15 부정 선거 → 4·19 혁명
 이승만 정권의 장기 독재와 자유당 정권의 3·15 부정선거로 4·19 혁명이 발발하였고 그 결과 이승만 대통령이 하야하였다(1960).

② 4·13 호헌 조치 철폐 → 6월 민주 항쟁
 박종철 고문치사와 전두환 정부의 4·13 호헌 조치 발표로 호헌 철폐와 독재 타도 등의 구호를 내세운 6월 민주 항쟁이 촉발되었다(1987).

③ 유신 체제의 붕괴 계기 → 부·마 민주 항쟁
 YH 사건으로 발발한 부·마 민주 항쟁은 유신 체제가 붕괴하는 계기가 되었다(1979). → 신민당 당사에서 폐업에 항의하는 YH 무역 노동자들의 농성을 강경 진압한 사건

49. 김대중 정부의 경제 상황

암기박사 국민 기초 생활 보장법 제정 ⇒ 김대중 정부

정답 ①

정답 해설

외환 위기를 극복하기 위해 금 모으기 운동을 전개한 것은 김대중 정부 때의 일이다. 이 시기에 생활이 어려운 사람에게 최저 생활을 보장하고 자활을 조성할 목적으로 국민 기초 생활 보장법이 제정되었다.

오답 해설

② 서울 G20 정상 회의 개체 → 이명박 정부
 이명박 정부 때에 G20 주요 경제국 정상들이 모이는 G20 정상 회의가 아시아 최초로 서울에서 개최되었다.

③ 한·미 자유 무역 협정(FTA) 체결 → 노무현 정부
 노무현 정부 때에 한·미 자유 무역 협정(FTA)이 체결되어 미국과의 무역 장벽을 허무는 계기가 되었다. → 발효는 이명박 정부 때부터 임

④ 경제 협력 개발 기구(OECD) 가입 → 김영삼 정부
 김영삼 정부 때에 선진국 진입의 관문인 경제 협력 개발 기구(OECD)에 29번째 회원국으로 가입하였다.

핵심노트 ▶ 김대중 정부(국민의 정부, 1998.3 ~ 2003.2)

- **베를린 선언** : 남북 경협, 냉전 종식과 평화 공존, 남북한 당국 간 대화 추진
- **남북 정상 회담 개최** : 평양에서 최초로 남북 정상 회담 개최
- **6·15 남북 공동 선언** : 1국가 2체제 통일 방안 수용, 이산가족 방문단의 교환, 협력과 교류의 활성화 등
- 금강산 관광 시작(1998), 육로 관광은 2003년부터 시작
- 경의선 철도 연결 사업 → 2000년 9월 착공, 2003년 12월 완료
- 남북한의 교류 협력을 위한 개성 공업 지구 조성에 합의
- 금 모으기 운동, 노사정 위원회 구성, 신자유주의 경제 정책 추진
- 수출, 무역 흑자 증가, 벤처 기업 창업 등으로 외환위기 극복
- 중학교 의무 교육 실시, 만 5세 유아에 대한 무상 교육·보육 등 추진

50. 박정희 정부

암기박사 3선 개헌안 통과 ⇒ 박정희 정부

정답 ①

정답 해설

한일 국교 정상화에 따른 굴욕적인 대일 외교에 반대하여 6·3 시위가 일어난 것은 박정희 정부 때의 일이다(1964). 박정희 정부 때에 장기 집권 시도를 위해 3선 개헌안이 통과되었다(1969).

오답 해설

② 남북 기본 합의서 채택 → 노태우 정부
 노태우 정부 때에 상호 화해와 불가침, 교류 및 협력 확대 등을 규정한 남북 기본 합의서를 채택하였다.

③ 한·일 월드컵 축구 대회 개최 → 김대중 정부
 김대중 정부 때에 한국과 일본이 공동 주최한 한·일 월드컵 축구 대회가 아시아에서 최초로 개최되었다.

④ 최초의 이산가족 고향 방문 → 전두환 정부
 전두환 정부 때에는 최초로 이산가족의 고향 방문이 성사되어 평양에서 이산가족 고향 방문과 예술 공연단 교환을 실현하였다.

제2회 정답 및 해설

1. 신석기 시대의 생활 모습

암기박사 농경과 목축 시작 ⇒ 신석기 시대

정답 ①

정답 해설

빗살무늬 토기는 신석기 시대의 유물로 식량을 저장하거나 조리하는 데 사용되었다. 신석기 시대에는 농경과 목축을 통한 신석기 혁명이 일어나 식량 채집 단계에서 식량 생산 단계로 진입하였다.

오답 해설

② 거친무늬 거울 → 청동기 시대
  청동기 시대에는 청동 거울인 거친무늬 거울을 사용하였다.
③ 동굴, 막집 → 구석기 시대
  구석기 시대에는 주로 동굴이나 강가의 막집에서 살면서 어로, 채집 생활을 하였다.
④ 고인돌 : 지배자 무덤 → 청동기 시대
  청동기 시대에는 지배자(족장)의 무덤으로 고인돌을 만들었다.

핵심노트 ▶ 신석기 시대의 경제 생활

- 농경과 목축의 시작 : 신석기 시대 중기까지는 사냥 · 채집 · 어로 생활이 중심이었고, 후기부터 농경과 목축이 시작됨
- 유물 및 유적 : 봉산 지탑리와 평양 남경 유적의 탄화된 좁쌀은 신석기 후기의 잡곡류 (조 · 피 · 수수) 경작을 반영함 → 쌀이나 콩, 보리 등은 청동기 시대부터 경작됨
- 주요 농기구 : 돌괭이(석초), 돌보습, 돌삽, 돌낫, 맷돌(연석) 등 → 나무로 된 농기구도 존재했을 것으로 짐작됨
- 농경 형태 : 집 근처의 조그만 텃밭을 이용하거나 강가의 퇴적지를 소규모로 경작
- 사냥 · 채집 · 어로 : 주로 활이나 돌창, 돌도끼 등으로 사슴류와 멧돼지 등을 사냥하거나 다양한 크기의 그물, 작살, 뼈낚시 등을 이용하여 고기를 잡음
- 원시 수공업 : 가락바퀴(방추차)나 뼈바늘(골침)로 옷, 그물, 농기구 등을 제작

2. 고조선의 역사

암기박사 한 무제의 침략으로 멸망 ⇒ 고조선

정답 ②

정답 해설

제시된 만화에서 사람을 죽인 자, 상해를 입힌 자, 도둑질한 자에 대한 형벌을 제시한 것은 고조선의 법금 8조이다. 고조선은 우거왕 때 한 무제의 침략으로 왕검성이 함락되어 멸망하였다. → 지금의 평양성

오답 해설

① 온조 : 하남 위례성 → 백제
  온조는 하남 위례성에 도읍을 정하고 백제를 건국하였다.

③ 책화 : 읍락 간 경계 중시 → 동예
  동예에는 각 부족의 영역을 엄격히 구분하여 다른 부족의 생활권을 침범하면 노비와 소 · 말로 변상하게 하는 책화가 존재하였다.
④ 제사장 : 천군 / 신성 구역 : 소도 → 삼한
  별읍의 신성 지역인 소도는 천군이 의례를 주관하고 제사를 지내는 곳으로 삼한에 있었다.

핵심노트 ▶ 고조선의 8조법

- 사람을 죽인 자는 사형에 처한다(살인죄).
- 남에게 상해를 입힌 자는 곡식으로 갚는다(상해죄).
- 도둑질 한 자는 노비로 삼고 만약 용서를 받고자 한다면 50만전의 돈을 내야 한다(절도죄).

3. 고구려 소수림왕의 업적

암기박사 불교 수용, 태학 설립, 율령 반포 ⇒ 고구려 소수림왕

정답 ④

정답 해설

고구려 제17대 왕인 소수림왕은 고국원왕의 아들로 순도를 통해 불교를 수용하고 국립 교육 기관인 태학을 설립하여 인재를 양성하였다. 또한 율령을 반포하여 국가의 통치 체제를 정비하였다.

오답 해설

① 사비 천도, 국호 남부여 → 백제 성왕
  백제 성왕은 웅진에서 사비로 천도하고 국호를 남부여로 변경하였으며, 신라 진흥왕과 연합하여 한강 하류 지역을 되찾았다.
② 최초의 진골 출신 왕 → 신라 무열왕
  진골 귀족 출신 중 최초로 김춘추가 왕위에 올라 신라 무열왕이 되었다.
③ 백제의 전성기 → 백제 근초고왕
  백제의 근초고왕은 고구려의 평양성을 공격하고 마한의 나머지 세력을 정복하여 백제 최대의 영토를 확보하는 등 백제의 전성기를 이끌었다.

핵심노트 ▶ 소수림왕의 체제 개혁

- 율령 반포 : 국가 체제 정비
- 불교 수용 : 신화 · 설화와 종교 · 철학으로 규합
- 태학 설립 : 교육 기반 강화

18

4. 무구정광대다라니경

암기박사 불국사 삼층 석탑 ⇒ 무구정광대다라니경

정답 ④

정답 해설

불국사 삼층 석탑은 경북 경주의 불국사에 있는 통일 신라의 석탑으로, 내부에서 현존하는 세계 최고(最古)의 목판 인쇄물인 무구정광대다라니경이 발견되었다.

오답 해설

① 동국여지승람 증보판 → 신증동국여지승람
신증동국여지승람은 조선 중종 때 이행 등이 왕명에 따라 동국여지승람을 증보하고 개정한 인문 지리서이다.
② 현존 최고(最古)의 금속 활자본 → 직지심체요절
직지심체요절은 현존하는 세계에서 가장 오래된 금속 활자본으로, 청주 흥덕사에서 간행되었으며 현재 프랑스 국립 도서관에 소장되어 있다.
③ 인도 기행문 → 왕오천축국전
왕오천축국전은 혜초가 인도와 중앙아시아의 풍물을 기록한 기행문으로 현재 프랑스 국립 도서관에 소장되어 있다.

핵심노트 ▶ 무구정광대다라니경

국보 제126호로 목판으로 인쇄된 불경이다. 불국사 3층 석탑(석가탑)의 해체·복원 공사가 진행되던 1966년 탑신부 제2층에 안치된 사리함 속에서 다른 유물들과 함께 발견되었다. 출간 연대의 상한과 하한은 700년대 초 ~ 751년인데, 이는 이전까지 가장 오래된 인경으로 알려진 일본의 백만탑 다라니경(770년에 인쇄)보다 앞선 것이다.

5. 백제 무령왕의 업적

암기박사 22담로 : 왕족 파견 ⇒ 백제 무령왕

정답 ③

정답 해설

충청남도 공주에 있는 무령왕릉은 중국 남조의 영향을 받은 벽돌 무덤 양식으로, 무덤의 주인을 알 수 있는 묘지석이 출토되었다. 백제 무령왕은 지방 통제를 강화하기 위해 지방의 주요 지점에 22담로를 설치하고 왕족을 파견하였다.

오답 해설

① 고흥 : 서기 편찬 → 백제 근초고왕
백제 근초고왕은 고흥으로 하여금 역사서인 서기를 편찬하게 하였다.
② 국호 : 남부여 → 백제 성왕 ┌ 전하지 않음
백제 성왕은 웅진에서 사비로 천도하고 국호를 남부여로 변경하였다.
④ 동진으로부터 불교 수용 → 백제 침류왕
백제의 침류왕은 동진의 마라난타를 통해 불교를 수용하였다.

핵심노트 ▶ 무령왕릉

무령왕릉은 충남 공주시 금성동에 위치하며 송산리 고분군에 포함되어 있다. 무령왕릉은 당시 중국 양(梁)나라 지배계층 무덤의 형식을 그대로 모방하여 축조한 벽돌무덤 양식이다. 무덤 안에서 무덤의 주인공을 알려주는 묘지석이 발견됨으로써 백제 제25대 무령왕(501~523)의 무덤이라는 사실이 밝혀졌다.

6. 가야의 문화유산

암기박사 철제 판갑옷과 투구 ⇒ 가야 문화유산

정답 ③

정답 해설

김해 대성동 고분군은 김수로왕에 의해 건국된 금관가야의 무덤이다. 철제 판갑옷과 투구는 대표적인 가야의 문화유산으로, 당시 가야가 철의 나라라고 할 정도로 철이 많이 생산되었음을 알 수 있다.

오답 해설

① 금동 연가 7년명 여래 입상 → 고구려 문화유산
금동 연가 7년명 여래 입상은 두꺼운 의상과 긴 얼굴 모습에서 북조 양식을 따르고 있으나, 강인한 인상과 은은한 미소에는 고구려의 독창성이 보인다.
② 호우명 그릇 → 신라 문화유산
호우명 그릇은 경주의 고분에서 출토된 신라의 문화유산으로, 광개토 대왕을 나타내는 글자가 새겨져 있어 신라와 고구려의 관계를 엿볼 수 있다.
④ 산수무늬 벽돌 → 백제 문화유산
충남 부여의 사비시대 절터에서 출토된 벽돌로, 불교적 요소와 도교적 요소를 함께 갖추고 있다. 산수 무늬의 화려한 장식은 당시 백제인들의 문화 수준과 이상적인 정신세계를 반영한다.

7. 해상왕 장보고

암기박사 완도 : 청해진 ⇒ 통일 신라 : 장보고

정답 ④

정답 해설

통일 신라의 장보고는 완도를 해상 무역 거점으로 삼아 청해진을 설치하였으며, 해적을 소탕하여 해상 무역로를 보호하고 당, 일본과의 국제 무역을 주도하였다.

오답 해설

① 이두 정리, 화왕계 저술 → 설총
설총은 원효의 아들로 한자의 음과 훈을 차용한 이두를 체계적으로 정리하였고, 신문왕에게 향락을 배격하고 경계로 삼도록 화왕계를 지어 올렸다.
② 우산국 정복 → 이사부
신라 지증왕 때 이사부는 우산국(울릉도)을 정복하고 그 부속 도서(독도)를 복속시켰다.
③ 순교한 불교인 → 이차돈
이차돈은 신라 법흥왕 때 불교를 전파하기 위해 스스로 순교한 불교인으로, 법흥왕은 이차돈의 순교 후 불교를 공인하였다.

8. 을지문덕의 살수 대첩

정답 ③

암기박사 을지문덕 : 살수 대첩 ⇒ 여·수 전쟁

정답 해설

수 양제가 고구려를 2차 침입했을 때 을지문덕 장군이 우중문의 30만 별동대를 살수로 유인하여 크게 물리쳤다(612).

오답 해설

① 귀주대첩 → 고려 강감찬
　10만 대군의 소배압이 이끄는 거란의 3차 침입에 맞서 강감찬은 귀주에서 거란을 격퇴하였다(1019).
② 안시성 전투 → 고구려 양만춘
　연개소문이 정변을 일으키자 당 태종(이세민)이 이를 빌미로 고구려를 공격하였고 양만춘이 안시성 전투에서 당의 군대를 격퇴하였다(645).
④ 천리장성 축조 → 고구려 연개소문
　고구려 영류왕 때 연개소문은 대당 강경책을 추진하고, 당의 침입에 대비해 부여성에서 비사성에 이르는 천리장성을 축조하였다(647).

핵심노트 ▶ 여·수 전쟁

원인	수의 압박으로 돌궐이 약화되고 신라가 친수 정책을 취하자 이에 위기의식을 느낀 고구려가 먼저 중국의 요서 지방을 공격
경과	• 제1차 침입(영양왕, 598) : 수 문제의 113만 대군이 침입했으나 실패 • 제2차 침입(영양왕, 612) : 수 양제의 30만 대군이 침입했으나 을지문덕이 이끄는 고구려군에게 살수에서 대패(살수 대첩) • 제3·4차 침입(영양왕, 613·614) : 수 양제가 침입하였으나 모두 실패
결과	수가 멸망하는 원인으로 작용(618)

9. 발해의 역사

정답 ④

암기박사 발해 건국 ⇒ 대조영

정답 해설

남북국에서 남국은 통일 신라 북국은 발해를 말한다. 발해는 고구려 출신 대조영이 고구려 유민과 말갈 집단들을 규합하여 동모산에서 건국하였다.

오답 해설

① 기인 제도 실시 → 고려
　고려 태조는 지방 호족 세력을 통제하기 위해 지방 호족과 향리의 자제를 인질로 뽑아 중앙에 머무르게 하는 기인 제도를 실시하였다.
② 9주 5소경 설치 → 통일 신라
　통일 신라는 통일 전 5주 2소경을 9주 5소경 체제로 정비하여 중앙 집권 및 지방 통제력을 강화하였다.
③ 한의 침략으로 멸망 → 고조선
　고조선은 우거왕 때 한 무제의 침략으로 왕검성이 함락되어 멸망하였다. → 지금의 평양성

핵심노트 ▶ 발해의 건국

• 고구려 장군 대조영을 중심으로 한 고구려 유민과 말갈 집단들은 길림성의 돈화시 동모산 기슭에서 발해를 건국(698) → 남쪽의 신라와 남북국의 형세를 형성
• 연호를 천통이라 하였고, 처음에 국호를 진(震)이라 하였다가 곧 발해로 고침(713)
• 건국 후 대조영(고왕)은 당 침략에 대비해 돌궐과 신라에 사신을 보내 통교하였고, 이후 당과도 외교관계를 수립(713)

10. 고려 태조의 업적

정답 ①

암기박사 훈요 10조 ⇒ 고려 태조

정답 해설

신라의 항복을 받고 후백제를 격파하여 후삼국을 통일한 왕은 고려 태조 왕건이다. 그는 훈요 10조를 통해 후대 왕들이 지켜야 할 정책 방향을 제시하였다.

오답 해설

② 과거 제도 시행 → 고려 광종
　고려 광종 때 인재를 등용하기 위해 후주인 쌍기의 건의로 과거 제도를 시행하였다.
③ 전민변정도감 설치 → 고려 공민왕
　고려 공민왕 때 전민변정도감을 설치하여 권문세족들이 부당하게 빼앗은 토지와 노비를 본래의 소유주에게 돌려주거나 양민으로 해방시켰다.
④ 12목에 지방관 파견 → 고려 성종
　고려 성종은 최승로의 시무 28조에 따라 전국에 12목을 설치하고 지방관을 파견하였다.

핵심노트 ▶ 고려 태조의 정책

• **민족 융합 정책** : 호족 세력의 포섭·통합, 통혼 정책(정략적 결혼), 사성 정책(성씨의 하사), 사심관 제도와 기인 제도, 역분전 지급, 본관제, 정계와 계백료서, 훈요 10조
• **민생 안정책** : 취민유도, 조세 경감, 흑창, 노비 해방, 민심의 수습
• **숭불 정책** : 불교 중시, 연등회·팔관회, 사찰의 건립(법왕사, 왕수사, 흥국사, 개태사 등), 승록사 설치
• **북진 정책** : 고구려 계승 및 발해 유민 포용, 서경 중시, 거란에 대한 강경 외교(국교 단절, 만부교 사건), 여진족 축출

11. 과전법의 이해

정답 ④

암기박사 전·현직 관리 : 수조권 지급 ⇒ 공양왕 : 과전법

정답 해설

고려 공양왕 때 조준, 정도전 등의 건의로 실시된 토지 제도는 과전법으로 전·현직 관리에게 토지의 수조권을 지급하였다. 과전법의 시행으로 신진 사대부들의 경제적 기반을 확대하고 농민의 지지를 확보하였다. → 토지로부터 조세를 거둘 수 있는 권리

오답 해설

① 환곡의 폐단 → 흥선 대원군 : 사창제
　흥선대원군은 환곡의 폐단을 시정하고자 마을 단위로 공동 운영하는 사창제를 실시하였다.

② 군정의 문란 → 흥선 대원군 : 호포제
  흥선대원군은 군정의 문란을 바로잡기 위해 평민에게만 받던 군포를 양반에게도 부과하는 호포제를 실시하였다.
③ 군포 1필로 경감 → 영조 : 균역법
  영조는 1년에 2필씩 걷던 군포를 1필로 줄이는 균역법을 시행하여 백성들의 부담을 경감시켰다.

핵심노트 ▶ 과전법의 특성

- 신진 사대부의 경제적 기반 : 관리가 직접 수조권 행사 → 사대부 우대 조항
- 세습 불가의 원칙과 예외 : 1대(代)가 원칙이나, 수신전·휼량전·공신전 등은 세습 → 사대부 우대 조항
- 1/10세 규정 : 공·사전을 불문하고 생산량의 1/10세를 규정하여, 법적으로 병작반수제를 금지하고 농민을 보호
- 농민의 경작권 보장 : 수조권자·소유권자가 바뀌어도 이를 보장해 농민의 지지를 유도
- 현직·전직 관리(직·산관)에게 수조권 지급

12. 직지심체요절

암기박사 직지심체요절 간행 ⇒ 청주 흥덕사   정답 ①

정답 해설

직지심체요절은 현존하는 세계에서 가장 오래된 금속 활자본으로, 1972년 박병선 박사가 발견하여 세상에 알려졌다. 직지심체요절은 1377년 청주 흥덕사에서 간행되었으며 현재 프랑스 국립 도서관에 소장되어 있다.

13. 윤관의 별무반

암기박사 별무반 : 여진 정벌 ⇒ 윤관   정답 ②

정답 해설

별무반은 고려 숙종 때 여진 정벌을 위해 윤관의 건의로 조직된 특수 부대로, 기병인 신기군, 보병인 신보군, 승병인 항마군으로 편성되었다. 윤관은 고려 예종 때 별무반을 이끌고 여진을 정벌하여 동북 9성을 축조하였다.

오답 해설

① 강동 6주 획득 → 서희
  거란의 1차 침입 때 고려는 청천강에서 거란의 침략을 저지하는 한편, 서희가 거란의 소손녕과 협상하여 강동 6주를 획득하였다.
③ 우산국 정복 → 이사부
  신라 지증왕 때 이사부는 우산국(울릉도)을 정복하고 그 부속 도서(독도)를 복속시켰다.
④ 6진 개척 → 김종서
  조선 세종 때 김종서는 여진족을 정벌하고 두만강 유역의 6진을 개척하였다.

핵심노트 ▶ 별무반의 여진 정벌과 동북 9성

고려는 여진에게 패배한 원인을 첫째, 여진이 기병 중심인 데 반해 고려는 보병 중심인 점, 둘째, 6위가 약화되었다는 점에서 찾았다. 이에 윤관은 숙종에게 신기군(기병), 신보군(보병), 항마군(승병)으로 구성된 별무반을 건의하였다. 예종 2년, 윤관은 별무반을 이끌고 출전하여 갈라전 일대를 점령하고 동북 9성을 축조하였다. 그러나 이어진 여진의 무력 항쟁으로 불리해진 고려는 9성을 환부하고 여진과 화친을 맺었다. 여기에는 장기간 계속된 전쟁 준비로 물자 및 인명 피해가 컸다는 점과, 개경과 9성 사이의 거리가 너무 멀다는 점, 지형 조건상 9성을 지키기 어려웠다는 점도 작용하였다.

14. 원 간섭기

암기박사 일연 : 삼국유사 편찬 ⇒ 원 간섭기   정답 ③

정답 해설

- 제주도 대몽 항쟁(1273) : 삼별초가 김통정의 지휘 아래 제주도 항파두리에서 몽골과 항전하였으나 여·몽 연합군에게 진압되었다.
- (가) 원 간섭기(1259~1356) : 원 간섭기인 고려 충렬왕 때 일연이 삼국유사를 편찬하였다(1285).
- 쌍성총관부 공격(1356) : 고려 공민왕은 반원 자주 정책의 일환으로 쌍성총관부를 공격하고 철령 이북의 땅을 수복하였다.

오답 해설

① 별무반 편성 → 원 간섭기 이전
  고려 숙종 때 윤관이 여진 정벌을 위한 특수 부대인 별무반을 편성하였다(1104).
② 김헌창의 난 → 원 간섭기 이전
  신라 하대 헌덕왕 때 웅천주(공주) 도독 김헌창이 아버지가 왕위 쟁탈전에서 패한 것에 대해 불만을 품고 반란을 일으켰다(822).
④ 전민변정도감 설치 → 원 간섭기 이후
  고려 공민왕 때 신돈은 전민변정도감을 설치하고 권문세족에게 빼앗긴 토지와 노비를 본래의 소유주에게 돌려주거나 양민으로 해방시켰다(1366).

핵심노트 ▶ 삼국유사

시기 및 저자	원 간섭기인 충렬왕 11년(1285)에 일연이 저술
사관	불교적·자주적·신이적
체제	기사본말체, 총 9권
내용	• 단군~고려 말 충렬왕 때까지 기록, 신라 관계 기록이 다수 수록됨 • 단군 조선과 가야 등의 기록, 수많은 민간전승과 불교 설화 및 향가 등 수록

15. 고려 시대의 경제 상황

암기박사 화폐 : 활구(은병) ⇒ 고려 시대

정답 ④

정답 해설

개경은 고려의 수도이며, 청자는 고려의 대표적인 문화유산이다. 고려 시대에는 활구라고 불리는 은병이 유통되었는데 은병의 입구가 넓어 활구라고 불렸으며, 은 1근을 사용하여 우리나라의 지형을 본 떠 만들었다.

고려 숙종 때 사용된 병 모양의 은화인 은병의 속칭

오답 해설

① 모내기법의 전국 보급 → 조선 후기
  조선 후기에는 직파법에서 이앙법으로 모내기법이 전국적으로 보급되어 벼와 보리의 이모작이 확산되었다.

② 장시의 발달 : 보부상 → 조선 후기
  조선 후기에는 장시가 발달하였고 보부상들이 전국의 장시를 연결하여 일용 잡화나 농·수산물, 수공업 제품, 약재 등을 판매·유통하였다.

③ 상품 작물 : 담배, 면화 → 조선 후기
  조선 후기에는 담배, 면화 등 시장에서 판매하기 위한 상품 작물의 재배가 활발하였다.

핵심노트 ▶ 고려의 화폐 발행

화폐를 발행하면 그 이익금을 재정에 보탤 수 있고 경제 활동을 장악할 수 있으므로, 상업 활동이 활발해지는 것과 함께 화폐 발행이 논의되었다. 그리하여 성종 때 건원중보가 제작되었으나 널리 유통되지는 못했다. 이후 숙종 때 삼한통보, 해동통보, 해동중보 등의 동전과 활구(은병)가 제작되었으나 당시의 자급자족적 경제 상황에서는 불필요했으므로 주로 다점이나 주점에서 사용되었을 뿐이며, 일반적인 거래에 있어서는 곡식이나 베가 사용되었다.

16. 문익점의 목화씨 전래

암기박사 원 : 목화씨 전래 ⇒ 문익점

정답 ②

정답 해설

고려 말 공민왕 때 문익점이 원에서 목화씨를 들여와 목화 재배가 시작되고 목화솜으로 옷을 만들어 입었다.

오답 해설

① 박지원 → 열하일기
  연암 박지원은 조선 후기의 실학자로 청에 다녀온 후 열하일기를 집필하여 청의 문물을 소개하였고, 양반전을 지어 양반의 허례와 무능을 풍자하였다.

③ 정약용 → 목민심서
  다산 정약용은 실학 사상을 집대성한 조선 최고의 실학자로, 목민심서를 저술하고 수원 화성 축조시 거중기를 이용하였다.

④ 홍대용 → 의산문답
  담헌 홍대용은 의산문답을 통해 지전설 및 무한 우주론을 제시하고 중국 중심의 화이론적 세계관을 비판하였다.

17. 조선 태종의 업적

암기박사 6조 직계제 시행 ⇒ 조선 태종

정답 ④

정답 해설

조선 시대 16세 이상의 남자들이 신분을 증명하기 위해 몸에 차고 다녔던 호패를 발급한 것은 조선 태종 때의 일이다. 두 차례에 걸친 왕자의 난을 통해 왕위에 오른 태종(이방원)은 왕권을 강화시키기 위해 의정부의 권한을 약화시키고 6조 직계제를 실시하였다.

오답 해설

① 균역법 시행 → 영조
  영조 때 농민의 부담을 덜어주기 위해 군포 2필을 부담하던 것을 1년에 군포 1필로 경감하는 균역법을 시행하였다.

② 직전법 실시 → 세조
  세조는 과전이 부족해지자 직전법을 실시하여 현직 관리에게만 수조권을 지급하였다.
  토지로부터 조세를 거둘 수 있는 권리

③ 5군영 체제 완성 → 숙종
  숙종 때 궁궐 수비를 담당하는 기병으로 구성된 금위영을 설치하여 5군영 체제를 완성하였다.
  훈련도감 → 총융청 → 수어청 → 어영청 → 금위영

핵심노트 ▶ 조선 태종의 업적

- **국왕 중심의 통치 체제 정비** : 의정부 권한의 약화, 육조 직계제 채택, 사병 혁파, 언론·언관의 억제, 외척과 종친 견제
- **경제 기반의 안정** : 호패법 실시, 양전 사업 실시, 유향소 폐지, 노비변정도감 설치
- **억불숭유** : 사원 정리, 사원전 몰수, 서얼 차대법, 삼가 금지법
- **기타 업적** : 신문고 설치, 주자소 설치, 아악서 설치, 사섬서 설치, 5부 학당 설치
  계미자 등 동활자 주조 *지폐인 저화 발행*

18. 조선의 건국 과정

암기박사 위화도 회군(1388) ⇒ 과전법 실시(1391) ⇒ 조선 건국(1392) ⇒ 한양 천도(1394)

정답 ①

정답 해설

고려 우왕이 요동 정벌을 위해 이성계를 파견하였으나, 이성계는 4불가론을 들어 요동 정벌을 반대하고 위화도에서 회군하였다. 위화도에서 회군한 태조 이성계는 최영을 제거한 후 국호를 조선으로 바꾸었으며, 한양으로 도읍을 천도하고 경복궁을 건설하였다(1394).

오답 해설

② 비변사 혁파 → 흥선 대원군
  흥선 대원군은 왕권 강화의 일환으로 비변사를 혁파하고 의정부의 기능을 회복시켰다.

③ 대전회통 편찬 → 흥선 대원군
  흥선 대원군은 경국대전, 속대전, 대전통편 등을 보완한 대전회통을 편찬하여 통치 체제를 정비하였다.

④ 훈민정음 창제 → 조선 세종
  조선 세종은 집현전 학자들과 독창적인 문자인 훈민정음을 창제하였다.

제2회 정답 및 해설

> **핵심노트** ▶ 위화도 회군(1388)
> - 최영과 이성계 등은 개혁의 방향을 둘러싸고 갈등
> - 우왕의 친원 정책에 명이 쌍성총관부가 있던 철령 이북의 땅에 철령위 설치를 통보
> - 요동 정벌을 둘러싸고 최영 측과 이성계 측이 대립
> - 이성계는 위화도에서 회군하여 최영을 제거하고 군사적, 정치적 실권을 장악
> - 국호를 조선으로 바꾸고 한양으로 도읍을 천도한 후 경복궁 건설

19. 조선 세종의 업적

정답 ①

암기박사 4군 6진 개척 ⇒ 세종대왕

정답 해설

집현전 학자들과 독창적인 문자인 훈민정음을 창제한 왕은 조선 세종이다. 세종은 최윤덕과 김종서를 보내 여진을 정벌하고 압록강과 두만강 일대에 4군 6진을 개척하여 오늘날의 국경선을 확정하였다.

오답 해설

② 경국대전 완성 → 성종
경국대전은 조선 사회의 통치 방향과 이념을 제시한 조선의 기본 법전으로, 세조 때 편찬에 착수한 후 성종 때 완성되었다.

③ 김정호 : 대동여지도 → 철종
대동여지도는 조선 철종 때 김정호가 제작한 우리나라 대축척 지도로, 산맥·하천·포구·도로망의 표시가 정밀해지고 거리를 알 수 있도록 10리마다 눈금을 표시하였다.

④ 백두산정계비 건립 → 숙종
숙종은 청의 요구로 조선과 청의 경계를 정한 백두산정계비를 세워, 동쪽으로 토문강과 서쪽으로 압록강을 경계로 삼았다.

> **핵심노트** ▶ 4군 6진 개척(세종)
> - 4군(압록강 유역) : 최윤덕 → 여연·우예·자성·무창
> - 6진(두만강 유역) : 김종서 → 온성·종성·경원·부령·회령·경흥

20. 조선 성종의 업적

정답 ④

암기박사 국조오례의 편찬 ⇒ 조선 성종

정답 해설

경국대전은 조선 세조 때 편찬을 시작하여 성종 때 반포한 조선의 기본 법전으로 조선 사회의 통치 방향과 이념을 제시하였다. 성종 때 신숙주, 정척 등이 국가의 의례를 정비한 국조오례의를 편찬하였다.

오답 해설

① 영정법 시행 → 인조
인조는 영정법을 실시하여 종전 연분 9등제 하에서 풍흉에 따라 최대 20에서 최하 4두를 걷던 것을 풍흉에 관계없이 토지 1결당 쌀 4두를 거두었다.

② 한양 천도 → 태조
태조 이성계는 위화도에서 회군하여 최영을 제거한 후 국호를 조선으로 바꾸고 한양으로 천도하였다.

③ 나선 정벌 → 효종
효종은 러시아의 남하로 청과 러시아 간 국경 충돌이 발생하자 청의 원병 요청으로 나선 정벌을 단행하였다.

> **핵심노트** ▶ 조선 성종(1469~1494)
> - 사림 등용 : 김숙자·김종직 등의 사림을 등용하여 의정부의 대신들을 견제 → 훈구와 사림의 균형을 추구
> - 홍문관(옥당) 설치 : 학술·언론 기관(집현전 계승), 경서 및 사적관리, 문한의 처리 및 왕의 정치적 고문 역할
> - 경연 중시 : 단순히 왕의 학문 연마를 위한 자리가 아니라 신하(정승, 관리)가 함께 모여 정책을 토론하고 심의
> - 독서당(호당) 운영 : 관료의 학문 재충전을 위해 운영한 제도, 성종 때 마포의 남호 독서당, 중종 때 두모포에 동호 독서당이 대표적 → 교육 기관의 경비에 충당하기 위해 지급된 토지
> - 관학의 진흥 : 성균관과 향교에 학전과 서적을 지급하고 관학을 진흥
> - 유향소의 부활(1488) : 유향소는 세조 때 이시애의 난으로 폐지(1488)되었으나 성종 때 사림 세력의 정치적 영향력 확대에 따라 부활됨
> - 경국대전 반포(1485) : 세조 때 착수해 성종 때 완성·반포
> - 토지 제도 : 직전법 하에서 관수관급제를 실시해 양반관료의 토지 겸병과 세습, 수탈 방지
> - 숭유억불책 : 도첩제 폐지 → 승려가 되는 길을 없앤 완전한 억불책
> - 문물 정비와 편찬 사업 : 건국 이후 문물제도의 정비를 마무리하고, 경국대전, 삼국사절요, 고려사절요, 악학궤범, 동국통감, 동국여지승람, 동문선, 국조오례의 등을 편찬

21. 홍문관 대제학

정답 ③

암기박사 홍문관의 수장 ⇒ 대제학

정답 해설

홍문관은 궁궐 내의 서적을 관리하고 왕의 각종 자문에 응하는 기구로, 그 장은 대제학이다. 홍문관은 조선 성종 때 집현전을 계승하여 설치된 학술·언론 기관으로, 사헌부, 사간원과 함께 삼사로 불렸다.

오답 해설

① 사헌부의 수장 → 대사헌
사헌부는 감찰 탄핵 기관으로 사간원과 함께 대간을 구성하였으며, 그 장은 대사헌이다.

② 사간원의 수장 → 대사간
사간원은 대사간을 수장으로 하는 언관으로서, 왕에 대한 간쟁과 논박을 담당하였다.

④ 승정원의 수장 → 도승지
승정원은 왕명의 출납을 담당하는 왕의 비서 기관으로, 도승지를 포함한 6명의 승지로 구성되어 있다.

> **핵심노트** ▶ 조선 시대 삼사의 구성
> - 사헌부 : 감찰 탄핵 기관, 사간원과 함께 대간을 구성하여 서경권 행사, 장은 대사헌(종2품)
> - 사간원 : 언관으로서 왕에 대한 간쟁, 장은 대사간(정3품)
> - 홍문관 : 경연을 관장, 문필·학술 기관, 고문 역할, 장은 대제학(정2품)

22. 조광조의 개혁 정치

암기박사 현량과 실시 ⇒ 조광조

정답 ③

정답 해설

조선 중종 때 위훈 삭제가 원인이 되어 발생한 기묘사화로 사약을 받은 인물은 조광조이다. 그는 도교 기관인 소격서의 폐지를 주장하고, 천거제의 일종인 현량과의 실시를 건의하였다.

→ 중종반정의 공신 대다수가 거짓 공훈으로 공신에 올랐다 하여 그들의 관직을 박탈하려 함

오답 해설

① 성학십도 저술 → 이황
이황은 성학십도를 선조에게 올려 군주의 도(道)에 관한 학문의 요체를 도식으로 설명하였다.

② 백운동 서원 건립 → 주세붕
조선 중종 때 풍기 군수 주세붕은 안향의 봉사를 위해 최초의 서원인 백운동 서원을 건립하였다.

④ 시헌력 도입 주장 → 김육
조선 인조 때 김육은 청으로부터 시헌력 도입을 주장하였는데, 시헌력은 서양의 수치와 계산 방법이 채택된 숭정역법을 교정한 것이다.

핵심노트 ▶ 조광조의 개혁 정치

- 현량과(천거과) 실시 : 천거제의 일종인 현량과를 통해 사림을 대거 등용
- 위훈 삭제 : 중종 반정의 공신 대다수가 거짓 공훈으로 공신에 올랐다 하여 그들의 관직을 박탈하려 함 → 훈구 세력의 불만을 야기해 기묘사화 발생
- 이조 전랑권 형성 : 이조·병조의 전랑에게 인사권과 후임자 추천권 부여
- 도학 정치를 위한 성학군주론 주장 → 경연 및 언론 활성화를 주장
- 공납제의 폐단을 지적하고 대공수미법 주장
- 균전론을 내세워 토지소유의 조정(분배)과 1/10세를 제시
- 향촌 자치를 위해 향약의 전국적 시행을 추진
- 불교·도교 행사 금지 : 승과제도 및 소격서 폐지
- 주자가례를 장려하고 유교 윤리·의례의 보급을 추진
- 소학의 교육과 보급운동을 전개 → 이를 통해 유교적 가치를 강조하고 지주전호제를 옹호
- 언문청을 설치하여 한글 보급
- 유향소 철폐를 주장

23. 제주도의 역사적 사실

암기박사 하멜 표류 ⇒ 제주도

정답 ③

정답 해설

네덜란드 상인인 하멜 일행이 표류하다 도착한 곳은 제주도로 우리나라에 서양 문물을 전파하였다.

오답 해설

① 삼별초 : 대몽 항쟁 → 강화도
몽골과의 강화가 성립된 후 고려 정부의 개경 환도에 반대하여 배중손이 이끄는 삼별초는 강화도에서 반몽 정권을 수립하였다.

② 정약전 : 자산어보 → 흑산도
→ 고려 최씨 무신 정권 때의 특수 군대
정약전이 자산어보를 저술한 섬은 흑산도로, 흑산도 귀양 중 근해의 해산물 등을 직접 채집·조사하여 155종의 해산물에 대한 명칭·분포·형태·습성 등을 기록하였다.

④ 영국 : 러시아의 남하 견제 → 거문도
갑신정변 이후 조·러 수호 통상 조약이 체결되자 영국은 러시아의 남하를 견제하기 위해 거문도를 불법으로 점령하였다.

24. 대동법의 시행

암기박사 선혜청 : 토지 결수 기준 ⇒ 대동법

정답 ③

정답 해설

대동법은 광해군 때 경기도에서 처음 시행되었으며, 효종 때에는 김육이 충청도 지역까지 대동법의 확대 실시를 건의하였다. 공납의 폐단을 해결할 목적으로 시행한 대동법은 선혜청에서 주관하였으며, 토지 결수를 기준으로 공납을 부과하였다.

오답 해설

① 수조권 지급 → 과전법
→ 토지로부터 조세를 거둘 수 있는 권리
고려 공양왕 때 관리들에게 수조권을 지급하는 과전법을 실시하여 신진 사대부의 경제적 기반을 마련하였다.

② 군포 납부액 1필로 경감 → 균역법
조선 영조 때 농민의 부담을 덜어주기 위해 군포 2필을 부담하던 것을 1년에 군포 1필로 경감하는 균역법을 시행하였다.

④ 풍흉에 관계없이 1결당 4~6두 부과 → 영정법
조선 인조 때 영정법을 실시하여 풍흉에 관계없이 토지 1결당 미곡 4~6두로 전세를 고정하였다.

핵심노트 ▶ 대동법의 시행

- 내용 : 가호에 부과하던 토산물(현물)을 토지 결수에 따라 쌀 등으로 납부하게 하고, 정부는 수납한 쌀 등을 공인에게 공가로 지급하여 그들을 통해 필요한 물품을 구입
- 목적 : 경저리 등 지방 관리의 방납 폐해를 시정하고, 전후 농민 부담을 경감
- 결과 : 국가 수요품과 공물의 불일치 문제 개선, 국가 재정 확충, 군량미 부족 해결

25. 다산 정약용

암기박사 여전론 : 마을 단위의 토지 분배와 공동 경작 ⇒ 다산 정약용

정답 ③

정답 해설

조선 정조 때 정약용이 기기도설을 참고하여 제작한 거중기는 수원 화성 축조에 이용되었다. 다산 정약용은 마을 단위의 토지 분배와 공동 경작을 위한 여전론을 주장하였다.

오답 해설

① 동학 창시 → 최제우
최제우는 세도 정치기인 철종 때 동학을 창시하고 인내천 사상을 바탕으로 인간의 존엄성과 평등을 강조하였다.

② 추사체 창안 → 김정희
김정희는 굳센 기운과 다양한 조형성을 가진 독자적 필체인 추사체를 창안하였다.

④ 사상 의학 확립 → 이제마
이제마는 사람의 체질을 태양인, 태음인, 소양인, 소음인으로 구분하고 체질에 따라 처방을 달리해야 한다는 사상 의학을 확립하였다.

핵심노트 ▶ 다산 정약용(1762~1836)

- 이익의 실학사상을 계승하면서 실학을 집대성
- 정조 때 벼슬길에 올랐으나 신유박해 때에 전라도 강진에 유배
- 500여 권의 저술을 여유당전서로 남김
- 3부작(1표 2서) : 목민심서, 경세유표, 흠흠신서
- 여전론 : 토지 제도의 개혁론으로 처음에는 여전론을, 후에 정전론을 주장
- 거중기를 설계하여 수원 화성 축조 시 활용

26. 담헌 홍대용

정답 ③

암기박사 의산문답 저술 ⇒ 담헌 홍대용

정답 해설

조선 후기 지전설과 무한우주론을 주장한 과학 사상가이자 실학자는 담헌 홍대용이다. 그는 의산문답을 통해 중국 중심의 세계관을 비판하였다.

오답 해설

① 북학의 : 절약보다 소비 권장 → 박제가
박제가는 청에 다녀온 후 북학의를 저술하고 재물을 우물에 비유하여 절약보다 소비를 권장하였다.

② 칠정산 : 역법서 → 이순지
이순지는 조선 세종 때 한양을 기준으로 천체 운동을 계산한 역법서인 칠정산을 저술하였다.

④ 동의수세보원 : 의학서 → 이제마
조선 후기 의학자 이제마는 동의수세보원을 저술하고 사상 의학을 정립하였다.

핵심노트 ▶ 담헌 홍대용(1731~1783)

- 토지 개혁론으로 균전론 주장 : 1호당 평균 2결씩의 농지를 배분
- 임하경륜(부국론) : 기술 혁신, 신분제 개혁 주장, 병농일치의 군대 조직, 교육 기회의 균등 강조, 성리학의 극복이 부국강병의 근본이라 주장
- 의산문답 : 김석문의 지구 회전설을 계승해 지전설을 주장하여 화이관 비판
  → 지전설 : 김석문, 홍대용, 이익, 정약용 등
- 저술 : 임하경륜, 의산문답, 연기 등이 담헌서에 전해짐, 수학 관계 저술로 주해수용이 있음

27. 홍경래의 난

정답 ②

암기박사 서북민에 대한 차별 ⇒ 홍경래의 난

정답 해설

제시된 격문의 내용에서 관서 지역의 사람들을 '평안도 놈'이라고 비난한 것으로 볼 때, 조선 순조 때 일어난 홍경래의 난이다. 홍경래의 난은 삼정이 문란했던 세도 정치기에 서북민에 대한 차별과 가혹한 수취에 반발하여 일어났다(1811). → 평안도인

① 만적의 난 → 개경
고려 무신 집권기 때 최충헌의 사노 만적을 비롯한 노비들이 개경에서 반란을 모의하였다(1198).

③ 원종과 애노의 난 → 상주
통일 신라 진성여왕 때 중앙 정부의 기강이 극도로 문란해져 사벌주(상주)의 원종과 애노의 난을 시작으로 농민의 항쟁이 전국적으로 확산되었다(889).

④ 망이·망소이의 난 → 공주
고려 무신 집권기 때 망이·망소이가 가혹한 수탈에 저항하여 공주 명학소에서 난을 일으켰다(1176).

 핵심노트 ▶ 홍경래 난(평안도 농민 전쟁, 순조 11, 1811)

- 의의 : 세도 정치기 당시 농민 봉기의 선구
- 중심 세력 : 몰락 양반인 홍경래의 지휘 하에 광산 노동자들이 중심적으로 참여하였고, 영세 농민·중소 상인·유랑인·잔반 등 다양한 세력이 합세
- 원인
  - 서북인(평안도민)에 대한 차별 및 가혹한 수취
  - 서울 특권 상인 등의 이권 보호를 위해 평안도 지역 상공인과 광산 경영인을 탄압·차별하고 상공업 활동을 억압
  - 세도 정치로 인한 관기 문란, 계속되는 가뭄·흉작으로 인한 민심 이반
- 경과 : 가산 다복동에서 발발하여 한때 청천강 이북의 7개 고을을 점령하였으나 5개월 만에 평정
- 영향 : 이후 각지의 농민 봉기 발생에 영향을 미침 → 관리들의 부정과 탐학은 시정되지 않음

28. 신미양요의 결과

정답 ①

암기박사 신미양요 : 어재연이 격퇴 ⇒ 척화비 건립

정답 해설

제너럴셔먼호 사건을 구실로 미국의 로저스 제독이 5척의 군함을 이끌고 강화도를 공격하자 어재연 등이 이끄는 조선의 수비대가 광성보, 초지진 등지에서 전투를 벌였고, 이를 계기로 흥선 대원군의 쇄국 의지는 더욱 강해져 종로와 전국 각지에 척화비가 세워졌다(1871).

오답 해설

② 외규장각 의궤 약탈 → 병인양요
프랑스는 병인박해 때의 프랑스 신부 처형을 구실로 로즈 제독의 함대가 양화진을 침입하여 병인양요를 일으켰고, 철군 시 문화재에 불을 지르고 외규장각의 의궤도 국외로 약탈하였다(1866).

③ 제너럴셔먼호 사건 → 신미양요
미국 상선 제너럴셔먼호가 통상을 요구하다 평양 군민과 충돌하여 불타 침몰된 사건으로 신미양요의 원인이 되었다(1866).

④ 남연군의 묘 도굴 → 오페르트 도굴 사건
독일 상인 오페르트가 통상을 거부당하자 충청남도 덕산에 있는 남연군의 묘를 도굴하다가 발각되었고, 이로 인해 흥선 대원군의 쇄국 의지는 더욱 강화되었다(1868).

핵심노트 ▶ 신미양요(1871)

원인	병인양요 직전에 미국 상선 제너럴셔먼호가 통상을 요구하다 평양 군민과 충돌하여 불타 침몰된 사건(제너럴셔먼호 사건)
경과	미국은 제너럴셔먼호 사건을 구실로 로저스 제독이 이끄는 5척의 군함으로 강화도를 공격
결과	어재연 등이 이끄는 조선의 수비대가 광성보와 갑곶 등지에서 격퇴하고 척화비 건립

29. 창경궁의 역사

암기박사 세종이 태종을 모신 궁궐 ⇒ 창경궁

정답 ③

정답 해설

조선 시대에 창덕궁과 함께 동궐로 불린 궁은 창경궁이다. 창경궁의 처음 이름은 수강궁으로 세종이 생존한 상왕인 태종을 모시기 위해 지은 궁이었으나, 일제에 의해 창경원으로 격하되고 동물원과 식물원 등이 설치되었다.

오답 해설

① 흥선 대원군 중건 → 경복궁
경복궁은 태조 이성계가 한양으로 도읍을 천도하면서 처음 지어졌고, 임진왜란 당시 불타 소실된 것을 흥선 대원군이 중건하였다.

② 유사시 피난용 궁궐 → 경희궁
경희궁의 처음 이름은 경덕궁으로 유사시 왕이 본궁을 떠나 피난하는 이궁으로 지어졌으나, 여러 왕이 정사를 보았기 때문에 동궐인 창덕궁에 대해 서궐이라 불렸다.

④ 고종이 환궁한 곳 → 덕수궁
덕수궁은 고종이 아관파천 이후 러시아 공사관에서 환궁한 곳으로, 원래 명칭은 경운궁이었으나 순종이 즉위하면서 태상황이 된 고종이 궁호를 덕수궁으로 바꾸었다.

핵심노트 ▶ 한국의 고궁

- **경복궁** : 사적 제117호로 서울 종로구 세종로 1번지에 위치한다. 조선시대 궁궐 중 가장 중심이 되는 곳으로 태조 3년(1394) 한양으로 수도를 옮긴 후 세웠다.
- **창덕궁** : 조선시대 궁궐 가운데 하나로 태종 5년(1405)에 세워졌다. 당시 종묘·사직과 더불어 정궁인 경복궁이 있었으므로, 이 궁은 하나의 별궁으로 만들었다.
- **창경궁** : 조선시대 궁궐로 태종이 거처하던 수강궁터에 지어진 건물이다.
- **덕수궁** : 경운궁으로 불리다가, 고종황제가 1907년 왕위를 순종황제에게 물려준 뒤에 이곳에서 계속 머물게 되면서 고종황제의 장수를 빈다는 뜻의 덕수궁으로 고쳐 부르게 되었다.
- **경희궁** : 원종의 집터에 세워진 조선후기의 대표적인 이궁이다. 광해군 8년(1616)에 세워진 경희궁은 원래 경덕궁 이었으나 영조 36년(1760)에 이름이 바뀌었다.

30. 임오군란의 영향

암기박사 임오군란 ⇒ 청의 내정 간섭 심화

정답 ④

정답 해설

개화 정책에 반발하여 구식 군인들이 일으킨 사건은 임오군란이다. 임오군란 때 명성황후 일파가 청에 군대 파견을 요청하고 흥선 대원군을 압송함으로써 청의 내정 간섭이 심화되는 결과를 가져왔다(1882).

오답 해설

① 운요호 사건 → 강화도 조약
일본 군함 운요호가 연안을 탐색하다 강화도 초지진에서 조선 측의 포격을 받자 이를 구실로 불평등 조약인 강화도 조약이 체결되었다(1876).

② 개화 정책 → 통리기무아문 설치
고종은 개화 정책의 일환으로 통리기무아문을 설치하고 그 아래 12사를 두어 외교·군사·산업 등의 업무를 분장하였다(1880).

③ 병인양요 → 외규장각 도서 약탈
병인양요는 조선 정부의 프랑스 선교사 처형이 구실이 되어 일어났으며, 외규장각 도서가 약탈당하는 피해를 입었다(1866).

핵심노트 ▶ 임오군란으로 인한 조약 체결

- **제물포 조약(1882. 7)** : 일본과 제물포 조약을 체결하여 배상금을 지불하고 군란 주동자의 처벌을 약속, 일본 공사관의 경비병 주둔을 인정 → 일본군의 주둔 허용
- **조·청 상민 수륙 무역 장정(1882. 8)** : 청의 속국 인정, 치외법권, 서울과 양화진 개방, 내지 통상권, 연안 무역·어업권, 청 군함 항행권 등 → 청 상인의 통상 특권이 넓게 허용되어 조선 상인들의 피해 증가

31. 군국기무처

암기박사 군국기무처 ⇒ 제1차 갑오개혁

정답 ③

정답 해설

군국기무처는 제1차 갑오개혁 때 개혁 추진을 위해 설치된 초정부적 의결 기구이다. 제1차 갑오개혁 때 김홍집 친일 내각은 군국기무처를 중심으로 과거제, 노비제, 연좌제 등을 폐지하는 개혁을 단행하였다.

오답 해설

① 정방 → 고려 무신 집권기
고려 무신 집권기 때 최우는 자신의 집에 교정도감에서 인사 행정 기능을 분리한 정방을 설치하여 문무 관직에 대한 인사권을 장악하였다.

② 교정도감 → 고려 무신 집권기
교정도감은 고려 무신 집권기 때 최충헌이 설치한 최고의 정치 기구로 인재 천거, 조세 징수, 감찰, 재판 등을 수행하였다. 수장 : 교정별감

④ 통리기무아문 → 개화기
고종은 개화 정책 전담 기구인 통리기무아문을 설치하고 그 아래 12사를 두어 외교·군사·산업 등의 업무를 분장하였다.

핵심노트 ▶ 제1차 갑오개혁 : 군국기무처

정치	연호 개국, 왕실과 정부 사무 분리, 6조를 80아문으로 개편, 과거제 폐지
경제	재정 일원화로 탁지아문이 관장, 은 본위 화폐 제도, 조세 금납제, 도량형 통일
사회	신분제 철폐, 공·사 노비제 폐지, 조혼 금지, 과부 개가 허용, 인신매매 금지, 고문과 연좌법의 폐지

32. 국채 보상 운동

암기박사 대한매일신보 지원 ⇒ 국채 보상 운동

정답 ②

정답 해설

국채 보상 운동은 정부의 외채를 국민의 힘으로 상환하여 국권을 회복하자는 운동으로 대한매일신보 등 언론의 지원을 받아 전국적으로 확산되었다(1907).

오답 해설

① 집강소 설치 → 동학 농민 운동
농민 자치 기구인 집강소 설치의 계기가 된 것은 동학 농민 운동이다.

③ 조선 노농 총동맹(X) → 국채 보상 운동
국채 보상 운동은 조선 노농 총동맹이 아니라 국채 보상 기성회의 주도로 전개되었다.

④ 조선 총독부의 탄압(X) → 국채 보상 운동
국채 보상 운동(1907)은 한·일 합방(1910) 이전의 사건이므로, 조선 총독부의 탄압과 방해로 실패한 것은 아니다.

핵심노트 ▶ 국채 보상 운동의 전개

- 서상돈·김광제 등이 대구에서 개최한 국민 대회를 계기로 전국적 확산
- 국채 보상 기성회가 서울 등 전국 각지로 확대되고 대한매일신보 등 여러 신문사들도 적극 후원 → 금연 운동 전개
- 부녀자들은 비녀와 가락지를 팔아서 이에 호응하였으며, 여성 단체인 진명 부인회·대한 부인회 등은 보상금 모집소를 설치하여 적극적인 활동을 전개
- 일본까지 파급되어 800여 명의 유학생들도 참여

33. 안중근 의거

암기박사 동양 평화론 집필 ⇒ 안중근

정답 ②

정답 해설

안중근 의사는 하얼빈 역에서 일제의 침략 원흉인 이토 히로부미를 사살하고 이듬해에 뤼순 감옥에서 동양 평화론을 집필하던 중 순국하였다(1909).

오답 해설

① 대종교 창시 → 나철
대종교를 창시한 나철은 단군 숭배 사상을 전파하여 민족 의식을 고취하였다.

③ 조선 혁명 선언 작성 → 신채호
신채호는 의열단의 행동 강령으로 민중의 직접 혁명을 주장하는 조선 혁명 선언을 작성하였다.

④ 파리 강화 회의에 파견 → 김규식
신한 청년당은 파리 강화 회의에 김규식을 대표로 파견하여 독립 청원서를 제출하였다.

핵심노트 ▶ 독립운동가의 의거 활동

- 안중근(1909) : 하얼빈에서 이토 히로부미 사살
- 이재명(1909) : 명동 성당 앞에서 이완용 저격
- 박재혁(1920) : 부산 경찰서에 폭탄 투척
- 강우규(1920) : 사이토 총독에게 폭탄 투척
- 나석주(1926) : 동양 척식 주식회사에 폭탄 투척
- 이봉창(1932) : 도쿄에서 일왕에 폭탄 투척
- 윤봉길(1932) : 훙커우 공원에서 일본군에 폭탄 투척

34. 동학 농민 운동

암기박사 유계춘 ⇒ 임술 농민 봉기

정답 ①

정답 해설

'백산 집결 → 황룡촌 전투 → 전주성 점령 → 우금치 전투'는 동학 농민 운동의 전개 과정을 보여준다. 한편, 유계춘의 지휘 아래 진주 지역 농민들이 봉기를 일으킨 것은 임술 농민 봉기이다.

오답 해설

② 고부민란 : 안핵사 파견 → 동학 농민 운동
고부 군수 조병갑의 학정에 고부 민란이 발생하자 사태 수습을 위해 이용태가 안핵사로 파견되었다. → 조선 후기 지방에서 사건이 발생하였을 때 처리를 위해 파견한 임시 직책

③ 집강소 : 폐정 개혁 추진 → 동학 농민 운동
동학 농민 운동 당시 농민군은 자치 기구인 집강소를 설치하고 폐정 개혁을 추진하였다.

④ 청·일군 개입 : 전주 화약 → 동학 농민 운동
동학 농민 운동의 봉기로 청·일군이 개입하자 정부는 농민군에 휴전을 제의해 전주 화약을 맺었다. → 화목하게 지내자는 약속

핵심노트 ▶ 동학 농민 운동의 전개 과정

삼례 집회 → 경복궁 상소 → 보은 집회 → 고부민란 → 백산 집결 → 황토현 전투 → 황룡천 전투 → 전주성 점령 → 전주 화약 → 집강소 설치 → 일본군 경복궁 침입 → 청·일 전쟁 → 남접과 북접의 연합 → 공주 우금치 전투

35. 대한 독립군

암기박사 봉오동 전투 ⇒ 홍범도 : 대한 독립군

정답 ①

정답 해설

대한 독립군은 총사령관인 홍범도를 중심으로 북간도에서 조직된 항일 무장 단체로, 봉오동 전투에서 간도 지역을 기습한 일본군을 상대로 승리를 거두었다.

오답 해설

② 김원봉 : 조선 의용대 → 중국 관내에서 결성된 최초의 한인 무장 부대
김원봉의 조선 의용대는 중국 관내에서 결성된 최초의 한인 무장 부대로, 중·일 전쟁 발발 직후 중국 국민당 정부의 지원을 받아 조직되었다. 포로 심문, 요인 사살, 첩보 작전을 수행하였으며 조선 민족 전선 연맹 산하 부대로 한커우에서 창설되었다.

③ 양세봉 : 조선 혁명군 → 남만주 독립군 부대
양세봉의 조선 혁명군은 남만주 일대에서 조직된 독립군 부대로, 중국 의용군과 함께 연합 작전을 전개하여 영릉가와 흥경성 전투에서 일본군을 상대로 승리하였다.

④ 지청천 : 한국 광복군 → 대한민국 임시 정부 산하 독립군 부대
지청천의 한국 광복군은 대한민국 임시 정부 산하의 독립군 부대로, 미국 전략정보처(OSS)의 지원 하에 미군과 연계하여 국내 진공 작전을 계획하였으나 일제의 패망으로 실현하지는 못했다.

> **핵심노트** ▶ 봉오동 전투(1920. 6)
> - 홍범도의 대한 독립군, 최진동의 군무 도독부군, 안무의 국민회군이 연합
> - 독립군 근거지를 소통하기 위해 간도 지역을 기습한 일본군 1개 대대 병력을 포위 · 공격하여 대파

36. 헤이그 특사 이준

암기박사 을사늑약의 불법성 폭로 ⇒ 헤이그 특사 : 이준

정답 ④

정답 해설

이준은 이상설, 이위종과 함께 네덜란드 헤이그에서 열린 만국 평화 회의에 특사로 파견되어 을사늑약 체결의 불법성을 폭로하였다(1907).

오답 해설

① 대종교 창시 → 나철
대종교를 창시한 나철은 단군 숭배 사상을 전파하여 민족 의식을 고취하였다.

② 영남 만인소 주도 → 이만손
이만손은 김홍집의 조선책략 유포에 반발하여 영남 만인소를 주도하고 그의 처벌을 요구하였다.

③ 한국독립운동지혈사 저술 → 박은식
박은식은 일제 침략에 대항하여 독립 투쟁 과정을 정리한 한국독립운동지혈사를 저술하였다.

37. 단오의 세시 풍속

암기박사 창포물에 머리 감기 ⇒ 단오

정답 ②

정답 해설

단옷날은 음력 5월 5일로 수레바퀴 모양의 떡살로 문양을 낸 수리취떡을 해먹고, 여자는 창포물에 머리를 감고 그네를 뛰며 남자는 씨름을 한다.

오답 해설

① · ③ · ④ 부럼 깨기, 쥐불놀이, 오곡밥 먹기 → 정월 대보름
정월 대보름은 음력 1월 15일로 땅콩, 호두, 밤 등의 부럼을 깨물어 먹거나 쌀, 조, 수수, 팥, 콩 등을 섞은 오곡밥을 지어 먹는다. 또한 논밭 두렁에 쥐불을 놓으며 풍년을 기원한다.

38. 저항 시인 이육사

암기박사 이육사 ⇒ 일제 강점기 저항 시인

정답 ③

정답 해설

형무소에 있을 때 수인번호가 이름인 이육사는 일제 강점기 저항 시인으로 본명이 이원록이다. 이육사가 지은 광야는 항일 정신과 작가의 독립운동 정신이 잘 드러난 대표적인 저항시이다.

오답 해설

① 심훈 → 그 날이 오면, 상록수
심훈은 독립 운동가이자 소설가로, 시 '그 날이 오면'과 소설 '상록수' 등의 작품을 남겼다.

② 윤동주 → 서시, 별 헤는 밤, 하늘과 바람과 별과 시
윤동주는 일제 강점기에 활동한 시인이자 독립 운동가이다. 그는 문인 활동을 통해 일제의 탄압에 저항하였고, 서시, 별 헤는 밤 그리고 유고 시집인 하늘과 바람과 별과 시 등의 작품을 남겼다.

④ 한용운 → 님의 침묵
한용운은 불교 개혁 운동을 주도하였고 민족 대표 33인 중 한 명으로 3·1 운동에 참여하였으며 대표적인 저항시인 님의 침묵을 남겼다.

> **핵심노트** ▶ 1930년대 저항 문학
> - 전문적 문인 : 한용운 · 이육사 · 윤동주 등은 항일의식과 민족 정서를 담은 작품을 창작
> - 비전문적 문인 : 독립 운동가 조소앙, 현상윤 등은 일제에 저항하는 작품을 남김
> - 역사 소설 : 김동인 · 윤백남 등은 많은 역사 소설을 남겨 역사와 민족의식을 고취

39. 산미 증식 계획

암기박사 산미 증식 계획 ⇒ 증산량보다 많은 쌀 일본 반출

정답 ③

정답 해설

제1차 세계 대전 후 일제는 고도성장과 공업화로 인한 식량 부족과 쌀값 폭등을 우리나라에서의 식량 수탈로 해결하려고 산민 증식 계획을 추진하였다. 그 결과 증산량보다 많은 쌀이 일본으로 반출되어 농촌 경제가 파탄에 빠졌다(1920).

오답 해설

① 일본으로의 미곡 유출 금지 → 방곡령 선포
개항 후 지나치게 많은 곡물이 일본으로 반출되자 함경도 관찰사 조병식이 일본으로의 미곡 유출을 금지하는 방곡령을 선포하였다(1889).

② 지계아문 → 지계 발급
대한 제국은 근대적 토지 소유제도 마련을 위해 양지아문을 설치하여 양전사업을 실시하고, 지계아문에서 지계를 토지 소유자에게 발급하였다(1901). → 근대적 토지증서

④ 메가타 → 화폐 정리 사업
재정 고문 메가타의 주도로 조선의 상평통보나 구(舊) 백동화를 일본 제일 은행에서 만든 새 화폐로 교환하는 화폐 정리 사업이 실시되었다(1905).

> **핵심노트** ▶ 일제의 산미 증식 계획(1920∼1934)의 결과
> - 식량 사정 악화 : 증산량보다 훨씬 많은 수탈, 만주 잡곡 수입
> - 농촌 경제의 파탄 : 쌀 수급량과 관계없이 정해진 목표대로 수탈함으로써 농촌 경제를 파탄에 빠뜨림
> - 농민 몰락 : 수리 조합비 · 비료 대금 등 증산 비용을 농민에게 전가, 지주의 소작료 인상
> - 화전민 · 유랑민 · 소작농 증가, 만주나 일본 등으로 이주
> - 식민지 지주제를 강화하여 식민 지배체제를 위한 사회적 기반을 마련
> - 쌀 중심의 단작형 농업 구조 형성
> - 소작 쟁의 발생의 원인 제공
> - 일제의 농촌 진흥 운동 실시(1932∼1940)

40. 석주 이상룡

암기박사 대한민국 임시 정부 초대 국무령 ⇒ 석주 이상룡

정답 ④

정답 해설

임청각은 대한민국 임시 정부 초대 국무령을 지낸 석주 이상룡의 생가가 있는 곳이다. 이상룡은 만주 삼원보에 경학사와 신흥 강습소를 세워 독립군을 양성하였다. → 신흥 무관 학교로 발전

오답 해설

① 의열단 단장, 한국광복군 부사령관 → 김원봉
의열단 단장인 김원봉은 황포 군관 학교에 입학하여 군사 훈련을 받은 후 중국 국민당 정부의 지원을 받아 조선 혁명 간부 학교를 설립하였다. 또한 중국 난징에서 좌익계 정당인 조선 민족 혁명단을 결성하였고, 조선의용대 일부를 이끌고 한국광복군에 합류한 후 한국광복군 부사령관으로 활약하였다.

② 조선 건국 동맹, 좌우 합작 위원회 → 여운형
여운형은 일제의 패망과 광복에 대비하여 조선 건국 동맹을 결성하였고 조선 건국 준비 위원회의 위원장을 맡아 완전한 독립 국가 건설을 위해 노력하였다. 또한 우익 측을 대표한 김규식과 함께 좌익 측을 대표하여 좌우 합작 위원회의 주축이 되었다.

③ 대한 광복군 정부 부통령, 대한민국 임시 정부 국무총리 → 이동휘
이동휘는 연해주에 설립된 대한 광복군 정부의 부통령으로 선임되어 무장 독립 전쟁을 준비하였고 3·1 운동 후에 설립된 대한민국 임시 정부의 국무총리를 역임하였다.

41. 6·10 만세 운동

암기박사 6·10 만세 운동 ⇒ 순종의 인산일(1926)

정답 ③

정답 해설
→ 조선과 대한제국에서 왕이나 황제 직계 가족의 장례일

6·10 만세 운동은 순종의 인산일을 계기로 조선 학생 과학 연구회(사회주의계)를 비롯한 전문학교와 고등보통학교 학생들이 주도하여 일어났다(1926).

핵심노트 ▶ 6·10 만세 운동(1926)

- **배경**: 순종의 사망을 계기로 민족 감정 고조(제2의 3·1 운동), 일제의 수탈 정책과 식민지 교육에 대한 반발
- **준비**: 민족주의 계열(천도교)과 사회주의 계열이 연대하여 만세 시위 운동을 준비하였으나 사전에 발각
- **전개**: 조선 학생 과학 연구회(사회주의계)를 비롯한 전문학교와 고등보통학교 학생들이 주도
- **결과**: 200여 명의 학생이 검거됨
- **의의**: 민족주의계와 사회주의계가 연대하는 계기 마련 → 신간회 결성(1927)에 영향을 미침

42. 제주 4·3 사건

암기박사 제주 4·3 사건 ⇒ 남한 만의 단독 선거 반대

정답 ③

정답 해설

제주 4·3 사건은 무장대와 토벌대 간의 무력 충돌로 인해 제주도의 많은 주민이 희생당한 사건이다. 제주 4·3 사건은 5·10 총선거에 반대하여 남한만의 단독 정부 수립에 대한 반발로 일어났으며, 2000년에 진상 규명 등에 관한 특별법이 공포되었다.

오답 해설

① 노동자 운동 → 원산 총파업
원산 총파업은 원산 노동 연합회의 소속 노동자와 일반 노동자들이 합세하여 노동 조건 개선을 요구하며 전개한 1920년대 최대의 파업 투쟁이다.

② 3·1운동 → 제암리 사건
제암리 사건은 3·1운동 당시 일본 군대가 제암리에서 주민을 집단적으로 살해한 사건이다.

④ 민주화 운동 → 부마 민주 항쟁
박정희 정부 때 신민당 당사에서 YH 사건이 일어나 김영삼을 국회의원에서 제명하였고, 이로 인해 부산과 마산에서 유신 철폐와 독재 타도를 외치며 부마 민주 항쟁이 발발하였다.

핵심노트 ▶ 제주 4·3 사건

- 1948년 4월 3일부터 1954년 9월 21일까지 제주도에서 남조선 노동당(남로당) 세력이 주도가 되어 벌어진 무장 항쟁 및 그에 대한 대한민국 군경과 극우 단체의 유혈 진압
- **주장**: 남한 단독 선거 반대, 경찰과 극우 단체의 탄압에 대한 저항, 반미구국투쟁 등
- 진압 과정에서 무고한 주민들이 많이 희생됨

43. 한인 애국단

암기박사 상하이 : 한인 애국단 조직 ⇒ 김구

정답 ②

정답 해설

윤봉길 의사가 가입한 단체는 한인 애국단으로 김구가 상하이에서 조직하였다. 한인 애국단은 이봉창 의거와 윤봉길 의거를 지원하였다.

오답 해설

① 연통제 실시 → 대한민국 임시 정부
대한민국 임시 정부는 국내 비밀 행정 조직인 연통제를 실시하여 문서와 명령 전달, 군자금 송부, 정보 보고 등의 업무를 수행하였다.

③ 고종의 밀지 → 독립 의군부
임병찬이 고종의 밀지를 받아 결성된 비밀 단체는 독립 의군부로, 고종의 복위 및 대한 제국의 재건을 목표로 조직되었다.

④ 조선 혁명 선언 → 의열단
의열단은 민중의 직접 혁명을 주장하는 신채호의 조선 혁명 선언을 행동 강령으로 삼았다.

> **핵심노트** ▶ 한인 애국단
> - 1931년 상해에서 김구가 임시 정부의 위기 타개책으로 조직
> - **이봉창 의거(1932. 1. 8)** : 도쿄에서 일왕의 행렬에 폭탄 투척
> - **윤봉길 의거(1932. 4. 29)** : 상하이 훙커우 공원에서 열린 일본국 축하 기념식에서 폭탄 투척
> - 임시 정부 인사들이 중국 군관학교에서 훈련할 수 있게 되어 한국 광복군의 탄생의 계기가 됨
> - 한반도 문제에 대한 국제적 관심 고조, 독립 운동의 의기 고양
> - 중국 국민당(장개석) 정부의 임시 정부 지원 계기 → 한국 광복군 창설(1940)

44. 전주 지역의 역사

암기박사 이승만 : 남한만의 단독 정부 수립 발언 ⇒ 정읍

정답 ④

정답 해설

제1차 미·소 공동 위원회가 개최되었으나 결렬되자 이승만이 정읍에서 남한만의 단독 정부 수립을 발언하였다(1946).

오답 해설

① **견훤 : 후백제 → 전주**
  견훤은 전라도 지방의 군사력과 호족 세력을 중심으로 완산주(전주)에서 후백제를 건국하였다.

② **동학 농민군 : 화약 체결 → 전주**
  동학 농민 운동의 봉기로 청·일군이 개입하자 정부는 농민군에 휴전을 제의해 전주 화약을 맺었다. → 화목하게 지내자는 약속

③ **경기전 : 태조 이성계 어진 → 전주**
  경기전은 태조 이성계의 어진을 모신 사당으로 전북 전주시 완산구에 있다.

45. 민족 말살 통치기의 일제 정책

암기박사 신사 참배 ⇒ 민족 말살 통치기

정답 ②

정답 해설

천황에게 충성을 맹세하는 황국 신민 서사의 암송을 강요한 것은 민족 말살 통치기이다. 이 시기에 일본은 천황을 신격화하여 신사를 세우고 강제로 참배하게 하였다.

오답 해설

① **제복을 입고 칼을 찬 교사 → 무단 통치기**
  일제는 무단 통치기에 관리와 교원들까지 제복과 칼을 착용하도록 하여 위협적인 분위기를 조성하였다(1910).

③ **암태도 소작 쟁의 → 문화 통치기**
  전남 신안군 암태도에서 지주들의 고액 소작료에 반발하여 농민들의 소작 쟁의가 일어났다(1925).

④ **원산 총파업 → 문화 통치기**
  원산 노동 연합회의 소속 노동자와 일반 노동자들이 합세하여 노동 조건 개선을 요구하며 원산 총파업이 전개되었다(1929).

> **핵심노트** ▶ 민족 말살 통치기의 일제 정책
> - 우리 말, 우리 역사 교육 금지
> - 조선·동아일보 폐간
> - 창씨개명
> - 황국 신민 서사 암송
> - 신사 참배, 궁성 요배 강요
> - 조선 사상범 보호 관찰령
> - 조선 사상범 예비 구금령
> - 병참 기지화 정책
> - 남면북양 정책
> - 국가 총동원령, 국민 징용령, 여자 정신 근로령

46. 대한민국 정부 수립 과정

암기박사 5·10 총선거 실시 ⇒ 8·15 광복 직후

정답 ①

정답 해설

8·15 광복 직후 우리나라 최초의 보통 선거인 5·10 총선거가 남한 단독으로 실시되었다(1948. 5).

오답 해설

② **경부 고속 도로 개통 → 박정희 정부**
  박정희 정부 때에 서울과 부산을 연결하는 경부 고속 도로가 개통되었다(1970).

③ **4·19 혁명 → 이승만 정부**
  이승만 정권의 장기 독재와 자유당 정권의 3·15 부정선거로 4·19 혁명이 발발하였고 그 결과 이승만 대통령이 하야하였다(1960).

④ **반민족 행위 특별 조사 위원회 구성 → 이승만 정부**
  대한민국 정부 수립 후인 이승만 정부 때에 제헌 국회에서 일제 강점기 친일 행위를 한 사람들을 처벌하고 공민권을 제한하기 위해 반민족 행위 특별 조사 위원회가 구성되었다(1948. 9).

> **핵심노트** ▶ 광복 이후의 현대사
> 8·15 광복(1945. 8) → 모스크바 3국 외상 회의 개최(1945. 12) → 제1차 미·소 공동 위원회 개최(1946. 3) → 좌·우 합작 위원회 구성(1946. 7) → 제2차 미·소 공동 위원회 개최(1947. 5) → 유엔 한국 임시 위원단 방한(1948. 1) → 김구의 남북 협상 참석(1948. 4) → 5·10 총선거 실시(1948. 5) → 대한 민국 헌법 공포(1948. 7) → 대한 민국 정부 수립(1948. 8)

47. 농지 개혁법

암기박사 유상 매수, 유상 분배 ⇒ 농지 개혁법

정답 ②

정답 해설

이승만 정부 때에 소작제를 철폐하고 자영농을 육성하고자 유상 매수, 유상 분배 원칙의 농지 개혁법이 제정되었다(1949).

오답 해설

① **회사 설립 허가제 → 회사령**
  일제는 무단 통치기 때 회사 설립 시 총독의 허가를 받도록 하는 회사령을 제정하여 민족 기업의 설립을 방해하였다.

③ 일본 : 식량 공급 기지 → 산미 증식 계획
산미 증식 계획은 일제가 조선을 자국의 식량 공급 기지로 만들기 위해 추진한 농업 정책이다.
④ 식민지 통치의 재정 기반 확대 → 토지 조사 사업
일제는 토지 약탈과 식민지 통치의 재정 기반을 확대하기 위해 토지 조사령을 발표하고 토지 조사 사업을 실시하였다.

 핵심노트 ▶ 농지 개혁법(1949년 제정, 1950년 시행)

목적	소작제를 철폐하고 자영농을 육성하고자 경자 유전의 원칙에 따라 시행
원칙	• 삼림, 임야 등 비경작지를 제외한 농지만을 대상으로 한 개혁 • 3정보를 상한으로 그 이상의 농지는 유상 매입하고 지가 증권을 발급하여 5년간 지급 • 매수한 토지는 영세 농민에게 3정보를 한도로 유상 분배하여 5년간 수확량의 30%씩을 상환하도록 함

48. 6·25 전쟁

암기박사 애치슨 선언 ⇒ 6·25 전쟁 이전

정답 ②

정답 해설

6·25 전쟁 이전 미국의 극동 방위선에서 한반도를 제외한 애치슨 선언으로 북한이 남침 가능성을 오판하여 6·25 전쟁이 발발하였다.

오답 해설

① 유엔군 참전 → 6·25 전쟁
유엔의 지원 결의에 따라 16개국으로 구성된 유엔군이 6·25 전쟁에 참전하였다.
③ 흥남 철수 작전 → 6·25 전쟁
6·25 전쟁 당시 중공군의 개입으로 전세가 불리해지자, 국군과 유엔군은 흥남항을 통해 대규모의 철수 작전을 전개하였다.
④ 인천 상륙 작전 → 6·25 전쟁
국군과 유엔군은 맥아더 장군의 인천 상륙 작전을 계기로 전세를 역전시키고 압록강 인근까지 북진하였다.

 핵심노트 ▶ 6·25 전쟁의 경과

전쟁 발발 → 서울 함락(1950. 6. 28) → 한강 대교 폭파(1950. 6. 28) → 낙동강 전선으로 후퇴(1950. 7) → 인천 상륙 작전(1950. 9. 15) → 서울 탈환(1950. 9. 28) → 중공군 개입(1950. 10. 25) → 압록강 초산까지 전진(1950. 10. 26) → 서울 철수(1951. 1. 4) → 서울 재수복(1951. 3. 14) → 휴전 제의(1951. 6. 23) → 휴전 협정 체결(1953. 7. 27)

49. 역대 정부의 경제 상황

암기박사 수출 100억 달러 달성(박정희 정부) ⇒ 3저 호황(전두환 정부) ⇒ 경제 협력 개발 기구(OECD) 가입(김영삼 정부)

정답 ③

정답 해설

(가) 수출 100억 달러 달성(박정희 정부) : 박정희 정부 때 수출의 증대로 100억 달러의 수출을 달성하였다.
• 3저 호황(전두환 정부) : 전두환 정부 때에 유가 하락, 달러 가치 하락, 금리 하락의 3저 호황으로 물가가 안정되고 수출이 증가하였다.
(나) 경제 협력 개발 기구(OECD) 가입(김영삼 정부) : 김영삼 정부 때에 선진국 진입의 관문인 경제 협력 개발 기구(OECD)에 29번째 회원국으로 가입하였다.

오답 해설

① 서울 G20 정상 회의 개체 → 이명박 정부
이명박 정부 때에 G20 주요 경제국 정상들이 모이는 G20 정상 회의가 아시아 최초로 서울에서 개최되었다.
② 미국과 자유 무역 협정(FTA) 체결 → 노무현 정부
노무현 정부 때에 한·미 자유 무역 협정(FTA)이 체결되어 미국과의 무역 장벽을 허무는 계기가 되었다. ← 발효는 이명박 정부 때부터 임
④ 금 모으기 운동 → 김대중 정부
김대중 정부 때 외환 위기를 극복하기 위해 전 국민이 동참한 금 모으기 운동을 전개하였다.

50. 김대중 정부의 통일 노력

암기박사 남북 정상 회담 개최 ⇒ 김대중 정부

정답 ①

정답 해설

햇볕 정책을 주장한 2000년 베를린 선언은 김대중 정부 때의 일이다. 김대중 정부 때에 평양에서 최초로 남북 정상회담이 개최되었다.

오답 해설

② 남북 기본 합의서 채택 → 노태우 정부
노태우 정부 때에는 상호 화해와 불가침, 교류 및 협력 확대 등을 규정한 남북한 간 최초의 공식 합의서인 남북 기본 합의서를 채택하였다.
③ 남북한 유엔 동시 가입 → 노태우 정부
노태우 정부 때에 제46차 UN 총회에서 개별 회원국으로 남북한이 유엔에 동시 가입하였다.
④ 7·4 남북 공동 성명 발표 → 박정희 정부
박정희 정부 때에 7·4 남북 공동 성명을 발표하여 '자주, 평화, 민족 대단결'의 민족 통일 3대 원칙을 제시하였다.

핵심노트 ▶ 김대중 정부(국민의 정부, 1998.3 ~ 2003.2)

• 베를린 선언 : 남북 경협, 냉전 종식과 평화 공존, 남북한 당국 간 대화 추진
• 남북 정상 회담 개최 : 평양에서 최초로 남북 정상 회담 개최
• 6·15 남북 공동 선언 : 1국가 2체제 통일 방안 수용, 이산가족 방문단의 교환, 협력과 교류의 활성화 등
• 금강산 관광 시작(1998), 육로 관광은 2003년부터 시작
• 경의선 철도 연결 사업 → 2000년 9월 착공, 2003년 12월 완료
• 남북한의 교류 협력을 위한 개성 공업 지구 조성에 합의
• 금 모으기 운동, 노사정 위원회 구성, 신자유주의 경제 정책 추진
• 수출, 무역 흑자 증가, 벤처 기업 창업 등으로 외환위기 극복
• 중학교 의무 교육 실시, 만 5세 유아에 대한 무상 교육·보육 등 추진

제3회 정답 및 해설

1. 청동기 시대의 생활 모습

암기박사 비파형 동검 제작 ⇒ 청동기 시대 **정답** ③

정답 해설

족장의 무덤인 고인돌과 민무늬 토기는 청동기 시대의 대표적인 유물이다. 청동기 시대에는 비파형 동검을 제작하여 무기로 사용하였다.

오답 해설

① 철제 농기구 → 철기 시대
   철기 시대에는 기존의 석기나 목기 외에 쟁기, 쇠스랑 등의 철제 농기구를 사용하여 농사를 지었다.
② 가락바퀴 : 실을 뽑는 도구 → 신석기 시대
   신석기 시대에는 가락바퀴를 이용하여 실을 뽑고 뼈바늘로 옷을 지어 입었다. ▶방추차 ▶골침
④ 빗살무늬 토기 : 식량 저장 → 신석기 시대
   신석기 시대에는 빗살무늬 토기를 이용하여 식량을 저장하였다.

핵심노트 ▶ 청동기 시대의 유물

- 무덤 : 고인돌, 돌널 무덤, 돌무지 무덤 등 당시의 무덤에서 출토
- 농기구 : 청동 농기구는 없으며, 석기·목기로 제작된 농기구가 사용됨. 반달 돌칼(추수용), 바퀴날 도끼(환상석부), 홈자귀(유구석부, 경작용), 돌괭이, 나무 쟁기 등
- 청동기 : 무기(비파형 동검 등), 제기, 공구, 거친무늬 거울, 장신구(호랑이·말 모양의 띠고리 장식, 팔찌, 비녀, 말 재갈 등)

2. 삼한의 사회 모습

암기박사 제사장 : 천군, 신성 지역 : 소도 ⇒ 삼한 **정답** ①

정답 해설

한반도 남부에 위치했던 삼한은 신성 지역인 소도(蘇塗)에서 의례를 주관하는 천군이라는 제사장이 존재하였다. 또한 삼한에는 대군장인 신지와 소군장인 읍차 등의 지배자가 있었다.

오답 해설

② 서옥제 : 혼인 풍습 → 고구려
   고구려에는 혼인을 정한 뒤 신랑이 신부 집의 뒤꼍에 조그만 집(서옥)을 짓고 거기서 자식을 낳아 기르는 서옥제라는 혼인 풍속이 있었다.
③ 특산물 : 단궁, 과하마, 반어피 → 동예 ▶데릴사위제
   동예는 토지가 비옥하고 해산물이 풍부하여 농경·어로 등 경제생활이 윤택하였으며, 특산물로 단궁, 과하마, 반어피가 있었다.
④ 범금 8조 : 사회 질서 유지 → 고조선
   고조선은 사회 질서를 유지하기 위해 범금 8조를 만들어 살인·절도 등의 죄를 다스렸다.

핵심노트 ▶ 삼한의 제정 분리

- 정치적 지배자의 권력·지배력이 강화되면서, 이와 분리하여 제사장인 천군(天君)이 따로 존재 ▶고조선이나 부여 등의 제정 일치 사회보다 진화
- 국읍의 천군은 제천의식을, 별읍의 천군은 농경과 종교적 의례를 주관
- 별읍의 신성 지역인 소도(蘇塗)는 천군이 의례를 주관하고 제사를 지내는 곳으로, 제정 분리에 따라 군장(법률)의 세력이 미치지 못하며 죄인이 이곳으로 도망을 하여도 잡아가지 못함 ▶신성 지역에는 솟대를 세워 표시함

3. 성왕의 업적

암기박사 국호 남부여, 22부 설치, 노리사치계, 사비 천도 ⇒ 성왕 **정답** ①

정답 해설

6세기 백제 성왕은 수도를 웅진에서 사비로 천도하고 국호를 남부여로 바꾸었다. 이후 성왕은 신라가 차지한 한강 유역을 되찾기 위해 신라를 공격하였으나 관산성 전투에서 전사하였다.

오답 해설

② 근초고왕 : 왕인 → 일본에 파견
   4세기 근초고왕은 학자 왕인을 일본에 파견하여 한자와 유교를 전하고 가르치게 하였다.
③ 근초고왕 : 고흥 → 서기 편찬
   4세기 근초고왕 때 고흥은 역사서『서기』를 편찬하였다.
④ 침류왕 : 동진 → 불교 수용
   4세기 침류왕 때 백제는 동진의 승려 마라난타를 통해 불교를 수용하였다.

핵심노트 ▶ 성왕의 업적

- 수도를 사비(부여)로 천도하고 국호를 남부여로 개칭
- 22부(중앙관제) 5부(중앙) 5방(지방)으로 조직을 정비
- 일본에 노리사치계를 파견하여 불상과 불경을 전래
- 신라 진흥왕과 함께 한강하류를 회복 하였으나 신라의 배신으로 나제동맹이 결렬, 성왕이 직접 신라를 공격하였으나 관산성 전투에서 전사

4. 무구정광대다라니경의 이해

암기박사 불국사 삼층 석탑, 목판 인쇄물 ⇒ 무구정광대다라니경 **정답** ④

정답 해설

무구정광대다라니경은 경주 불국사 3층 석탑에서 발견된 문화유산으로, 현존하는 세계에서 가장 오래된 목판 인쇄물이다.

오답 해설

① 삼강행실도 : 조선 세종 → 윤리서

32

『삼강행실도』는 조선 세종 때 모범적인 충신·효자·열녀 등의 행적을 그림으로 그리고 설명한 윤리서이다.

② 팔만대장경 : 몽골군 침입 → 대장경

『팔만대장경』은 몽골이 고려를 침입하자 부처의 힘으로 몽골군을 물리치기 위해 만든 대장경이다.

③ 직지심체요절 : 고려 → 금속 활자본

『직지심체요절』은 고려의 현존하는 세계 최고(最古)의 금속 활자본이다.

5. 신라 진흥왕의 업적

암기박사 대가야 정복 ⇒ 신라 진흥왕 **정답** ①

정답 해설

신라의 전성기를 이끌었던 제24대 왕인 진흥왕은 화랑도를 국가적 조직으로 개편하였고 황룡사를 창건하였다. 또한 고령의 대가야를 정복하고 낙동강 유역을 확보하였다.

오답 해설

② 천리장성 축조 → 고구려 영류왕

고구려 영류왕 때 연개소문은 대당 강경책을 추진하고 당의 침입에 대비해 천리장성을 축조하였다.

③ 9주 5소경 설치 → 통일 신라 신문왕 (부여성~비사성)

통일 신라 신문왕은 통일 전 5주 2소경을 통일 후 9주 5소경 체제로 정비하여 지방 통제력을 강화하였다.

④ 이차돈 순교 : 불교 공인 → 신라 법흥왕

신라 법흥왕 때 이차돈의 순교를 계기로 불교가 공인되었다.

핵심노트 ▶ 신라 진흥왕(540~576)의 업적

- 남한강 상류 지역인 단양 적성을 점령하여 단양 적성비를 설치(551)
- 백제 성왕과 연합하여 고구려가 점유하던 한강 상류 지역을 차지(551)
- 백제가 점유하던 한강 하류 지역 차지(553)
- 북한산비 설치(561)
- 고령의 대가야를 정복하는 등 낙동강 유역을 확보 → 창녕비, 561
- 원산만과 함흥평야 등을 점령하여 함경남도 진출 → 황초령비·마운령비, 568
- 화랑도를 공인(제도화)하고, 거칠부로 하여금 『국사(國史)』를 편찬하게 함 → 전하지 않음
- 황룡사·흥륜사를 건립하여 불교를 부흥하고, 불교 교단을 정비하여 주통·승통·군통제를 시행 → 신라 최고의 행정기관인 집사부의 전신
- 최고 정무기관으로 품주(稟主)를 설치하여 국가기무와 재정을 담당하게 함

6. 금관가야의 경제

암기박사 알 여섯, 수로, 낙랑·왜에 철 수출 ⇒ 금관가야 **정답** ①

정답 해설

김수로왕은 금관가야의 시조이며, 삼국유사에는 그가 하늘로부터 내려온 알에서 태어났다는 이야기가 실려 있다. 금관가야는 낙동강 하류의 김해 지역에 위치하여 철의 생산이 활발하였고, 해상교통을 이용해 낙랑·왜의 규슈 지방에 철을 수출하는 등 중계무역이 번성하였다.

오답 해설

② 고려 : 벽란도 → 중국과의 교역

고려 시대에는 대외 무역을 장려하였으므로 벽란도를 통해 대외 무역이 활발하게 이루어졌다.

③ 고구려 : 고국천왕 → 진대법

고구려 고국천왕 때에 고리대의 폐단을 막는 농민 구휼책인 진대법을 실시하여 빈민을 구제하였다.

④ 동예 : 특산물 → 단궁, 과하마, 반어피

동예에는 특산물로 단궁(나무 활), 과하마(키 작은 말), 반어피(바다표범의 가죽)가 있었다.

핵심노트 ▶ 가야의 발전

- 김해의 금관가야를 중심으로 한 전기 가야 연맹은 4세기 초부터 백제와 신라의 팽창에 밀려 점차 약화되기 시작
- 4세기 말부터 5세기 초에 신라를 후원하는 고구려군의 공격으로 중심세력이 해체되고 낙동강 서안으로 세력이 축소
- 5세기 이후 김해·창원을 중심으로 한 동남부 세력이 쇠퇴하고 고령 지방을 중심으로 하는 대가야가 주도권을 행사하며 후기 가야 연맹을 형성

7. 익산 미륵사지 석탑

암기박사 익산 : 미륵사지 석탑 ⇒ 백제 : 목탑 양식 **정답** ①

정답 해설

제시된 내용의 석탑은 현재 우리나라에서 가장 오래된 전북 익산의 미륵사지 석탑으로 목탑 양식을 계승하였다. 서동 설화의 주인공으로 알려진 백제 무왕이 삼국시대의 절 가운데 최대 규모인 익산 미륵사를 창건하였다(601).

오답 해설

② 분황사 모전 석탑 → 현존 신라의 최고(最古) 석탑

경북 경주의 분황사에 있는 모전 석탑은 석재를 벽돌 모양으로 만들어 쌓은 탑으로, 현존하는 신라 석탑 중 가장 오래된 석탑이다.

③ 불국사 3층 석탑 → 무구정광대다라니경 발견

경북 경주의 불국사에 있는 통일신라의 석탑으로 석가탑 또는 무영탑으로 불리는데, 신라의 전형적인 석탑 양식을 대표한다. 현존하는 세계 최고(最古)의 목판 인쇄물인 무구정광대다라니경이 발견된 석탑이기도 하다.

④ 정림사지 오층 석탑 → '백제를 정벌한 기념탑'

충남 부여의 정림사지에 있는 5층 석탑은 목탑의 구조와 비슷하지만 돌의 특성을 살려 전체적인 형태가 매우 우아하고 아름답다. 당나라 장수 소정방이 백제를 정벌한 후 '백제를 정벌한 기념탑'이라는 글귀가 새겨져 있다.

8. 나·당 전쟁

암기박사 나·당 전쟁 : 매소성 전투, 기벌포 전투 ⇒ 문무왕 : 삼국 통일 **정답** ②

정답 해설

신라 제30대 문무왕은 백제와 고구려의 멸망 후 당이 신라까지 지배하려 하자 매소성 전투와 기벌포 해전에서 당의 대군을 섬멸하고 나·당 전쟁에서 승리한 후 삼국 통일을 이룩하였다(676).

한국사능력검정시험 기본 실전모의고사

오답 해설

① 후백제 멸망 → 신검 vs 왕건 : 일리천 전투

신검의 군대가 일리천 전투에서 왕건이 이끄는 고려군에 패배하여 후백제는 멸망하였다(936). *견훤의 차남*

③ 동학 농민 운동 → 전봉준 : 우금치 전투

동학 농민군을 이끈 전봉준은 공주 우금치에서 관군과 민보군, 일본군을 상대로 항전하였다(1894).

④ 몽골 침입 → 김윤후 : 처인성 전투

고려 고종 때 김윤후가 처인성에서 적장 살리타를 사살하고 몽골군을 물리쳤다(1232).

핵심노트 ▶ 신라의 삼국 통일

- 당은 한반도 전체를 장악하고자 신라와 연합한 것으로, 백제의 옛 땅에 웅진도독부, 고구려의 옛 땅에 안동도호부를 두어 지배 야욕을 보임
- 신라의 경주에도 계림도독부를 두고 문무왕을 계림 도독으로 칭하였으며, 신라 귀족의 분열을 획책함
- 고구려 부흥 운동 세력을 후원하고 백제 땅의 웅진 도독부를 탈환하여 소부리주를 설치(671)
- 마전·적성에서 당군을 물리치고, 이어 당의 대군을 매소성(매초성)에서 격파(676)
- 금강 하구의 기벌포에서 당의 수군을 섬멸(676)하고, 안동도호부를 요동성으로 밀어내는 데 성공함으로써 삼국 통일을 달성(676)

9. 발해의 역사

암기박사 장문휴 : 당의 등주 공격 ⇒ 발해 무왕(대무예)

정답 ②

정답 해설

러시아 콕샤로프카의 온돌 시설과 중국 헤이룽장성의 치미는 고구려 문화의 영향을 받은 발해의 문화유산이다. 발해는 전성기에 해동성국이라고 불렸으며, 무왕 때 장문휴의 수군으로 당의 등주(산둥 지방)를 공격하였다.

오답 해설

① 한 무제의 침략으로 멸망 → 고조선

고조선은 한 무제의 침략으로 왕검성(평양성)이 함락되고 우거왕이 피살되어 멸망하였다. *위만 조선의 마지막 왕*

③ 도병마사 : 국방 문제 논의 → 고려

도병마사는 고려 성종 때 국방 문제를 담당하는 임시 기구로 처음 시행되었으나 원 간섭기에 도평의사로 개편되면서 최고 상설 정무 기구로 발전하였다.

④ 9주 5소경 : 지방 행정 구역 → 통일 신라

통일 신라는 통일 전 5주 2소경을 9주 5소경 체제로 정비하여 중앙 집권 및 지방 통제력을 강화하였다.

핵심노트 ▶ 발해 무왕(대무예, 719~737)

- 연호를 인안으로 하고, 부자 상속제로 왕권 강화
- 동북방의 여러 세력을 복속하고 북만주 일대를 장악하여 동북아 세력의 균형 유지
- 일본과 외교 관계를 맺어 신라를 견제하고, 돌궐과 연결하여 당을 견제
- 동생 대문예로 하여금 흑수부 말갈 지역을 통합하여 영토 확장, 당이 이 지역과 직접 교류를 시도
- 무왕은 장문휴의 수군으로 산둥 지방(등주)을 공격하고 요서 지역에서 당과 격돌
- 당은 신라로 하여금 발해를 공격하게 하고, 이후 대동강 이남 지역을 신라의 통치 지역으로 인정

10. 광종의 업적

암기박사 철간당, 연호 '준풍', 광덕, 노비안검법 ⇒ 광종

정답 ③

정답 해설

밑줄 그은 왕은 광종이다. 고려 광종은 '광덕', '준풍' 등의 연호를 사용하고 백관의 공복을 제정하였다. 또한 노비안검법을 실시하여 양인이었다가 불법으로 노비가 된 자를 조사하여 해방시켜줌으로써 호족·공신 세력을 약화시키고 국가 재정 수입 기반을 확대하였다.

오답 해설

① 태종 : 호패법 → 경제 기반 안정

조선 태종은 호패법을 실시하여 경제 기반의 안정을 꾀하고 왕권을 강화하였다.

② 원성왕 : 독서삼품과 → 관리 등용

통일 신라 원성왕은 독서삼품과를 시행하여, 유교 경전의 이해 수준에 따라 3등급으로 구분하여 관리를 등용하였다.

④ 공민왕 : 반원 자주 정책 → 정동행성 이문소 폐지

고려 공민왕은 반원 자주 정책의 일환으로 내정을 간섭하던 정동행성 이문소를 폐지하였다.

핵심노트 ▶ 광종의 업적

- 노비안검법 : 호족의 경제적·군사적 기반 약화
- 과거제 : 국왕에 충성, 유교 지식 가진 관리 등용
- 공복 제도 : 지배층의 위계질서 확립
- 군사 기반 마련 : 내군을 장위부로 개편하여 시위군을 강화
- 불교 장려 : 왕사·국사 제도 제정, 불교 통합 정책
- 기타 : 황제 호칭, 독자적 연호, 공신 호족 제거

11. 최무선의 활동

암기박사 왜구, 진포, 화포, 화통도감 ⇒ 최무선

정답 ④

정답 해설

(가) 인물은 최무선이다. 고려 말에 최무선은 왜구의 침입을 격퇴하기 위해 중국의 화약 제조 기술을 습득하였다. 정부는 화통도감을 설치하고 최무선을 중심으로 화약과 화포를 제작하였으며, 화포를 이용하여 진포(금강 하구) 싸움에서 왜구를 격퇴하였다.

오답 해설

① 세종 : 최윤덕, 김종서 → 4군 6진 개척

조선 세종 때 최윤덕과 김종서는 각각 4군과 6진을 개척하여 영토를 확장하였고 오늘날의 국경선이 획정되었다.

② 이성계 : 요동 정벌 반대 → 위화도 회군

이성계는 4불가론을 들어 요동 정벌을 반대하고 위화도에서 회군하였다.

③ 효종 : 조총 부대 파견 → 나선 정벌

러시아의 남하로 청과 러시아 간 국경 충돌이 발생하여 청이 원병 요청을 하자, 효종은 조총 부대를 파견하여 나선 정벌에 참여하였다.

핵심노트 ▶ 최무선

- **화통도감 설치** : 화약무기를 생산하고 관리하는 국가기관
- **화약무기 제조** : 주화, 대장군포 등
- **진포대첩** : 세계 최초의 함포대첩, 100여척의 배로 500척의 왜구를 상대로 대승을 거둠

12. 대각국사 의천

암기박사 천태종 창시, 교관겸수 주장 ⇒ 대각국사 의천

정답 ②

정답 해설

대각국사 의천은 교종을 중심으로 선종을 통합하기 위해 국청사를 창건하고 해동 천태종을 창시하였으며, 이론 연마와 수행을 함께 강조하는 교관겸수(教觀兼修)를 주장하였다. 또한 교장도감을 설치하고 불교 경전에 대한 주석서를 모아 교장을 간행하였다.

오답 해설

① **무애가 저술 → 원효** ▶ 모든 논쟁을 화합으로 바꾸려는 불교 사상
원효는 일심과 화쟁 사상을 중심으로 몸소 아미타 신앙을 전개하고 무애가를 지어 불교 대중화에 노력하였다.

③ **화엄 사상 정리 → 의상**
의상은 해동 화엄사의 시조로 화엄 사상을 정리하고 화엄일승법계도를 저술하였다.

④ **수선사 결사 제창 → 지눌**
조계종을 창시한 보조국사 지눌은 수선사 결사를 제창하여 불교계 개혁 운동을 주도하였다.

핵심노트 ▶ 대각국사 의천

해동 천태종의 개조로 문종의 넷째 아들이다. 문종과 어머니 인예왕후의 반대를 무릅쓰고 몰래 송으로 건너가 불법을 공부한 뒤 귀국하여 흥왕사의 주지가 되었다. 그는 그곳에 교장도감을 두고 송·요·일본 등지에서 수집해 온 불경 등을 교정·간행하였다. 교선일치를 주장하면서, 교종과 선종으로 갈라져 대립하던 고려의 불교를 융합하고자 하였다.

13. 고려 시대의 중앙 정치 조직

암기박사 군사 기밀과 왕명 출납 ⇒ 고려 : 중추원

정답 ③

정답 해설

군사 기밀을 담당하고 왕명을 출납하는 고려의 중앙 정치 기구는 중추원이다. 중추원의 추신은 중서문하성의 재신과 함께 도병마사에 참여하여 국방과 군사에 관한 문제를 논의하였다.

오답 해설

① **조선 : 비변사 → 국정 최고 기구**
조선 중종 때 외적에 대비하기 위해 비변사가 처음으로 설치되었으며, 임진왜란을 거치면서 국정 전반을 총괄하는 국정 최고 기구로 성장하였다.

② **조선 : 홍문관 → 학술·언론 기관**
조선 성종 때 집현전의 학문 연구 기능을 계승하여 설치된 홍문관은 학술·언론 기관으로 옥당이라는 별칭이 있다.

④ **발해 : 정당성 → 최고의 권력 기구**
정당성은 선조성(좌상), 중대성(우상)과 함께 발해의 3성 중 하나로 최고 권력 기구이자 귀족 합의 기구이다.

핵심노트 ▶ 고려 시대 중앙 정치 조직

14. 이승휴의 제왕운기

암기박사 단군의 고조선 건국 이야기 기록 ⇒ 이승휴 : 제왕운기

정답 ②

정답 해설

제왕운기는 고려 충렬왕 때 이승휴가 우리나라와 중국의 역사를 시로 표현한 역사 서사시로 단군의 고조선 건국 이야기가 기록되어 있다.

오답 해설

① **남북국이라는 용어 최초 사용 → 유득공 : 발해고**
발해고는 조선 후기 실학자 유득공이 저술한 역사서로 발해를 북국, 신라를 남국으로 칭하며 남북국이라는 용어가 처음 사용되었다.

③ **유교 사관, 기전체 서술 → 김부식 : 삼국사기**
삼국사기는 고려 인종 때 김부식 등이 왕명을 받아 편찬한 현존하는 우리나라 최고의 역사서로, 유교 사관에 기초하여 기전체로 서술되었다.

④ **고대 민간 설화 수록 → 일연 : 삼국유사**
일연의 삼국유사에는 단군부터 고려 말까지의 불교사를 중심으로 고대의 민간 설화 등이 수록되어 있다.

핵심노트 ▶ 제왕운기(충렬왕 13, 1287)

- **시기** : 충렬왕 때 이승휴가 저술
- **의의** : 우리나라와 중국의 역사를 시로 적은 역사 서사시로 우리 역사를 중국사와 대등하게 파악
- **사관** : 합리주의적 인식을 바탕으로 하여 유교를 중심으로 다루면서도 불교·도교 문화까지 포괄하여 서술
- **상권** : 중국의 반고(盤古)부터 금에 이르기까지 역대 사적을 264구(句)의 7언시로 읊음
- **하권** : 한국의 역사를 다시 1·2부로 나누어 시로 읊고 주기(註記)를 붙임

15. 원 간섭기의 사회 모습

암기박사 몽골풍 유행 : 변발과 호복 ⇒ 원 간섭기

정답 ①

정답 해설

원 간섭기에는 변발과 호복 등 몽골의 풍속이 고려의 지배층을 중심으로 유행하였으며 원에 공녀로 끌려가는 여인들이 많았다.

오답 해설

② 고구마와 감자 재배 → 조선 후기
조선 후기에는 일본에서 들어 온 고구마와 청에서 들어 온 감자 등의 구황 작물이 널리 재배되었다.

③ 동시전 : 시장 감독 → 신라 지증왕 *기후가 불순한 흉년에도 비교적 안전한 수확을 얻을 수 있는 작물
신라 지증왕은 시장을 감독하는 관청인 동시전(東市典)을 수도 경주에 설치하였다.

④ 상평통보 유통 → 조선 후기
상평통보는 조선 중기 인조 때 발행되었으나 거의 사용되지 못하다가 조선 후기 숙종 때 다시 발행되어 전국적으로 유통되었다.

핵심노트 ▶ 원 간섭기의 사회 변화

- 신분 상승의 증가
  - 역관·향리·평민·부곡민·노비·환관으로서 전공을 세운 자, 몽골 귀족과 혼인한 자, 몽골어에 능숙한 자 등
  - 친원 세력이 권문세족으로 성장
- 활발한 문물 교류
  - 몽골풍의 유행 : 체두변발·몽골식 복장·몽골어
  - 고려양 : 고려의 의복·그릇·음식 등의 풍습이 몽골에 전해짐
- 공녀(貢女)의 공출
  - 원의 공녀 요구는 심각한 사회 문제를 초래
  - 결혼도감을 설치해 공녀를 공출

16. 김부식의 활동

 묘청의 난 진압, 삼국사기 ⇒ 김부식

정답 ④

정답 해설

(가) 인물은 김부식이다. 김부식은 인종 때 왕명을 받아 현존하는 우리나라 최고의 역사서인 『삼국사기』를 편찬하였다. 또한 영통사 대각국사비의 비문을 지었고, 서경에서 묘청이 일으킨 묘청의 난을 진압하였다.

오답 해설

① 세종 : 이종무 → 대마도 정벌
조선 세종은 이종무로 하여금 대마도를 정벌하도록 하였다.

② 정도전 : 불씨잡변 → 불교 교리 비판
정도전은 『불씨잡변』을 저술하여 불교의 교리를 비판하고 성리학을 통치 이념으로 확립하였다.

③ 최무선 : 화통도감 → 화약, 화포 제조
최무선은 화통도감을 설치하고 화약과 화포를 제조하였다.

핵심노트 ▶ 삼국사기

시기	인종 때 김부식 등이 왕명을 받아 편찬
의의	현존하는 우리나라 최고의 역사서
사관	유교적 합리주의 사관에 기초하여 신라를 중심으로 서술
체제	본기·열전·지·연표 등으로 구분되어 서술된 기전체(紀傳體) 사서
구성	총 50권으로 구성

17. 고려의 문화유산

 관촉사 석조 미륵보살 입상, 수덕사 대웅전, 월정사 팔각 구층 석탑, 수월관음도 ⇒ 고려

정답 ②

정답 해설

관촉사 석조 미륵보살 입상, 수덕사 대웅전, 월정사 팔각 구층 석탑은 모두 고려 시대의 대표적 문화유산이다. 고려 시대의 대표적 회화는 수월관음도이다. 수월관음도는 관음보살을 주제로 그린 화려하고 섬세한 고려의 불화이다.

오답 해설

① 정선 : 인왕제색도 → 조선 후기
인왕제색도는 조선 후기 진경산수화의 대가 겸재 정선의 작품으로, 비가 내린 뒤의 인왕산의 분위기를 적묵법으로 진하고 묵직하게 표현한 산수화이다.

③ 강희안 : 고사관수도 → 조선 전기
고사관수도는 조선 전기의 사대부 화가 인재 강희안의 작품으로, 깎아지른 듯한 절벽을 배경으로 바위 위에 양팔을 모아 턱을 괸 채 수면을 바라보는 선비의 모습을 묘사하였다.

④ 안견 : 몽유도원도 → 조선 전기
몽유도원도는 조선 세종 때 안견이 안평대군의 꿈 이야기를 듣고 표현한 그림으로 자연스러운 현실 세계와 환상적인 이상 세계를 웅장하면서도 능숙하게 처리하였다.

18. 서원의 기능

선현의 제사와 성리학 교육 담당 ⇒ 서원

정답 ③

정답 해설

최근 유네스코 세계 유산에 등재된 서원은 조선 시대의 사립 교육 기관으로 중종 때 주세붕이 설립한 백운동 서원이 시초이다. 서원은 선현의 제사와 성리학 교육을 담당하였는데, 흥선 대원군은 국가 재정을 좀먹고 백성을 수탈하여 붕당의 온상이던 서원을 47개소만 남기고 철폐하였다.

오답 해설

① 좌수와 별감 운영 → 유향소
조선 시대의 유향소(留鄕所)는 좌수와 별감을 선발하여 운영하던 향촌 자치 기구로, 지방의 수령을 보좌하고 향리를 감찰하였다.

② 중앙에서 훈도 파견 → 향교
향교는 조선 시대 지방의 국립 중등 교육 기관으로, 중앙에서 교수와 훈도가 파견되어 지방 관리와 서민의 자제들을 교육하였다.

④ 유학부와 기술학부 편성 → 국자감
국자감은 고려 시대에 유학 교육을 위해 개경에 설치한 국립대학으로 유학부와 기술학부를 편성하여 교육하였다.

핵심노트 ▶ 서원

- 기원 : 중종 38년(1543)에 풍기 군수 주세붕이 안향의 봉사를 위해 설립한 백운동 서원
- 운영의 독자성 : 독자적인 규정을 통한 교육 및 연구
- 사액 서원의 특권 : 면세·면역, 국가로부터 서적·토지·노비 등을 받음
- 보급 : 사화로 인해 향촌에서 은거하던 사림의 활동 기반으로서 임진왜란 이후 급속히

제3회 정답 및 해설

발전
- **공헌** : 학문 발달과 지방 문화 발전에 기여
- **폐단** : 사림들의 농민 수탈 기구로 전락, 붕당 결속의 온상지 → 정쟁을 격화

19. 태종의 업적

암기박사 신문고, 6조 직계제 ⇒ 태종

정답 ③

정답 해설

제시된 내용은 조선 태종이 처음 실시한 신문고 제도이다. 태종은 백성들의 억울함을 풀어주기 위해 신문고를 설치하였고, 6조 직계제를 채택하여 왕권을 강화하고 서무를 6조에 분담하였다.

오답 해설

① **흥선 대원군 : 경복궁 중건 → 당백전 발행**
  흥선 대원군은 임진왜란 때 불에 탄 경복궁을 중건하기 위해 원납전을 강제로 징수하고 고액의 화폐인 당백전을 남발하였다.
② **광해군 : 대동법 → 방납의 폐단 시정**
  광해군은 농민들의 토지 이탈이 가속화되는 방납의 폐해를 막고자 대동법을 시행하였다.
④ **철종 : 임술 농민 봉기 → 삼정이정청 설치**
  철종 때 농민 봉기의 가장 큰 원인인 삼정의 폐단을 시정하기 위해 임시 관청인 삼정이정청을 설치하였다.

핵심노트 ▶ 6조 직계제

의정부의 서사를 나누어 육조에 귀속시켰다. …… 처음에 왕(태종)은 의정부의 권한이 막중함을 염려하여 이를 혁파할 생각이 있었는데, 이에 이르러 신중히 급작스럽게 않게 행하였다. 의정부가 관장한 것은 사대 문서와 중좌수의 재심뿐이었다. — 태종실록 —

20. 일성록의 이해

암기박사 정조 일기, 유네스코 세계 기록 유산 ⇒ 일성록

정답 ①

정답 해설

일성록은 영조부터 1910년까지 주로 국왕의 동정과 국정을 기록한 일기로, 영조 때부터 순조 때까지의 국정에 관한 사항들이 기록되어 있다. 이는 2011년 유네스코 세계 기록 유산으로 등재되었다.

오답 해설

② **안정복 : 동사강목 → 고조선~고려 말 역사**
  안정복이 지은 동사강목은 고조선부터 고려 말까지의 우리 역사를 독자적 정통론을 통해 체계화한 것이다. 성리학적 명분론에 입각하여 서술하면서도 독자적 정통론에 따르는 자주 의식의 일면을 보여 주고 있음
③ **허준 : 동의보감 → 전통 한의학**
  허준은 전통 한의학을 체계적으로 정리한 동의보감을 편찬하여 의료 지식의 민간 보급에 기여했다.
④ **성현 : 악학궤범 → 궁중 음악 집대성**
  성현은 음악의 원리와 역사·악기·무용·의상 및 소도구까지 망라하여 궁중 음악을 집대성한 악학궤범을 편찬하였다.

핵심노트 ▶ 일성록

일성록은 1760년(영조36)에서 1910년(융희4)까지 151년 동안의 국정 운영 내용을 매일매일 일기체로 정리한 국왕의 일기이다. 필사본으로 한 질만 편찬된 유일본으로 서울대 규장각에서 소장하고 있으며, 총 2,329책으로 구성되어 있고 21개월분을 제외한 전질이 남아있다.

21. 조선 후기의 경제 상황

암기박사 신해통공, 수공업 발달 ⇒ 조선 후기

정답 ①

정답 해설

조선 후기에는 신해통공을 실시하여 육의전을 제외한 시전 상인의 특권을 폐지하는 조치가 실시되었다. 이를 통해 상업 활동이 활발해지고 수공업이 발달하였다. 건원중보와 해동통보가 주조된 것은 고려 시대이다. 고려 성종 때 우리나라 최초의 화폐인 건원중보가 주조되었고, 고려 숙종 때 삼한통보·해동통보·해동중보·동국통보 등의 동전이 주조되었다.

오답 해설

② **조선 후기 : 광산 개발 → 덕대의 경영**
  조선 후기에 민영 광업의 발달로 국가의 감독을 받지 않고 광산을 전문적으로 경영하는 덕대가 등장하였다.
③ **조선 후기 : 상업 발달 → 도고 성장**
  조선 후기 상업의 발달로 독점적 도매상인인 도고가 성장하였다.
④ **조선 후기 : 대동법 → 공인의 활동**
  조선 후기 대동법의 실시로 관청에서 공가를 미리 받아 필요한 물품을 사서 납부하는 공인의 활동이 활발해졌다.

핵심노트 ▶ 도고

- 조선 후기, 대규모 자본을 동원하여 상품을 매점매석함으로써 이윤 극대화를 노린 상인
- 국가에서는 신해통공 등을 통해 도고를 혁파하려 하였지만, 관청이나 권세가 등과 결탁한 이들을 근절할 수 없었음
- 쌀이나 소금 등 생활필수품까지 매점매석함으로써 상품 부족과 물가 상승이 야기됨

22. 강강술래

암기박사 한가위 : 유네스코 인류 무형 문화유산 ⇒ 강강술래

정답 ②

정답 해설

강강술래는 전라남도 해안 지역에서 전해져 내려오던 민속놀이로, 우리 고유의 정서와 말과 리듬이 잘 담겨있는 무형 문화유산이다. 이는 한가위에 주로 젊은 여성들이 즐기던 놀이로, 유네스코 인류 무형 문화유산에 등재되어 있다.

오답 해설

① **고누놀이 → 상대의 말을 움직이지 못하게 하는 놀이**
  땅, 나무, 돌 등에 놀이판을 새겨 넣고 자신의 말을 움직여 상대의 말을 움직이지 못하게 하거나 잡아서 승패를 가르는 놀이이다.
③ **줄다리기 → 줄을 잡아당겨 승패를 겨루는 놀이**
  줄다리기는 대보름날에 많은 사람이 두 편으로 나뉘어 줄을 마주 잡아

당겨 승패를 겨루는 놀이로, 줄다리기의 승패로 그해 농사의 풍흉을 점쳤다.
④ 차전놀이 → 대보름 때 주로 행해지던 동채싸움
차전놀이는 대보름 때 주로 행해지던 민속놀이로 동채싸움이라고도 한다.

23. 임진왜란의 이해

암기박사 권율 : 행주대첩 ⇒ 임진왜란

정답 ①

정답 해설
제시된 자료는 임진왜란 당시 전라도 관찰사 권율이 행주산성에서 왜군을 크게 무찌른 행주대첩에 관한 내용이다. 김종서가 6진을 개척한 것은 조선 세종 때의 일이다.

오답 해설
② 임진왜란 : 비변사 → 기능 강화
중종 때 왜적의 침입에 대비하기 위해 임시 기구로 설치된 비변사는 임진왜란으로 기능이 강화되었다.
③ 임진왜란 : 곽재우 → 의병장 활약
임진왜란 때 곽재우는 경상도에서 의병장으로 활약하였다.
④ 임진왜란 : 신립 → 배수의 진 격투
임진왜란 초 신립은 충주 탄금대에서 배수의 진을 치고 일본군과 싸웠다.

핵심노트 ▶ 임진왜란의 3대첩
- **이순신의 한산도 대첩** : 왜군의 수륙 병진 정책을 좌절시킨 싸움이다. 지형적 특징과 학익진을 이용하여 왜군을 섬멸하였다.
- **김시민의 진주성 혈전** : 직무 목사인 김시민과 3,800명의 조선군이 약 2만에 달하는 왜군에 맞서 진주성을 지켜낸 싸움이다. 이 싸움에서의 승리로 조선은 경상도 지역을 보존할 수 있었고 왜군은 호남을 넘보지 못하게 되었다.
- **권율의 행주대첩** : 벽제관에서의 승리로 사기가 충천해 있던 왜군에 대항하여 행주산성을 지켜낸 싸움이다. 부녀자들까지 동원되어 돌을 날랐다는 이야기로 유명하다.

24. 정약용의 저서

암기박사 여전론 주장, 목민심서 저술 ⇒ 정약용

정답 ④

정답 해설
마을 단위로 농민이 함께 경작하고 세금을 제외한 나머지 생산물을 일한 양에 따라 분배하자는 여전론을 주장한 인물은 다산 정약용이다. 조선 후기의 실학자 정약용은 지방 행정의 개혁 및 목민관(지방관)의 도리에 대하여 쓴 목민심서를 저술하였다.

오답 해설
① 동국통감 : 서거정 → 역사서
『동국통감』은 성종 16년에 서거정 등이 왕명을 받아 편찬한 편년체 역사서이다.
② 반계수록 : 유형원 → 균전론 주장
『반계수록』은 농업 중심 개혁론의 선구자인 유형원이 저술한 책으로,

균전제 실시를 주장하였다.
③ 제왕운기 : 이승휴 → 우리 민족 문화의 독자성
『제왕운기』는 이승휴가 저술한 책으로, 우리나라의 역사를 단군에서부터 서술하면서 우리 역사를 중국사와 대등하게 파악하는 자주성을 보여준다.

25. 임술 농민 봉기의 결과

암기박사 임술년, 진주, 백낙신, 삼정이정청 ⇒ 임술 농민 봉기

정답 ④

정답 해설
제시된 자료는 임술 농민 봉기와 관련한 사료이다. 임술 농민 봉기는 백낙신 등 진주 지역의 포악한 관리의 탐학으로 인해 발생한 민란이다. 임술 농민 봉기에 안핵사로 파견된 박규수는 민란의 원인을 삼정의 폐단으로 보고, 이를 시정하기 위한 임시 관청인 삼정이정청을 설치하였다.

오답 해설
① 충선왕 : 만권당 설치 → 원과 교류
고려 충선왕은 만권당을 설치하여 원과의 교류의 중심지로 삼았다.
② 지증왕 : 동시전 설치 → 시장 감독
신라 지증왕은 동시전을 설치하여 시장을 감독하였다.
③ 정조 : 신해통공 → 금난전권 폐지
정조는 신해통공을 통해 육의전을 제외한 시전 상인들의 금난전권을 폐지하였다.

핵심노트 ▶ 임술 농민 봉기
임술년(1862년) 2월 19일, 진주민 수만 명이 머리에 흰 수건을 두르고 손에는 몽둥이를 들고 무리를 지어 진주 읍내에 모여 서리들의 가옥 수십 호를 불사르고 부수어, 그 움직임이 결코 가볍지 않았다. 병사가 해산시키고자 장시에 나가니 흰 수건을 두른 백성들이 그를 빙 둘러싸고는 백성들의 재물을 횡령한 조목, 아전들이 세금을 포탈하고 강제로 징수한 일들을 면전에서 여러 번 문책하는데, 그 능멸하고 핍박함이 조금도 거리낌이 없었다.
– 임술록 –

26. 정조의 정책

암기박사 초계문신제 : 문신 재교육 ⇒ 정조

정답 ④

정답 해설
→ 규장각 각신의 보좌, 문서 필사 등의 업무를 맡은 관리

서얼 출신인 이덕무, 유득공 등을 규장각 검서관으로 등용한 왕은 정조이다. 정조는 신진 인물이나 중·하급 관리 가운데 능력 있는 자들을 재교육시키고 시험을 통해 승진시키는 초계문신제를 시행하였다.

오답 해설
① 균역법 제정 → 영조
조선 영조는 백성들의 군역 부담을 줄이기 위해 1년에 군포 2필을 부담하던 것을 1필로 경감하는 균역법을 실시하였다.
② 척화비 건립 → 흥선 대원군
병인양요와 신미양요의 결과 흥선 대원군은 척화교서를 내리고 전국 각지에 척화비를 건립하였다.
③ 경국대전 완성 → 성종

조선 성종은 세조 때 편찬에 착수한 경국대전을 완성하여 국가의 통치 규범을 마련하였다.

핵심노트 ▶ 정조의 업적

- **탕평 정치** : 진붕(眞朋)과 위붕(僞朋)의 구분, 남인(시파) 중용
- **왕권 강화** : 능력 인사 중용, 규장각의 설치·강화, 서얼 등용, 초계문신제(抄啓文臣制) 시행, 장용영 설치
- **수원 화성 건설** : 정치적·군사적 기능 부여, 정치적 이상 실현, 화성 행차
- **수령의 권한 강화** : 수령이 군현 단위의 향약을 직접 주관, 지방 사족의 향촌 지배력 억제, 국가의 통치력 강화
- **문물·제도 정비** : 민생 안정과 서얼·노비의 차별 완화, 청과 서양의 문물 수용, 실학 장려, 신해통공(1791), 문체 반정 운동
- **편찬** : 대전통편, 추관지·탁지지, 동문휘고, 증보문헌비고, 무예도보통지, 제언절목, 규장전운, 홍재전서·일득록
- **활자** : 정리자, 한구자, 생생자(목판) 등 주조

27. 대동법의 이해

암기박사 경기·강원, 공납의 폐단, 공인 ⇒ 대동법

정답 ④

정답 해설

대동법은 방납의 폐단을 시정하고 전후 농민 부담을 경감하기 위해 실시한 법으로, 광해군 때 처음 실시되었으며 선혜법이라고도 불렸다. 대동법이 실시되면서 관허 상인인 공인이 등장하였고, 이들은 상품 화폐 경제의 발달을 촉진시켰다.

오답 해설

① **흥선 대원군 : 호포제 → 양반에게 군포 징수**
  흥선 대원군은 호포제를 실시하여 양반에게도 군포를 징수하였다.
② **영조 : 균역법 → 결작 부과**
  영조는 균역법을 실시하여 감소된 재정을 보충하기 위해 지주에게 결작을 부과하였다.
③ **정조 : 신해통공 → 시전 상인 특권 폐지**
  정조는 상공업 진흥과 재정 수입 확대를 위해 육의전을 제외한 시전 상인들의 금난전권을 철폐하였다.

핵심노트 ▶ 대동법

내용	가호에 부과하던 토산물(현물)을 토지 결수에 따라 쌀 등으로 납부하게 하고, 정부는 수납한 쌀 등을 공인에게 공가(貢價)로 지급하여 그들을 통해 필요한 물품을 구입
목적	지방 관리의 방납의 폐해 시정, 전후 농민 부담 경감
경과	• 광해군 1년(1608) : 이원익·한백겸의 주장으로 선혜청을 설치하고 경기도에서 처음 실시 • 인조 1년(1623) : 조익의 주장으로 강원도에서 실시 • 효종 : 김육의 주장으로 충청도·전라도에서 실시 • 숙종 34년(1708) : 황해도에서 실시
결과	농민 부담 경감, 공납의 전세화, 조세의 금납화, 국가 재정의 회복, 공인 등장, 상품 화폐 경제 발달

28. 임진왜란

암기박사 임진왜란 ⇒ 훈련도감 설치

정답 ④

정답 해설

조헌, 영규 등의 의병이 왜군과 혈전을 벌인 것은 임진왜란 때의 일이다. 유성룡의 건의에 따라 왜군의 조총에 대응하고 국방력을 강화하기 위해 임진왜란 중에 훈련도감이 설치되었다.

오답 해설

① **장용영 → 국왕의 친위 부대**
  장용영은 조선 정조 때 설치된 국왕의 친위 부대로 서울에는 내영, 수원 화성에는 외영이 배치되었다.
② **금위영 → 궁궐 수비 담당**
  금위영은 조선 숙종 때 궁궐 수비를 담당하는 군영으로, 기병으로 구성되어 있으며 5군영 체제를 완성하였다.
③ **2군 6위 → 고려 중앙군** → 훈련도감 → 총융청 → 수어청 → 어영청 → 금위영
  고려 시대의 중앙군은 국왕의 친위대인 2군과 수도의 방비를 담당하는 6위로 편성되었다.

핵심노트 ▶ 훈련도감(1594)

- **설치** : 임진왜란 중 왜군의 조총에 대응하고 국방력을 강화하기 위해 유성룡의 건의에 따라 용병제를 토대로 설치 → 조선 후기 군제의 근간이 됨
- **편제** : 삼수병(포수·사수·살수)으로 편성
- **성격** : 장기간 근무하며 일정 급료를 받는 장번급료병, 직업 군인의 성격(상비군)
- **폐지** : 1881년에 별기군이 창설되어 신식 군대 체제가 이루어지자 그 다음해 폐지됨

29. 신미양요의 이해

암기박사 어재연, 미국, 제너럴 셔먼호 ⇒ 신미양요

정답 ③

정답 해설

㉠은 신미양요에 관한 내용이다. 신미양요는 미국이 제너럴 셔먼호 사건을 구실로 로저스 제독이 이끄는 5척의 군함으로 강화도를 공격하자, 어재연 등이 이끄는 조선의 수비대가 광성보와 갑곶(甲串) 등지에서 격퇴한 사건이다.

오답 해설

① **일본 : 운요호 사건 → 강화도 조약 체결**
  일본은 운요호 사건을 빌미로 불평등 조약인 강화도 조약 체결을 요구하였다.
② **문화 사절단 : 조사 시찰단 → 근대 문물 사찰**
  문화 사절단인 조사 시찰단이 근대 문물 사찰을 위해 일본에 파견되었다.
④ **병인양요 : 프랑스군 → 외규장각 도서 약탈**
  병인양요 당시 프랑스 군은 강화도에 침입하여 외규장각 도서를 약탈하였다.

핵심노트 ▶ 신미양요

원인	병인양요 직전에 미국 상선 제너럴셔먼호가 통상을 요구하다 평양 군민과 충돌하여 불타 침몰된 사건(제너럴셔먼호 사건)
경과	미국은 제너럴셔먼호 사건을 구실로 로저스 제독이 이끄는 5척의 군함으로 강화도를 공격
결과	어재연 등이 이끄는 조선의 수비대가 광성보와 갑곶(甲串) 등지에서 격퇴하고 척화비 건립

30. 동학 농민 운동

암기박사 녹두 장군 : 전봉준 ⇒ 동학 농민 운동

정답 ②

정답 해설

녹두 장군 전봉준은 조선 후기 발생한 동학 농민 운동의 주도자로서 고부 군수 조병갑의 학정에 항거하여 농민군을 이끌고 고부 관아를 습격하였으며 2차 봉기 때에는 공주 우금치에서 일본군과 전투를 벌였다.
제물포 조약이 체결된 것은 임오군란 때문으로 조선은 일본 공사관 경비병의 주둔을 인정하고 군란 주동자의 처벌을 약속하였다.

오답 해설

① 집강소 설치 → 동학 농민 운동
  동학 농민 운동 때 농민군이 전라도 각지에 농민 자치 기구인 집강소를 설치하여 치안과 행정을 담당하였다.
③ 백산 : 4대 강령 발표 → 동학 농민 운동
  동학 농민군은 고부 민란 후 백산에 다시 결집하여 전봉준, 김개남, 손화중 등이 조직을 재정비하고 격문 선포와 4대 강령을 발표하였다.
④ 황토현 전투 → 동학 농민 운동
  동학 농민군이 전라 감영의 지방 관군을 물리치고 황토현에서 농민군 최대의 승리를 거두었다.

핵심노트 ▶ 동학 농민 운동의 전개

고부 민란 → 백산 재봉기 → 황토현 전투 → 장성 황룡촌 전투 → 청·일 개입 → 전주 화약 → 집강소 설치와 폐정 개혁안 → 남접과 북접의 연합 → 공주 우금치 혈전

31. 육영 공원

암기박사 육영 공원 ⇒ 최초의 근대식 관립 학교

정답 ②

정답 해설

1886년에 정부가 세운 육영 공원은 최초의 근대식 관립 학교로, 미국인 헐버트와 길모어 등을 교사로 초빙하여 상류층의 자제들에게 영어, 수학 등 근대 학문을 가르쳤다.

오답 해설

① 대성 학교 → 평양 설립 중등 교육 기관
  대성 학교는 신민회의 안창호가 민족 교육을 실시하기 위해 평양에 설립한 중등 교육 기관이다(1908).
③ 배재 학당 → 선교 목적 설립
  배재 학당은 미국의 개신교 선교사 아펜젤러가 선교를 목적으로 한양에 세운 학교로 신학문 보급에 기여하였다(1885).
④ 원산 학사 → 최초의 근대적 사립학교
  원산 학사는 함경도 덕원부사 정현석과 주민들이 개화파 인물들의 권유로 설립한 최초의 근대적 사립학교이다(1883).

32. 임오군란의 이해

암기박사 임오군란 ⇒ 제물포 조약 체결

정답 ②

정답 해설

임오군란은 신식 군대(별기군) 우대 및 구식 군대에 대한 차별을 계기로 발생하였다. 구식 군인들은 명성황후 정권의 고관들과 일본인 교관을 죽이고 포도청·의금부를 습격하고 일본 공사관을 불태웠다. 또한 구식 군인들의 요구로 대원군이 재집권하여 통리기무아문과 별기군이 폐지되고 5군영이 부활하였다. 그러나 청이 군대를 파견하여 군란을 진압하고 흥선 대원군을 청으로 압송하였다. 임오군란 직후 조선은 일본과 제물포 조약을 맺어 일본에게 배상금을 지불하고, 일본군의 주둔을 허용하게 되었다.

오답 해설

① 김옥균, 박영효 : 급진 개화파 → 갑신정변
  김옥균, 박영효는 급진 개화파 세력으로, 갑신정변을 주도하였다(1884).
③ 물산 장려 : 평양 → 전국 확대
  물산 장려 운동은 1920년대에 민족 경제의 자립을 목적으로 평양에서 시작하여 전국으로 확대되었다.
④ 지역적 차별 : 서북인 → 홍경래의 난
  서북인(평안도 사람들)에 대한 지역적 차별로 인하여 홍경래를 중심으로 한 서북인 농민들이 홍경래의 난을 일으켰다(1811).

핵심노트 ▶ 제물포 조약의 내용

제1조 지금으로부터 20일을 기하여 범인을 체고하여 엄징할 것
제2조 일본국 피해자를 후례로 장사지낼 것
제3조 5만 원을 지불하여 피해자 유족 및 부상자에게 급여할 것
제4조 배상금 50만 원을 지불할 것
제5조 일본 공사관에 군대를 주둔시켜 경비에 임하는 것을 허용할 것
제6조 조선국은 대관을 특파하여 일본국에게 사죄할 것

33. 대한 제국의 이해

암기박사 환구단, 지계 발급, 원수부, 실업학교, 대한국 국제 반포 ⇒ 광무개혁

정답 ④

정답 해설

(가)는 대한 제국이다. 대한 제국 성립 후, 일본의 강요로 추진된 갑오·을미개혁의 급진성을 비판하면서 광무개혁을 추진하였다. 그 내용으로는 지계 발급, 원수부 설치, 실업학교 설립, 대한국 국제 반포 등이 있다. 재정을 호조로 일원화한 것은 갑신정변을 통해 발표된 14개조 정강의 내용이다.

오답 해설

① 대한제국 : 양지아문 설치 → 지계 발급

대한제국은 양지아문을 설치하여 양전사업을 실시하고 토지증서인 지계를 발급하였다.

② **대한제국 : 황제의 군권 장악 → 원수부 설치**
대한제국은 황제가 군권을 장악하기 위해 최고 군통수기관으로 원수부를 설치하였다.

③ **대한제국 : 전제 정치 국가 → 대한국 국제 반포**
대한제국은 전제 정치 국가임을 알리고 황제권의 무한함을 강조하기 위해 대한국 국제를 반포하였다.

핵심노트 ▶ 광무개혁의 내용

정치	대한국 국제 반포, 원수부 설치, 시위대 창설, 호위군 증강·개편, 진위대를 6대 연대로 증강
경제	지계 발급, 내장원의 재정업무 관할, 상공업 진흥책 실시, 실업학교 및 기술 교육기관 설립
사회	광제원 설치, 소학교·중학교·사범학교 등 설립, 무관학교 설립, 교통·통신·전기·의료 등의 근대적 시설 확충

34. 을미개혁

정답 ③

암기박사 신분 제도 철폐 ⇒ 갑오개혁

정답 해설

을미사변 후 김홍집의 친일 내각이 을미개혁을 추진하였는데, 이 때 건양이라는 연호를 제정하고 태양력을 사용하였다. 한편, 신분 제도 철폐는 갑오개혁 때의 일이다.

오답 해설

①·②·④ **소학교 설립, 단발령 시행, 우편 제도 실시 → 을미개혁**
김홍집 친일 내각이 주도한 을미개혁에는 소학교 설립, 단발령 시행, 우편 제도 실시 등도 포함된다.

핵심노트 ▶ 을미개혁의 내용

- 종두법 실시
- 소학교 설립
- 태양력 사용
- 우편 제도 실시
- 연호 건양(建陽) 사용
- 단발령 실시
- 군제의 개편 훈련대 폐지, 중앙군(친위)대 2개)·지방군(친위)대) 설치

35. 13도 창의군의 활동

정답 ②

암기박사 이인영 : 서울 진공 작전, 해산 군인 합류 ⇒ 13도 창의군

정답 해설

13도 창의군은 정미의병 당시 조직된 연합 의병으로, 유생 이인영을 총대장으로 하였다.
ㄱ. 13도 창의군은 서울 진공 작전을 펼쳤으나 일본군의 반격으로 후퇴하였다.
ㄷ. 한·일 신협약 체결로 군대가 해산되었다가 정미의병 때 해산된 군인의 일부가 합류하였다.

오답 해설

ㄴ. **공화정 수립 목표 → 신민회**
신민회는 국권 회복과 공화정 수립을 목표로 안창호와 양기탁이 중심이 되어 설립된 비밀 결사 단체이다.

ㄹ. **자유시 참변 → 대한 독립군단**
간도 참변으로 인해 자유시로 이동한 대한 독립 군단은 적색군의 무장 해제 요구에 저항하다 공격을 받아 세력이 약화되었다.

핵심노트 ▶ 13도 창의군의 활약

- 유생 이인영을 총대장, 허위를 군사장으로 13도 연합 의병이 조직(1907)
- 외교 활동의 전개 : 서울 주재 각국 영사관에 의병을 국제법상의 교전 단체로 승인해 줄 것을 요구하여, 스스로 독립군임을 자처
- 서울 진공 작전 : 의병 연합 부대는 서울 근교까지 진격하였으나, 일본군의 반격으로 후퇴(1908)

36. 헤이그 특사 파견 이후의 역사적 사실

정답 ④

암기박사 헤이그 특사 파견 ⇒ 고종 강제 퇴위

정답 해설

고종은 을사늑약 체결 이후, 조약 무효를 선언하고 헤이그에 특사를 파견하여 일제 침략의 부당성과 국제적 압력을 호소하였다. 이는 일제의 방해로 실패하였고, 이를 구실로 고종은 강제 퇴위 당하였다.

오답 해설

① **시모노세키 조약 : 요동반도, 타이완 장악 → 삼국 간섭**
청일 전쟁에서 승리한 일본은 시모노세키 조약에 따라 요동반도와 타이완을 장악하였고, 이를 견제하고자 러시아, 독일, 프랑스는 삼국 간섭을 일으켜 요동반도를 청에 반환하게 하였다.

② **을미사변 : 고종 → 아관파천**
을미사변 이후 신변의 위협을 느낀 고종은 러시아 공사관으로 피신하는 아관파천을 단행하였다.

③ **일본 : 운요호 사건 → 강화도 조약**
일본은 운요호 사건을 빌미로 조선과 강화도 조약을 체결하였다.

37. 3·1 운동의 이해

정답 ③

암기박사 민족 대표, 독립 선언, 만세 운동 ⇒ 3·1 운동

정답 해설

제시된 민족 운동은 3·1 운동이다. 3·1 운동은 각계각층이 참여한 우리 민족 최대의 독립운동으로, 이 운동에 나타난 민족적 저항은 일제가 무단 통치에서 문화 통치로 그 통치 방식을 바꾸는 계기가 되었다.

오답 해설

① **백정 : 조선 형평사 조직 → 형평 운동**
백정들은 사회적 차별 철폐를 주장하며 진주에서 조선 형평사를 조직하고 전국적으로 형평 운동을 전개해나갔다.

② 독립 협회 : 이권 수호 운동 → 러시아의 절영도 조차 요구 저지
독립 협회는 이권 수호 운동을 전개하며 러시아의 절영도 조차 요구를 저지하였다.
④ 순종의 인산일 : 사회주의자, 학생들 → 6·10 만세 운동
순종의 인산일에 사회주의자들과 학생들은 대규모 시위운동인 6·10 만세 운동을 준비하였으나 사회주의자들이 사전에 발각되어 학생들을 중심으로 진행되었다.

핵심노트 ▶ 3·1 운동의 의의

- 대규모의 독립 운동 : 독립 운동을 한 차원 높이는 중요한 분기점
- 민족 주체성의 확인 : 독립의 희망을 갖게 하고 국내외에 민족 주체성을 확인시키는 계기
- 반제국적 민족 운동의 선구 : 중국·인도·동남아시아·중동 지역의 민족 운동에 선구적 역할
- 독립 운동의 방향 제시 : 이전보다 조직적이고 체계적인 독립 운동으로 발전
- 대한민국 임시정부 수립의 계기

38. 백암 박은식

암기박사 한국통사 저술 : 국혼 강조 ⇒ 백암 박은식

정답 ①

정답 해설

박은식은 일제 강점기 대표적인 민족주의 사학자로 대한민국 임시 정부 제2대 대통령을 역임하였으며, "나라는 형(形)이요, 역사는 신(神)이다."라는 국혼을 강조한 역사서인 한국통사를 저술하였다.

오답 해설

② 서유견문 : 조선 중립화론 → 유길준
유길준은 서유견문을 집필하고 조선을 영세중립국으로 보장하는 조선 중립화론을 제기하였다.

③ 조선 혁명 선언 : 민중의 직접 혁명 주장 → 신채호
신채호는 기존의 독립 운동 방법을 비판하고 무장 투쟁과 민중의 직접 혁명을 주장하는 조선 혁명 선언을 작성하였다.

④ 조선사회경제사 : 식민 사학 반박 → 백남운
백남운은 유물 사관을 토대로 식민 사학의 정체성론을 반박하는 조선 사회경제사를 집필하였다.

핵심노트 ▶ 민족주의 사학자 박은식

- 민족정신을 혼(魂)으로 파악하고, 혼이 담긴 민족사의 중요성을 강조
- 〈한국통사〉 : 근대 이후 일본의 침략 과정을 밝힘 → "나라는 형(形)이요, 역사는 신(神)이다."
- 〈한국독립운동지혈사〉 : 일제 침략에 대항하여 투쟁한 한민족의 독립 운동을 서술
- 유교구신론 : 양명학을 기초로 유교를 개혁하기 위해 저술
- 기타 : 〈천개소문전〉, 〈동명왕실기〉 등을 저술, 〈서사건국지〉 번역
- 서북학회(1908)의 기관지인 〈서북학회월보〉의 주필로 직접 잡지를 편집하고 다수의 애국계몽 논설을 게재
- 임시 정부의 대통령 지도제하에서 제2대 대통령을 지냄

39. 무단 통치기의 역사적 사실

암기박사 회사령, 토지 조사령 ⇒ 무단 통치기

정답 ①

정답 해설

일제는 1910년 무단 통치기에 회사령을 제정하여, 회사 설립 허가제를 통해 민족 기업 성장을 억제하고 일제의 상품을 시장화 하였다. 또한 무단 통치기인 1912년에 일제는 토지 조사령을 제정하여 전국적인 토지 조사 사업을 실시하였다.

오답 해설

② 전시 동원 체제 : 국가 총동원법 → 인적·물적 자원 수탈
1938년 전시 동원 체제 때 국가 총동원법을 공포하여 인적·물적 자원을 수탈하였다.

③ 전시 동원 체제 : 소학교 → 국민학교로 개칭
1941년 전시 동원 체제 때 소학교가 국민학교로 개칭되었다.

④ 전시 동원 체제 : 여자 정신대 근로령 → 여성 동원 법제화
1944년 전시 동원 체제 때 여자 정신대 근로령을 통해 여성들을 일본군 위안부로 삼고 여성 동원을 법제화하였다.

40. 이봉창 의거

암기박사 일본 국왕에 폭탄 투척 ⇒ 한인 애국단 : 이봉창

정답 ②

정답 해설

김구가 조직한 한인 애국단 소속의 이봉창은 도쿄에서 일왕의 행렬에 폭탄을 투척하였다.

오답 해설

① 홍커우 공원에서 폭탄 투척 → 윤봉길
김구가 조직한 한인 애국단 소속의 윤봉길은 상하이 홍커우 공원에서 열린 일본군 축하 기념식에서 폭탄을 투척하였다.

③ 사이토 총독에게 폭탄 투척 → 강우규
강우규는 제3대 총독으로 부임하는 사이토 총독 일행에게 폭탄을 던졌으나 뜻을 이루지 못하고 체포되어 사형당했다.

④ 이토 히로부미 사살 → 안중근
안중근 의사는 하얼빈 역에서 일제의 침략 원흉인 이토 히로부미를 처단하고, 이듬해에 뤼순 감옥에서 순국하였다.

핵심노트 ▶ 독립운동가의 의거 활동

- 안중근(1909) : 하얼빈에서 이토 히로부미 사살
- 박재혁(1920) : 부산 경찰서에 폭탄 투척
- 강우규(1920) : 사이토 총독에게 폭탄 투척
- 김익상(1921) : 조선 총독부 폭탄 투척
- 김상옥(1923) : 종로 경찰서 폭탄 투척
- 김지섭(1924) : 일본 황궁에 폭탄 투척
- 나석주(1926) : 동양 척식 주식회사에 폭탄 투척
- 이봉창(1932) : 도쿄에서 일왕에 폭탄 투척
- 윤봉길(1932) : 홍커우 공원에서 일본군에 폭탄 투척

41. 의열단의 활동

암기박사 김상옥, 김원봉, 만주 ⇒ 의열단

정답 ③

정답 해설

김상옥은 의열단에서 활동한 독립운동가로, 종로 경찰서에 폭탄을 투척하였다. 김상옥이 활동한 이 의열단은 1919년 만주 길림성에서 김원봉, 윤세주 등이 조직한 단체이다.

오답 해설

① 국채 보상 운동 : 김광제, 서상돈 → 전국적 확산
　국채 보상 운동은 외채를 국민의 힘으로 상환하여 국권을 회복하자는 운동으로, 김광제와 서상돈을 중심으로 대구에서 개최하여 전국적으로 확산되었다.
② 임병찬 : 고종의 밀지 → 독립 의군부 조직
　1912년 고종의 밀명으로 임병찬 등 각지의 유학생들은 독립 의군부를 조직하였다.
④ 신한 청년당 : 파리 강화 회의 → 김규식 파견
　신한 청년당은 파리 강화 회의에 김규식을 대표로 파견시켰다.

핵심노트 ▶ 의열단

조직	1919년 만주 길림성에서 김원봉, 윤세주 등이 조직
목적	일제의 요인 암살, 식민 통치 기관 파괴
활동 지침	신채호의 조선 혁명 선언(1923)
활동	박재혁의 부산 경찰서 폭탄 투척(1920), 김익상의 조선 총독부 폭탄 투척(1921), 김상옥의 종로 경찰서 폭탄 투척(1923), 김지섭의 일본 황궁 침입 시도(1923), 나석주의 동양 척식 주식회사 폭탄 투척(1926)

42. 조선어 학회

암기박사 한글 맞춤법 통일안, 조선말 큰사전 ⇒ 조선어 학회

정답 ④

정답 해설

장산사 사장 정세권씨가 후원하고 한글 맞춤법 통일안을 제정한 단체는 조선어 학회이다. 이윤재 등이 설립한 조선어 학회는 표준어를 제정하고 조선말 큰사전 편찬을 주도하였다.

오답 해설

① 보안회 → 황무지 개간권 반대 운동
　보안회는 일본의 조선황무지 개간권 요구에 대항하기 위하여 서울에서 조직된 항일단체로, 일본의 개간권 요구를 철회시켰다.
② 독립 협회 → 최초의 근대적 사회 정치 단체
　독립 협회는 서재필 등을 중심으로 자유 민주주의적 개혁 사상을 민중에게 보급하고 국민의 힘으로 자주 독립 국가를 건설하기 위해 창립된 최초의 근대적 사회 정치 단체이다.
③ 대한 광복회 → 공화정체 국민 국가 수립
　박상진이 주도한 대한 광복회는 풍기의 대한광복단과 대구의 조선 국권 회복단의 일부 인사가 모여 군대식으로 조직·결성된 단체이다. 대한 광복회는 공화정체의 국민 국가 수립을 목표로 군자금을 모아 만주에 독립 사관학교를 설립하고 독립군을 양성하여 친일파를 처단하였다.

43. 최익현의 활동

암기박사 을사늑약 체결 항거, 왜양일체론 ⇒ 최익현

정답 ②

정답 해설

제시된 인물은 최익현이다. 최익현은 왜양일체론을 주장하며 개항을 반대한 인물로, 을사늑약 체결에 반발하여 태인에서 의병 활동을 하다가 체포되어 쓰시마 섬에 유배되었다.

오답 해설

① 이제마 : 동의수세보원 → 사상 의학 확립
　이제마는 『동의수세보원』을 저술하여 사상 의학을 확립하였다.
③ 김정호 : 대축척 지도 → 대동여지도
　김정호는 철종 때 우리나라의 대축척 지도인 대동여지도를 제작하였다.
④ 나철, 오기호 : 오적 암살단 → 친일파 처단
　나철, 오기호 등은 오적 암살단을 조직하여 친일파를 처단하고자 하였다.

44. 여성 의병 윤희순

암기박사 윤희순 ⇒ 우리나라 최초의 여성 의병 지도자

정답 ③

정답 해설

윤희순은 우리나라 최초의 여성 의병 지도자로 의병들의 사기 진작을 위해 의병가 8편을 만들었다. 또한 중국으로 망명하여 항일 인재 양성을 위한 노학당을 설립하고 항일 투쟁을 위해 조선독립단을 조직하였다.

오답 해설

① 권기옥 → 우리나라 최초의 여성 비행사
　권기옥은 비밀결사대인 송죽회에 가입하여 독립운동을 전개한 후 임시정부의 추천으로 항공학교에 입학하여 우리나라 최초의 여성 비행사로 활동하였다.
② 남자현 → 독립군의 어머니
　독립군의 어머니로 불리는 남자현은 흰 수건에 '조선독립원'이라는 혈서를 써서 독립을 호소하였고, 일본 외교관을 죽이려다 하얼빈에서 체포되었다.
④ 김마리아 → 2·8 독립 선언 참여, 근화회 조직
　김마리아는 일본 유학생으로 2·8 독립 선언에 참여하였으며 이후 대한민국 애국부인회 회장으로 활동하였다. 또한 임시정부에 군자금을 조달하였으며 미국 유학 중에는 근화회를 조직하였다.

45. 제주도와 관련한 역사적 사실

암기박사 김통정 : 삼별초 항쟁 ⇒ 제주도

정답 ③

정답 해설

제주 4·3 사건은 5·10 총선거에 반대하여 남한만의 단독 정부 수립에

대한 반발로 일어났으며, 2000년에 진상 규명 등에 관한 특별법이 공포되었다. 삼별초는 고려 최씨 무신 정권의 군사적 기반으로 강화도와 진도에서는 배중손을 중심으로, 제주도에서는 김통정을 중심으로 몽골에 항쟁하였다.

오답 해설

① 신미양요 → 강화도
미국이 제너럴셔먼호 사건을 구실로 강화도를 공격하여 신미양요가 발발하자 어재연 부대가 광성보에서 결사 항전하였다.

② 정약전 : 자산어보 → 흑산도
정약전이 자산어보를 저술한 섬은 흑산도로, 흑산도 귀양 중 근해의 해산물 등을 직접 채집·조사하여 155종의 해산물에 대한 명칭·분포·형태·습성 등을 기록하였다.

④ 러시아의 남하 견제 : 영국 → 거문도
갑신정변 이후 조·러 수호 통상 조약이 체결되자 영국은 러시아의 남하를 견제하기 위해 거문도를 불법으로 점령하였다.

핵심노트 ▶ 제주 4·3 사건

- 1948년 4월 3일부터 1954년 9월 21일까지 제주도에서 남조선 노동당(남로당) 세력이 주도가 되어 벌어진 무장 항쟁 및 그에 대한 대한민국 군경과 극우 단체의 유혈 진압
- 주장 : 남한 단독 선거 반대, 경찰과 극우 단체의 탄압에 대한 저항, 반미구국투쟁 등
- 진압 과정에서 무고한 주민들이 많이 희생됨

46. 5·18 민주화 운동

암기박사 계엄 당국, 광주, 신군부 ⇒ 5·18 민주와 운동

정답 ②

정답 해설

제시된 자료는 5·18 민주화 운동에 관한 내용이다. 신군부 세력의 비상계엄 확대가 지속되자, 민주화를 열망하는 국민의 요구는 신군부 세력의 퇴진을 요구하며 5·18 광주 민주화 운동으로 이어졌다. 이 과정에서 계엄군의 무력 진압으로 인해 많은 시민들이 희생되었다.

오답 해설

① 부산·마산 : 유신 헌법 반발 → 부·마 민주 항쟁
1979년 부산 및 마산 지역에서 유신 헌법에 반발하여 부·마 민주 항쟁을 일으켰다.

③ 3·15 부정 선거 : 4·19 혁명 → 이승만 대통령 하야
이승만과 자유당 정권의 3·15 부정 선거로 일어난 4·19 혁명의 결과 이승만 대통령이 하야하였다.

④ 6월 민주 항쟁 : 대통령 직선제 개헌 → 6·29 선언
6월 민주 항쟁의 결과, 대통령 직선제 개헌을 골자로 하는 6·29 선언이 발표되었다.

47. 대한민국 경제 발자취

암기박사 중화학 공업의 육성과 석유 파동 ⇒ 1970년대

정답 ③

정답 해설

1970년대 박정희 정부 때에는 고도 성장과 중화학 공업의 육성을 목표로 제3차 경제 개발 5개년 계획이 시작되었으나, 석유 파동이 발생함으로써 석유의 공급 부족과 가격 폭등으로 경제 불황이 심화되었다.

오답 해설

① 산업 구조의 재편과 3저 호황 → 1980년대
1980년대 전두환 정부 때에는 유가 하락, 달러 가치 하락, 금리 하락의 3저 호황으로 물가가 안정되고 수출이 증가하였다.

② 삼백 산업과 원조 경제 체제 → 1950년대
1950년대의 이승만 정부 때에는 정부와 국민의 노력 및 외국의 원조 등에 힘입어 전후 복구 사업이 급속히 진행되고, 미국의 원조 물자를 토대로 제분·제당·면방직과 같은 삼백 산업 중심의 소비재 산업이 발달하였다.

④ 외환 위기 발생과 금 모으기 운동 → 1990년대
1990년대 김영삼 정부 때에는 외환 위기로 인해 국제 통화 기금(IMF)으로부터 구제 금융을 지원 받았고, 김대중 정부 때에는 이를 극복하기 위해 금 모으기 운동이 전개되었다.

48. 미·소 공동 위원회 결렬 이후의 상황

암기박사 제1차 미·소 공동 위원회 결렬 ⇒ 좌·우익 대립 : 좌우 합작 위원회 결성

정답 ②

정답 해설

(가)에 들어갈 단체는 제1차 미·소 공동 위원회이다. 모스크바 삼국 외상 회의를 통해 제1차 미·소 공동 위원회 설치가 논의되었다. 1946년 3월에 서울에서 제1차 미·소 공동 위원회가 개최되었으나, 참여 단체를 놓고 대립하여 결렬되자 좌익과 우익의 대립이 심화되었다. 이에 분단을 우려한 여운형·김규식 등의 중도파가 중심이 되어 좌우 합작 위원회를 결성하였다.

오답 해설

① 독립 운동 단체 대표 : 국민 대표 회의 → 창조파·개조파 대립
독립 운동 단체 대표들은 독립 운동 방법론을 둘러싼 임시 정부의 대립과 침체로 국민 대표 회의를 소집하였으나, 창조파와 개조파로 나뉘어 대립하였다.

③ 민족 유일당 운동 : 민족의 단결 → 신간회 결성
1920년대에 민족 유일당 운동이 전개되어 민족의 단결을 강령으로 하여 1927년 신간회가 결성되었다.

④ 제헌 국회 : 반민족 행위 처벌법 제정 → 반민족 행위 특별 조사 위원회
제헌 국회는 반민족 행위 처벌법을 제정하고, 이에 의거하여 국회의원 10명으로 구성된 반민족 행위 특별 조사 위원회를 발족하여 친일 주요 인사들을 조사하였다.

핵심노트 ▶ 좌우 합작 운동의 결과

동서냉전의 시작, 이승만 등의 단독정부 수립운동, 미·소 공동 위원회 결렬, 참가 세력 간의 갈등, 여운형의 암살(1947. 7) 등으로 인해 좌우 합작 운동은 결국 실패

49. 박정희 정부

정답 ①

암기박사 긴급 조치 발표 : 장발 단속 ⇒ 박정희 정부

정답 해설

박정희 정부 때에 긴급 조치를 발동하여 금지곡을 선정하거나 장발과 미니 스커트를 단속하는 등 국민의 자유와 권리를 무제한 제약하였다.

오답 해설

② 한일 월드컵 대회 개최 → 이명박 정부
　이명박 정부 때에 2002 한일 월드컵 대회가 한국과 일본에서 공동으로 개최되었다.
③ 가족 관계 등록법 → 노무현 정부
　가족 관계 등록법은 호주제가 폐지됨에 따라 이를 대체하기 위해 제정된 법으로 노무현 정부 때에 시행되었다.
④ 금융 실명제 → 김영삼 정부
　김영삼 정부 때에 금융 거래의 투명성을 확보하고자 대통령의 긴급 명령으로 금융 실명제가 전격 실시되었다.

50. 김대중 정부의 통일 정책

정답 ③

암기박사 국제 통화 기금 관리 체제 종료, 6·15 남북 공동 선언 합의 ⇒ 김대중 정부

정답 해설

제시된 자료는 김대중 정부 시기와 관련한 내용이다. 김대중 정부 때 남북 정상 회담이 개최되어 6·15 공동 선언을 발표하였다. 이를 통해 1국가 2체제 통일 방안 수용, 이산가족 방문단의 교환, 협력과 교류의 활성화 등이 논의되었다.

오답 해설

①·②·④ 노태우 정부 : 남북한 유엔 동시 가입 → 남북 기본 합의서 채택, 한반도 비핵화 공동 선언 발표
　노태우 정부 때 남북한 유엔 동시 가입이 이루어져 남북 기본 합의서가 채택되고 한반도 비핵화 공동 선언이 발표되었다.

제4회 정답 및 해설

1. 구석기 시대의 생활 모습

암기박사 공주 석장리 유적 : 주먹도끼 ⇒ 구석기 시대

정답 ④

정답 해설
공주 석장리 유적지에서 출토된 주먹도끼는 구석기 시대의 대표적인 유물로, 이 시대에는 주로 동굴에 살면서 사냥과 채집을 하였다.

오답 해설
① **철제 쟁기 : 밭 갈기 → 철기 시대**
철기 시대에는 철제 농기구가 보급·사용되었으며 철제 쟁기를 이용해 밭을 갈았다.
② **빗살무늬 토기 : 식량 저장 → 신석기 시대**
신석기 시대에는 빗살무늬 토기를 제작하여 식량을 조리하거나 저장하는 용도로 사용하였다.
③ **반달 돌칼 : 벼 수확 → 청동기 시대**
청동기 시대에는 벼농사가 시작되어 반달 돌칼을 사용하여 벼를 수확하였다.

핵심노트 ▶ 구석기 시대의 주요 유적지
단양 도담리 금굴, 단양 상시리 바위 그늘, 공주 석장리, 평남 상원 검은모루 동굴, 연천 전곡리, 제천 점말 동굴, 함북 웅기 굴포리, 청원 두루봉 동굴(흥수굴), 평남 덕천 승리산 동굴, 평양 만달리 동굴, 함북 종성 동관진, 단양 수양개, 제주 어음리 빌레못

2. 동예의 풍습

암기박사 무천, 읍군·삼로, 책화, 단궁·과하마·반어피 ⇒ 동예

정답 ②

정답 해설
동예는 함경남도와 강원도 북부 지역에 있던 부족 국가로 읍군, 삼로라는 지배자가 다스렸고 10월에 무천이라는 제천 행사를 열었다. 또한 읍락 간의 경계를 중시하는 책화가 있었으며 특산물로 단궁, 과하마, 반어피가 유명하였다.

오답 해설
① **북만주 일대 → 부여**
부여는 북만주 일대에 세워진 나라로 진보된 제도와 조직을 갖추었으나 선비족의 침입으로 쇠퇴하여 고대 국가로 발전하지는 못했다. 12월에 영고라는 제천 행사를 열고 흰 옷을 즐겨 입었다.
③ **압록강 유역 → 고구려**
고구려는 주몽이 압록강 유역의 졸본에 세운 나라로 활발한 정복 활동을 통해 고대 국가로 성장하였으며, 10월에 추수 감사제인 동맹을 거행하였다.
④ **만주 요령 지방과 한반도 서북 지역 → 고조선**
고조선은 단군왕검이 만주 요령 지방과 한반도 서북 지역에 세운 나라로, 청동기 문화를 바탕으로 하고 있으며 살인·절도 등의 죄를 다스리기 위한 범금 8조가 있었다.

핵심노트 ▶ 동예의 풍속
- 엄격한 족외혼으로 동성불혼 유지 → 씨족 사회의 유습
- 각 부족의 영역을 엄격히 구분하여 다른 부족의 생활권을 침범하면 노비와 소·말로 변상하게 하는 책화가 존재 → 씨족 사회의 유습
- 별자리를 관찰해서 농사의 풍흉 예측 → 점성술의 발달
- 제천 행사 : 10월의 무천
- 농경과 수렵의 수호신을 숭배하여 제사를 지내는 풍습이 존재 → 호랑이 토템 존재

3. 백제 성왕의 업적

암기박사 22개 관청, 국호 '남부여' ⇒ 백제 : 성왕

정답 ②

정답 해설
제시된 왕은 6세기 백제 성왕이다. 성왕은 중앙에 22개의 관청을 설치하였고, 수도를 웅진에서 사비로 천도하고 국호를 남부여로 바꾸었다.

오답 해설
① **통일 신라 : 원성왕 → 독서삼품과 실시**
통일 신라 원성왕은 독서삼품과를 실시하여 유교 경전의 이해 수준에 따라 상품·중품·하품의 3등급으로 구분하여 관리를 등용하였다.
③ **백제 : 침류왕 → 불교 수용**
백제 침류왕은 동진의 승려 마라난타를 통해 불교를 수용하였다.
④ **고려 : 성종 → 국자감 설치**
고려 성종은 개경에 국립대학인 국자감을 설치하여 인재를 양성하였다.

핵심노트 ▶ 백제 성왕의 업적
- 수도를 사비(부여)로 천도하고 국호를 남부여로 개칭
- 22부(중앙관제) 5부(중앙) 5방(지방)으로 조직을 정비
- 일본에 노리사치계를 파견하여 불상과 불경을 전래
- 신라 진흥왕과 함께 한강하류를 회복 하였으나 신라의 배신으로 나제동맹이 결렬, 성왕이 직접 신라를 공격하였으나 관산성 전투에서 전사

4. 풍납토성

암기박사 풍납토성 ⇒ 백제 문화유산

정답 ②

정답 해설
서울 송파구에 있는 풍납토성은 백제 초기의 수도였던 위례성이 있던 곳으로, 한강 유역에 있는 백제 유적 가운데 최대 규모의 토성 유적이다.

46

제4회 정답 및 해설

오답 해설

① 공산성 → 백제 문화유산
　공산성은 백제의 수도인 웅진을 방어하기 위해 축조된 공주에 있는 산성이다.
③ 오녀산성 → 고구려 문화유산
　중국 요령성 환인현의 오녀산에 있는 고구려 산성으로 고구려의 수도였던 집안과 서쪽 지방을 연결하는 교통의 요충지에 있는 산성이다.
④ 항파두성 → 고려 문화유산
　항파두성은 제주시 애월읍에 있는 고려 후기의 산성으로 김통정의 삼별초가 제주도에 들어와 내외 이중으로 쌓은 산성이다.

핵심노트 ▶ 백제의 수도

- 위례(한성) : 고구려 주몽의 아들 온조가 남하하여 하남 위례성에 도읍을 정하고 백제를 건국하였다(BC 18).
- 웅진(공주) : 고구려 장수왕의 공격으로 백제의 수도 한성이 함락되고 개로왕이 전사하자, 문주왕이 즉위하여 한성에서 웅진으로 수도를 천도하였다(475).
- 사비(부여) : 백제 성왕은 웅진에서 사비로 천도하고 국호를 남부여로 변경하였다(538).

5. 금관가야의 이해

암기박사 낙랑과 왜에 철을 수출 ⇒ 김수로왕 : 금관가야

정답 ①

정답 해설

아유타국(인도)의 공주였던 허황후가 결혼한 김수로왕은 김해를 중심으로 건국된 금관가야의 왕이다. 금관 가야는 철이 많이 생산되어 낙랑과 왜에 철을 수출하였다.

오답 해설

② 골품제 : 신분 제도 → 신라
　신라에는 골품제라는 신분 제도가 있어서 혈연에 따라 사회적 제약과 관등 승진에 제한을 두었다.
③ 경당 : 글과 활쏘기 교육 → 고구려
　고구려의 경당은 장수왕 때 지방 청소년의 무예·한학 교육을 위해 설치된 지방 교육 기관으로 청소년에게 글과 활쏘기를 가르쳤다.
④ 정사암 회의 : 귀족 회의체 → 백제
　백제는 귀족 회의체인 정사암 회의에서 국가의 중대사를 논의하였다.

6. 발해의 역사

암기박사 주자감 : 최고 교육 기관(국립대학) ⇒ 발해

정답 ③

정답 해설

대조영이 고구려 유민과 말갈 집단을 규합하여 세운 국가는 발해로, 발해의 선왕(대인수)은 최대의 영토를 형성하고 중흥기를 이루어 해동성국이라 불렸다. 발해는 문왕(대흠무) 때 최고 교육 기관으로 주자감을 두어 왕족과 귀족을 대상으로 유교 경전을 교육하였다.

오답 해설

① 한 무제의 침략으로 멸망 → 고조선

고조선은 한 무제의 침략으로 왕검성(평양성)이 함락되고 우거왕이 피살되어 멸망하였다. _{위만 조선의 마지막 왕}
② 신라에 원병 : 왜 격퇴 → 고구려
　고구려 광개토 대왕은 신라 내물왕의 요청을 받아 신라에 침입한 왜를 낙동강 유역에서 격퇴하였다.
④ 9서당 10정 : 군사 조직 → 통일 신라 _{중앙군}
　통일 신라는 통일 전 1서당 6정이었던 군사 조직을 통일 후 9서당 10정으로 확대 개편하였다. _{지방군}

7. 신문왕의 업적

암기박사 김흠돌의 난, 왕권 강화, 녹읍 폐지 ⇒ 통일 신라 신문왕

정답 ③

정답 해설

제시된 자료는 김흠돌의 난이고, 밑줄 그은 '왕'은 통일 신라의 신문왕이다. 신문왕은 김흠돌의 난을 진압하고, 이를 계기로 귀족 세력을 숙청하면서 전제 왕권을 강화시키고자 관리에게 관료전을 지급하고 귀족의 경제 기반이었던 녹읍을 폐지하였다.

오답 해설

① 12목 : 지방관 파견 → 고려 성종
　고려 성종은 최승로의 건의로 12목에 지방관을 파견하였다.
② 이사부 : 우산국 정벌 → 신라 지증왕
　신라 지증왕은 이사부를 파견하여 우산국을 정벌하였다.
④ 이차돈 순교 : 불교 공인 → 신라 법흥왕
　신라 법흥왕은 이차돈의 순교를 계기로 불교를 공인하였다.

핵심노트 ▶ 신문왕의 업적

- 김흠돌의 난 진압
- 녹읍 폐지, 관료전 지급
- 군사조직 정비 : 9서당 10정
- 중앙관제 정비 : 예작부, 공장부 설치, 외사정 파견
- 지방제도 정비 : 5소경 설치

8. 왕오천축국전의 이해

암기박사 혜초, 인도, 중앙아시아 ⇒ 왕오천축국전

정답 ④

정답 해설

(가)에 들어갈 검색어는 『왕오천축국전』이다. 『왕오천축국전』은 통일 신라의 승려 혜초가 인도와 중앙아시아 지역을 순례한 후 저술한 책이다.

오답 해설

① 삼국유사 : 일연 → 역사서
　『삼국유사』는 고려 충렬왕 때 보각국사 일연이 신라·고구려·백제 3국의 유사를 모아서 지은 역사서이다.
② 삼강행실도 : 설순 → 충신·효자·열녀의 행실을 모아 만든 책
　『삼강행실도』는 조선 세종 때 설순 등이 왕명에 의하여 우리나라와 중국의 서적에서 군신·부자·부부의 삼강에 모범이 될 만한 충신·효자·열녀의 행실을 모아 만든 책이다.

③ 동국여지승람 : 지리, 풍속, 인물 기록 → 지리서

『동국여지승람』은 조선 성종 때 각 도의 지리, 풍속, 인물 등을 자세하게 기록한 우리나라의 지리서이다.

9. 한식의 세시 풍속

암기박사 불을 금한 날, 찬 음식 먹는 날, 귀신이 꼼짝하지 않는 날 ⇒ 한식

정답 ④

정답 해설

한식은 동지로부터 105일째 되는 날로, 양력으로 4월 5일 무렵이다. 이 날은 불을 금하고 음식을 차게 먹었으며 '귀신이 꼼짝하지 않는 날'로 여겨 조상의 묘를 찾아 돌보고 제사를 지냈다. 또한 조선 시대에는 설날, 단오, 추석과 함께 4대 명절의 하나로 중시되었다.

오답 해설

① 정월 초하루, 차례, 떡국 → 설날

설날은 한 해의 시작인 음력 정월 초하루로, 아침에 설빔을 입고 조상에게 차례를 지내며 떡국을 먹고 어른들에게 세배를 한다.

② 새알심 넣은 팥죽 → 동지

동지는 일 년 중 밤이 가장 긴 날로 양력 12월 22일 경이며, 민가에서는 잡귀잡신의 침입을 막기 위해 새알심을 넣은 팥죽을 쑤어 먹었다.

③ 견우와 직녀, 수놓기, 호박부침 → 칠석

칠석은 음력 7월 7일로 전설 속의 견우와 직녀가 일 년에 한 번 오작교에서 만나는 날로, 처녀들은 바느질 대회와 수놓기 등을 하고 호박부침을 만들어 칠성님께 빌었다.

10. 역사 속의 교육 기관

암기박사 통일 신라 : 유학 교육 ⇒ 신문왕 : 국학
발해 : 유학 교육 ⇒ 문왕 : 주자감

정답 ①

정답 해설

ㄱ. 국학은 통일 신라 신문왕 때 설립된 유학 교육 기관으로, 유교 이념을 확립하였다.

ㄴ. 주자감은 발해 문왕(대흠무) 때 설립된 유학 교육 기관으로, 왕족과 귀족을 대상으로 유교 경전을 교육하고 인재를 양성하였다.

오답 해설

ㄷ. 고려 : 양현고의 부실 보충 → 충렬왕 : 섬학전

고려 충렬왕 때 안향의 건의로 양현고의 부실을 보충하기 위한 교육 재단인 섬학전을 설치하였다.

ㄹ. 통일 신라 : 3등급 구분 → 원성왕 : 독서삼품과

통일 신라 원성왕은 유교 경전의 이해 수준에 따라 3등급으로 구분해 관리를 등용하는 독서삼품과를 실시하였다. → 상품·중품·하품

11. 고려 성종의 업적

암기박사 최승로의 시무 28조 : 12목 설치 ⇒ 고려 성종

정답 ②

정답 해설

고려 성종 때에는 신라 6두품 출신의 유학자들이 국정을 주도하면서 국정 쇄신과 유교 정치를 실현하였으며 최승로의 시무 28조에 따라 전국의 주요 지역에 12목을 설치하고 지방관을 파견하였다.

오답 해설

① 정방 폐지 → 고려 창왕

고려 공민왕 때 인사 행정을 담당하여 신진 사대부의 등용을 억제하였던 정방이 혁파되고 이어 창왕 때 폐지되었다.

③ 과전법 시행 → 고려 공양왕

고려 공양왕 때 과전법(科田法)을 시행하여 신진 사대부들의 경제적 기반을 확대하고 농민의 지지를 확보하였다.

④ 진대법 실시 → 고구려 고국천왕

고구려 고국천왕 때 을파소의 건의로 빈민을 구제하기 위해 진대법을 시행하였다.

핵심노트 ▶ 최승로의 시무 28조 주요 내용

- 유교 정치 이념을 토대로 하는 중앙 집권적 귀족 정치 지향 → 왕권의 전제화 반대
- 유교적 덕치, 왕도주의와 도덕적 책임 의식
- 지방관 파견과 12목 설치, 군제 개편, 대간 제도 시행
- 신하 예우 및 법치 실현, 왕실의 시위군·노비·가마의 수 감축
- 호족 세력의 억압과 향리 제도 정비 → 향직 개편, 호족의 무기 몰수
- 집권층·권력층의 수탈 방지 및 민생 안정 추구
- 유교적 신분 질서의 확립 → 엄격한 신분관을 유지하고 귀족 관료의 권위와 특권을 옹호
- 유교적 합리주의를 강조하여 불교의 폐단을 지적·비판 → 연등회와 팔관회 폐지
- 대외 관계에서 민족의 자주성 강조 → 북진 정책 계승, 중국 문화의 취사선택
- 개국 공신의 후손 등용 등

12. 고려 시대의 불교사

암기박사 수선사 결사 제창 ⇒ 보조국사 지눌

정답 ③

정답 해설

조계종을 창시한 보조국사 지눌은 수선사 결사를 제창하여 명리에 집착하는 무신 집권기 당시 불교계의 타락상을 비판하고 승려 본연의 자세로 돌아가 독경과 선 수행 등에 힘쓰자는 불교 개혁 운동을 주도하였다.

오답 해설

① 십문화쟁론 저술 → 통일 신라 : 원효

통일 신라 때 원효는 모든 불교 서적을 폭넓게 이해하고 십문화쟁론을 저술하였다.

② 유불일치설 주장 → 고려 : 혜심

고려 시대에 혜심은 유불일치설을 주장하고 심성의 도야를 강조하였다.

④ 화엄일승법계도 저술 → 통일 신라 : 의상

통일 신라의 의상은 해동 화엄사의 시조로 화엄 사상을 정리한 화엄일승법계도를 남겼다.

48

핵심노트 ▶ 보조국사 지눌(1158~1210)

- **선·교 일치 사상의 완성** : 조계종을 창시해 선종을 중심으로 교종을 포용하여 선·교 일치 사상의 완성을 추구 → 최씨 무신 정권의 후원으로 조계종 발달
- **정혜쌍수(定慧雙修)** : 선정과 지혜를 같이 닦아야 한다는 것으로, 선과 교학이 근본에 있어 둘이 아니라는 사상 체계를 말함 → 철저한 수행을 선도
- **돈오점수(頓悟漸修)** : 인간의 마음이 곧 부처의 마음임을 깨닫고(돈오) 그 뒤에 깨달음을 꾸준히 실천하는 것(점수)를 말함 → 꾸준한 수행으로 깨달음의 확인을 아울러 강조
- **수선사 결사 운동** : 명리에 집착하는 무신 집권기 당시 불교계의 타락상을 비판하고 승려 본연의 자세로 돌아가 독경과 선 수행 등에 고루 힘쓰자는 개혁 운동, 송광사를 중심으로 전개

13. 고려 원 간섭기

정답 ④

암기박사 권문세족 : 대규모 토지 소유 ⇒ 고려 원 간섭기

정답 해설

원 간섭기에는 변발과 호복 등 몽골의 풍속이 고려의 지배층을 중심으로 유행하였으며 원에 공녀로 끌려가는 여인들이 많았다. 이 시기에 친원 세력이 권문세족으로 성장하면서 대규모 토지를 소유하였다.

오답 해설

① **상평통보 유통 → 조선 후기**
   상평통보는 조선 중기 인조 때 발행되었으나 거의 사용되지 못하다가 조선 후기 숙종 때 다시 발행되어 전국적으로 유통되었다.
② **정동행성 이문소 폐지 → 고려 후기**
   고려 후기 공민왕은 반원 자주 정책의 일환으로 내정을 간섭하던 정동행성 이문소를 폐지하고, 기철 등의 친원파를 숙청하였다.
③ **고구마와 감자 재배 → 조선 후기**
   조선 후기에는 일본에서 들어 온 고구마와 청에서 들어 온 감자 등의 구황 작물이 널리 재배되었다. → 기후가 불순한 흉년에도 비교적 안전한 수확을 얻을 수 있는 작물

핵심노트 ▶ 원 간섭기의 사회 변화

- **신분 상승의 증가**
  - 역관·향리·평민·부곡민·노비·환관으로서 전공을 세운 자, 몽골 귀족과 혼인한 자, 몽골어에 능숙한 자 등
  - 친원 세력이 권문세족으로 성장
- **활발한 문물 교류**
  - 몽골풍의 유행 : 체두변발·몽골식 복장·몽골어
  - 고려양 : 고려의 의복·그릇·음식 등의 풍습이 몽골에 전해짐
- **공녀(貢女)의 공출**
  - 원의 공녀 요구는 심각한 사회 문제를 초래
  - 결혼도감을 설치해 공녀를 공출

14. 고려 시대의 경제 상황

정답 ④

암기박사 삼한통보, 해동통보 발행 ⇒ 고려 : 숙종

정답 해설

벽란정은 고려 시대 예성강 하류에 있었던 항구인 벽란도에서 외국 사신들을 접대했던 관사를 말한다. 고려 숙종 때 삼한통보, 해동통보, 해동중보, 동국통보 등의 화폐를 발행하였으나 널리 사용되지는 못했다.

오답 해설

① **장시의 발달 : 보부상 → 조선 후기**
   조선 후기에는 장시가 발달하였고 보부상들이 전국의 장시를 연결하여 일용 잡화나 농·수산물, 수공업 제품, 약재 등을 판매·유통하였다.
② **상품 작물 : 담배, 면화 → 조선 후기**
   조선 후기에는 담배, 면화 등 시장에서 판매하기 위한 상품 작물의 재배가 활발하였다.
③ **동시전 : 시장 감독 → 신라 : 지증왕**
   신라 지증왕 때 시장을 감독하는 관청인 동시전이 수도 경주에 설치되었다.

핵심노트 ▶ 고려의 화폐 발행

화폐를 발행하면 그 이익금을 재정에 보탤 수 있고 경제 활동을 장악할 수 있으므로, 상업 활동이 활발해지는 것과 함께 화폐 발행이 논의되었다. 그리하여 성종 때 건원중보가 제작되었으나 널리 유통되지는 못했다. 이후 숙종 때 삼한통보, 해동통보, 해동중보 등의 동전과 활구(은병)가 제작되었으나 당시의 자급자족적 경제 상황에서는 불필요했으므로 주로 다점이나 주점에서 사용되었을 뿐이며, 일반적인 거래에 있어서는 곡식이나 베가 사용되었다.

15. 도병마사의 이해

정답 ③

암기박사 국방과 군사 문제, 도평의사사 ⇒ 도병마사

정답 해설

도병마사는 고려시대 때 국방 문제를 담당하던 임시 기구로, 성종 때 처음 시행되었다. 중서문하성(재신)과 중추원(추신)이 모여 국방 문제를 다루었는데, 고려 후기 원 간섭기 때 도평의사사로 개편되면서 구성원이 확대되고 국정 전반의 중요 사항을 합의·집행하는 최고 상설 정무 기구로 발전하였다.

오답 해설

① **주자감 : 발해 → 최고 교육기관**
   주자감은 발해의 최고 교육기관으로, 왕족과 귀족을 대상으로 교육하였다.
② **성균관 : 고려 말, 조선 → 최고 교육기관**
   성균관은 고려 말과 조선시대의 최고의 교육기관이다.
④ **공민왕 : 신돈 → 전민변정도감**
   고려 공민왕 때 신돈은 전민변정도감을 통해 권문세족들이 부당하게 빼앗은 토지와 노비를 본래의 소유주에게 돌려주거나 양민으로 해방시켰다.

핵심노트 ▶ 고려의 중앙 정치

16. 조광조의 개혁 정치

정답 ②

암기박사
위훈 삭제, 현량과 실시 ⇒ 조광조

정답 해설
조선 중종 때 위훈 삭제 등을 주장하다가 훈구파의 반발로 유배되어 사사된 인물은 조광조이다. 그는 신진 인사를 등용하기 위해 천거제의 일종인 현량과의 실시를 건의하였다.

오답 해설
① 성학십도 저술 → 이황
이황은 성학십도를 선조에게 올려 군주의 도(道)에 관한 학문의 요체를 도식으로 설명하였다.

③ 백운동 서원 건립 → 주세붕
조선 중종 때 풍기 군수 주세붕은 안향의 봉사를 위해 최초의 서원인 백운동 서원을 건립하였다.

④ 동국여지승람 편찬 → 서거정
조선 성종 때 서거정은 팔도지리지를 보완하여 각 지방의 산천, 인물, 풍속 등이 수록된 동국여지승람을 편찬하였다.

핵심노트 ▶ 조광조의 개혁 정치
- 현량과(천거과) 실시 : 천거제의 일종인 현량과를 통해 사림을 대거 등용
- 위훈 삭제(僞勳削除) : 중종 반정의 공신 대다수가 거짓 공훈으로 공신에 올랐다 하여 그들의 관직을 박탈하려 함 → 훈구 세력의 불만을 야기해 기묘사화 발생
- 이조 전랑권 형성 : 이조 · 병조의 전랑에게 인사권과 후임자 추천권 부여
- 도학 정치를 위한 성학군주론 주장 → 경연 및 언론 활성화를 주장
- 공납제의 폐단을 지적하고 대공수미법 주장
- 균전론을 내세워 토지소유의 조정(분배)과 1/10세를 제시
- 향촌 자치를 위해 향약의 전국적 시행을 추진
- 불교 · 도교 행사 금지 : 승과제도 및 소격서 폐지
- 〈주자가례〉를 장려하고 유교 윤리 · 의례의 보급을 추진
- 〈소학〉의 교육과 보급운동을 전개 → 이를 통해 유교적 가치를 강조하고 지주전호제를 옹호
- 언론청을 설치하여 한글 보급
- 유향소 철폐를 주장

17. 시전 상인의 이해

정답 ①

암기박사
종로 상점가, 육의전 상인 ⇒ 시전 상인

정답 해설
밑줄 그은 '이들'은 시전 상인이다. 시전 상인은 관허 상인으로, 종로 거리에 상점가를 만들어 점포세와 상세를 거두었다. 또한 시전 중에서는 명주, 종이, 어물, 비단 등을 파는 점포인 육의전이 가장 번성하였다. 이들은 금난전권을 통해 사상을 억압하였다.

오답 해설
② 대동법 시행 : 공인 등장 → 상품 화폐 경제 성장
대동법의 시행으로 관허 상인인 공인이 등장하였고 이들의 활발한 활동으로 상품 화폐 경제가 성장하였다.

③ 보부상 : 보부상단 조직 → 유통망 형성
보부상들은 자신들의 이익을 지키고 단결하기 위해 보부상단이라는 조합을 구성하고, 농촌의 장시를 하나의 유통망으로 연계시켰다.

④ 객주, 여각 : 포구 → 위탁 판매업, 숙박업 종사
객주와 여각은 포구를 거점으로 상행위를 전개하였으며 주로 위탁 판매업이나 숙박업에 종사하였다.

핵심노트 ▶ 시전 상인
- 관허 상인으로, 종로 거리에 상점가를 만들어 점포세와 상세를 거둠
- 금난전권 : 왕실이나 관청에 물품을 공급하는 대신에 특정 상품에 대한 독점 판매권을 부여받음(육의전을 제외한 금난전권은 1791년 신해통공으로 폐지)

18. 조선왕조실록의 이해

정답 ④

암기박사
역대 왕들의 행적, 날짜별 기록, 사초 · 시정기 ⇒ 조선왕조실록

정답 해설
『조선왕조실록』은 조선 태조로부터 철종에 이르기까지 25대 472년간의 왕들의 역사를 연월일 순서에 따라 편년체로 기록한 역사서이다.

오답 해설
① 일성록 : 국정 사항 → 일기 형식
일성록은 영조 때부터 순조 때까지 조선 후기의 국정 사항을 국왕의 입장에서 일기의 형식으로 쓰여 편찬되었다.

② 대전회통 : 경국대전, 속대전, 대전통편 보완 → 편찬
대전회통은 『경국대전』·『속대전』·『대전통편』등을 보완하는 의미에서 편찬된 것으로, 이들 법전의 모든 내용에 새로운 내용을 추가하여 편찬하였다.

③ 제왕운기 : 이승휴 → 역사 서사시
『제왕운기』는 이승휴가 저술한 책으로, 우리나라와 중국의 역사를 시로 적은 역사 서사시이다.

19. 조선 세종의 업적

정답 ②

암기박사 농사직설, 앙부일구 ⇒ 조선 세종

정답 해설

밑줄 그은 '왕'은 세종이다. 조선 세종 때 정초 등은 우리나라 최초의 농서인 농사직설을 편찬하여 중국의 농업 기술을 수용하면서 우리의 실정에 맞는 독자적인 농법을 정리하였다. 또한 이 시기에 시간과 계절에 따른 해 그림자의 변화를 이용한 해시계인 앙부일구가 제작되었다.

오답 해설

① 대동법 실시 → 조선 광해군
  조선 광해군은 공납의 폐단을 시정하고 농민 부담을 경감시키기 위해 대동법을 실시하였다.
③ 노비안검법 시행 → 고려 광종
  고려 광종은 노비안검법을 시행하여 양인이었다가 불법으로 노비가 된 자를 조사하여 해방시켜 줌으로써 호족과 공신 세력을 견제하였다.
④ 신문고 최초 설치 → 조선 태종
  조선 태종 때 민의 상달 제도인 신문고가 처음 설치되어 백성들의 여론을 수렴하고자 하였다.

핵심노트 ▶ 세종의 업적

유교 정치	의정부 서사제 부활, 집현전 설치, 국가 행사를 오례(五禮)에 따라 거행
사회 제도	전분 6등법, 연분 9등법 시행, 의창제 실시, 금부삼복법, 사형 금지, 가혹한 형벌 금지
서적 간행	고려사, 용비어천가, 동국정운, 월인천강지곡, 농사직설, 칠정산 내외편, 삼강행실도, 팔도지리지
과학 기구	측우기, 자격루, 앙부일구
불교 정책	5교 양종을 선교 양종으로 통합, 내불당 건립

20. 향약의 이해

정답 ①

암기박사 향촌 사회 교화, 이황 · 이이 ⇒ 향약

정답 해설

제시된 내용은 향약에 관한 설명이다. 향약은 향촌 사회 질서 유지를 위해 만들어진 것으로, 중종 때 조광조에 의해 처음 보급되었고, 16세기 이후 이황과 이이에 의해 전국적으로 확산되었다.

오답 해설

② 불교 신앙 : 매향 활동 → 향도
  매향은 불교 신앙의 하나로, 위기에 대비해 향나무를 바닷가에 묻었다가 후에 향으로 만들어, 이를 매개로 미륵을 만나 구원받고자 하는 신앙 행위를 말하며, 이러한 매향 활동을 하는 무리들을 향도라 한다.
③ 공동 노동 작업 : 농촌 사회의 협력 도모 → 두레
  두레는 공동 노동의 작업 공동체로, 농촌 사회의 협력을 도모하였다.
④ 향촌 자치 지구 : 수령 보좌, 향리 감찰 → 유향소
  유향소는 향촌 자치 기구로, 고려 말부터 조선 시대에 걸쳐 지방의 수령을 보좌하고 향리를 감찰하던 자문 기관이다.

21. 균역법의 이해

정답 ④

암기박사 군역의 폐단, 군포 1필, 결작 부과 ⇒ 균역법

정답 해설

영조는 군역의 폐단을 시정하기 위해 균역법을 실시하여 군포를 2필에서 1필로 경감시켰고, 부족한 재정은 어장세 · 염세 · 선박세 등의 잡세와, 토지 1결당 미곡 2두를 납부하는 결작을 통해 보충하였다.

오답 해설

① 흥선대원군 : 호포제 → 양반에게 군포 징수
  흥선대원군은 호포제를 실시하여 양반에게도 군포를 징수하였다.
② 인조 : 영정법 → 전세 고정
  인조 때 영정법이 실시되어 토지 1결당 미곡 4~6두로 전세를 고정시켰다.
③ 대한 제국 : 양전 사업 → 지계 발급
  대한 제국은 양전 사업을 실시하여 지계를 발급하였다.

핵심노트 ▶ 균역법

- **내용** : 종전의 군적수포제에서 군포 2필을 부담하던 것을 1년에 군포 1필로 경감
- **부족분의 보충** : 부가세 징수
  - 결작 : 감소된 재정을 보충하기 위해 지주에게 결작을 부과
  - 선무군관포 : 일부 상층 양인에게 선무군관이란 칭호를 주고 군포 1필 부과
  - 잡세 : 어장세 · 염세 · 선박세 등

22. 중상학파 박제가

암기박사 서얼 출신 규장각 검서관, 북학의 저술 ⇒ 박제가

정답 해설

중상학파 박제가는 청나라의 풍속과 제도를 살펴보고 돌아와서 북학의를 저술하였는데, 적극적인 청 문물의 도입과 소비 촉진을 통한 생산력 증대 등을 주장하였다. 박제가는 조선 정조 때 이덕무, 유득공과 함께 서얼 출신으로 규장각 검서관에 등용되어 활동하였다.

오답 해설

① 의산문답 : 지전설 주장 → 홍대용
  홍대용은 김석문의 지구 회전설을 계승하여 의산문답을 저술하고 지전설을 주장하였다.
② 금석과안록 : 진흥왕 순수비 고증 → 김정희
  추사 김정희는 금석과안록을 저술하여 북한산비가 진흥왕 순수비임을 고증하였다.
③ 사상 의학 : 사람의 체질 연구 → 이제마
  이제마는 사람의 체질을 연구하여 태양인, 태음인, 소양인, 소음인으로 구분하는 사상 의학을 정립하였다.

한국사능력검정시험 기본 실전모의고사

핵심노트 ▶ 중상학파 박제가(1750~1805)

- 청에 다녀온 후 〈북학의〉 저술
- 상공업의 육성, 청과의 통상 강화, 세계 무역에의 참여, 서양 기술의 습득을 주장
- 선박과 수레의 이용 증가 및 벽돌 이용 등을 강조
- 소비의 권장, 생산과 소비와의 관계를 우물물에 비유하면서 생산을 자극하기 위해서는 절약보다 소비를 권장해야 한다고 주장
- 신분 차별 타파, 양반의 상업 종사 등을 주장

23. 정조의 업적

암기박사 사도 세자, 화성 건립, 초계문신제 시행 ⇒ 정조

정답 ③

정답 해설

제시된 자료에서 아버지인 사도 세자의 무덤을 수원 화산으로 옮기고 이름을 현륭원으로 바꾼 다음 화성을 크게 쌓았다는 대목에서 밑줄 그은 '왕'은 정조임을 알 수 있다. 정조는 초계문신제를 시행하여 신진 인물이나 중·하급(당하관 이하) 관리 가운데 능력 있는 자들을 재교육시키고 시험을 통해 승진시켰다.

오답 해설

① 나선정벌 : 조총 부대 파견 → 효종
  효종 때 조총 부대를 파견하여 러시아 군대와 교전하였다.
② 금위영 설치 : 5군영 체제 완성 → 숙종
  숙종 때 기병으로 구성되어 궁궐 수비를 담당하던 금위영이 설치되어 5군영 체제가 완성되었다.
④ 직전법 : 현직 관리에게 수조권 지급 → 세조
  세조는 직전법을 실시하고 현직 관리에게만 수조권을 지급하여 국가의 수조권 지배를 강화하였다.

핵심노트 ▶ 정조의 업적

- 규장각 설치 : 역대 왕들의 글, 글씨 등과 어진을 보관하던 왕실 도서관을 설치
- 실학을 중시 : 다산을 비롯한 여러 실학자들의 정계 진출을 지원, 중농학파 실학자들을 육성
- 장용영 설치 : 왕권강화를 위한 왕실의 친위대 군대조직을 설치
- 서적 편찬 : 〈대전통편〉, 〈동문휘고〉, 〈탁지지〉, 〈추관지〉, 〈규장전운〉 등을 편찬
- 수원화성 건설 : 정약용의 거중기를 이용하여 건설
- 신해 통공 : 금난전권을 전면 폐지하여 상업의 자유화를 촉성, 경제의 발전을 유도
- 서얼의 등용 : 신분상제약으로 정계진출에 제한이 있었던 서얼들에게 길을 열어줌

24. 효종 재위 기간의 사건

 나선 정벌 : 조총 부대 파견 ⇒ 효종

정답 ②

정답 해설

삼전도의 굴욕을 겪은 아버지인 인조에 이어 즉위한 왕은 효종이다. 효종은 러시아의 남하로 청과 러시아 간 국경 충돌이 발생하자 청의 원병 요청으로 두 차례의 나선 정벌에 조총 부대를 파견하였다.

오답 해설

① 4군 6진 개척 → 세종

세종 때 김종서, 최윤덕 등은 여진족을 정벌하고 4군 6진을 개척하였다.
③ 초계문신제 : 문신 재교육 → 정조
  정조는 신진 인물이나 중·하급 관리 가운데 능력 있는 자들을 재교육시키고 시험을 통해 승진시키는 초계문신제(抄啓文臣制)를 시행하였다.
④ 균역법 실시 : 군역 부담 경감 → 영조
  조선 영조는 백성들의 군역 부담을 줄이기 위해 1년에 군포 2필을 부담하던 것을 1필로 경감하는 균역법을 실시하였다.

핵심노트 ▶ 나선 정벌(羅禪征伐)

- 배경 : 러시아의 남하로 청과 러시아 간 국경 충돌이 발생하자 청이 원병을 요청
- 제1차 나선 정벌(효종 5, 1654) : 헤이룽강(흑룡강) 유역에 침입한 러시아군을 변급이 격퇴
- 제2차 나선 정벌(효종 9, 1658) : 헤이룽강 유역에서 신유가 조총군을 이끌고 러시아군을 격퇴

25. 서얼의 이해

암기박사 첩의 자식, 규장각 검서관 ⇒ 서얼

정답 ③

정답 해설

(가)는 서얼이다. 서얼은 양반의 자손 가운데 첩의 소생으로서, 가정에서도 천하게 여겨 재산 상속권이 없었고, 서얼 차대법에 의해 관직에 등용되기도 어려웠다. 그러나 정조 때 능력 있는 서얼을 등용하여 규장각 검서관 등으로 임명하였다.

오답 해설

① 중인층 : 향리 → 직역 세습
  중인층인 향리는 직역을 세습하고 같은 신분 안에서 혼인하였다.
② 노비 : 최하층 신분 → 매매, 상속, 증여의 대상
  조선 시대 최하층인 천인 신분은 노비로, 재산으로 취급하여 매매, 상속, 증여의 대상이 되었다.
④ 백정 : 조선 형평사 → 사회적 차별 철폐 운동
  조선 시대의 백정들은 조선 형평사를 조직하여 사회적 차별 철폐를 위한 형평 운동을 전개해나갔다.

핵심노트 ▶ 서얼의 신분 상승

- 제약의 완화 : 임진왜란 이후 정부의 납속책·공명첩 등으로 서얼의 관직 진출 증가
- 허통(許通) 운동 : 신분 상승을 요구하는 서얼의 상소 운동으로 18~19세기에 활발히 전개
  - 통청윤음(영조 48, 1772)으로 서얼의 삼사 청요직 임명이 가능하게 됨
  - 정유절목(정조 1, 1777)에 따라 허통의 범위가 크게 확대
  - 신해허통(철종 2, 1851)으로 완전한 청요직 허통이 이루어짐
- 영향 : 기술직 중인에게 자극을 주어 통청 운동이 전개됨

26. 영조의 업적

암기박사 속대전, 균역법 ⇒ 영조

정답 ②

정답 해설

'이 왕'은 영조이다. 영조는 『경국대전』 편찬 이후에 공포된 법령 가운데

52

시행 법령만을 추려서 『속대전』을 편찬하였다. 또한 영조는 백성들의 군역 부담을 덜어주고자 기존에 군포 2필을 부담하던 것을 1년에 1필로 경감시키는 균역법을 실시하였다.

오답 해설

① 세조 : 직전법 → 현직 관료에게 수조권 지급
　세조는 직전법을 실시하여 과전의 부족에 따라 현직 관료에게 수조권을 지급하였다.
③ 정조 : 초계 문신제 → 능력 있는 자 재교육
　정조는 초계 문신제를 시행하여 신진 인물이나 중·하급(당하관 이하) 관리 가운데 능력 있는 자들을 재교육시켰다.
④ 효종 : 나선 정벌 → 조총 부대 파견
　효종은 나선 정벌 때 청의 요청으로 조총 부대를 파견하였다.

핵심노트 ▶ 영조의 업적

탕평 정치	탕평교서 발표, 탕평비 건립, 이인좌의 난, 산림 부정, 서원 정리, 이조전랑 권한 약화
개혁 정치	균역법 시행, 가혹한 형벌 폐지, 3심제 시행
문헌	속대전, 속오례의, 동국문헌비고

27. 김정희의 활동

암기박사 세한도 ⇒ 김정희

정답 ④

정답 해설

자료에 제시된 그림은 김정희가 그린 '세한도'이다. 김정희는 조선 후기의 화가로, 서예 발전의 성과를 바탕으로 고금의 필법을 두루 연구하여 굳센 기운과 다양한 조형성을 가진 추사체(秋史體)를 창안하였다. 또한 김정희는 금석학 연구를 통해 『금석과안록』을 저술하여 북한산비가 진흥왕 순수비임을 밝혔다.

오답 해설

① 허준 : 동의보감 → 의료 지식 보급
　허준은 『동의보감』을 편찬하여 의료 지식의 민간 보급에 기여했다.
② 이제마 : 동의수세보원 → 사상의학 확립
　이제마는 『동의수세보원』을 저술하여 사상의학을 확립하였다.
③ 박제가, 박지원 : 중상학파 실학자 → 청 문물 수용 주장
　박제가와 박지원 등의 중상학파 실학자들은 청 문물의 수용을 주장하였다.

28. 천도교의 이해

정답 ②

정답 해설

동학을 계승한 천도교는 개벽, 신여성 등의 잡지를 발간하였다. 또한 기관지로 만세보를 발간하여 민중 계몽에 힘쓰고 일진회의 국민신보에 대항하였다.

오답 해설

① 중광단 결성 → 대종교
　대종교의 지도자들은 항일 무장 단체인 중광단을 조직하였고, 3·1 운동 직후 북로 군정서로 개편하여 청산리 대첩에 참여하였다.
③ 의민단 조직 → 천주교
　천주교는 만주에서 항일 운동 단체인 의민단을 조직하여 무장 투쟁을 전개하였다.
④ 배재 학당 설립 → 개신교
　미국의 개신교 선교사 아펜젤러가 배재 학당을 세워 신학문 보급에 기여하였다.

핵심노트 ▶ 일제 강점기의 종교 활동

- **천도교** : 제2의 3·1 운동을 계획하여 자주 독립 선언문 발표, 〈개벽〉·〈어린이〉·〈학생〉 등의 잡지를 간행하여 민중의 자각과 근대 문물의 보급에 기여
- **개신교** : 천도교와 함께 3·1 운동에 적극 참여, 민중 계몽과 문화 사업을 활발하게 전개, 1930년대 후반에는 신사 참배를 거부하여 탄압을 받음
- **천주교** : 고아원·양로원 등 사회사업을 계속 확대하면서 〈경향〉 등의 잡지를 통해 민중 계몽에 이바지, 만주에서 항일 운동 단체인 의민단을 조직하여 항일 무장 투쟁 전개
- **대종교** : 지도자들은 항일 무장 단체인 중광단을 조직, 3·1 운동 직후 북로 군정서로 개편하여 청산리 대첩에 참여 ▶ 천도교와 더불어 양대 민족 종교를 형성
- **불교** : 3·1 운동에 참여, 한용운 등의 승려들이 총독부의 정책에 맞서 민족 종교의 전통을 지키려 노력, 교육 기관을 설립하여 민족 교육 운동에 기여
- **원불교** : 박중빈이 창시(1916), 불교의 현대화와 생활화를 주장, 민족 역량 배양과 남녀평등, 허례허식의 폐지 등 생활 개선 및 새생활 운동에 앞장섬

29. 사절단의 이해

암기박사 일본, 시찰 ⇒ 조사 시찰단

정답 ④

정답 해설

제시된 자료는 조사 시찰단 파견과 관련한 내용이다. 1881년 조선 정부는 일본의 근대 문물을 배워 오기 위해 조사 시찰단을 파견하였다. 박정양·어윤중·홍영식 등으로 구성된 조사 시찰단은 개화 반대 여론을 의식하여 비밀리에 보내졌다. 이들은 일본의 발전상을 보고 돌아와 개화 정책의 추진을 뒷받침하였다.

오답 해설

① 보빙사 : 미국 → 외교 사절단
　보빙사는 최초로 미국 등 서방 세계에 파견한 외교 사절단이다.
② 통신사 : 에도 막부 → 일본에 파견
　통신사는 에도 막부의 요청으로 일본에 파견된 사절단이다.
③ 영선사 : 청 → 시찰단
　영선사는 개화기 때 선진 문물을 배우기 위해 청나라에 파견했던 시찰단이다.

핵심노트 ▶ 외교 사절단

- **조사 시찰단**(1881) : 박정양·어윤중·홍영식 등으로 구성, 일본의 발전상을 보고 돌아와 개화 정책의 추진을 뒷받침
- **영선사**(1881) : 김윤식을 단장으로 청에 파견하여 무기 제조법과 근대적 군사 훈련법을 배움
- **보빙 사절단**(1883) : 최초의 구미 사절단, 유길준이 미국에 남아 유학하고 유럽 여행 후 귀국

30. 조선의 궁궐

정답 ③

암기박사 아관파천 이후 환궁, 미·소 공동 위원회 개최 ⇒ 덕수궁

정답 해설

덕수궁의 원래 명칭은 경운궁이었으나 순종이 즉위한 후 태상황이 된 고종이 머무르면서 궁호를 덕수궁으로 바꾸었다. 덕수궁은 고종이 아관파천 이후 러시아 공사관에서 환궁한 곳이며 8·15 광복 이후에는 미·소 공동 위원회가 개최된 곳이기도 하다.

오답 해설

① 흥선 대원군 중건 → 경복궁 *일제가 경복궁 내에 조선 총독부 청사 건립*
 경복궁은 태조 이성계가 한양으로 도읍을 천도하면서 처음 지어졌고, 임진왜란 당시 불타 소실된 것을 흥선 대원군이 중건하였다.
② 유사시 피난용 궁궐 → 경희궁
 경희궁의 처음 이름은 경덕궁으로 유사시 왕이 본궁을 떠나 피난하는 이궁(離宮)으로 지어졌으나, 여러 왕이 정사를 보았기 때문에 동궐인 창덕궁에 대해 서궐이라 불렸다.
④ 일제 : 창경원으로 격하 → 창경궁
 창경궁의 처음 이름은 수강궁으로 세종이 생존한 상왕인 태종을 모시기 위해 지은 궁이었으나, 일제에 의해 창경원으로 격하되고 동물원과 식물원 등이 설치되었다.

31. 조선책략 유포 이후의 상황

정답 ②

암기박사 조선책략 ⇒ 영남 만인소

정답 해설

『조선책략』은 청의 주일 참사관인 황준헌(황쭌셴)이 지은 책으로, 김홍집(2차 수신사)이 도입하였고, 조선의 당면 외교 정책으로 친중(親中)·결일(結日)·연미(聯美)를 주장하는 내용을 담고 있다. 『조선책략』이 유포된 이후 이만손 등은 개화 정책과 『조선책략』 유포에 반발하여 영남 만인소를 올렸다.

오답 해설

① 운요호 사건 : 강화도 조약 → 일본의 경제 침략
 운요호 사건으로 인해 조선은 일본과 강화도 조약을 맺고 일본의 경제 침략을 위한 발판을 마련하였다.
③ 병인양요 : 프랑스군 → 외규장각 도서 약탈
 병인양요 때 프랑스군은 강화도에 침입하여 외규장각 도서를 약탈하였다.
④ 오페르트 : 통상 거부 → 남연군 묘 도굴 시도
 독일 상인 오페르트는 통상을 거부당하자, 흥선 대원군의 아버지인 남연군의 묘를 도굴하려다 실패하였다.

핵심노트 ▶ 조선책략

- 도입 : 김홍집(2차 수신사)이 도입
- 내용 : 친중(親中)·결일(結日)·연미(聯美)
- 목적 : 일본 견제, 청의 종주권을 국제적으로 승인
- 영향 : 미국·영국·독일 등과의 수교 알선 계기, 개화론 자극, 위정척사론의 격화 요인

32. 임오군란으로 인한 조약 체결

정답 ③

암기박사 임오군란 ⇒ 제물포 조약, 조·청 상민 수륙 무역 장정

정답 해설

(가) 제물포 조약 : 임오군란의 결과 일본과 제물포 조약을 체결하여 배상금을 지불하고 일본 공사관의 일본 경비병 주둔을 허용하였다(1882).
(나) 조·청 상민 수륙 무역 장정 : 임오군란의 결과 청과 조·청 상민 수륙 무역 장정을 체결하고 청 상인의 내지 통상권 및 조선에 대한 청의 종주권을 인정하였다(1882).

신식 군대인 별기군과 차별을 받던 구식 군대가 임오군란을 일으켜 포도청과 의금부를 습격하고 일본 공사관을 불태웠다(1882).

오답 해설

① 조·미 수호 통상 조약 → 미국에 보빙사 파견
 조·미 수호 통상 조약은 서양과 맺은 최초의 조약으로, 이 조약의 체결로 민영익, 홍영식을 중심으로 한 보빙사가 미국에 파견되었다.
② 강화도 조약 → 부산, 원산, 인천 개항
 강화도 조약은 일본과 맺은 최초의 근대적 조약이자 불평등 조약으로, 부산, 원산, 인천에 개항장이 설치되는 결과를 가져왔다.
④ 조·러 수호 통상 조약 → 영국 : 거문도 사건
 갑신정변 이후 조·러 수호 통상 조약이 체결되자 영국은 러시아의 남하를 견제하기 위해 거문도를 불법으로 점령하였다.

핵심노트 ▶ 임오군란으로 인한 조약 체결

- 제물포 조약(1882. 7) : 일본과 제물포 조약을 체결하여 배상금을 지불하고 군란 주동자의 처벌을 약속, 일본 공사관의 경비병 주둔을 인정 → *일본군의 주둔 허용*
- 조·청 상민 수륙 무역 장정(1882. 8) : 청의 속국 인정, 치외법권, 서울과 양화진 개방, 내지 통상권, 연안 무역·어업권, 청 군함 항행권 등 → *청 상인의 통상 특권이 넓게 허용되어 조선 상인들의 피해 증가*

33. 대한매일신보의 이해

정답 ④

암기박사 대한매일신보 : 베델 & 양기탁 ⇒ 국채 보상 운동 후원

정답 해설

영국인 베델과 양기탁 등이 창간한 대한매일신보는 일제의 국권 침탈을 비판하고, 국채 보상 운동을 전국적으로 확산시키는 데 기여했다.

오답 해설

① 독립신문 : 서재필 → 최초의 민간 신문
 독립신문은 서재필이 창간한 최초의 민간 신문이다.
② 제국신문 : 이종일 → 계몽적 일간지
 제국신문은 이종일이 발행한 순한글의 계몽적 일간지로, 일반 대중과 부녀자를 대상으로 발행되었다.
③ 황성신문 : 남궁억, 유근 → 민족주의적 항일 신문
 황성신문은 남궁억, 유근 등 개신유학자들이 발간한 민족주의적 성격의 항일 신문으로, 국한문을 혼용하여 발행하였다.

핵심노트 ▶ 근대 신문

한성순보	박문국에서 발간한 최초의 신문
독립신문	서재필이 발행한 독립협회의 기관지로서, 최초의 민간지, 격일간지
매일신문	협성회의 회보를 발전시킨 최초의 순한글 일간지
황성신문	남궁억, 유근 등 개신유학자들이 발간, 국한문 혼용
제국신문	이종일이 발행한 순한글의 계몽적 일간지(일반 대중과 부녀자 중심)
대한매일 신보	영국인 베델이 양기탁 등과 함께 창간, 국한문판·한글판·영문판 간행 (최대 발행부수)
만세보	천도교의 후원을 받아 오세창이 창간한 천도교 기관지

34. 제1차 갑오개혁

암기박사 군국기무처 : 신분제 폐지 ⇒ 제1차 갑오개혁

정답 ①

정답 해설

제1차 갑오개혁 때 김홍집 친일 내각은 초정부적 정책 의결 기구인 군국기무처를 설치하고 과거제 폐지, 조혼 금지, 과부 재가 허용, 신분제 폐지 등의 개혁을 추진하였다.

오답 해설

② 단발령 시행 → 을미개혁
 을미사변 후 김홍집 친일 내각은 을미개혁을 추진하여 건양이라는 연호를 제정하고 태양력을 사용하였으며 단발령을 시행하였다.
③ 별기군 창설 → 개화 정책
 개항 이후 개화 정책의 일환으로 5군영을 무위영, 장어영의 2군영으로 통합하고 신식 군대인 별기군을 창설하였다.
④ 원수부 설치 → 광무개혁
 광무개혁 때 고종 황제는 군 통수권을 장악하기 위해 원수부를 설치하였다.

핵심노트 ▶ 제1차 갑오개혁 : 군국기무처

정치	연호 개국, 왕실과 정부 사무 분리, 6조를 80아문으로 개편, 과거제 폐지
경제	재정 일원화로 탁지아문이 관장, 은 본위 화폐 제도, 조세 금납제, 도량형 통일
사회	신분제 철폐, 공·사 노비제 폐지, 조혼 금지, 과부 개가 허용, 인신매매 금지, 고문과 연좌법의 폐지

35. 1910년대 국내 항일 독립운동

암기박사 독립 의군부, 송죽회, 대한 광복회 ⇒ 1910년대 국내 항일 독립운동

정답 ②

정답 해설

독립 의군부는 1912년 고종의 밀명으로 임병찬 등 각지의 유생들이 전라도에서 조직·결성한 항일 독립운동 단체이며, 송죽회는 1913년 평양에서 여성들이 조직한 항일 독립운동 단체이다. 대한 광복회는 1915년 대구에서 결성된 독립운동 단체이다.

오답 해설

① 김원봉 → 한커우 : 조선 의용대
 김원봉의 조선 의용대는 조선 민족 전선 연맹 산하 부대로 한커우에서 창설되었으며, 화북 지역에서 일본군과 전투를 벌였다(1938).
③ 이회영 → 서간도 : 신흥 강습소
 이회영 등은 서간도 삼원보에 군사 교육 기관인 신흥 강습소를 설립하였고, 이후 신흥 무관 학교로 발전하였다(1911).
④ 홍범도 : 대한 독립군 → 간도 : 봉오동 전투
 홍범도의 지휘 아래 활동한 대한 독립군은 봉오동 전투에서 간도 지역을 기습한 일본군을 상대로 승리를 거두었다(1920).

36. 정미의병의 이해

암기박사 이인영, 해산된 군인, 서울 진공 작전 ⇒ 정미의병

정답 ①

정답 해설

제시된 자료는 정미의병에 관한 내용이다. 정미의병은 유생 이인영을 총대장, 허위를 군사장으로 하여 13도 창의군을 조직하고 서울 진공 작전을 펼쳤다(1908).

오답 해설

② 신민회 : 공화정 수립 목표 → 국권 회복
 신민회는 공화정 수립을 목표로 국권 회복을 위해 노력하였다.
③ 의열단 : 조선 혁명 선언 → 활동 지침
 의열단은 조선 혁명 선언을 활동 지침으로 삼았다.
④ 대한민국 임시 정부 : 독립 공채 → 자금 마련
 대한민국 임시 정부는 독립 공채를 발행하여 독립 운동의 자금을 마련하였다.

핵심노트 ▶ 정미의병의 격문

> 군대를 움직이는 데 가장 중요한 점은 고립을 피하고 일치단결하는 것에 있다. 따라서 각 도의 의병을 통일하여 둑을 무너뜨릴 기세로 서울에 진격하면, 전 국토가 우리 손 안에 들어오고 한국 문제의 해결에 있어서도 유리하게 될 것이다.
> – 이인영의 격문 –

37. 을사늑약의 결과

암기박사 외교권 박탈 ⇒ 을사늑약

정답 ③

정답 해설

러·일 전쟁에서 승리한 일본은 을사늑약을 강제로 체결하여 외교권을 박탈하고 통감부를 설치하여 한국의 독점적 지배권을 인정받았다(1905).

오답 해설

① 근대 사회 개혁 → 갑오개혁
 김홍집의 친일 내각이 낡은 제도를 없애고 근대 국가로 발돋움하기 위해 실시한 개혁으로, 유교 중심의 조선 사회를 근대 사회로 바꾸기 위한 활동이다.
② 조선과 청의 경계 → 백두산정계비

조선 숙종은 청의 요구로 조선과 청의 경계를 정한 백두산정계비를 세워, 동쪽으로 토문강과 서쪽으로 압록강을 경계로 삼았다.

④ 영남 만인소 주도 → 이만손

이만손은 김홍집의 조선책략 유포에 반발하여 영남 만인소를 주도하고 그의 처벌을 요구하였다.

핵심노트 ▶ 을사늑약의 외교권 박탈과 통감부 설치

> 제2조 일본 정부는 한국과 타국 간에 현존하는 조약의 실행을 완수하는 임무를 담당하고 한국 정부는 지금부터 일본 정부의 중개를 거치지 않고서는 국제적 성질을 가진 어떤 조약이나 약속을 맺지 않을 것을 서로 약속한다.
> 제3조 일본 정부는 그 대표자로 한국 황제 폐하 밑에 1명의 통감을 두되 통감은 오로지 외교에 관한 사항을 관리하기 위하여 경성에 주재하고 친히 한국 황제 폐하를 만날 수 있는 권리를 가진다.

38. 3·1 운동의 전개

암기박사 3·1 운동 ⇒ 일제 : 제암리 학살 사건 | 정답 ②

정답 해설

자료로 제시된 대한민국 헌법 전문은 3·1 운동에 나타난 독립정신을 강조하고 있다. 고종의 인산일에 민족 대표 33인의 이름으로 독립 선언서를 발표함으로써 시작된 3·1 운동은 전개 과정에서 일제가 수원 제암리 주민들의 집단 학살을 자행하였다.

오답 해설

① 동아일보 : 농촌 계몽 운동 → 브나로드 운동

동아일보사는 1931년에 농촌 계몽 운동의 일환으로 브나로드 운동을 전개하였다. → 문맹 퇴치를 목적으로 함

③ 백정 : 조선 형평사 조직 → 형평 운동

백정들은 사회적 차별 철폐를 주장하며 진주에서 조선 형평사를 조직하고 전국적으로 형평 운동을 전개해나갔다. → 각종 파업과 소작 쟁의에도 참여하여 민족 해방 운동으로 발전

④ 순종의 인산일 : 사회주의자, 학생들 → 6·10 만세 운동

순종의 인산일에 사회주의자들과 학생들은 대규모의 시위운동인 6·10 만세 운동을 준비하였으나 사회주의자들이 사전에 발각되어 학생들을 중심으로 진행되었다.

핵심노트 ▶ 제암리 학살 사건

> 3·1 운동 당시 일본군이 수원 제암리에서 주민들을 집단 학살한 사건이다. 1919년 4월 15일 한 무리의 일본 군경은 만세 운동이 일어났던 제암리에 가 기독교도와 천도교도 약 30명을 교회당 안에 몰아넣은 후 문을 잠그고 집중 사격을 퍼부었다. 일본군은 증거를 없애기 위해 교회당에 불을 지른 후, 다시 부근의 채안리에 가서 민가를 방화하고 주민들을 학살했다. 이 만행에 분노한 선교사 스코필드(Frank W. Schofield)가 현장을 사진에 담아 〈수원에서의 일본군 잔학 행위에 관한 보고서〉를 작성하여 미국에 보내 여론화하였다.

39. 신간회의 독립 활동

암기박사 광주 학생 항일 운동의 전국적 확산에 기여 ⇒ 신간회 | 정답 ①

정답 해설

신간회는 민족주의 진영과 사회주의 진영이 연대한 민족 유일당 운동의 일환으로 결성된 단체로 광주 학생 항일 운동을 전국적으로 확산시키는 데 기여하였다.

오답 해설

② 신민회 → 안창호, 양기탁

신민회는 국권 회복과 공화정체의 국민 국가 건설을 목적으로 안창호와 양기탁이 중심이 되어 조직된 비밀 결사 단체로, 일제가 조작한 105인 사건으로 해체되었다.

③ 의열단 → 김원봉

의열단은 김원봉이 만주 길림성에서 조직한 단체로, 신채호의 조선 혁명 선언을 행동 강령으로 무장 투쟁과 민중의 직접 혁명을 통한 독립 쟁취를 목적으로 하였다.

④ 한인 애국단 → 김구

한인 애국단은 김구의 주도로 상하이에서 조직된 독립 운동 단체로, 이 소속의 이봉창과 윤봉길 등이 항일 의거 활동을 전개하였다.

핵심노트 ▶ 신간회 결성과 활동

- 결성 : 민족주의 진영과 사회주의 진영이 민족 유일당 운동의 일환으로, 조선 민흥회(비타협 민족주의 계열)와 정우회(사회주의 계열)가 연합하여 결성(1927) → 회장 이상재, 안재홍 등이 중심
- 조직 : 민족 운동계의 다수 세력이 참가하였으며, 전국에 약 140여 개소의 지회 설립, 일본과 만주에도 지회 설립이 시도됨
- 강령 : 민족의 단결, 정치·경제적 각성 촉진, 기회주의자 배격
- 활동 : 민중 계몽 활동, 노동 쟁의·소작 쟁의·동맹 휴학 등 대중 운동 지도, 광주 학생 항일 운동 시 조사단 파견

40. 독립협회의 활동

암기박사 서재필, 독립신문, 만민공동회 ⇒ 독립 협회 | 정답 ①

정답 해설

밑줄 그은 '이 단체'는 독립 협회이다. 이들은 자주 독립의 상징인 독립문을 세우고 우리나라 최초의 근대적 민중 대회인 만민공동회를 개최하였다.

오답 해설

② 신민회 : 서간도 → 신흥 무관 학교

신민회는 서간도 삼원보에 군사교육기관인 신흥 강습소(신흥 무관 학교)를 설립하였다.

③ 신한 청년당 : 파리 강화 회의 → 김규식 파견

상하이에서 결성된 신한 청년당은 파리 강화 회의에 김규식을 대표로 파견하여 독립을 주장하였다.

④ 보안회 : 황무지 개간권 요구 반대 → 철회

보안회는 일제의 황무지 개간권 요구에 반대하여 이를 철회시켰다.

> **핵심노트** ▶ 독립 협회 활동의 의의
>
> - 민중의 자발적 참여, 평등 의식의 확산
> - 근대화 사상의 계승 : 대한 제국 말기의 애국 계몽사상으로 이어짐

41. 신채호의 조선 혁명 선언

암기박사 의열단의 행동 강령 ⇒ 신채호 : 조선 혁명 선언

정답 ④

정답 해설

신채호는 만주와 부여족 중심의 고대사를 서술한 독사신론을 저술하여 민족주의 사관의 기초를 마련하였다. 또한 의열단의 행동 강령으로 조선 혁명 선언을 작성하였는데, 기존의 독립 운동 방법을 비판하고 무장 투쟁과 민중의 직접 혁명을 통한 독립 쟁취를 주장하였다.

오답 해설

① 삼균주의 제창 → 조소앙
독립 운동가 조소앙은 민족주의적 정치사상인 삼균주의를 제창하였다.

② 서유견문 집필 → 유길준
유길준은 서유견문을 집필하여 국·한문체의 보급에 크게 공헌하였다.

③ 조선 의용군 창설 → 조선 독립 동맹
조선 독립 동맹이 조선 의용대를 개편하여 조선 의용군을 창설하였으며, 중국 팔로군과 함께 태평양 전쟁에 참전해 항일 전쟁을 전개하였다.

> **핵심노트** ▶ 민족주의 사학자 신채호
>
> - 조선 상고사 : 역사는 아(我)와 비아(非我)의 투쟁의 기록
> - 조선사 연구초 : 낭가 사상을 강조하여 묘청의 서경 천도 운동을 '조선 1천년래 제일대 사건'으로 높이 평가
> - 조선 상고 문화사 : 조선 상고사에서 다루지 못한 상고사 관련 부분과 우리 민족의 전통적 풍속, 문화 등을 다룸 → 대종교와 연결되는 전통적 민간신앙에 관심을 보임
> - 독사신론 : 일제 식민사관에 기초한 일부 국사교과서를 비판하기 위해 〈대한 매일 신보〉에 연재, 만주와 부여족 중심의 고대사 서술로 근대 민족주의 역사학의 초석을 다짐
> - 조선 혁명 선언(한국 독립 선언서, 의열단 선언) : 무장 투쟁과 민중 혁명을 강조한 민중 봉기를 주장 → 의열단의 요청으로 집필

42. 안창호의 생애

암기박사 신민회, 대성 학교, 흥사단 ⇒ 안창호

정답 ③

정답 해설

안창호는 양기탁 등과 함께 신민회를 결성하였고, 평양에 대성 학교를 설립하여 민족 교육을 실시하였다. 또한 미주 지역에서 흥사단을 조직하여 민족 실력 양성 운동을 전개해나갔다.

오답 해설

① 나석주 : 의열단 → 동양 척식 주식회사에 폭탄 투척
나석주는 의열단 소속으로 일제의 대표적인 수탈 기관인 동양 척식 주식회사에 폭탄을 투척하였다.

② 윤봉길 : 한인 애국단 → 상하이 훙커우 공원 의거
한인 애국단 소속의 윤봉길은 상하이 훙커우 공원에서 열린 일본군 기념식장에 폭탄을 던지고 의거하였다.

④ 이봉창 : 한인 애국단 → 일본 국왕에 폭탄 투척
한인 애국단 소속의 이봉창은 도쿄에서 일본 국왕에게 폭탄을 투척하고 의거하였다.

> **핵심노트** ▶ 안창호의 실력 양성론
>
> - 아직 힘이 미약하므로 힘을 길러 독립 전쟁을 준비해야 한다고 주장
> - 교육과 산업 발전을 통한 민족의 실력 양성이 우선 → 민립 대학 설립 운동, 물산 장려 운동 등
> - 식민지배하에서 민족 실력 양성은 현실적으로 곤란

43. 4·19 혁명의 결과

암기박사 4·19 혁명 ⇒ 이승만 대통령 하야

정답 ④

정답 해설

이승만 정권의 장기 독재와 자유당 정권의 3·15 부정선거로 4·19 혁명이 발발하였고, 그 결과 이승만 대통령이 하야하는 결과를 가져왔다.

오답 해설

① 유신 헌법 철폐 요구 → 부·마 민주 항쟁
유신 체제에 대한 저항으로 발생한 부·마 민주 항쟁 등은 유신 헌법의 철폐를 요구하였다.

② 4·13 호헌 조치 → 6월 민주 항쟁
박종철 고문치사와 전두환 정부의 4·13 호헌 조치 발표로 호헌 철폐와 독재 타도 등의 구호를 내세운 6월 민주 항쟁이 촉발되었다.

③ 신군부의 비상계엄 확대 → 5·18 민주화 운동
전두환·노태우 등 신군부의 계엄 확대와 무력 진압에 저항하여 5·18 민주화 운동이 발발하였고, 계엄군의 무자비한 진압으로 많은 시민과 학생이 희생되었다.

> **핵심노트** ▶ 4·19 혁명의 전개(1960)
>
> - 3월 15일 : 선거 당일 부정 선거를 규탄하는 마산의거에서 경찰의 발포로 많은 사상자 발생 → 3·15 마산의거
> - 4월 11일 : 마산의거에서 행방불명되었던 김주열 학생의 시신 발견
> - 4월 18일 : 고려대 학생들의 총궐기 시위 직후 정치 깡패들이 기습·폭행하여 수십 명의 사상자 발생 → 4·18 고대생 습격 사건
> - 4월 19일 : 부정 선거와 강경 진압으로 인한 사상자 속출 등의 진상이 밝혀지면서 국민의 분노가 극에 달해 학생·시민들의 대규모 시위 발발 → 4·19 혁명
> - 4월 22일 : 재야인사들의 이승만 대통령 퇴진 요구
> - 4월 25일 : 서울 시내 27개 대학 259명의 대학 교수들의 시국 선언문 발표 → 4·25 대학 교수단 선언
> - 4월 26일 : 라디오 연설을 통한 이승만 대통령의 하야 발표, 자유당 정권 붕괴

44. 산미 증식 계획의 결과

암기박사 일본의 식량 부족 문제 해결 ⇒ 산미 증식 계획

정답 ④

정답 해설

(가)는 산미 증식 계획이다. 제1차 세계 대전 후 일제는 고도성장을 위한 공업화 추진에 따른 식량 부족과 쌀값 폭등을 우리나라에서의 식량 수탈로 해결하려 하였다. 이 정책의 시행 결과, 한국인의 1인당 연간 쌀 소비량이 감소되었고, 늘어난 생산량보다 더 많은 쌀이 일본으로 반출되었다.

오답 해설

ㄱ. **일제 : 토지 약탈 → 동양 척식 주식회사 설립**
　일제는 토지 약탈을 본격화하기 위해 1908년에 동양 척식 주식회사를 설립하였다.
ㄷ. **조병식 : 곡물 반출 방지 → 방곡령**
　함경도 관찰사 조병식은 일본 상인의 농촌 시장 침투와 지나친 곡물 반출을 막기 위해 방곡령을 선포하였다.

핵심노트 ▶ 산미 증식 계획의 결과

- 식량 사정 악화 : 증산량보다 훨씬 많은 수탈
- 농촌 경제의 파탄 : 쌀 수급량과 관계없이 정해진 목표대로 수탈함으로써 농촌 경제를 파탄에 빠뜨림
- 농민 몰락 : 수리 조합비 · 비료 대금 등 증산 비용을 농민에게 전가, 지주의 소작료 인상
- 화전민 · 유랑민 · 소작농 증가, 만주나 일본 등으로 이주
- 식민지 지주제를 강화하여 식민 지배체제를 위한 사회적 기반을 마련
- 쌀 중심의 단작형 농업 구조 형성
- 소작 쟁의 발생의 원인 제공
- 일제의 농촌 진흥 운동 실시

45. 한국 광복군의 활동

암기박사 　대한민국 임시 정부, 기관지 '광복', 국내 진공 작전 ⇒ 한국 광복군　**정답 ①**

정답 해설

(가)는 1940년에 임시정부의 김구와 지청천 등이 창설한 대한민국 임시 정부 산하 군대인 한국 광복군이다. 한국 광복군은 미국의 지원으로 국내 진공 작전을 준비했으나, 일제의 패망으로 실현하지 못했다.

오답 해설

② **김원봉 : 의열단 → 조선 혁명 간부 학교**
　김원봉을 중심으로 하는 의열단은 중국 국민당 정부의 지원 아래 난징에 조선 혁명 간부 학교를 설립하였다.
③ **자유시 참변 : 독립군 → 3부 조직**
　자유시 참변 이후 독립군은 만주로 다시 탈출하여 조직을 재정비하면서 역량을 강화하고 참의부 · 정의부 · 신민부의 3부를 조직하였다.
④ **홍범도 : 대한 독립군 → 봉오동 전투 승리**
　홍범도가 이끄는 대한 독립군은 연합군과 함께 봉오동 전투에서 승리를 거두었다.

핵심노트 ▶ 한국 광복군의 활동

- 대일 선전 포고(1941)
- 영국군과 연합 작전 전개(1943) : 인도, 미얀마 전선
- 포로 심문, 암호 번역, 선전 전단 작성 등 심리전 수행
- 국내 진공 작전(1945. 9) : 미국 전략정보처(OSS)의 지원과 국내 정진군 특수 훈련

46. 독도의 이해

암기박사 　가장 동쪽에 있는 섬, 칙령 제41호 ⇒ 독도　**정답 ④**

정답 해설

우리나라의 가장 동쪽에 있는 섬은 독도이다. 대한 제국은 대한 제국 칙령 제41호를 반포하여 독도가 우리 영토임을 재확인하였다.

오답 해설

① **정약전 : 자산어보 서술 → 흑산도**
　정약전은 신유박해 때 흑산도에 유배되어 근해의 해산물 등을 직접 채집 · 조사하여 155종의 해산물에 대한 명칭 · 분포 · 형태 · 습성 등을 기록한 『자산어보』를 저술하였다.
② **영국 : 러시아 남하 견제 → 거문도**
　영국은 러시아의 남하 정책을 견제하기 위해 거문도를 불법 점령하였다.
③ **미국 : 제너럴 셔먼호 사건 → 강화도**
　미국은 제너럴 셔먼호 사건을 빌미로 강화도를 침략하였다.

47. 6 · 25 전쟁의 경과

암기박사 　모스크바 3상 회의 ⇒ 6 · 25 전쟁 이전　**정답 ①**

정답 해설

8 · 15 광복 직후 모스크바 3상 회의에서 한국에 임시 민주 정부를 수립하기 위하여 미 · 소 공동 위원회를 설치하고, 최고 5년 동안 미 · 영 · 중 · 소 4개국의 신탁 통치하에 두기로 결정하였다(1945).

오답 해설

② **판문점 : 휴전 회담 → 6 · 25 전쟁**
　소련의 유엔 대표가 휴전을 제의하여 판문점에서 휴전 회담이 진행된 후 휴전 협정이 체결되었다.
③ **학도병 : 낙동강 혈전 → 6 · 25 전쟁**
　학도병이 낙동강 전선에서 고지 점령을 위해 적군과 뺏고 빼앗기는 혈전을 치렀다.
④ **맥아더 : 인천 상륙 작전 → 6 · 25 전쟁**
　국군과 유엔군은 맥아더 장군의 인천 상륙 작전을 계기로 전세를 역전시키고 압록강 인근까지 북진하였다.

핵심노트 ▶ 6 · 25 전쟁의 경과

전쟁 발발 → 서울 함락(1950. 6. 28) → 한강 대교 폭파(1950. 6. 28) → 낙동강 전선으로 후퇴(1950. 7) → 인천 상륙 작전(1950. 9. 15) → 서울 탈환(1950. 9. 28) → 중공군 개입(1950. 10. 25) → 압록강 초산까지 전진(1950. 10. 26) → 서울 철수(1951. 1. 4) → 서울 재수복(1951. 3. 14) → 휴전 제의(1951. 6. 23) → 휴전 협정 체결(1953. 7. 27)

48. 김규식의 활동

암기박사 파리 강화 회의, 임시 정부 부주석, 좌우 합작 위원회 ⇒ 김규식

정답 ①

정답 해설

제시된 활동은 김규식과 관련된 내용이다. 김규식은 신한 청년당의 대표로, 1918년 파리 강화 회의에 파견되었고, 1944년 대한민국 임시 정부 부주석으로 활동하는 한편, 1946년 좌우 합작 위원회에 우익 대표로 참여하였다. 또한 1948년에 남한만의 단독 선거에 반대하여 김구와 함께 남북 협상에 참여하였다.

오답 해설

② 대한 광복군 정부 부통령, 대한민국 임시 정부 국무총리 → 이동휘
  이동휘는 연해주에 설립된 대한 광복군 정부의 부통령으로 선임되어 무장 독립 전쟁을 준비하였고 3·1 운동 후에 설립된 대한민국 임시 정부의 국무총리를 역임하였다.

③ 독립협회 조직, 신간회 회장 → 이상재
  일제 강점기 독립 운동가인 이상재는 서재필과 독립협회를 조직하였고, 신간회 창립 회장 등을 역임하였다.

④ 대한민국 초대 대통령 → 이승만
  이승만은 대한민국 초대 대통령으로 임시 정부에서 독립 운동가로 활동하였다. 4·19 혁명 때 대통령직에서 하야하였다.

49. 노동 운동가 전태일

암기박사 근로기준법 준수 : 분신 ⇒ 전태일

정답 ④

정답 해설

서울 동대문 평화시장에서 피복공장 재단사로 일하던 노동운동가인 전태일은 노동환경 개선과 근로기준법 준수를 외치며 온 몸에 휘발유를 붓고 분신하였다(1970).

오답 해설

① 김주열 : 3·15 부정 선거를 규탄하는 시위에 참가하였다가 실종되고 사망한 채로 발견되어 4·19 혁명의 도화선이 되었다(1960).
② 박종철 : 전두환 정부 때에 4·13 호헌 조치 반대 시위로 붙잡힌 후 치안본부 대공 분실에서 고문 치사로 사망하였다(1987).
③ 이한열 : 6월 민주 항쟁 당시 연세대학교에서 전두환 정부의 계엄군이 쏜 최루탄에 맞아 사망하였다(1987).

50. 김영삼 정부

암기박사 OECD 가입, IMF 구제 금융 요청 ⇒ 김영삼 정부

정답 ④

정답 해설

김영삼 정부 때에 선진국 진입의 관문인 경제 협력 개발 기구(OECD)에 29번째 회원국으로 가입하였다. 또한 김영삼 정부 때에 외환 위기로 국제 통화 기금(IMF)에 긴급 구제 금융을 요청하였다.

오답 해설

① 한반도 비핵화 공동 선언 → 노태우 정부
  노태우 정부 때에는 한반도에서 핵무기의 보유나 사용금지 등을 규정한 한반도 비핵화 공동 선언에 서명하였다.

② 한·일 월드컵 축구 대회 개최 → 김대중 정부
  김대중 정부 때에 한국과 일본이 공동 주최한 한·일 월드컵 축구 대회가 아시아에서 최초로 개최되었다.

③ 한·미 자유 무역 협정(FTA) 체결 → 노무현 정부
  노무현 정부 때에 한·미 자유 무역 협정(FTA)이 체결되어 미국과의 무역 장벽을 허무는 계기가 되었다. → 발효는 이명박 정부 때부터 임

핵심노트 ▶ 김영삼 정부(문민 정부, 1993.3 ~ 1998.2)

- **성립** : 1992년 12월 김영삼 대통령 당선 → 5·16 군사 정변 이후 30여 년만의 민간인 출신 대통령
- **주요 정책** : 공직자 재산 등록, 금융 실명제, 지방 자치제 전면 실시, 역사 바로 세우기 운동 → 전두환, 노태우 구속
- **외환위기** : 집권 말기 국제 통화 기금(IMF)의 구제 금융 지원 요청

제5회 정답 및 해설

1. 신석기 시대의 사회 모습

> 🏷️ **암기박사** 갈돌과 갈판 ⇒ 신석기 시대

정답 ③

정답 해설

농경과 정착 생활이 시작된 것은 신석기 시대로, 움집을 짓고 가락바퀴를 이용하여 실을 뽑았으며 빗살무늬 토기에 식량을 저장하였다. 또한 갈판 위에 곡식을 올려놓고 갈돌로 갈아서 음식을 만들어 먹었다.

오답 해설

① 고인돌 축조 → 청동기 시대
  청동기 시대에는 지배층의 무덤으로 고인돌을 축조하여 당시 계급의 분화 및 지배층의 권력을 반영하였다.
② 철제 농기구 → 철기 시대
  철기 시대에는 기존의 석기나 목기 외에 쟁기, 쇠스랑 등의 철제 농기구를 사용하여 농사를 지었다.
④ 주먹도끼, 찍개 → 구석기 시대
  주먹도끼, 찍개 등의 도구를 사용하여 사냥을 하거나 어로·채집 생활을 영위한 시기는 구석기 시대이다.

> 👆 **핵심노트** ▶ 신석기 시대의 대표적 유물

갈판과 갈돌   빗살무늬 토기   가락바퀴   뼈바늘

2. 옥저의 생활 풍속

> 🏷️ **암기박사** 민며느리제, 가족 공동묘 ⇒ 옥저

정답 ④

정답 해설

제시된 사료에서 결국 고구려에 복속되고, 신랑 집에서 여자를 맞이하여 장성하도록 키워 며느리로 삼는 혼인 풍습이 있던 나라는 옥저이다. 옥저에는 가족의 유골을 한 목곽에 모아 두는 매장 풍습이 있었다.

오답 해설

① 영고 : 제천 행사 → 부여
  부여는 음력 12월에 영고(迎鼓)라는 제천 행사를 열어 하늘에 제사를 지내고 노래와 춤을 즐겼다.
② 특산물 : 단궁, 과하마, 반어피 → 동예
  동예는 토지가 비옥하고 해산물이 풍부하여 농경·어로 등 경제생활이 윤택하였으며, 특산물로 단궁, 과하마, 반어피가 있었다.
③ 범금 8조 : 사회 질서 유지 → 고조선
  고조선은 사회 질서를 유지하기 위해 범금 8조를 만들어 살인·절도 등의 죄를 다스렸다.

> 👆 **핵심노트** ▶ 옥저의 생활 풍속

- 고구려와 같은 부여족 계통으로, 주거·의복·예절 등에 있어 고구려와 유사 → 혼인풍속 등에서는 차이도 존재
- 매매혼의 일종인 민며느리제(예부제)가 존재
- 가족의 시체를 가매장하였다가 나중에 그 뼈를 추려 가족 공동묘인 커다란 목곽에 안치 → 세골장제, 두벌 묻기
- 가족 공동묘의 목곽 입구에는 죽은 자의 양식으로 쌀을 담은 항아리를 매달아 놓기도 함

3. 고구려 전성기의 역사적 사실

> 🏷️ **암기박사** 한강 유역 점령, 충주 고구려비 ⇒ 고구려 전성기 : 장수왕

정답 ④

정답 해설

지도는 고구려의 전성기인 5세기 장수왕 시기의 모습이다. 장수왕은 남하 정책을 통해 백제의 수도 한성을 함락하고, 한강 전 지역을 포함하여 죽령 일대로부터 남양만을 연결하는 선까지 장악하였다. 이후 충주(중원) 고구려비를 건립하였다.

오답 해설

① 신라 : 진흥왕 → 한강 유역 차지
  신라는 6세기 진흥왕 때 한강 유역을 완전히 차지하고 영토를 함경도까지 확장하였다.
② 백제 : 사비 천도 → 국호 남부여
  백제는 6세기 성왕 때 수도를 웅진에서 사비로 천도하고 국호를 남부여로 칭하였다.
③ 대가야 : 신라의 공격 → 멸망
  대가야는 6세기에 신라 진흥왕의 공격을 받아 멸망하였다.

> 👆 **핵심노트** ▶ 장수왕의 남하 정책이 미친 영향

- 신라와 백제의 나·제 동맹 체결(433~553)
- 백제의 개로왕이 북위(후위)에 군사 원조를 요청(472)
- 백제가 수도를 한성에서 웅진(공주)으로 천도(475)
- 충북 중원 고구려비의 건립

4. 평양과 관련된 역사적 사실

> 🏷️ **암기박사** 서경, 대성학교, 물산 장려 운동 ⇒ 평양

정답 ③

정답 해설

안창호와 양기탁은 신민회를 조직하고 평양에 대성 학교를 설립하였다. 또한 조만식 등이 중심이 되어 발족된 물산 장려 운동은 평양에서 시작하여 전국적으로 확산되었다.

오답 해설

ㄱ. 장보고 : 완도 → 청해진
장보고는 완도에 청해진을 설치하여 해상 무역권을 장악하였다.

ㄹ. 조선 후기 : 송상 → 개성
조선 후기에 송상은 개성을 근거지로 삼아 활동하였다.

5. 진흥왕의 업적

> **암기박사** 한강 유역 차지, 화랑도 개편 ⇒ 진흥왕
> **정답** ②

정답 해설

진흥왕은 6세기 신라의 전성기를 이끈 왕으로, 백제 성왕과 연합하여 고구려가 점유하던 한강 상류 지역을 차지하고, 백제가 점유하던 한강 하류 지역도 차지하였다. 또한 진흥왕은 화랑도를 국가적 조직으로 개편하고 많은 인재를 양성하였다.

오답 해설

① 지증왕 : 이사부 → 우산국 복속
신라 지증왕은 이사부를 파견하여 우산국(울릉도)을 복속시켰다.

③ 법흥왕 : 이차돈의 순교 → 불교 공인
신라 법흥왕은 이차돈의 순교를 계기로 불교를 공인하였다.

④ 원성왕 : 독서삼품과 → 관리등용
통일 신라 원성왕은 독서삼품과를 실시하여 유교 경전의 이해 수준에 따라 3등급으로 구분해 관리를 등용하였다.

> **핵심노트** ▶ 진흥왕의 업적
>
> • 영토 확장 및 삼국 항쟁의 주도
> • 화랑도를 공인(제도화)하고, 거칠부로 하여금 『국사(國史)』를 편찬하게 함
> • 황룡사·흥륜사를 건립하여 불교를 부흥시키고, 불교 교단을 정비하여 주통·승통·군통제를 시행
> • 최고 정무기관으로 품주(稟主)를 설치하여 국가기무와 재정을 담당하게 함

6. 가야 문화유산

> **암기박사** 말머리 가리개 ⇒ 가야 문화유산
> **정답** ③

정답 해설

6개의 연맹 왕국으로 구성된 철의 왕국은 가야이다. 말머리 가리개는 합천 지역의 가야 왕족 무덤에서 출토된 문화유산으로, 말의 머리를 보호하는 역할을 한다.

오답 해설

① 돌사자상 → 발해 문화유산
발해의 돌사자상은 정혜공주 무덤에서 출토된 두 개의 화강암 사자상이 대표적인데, 당나라의 돌사자상보다 크기가 작지만 강한 힘을 표현한 조각 수법이 돋보인다.

② 금동 대향로 → 백제 문화유산
부여의 능산리 절터에서 발견된 금동 대향로는 백제의 금속 공예 기술이 중국을 능가할 정도로 매우 뛰어났음을 보여 주는 걸작품으로, 불교와 도교의 요소를 반영하고 있다.

④ 연가 7년명 금동 여래 입상 → 고구려 문화유산
두꺼운 의상과 긴 얼굴 모습에서 북조 양식을 따르고 있으나, 강인한 인상과 은은한 미소에는 고구려의 독창성이 보인다.

> **핵심노트** ▶ 가야의 문화유산

가야 토기 / 가야 금관 / 철제 갑옷과 투구
말머리 가리개 / 기마인물형 뿔잔 / 용문양 금동제 허리띠

7. 통일 신라 말의 사회적 상황

> **암기박사** 김흠돌의 난 ⇒ 신라 중대 : 신문왕
> **정답** ③

정답 해설

혜공왕 이후 신라 멸망까지는 신라 하대의 시기에 해당한다. 김흠돌의 난은 681년 신라 중대 신문왕 때의 일이다. 이는 김흠돌이 파진찬 흥원(興元), 대아찬 진공(眞功) 등과 함께 모반을 꾀하다가 발각되어 처형된 사건으로, 통일 신라의 왕권이 전제화되는 과정에서 나타난 중요한 사건 중 하나로 간주되고 있다.

오답 해설

① 6두품 : 골품 사회 비판 → 신라 하대
신라 하대 때 당에서 유학하고 돌아온 6두품 출신의 유학생들은 신라의 골품제 사회를 비판하면서 개혁을 추구하였다.

② 궁예 : 후고구려 건국 → 신라 하대
신라 하대에 왕족 출신의 궁예가 양길(梁吉)을 몰아내고 송악에서 후고구려를 건국하였다.

④ 원종과 애노의 난 → 신라 하대
신라 하대 진성여왕 때 중앙 정부의 기강이 극도로 문란해져 사벌주(상주)에서 원종과 애노가 봉기하였다.

> **핵심노트** ▶ 신라 하대의 정치적 변동
>
> • 왕위 쟁탈전의 전개 : 진골 귀족들은 경제 기반을 확대하여 사병을 거느렸으며, 이러한 군사력과 경제력을 토대로 왕위 쟁탈전 전개
> • 왕권의 약화 : 왕권이 약화되고 귀족 연합적인 정치가 운영되었으며, 집사부 시중보다 상대등의 권력이 다시 강대해짐
> • 지방 통제력의 약화 : 김헌창의 난(822)은 중앙 정부의 지방 통제력이 더욱 약화되는 계기로 작용
> • 새로운 세력의 성장 : 골품제로 정치적 출세가 제한된 6두품 세력과 반독립적 지방 호족 세력이 결탁하여 성장함

한국사능력검정시험 기본 실전모의고사

8. 신라 승려 의상의 활동

암기박사 부석사 · 낙산사, 관음 신앙, 화엄일승법계도 ⇒ 의상

정답 ②

정답 해설

신라의 승려 의상은 화엄의 근본 도량이 된 부석사와 낙산사 등의 사찰을 창건하고, 아미타 신앙과 함께 현세에서 고난을 구제받고자 하는 관음 신앙을 설파하였다. 또한 『화엄일승법계도』를 저술하여 화엄 사상을 정립하였다.

오답 해설

① 원광 : 세속 5계 → 화랑도의 계율
  신라의 승려 원광은 세속 5계를 만들었고, 이는 화랑도의 기본 계율이자 불교의 도덕률로서 기능하였다.
③ 혜심 : 유불 일치설 → 성리학 수용의 토대
  고려의 승려 혜심은 유불 일치설을 주장하여 성리학 수용의 사상적 기반을 마련하였다.
④ 지눌 : 불교 개혁 → 수선사 결사
  고려의 승려 지눌은 무신 집권기 당시 불교계의 타락상을 비판하면서 불교 개혁 운동인 수선사 결사를 제창하였다.

핵심노트 ▶ 의상(義湘, 625~702)

- 당에 유학하여 화엄종을 연구
- 『화엄일승법계도』를 저술하여 화엄 사상을 정립
- 화엄의 근본 도량이 된 부석사(浮石寺)를 창건(676)하고, 화엄 사상을 바탕으로 교단을 형성하여 제자를 양성하고 불교문화의 폭을 확대
- 원융 사상을 설파하여 통일 후 갈등 해소와 왕권 전제화에 공헌
- 현세에서 고난을 구제받고자 하는 관음 신앙을 설파

9. 발해의 이해

암기박사 고구려 계승, 해동성국, 5경 15부 62주 ⇒ 발해

정답 ②

정답 해설

자료에서 밑줄 그은 '이 국가'는 발해이다. 일본에 보낸 국서에 '고려' 또는 '고려국왕'이라는 명칭을 사용한 사실과 문화의 유사성 등으로 보아 발해가 고구려를 계승했음을 알 수 있다. 발해는 선왕 때 전성기를 맞아 중국은 당대의 발해를 해동성국이라 불렀다. 또한 전국을 5경 15부 62주로 나누어 다스렸다.

오답 해설

ㄴ. 통일 신라 : 군사 조직 → 9서당 10정
  통일 신라는 통일 전 1서당 6정이었던 군사 조직을 9서당(중앙군) 10정(지방군)으로 확대 개편하였다.
ㄹ. 통일 신라 : 지방관 감찰 → 외사정 파견
  통일 신라는 지방관의 감찰을 위하여 주·군에 감찰 기관인 외사정(감찰관)을 파견하였다.

핵심노트 ▶ 발해의 고구려 계승 근거

- 건국 주도 세력과 지배층, 사신의 대부분이 고구려인
- 일본과의 외교 문서에서 고려 및 고려국왕이라는 명칭 사용
- 고구려 문화의 계승 : 발해 성터, 수도 5경, 궁전의 온돌 장치, 천장의 모줄임 구조, 사원의 불상 양식, 와당의 연화문, 이불병좌상(법화 신앙), 정혜공주 무덤 양식 등

10. 불국사 삼층 석탑

암기박사 무구정광대다라니경 발견 ⇒ 불국사 삼층 석탑

정답 ①

정답 해설

무구정광대다라니경은 현존하는 세계 최고(最古)의 목판 인쇄물로, 경주에 있는 불국사 삼층 석탑을 보수하는 과정에서 발견되었다. 불국사 삼층 석탑은 경주의 불국사에 있는 통일 신라의 석탑으로 석가탑 또는 무영탑으로 불리며 신라의 전형적인 석탑 양식을 대표한다.

오답 해설

② 분황사 모전 석탑 → 현존 신라의 최고(最古) 석탑
  경북 경주의 분황사에 있는 모전 석탑은 석재를 벽돌 모양으로 만들어 쌓은 탑으로, 현존하는 신라 석탑 중 가장 오래된 석탑이다.
③ 법흥사지 칠층 전탑 → 우리나라에서 가장 큰 전탑
  경북 안동시 법흥사지에 있는 통일 신라 시대의 전탑으로 우리나라에서 가장 큰 전탑이다.
④ 정림사지 오층 석탑 → '백제를 정벌한 기념탑'
  충남 부여의 정림사지에 있는 5층 석탑은 목탑의 구조와 비슷하지만 돌의 특성을 살려 전체저인 형태가 매우 우아하고 아름답다. 당나라 장수 소정방이 백제를 정복한 후 '백제를 정벌한 기념탑'이라는 글귀가 새겨져 있다.

핵심노트 ▶ 무구정광대다라니경

국보 제126호로 목판으로 인쇄된 불경이다. 불국사 3층 석탑(석가탑)의 해체 · 복원 공사가 진행되던 1966년 탑신부 제2층에 안치된 사리함 속에서 다른 유물들과 함께 발견되었다. 출간 연대의 상한과 하한은 700년대 초 ~ 751년인데, 이는 이전까지 가장 오래된 인경으로 알려진 일본의 백만탑 다라니경(770년에 인쇄)보다 앞선 것이다.

11. 고창 전투의 이해

암기박사 차전놀이, 왕건, 견훤 ⇒ 고창 전투

정답 ①

정답 해설

고창 전투는 후삼국 시대에 고창군에서 고려와 후백제 사이에서 벌어졌던 전투이다. 고려는 고창 전투에서 후백제를 격파하여 후삼국 통일에 있어서 유리한 고지를 점령하였다.

오답 해설

② 백제 성왕 전사 → 관산성 전투
  백제 성왕은 신라 진흥왕이 백제가 차지한 한강 유역을 점령하자 신라를 공격하다 관산성 전투에서 전사하였다.
③ 조선 혁명군 → 영릉가 전투

양세봉의 조선 혁명군은 중국 의용군과 연합하여 영릉가 전투에서 일본군에 대승을 거두었다.

④ **몽골의 2차 침입 → 처인성 전투**
몽골의 2차 침입 때 처인성 전투에서 김윤후가 이끄는 민병과 승병에 의해 적장 살리타가 사살되자 몽골은 퇴각하였다.

> 핵심노트 ▶ 고창 전투
>
> 서기 930년 고려의 왕건과 후백제의 견훤이 현재의 경상북도 안동시에 있는 고창에서 맞붙은 전투. 사실상 후삼국 시대의 승패를 결정지은 전투이다.

12. 고려의 대몽 항쟁

암기박사 삼별초 : 용장성 구축 ⇒ 대몽 항쟁 **정답** ①

정답 해설

고려 무신집권기 때에 몽골 사신 저고여 일행이 귀국하던 길에 피살되자 이를 구실로 몽골군이 여섯 차례에 걸쳐 고려를 침입하였다. 몽골의 5차 침입 때 김윤후가 이끄는 민병과 관노는 충주성 전투에서 몽골군을 물리쳤다. 그 후 고려 최씨 무신 정권의 특수 군대인 삼별초가 개경환도에 반대하여 진도에서 용장성을 쌓고 저항하였다.

오답 해설

② **윤관 : 동북 9성 축조 → 여진 정벌**
고려 예종 때 윤관은 별무반을 이끌고 여진을 정벌하여 동북 지방 일대에 9성을 축조하였다.

③ **최무선 : 화통도감 → 왜구 격퇴**
고려 우왕 때 최무선은 화약과 화포 제작을 위해 화통도감을 설치하고 화포를 사용하여 진포(금강 하구)에서 왜구를 격퇴하였다.

④ **초조대장경 조판 → 거란의 침입**
고려 현종 때 거란의 침입을 부처의 힘으로 극복하고자 대구 부인사에서 초조대장경을 조판하였다.

> 핵심노트 ▶ 몽골의 침입과 대몽 항전
>
> - 1차 침입(1231) : 몽골 사신 저고여 일행이 귀국하던 길에 피살되자 이를 구실로 침입
> - 2차 침입(1232) : 최우가 다루가치를 사살하고 강화도로 천도하여 방비를 강화, 처인성 전투에서 살리타가 김윤후가 이끄는 민병과 승병에 의해 사살
> - 3차 침입(1235~1239) : 안성의 죽주산성에서 민병이 승리, 속장경과 황룡사 9층탑 소실, 팔만대장경 조판 착수
> - 4차 침입(1247~1248) : 침입 후 원 황제의 사망으로 철수
> - 5차 침입(1253~1254) : 충주성에서 김윤후가 이끄는 민병과 관노의 승리
> - 6차 침입(1254~1259) : 6년간의 전투로 20여만 명이 포로가 되는 등 최대의 피해가 발생

13. 최무선의 활동

암기박사 화통도감, 화약과 화포 제조 ⇒ 최무선 **정답** ④

정답 해설

고려 말에 최무선은 왜구의 침입을 격퇴하기 위해 중국의 화약 제조 기술을 습득하였다. 정부는 화통도감을 설치하고 최무선을 중심으로 화약과 화포를 제작하였으며, 화포를 이용하여 진포(금강 하구) 싸움에서 왜구를 격퇴하였다.

오답 해설

① **김종서, 최윤덕 : 4군 6진 개척 → 영토 확장**
조선 세종 때 최윤덕과 김종서는 각각 4군과 6진을 개척하여 영토를 확장하였고 오늘날의 국경선이 획정되었다.

② **김윤후 : 처인성 전투 → 살리타 사살**
고려 때 몽골의 2차 침략 당시 김윤후는 처인성 전투에서 살리타를 사살하였다.

③ **이성계 : 요동 정벌 반대 → 위화도 회군**
이성계는 4불가론을 들어 요동 정벌을 반대하고 위화도에서 회군하였다.

> 핵심노트 ▶ 최무선
>
> - 화통도감 설치 : 화약무기를 생산하고 관리하는 국가기관
> - 화약무기 제조 : 주화, 대장군포 등
> - 진포대첩 : 세계 최초의 함포대첩, 1000여척의 배로 500척의 여구를 상대로 대승을 거둠

14. 고려 시대의 경제 상황

암기박사 은병, 해동통보 발행 ⇒ 고려 숙종
전시과 : 전지와 시지 지급 ⇒ 고려 경종 **정답** ②

정답 해설

고려 숙종 때에는 주전도감에서 해동통보 등의 동전 외에 활구라고도 불리는 은병(銀瓶)이 제작되었다. 또한 고려 경종 때에는 전시과 제도를 마련하여 관리들에게 전지와 시지를 품계에 따라 차등 지급하였다.

농작물을 수확할 수 있는 논이나 밭 ↲ 땔감을 얻을 수 있는 임야 ↲

오답 해설

① **고구마, 감자 : 상품 작물 → 조선 후기**
조선 후기에는 감자, 고구마 등 시장에서 판매할 목적으로 상품 작물을 재배하였다.

③ **동시전 : 시장 감독 → 신라 : 지증왕**
신라 지증왕 때 시장을 감독하는 관청인 동시전(東市典)이 수도 경주에 설치되었다.

④ **완도 : 청해진 → 통일 신라 : 장보고**
통일 신라 때 장보고가 완도에 청해진을 설치하여 해상 무역을 전개하였으며 국제 무역의 거점으로 번성하였다.

> 핵심노트 ▶ 고려 시대의 화폐 주조
>
> - 성종 : 건원중보
> - 숙종 : 삼한통보, 해동통보, 해동중보, 동국통보, 활구(은병)
> - 충렬왕 : 쇄은
> - 충혜왕 : 소은병
> - 공양왕 : 저화

15. 경천사지 십층 석탑

암기박사 경천사지 십층 석탑 ⇒ 원의 영향을 받은 고려 시대 석탑

정답 ②

정답 해설

국보 제86호인 개성 경천사지 십층 석탑은 원의 영향을 받아 대리석으로 제작된 고려 시대의 석탑으로, 기존의 신라계 석탑과는 양식을 달리하는 가장 특이하고 세련된 기교를 보이는 탑이다.

오답 해설

① 정림사지 오층 석탑 → 백제
충남 부여에 있는 정림사지 오층 석탑은 목탑의 구조와 비슷하지만 돌의 특성을 살려 전체적인 형태가 매우 우아하고 아름답다. → 당나라 장수 소정방이 백제를 정복한 후 백제를 정벌한 기념탑이라는 글귀가 새겨져 있음

③ 월정사 팔각 구층 석탑 → 고려 시대
월정사 팔각 구층 석탑은 강원도 평창의 월정사 대웅전 앞뜰에 있는 고려 전기의 석탑으로, 당시 불교 문화 특유의 화려하고 귀족적인 면모가 잘 나타난 다각 다층 석탑이다.

④ 화엄사 사사자 삼층 석탑 → 통일 신라
전남 구례의 화엄사에 있는 통일 신라의 석탑으로 석가모니 진신(眞身)이 머물러 있는 기단 모서리에 사자를 넣어 사자좌 위에 탑이 서 있는 독특한 형태의 석탑이다.

16. 삼국사기

암기박사 삼국사기 편찬 ⇒ 고려 인종 : 김부식

정답 ②

정답 해설

고려 인종 때 묘청이 서경 천도 운동을 전개하며 반란을 일으켰으나 김부식이 이끄는 관군이 약 1년여 만에 진압하였다(1135). 김부식은 인종의 명을 받아 현존하는 우리나라 최고(最古)의 역사서인 삼국사기를 편찬하였다(1145).

오답 해설

① 정방 설치 → 최우
최우는 자신의 집에 정방을 설치하였는데, 이는 교정도감에서 인사 행정 기능을 분리한 것으로 문무 관직에 대한 인사권을 장악하였다.

③ 화약 무기 개발 → 최무선
고려 우왕 때 최무선은 화통도감을 설치하여 화약 무기를 개발하고 화포를 제작하였다.

④ 고려에 성리학 최초 소개 → 안향
고려 충렬왕 때 안향이 원으로부터 고려에 성리학을 최초로 소개하였다.

핵심노트 ▶ 삼국사기(인종 23, 1145)

- 시기 : 고려 인종 때 김부식 등이 왕명을 받아 편찬
- 의의 : 현존하는 우리나라 최고(最古)의 역사서
- 사관 : 유교적 합리주의 사관에 기초하여 신라를 중심으로 서술
- 체제 : 본기·열전·지·연표 등으로 구분되어 서술된 기전체 사서
- 구성 : 총 50권으로 구성

17. 정도전의 활동

암기박사 조선경국전 ⇒ 정도전

정답 ②

정답 해설

『조선경국전』은 조선의 헌법이라고 할 수 있는 책으로, 태조 3년에 정도전이 저술하여 올린 법전이다. 이를 통해 정도전은 왕도 정치와 민본 정치를 강조하였다.

오답 해설

① 정약용 : 기기도설 → 거중기 설계
정약용은 『기기도설』을 참고하여 거중기를 설계하였고, 이는 수원 화성 축조 때 사용되었다.

③ 정상기 : 100리 척 → 동국지도 제작
영조 때 정상기는 100리 척의 축척 개념을 사용해 동국지도를 제작하였다.

④ 주세붕 : 최초의 서원 → 백운동 서원
주세붕은 최초의 서원인 백운동 서원을 설립하였다.

핵심노트 ▶ 정도전

- 재상 중심의 정치를 강조하고 민본적 통치 규범을 마련
- 『불씨잡변(佛氏雜辨)』을 통하여 불교를 비판하고 성리학을 통치 이념으로 확립
- 주요 저서 : 『불씨잡변』, 『조선경국전』, 『심기리편』, 『경제문감』, 『경제육전』, 『고려국사』

18. 농사직설의 간행 시기

암기박사 농사직설, 칠정산 ⇒ 세종

정답 ①

정답 해설

『농사직설』은 세종 때 정초 등이 왕명에 따라 편찬한 우리나라 최초의 농서로서, 중국의 농업 기술을 수용하면서 우리의 풍토에 맞는 독자적인 농법을 정리하였다. 또한 이 시기에 중국의 수시력과 아라비아의 회회력을 참고로 한 역법서인 『칠정산』이 간행되었다.

오답 해설

② 광해군 : 허준 → 동의보감
광해군 때 허준은 『동의보감』을 편찬하여 의료 지식의 민간 보급에 기여하였다.

③ 경국대전 : 세조 때 편찬 → 성종 때 반포
조선의 법전인 『경국대전』은 세조 때 편찬되어 성종 때 반포되었다.

④ 철종 : 김정호 → 대동여지도
철종 때 김정호는 대동여지도를 제작하였다.

핵심노트 ▶ 세종의 문화적 업적

- 활자 주조 : 경자자, 갑인자, 병진자, 경오자
- 서적 간행 : 용비어천가, 동국정운, 고려사, 칠정산 내외편, 삼강행실도, 팔도지리지, 효행록 등
- 관습도감 설치 : 박연으로 하여금 아악·당악·향악을 정리하게 함
- 불교 정책 : 5교 양종을 선교 양종으로 통합, 궁중에 내불당 건립
- 과학 기구의 발명 : 측우기, 자격루(물시계), 앙부일구(해시계), 혼천의(천체 운행 측정기)

64

19. 광해군 재위 기간의 사건

암기박사 허준 : 동의보감 ⇒ 조선 광해군

정답 ②

정답 해설
영창대군을 살해하고 인목대비를 유폐한 왕은 광해군이다. 이 시기에 허준이 전통 한의학을 체계적으로 정리한 동의보감을 편찬하여 의료 지식의 민간 보급에 기여하였다.

오답 해설
① 훈민정음 반포 → 조선 세종
  조선 세종은 집현전 학자들과 독창적인 문자인 훈민정음을 반포하였다.
③ 노비안검법 시행 → 고려 광종
  고려 광종은 노비안검법을 시행하여 양인이었다가 불법으로 노비가 된 자를 조사하여 해방시켜 줌으로써 호족과 공신 세력을 견제하였다.
④ 신문고 최초 설치 → 조선 태종
  조선 태종 때에 백성의 억울함을 풀어 주기 위해 대궐 밖에 신문고를 설치하였다.

핵심노트 ▶ 광해군의 정치와 인조반정
- 중립 외교 : 명과 후금 사이에서 중립 외교 전개, 전후 복구 사업 추진
- 북인의 독점 : 광해군의 지지 세력인 북인은 서인과 남인 등을 배제
- 인조반정(1623) : 폐모살제(廢母殺弟) 사건, 재정 악화, 민심 이탈 등을 계기로 발발한 인조반정으로 몰락 → 인목대비 유폐, 영창대군 살해

20. 임진왜란

암기박사 홍의장군 : 곽재우 ⇒ 임진왜란

정답 ②

정답 해설
임진왜란 당시 최초의 의병으로 홍의장군으로 불린 곽재우가 경상도 의령에서 거병하여 진주성 혈전에서 김시민과 함께 의병장으로 활약하였다.

오답 해설
① 이종무 → 대마도 정벌
  조선 세종 때 대일 강경책의 일환으로 이종무가 왜구의 소굴인 대마도(쓰시마 섬)를 정벌하였다.
③ 임경업 → 병자호란
  임경업 장군은 병자호란 당시 청나라 군사의 침입을 막기 위해 민병대를 훈련시키고 백마산성에서 항전하였다.
④ 김윤후 → 처인성 전투
  고려 고종 때 김윤후가 처인성에서 적장 살리타를 사살하고 몽골군을 물리쳤다.

21. 대동법 시행의 결과

암기박사 광해군 : 대동법 ⇒ 공인 : 관청에 물품 조달

정답 ④

정답 해설
광해군 때에 방납의 폐단을 해결하고자 선혜청을 설치하여 대동법을 시행하였다. 대동법의 시행으로 관청에 필요한 물품을 납부하는 공인(貢人)이 등장하였다. → 관허 상인

오답 해설
① 양반에게 군포 부과 → 흥선 대원군 : 호포제
  흥선 대원군은 군정의 문란을 개혁하기 위해 호포제를 실시하고 양반에게도 군포를 부과하였다.
② 1년에 군포 1필로 경감 → 영조 : 균역법
  영조 때 군역의 부담을 줄이고자 균역법을 제정하여 1년에 2필씩 걷던 군포를 1필로 줄였다.
③ 비옥도에 따른 부과 → 세종 : 전분 6등법
  세종 때에는 비옥도에 따라 토지를 6등급으로 나누어 전세를 차등 부과하였다.

핵심노트 ▶ 대동법의 시행 결과
- 농민 부담 경감 : 부과가 종전 가호 단위에서 전세(토지 결수) 단위로 바뀌어, 토지 1결당 미곡 12두만을 납부
- 공납의 전세화 : 공물 대신 토지 결수에 따라 쌀을 차등 과세
- 조세의 금납화 : 종래 현물 징수에서 쌀(대동미)·베(대동포)·동전(대동전)으로 납부
- 국가 재정의 회복 : 과세 기준의 변경으로 지주 부담이 늘고, 대동법의 관리·운영과 재정 수입을 선혜청에서 담당하게 되면서 국가 재정은 어느 정도 회복됨
- 공인(貢人) : 대동법이 실시되면서 등장한 관허 상인으로 이들의 활발한 활동은 상품 화폐 경제의 발달을 촉진
- 상품 화폐 경제의 발달 : 상품 수요가 증가하고 시장이 활성화, 상품 구매력의 증가로 자급자족에서 유통 경제로 변화

22. 조선 후기 서민 문화

암기박사 한글 소설을 전문적으로 읽어주는 사람 ⇒ 전기수

정답 ④

정답 해설
조선 후기에는 인물과 장면, 분위기에 어울리는 목소리로 책 읽는 솜씨가 뛰어난 전기수가 저잣거리에서 심청전, 춘향전 등의 한글 소설을 전문적으로 읽어주었다.

오답 해설
① 규장각의 관리 → 검서관
  조선 정조 때 설치된 규장각 각신의 보좌, 문서 필사 등의 업무를 맡은 관리로 박제가, 이덕무, 유득공 등이 이에 해당된다.
② 봇짐 또는 등짐 장수 → 보부상
  봇짐이나 등짐을 지고 돌아다니며 물건을 파는 상인으로 조선 시대에는 보부상단을 만들어 전국적인 조직을 갖추었다.
③ 손님 몰이꾼 → 여리꾼
  상점 앞에서 손님을 끌어들여 물건을 사게 하고 주인으로부터 얼마간의 보수를 받는 손님 몰이꾼이다.

23. 창덕궁의 이해

암기박사 돈화문, 별궁, 정궁, 유네스코 세계유산 ⇒ 창덕궁

정답 ②

정답 해설

창덕궁은 태종 때 지어진 조선시대의 궁궐로, 별궁으로 세워졌고 임진왜란 이후에는 정궁의 역할을 하였다. 이는 1997년에 유네스코 세계 문화유산으로 등재되었다.

오답 해설

① 덕수궁 : 서양식 건물 → 석조전
  덕수궁은 서울시 중구에 있는 조선 시대의 궁궐로, 서양식 건물인 석조전이 있다.
③ 덕수궁(경운궁) : 고종 → 환궁
  덕수궁(경운궁)은 고종이 아관파천 이후 환궁한 곳이다.
④ 경복궁 : 한양 천도 → 창건
  경복궁은 태조 이성계가 조선을 건국하고 한양으로 천도하면서 창건되었다.

24. 조선 후기의 회화

암기박사 까치와 호랑이 : 민화 ⇒ 조선 후기

정답 ①

정답 해설

조선 후기에는 까치와 호랑이 민화와 같이 민중의 미적 감각을 잘 나타낸 민화가 유행하였는데, 우화적이며 내용이나 발상 등에 소박한 우리 정서가 잘 배어 있다.

오답 해설

② 고사관수도 → 조선 전기
  고사관수도는 조선 전기의 사대부 화가 인재 강희안의 작품으로, 깎아지른 듯한 절벽을 배경으로 바위 위에 양팔을 모아 턱을 괸 채 수면을 바라보는 선비의 모습을 묘사하였다.
③ 수월관음도 → 고려 후기
  일본 사가현 경신사에 있는 수월관음도로 고려 충선왕 때 제작되었다. 관음보살이 왼쪽 측면을 향하여 반가한 자세로 앉아 있는 그림으로 고려 수월관음도의 통례와는 정반대의 모습이다.
④ 초충도 → 조선 중기
  초충도는 조선 중기 율곡 이이의 어머니인 신사임당이 그린 작품으로 풀과 벌레를 소재로 그렸다.

핵심노트 ▶ 조선 후기의 민화

- 대상 : 조선 후기에는 민중의 미적 감각을 잘 나타낸 민화가 유행
- 소재 : 한국의 자연과 농경 · 풍속 등을 소재로 해 · 달 · 나무 · 꽃 · 동물 · 물고기 등을 그림
- 목적 : 예술적 감상보다는 서민의 생활공간을 장식하기 위한 그림
- 표현 : 서민의 기원과 소망, 민간 신앙, 생활 윤리 규범을 표현함
- 특징 : 우화적이며, 내용이나 발상 등에 소박한 우리 정서가 배어 있음

25. 동학의 이해

암기박사 경전 : 동경대전 ⇒ 동학

정답 ①

정답 해설

동학을 창시한 교조 최제우는 1864년에 혹세무민의 죄로 처형당하였다. 2대 교주인 최시형은 '사람이 곧 하늘'이라는 인내천 사상을 강조하면서 교세를 확장하고 동학의 경전인 동경대전과 포교 가사집인 용담유사를 펴내 교리를 정리하였다.

오답 해설

② 단군 숭배 사상 → 대종교
  대종교의 3종사(宗師)인 나철, 김교헌, 서일은 단군 숭배 사상을 전파하여 민족 의식을 고취하였다.
③ 미륵불이 세상 구원 → 예언 사상
  세도 정치기에는 비기, 도참과 같은 예언 사상이 유행하여 미륵불이 세상을 구원한다고 예언하였다.
④ 서학으로 소개 → 천주교
  천주교는 중국에 다녀온 사신들에 의해 서양 학문인 서학으로 소개되었다.

핵심노트 ▶ 동학

교리	인내천(사람이 곧 하늘)
전파 과정	• 창시 : 최제우 • 2대 교주 : 최시형 • 3대 교주 : 손병희
탄압	• 철종 14년(1863) : 사교로 규정하고 금령 반포 • 고종 1년(1864) : 혹세무민(세상을 어지럽히고 백성을 현혹함)의 죄로 교주 최제우를 처형
교세 확대	• 2대 교주 최시형은 교세를 확대하면서 『동경대전』과 『용담유사』를 펴내어 교리를 정리 • 의식과 제도를 정착시키고 포 · 접 등 교단 조직을 정비

26. 흥선 대원군의 정책

암기박사 서원의 폐단, 사창제 ⇒ 흥선 대원군

정답 ③

정답 해설

제시된 자료는 흥선 대원군의 서원 철폐 정책과 관련한 내용이다. 흥선 대원군은 국가 재정 확충과 민생 안정을 위해 국가 재정을 좀먹고 백성을 수탈하며 붕당의 온상이던 서원을 정리하였다. 또한 환곡의 폐단을 없애고자 사창제를 실시하였다.

오답 해설

① 정조 : 국왕 친위 부대 → 장용영
  정조는 국왕 친위 부대인 장용영을 설치하여 왕권을 뒷받침하는 군사적 기반을 갖추었다.
② 성종 : 조선의 기본 법전 → 경국대전
  세조 때 착수하였다가 성종 때 완성된 『경국대전』은 조선의 기본 법전이다.

④ 정조 : 관리 재교육 → 초계문신제
정조는 관리들의 재교육을 위해 초계문신제를 실시하였다.

> 핵심노트 ▶ 대원군의 개혁 정치
>
> - 왕권 강화 정책 : 사색 등용, 비변사 혁파, 경복궁 재건, 법치 질서 정비(대전회통, 육전 조례)
> - 애민 정책 : 서원 정리, 삼정의 개혁(양전 사업, 호포제, 사창제)

27. 혼일강리역대국도지도

정답 ③

암기박사 동양 최고(最古)의 세계 지도 ⇒ 혼일강리역대국도지도

정답 해설

혼일강리역대국도지도는 조선 태종 때 권근·김사형·이회 등이 제작한 세계 지도로, 현존하는 동양 최고(最古)의 세계 지도이다. 지도 하단에 권근이 쓴 발문에 의하면 이 지도는 중국에서 들여와 우리나라와 일본을 추가하여 새로 편집한 지도이다.

오답 해설

① 목판 제작 : 대량 인쇄 가능 → 대동여지도
  대동여지도는 조선 철종 때 김정호가 제작한 우리나라 대축척 지도로, 대량 인쇄가 가능한 목판으로 제작되었다.
② 최초로 100리 척 적용 → 동국지도
  동국지도는 조선 영조 때 정상기가 제작한 지도로 최초로 100리 척의 축척 개념이 적용되었다.
④ 각 지방의 산천, 인물, 풍속 수록 → 동국여지승람
  조선 성종 때 서거정은 팔도지리지를 보완하여 각 지방의 산천, 인물, 풍속 등이 수록된 동국여지승람을 편찬하였다.

28. 영조의 업적

정답 ③

암기박사 균역법, 속대전 ⇒ 영조

정답 해설

영조는 백성들의 군역 부담을 줄여주기 위해 균역법을 실시하여 1년에 군포 2필을 부담하던 것을 1필로 경감시켰다. 또한 법전인 『속대전』을 편찬하였다.

오답 해설

① 세종 : 집현전 → 학문 연구
  세종은 궁중 내에 집현전을 설치하여 왕실의 학문 연구와 유교 정치 활성화에 힘썼다.
② 세조 : 직전법 → 현직 관리에게 수조권 지급
  세조는 직전법을 실시하여 현직 관리에게만 수조권을 지급하여 국가의 수조권 지배를 강화하였다.
④ 숙종 : 금위영 → 5군영 체제
  숙종은 금위영을 설치하여 5군영 체제를 완성하였다.

> 핵심노트 ▶ 군역 제도의 흐름
>
> 보법(保法, 세조) → 대립제(15세기 중엽) → 방군수포제(16세기 초) → 군적수포제(16세기 중엽) → 군역의 폐단이 만연 → 균역법(영조 26, 1750) → 군정(軍政)의 문란 → 호포제(대원군)

29. 을미개혁

정답 ①

암기박사 태양력, 연호 건양, 단발령 ⇒ 김홍집 : 을미개혁

정답 해설

을미사변 후 김홍집 친일 내각이 을미개혁을 추진하였는데, 이 때 건양이라는 연호를 제정하고 태양력을 사용하였으며 단발령을 시행하였다 (1895).

오답 해설

② 박문국 : 출판 기관 → 김옥균, 서광범, 박영효
  박문국은 김옥균, 서광범, 박영효 등의 노력으로 설치된 출판 기관으로 최초의 근대식 신문인 한성순보를 발간하였다(1883).
③ 대전회통 편찬 → 흥선 대원군
  흥선 대원군은 경국대전, 속대전, 대전통편 등을 보완한 대전회통을 편찬하여 통치 체제를 정비하였다(1865).
④ 삼정이정청 설치 : 삼정의 문란 해결 → 박규수
  철종은 임술 농민 봉기가 발발하자 삼정의 문란을 해결하기 위해 안핵사 박규수의 건의로 삼정이정청을 설치하였다(1862).
  → 조선 후기 지방에서 사건이 발생하였을 때 처리를 위해 파견한 임시 직책

> 핵심노트 ▶ 을미개혁의 내용
>
> - 종두법 실시
> - 소학교 설립
> - 태양력 사용
> - 우편 제도 실시
> - 연호 건양(建陽) 사용
> - 단발령 실시
> - 군제의 개편 → 훈련대 폐지, 중앙군(친위대 2개)·지방군(친위대) 설치

30. 육영 공원의 이해

정답 ④

암기박사 1886년, 최초의 관립 근대 학교 ⇒ 육영 공원

정답 해설

육영 공원은 1886년 보빙사 민영익의 건의로 설립된 최초의 근대식 관립 학교로, 길모어·헐버트 등 미국인 교사를 초빙하여 상류층의 자제들에게 근대 학문 교육을 실시하였다.

오답 해설

① 광혜원 : 우리나라 최초 → 서양식 병원
  광혜원은 1885년에 설립된 근대식 국립 의료 기관으로, 우리나라 최초의 서양식 병원이다.
② 박문국 : 관립 인쇄 기구 → 한성순보 발간
  박문국은 개항 이후 설립된 관립 인쇄 기구로, 최초의 근대 신문 한성

순보를 발간하였다.
③ 원산 학사 : 덕원 관민 → 최초의 근대식 사립학교
원산 학사는 덕원 관민의 요청으로 세워진 우리나라 최초의 근대식 사립학교이다.

31. 유길준의 활동

[암기박사] 보빙사, 서유견문 ⇒ 유길준   **정답 ③**

[정답 해설]
유길준은 최초의 구미 사절단인 보빙사의 일원으로, 미국에 남아 유학하고 유럽 여행 후 귀국하여 『서유견문』을 저술하였다. 또한 유길준은 갑신정변 이후 독일 부영사 부들러와 함께 조선 중립화론을 제기하였다.

[오답 해설]
① 조선 상고사, 독사신론, 조선 혁명 선언 → 신채호
민족주의 사학자 신채호는 조선 상고사를 저술하여 역사를 아(我)와 비아(非我)의 투쟁으로 보았다. 또한 만주와 부여족 중심의 고대사를 서술한 독사신론을 저술하였고 의열단의 행동 강령으로 조선 혁명 선언을 작성하였다.
② 대한매일신보 창간 → 양기탁
한말의 언론인이자 독립운동가인 양기탁은 만민 공동회의 간부로 활약하다 영국인 베델과 제휴하여 대한매일신보를 창간하였다.
④ 신흥 강습소 설립 : 독립군 양성 → 이회영
신민회의 일원인 이회영은 삼원보에 경학사를 조직하고 신흥 강습소를 설립하여 독립군을 양성하였다.

[핵심노트] ▶ 유길준
한말의 개화운동가이자 최초의 국비유학생으로, 미국에서 공부하였다. 귀국 후 7년 동안 감금되어 『서유견문』을 집필하였고, 새로운 국 · 한문체의 보급에 크게 공헌하였다. 이후 국민교육과 계몽사업에 힘썼다.

32. 군국기무처의 이해

[암기박사] 의정부 산하, 정책 의결 기구, 김홍집, 개혁 안건 ⇒ 군국기무처   **정답 ③**

[정답 해설]
제1차 갑오개혁 당시 김홍집 내각은 초정부적 회의 기관인 군국기무처를 설치하고 개혁 정치를 추진하였다. 그 내용으로는 조혼 금지, 과거제 폐지, 과부의 재가 허용, 왕실과 정부의 사무 분리 등이 있다.

[오답 해설]
① 탁지아문 : 국가 재무 총괄 → 중앙 행정 관청
탁지아문은 제1차 갑오개혁 이후 설치된 기관으로, 국가 재무를 총괄하는 중앙 행정 관청이다.
② 삼정이정청 : 삼정의 폐단 → 임시 관청
삼정이정청은 진주 농민 봉기 이후 삼정의 폐단을 해결하기 위해 세운 임시 관청이다.
④ 통리기무아문 : 12사 → 개화 정책

통리기무아문은 아래 12사를 두고 개화 정책을 추진하였다.

[핵심노트] ▶ 제1차 갑오개혁의 주요 내용
- 개국 연호를 사용하여 청의 종주권 부인
- 왕실과 정부의 사무 분리
- 과거제 폐지
- 재정 일원화
- 은(銀) 본위 화폐 제도를 채택, 일본 화폐 통용 허용, 조세의 금납제 시행
- 도량형 개정 · 통일
- 신분제 철폐
- 조혼 금지, 과부 개가 허용

33. 대한 제국과 광무개혁

[암기박사] 고종 : 광무개혁 ⇒ 지계 발급   **정답 ①**

[정답 해설]
광무개혁 때 고종은 근대적 토지 소유제도 마련을 위해 양지아문을 설치하여 양전사업을 실시하고 토지 소유자에게 지계를 발급하였다. → 토지증서

[오답 해설]
② 갑신정변 : 14개조 정강 → 재정을 호조로 일원화
갑신정변을 통해 발표된 14개조 정강에 재정을 호조로 일원화하는 내용이 포함되어 있다.
③ 갑신정변 : 14개조 정강 → 청에 조공하는 허례 폐지
갑신정변을 통해 발표된 14개조 정강에 청에 조공하는 허례를 폐지하는 내용이 포함되어 있다.
④ 동학 농민 운동 : 폐정 개혁안 → 왜와 내통한 자 처벌
동학 농민 운동 당시 발표된 폐정 개혁안에 왜와 내통한 자는 처벌한다는 내용이 포함되어 있다.

[핵심노트] ▶ 광무개혁의 내용

정치	대한국 국제 반포, 원수부 설치, 시위대 창설, 호위군 증강 · 개편, 진위대를 6대 연대로 증강
경제	지계 발급, 내장원의 재정업무 관할, 상공업 진흥책 실시, 실업학교 및 기술 교육기관 설립
사회	광제원 설치, 소학교 · 중학교 · 사범학교 등 설립, 무관학교 설립, 교통 · 통신 · 전기 · 의료 등의 근대적 시설 확충

34. 국채 보상 운동의 이해

[암기박사] 국채, 한민족 1천만이 한 사람 1원씩 ⇒ 국채 보상 운동   **정답 ④**

[정답 해설]
국채 보상 운동은 일제의 강제 차관 도입으로 인해 정부가 짊어진 1,300만 원의 외채를 국민의 힘으로 상환하여 국권을 회복하자는 운동으로, '한민족 1천만이 한 사람 1원씩'을 구호로 하였다.

[오답 해설]
① 물산 장려 운동 : 평양 → 조선 물산 장려회 주도

물산 장려 운동은 평양에서 시작되어 조선 물산 장려회의 주도로 전개되었다.

② **신간회 : 민중 대회 계획 → 무산**
  신간회는 광주 학생 항일 운동 조사단을 파견하고 민중 대회를 계획하였으나 일제에 의해 무산되었다.

③ **보안회 : 일제의 황무지 개간권 요구 → 저지**
  보안회는 일제의 황무지 개간권 요구에 반대하여 이를 저지하였다.

핵심노트 ▶ 물산 장려 운동

활동	일본 상품 배격, 국산품 애용 등을 강조
구호	내 살림 내 것으로, 조선 사람 조선 것, 우리가 만들어서 우리가 쓰자
확산	전국적 민족 운동으로 확산되면서 근검 절약, 생활 개선, 금주·단연 운동도 전개

35. 헤이그 특사 이준

암기박사 을사늑약의 불법성 폭로 ⇒ 헤이그 특사 : 이준
정답 ④

정답 해설

이준은 이상설, 이위종과 함께 네덜란드 헤이그에서 열린 만국 평화 회의에 특사로 파견되어 을사늑약 체결의 불법성을 폭로하였다.

오답 해설

① **조선책략 유입 → 김홍집**
  2차 수신사인 김홍집이 일본에 갔다가 귀국할 때 황준헌이 지은 조선책략을 국내에 유입하였다.

② **영남 만인소 주도 → 이만손**
  이만손은 김홍집의 조선책략 유포에 반발하여 영남 만인소를 주도하고 그의 처벌을 요구하였다.

③ **한국독립운동지혈사 저술 → 박은식**
  박은식은 일제 침략에 대항하여 독립 투쟁 과정을 정리한 한국독립운동지혈사를 저술하였다.

36. 개화기의 신문물 수용

암기박사 경인선, 광혜원, 명동 성당 ⇒ 개화기 신문물
정답 ④

정답 해설

전화는 1896년, 전차는 1899년에 개통된 근대 문물이다. 경인선 개통(1899), 광혜원 개원(1885), 명동 성당 건립(1898)은 모두 개화기 신문물에 해당한다. 경성 제국 대학은 1924년 일제가 설립한 고등 교육 기관이다.

오답 해설

① **우리나라 최초의 철도 → 경인선 철도**
  서울과 인천을 연결하는 우리나라 최초의 철도인 경인선 철도가 개통되었다. → 노량진~제물포

② **최초의 근대식 국립 의료 기관 → 광혜원**
  광혜원은 우리나라 최초의 근대식 국립 의료 기관으로 미국인 선교사 → 후에 제중원으로 개칭 알렌(Allen)의 건의로 설립되었다.

③ **중세 고딕 양식의 대성당 → 명동 성당**
  명동 성당은 한국 천주교를 대변하는 중세 고딕 양식의 대성당으로, 6월 민주 항쟁 당시 시위대가 농성한 한국 민주화 운동의 성지이다.

핵심노트 ▶ 개항 이후의 서양 문물 수용

- 동도서기론에 입각하여 서양 과학 기술 수용
- 조사 시찰단과 영선사 파견
- 무기 제조 기술 외에 산업 기술의 수용에도 관심이 높아져서, 1880년대에는 양잠·방직·제지·광산 등에 관한 기계를 도입하고 외국 기술자를 초빙
- 1890년대 : 근대적 과학 기술의 수용을 위해서는 교육 제도의 개혁이 급선무임을 인식하여 갑오개혁 이후 유학생의 해외 파견을 장려하고 교육 시설을 갖추는 데 노력

37. 민족 말살 통치기의 일제 정책

암기박사 국가 총동원법, 국민 징용령 ⇒ 민족 말살 통치기
정답 ④

정답 해설

제시된 법령은 일제가 민족 말살 통치기에 제정한 국가 총동원법으로 조선에 대한 인적·물적 자원 수탈을 가속화하였다. 또한 일제는 민족 말살 통치기에 조선인 근로자의 노동력을 착취하기 위해 국민 징용령을 공포하였다.

오답 해설

① **조선 태형령 → 무단 통치기**
  일제는 무단 통치기에 한국인에 한하여 태형을 통해 형벌을 가하는 조선 태형령을 공포하였다.

② **헌병 경찰제 → 무단 통치기**
  일제가 무단 통치기에 강압적 통치를 목적으로 헌병이 경찰 업무를 대행하는 헌병 경찰제를 시행하였다.

③ **치안 유지법 → 문화 통치기**
  치안 유지법은 일제가 문화통치기에 제정한 사상 통제법으로, 공산주의 및 무정부주의 운동을 탄압하기 위해 제정한다고 했으나 사실상 독립 운동에 대한 전반적 탄압을 위해 만들어진 법률이었다.

핵심노트 ▶ 국가 총동원법(1938)

- 식량 수탈 : 산미 증식 계획 재개, 미곡 공출제, 식량 배급제
- 전쟁 물자 공출 : 금속제 공출 → 농기구, 식기, 제기, 교회나 사원의 종
- 인적 자원의 수탈
  - 징용 : 노무 동원(1939), 징용령(1939)
  - 근로 동원 : 어린 학생을 동원
  - 여자 정신대 근로령(1944) : 여성 동원을 법제화
  - 일본군 위안부 : 반인권적, 반인륜적 범죄
  - 병력 동원 : 지원병제(1938), 학도 지원병제(1943), 징병제(1943)

38. 1930년대 국외 무장 독립 전쟁

암기박사 조선 혁명군 : 영릉가 전투(1932) ⇒ 김원봉 : 조선 의용대 조직(1938)

정답 ④

정답 해설

양세봉이 만주에서 조직한 조선 혁명군은 중국 의용군과 연합하여 영릉가 전투에서 일본군에 대승을 거두었다(1932). 그 후 김원봉의 조선 의용대가 조선 민족 전선 연맹 산하 부대로 한커우에서 조직되어 대일 항일전에 참여하였다(1938).

오답 해설

① 조선 독립군 인계 조약 → 미쓰야 협정
미쓰야 협정은 총독부 경무국장 미쓰야와 만주의 봉천성 경무처장 우징 사이에 맺어진 협정으로, 만주 지역의 한국인 독립 운동가를 체포해 일본에 인계한다는 조약이다(1925).

② 북로 군정서 → 청산리 전투
김좌진의 북로 군정서군과 홍범도의 대한 독립군이 연합하여 청산리 전투에서 일본군을 대파하였다(1920).

③ 대한 독립군 → 봉오동 전투
홍범도의 대한 독립군이 대한 국민회군과 연합하여 봉오동에서 일본군을 격퇴하였다(1920).

39. 이육사의 생애

암기박사 시 : 청포도, 절정' ⇒ 이육사

정답 ③

정답 해설

이육사는 본명이 이원록으로 일제 강점기에 활동한 저항 시인이다. '청포도', '절정' 등 항일 의식과 민족 정서를 담은 작품을 다수 창작하였다.

오답 해설

① 실험적 모더니즘 문학 개척 → 이상
이상은 일제 강점기 시인이자 소설가로, 기존의 문학적 체계를 뒤엎고 실험적 모더니즘 문학을 개척한 대표적인 작가이다.

② 그날이 오면, 상록수 → 심훈
심훈은 문학가이자 독립운동가로 그 날이 오면, 상록수 등의 작품을 남겼다.

④ 일제 강점기 저항 시인 → 윤동주
윤동주는 일제 강점기에 활동한 시인이자 독립 운동가이다. 그는 문인 활동을 통해 일제의 탄압에 저항하였고 서시, 별 헤는 밤, 하늘과 바람과 별과 시 등의 작품을 남겼다.

핵심노트 ▶ 일제 강점기의 문학 활동

- 일제의 탄압이 강화되자 많은 문인들이 작품 활동을 중단하거나 현실도피적인 순수 문학을 전개 → 정지용과 김영랑, 박용철 등은 시문학 동인으로 활약하여 순수 문학 발전에 기여
- 문학의 분야가 소설·희곡·평론·수필 등으로 다양해지고 내용도 세련미를 갖춤
- 친일 문학 : 문인들은 작품 활동을 중단하고 침묵으로 일관하였으나, 이광수·최남선 등 일부 문인들은 침략 전쟁을 찬양하는 활동에 참여
- 저항 문학
  – 전문적 문인 : 한용운·이육사·윤동주 등은 항일의식과 민족 정서를 담은 작품을 창작
  – 비전문적 문인 : 독립 운동가 조소앙, 현상윤 등은 일제에 저항하는 작품을 남김
  – 역사 소설 : 김동인·윤백남 등은 많은 역사 소설을 남겨 역사와 민족의식을 고취

40. 대한민국 임시 정부

암기박사 구미 위원부 설치 ⇒ 대한민국 임시 정부

정답 ④

정답 해설

국내의 13도 대표가 창설한 한성 정부를 계승하여 상하이에 설립한 것은 대한민국 임시 정부이다. 대한민국 임시 정부는 미국에 구미 위원부를 설치하여 국제 연맹과 워싱턴 회의에 우리 민족의 독립 열망을 전달하는 외교 활동을 전개하였다.

오답 해설

① 삼원보 : 경학사 조직 → 신민회
신민회는 독립 전쟁의 기반을 다지고 장기적 독립 전쟁 수행을 위해 서간도 삼원보에 자치기구인 경학사를 조직하였다.

② 오세창 : 만세보 발행 → 천도교
오세창이 천도교 기관지인 만세보를 발행하여 신지식 개발과 신문화 보급 운동 등 민중 계몽에 힘썼다.

③ 대구 : 비밀 결사 단체 → 대한 광복회
박상진은 공화정체의 국민 국가 수립을 목표로 대구에서 비밀 결사 단체인 대한 광복회를 조직하였다.

핵심노트 ▶ 대한민국 임시 정부의 활동

- **군자금의 조달** : 애국 공채 발행이나 국민의 의연금으로 마련, 국내외에서 수합된 자금은 연통제나 교통국 조직망에 의해 임시 정부에 전달되었으며, 만주의 이륭양행이나 부산의 백산 상회를 통하여 전달되기도 함
- **외교 활동** : 파리 강화 회의에 김규식을 대표로 파견하여 독립을 주장, 미국에 구미 위원부를 두어 국제 연맹과 워싱턴 회의에 우리 민족의 독립 열망을 전달
- **문화 활동** : 기관지로 〈독립신문〉을 간행하여 배포, 사료 편찬소를 두어 한·일 관계 사료집과 〈한국 독립 운동 지혈사〉(박은식) 등 간행
- **군사 활동**
  – 육군 무관 학교의 설립 : 독립 전쟁을 수행할 초급 지휘관 양성
  – 임시 정부 직할대 : 만주에서 활동하던 무장 독립군을 임시 정부 직할의 군대로 개편하여 광복군 사령부·광복군 총영·육군 주만 참의부 등을 결성
  – 한국 광복군의 창설(1940) : 임시 정부의 김구와 지청천 등이 한국 광복군을 창설하고 군사력을 증강하여 무장항전을 주도 → 태평양 전쟁을 계기로 대일 선전포고를 한 후 참전(1943)했으며, 국내 진공 작전을 준비했으나 일제의 패망으로 실현하지 못함

41. 형평 운동의 이해

암기박사 백정, 차별 철폐 ⇒ 형평 운동

정답 ②

정답 해설

'백정의 칭호가 없어지고 평민이 된 우리들'이라고 한 것을 통해 자료의 사회 운동이 조선의 형평 운동임을 알 수 있다. 형평 운동은 갑오개혁으로 신분제가 폐지된 이후에도 백정에 대한 사회적 차별이 지속되자, 백정들이 이에 반발하여 일으킨 신분 해방 운동이다. 백정들은 진주에서 조선 형평사를 결성(1923)하고, 서울로 본부를 옮긴 뒤 전국에 지사를 설치하

70

여 전국적으로 확대시켜 나갔다.

오답 해설

① 독립 협회 : 관민 공동회 → 헌의 6조
독립 협회는 관민 공동회를 개최하고 헌의 6조를 건의하였다.

③ 3·1 운동 : 중국 → 5·4 운동
3·1 운동은 중국의 5·4 운동에 영향을 주었다.

④ 광주 학생 항일 운동 : 광주 → 전국적 확산
광주 학생 항일 운동은 광주에서 시작하여 전국적으로 확산되었다.

핵심노트 ▶ 조선 형평사 취지문

공평은 사회의 근본이고 애정은 인류의 본령이다. 그러한 까닭으로 우리는 계급을 타파하고 모욕적 칭호를 폐지하여, 우리도 참다운 인간이 되는 것을 기하자는 것이 우리의 주장이다. 지금까지 조선의 백정은 어떠한 지위와 압박을 받아왔는가? 과거를 회상하면 종일 통곡하고도 피눈물을 금할 수 없다. … 직업의 구별이 있다고 한다면 금수의 생명을 빼앗는 자는 우리들만이 아니다.

42. 독립 투쟁

암기박사 이회영 : 신흥 강습소 설립 ⇒ 김좌진 : 청산리 대첩 ⇒ 윤봉길 : 홍커우 공원 의거 **정답** ③

정답 해설

(나) 이회영 : 신흥 강습소 설립(1910년대)
신민회의 일원인 이회영은 삼원보에 경학사를 조직하고 독립군을 양성하기 위하여 신흥 강습소를 설립하였다(1911).

(가) 김좌진 : 청산리 대첩(1920년대)
청산리 대첩은 김좌진 장군이 간도의 청산리에서 일본군을 대파하여 독립군 사상 최대의 승리를 이끈 전투이다(1920).

(다) 윤봉길 : 홍커우 공원 의거(1930년대)
일제 강점기의 독립운동가 윤봉길은 상하이 홍커우 공원에서 열린 일본군 축하 기념식에서 폭탄을 투척하였다(1932).

43. 보안회의 활동

암기박사 일제의 황무지 개간권 요구 저지 ⇒ 보안회 **정답** ①

정답 해설

보안회는 1904년 7월 13일 일본의 조선황무지 개간권 요구에 대항하기 위하여 서울에서 조직된 항일 단체로 일본의 개간권 요구를 철회시켰다.

오답 해설

② 민족 유일당 운동 : 정우회 선언 → 신간회
민족주의 진영과 사회주의 진영의 연대에 의한 민족 유일당 운동의 일환으로 정우회 선언 후 신간회가 결성되었다.

③ 안창호, 양기탁 : 비밀 결사 단체 → 신민회
신민회는 국권 회복과 공화정체의 국민 국가 건설을 목적으로 안창호와 양기탁이 중심이 되어 조직한 비밀 결사 단체로, 일제가 조작한 105인 사건으로 해체되었다.

④ 여성계 민족 유일당 조직 → 근우회
근우회는 여성 노동자의 권익 옹호와 생활 개선을 위해 김활란 등을 중심으로 한 여성계 민족 유일당 조직이다.

핵심노트 ▶ 보안회

1904년 일본의 황무지 개척을 반대하기 위해 만든 단체. 일제시대 경제적 항일 운동 중의 하나. 일본은 황무지를 개척하여 조선의 토지를 차지하려고 하였다. 이에 송수만 등이 보안회를 조직하여 황무지 개간 반대 운동을 전개함으로써 일본은 황무지 개척 요구를 철회하였다.

44. 모스크바 3국 외상 회의의 내용

암기박사 신탁 관리 결의, 미·소 공동 위원회 ⇒ 모스크바 3국 외상 회의 **정답** ③

정답 해설

미군과 소련군의 군정이 실시되는 가운데 미국·영국·소련의 3국 외상은 모스크바에서 회의를 열어 한반도 문제를 협의하였다. 이 회의에서 한국에 임시 민주 정부를 수립하기 위하여 미·소 공동 위원회를 설치하고, 최고 5년 동안 미·영·중·소 4개국의 신탁 통치하에 두기로 결정하였다.

오답 해설

① 남한만의 단독 선거 결정 : 보통 선거 → 5·10 총선거
남한만의 단독 선거 결정으로 우리나라 최초의 보통 선거인 5·10 총선거가 실시되었다.

② 여운형 : 조선 건국 동맹 → 민주주의 국가 설립
여운형을 중심으로 한 조선 건국 동맹은 민주주의 국가 설립을 목표로 활동하였다.

④ 유엔 총회 : 유엔의 감시 → 남북한 총선거
유엔 총회는 유엔의 감시 하에 남북한 총선거 실시를 결정하였다.

핵심노트 ▶ 한국에 대한 모스크바 3상 회의 결정서(1945)

- 한국을 독립 국가로 재건하기 위해 임시적인 한국 민주 정부를 수립한다.
- 한국 임시 정부 수립을 돕기 위해 미·소 공동 위원회를 설치한다.
- 미, 영, 소, 중의 4개국이 공동 관리하는 최고 5년 기한의 신탁 통치를 실시한다.
- 남북한의 행정·경제면의 항구적 균형을 수립하기 위해 2주일 이내에 미·소 양군 사령부 대표 회의를 소집한다.

45. 농지 개혁법의 이해

암기박사 정부 귀속 농지, 정부 매수 농지 ⇒ 농지 개혁법 **정답** ①

정답 해설

제시된 자료는 1949년에 제정된 농지 개혁법의 일부이다.

오답 해설

② 일제 : 식량 수탈 → 산미 증식 계획
일제는 공업화 추진에 따른 식량 부족과 쌀값 폭등을 우리나라에서의 식량 수탈로 해결하고자 산미 증식 계획을 실시하였다.

③ 일제 : 소작농 불만 → 농촌 진흥 운동
일제는 소작농들의 불만을 무마시키고자 농촌 진흥 운동을 전개하였다.

④ 일제 : 토지 조사 사업 → 토지 약탈 본격화

일제는 1910년대에 토지 조사 사업을 실시하여 토지 약탈을 본격화하였다.

핵심노트 ▶ 농지 개혁법(1949년 제정, 1950년 시행)

목적	소작제를 철폐하고 자영농을 육성하고자 경자 유전의 원칙에 따라 시행
원칙	• 삼림, 임야 등 비경작지를 제외한 농지만을 대상으로 한 개혁 • 3정보를 상한으로 그 이상의 농지는 유상 매입하고 지가 증권을 발급하여 5년간 지급 • 매수한 토지는 영세 농민에게 3정보를 한도로 유상 분배하여 5년간 수확량의 30%씩을 상환하도록 함

46. 독도의 이해

암기박사 세종실록, 태정관 지령, 대한 제국 칙령 제41호 ⇒ 독도

정답 ③

정답 해설

(가)는 독도이다. 독도는 신라 지증왕 때 이사부를 파견하여 우산국을 복속 한 이래로 우리나라의 영토였다. 양헌수 부대가 프랑스군을 격퇴한 것은 병인박해로, 강화도에서 일어난 사건이다.

오답 해설

① 독도 : 세종실록 → 우산

독도는 『세종실록지리지』에 '우산'으로 기록되어 있다.

② 독도 : 태정관 지령 → 일본과 관련이 없음

일본 메이지 정부는 태정관에서 죽도(울릉도)와 일도(독도)가 관계가 없다는 지령을 내렸다.

④ 독도 : 대한 제국 칙령 제41호 → 독도 관할

대한제국은 칙령 제41호를 통해 독도를 관할하게 하였다.

47. 분단의 역사 판문점

암기박사 6·25 전쟁 : 휴전 협정 체결 ⇒ 판문점

정답 ④

정답 해설

6·25 전쟁의 휴전 협정이 체결된 곳은 판문점으로 소련의 유엔 대표가 휴전을 제의하여 판문점에서 휴전 회담이 진행된 후 휴전 협정이 체결되었다. 판문점은 최근 문재인 대통령과 김정은 국무위원장 그리고 트럼프 미국 대통령과 김정은 국무위원장 간에 정상회담이 이루어진 곳이기도 하다.

오답 해설

① 신미양요 → 강화도 : 광성보

광성보는 강화도에 있는 요새로 고려가 몽골의 침입 때 강화도로 천도한 후 쌓은 성이며 개항기 때 미국과 전투를 벌인 신미양요의 격전지이기도 하다.

② 실향민의 망향 장소 → 파주 임진각

분단의 슬픈 현실을 상징하는 임진각은 6·25 전쟁과 분단으로 고향에 갈 수 없는 실향민들의 망향을 달래는 장소이다.

③ 을미사변 : 명성왕후 시해 → 건청궁

건청궁은 경복궁 내에 있는 궁궐로, 을미사변 때 명성 왕후가 일본 낭인들에 의해 시해된 장소이다.

48. 강강술래의 이해

암기박사 한가위, 유네스코 인류 무형 문화유산 ⇒ 강강술래

정답 ③

정답 해설

강강술래는 전라남도 해안 지역에서 전해져 내려오던 민속놀이로, 우리 고유의 정서와 말과 리듬이 잘 담겨있는 무형 문화유산이다. 이는 한가위에 주로 젊은 여성들이 즐기던 놀이로, 유네스코 인류 무형 문화유산에 등재되어 있다.

오답 해설

① 집단노동요 → 농악

농악은 농촌에서 집단노동이나 명절 등에 흥을 돋우기 위해서 연주되는 음악으로, 풍물·두레·풍장·굿이라고도 한다. 이는 2014년에 유네스코 인류 무형 문화유산에 등재되었다.

② 경상도 민요 : 율동적 가락 → 뱃노래

뱃노래는 경상도의 민요로, 굿거리장단에 의해 활기차고 율동적인 가락을 지녔다.

④ 함경도 민요 : 어랑타령 → 신고산타령

신고산타령은 함경도의 대표적 민요로, 어랑타령으로도 불린다.

핵심노트 ▶ 우리나라의 대표적 민속놀이

쥐불놀이, 널뛰기, 연날리기, 윷놀이, 씨름, 제기차기, 그네뛰기, 강강술래, 놋다리밟기, 지신밟기, 고싸움 놀이, 차전놀이, 고누놀이, 가마싸움, 석전, 자치기

49. 일본군 위안부와 전쟁 범죄

암기박사 김학순 할머니 증언, 고노 담화 ⇒ 일본군 위안부 문제

정답 ④

정답 해설

• 바타비아 군사 재판 판결문 : 인도네시아 자바섬 근교의 억류소에서 일제가 20명 이상의 네덜란드 여성들을 연행해 위안부로 강제 동원한 사건과 관련된 판결문이다(1948).
• 김학순 할머니의 증언 : 국내 거주자 최초로 일본군 위안부의 실상을 증언하였다(1991).
• 일본 정부의 고노 담화 : 일본의 관방 장관인 고노 요헤이가 일본군 위안부에 대해 사과한 담화이다(1993).
• 라디카 쿠마라스와미 유엔 보고서 : 쿠마라스와미 전 유엔 특별 보고관이 일본군 위안부 문제를 최초로 다룬 보고서이다(1996).

오답 해설

① 3·1 운동 → 제암리 학살 사건

3·1 운동의 전개 과정에서 일제가 수원 제암리 주민들의 집단 학살을 자행하였다.

② 일본의 한인 강제 노동 징발 → 사할린 강제 징용

72

일제는 태평양 전쟁으로 사할린 지역의 노동력이 부족해지자 조선인을 강제 징용하여 탄광과 군수 공장 등에서 일을 시켰다.

③ 관동 대지진과 한인 학살 사건 → 관동 대학살
일본 관동 대지진 때 계엄령이 시행되는 사회 혼란 속에서 일본 관헌과 민간인들이 조선인들을 무차별로 학살한 사건이다.

50. 노태우 정부의 정책

정답 ③

암기박사 서울 올림픽, 남북한 유엔 동시 가입, 한반도 비핵화 공동 선언 ⇒ 노태우 정부

정답 해설

서울 올림픽 개최(1988), 남북한 유엔 동시 가입(1991)은 노태우 정부 때의 일이다. 또한 노태우 정부 때 북방 외교 정책을 통해 한반도 비핵화 공동 선언이 채택(1991)되어 핵무기의 보유나 사용금지 등을 규정하였다.

오답 해설

① 김대중 정부 : 6·15 남북 공동 선언 → 개성 공단 조성 합의
김대중 정부 때 남북 정상 회담을 개최(2000)하여 6·15 남북 공동 선언에서 개성 공단 건설을 합의하였다.

② 박정희 정부 : 7·4 남북 공동 성명 → 남북 조절 위원회
박정희 정부 때 7·4 남북 공동 성명에 따라 남북 조절 위원회를 설치하였다.

④ 전두환 정부 : 남북 고향 방문단 → 이산가족 고향 방문
전두환 정부 때 최초로 남북 이산가족 상봉이 성사되었다.

핵심노트 ▶ 노태우 정부

- **헌법 개정**(1987. 10) : 5년 단임, 대통령 직선제
- **성립** : 야당의 후보 단일화 실패로 노태우 대통령 당선(1987)
- **정치** : 5공 청문회 개최, 지방 자치제 부분적 실시, 언론 기본법 폐지
- **외교** : 북방 정책(→ 소련(1990), 중국(1992)과 수교), 남북한 유엔 동시 가입(1991)
- **3당 합당**(1990)
  - 1988년 13대 총선에서 여당인 민정당 참패
  - 민주 정의당(노태우), 통일 민주당(김영삼), 신민주 공화당(김종필)의 합당

www.siscom.co.kr

좋은 결과 있길 SISCOM이 응원합니다.

2026

한국사능력검정시험
실전모의고사

기본

제1회

제1회 한국사능력검정시험 문제지

1. (가) 시대의 생활 모습으로 옳은 것은? [1점]

여러분은 (가) 시대의 벼농사를 체험하고 있습니다. 이 시대에는 처음으로 금속 도구를 만들었으나, 농기구는 여러분이 손에 들고 있는 반달 돌칼과 같이 돌로 만들었습니다.

① 우경이 널리 보급되었다.
② 비파형 동검을 제작하였다.
③ 철제 농기구를 사용하였다.
④ 주로 동굴과 막집에서 거주하였다.

2. 학생들이 공통으로 이야기하고 있는 나라에 대한 설명으로 옳은 것은? [2점]

- 한반도 남부에서 철기 문화를 바탕으로 발전하였어.
- 소도라고 불리는 신성 구역이 있었어.
- 씨뿌리기를 끝낸 5월과 추수를 마친 10월에 계절제를 지냈어.

① 범금 8조로 백성을 다스렸다.
② 서옥제라는 혼인 풍습이 있었다.
③ 신지, 읍차 등의 지배자가 있었다.
④ 여러 가(加)들이 별도로 사출도를 다스렸다.

3. (가) 나라에 대한 탐구 활동으로 가장 적절한 것은? [2점]

초대합니다
창작 뮤지컬 '김수로왕과 허황옥'

경상남도 김해에서 (가) 을/를 건국하였다고 전해지는 김수로왕이 아유타국의 공주였던 허황옥을 만나 혼인하게 된 이야기를 한 편의 뮤지컬로 선보입니다. 많은 관람 바랍니다.

· 일시: 2025년 ○○월 ○○일 20:00
· 장소: 김해 대성동 고분군 앞 특설 무대

① 사비로 천도한 이유를 파악한다.
② 우산국을 복속한 과정을 살펴본다.
③ 청해진을 설치한 목적을 조사한다.
④ 구지가가 나오는 건국 신화를 분석한다.

4. 다음 문화유산에 대한 탐구 활동으로 가장 적절한 것은? [3점]

문화유산 카드

· 종목: 보물 제1878호
· 소장처: 국립 중앙 박물관
· 소개: 경주의 고분에서 출토된 유물로 광개토대왕을 나타내는 글자가 새겨져 있다.

① 신라와 고구려의 관계에 대해 분석한다.
② 신라에 전래된 서역 문화에 대해 살펴본다.
③ 백제 건국 세력과 고구려의 관계를 파악한다.
④ 백제가 일본에 전파한 불교 문화에 대해 조사한다.

5. 다음 가상 일기의 밑줄 그은 '이 전투'로 옳은 것은? [2점]

① 안시성 전투 ② 황산벌 전투
③ 매소성 전투 ④ 처인성 전투

6. 다음 가상 뉴스에서 보도하고 있는 사건이 일어난 시기를 연표에서 옳게 고른 것은? [3점]

① (가) ② (나)
③ (다) ④ (라)

7. (가) 국가에 대한 설명으로 옳은 것은? [1점]

① 진대법을 실시하였다.
② 기인 제도를 실시하였다.
③ 지방에 22담로를 파견하였다.
④ 청소년 집단인 화랑도를 두었다.

8. (가) 인물에 대한 설명으로 옳은 것은? [2점]

① 세속 5계를 지었다.
② 천태종을 창시하였다.
③ 돈오점수를 강조하였다.
④ 화쟁 사상을 주장하였다.

9. (가)에 들어갈 내용으로 옳은 것은? [2점]

〈역사 다큐멘터리 제작 기획안〉
흔들리는 신라
1. 기획 의도: 신라 하대의 역사적 사건을 소재로, 당시의 혼란한 시대 상황을 조명한다.
2. 구성
 • 제1편: 김헌창의 난
 • 제2편: 원종과 애노의 난
 • 제3편: (가)

① 묘청의 난
② 홍경래의 난
③ 적고적의 난
④ 망이·망소이의 난

11. (가)~(다)를 일어난 순서대로 옳게 나열한 것은? [2점]

① (가) – (나) – (다)
② (가) – (다) – (나)
③ (나) – (가) – (다)
④ (다) – (가) – (나)

10. 밑줄 그은 '국가'에 대한 설명으로 옳은 것은? [1점]

① 9주 5소경을 설치하였다.
② 한의 침략을 받아 멸망하였다.
③ 대조영이 동모산에서 건국하였다.
④ 안시성에서 당의 군대를 물리쳤다.

12. 밑줄 그은 '왕'의 업적으로 옳은 것은? [2점]

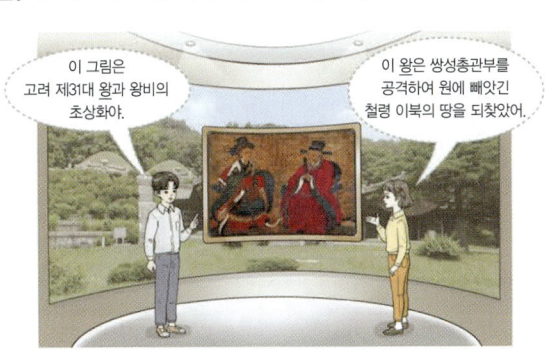

① 균역법을 시행하였다.
② 독서삼품과를 실시하였다.
③ 삼강행실도를 편찬하였다.
④ 정동행성이문소를 폐지하였다.

13. (가)에 들어갈 인물로 옳은 것은? [1점]

① 윤관
② 강감찬
③ 김종서
④ 연개소문

14. (가) 국가의 경제 상황으로 옳은 것은? [3점]

① 전시과 제도가 실시되었다.
② 고구마, 감자가 널리 재배되었다.
③ 모내기법이 전국적으로 확산되었다.
④ 시장을 감독하기 위한 동시전이 설치되었다.

15. (가)에 들어갈 내용으로 옳은 것은? [2점]

① 별무반을 조직하다
② 건원중보를 제작하다
③ 화통도감을 설치하다
④ 노비안검법을 실시하다

16. (가) 문화유산에 대한 설명으로 옳은 것은? [1점]

① 김부식이 왕명을 받아 편찬하였다.
② 우리나라 풍토에 맞는 농법을 소개하였다.
③ 정조가 세손 시절부터 쓴 일기에서 유래하였다.
④ 현존하는 세계에서 가장 오래된 금속 활자본이다.

17. 밑줄 그은 '이 책'에 대한 설명으로 옳은 것은? [2점]

이 책은 승려 일연이 쓴 역사서입니다. 왕력, 기이, 흥법 등 9편으로 구성되어 있으며, 단군의 고조선 건국 이야기가 실려 있습니다.

① 사초, 시정기를 바탕으로 편찬되었어요.
② 남북국이라는 용어가 처음 사용되었어요.
③ 유교 사관에 기초하여 기전체로 서술되었어요.
④ 불교사를 중심으로 고대 민간 설화 등이 수록되었어요.

18. (가)에 들어갈 내용으로 옳은 것은? [2점]

두 차례 왕자의 난을 통해 집권한 조선의 제3대 왕에 대해 말해 볼까요?

(가)

호패법을 시행하였어요.

① 균역법을 시행하였어요.
② 직전법을 실시하였어요.
③ 5군영 체제를 완성하였어요.
④ 6조 직계제를 시행하였어요.

19. 다음 대화가 이루어진 시기에 시행된 것으로 적절한 것은? [2점]

박연 등이 새로 아악을 정비하여 바쳤으니 논공행상을 하려는데 어떠한가?

아악 정비에 참여한 모두에게 차등을 두어 상을 주는 것이 마땅합니다.

① 만권당을 세웠다.
② 농사직설을 간행하였다.
③ 대전회통을 편찬하였다.
④ 초계문신제를 시행하였다.

20. (가) 시기에 있었던 사실로 옳은 것은? [2점]

이곳 탄금대에서 배수진을 치고 적을 섬멸하라!

(가)

칠천량에서는 패배했지만 아직 우리에게는 열두 척의 배가 남아 있다!

① 최영이 홍산에서 왜구를 물리쳤다.
② 임경업이 백마산성에서 항전하였다.
③ 김시민이 진주성에서 승리를 거두었다.
④ 김윤후가 처인성에서 적을 막아내었다.

21. 다음 학생이 생각하고 있는 기구로 옳은 것은? [2점]

① 사간원 ② 사헌부
③ 승정원 ④ 홍문관

22. (가)에 들어갈 세시 풍속으로 옳은 것은? [1점]

① 설날 ② 단오
③ 한식 ④ 삼짇날

23. (가) 왕의 재위 기간에 있었던 사실로 옳은 것은? [2점]

① 직전법이 제정되었다.
② 장용영이 설치되었다.
③ 만동묘가 철폐되었다.
④ 동의보감이 편찬되었다.

24. 다음 비석을 세운 왕의 업적으로 옳은 것은? [2점]

① 균역법을 실시하였다.
② 신해통공을 시행하였다.
③ 나선 정벌을 단행하였다.
④ 백두산정계비를 건립하였다.

25. 밑줄 그은 '그'에 대한 설명으로 옳은 것은? [3점]

이곳은 그가 학문 연구와 저술에 힘썼던 전라북도 부안군 우반동의 반계 서당입니다. 그는 이곳에 머물면서 다양한 개혁안을 담은 반계수록을 저술하였습니다.

① 정혜결사를 제창하였다.
② 균전제의 실시를 주장하였다.
③ 훈련도감의 창설을 건의하였다.
④ 전민변정도감의 설치를 제안하였다.

26. 밑줄 그은 '사절단'에 대한 설명으로 옳은 것은? [2점]

이것은 일본 에도 막부의 요청으로 조선이 파견한 공식 외교 사절단에 관한 기록물입니다. 이 기록물을 통해 양국이 우호 관계 구축과 유지를 위해 노력하였다는 것을 알 수 있습니다.

① 동지사, 정조사, 성절사 등이 있었다.
② 해국도지, 영환지략을 국내에 소개하였다.
③ 시문, 서화 등을 통해 문화 교류를 하였다.
④ 기기국에서 무기 제조 기술을 습득하고 돌아왔다.

27. (가)에 들어갈 지도로 옳은 것은? [1점]

이것은 김정호가 당시 조선의 지도 제작 기술을 집대성하여 만든 (가) 입니다. 역참, 봉수 등 주요 시설물을 기호로 표기하여 다양한 지리 정보를 전달하였습니다.

① 천하도
② 대동여지도
③ 곤여만국전도
④ 혼일강리역대국도지도

28. 밑줄 그은 '신문'으로 옳은 것은? [2점]

남궁억, 유근 등 개신 유학자들이 발행한 신문입니다.
을사늑약 때 장지연이 글을 올렸다지.
네. 시일야 방성대곡이 게재되었습니다.

① 만세보
② 한성순보
③ 황성신문
④ 대한매일신보

29. (가)에 들어갈 작품으로 옳은 것은? [1점]

① 인왕제색도

② 대장간

③ 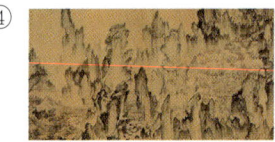 월하정인

④ 몽유도원도

30. 다음 시나리오의 상황 이후에 전개된 사실로 옳은 것은? [3점]

> S#15. 한성의 궁궐 안
> 일본에 조사 시찰단으로 파견되었다가 약 4개월 만에 돌아온 홍영식이 고종과 대화를 나누고 있다.
> 고 종: 일본의 제도가 장대하고 정치가 부강하다고 하는데 시찰해 보니 과연 그러하더냐?
> 홍영식: 그렇습니다. 일본의 부강은 모두 밤낮을 가리지 않고 부지런히 노력한 결과입니다. 일본이 이룬 것을 볼 때 우리도 노력하면 충분히 가능할 것입니다.

① 임술 농민 봉기가 발생하였다.
② 어재연 부대가 미군에 맞서 싸웠다.
③ 구식 군인들이 임오군란을 일으켰다.
④ 평양 관민이 제너럴 셔먼호를 불태웠다.

31. (가)~(다) 학생이 발표한 내용을 일어난 순서대로 옳게 나열한 것은? [3점]

① (가) - (나) - (다)
② (가) - (다) - (나)
③ (나) - (가) - (다)
④ (다) - (가) - (나)

32. (가) 문화유산에 대한 설명으로 옳은 것은? [2점]

① 목탑 양식을 반영하였다.
② 돌을 벽돌 모양으로 다듬어 쌓아 올렸다.
③ 원의 영향을 받아 대리석으로 제작되었다.
④ 내부에서 무구정광대다라니경이 발견되었다.

33. 밑줄 그은 '이 단체'로 옳은 것은? [2점]

① 신민회
② 서북 학회
③ 헌정 연구회
④ 북로 군정서

34. (가)에 들어갈 민족 운동으로 옳은 것은? [2점]

① 3·1 운동
② 6·10 만세 운동
③ 5·18 민주화 운동
④ 광주 학생 항일 운동

35. 밑줄 그은 '이 지역'을 지도에서 옳게 찾은 것은? [2점]

① (가)
② (나)
③ (다)
④ (라)

36. (가)에 들어갈 단체의 활동으로 옳은 것은? [2점]

① 독립 공채를 발행하였다.
② 정부에 헌의 6조를 건의하였다.
③ 한글 맞춤법 통일안을 발표하였다.
④ 광주 학생 항일 운동에 조사단을 파견하였다.

37. 다음 가상 뉴스의 (가) 인물에 대한 설명으로 옳은 것은? [3점]

(가) 선생의 장례가 사회장으로 거행되었습니다. 선생은 '일체의 기회주의를 부인함' 등을 강령으로 내세운 신간회의 초대 회장으로 민족 유일당 운동에 앞장섰습니다. 마지막까지 민족 운동에 헌신하였던 선생의 죽음을 많은 사람이 애도하였습니다.

월남 선생 사회장 거행

① 한국통사를 저술하였다.
② 삼균주의를 주창하였다.
③ 조선 건국 동맹을 결성하였다.
④ 민립 대학 설립 운동을 주도하였다.

38. 밑줄 그은 '이 정책'의 시행 시기에 볼 수 있는 모습으로 옳은 것은? [2점]

이 사진은 일제 강점기 일본으로 반출하기 위해 쌀을 쌓은 군산항의 모습입니다. 일제는 자국의 식량 문제를 해결하기 위하여 1920년부터 조선에 이 정책을 실시하여 수많은 양의 쌀을 수탈해 갔습니다.

① 제복을 입고 칼을 찬 교사
② 브나로드 운동에 참여하는 학생
③ 조선책략 유포에 반발하는 유생
④ 치안 유지법으로 구속된 독립운동가

39. (가)~(라)에 들어갈 인물로 옳은 것은? [3점]

〈한국사 교양 강좌〉

근대사 속의 외국인

우리 학회에서는 '근대사 속의 외국인'이라는 주제로 우리 역사를 이해하는 자리를 마련했습니다. 관심 있는 분들의 많은 참여 바랍니다.

◉ 강의 주제 ◉
제1강 (가), 육영 공원 교사
제2강 (나), 이화 학당 설립자
제3강 (다), 대한매일신보 창간
제4강 (라), 현충원 안장 최초 외국인

• 일시: 2025년 ○○월 ○○일 10:00~17:00
• 장소: □□대학교 대강당
• 주관: △△학회

① (가) 어니스트 베델
② (나) 호머 헐버트
③ (다) 메리 스크랜튼
④ (라) 프랭크 스코필드

40. 다음 자료의 민족 운동에 대한 설명으로 옳은 것은? [2점]

물산 장려에 대한 운동의 새로운 풍조가 시작된 이래로 …… 반드시 토산으로 원료를 삼아 학생모, 중절모 등을 제조하는 것이 좋겠다. …… 현재 인도에서는 간디캡이 크게 유행한다는데 간디 씨가 발명, 제조한 순 인도산의 재료로 순 인도인이 만든 모자라고 한다.

① 혜상공국의 혁파를 주장하였다.
② 평양에서 시작하여 전국으로 확산하였다.
③ 위정척사 사상을 지닌 유생들이 주도하였다.
④ 일제가 이른바 문화 통치를 실시하는 계기가 되었다.

41. (가)에 들어갈 인물로 옳은 것은? [1점]

① 김원봉
② 윤동주
③ 윤봉길
④ 이봉창

42. 교사의 질문에 대한 학생의 답변으로 옳은 것은? [2점]

이것은 중일 전쟁 발발 이후 일제가 본격적인 전시 체제 구축을 위해 제정한 법령입니다. 이 법령이 시행된 시기에 있었던 사실에 대해 말해 볼까요?

제1조 본 법에서 국가 총동원이란 전시에 국방 목적 달성을 위해 국가의 전력을 가장 유효하게 발휘하도록 인적, 물적 자원을 통제 운용하는 것을 가리킨다.

제8조 정부는 전시에 국가 총동원상 필요한 경우에는 칙령이 정하는 바에 따라 물자의 생산, 수리, 배급, 양도 기타 처분, 사용, 소비, 소지 및 이동에 관하여 필요한 명령을 할 수 있다.

① 신사 참배를 강요하였어요.
② 조선 태형령이 실시되었어요.
③ 경성 제국 대학이 설립되었어요.
④ 작가들이 카프(KAPF)를 결성하였어요.

43. 밑줄 그은 '이 섬'으로 옳은 것은? [1점]

① 독도
② 완도
③ 거문도
④ 흑산도

44. (가) 인물의 활동으로 옳은 것은? [2점]

① 독사신론를 집필하였다.
② 파리 강화 회의에 파견되었다.
③ 조선사회경제사를 저술하였다.
④ 대조선 국민 군단을 창설하였다.

45. (가) 정부 시기에 있었던 사실로 옳은 것은? [2점]

사진으로 보는 (가) 정부
- 삼청 교육대 운영
- 국풍 81 개최
- 교복 자율화 시행

① 서울 올림픽이 개최되었다.
② 한미 상호 방위 조약이 체결되었다.
③ 제1차 경제 개발 5개년 계획이 실시되었다.
④ 3저 호황으로 물가가 안정되고 수출이 증가하였다.

46. (가)에 들어갈 사진으로 옳은 것은? [3점]

대한민국 정부 수립 과정

신탁 통치 반대 집회 → (가) → 대한민국 정부 수립

① 유신 헌법 공포
② 경부 고속 도로 개통
③ 유엔 한국 임시 위원단 내한
④ 반민족 행위 특별 조사 위원회 활동

47. 밑줄 그은 '이 전쟁' 중에 있었던 사실로 옳은 것은? [2점]

이것은 이 전쟁 중인 1951년 11월 판문점 인근에서 열기구를 띄우려는 모습을 촬영한 사진입니다. 이 열기구는 휴전 회담이 진행되던 당시 판문점 일대가 중립 지대임을 표시하기 위한 것이었습니다.

① 애치슨 선언이 발표되었다.
② 흥남 철수 작전이 전개되었다.
③ 미·소 공동 위원회를 개최하였다.
④ 조선 건국 준비 위원회가 결성되었다.

48. (가) 민주화 운동에 대한 설명으로 옳은 것은? [2점]

다른 나라의 민주화 운동에서도 불리는 이 노래에 대해 설명해 주시겠습니까?

이 노래는 들불야학 설립자 박기순과 (가) 당시 전남도청에서 계엄군에 의해 희생된 시민군 대변인 윤상원의 영혼결혼식에 헌정되었던 곡입니다. 노래에 담긴 민주주의에 대한 열망이 다른 나라 사람들에게도 공감을 얻고 있는 것으로 보입니다.

① 3·15 부정 선거에 항의하였다.
② 4·13 호헌 조치 철폐를 요구하였다.
③ 유신 체제가 붕괴하는 계기가 되었다.
④ 신군부의 비상 계엄 확대에 반대하였다.

49. 다음 신년사를 발표한 정부 시기의 경제 상황으로 옳은 것은? [3점]

> 존경하는 국민 여러분!
> 새해를 맞아 국민 여러분 모두가 행복하시길 바랍니다. 작년 2월 25일, '국민의 정부'는 전례 없는 외환 위기 속에서 출발하였습니다. 우리 국민은 실직과 경기 침체로 인해 견디기 힘든 고통에도 불구하고 금 모으기 운동 등 할 수 있는 모든 노력을 다해 왔습니다. 국민 여러분이 한없이 고맙고 자랑스럽습니다.

① 국민 기초 생활 보장법이 제정되었다.
② 서울에서 G20 정상 회의가 개최되었다.
③ 한미 자유 무역 협정(FTA)이 체결되었다.
④ 경제 협력 개발 기구(OECD)에 가입하였다.

50. 밑줄 그은 '정부' 시기의 사실로 옳은 것은? [2점]

> 우리 정부가 일본의 사과와 반성 없이 한일 국교 정상화를 추진한다는 사실이 알려지면서 대학생과 시민들을 중심으로 굴욕적 대일 외교에 반대하는 시위가 확산하고 있습니다.
>
> 한일 회담 반대 시위 확산

① 3선 개헌안이 통과되었다.
② 남북 기본 합의서를 채택하였다.
③ 한일 월드컵 축구 대회가 개최되었다.
④ 이산가족 고향 방문을 최초로 성사시켰다.

한국사능력검정시험
실전모의고사

기본

제**1**회

2026

한국사능력검정시험
실전모의고사

기본

제 2 회

제2회 한국사능력검정시험 문제지 (기본)

1. (가) 시대의 생활 모습으로 옳은 것은? [1점]

① 농경과 목축이 시작되었다.
② 거친무늬 거울을 사용하였다.
③ 주로 동굴이나 막집에서 살았다.
④ 대표적인 무덤으로 고인돌을 만들었다.

2. (가) 나라에 대한 설명으로 옳은 것은? [2점]

① 하남 위례성에 도읍을 정하였다.
② 한 무제의 침략으로 멸망하였다.
③ 읍락 간의 경계를 중시한 책화가 있었다.
④ 제사장인 천군과 신성 구역인 소도가 있었다.

3. 학생들이 공통으로 이야기하고 있는 왕으로 옳은 것은? [2점]

① 성왕　　② 무열왕
③ 근초고왕　　④ 소수림왕

4. (가)에 들어갈 문화유산으로 옳은 것은? [2점]

① 신증동국여지승람
② 직지심체요절
③ 왕오천축국전
④ 무구정광대다라니경

5. 밑줄 그은 '이 왕'의 업적으로 옳은 것은? [1점]

충청남도 공주에 있는 이 무덤은 중국 남조의 영향을 받아 벽돌로 만들어졌습니다. 이곳에서 출토된 묘지석을 통해 무덤의 주인공이 이 왕임을 알 수 있습니다.

① 서기를 편찬하였다.
② 국호를 남부여로 변경하였다.
③ 22담로에 왕족을 파견하였다.
④ 동진으로부터 불교를 수용하였다.

6. (가) 나라의 문화유산으로 옳은 것은? [3점]

① 금동 연가 7년명 여래 입상
② 호우명 그릇
③ 철제 판갑옷과 투구
④ 산수무늬 벽돌

7. 다음 퀴즈의 정답으로 옳은 것은? [1점]

① 설총
② 이사부
③ 이차돈
④ 장보고

8. (가)에 들어갈 인물로 옳은 것은? [2점]

① 강감찬
② 양만춘
③ 을지문덕
④ 연개소문

9. (가) 국가에 대한 설명으로 옳은 것은? [1점]

> 옛날 북쪽에 고구려, 서남쪽에 백제, 동남쪽에 신라가 있어서 이것을 삼국이라 하였다. 여기에는 마땅히 삼국사기가 있어야 하고, 고려가 편찬하였으니 잘 한 일이다.
> 고구려와 백제가 망한 다음에 남쪽에 신라, 북쪽에 (가) 이/가 있으니 이를 남북국이라 하였다. 여기에는 마땅히 남북국사가 있어야 하는데, 고려가 편찬하지 않은 것은 잘못이다.

① 기인 제도를 실시하였다.
② 9주 5소경을 설치하였다.
③ 한의 침략을 받아 멸망하였다.
④ 대조영이 동모산에서 건국하였다.

10. 밑줄 그은 '나'에 대한 설명으로 옳은 것은? [2점]

나는 왕으로 즉위해 나라 이름을 고려라 정하였습니다. 이후 신라의 항복을 받고 후백제를 격파하여 후삼국을 통일하였습니다.

① 훈요 10조를 남겼다.
② 과거 제도를 시행하였다.
③ 전민변정도감을 설치하였다.
④ 12목에 지방관을 파견하였다.

11. (가)에 들어갈 용어로 옳은 것은? [2점]

한국사 묻고 답하기

질문: (가) 에 대해 알려 주세요.

답변
- 공양왕 3년에 시행되었어요.
- 조준, 정도전 등의 건의로 실시되었어요.
- 전·현직 관리에게 토지의 수조권을 지급하였어요.

① 사창제
② 호포제
③ 균역법
④ 과전법

12. 다음 문화유산이 간행된 지역을 지도에서 옳게 찾은 것은? [2점]

- 1377년에 간행되었다.
- 현존하는 세계에서 가장 오래된 금속 활자본이다.
- 현재 프랑스 국립 도서관에서 소장하고 있다.
- 1972년 박병선 박사가 발견하여 세상에 알려졌다.

① (가)   ② (나)
③ (다)   ④ (라)

13. (가)에 들어갈 인물로 옳은 것은? [2점]

① 서희 ② 윤관
③ 이사부 ④ 김종서

14. (가) 시기에 있었던 사실로 옳은 것은? [3점]

① 별무반이 편성되었다.
② 김헌창이 난을 일으켰다.
③ 일연이 삼국유사를 편찬하였다.
④ 신돈이 전민변정도감을 설치하였다.

15. 밑줄 그은 '이 국가'의 경제 상황으로 옳은 것은? [3점]

① 모내기법이 전국적으로 보급되었다.
② 보부상이 전국의 장시를 연결하였다.
③ 담배, 면화 등이 상품 작물로 재배되었다.
④ 활구라고도 불린 은병이 화폐로 사용되었다.

16. (가)에 들어갈 인물로 옳은 것은? [1점]

> (가) 이/가 원에 갔다가 돌아오는 길에 씨 10개를 따서 가져 왔다. 진주에 와서 절반을 정천익에게 주고 기르게 하였으나 단 한 개만 살아남았다. 가을에 정천익이 그 씨를 따니 100여 개나 되었다.

① 박지원 ② 문익점
③ 정약용 ④ 홍대용

17. 밑줄 그은 '이것'을 발급한 왕의 업적으로 옳은 것은? [2점]

① 균역법을 시행하였다.
② 직전법을 실시하였다.
③ 5군영 체제를 완성하였다.
④ 6조 직계제를 시행하였다.

18. (가)에 들어갈 내용으로 옳은 것은? [2점]

① 한양 천도
② 비변사 혁파
③ 대전회통 편찬
④ 훈민정음 창제

19. (가) 왕의 업적으로 옳은 것은? [2점]

① 4군 6진을 개척하였다.
② 경국대전을 완성하였다.
③ 대동여지도를 제작하였다.
④ 백두산정계비를 건립하였다.

20. 밑줄 그은 '지금 임금'의 업적으로 옳은 것은? [3점]

① 영정법을 시행하였다.
② 한양으로 천도하였다.
③ 나선 정벌을 단행하였다.
④ 국조오례의를 편찬하였다.

21. (가)에 들어갈 관직으로 옳은 것은? [2점]

① 대사헌
② 대사간
③ 대제학
④ 도승지

22. 다음 인물에 대한 설명으로 옳은 것은? [2점]

① 성학십도를 저술하였다.
② 백운동 서원을 건립하였다.
③ 현량과 실시를 건의하였다.
④ 시헌력 도입을 주장하였다.

23. (가)에 들어갈 섬으로 옳은 것은? [1점]

① 강화도
② 흑산도
③ 제주도
④ 거문도

24. 밑줄 그은 '제도'로 옳은 것은? [1점]

① 과전법
② 균역법
③ 대동법
④ 영정법

25. (가) 인물에 대한 설명으로 옳은 것은? [2점]

이것은 화성성역의궤에 수록된 거중기 설계도입니다. (가) 이/가 기기도설을 참고하여 제작한 거중기는 수원 화성 축조에 이용되었습니다.

① 동학을 창시하였다.
② 추사체를 창안하였다.
③ 여전론을 주장하였다.
④ 사상 의학을 확립하였다.

26. (가) 인물이 저술한 책으로 옳은 것은? [2점]

○○○님이 천안 (가) 과학관에 있습니다.
2시간 전·충청남도 천안시

조선 후기 지전설과 무한우주론을 주장한 과학 사상가이자 실학자인 담헌 (가) 을/를 기리는 과학관을 다녀왔다. 다양한 체험 활동을 하며 …… 더 보기

① 북학의
② 칠정산
③ 의산문답
④ 동의수세보원

27. 다음 격문에 나타난 사건으로 옳은 것은? [2점]

평서대원수는 급히 격문을 띄우노니 관서 지역의 모든 사람들은 들으라. …… 조정에서는 관서 지역을 썩은 흙과 같이 버렸다. 심지어 권세가의 노비들도 관서 사람을 보면 반드시 '평안도 놈'이라고 한다. 어찌 억울하고 원통하지 않겠는가.

① 만적의 난
② 홍경래의 난
③ 원종과 애노의 난
④ 망이·망소이의 난

28. 밑줄 그은 '이 사건' 이후의 상황으로 옳은 것은? [2점]

이곳은 어재연 장군의 생가입니다. 미군이 통상을 강요하며 강화도를 침략한 이 사건 당시 그는 광성보에서 맞서 싸우다 전사하였습니다.

① 전국에 척화비가 세워졌다.
② 외규장각 의궤가 약탈당하였다.
③ 평양 관민이 제너럴 셔먼호를 불태웠다.
④ 오페르트가 남연군 묘를 도굴하려 하였다.

29. 다음 궁궐에 대한 설명으로 옳은 것은? [3점]

① 흥선 대원군이 중건하였다.
② 유사시 피난용 궁궐로 사용되었다.
③ 세종이 상왕인 태종을 모신 궁궐이다.
④ 고종이 러시아 공사관에서 환궁한 궁궐이다.

30. (가) 사건의 영향으로 옳은 것은? [2점]

① 운요호 사건이 일어났다.
② 통리기무아문이 설치되었다.
③ 외규장각 도서가 약탈되었다.
④ 청의 내정 간섭이 심화하였다.

31. (가)에 들어갈 기구로 옳은 것은? [2점]

① 정방
② 교정도감
③ 군국기무처
④ 통리기무아문

32. (가)에 들어갈 내용으로 옳은 것은? [3점]

① 집강소 설치의 계기가 되었다.
② 대한매일신보의 후원을 받았다.
③ 조선 노농 총동맹의 주도로 전개되었다.
④ 조선 총독부의 탄압과 방해로 실패하였다.

33. (가) 인물의 활동으로 옳은 것은? [3점]

역사 속 오늘 1909년 10월 26일
하얼빈 의거, 성공하다

우덕순, 조도선의 거사 불발 / (가) 의 거사 성공 / 하얼빈 / 차이자거우 / 창춘 / 이토 히로부미의 이동 경로

이토 히로부미가 내릴 것으로 예상되는 차이자거우역에는 우덕순과 조도선이, 종착지인 하얼빈역에는 (가) 이/가 대기하며 거사를 준비하였다. 열차는 차이자거우역을 지나쳐 하얼빈역에 도착하였다. (가) 은/는 열차에서 내린 이토 히로부미를 저격하여 거사에 성공하였다.

① 대종교를 창시하였다.
② 동양 평화론을 집필하였다.
③ 조선 혁명 선언을 작성하였다.
④ 파리 강화 회의에 파견되었다.

34. 다음 사건의 모습으로 적절하지 않은 것은? [2점]

백산 집결 → 황룡촌 전투 → 전주성 점령 → 우금치 전투

① 진주 지역 농민들을 지휘하는 유계춘
② 농민 봉기의 진상을 조사하는 안핵사
③ 집강소에서 폐정 개혁을 추진하는 농민군
④ 농민군과 전주 화약을 체결하는 정부 관리

35. (가)에 들어갈 부대로 옳은 것은? [3점]

이 자료는 홍범도의 (가) 을/를 비롯한 독립군 연합 부대가 봉오동에서 일본군을 물리친 전투 상황을 보도한 신문 기사입니다.

〈보도 내용 중 피해 상황〉
- 일본군 전사자 157명, 중상자 200여 명, 경상자 100여 명
- 독립군 전사자 장교 1명, 병사 3명, 중상자 2명

① 대한 독립군
② 조선 의용대
③ 조선 혁명군
④ 한국 광복군

36. (가) 인물의 활동으로 옳은 것은? [2점]

그는 1907년 만국 평화 회의에 특사로 파견되었어. / 이상설, 이위종도 함께 활동했었지. / 여기가 (가) 열사가 묻힌 곳이구나!

① 대종교를 창시하였다.
② 영남 만인소를 주도하였다.
③ 한국독립운동지혈사를 저술하였다.
④ 을사늑약 체결의 불법성을 폭로하였다.

37. (가)의 세시 풍속으로 옳은 것은? [1점]

이달의 세시 풍속

일 년 중 양기가 가장 완성한 날, (가)

1. 문헌 자료
이날을 속칭하여 수릿날이라고도 하는데 '수리'란 우리말로 수레[車]다. 이날 쑥을 뜯어 짓찧어서 멥쌀가루에 넣고 초록색이 나도록 반죽을 하여 수레바퀴 모양으로 떡을 만들어 먹는다. 그래서 이날을 수릿날이라고 하는 것이다.
- 「동국세시기」 -

2. 관련 행사
(가) 이/가 되면 각지에서 다양한 행사가 열린다. 그 중에서 강릉의 행사가 유명한데, 이 행사는 유네스코 '인류 무형 문화유산'으로 등재되었다.

① 부럼 깨기
② 창포물에 머리 감기
③ 쥐불놀이
④ 오곡밥 먹기

38. (가)에 들어갈 인물로 옳은 것은? [2점]

① 심훈
② 윤동주
③ 이육사
④ 한용운

39. (가) 정책이 실시되던 시기에 있었던 사실로 옳은 것은? [2점]

① 함경도에서 방곡령이 선포되었다.
② 지계아문이 설치되어 지계가 발급되었다.
③ 증산량보다 많은 쌀이 일본으로 반출되었다.
④ 메가타의 주도로 화폐 정리 사업이 실시되었다.

40. (가)에 들어갈 인물로 옳은 것은? [2점]

이곳 임청각은 대한민국 임시 정부 초대 국무령을 지낸 (가) 의 생가입니다. 그는 이회영 등과 함께 만주 삼원보에 경학사와 신흥 강습소를 세워 무장 독립 투쟁의 토대를 마련하였습니다. 일제는 이곳이 독립운동가를 다수 배출한 집이라 하여 철길을 내어 훼손하였다고 합니다.

임청각(2025년까지 복원 예정)

① 김원봉
② 여운형
③ 이동휘
④ 이상룡

41. 다음 대화가 이루어진 시기를 연표에서 옳게 고른 것은? [3점]

순종의 인산일인 어제 경성에서 만세 시위가 크게 일어났다는군.

장례 행렬이 지나갈 때 학생들이 격문을 뿌리며 독립 만세를 외쳤다지.

1910	1919	1920	1929	1941
(가)	(나)	(다)	(라)	
국권 피탈	3·1 운동	강우규 의거	광주 학생 항일 운동	대일 선전 포고

① (가) ② (나) ③ (다) ④ (라)

42. 밑줄 그은 '사건'으로 옳은 것은? [2점]

문학으로 만나는 한국사

아, 떼죽음 당한 마을이 어디 우리 마을 뿐이던가. 이 섬 출신이거든 아무라도 붙잡고 물어보라. 필시 그의 가족 중에 누구 한 사람이, 아니면 적어도 사촌까지 중에 누구 한 사람이 그 북새통에 죽었다고 말하리라.
- 『순이 삼촌』 -

위 소설의 배경이 된 사건은 미 군정기에 시작되어 이승만 정부 수립 이후까지 지속되었습니다. 당시에 남한만의 단독 정부 수립에 반대하는 무장대와 토벌대 간의 무력 충돌과 토벌대의 진압 과정에서 많은 주민이 희생되었습니다.

① 원산 총파업
② 제암리 사건
③ 제주 4·3 사건
④ 부마 민주 항쟁

43. (가) 단체에 대한 설명으로 옳은 것은? [2점]

윤봉길(1908~1932)

윤봉길은 (가) 에 가입하며, 조국의 독립과 자유를 회복하기 위하여 일제 장교를 처단하겠다는 선서문을 작성하였다. 그리고 3일 후, 상하이 훙커우 공원에서 의거를 일으켜 한국인의 독립 의지를 만방에 알렸다.

① 연통제를 실시하였다.
② 김구가 상하이에서 조직하였다.
③ 고종의 밀지를 받아 결성되었다.
④ 조선 혁명 선언을 행동 강령으로 삼았다.

44. 교사의 질문에 대한 학생의 답변으로 옳지 <u>않은</u> 것은? [2점]

① 견훤이 세운 후백제의 도읍이 있던 곳이에요.
② 동학 농민군이 정부와 화약을 맺은 곳이에요.
③ 태조 이성계의 어진이 있는 경기전이 있어요.
④ 이승만이 남한만의 단독 정부 수립을 발언한 곳이에요.

45. 다음 상황이 나타난 시기에 볼 수 있는 모습으로 옳은 것은? [2점]

① 제복을 입고 칼을 찬 교사
② 신사 참배를 강요당하는 청년
③ 암태도 소작 쟁의에 참여하는 농민
④ 원산 총파업에 동참하는 부두 노동자

46. (가)에 들어갈 사진으로 옳은 것은? [2점]

① 5·10 총선거 실시
② 경부 고속 도로 개통
③ 4·19 혁명
④ 반민족 행위 특별 조사 위원회 활동

47. (가)에 들어갈 정책으로 옳은 것은? [2점]

정부가 (가) 을/를 실시하면서 발급한 지가 증권입니다. 당시 재정이 부족했던 정부는 지주에게 현금 대신 이것을 지급하고 농지를 매입하였습니다. 그리고 이 농지를 농민들에게 유상으로 분배하였습니다.

① 회사령
② 농지 개혁법
③ 산미 증식 계획
④ 토지 조사 사업

48. 밑줄 그은 '전쟁' 중에 있었던 사실로 옳지 <u>않은</u> 것은?
[1점]

① 유엔군이 참전하였다.
② 애치슨 선언이 발표되었다.
③ 흥남 철수 작전이 전개되었다.
④ 인천 상륙 작전이 전개되었다.

50. 다음 내용을 발표한 정부의 통일 노력으로 옳은 것은?
[1점]

① 남북 정상 회담이 개최되었다.
② 남북 기본 합의서를 채택하였다.
③ 남북한이 유엔에 동시 가입하였다.
④ 7 · 4 남북 공동 성명을 발표하였다.

49. (가), (나) 사이의 시기에 있었던 사실로 옳은 것은?
[3점]

(가) 정부가 100억 달러 수출 달성을 축하하고자 광화문 사거리에 수출의 탑을 건립하였습니다. 10억 달러 수출을 달성한 지 7년 만에 100억 달러 수출을 이룬 눈부신 경제 성장을 상징합니다.

(나) 마침내 대한민국이 경제 협력 개발 기구(OECD)에 가입하였습니다. 이로 인해 선진국으로서의 위상을 확보하고 국제 경쟁력을 높일 수 있는 계기가 마련되었습니다.

① G20 정상 회의를 서울에서 개최하였다.
② 미국과 자유 무역 협정(FTA)을 체결하였다.
③ 저유가, 저금리, 저달러의 3저 호황이 있었다.
④ 외환 위기 극복을 위해 금 모으기 운동이 전개되었다.

한국사능력검정시험
실전모의고사

기본

제2회

이 시험지의 무단 복제, 복사, 전재 행위는 저작권법에 저촉됩니다. 파본은 구입처에서 교환하실 수 있습니다.

한국사능력검정시험
실전모의고사

기본

제**3**회

제3회 한국사능력검정시험 문제지

1. (가) 시대의 생활 모습으로 옳은 것은? [1점]

① 철제 쟁기로 밭을 갈았다.
② 가락바퀴를 사용해 실을 뽑았다.
③ 비파형 동검 모형을 제작하였다.
④ 빗살무늬 토기에 식량을 저장하였다.

2. 밑줄 그은 '이 나라'에 대한 설명으로 옳은 것은? [2점]

① 제사장인 천군이 존재하였다.
② 서옥제라는 혼인 풍습이 있었다.
③ 특산물로 단궁, 과하마, 반어피가 있었다.
④ 사회 질서를 유지하기 위해 범금 8조를 만들었다.

3. 다음 연보에 해당하는 왕의 업적으로 옳은 것은? [2점]

○ 523년 무령왕의 뒤를 이어 즉위
○ 538년 국호를 남부여로 변경, 22부 설치
○ 551년 신라와 연합하여 한강 유역 탈환
○ 552년 노리사치계를 일본에 보내 불경·불상 전파
○ 554년 신라와의 전쟁에서 사망

① 사비로 천도하였다.
② 왕인을 일본에 파견하였다.
③ 역사서인 서기를 편찬하였다.
④ 동진으로부터 불교를 수용하였다.

4. (가)에 들어갈 문화유산으로 옳은 것은? [1점]

① 삼강행실도
② 팔만대장경
③ 직지심체요절
④ 무구정광대다라니경

5. (가) 왕의 정책으로 옳은 것은? [3점]

① 대가야를 정복하였다.
② 천리장성을 축조하였다.
③ 9주 5소경을 설치하였다.
④ 이차돈의 순교로 불교를 공인하였다.

7. 밑줄 그은 '이 탑'으로 옳은 것은? [1점]

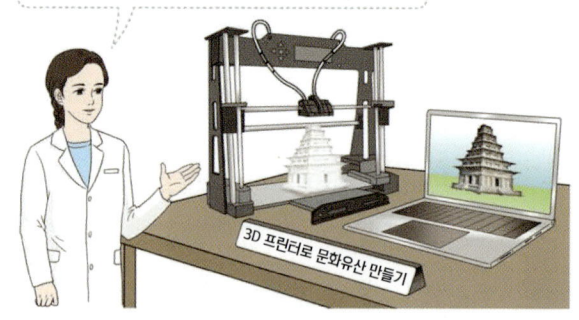

① 미륵사지 석탑
② 분황사 모전 석탑
③ 불국사 삼층 석탑
④ 정림사지 오층 석탑

6. 다음 자료에 해당하는 국가의 경제 상황으로 옳은 것은? [2점]

> 북쪽 구지에서 이상한 소리가 들렸다. …… 마을 사람들이 다시 모여서 상자를 열어 보니 알 여섯이 모두 어린애가 되어 있었다. …… 그 달 보름에 왕위에 올랐는데, 세상에 처음 나타났다고 하여 이름을 수로라 하였다.

① 낙랑과 왜에 철을 수출하였다.
② 벽란도를 통해 중국과 교역하였다.
③ 빈민 구제를 위해 진대법을 실시하였다.
④ 특산물로 단궁, 과하마, 반어피 등이 있었다.

8. 밑줄 그은 '전쟁' 중에 있었던 전투로 옳은 것은? [3점]

① 일리천 전투
② 기벌포 전투
③ 우금치 전투
④ 처인성 전투

9. 밑줄 그은 '이 국가'에 대한 설명으로 옳은 것은? [3점]

이것은 고구려 문화의 영향을 받은 이 국가의 문화유산입니다. 고구려의 옛 영토를 대부분 회복한 이 국가는 전성기에 해동성국이라 불렸습니다.

① 한의 침략을 받아 멸망하였다.
② 무왕 때 당의 등주를 공격하였다.
③ 도병마사에서 국방 문제를 논의하였다.
④ 지방 행정 구역으로 9주 5소경을 두었다.

10. 밑줄 그은 '왕'의 업적으로 옳은 것은? [2점]

용두사지 철당간

충청북도 청주시에 있는 용두사지 철당간은 국보 제41호로, 962년에 건립되었다. 철당간에는 연호 '준풍'이 새겨져 있는데, 이를 통해 당간의 제작 연대를 확실하게 알 수 있다. 준풍은 스스로 황제라 칭하였던 이 왕이 광덕에 이어 사용하였던 고려의 독자적인 연호였다.

① 호패법을 실시하였다.
② 독서삼품과를 마련하였다.
③ 노비안검법을 시행하였다.
④ 정동행성 이문소를 폐지하였다.

11. (가) 인물의 활동으로 옳은 것은? [2점]

왜구가 선박 500척으로 진포 어귀에 들어와 …… 주와 현에 흩어져 불을 지르고 약탈을 자행하니 시체가 산과 들을 덮었다. …… 처음으로 (가) 이/가 만든 화포를 사용하여 적들의 배를 불사르니 연기와 화염이 하늘을 뒤덮었다. 적은 거의 모두 불타 죽었으며, 바다에 빠져 죽은 자도 많았다.
— 「고려사절요」 —

① 4군 6진을 개척하였다.
② 위화도에서 회군하였다.
③ 나선 정벌에 참여하였다.
④ 화통도감 설치를 건의하였다.

12. (가) 인물에 대한 설명으로 옳은 것은? [2점]

월간 역사 2025년 1월호

특집 대각국사 (가) 의 활동
■ 화폐 주조 및 유통 주장
■ 교장도감 설치와 교장 간행
■ 불교 통합 운동과 해동 천태종 창시

① 무애가를 지었다.
② 교관겸수를 주장하였다.
③ 화엄 사상을 정리하였다.
④ 수선사 결사를 제창하였다.

13. (가)에 들어갈 정치 기구로 옳은 것은? [1점]

① 비변사 ② 홍문관
③ 중추원 ④ 정당성

14. 교사의 질문에 대한 학생의 답변으로 옳은 것은? [2점]

① 남북국이라는 용어가 처음 사용되었어요.
② 단군의 고조선 건국 이야기가 기록되었어요.
③ 유교 사관에 기초하여 기전체로 서술되었어요.
④ 불교사를 중심으로 고대 민간 설화 등이 수록되었어요.

15. 다음 가상 다큐멘터리에서 볼 수 있는 장면으로 적절한 것은? [3점]

① #1 변발을 한 관리
② #2 감자 농사를 짓는 농민
③ #3 시장을 감독하는 동시전 관리
④ #4 상평통보로 물건을 사는 상인

16. 다음 검색창에 들어갈 인물의 활동으로 옳은 것은? [2점]

① 왜구의 근거지인 대마도를 정벌하였다.
② 불씨잡변을 통해 불교 교리를 비판하였다.
③ 화통도감을 설치하고 화약과 화포를 제조하였다.
④ 감수국사로서 왕명을 받아 『삼국사기』를 편찬하였다.

17. (가)에 들어갈 문화유산으로 옳은 것은? [3점]

① 인왕제색도

② 수월관음도

③ 고사관수도

④ 몽유도원도

18. 밑줄 그은 '이것'에 대한 설명으로 옳은 것은? [2점]

① 좌수와 별감을 운영하였다.
② 중앙에서 훈도가 파견되었다.
③ 선현의 제사와 성리학 교육을 담당하였다.
④ 유학부와 기술학부를 편성하여 교육하였다.

19. 다음 정책을 처음 실시한 왕의 업적으로 옳은 것은? [2점]

> 의정부에서 상소하기를, "서울과 외방의 고할 데 없는 백성이 억울한 일을 소재지의 관아에 고하여도 이를 다스려 주지 않으면, 나와서 등문고를 치도록 허락하소서. 등문한 일은 사헌부로 하여금 추궁해 밝혀서 억울한 것을 펴게 하고, 그중에 사사로이 원망을 품어 감히 무고를 행하는 자는 반좌율을 적용하여 참소하고 간사한 것을 막으소서."라고 하니, 그대로 따랐다. 등문고를 고쳐 신문고라 하였다.

① 당백전을 발행하였다.
② 대동법을 실시하였다.
③ 6조 직계제를 시행하였다.
④ 삼정이정청을 설치하였다.

20. (가)에 들어갈 문화유산으로 옳은 것은? [1점]

- 종목: 국보 제153호
- 수량: 2,329책
- 소개: 국왕의 동정과 국정을 기록한 일기이다. 정조가 세손 시절부터 쓴 일기에서 유래하였다. 1783년부터 국가의 공식 기록으로 전환되어 1910년까지 이어졌다. 2011년에 유네스코 세계 기록 유산으로 등재되었다.

① 일성록
② 동사강목
③ 동의보감
④ 악학궤범

21. 다음 정책이 시행된 시기의 경제 상황으로 옳지 않은 것은? [2점]

역사 신문

제△△호　　　　　　　　　　○○○○년 ○○월 ○○일

신해통공 실시되다

육의전을 제외한 시전 상인의 특권을 폐지하는 조치가 전격적으로 실시되었다. 시전 상인들은 반발하고 있지만 난전들은 환영하는 입장을 보였다. 정부는 이 정책의 시행으로 상업 활동이 활발해지고 수공업이 발달할 것으로 기대하고 있다.

① 건원중보와 해동통보가 주조되었다.
② 덕대가 광산을 전문적으로 경영하였다.
③ 독점적 도매상인인 도고가 성장하였다.
④ 국가에 관수품을 조달하는 공인이 활동하였다.

22. (가)에 들어갈 민속놀이로 옳은 것은? [1점]

2025년 한가위 민속놀이 한마당

○○문화원에서는 임진왜란 때 이순신 장군의 전술에서 유래되었다고 전해 오는 (가) 행사를 개최합니다. 이웃과 손잡고 둥글게 돌며 노래 부르면서 풍성한 한가위를 보내세요. 유네스코 인류 무형 문화유산인 이 민속놀이에 관심 있는 분들의 많은 참여 바랍니다.

- 일시: 2025년 ○월 ○○일 20:00
- 장소: △△ 민속 운동장
- 주관: ○○문화원

① 고누놀이
② 강강술래
③ 줄다리기
④ 차전놀이

23. 다음 전쟁 중에 있었던 사실로 옳지 않은 것은? [2점]

권율은 정병 4천 명을 뽑아 양천에서 강을 건너 행주산 위에 진을 치고 목책을 설치하여 방비를 하였다. …… 적이 군사를 나누어 교대로 진격해 왔는데, 아침부터 저녁까지 안팎이 모두 사력을 다해 싸웠다. …… 적은 올려다보고 공격하는 처지가 되어 탄환이 잘 맞지 않는 데 반해, 호남의 씩씩한 군사들은 모두 활을 잘 쏘아 쏘는 대로 적중시켰다. …… 적이 결국 패하여 후퇴하였다.

－「선조수정실록」－

① 김종서가 6진을 개척하였다.
② 비변사의 기능이 강화되었다.
③ 곽재우가 의병장으로 활약하였다.
④ 신립이 탄금대에서 배수의 진을 치고 싸웠다.

24. 다음 가상 인터뷰의 주인공이 쓴 저서로 옳은 것은? [1점]

① 동국통감
② 반계수록
③ 제왕운기
④ 목민심서

26. (가) 왕의 정책으로 옳은 것은? [2점]

① 균역법이 제정되었다.
② 척화비를 건립하였다.
③ 경국대전이 완성되었다.
④ 초계문신제를 시행하였다.

25. 다음 사건 이후의 대책으로 옳은 것은? [2점]

○ 임술년 2월 19일, 진주 백성 수만 명이 머리에 흰 수건을 두르고 손에 몽둥이를 들고 무리를 지어 진주 읍내에 모여 서리들의 가옥 수십 호를 불사르고 부수어, 그 움직임이 결코 가볍지 않았다.
— 「임술록」 —

○ 철종 13년 4월 …… "금번 난민들이 소동을 일으킨 것은 오로지 전 우병사 백낙신이 탐욕을 부려 수탈하였기 때문입니다. …… 이 때문에 고을 인심이 들끓고 여러 사람의 노여움이 한꺼번에 폭발해서 전에 듣지 못했던 변란이 갑자기 일어난 것입니다."
— 「철종실록」 —

① 만권당을 두었다.
② 동시전을 설치하였다.
③ 금난전권을 폐지하였다.
④ 삼정이정청을 설치하였다.

27. 밑줄 그은 '이 법'에 대한 설명으로 옳은 것은? [2점]

이 법은 경기·강원 두 도에서 실시되고 있지만 충청도에서는 아직 시행되지 못하고 있습니다. 부호들은 반대하지만 공납의 폐단에 고통받는 백성들은 이 법의 시행을 기뻐합니다.

김육

① 양반에게도 군포를 징수하였다.
② 결작을 부과하는 계기가 되었다.
③ 육의전을 제외한 시전 상인의 특권을 폐지하였다.
④ 관청에 물품을 조달하는 공인이 등장하는 배경이 되었다.

28. (가) 전쟁 중에 있었던 사실로 옳은 것은? [2점]

이곳은 조헌과 영규가 이끄는 의병들이 묻힌 칠백의 총입니다. (가) 당시 이들은 금산으로 진격한 왜군과 혈전을 벌이다 순절하였습니다.

① 장용영이 조직되었다.
② 금위영이 배치되었다.
③ 2군 6위가 편성되었다.
④ 훈련도감이 설치되었다.

29. 밑줄 그은 ㉠에 대한 탐구 활동으로 옳은 것은? [1점]

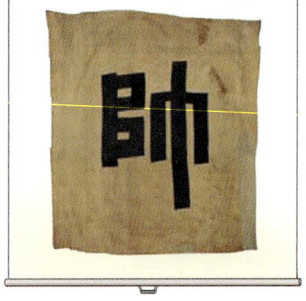

이 수자기(帥字旗)는 어재연 장군이 이끄는 ㉠조선군이 미군과 전투하는 과정에서 빼앗긴 유물입니다. 미국에 보관되어 있다가 2007년에 우리나라에 돌아왔습니다.

① 운요호 사건의 결과를 알아본다.
② 조사 시찰단의 파견 목적을 살펴본다.
③ 제너럴 셔먼호 사건의 영향을 조사한다.
④ 외규장각 도서의 반환 과정을 정리한다.

30. 밑줄 그은 '이 운동'의 전개 과정에서 있었던 일로 옳지 않은 것은? [3점]

사진 속 모습은 이 운동을 주도한 전봉준이 재판을 받기 위해 이송되는 장면입니다.

① 집강소가 설치되었다.
② 제물포 조약이 체결되었다.
③ 백산에서 4대 강령이 발표되었다.
④ 농민군이 황토현에서 승리를 거두었다.

31. (가)에 들어갈 교육 기관으로 옳은 것은? [1점]

1886년에 정부가 세운 (가) 은/는 이와 같은 규정에 따라 운영되었으며, 영어, 수학 등 근대 학문을 가르쳤습니다.

• 외국인 3명을 교사로 초빙한다.
• 문벌 가문의 인재를 선발하여 서양어도 공부하게 한다.
• 월말, 연말 등에 정기적으로 시험을 본다.
• 섣달 말과 한여름에는 방학을 한다.

① 대성 학교   ② 육영 공원
③ 배재 학당   ④ 원산 학사

32. 다음 사건에 대한 설명으로 옳은 것은? [2점]

① 김옥균, 박영효 등이 주도하였다.
② 제물포 조약이 체결되는 계기가 되었다.
③ 평양에서 시작되어 전국으로 확산되었다.
④ 서북인에 대한 차별이 원인이 되어 발생하였다.

33. (가) 시기에 있었던 사실로 옳지 않은 것은? [2점]

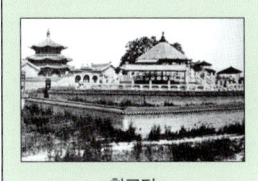

1897년 고종은 환구단에서 하늘에 제사를 지낸 후 황제에 즉위하였다. 그리고 국호를 (가) (으)로 선포하였다.

① 지계를 발급하였다.
② 원수부를 설치하였다.
③ 대한국 국제를 반포하였다.
④ 재정을 호조로 일원화하였다.

34. 다음 가상 인터뷰의 (가)에 들어갈 내용으로 옳지 않은 것은? [2점]

① 소학교 설립
② 단발령 시행
③ 신분 제도 철폐
④ 우편 제도 실시

35. (가) 의병 부대에 대한 설명으로 옳은 것을 〈보기〉에서 고른 것은? [2점]

〈보 기〉
ㄱ. 서울 진공 작전을 추진하였다.
ㄴ. 공화정 수립을 목표로 활동하였다.
ㄷ. 해산된 군인의 일부가 합류하였다.
ㄹ. 일제의 탄압을 피해 자유시로 이동하였다.

① ㄱ, ㄴ
② ㄱ, ㄷ
③ ㄴ, ㄷ
④ ㄴ, ㄹ

36. (가)에 들어갈 내용으로 옳은 것은? [1점]

① 삼국 간섭이 일어났다.
② 아관 파천이 단행되었다.
③ 운요호 사건이 발생하였다.
④ 고종이 강제로 퇴위당하였다.

37. 다음과 같이 전개된 운동에 대한 설명으로 옳은 것은? [2점]

① 진주에서 시작하여 전국으로 확산되었다.
② 러시아의 절영도 조차 요구를 저지하였다.
③ 일제의 무단 통치가 바뀌는 계기가 되었다.
④ 순종의 인산일에 학생들의 주도로 전개되었다.

38. (가)에 들어갈 내용으로 옳은 것은? [2점]

2025년 한국사 교양 강좌

우리 학회에서는 '백암 박은식 선생의 사상과 활동'이라는 주제로 교양 강좌를 준비하였습니다. 관심 있는 분들의 많은 참여 바랍니다.

● 강의 주제 ●

제1강 황성신문 주필 등 언론 활동 전개
제2강 　　　　(가)　　　　
제3강 대한민국 임시 정부 제2대 대통령 취임과 헌법 개정

■ 일시 : 2025년 ○○월 ○○일 ~ ○○월 ○○일
매주 수요일 오후 2시
■ 장소 : □□대학교 대강당
■ 주최 : △△학회

① 국혼을 강조한 역사서인 한국통사 저술
② 조선 중립화론을 제안한 서유견문 집필
③ 민중의 직접 혁명을 주장하는 조선 혁명 선언 작성
④ 식민 사학의 정체성론을 반박하는 조선사회경제사 집필

39. 다음 법령이 시행된 시기에 볼 수 있는 모습으로 옳은 것은? [2점]

제1조 회사 설립은 조선 총독의 허가를 받아야 한다.
제2조 조선 밖에서 설립된 회사가 조선에 본점이나 지점을 둘 때에도 조선 총독의 허가를 받아야 한다.
　　　⋮
제5조 회사가 본령 혹은 본령에 기초해 발표된 명령 및 허가의 조건을 위반하거나 또는 공공의 질서 및 선량한 풍속에 반하는 행위를 했을 때에는 조선 총독은 사업의 정지, 금지, 지점의 폐쇄 또는 회사의 해산을 명령할 수 있다.

① 토지 조사령이 제정되었다.
② 국가 총동원법이 공포되었다.
③ 소학교가 초등학교로 개칭되었다.
④ 여자 정신대 근로령이 시행되었다.

40. 다음 가상 시나리오의 피고인에 해당하는 인물로 옳은 것은? [1점]

> S# 25. 1932년, 일본 도쿄의 형무소
> 예심 판사가 피고인을 신문하고 있다.
> 판 사 : 상하이로 건너가 김구와 무슨 이야기를 나누었는가?
> 피고인 : 독립운동 단체에 들어가 활동하고 싶다는 뜻을 전하였소.
> 판 사 : 김구와 무엇을 모의하였는가?
> 피고인 : 일왕을 죽이면 조선 독립이 촉진될 것이라는 데에 뜻을 같이하였고, 폭탄을 구해 주면 거사를 결행하겠다고 말했소.
> 판 사 : 그래서 지난 1월 8일 도쿄 경시청 앞에서 폭탄을 던진 것인가?
> 피고인 : 그렇소. 일왕의 목숨을 빼앗고 싶었소.

① 윤봉길 ② 이봉창
③ 강우규 ④ 안중근

41. 다음 인물이 속한 단체에 대한 설명으로 옳은 것은? [3점]

이 달의 독립 운동가
김상옥
1923년 1월 12일 밤, 김상옥은 한국인을 탄압하기로 악명 높은 종로 경찰서에 폭탄을 던졌다. 그는 일본 경찰이 대대적으로 추적하자 1월 22일 수백 명의 일본 경찰과 서울 도심 한복판에서 총격전을 벌였다. 일본 경찰 수십 명을 살상했지만 탄환이 다 떨어져가자 마지막 남은 한 발의 총탄으로 스스로 목숨을 끊었다.

① 국채 보상 운동을 주도하였다.
② 고종의 밀지를 받아 결성되었다.
③ 김원봉 등이 만주에서 조직하였다.
④ 파리 강화 회의에 대표를 파견하였다.

42. (가)에 해당하는 단체로 옳은 것은? [2점]

역사 신문
제△△호 ○○○○년 ○○월 ○○일
〈화제의 인물〉
장산사 사장 정세권

종로 일대에 한옥을 보급하며 조선인 거주지를 지키는 데 앞장서 온 정세권 씨가 한글 맞춤법 통일안을 제정한 (가) 에 새로운 회관을 기증하여 화제가 되고 있다. (가) 의 회원인 이극로 씨는 단칸방에서 활동했던 지난날을 회고하며 정세권 씨의 후원에 깊은 감사를 표했다.

① 보안회
② 독립 협회
③ 대한 광복회
④ 조선어 학회

43. (가) 인물에 대한 설명으로 옳은 것은? [2점]

(가) 이/가 이곳에서 74세의 나이에도 불구하고 을사늑약의 체결에 항거하여 의병을 일으켰습니다. 그는 의병을 이끌고 싸우다 체포되어 일제에 의해 대마도에 끌려가 순국하였습니다.

무성서원(전라북도 정읍시)

① 사상 의학을 확립하였다.
② 왜양일체론을 주장하였다.
③ 대동여지도를 제작하였다.
④ 오적 암살단을 조직하였다.

44. (가)에 해당하는 인물로 옳은 것은? [3점]

조사 보고서 ○○ 모둠

1. 주제 : (가) , 붓과 총으로 독립을 외치다
2. 방법 : 문헌 조사, 인터넷 검색 등
3. 조사 내용
   - 의병가 8편을 만들어 의병들의 사기를 높임
   - 중국으로 망명하여 항일 인재 양성을 위한 노학당을 설립함
   - 항일 투쟁을 위해 조선독립단을 조직함

①
권기옥

②
남자현

③
윤희순

④
김마리아

45. (가) 사건이 발생한 지역의 역사적 사실로 옳은 것은? [2점]

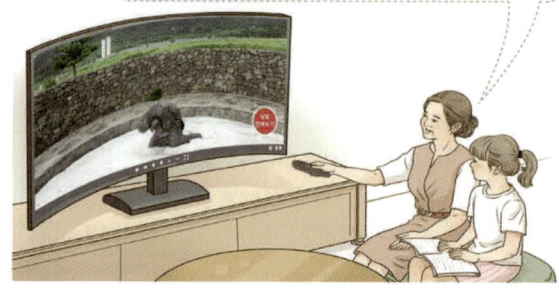

이 조형물은 (가) 때 희생된 주민들을 추모하기 위해 만들어진 거란다. (가) 당시 남한만의 단독 선거에 반대하는 무장대와 이를 진압하려는 토벌대 간에 무력 충돌이 있었거든. 그 과정에서 수많은 주민이 희생되었지. 2000년에 진상 규명 등에 관한 특별법이 공포되었단다.

① 신미양요 때 미군의 공격을 받았다.
② 정약전이 자산어보를 저술한 곳이다.
③ 김통정의 지휘 하에 삼별초가 항쟁하였다.
④ 러시아 견제를 구실로 영국이 불법 점령하였다.

46. 다음 자료에 나타난 민주화 운동에 대한 설명으로 옳은 것은? [2점]

민주시민회보 제9호 1980.5.26.

우리 다 같이 애도합시다. …… 계엄 당국과 협상 중이니 …… 시민군을 믿고 적극 협조합시다. 시민군은 우리 시민의 안전을 위해 불철주야로 고생하고 있습니다.
○ 매일 오후 3시 도청 앞 광장에서 민주 수호 범시민 총궐기 대회를 개최합니다.
○ 행방 불명자를 파악하고 있습니다.
○ 질서 회복에 다 같이 노력합시다.
　　　　　　　　　　　　　- 광주 시민 일동 -

① 유신 헌법에 반발하여 일어났다.
② 신군부 세력의 퇴진을 요구하였다.
③ 대통령이 하야하는 결과를 가져왔다.
④ 대통령 직선제 개헌이 이루어지는 계기가 되었다.

47. (가)~(라)에 들어갈 내용으로 적절한 것은? [3점]

<2025년 하계 한국사 특강>

대한민국 경제의 발자취

우리 연구소에서는 대한민국의 경제 상황을 시기별로 살펴보는 온라인 특강을 준비하였습니다. 관심 있는 분들의 많은 참여를 부탁드립니다.

■ 특강 주제 ■

제1강 1950년대,	(가)
제2강 1960년대,	(나)
제3강 1970년대,	(다)
제4강 1980년대,	(라)

· 일시 : 2025년 ○○월 ○○일 10 : 00~17 : 00
· 주관 : ○○○○ 연구소
· 신청 : 홈페이지 공지 사항 참조

① (가) - 산업 구조의 재편과 3저 호황
② (나) - 삼백 산업과 원조 경제 체제
③ (다) - 중화학 공업의 육성과 석유 파동
④ (라) - 외환 위기 발생과 금 모으기 운동

48. (가) 단체의 회의가 결렬된 이후의 상황으로 옳은 것은? [3점]

1945년 12월 모스크바에서 미국, 영국, 소련 3국의 외상들이 모여 우리나라 문제를 논의하였다면서요?

네. 임시 민주 정부 수립과 신탁 통치 문제를 협의하기 위해 (가) 를 구성하기로 하였다는군요.

① 국민 대표 회의를 개최하였다.
② 좌우 합작 위원회를 결성하였다.
③ 민족 유일당 운동을 전개하였다.
④ 반민족 행위 특별 조사 위원회를 발족하였다.

49. 다음 문서를 작성한 정부 시기의 사실로 옳은 것은? [2점]

장발 단속 계획 보고

1. 보고 주문
국민의 주체 의식을 확립하고 건전한 사회 기풍을 정착화하기 위하여 별첨과 같이 장발 단속 계획을 수립 실천키로 하였기에 보고합니다.

2. 보고 이유
가. 장발 단속은 그동안 경찰에서 지도 단속과 아울러 자율적인 각성을 촉구하여 왔으나 일부 사회 지도층을 비롯하여 국민의 무관심과 이해 부족으로 그 실효를 거두지 못하고 있는 실정으로서
나. 앞으로 행정부 산하 각급 공무원이 솔선수범함은 물론 …… 도시 새마을 운동으로 발전시켜 점차 범국민 운동으로 추진하고자 함.

① 긴급 조치가 발표되었다.
② 한일 월드컵 대회가 개최되었다.
③ 가족 관계 등록법이 시행되었다.
④ 금융 실명제가 전격 실시되었다.

50. 밑줄 그은 '정부'의 통일 노력으로 옳은 것은? [2점]

○○신문 제△△호 ○○○○년 ○○월 ○○일

드디어 국제 통화 기금 관리 체제 종료!

정부가 국제 통화 기금(IMF)으로부터 빌린 차입금 최종 잔액을 모두 상환함으로써 3년 8개월 만에 IMF 관리 체제가 정식으로 종료되었다. IMF 총재 호르스트 쾰러는 한국의 외채 조기 상환을 '획기적인 일'이라고 평가하면서 한국 경제의 안정과 회복에 대한 확신을 표시하였다.

① 남북한 유엔 동시 가입
② 남북 기본 합의서 채택
③ 6·15 남북 공동 선언 합의
④ 한반도 비핵화 공동 선언 발표

한국사능력검정시험
실전모의고사

기본

제3회

이 시험지의 무단 복제, 복사, 전재 행위는 저작권법에 저촉됩니다. 파본은 구입처에서 교환하실 수 있습니다.

2026

한국사능력검정시험
실전모의고사

기본

제4회

제4회 한국사능력검정시험 문제지

1. (가) 시대의 생활 모습으로 옳은 것은? [1점]

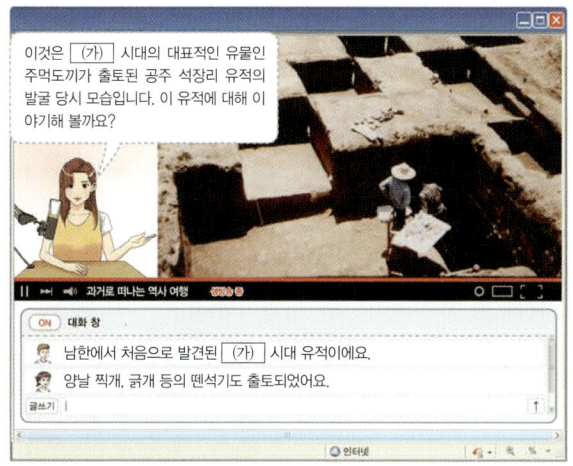

① 철제 쟁기로 밭을 갈았다.
② 빗살무늬 토기에 식량을 저장하였다.
③ 반달 돌칼을 사용하여 벼를 수확하였다.
④ 주로 동굴에 살면서 사냥과 채집을 하였다.

2. 다음 퀴즈의 정답으로 옳은 것은? [2점]

① 부여　　② 동예
③ 고구려　④ 고조선

3. 다음 가상 인터뷰에 등장하는 왕의 업적으로 옳은 것은? [3점]

① 독서삼품과를 실시하였다.
② 국호를 남부여로 바꾸었다.
③ 동진으로부터 불교를 수용하였다.
④ 국자감을 설립하여 인재를 양성하였다.

4. 다음 답사에서 볼 수 있는 문화유산으로 옳은 것은? [3점]

① 공산성　② 풍납토성
③ 오녀산성　④ 항파두성

5. (가) 나라에 대한 설명으로 옳은 것은? [2점]

① 낙랑과 왜에 철을 수출하였다.
② 골품제라는 신분제도가 있었다.
③ 경당에서 글과 활쏘기를 가르쳤다.
④ 국가 중대사를 정사암에서 논의하였다.

6. 밑줄 그은 '이 국가'에 대한 설명으로 옳은 것은? [2점]

① 한의 침략을 받아 멸망하였다.
② 신라에 침입한 왜를 격퇴하였다.
③ 교육 기관으로 주자감을 두었다.
④ 9서당 10정의 군사 조직을 갖추었다.

7. 밑줄 그은 '왕'의 업적으로 옳은 것은? [2점]

① 12목에 지방관을 파견하였다.
② 이사부를 보내 우산국을 정벌하였다.
③ 관료전을 지급하고 녹읍을 폐지하였다.
④ 이차돈의 순교를 계기로 불교를 공인하였다.

8. (가)에 들어갈 검색어로 옳은 것은? [1점]

① 삼국유사   ② 삼강행실도
③ 동국여지승람   ④ 왕오천축국전

9. 밑줄 그은 '이 날'로 옳은 것은? [3점]

이 날은 불을 금하고 음식을 차게 먹었다고 한다. 또한 '귀신이 꼼짝하지 않는 날'로 여겨 조상의 묘를 찾아 돌보고 제사를 지냈다. 조선 시대에는 4대 명절 중 하나로 중시되었다.

① 설날 ② 동지
③ 칠석 ④ 한식

10. (가)~(라)에 대한 설명으로 옳은 것을 〈보기〉에서 고른 것은? [2점]

역사 속의 교육 기관
1. 신라: 국학 ······ (가)
2. 발해: 주자감 ······ (나)
3. 고려: 국자감 ······ (다)
4. 조선: 성균관 ······ (라)

〈보 기〉
ㄱ. 신문왕 때 설립된 유학 교육 기관이다.
ㄴ. 왕족과 귀족을 대상으로 유교 경전을 교육하였다.
ㄷ. 안향의 건의로 양현고의 부실을 보충하기 위해 설치하였다.
ㄹ. 유교 경전의 이해 수준에 따라 3등급으로 구분해 관리를 등용하였다.

① ㄱ, ㄴ ② ㄱ, ㄷ
③ ㄴ, ㄷ ④ ㄴ, ㄹ

11. (가) 왕의 정책으로 옳은 것은? [2점]

한국사 묻고 답하기 답변: 3 조회: 46
질문 (가) 에 대해 알려 주세요.
답변
ㄴ. 최승로의 시무 28조를 수용했어요.
ㄴ. 향리직을 정비했어요.
ㄴ. 철전을 주조했어요.

① 정방을 폐지하였다.
② 12목을 설치하였다.
③ 과전법을 시행하였다.
④ 진대법을 실시하였다.

12. (가)에 들어갈 내용으로 옳은 것은? [2점]

〈2025년 인문학 특강〉
고려 불교사의 이해

이번 특강에서는 고승들의 행적을 통해 고려 불교사의 흐름을 다루고자 합니다.

● 주제 ●
제1강 대각국사 의천, 천태종을 개창하다
제2강 보조국사 지눌, (가)
제3강 진각국사 혜심, 유불 일치설을 주장하다
제4강 원묘국사 요세, 백련사 결사를 주도하다

• 일시: 2025년 ○○월 ○○일 ~ ○○월 ○○일 매주 목요일 오후 1시
• 장소: □□대학교 대강당
• 주최: △△학회

① 십문화쟁론을 저술하다
② 유불일치설을 주장하다
③ 수선사 결사를 제창하다
④ 화엄일승법계도를 남기다

13. 선생님의 질문에 대한 학생의 대답으로 옳은 것은? [3점]

① 상평통보가 사용되었어요.
② 정동행성 이문소를 폐지하였어요.
③ 고구마와 감자가 널리 재배되었어요.
④ 권문세족이 대규모 토지를 소유했어요.

15. (가)에 들어갈 기관으로 옳은 것은? [1점]

역사 용어 카드

(가)

고려 회의 기구로 중서문하성과 중추원의 고위 관료들이 모여 주로 국방과 군사 문제를 다루었다. 후에 그 기능과 역할이 확대되어 국정 전반의 중요 사항을 논의하였다. 충렬왕 때에 이르러 그 명칭이 도평의사사로 바뀌었다.

① 주자감
② 성균관
③ 도병마사
④ 전민변정도감

14. (가) 국가의 경제 상황으로 옳은 것은? [2점]

① 보부상이 전국의 장시를 연결하였다.
② 담배, 면화 등이 상품 작물로 재배되었다.
③ 시장을 감독하기 위해 동시전을 설치하였다.
④ 삼한통보, 해동통보 등의 화폐를 발행하였다.

16. (가) 인물의 활동으로 옳은 것은? [2점]

① 성학십도를 저술하였다.
② 현량과 실시를 건의하였다.
③ 백운동 서원을 건립하였다.
④ 동국여지승람을 편찬하였다.

17. 밑줄 그은 '이들'에 대한 설명으로 옳은 것은? [2점]

① 대표적으로 육의전 상인이 있었다.
② 대동법 실시를 계기로 등장하였다.
③ 보부상단을 만들어 결속을 다졌다.
④ 주로 위탁 판매업, 숙박업 등에 종사하였다.

19. 밑줄 그은 '왕'의 재위 기간에 있었던 사실로 옳은 것은? [2점]

① 대동법이 실시되었다.
② 앙부일구가 제작되었다.
③ 노비안검법이 시행되었다.
④ 신문고가 처음으로 설치되었다.

18. (가)에 해당하는 역사서로 옳은 것은? [1점]

> (가) 은/는 역대 왕들의 행적을 날짜별로 기록한 역사서이다. 왕의 말과 행동은 사관이 모두 기록하여 편찬의 기본 자료로 활용하였는데 이를 '사초'라 한다. 왕이 죽은 후 편찬과 간행을 위해 임시 관청을 설치하고 사초와 시정기를 바탕으로 편찬 작업이 이루어졌다. 편찬은 초초, 중초, 정초의 세 단계를 거쳐 이루어졌는데, 모든 작업이 끝나면 편찬에 사용된 사초를 모두 씻는 세초를 하였다.

① 일성록　　② 대전회통
③ 제왕운기　　④ 조선왕조실록

20. 다음에서 설명하는 것으로 옳은 것은? [2점]

이것은 원래 송에서 향촌 사회를 교화할 목적으로 만든 것입니다. 조선에서는 중종 때 전국적인 실시를 추진하였고, 이황과 이이 등은 우리나라 실정에 맞게 만들기도 하였습니다. 이것은 무엇일까요?

① 향약　　② 향도
③ 두레　　④ 유향소

21. (가)에 들어갈 내용으로 옳은 것은? [3점]

① 양반에게도 군포를 징수하였어.
② 1결당 쌀 4~6두로 납부액을 고정시켰어.
③ 양전 사업을 실시하고 지계를 발급하였어.
④ 지주에게 토지 1결당 쌀 2두의 결작을 부과하였어.

22. (가) 인물에 대한 설명으로 옳은 것은? [2점]

① 의산문답을 저술해 지전설을 주장하였다.
② 북한산비가 진흥왕 순수비임을 고증하였다.
③ 사람의 체질을 연구하여 사상 의학을 정립하였다.
④ 서얼 출신으로 규장각 검서관에 등용되어 활동하였다.

23. 밑줄 그은 '왕'의 업적으로 옳은 것은? [3점]

> 왕 13년 기유년에 사도 세자의 무덤을 수원 화산으로 옮기고 이름을 현륭원으로 바꾼 다음 화성을 크게 쌓았다. …… 19년 을묘년에는 자궁(慈宮)*을 모시고 현륭원에 배알한 후 화성 행궁으로 돌아와 술잔을 올려 수(壽)를 빌고 하교하기를, "일찍 아버지를 여읜 나로서 이곳에서 이 예를 거행하고 나니 지극한 소원이 대강 풀린 셈이다."라고 하였다.
>
> *자궁(慈宮): 혜경궁 홍씨를 가리킴

① 나선 정벌에 조총 부대를 파견하였다.
② 금위영을 설치하여 5군영 체제를 완성하였다.
③ 관리들의 재교육을 위해 초계문신제를 시행하였다.
④ 현직 관리에게 수조권을 지급하는 직전법을 실시하였다.

24. 밑줄 그은 '왕'의 재위 기간에 있었던 사실로 옳은 것은? [2점]

① 여진족을 정벌하고 4군 6진을 개척하였다.
② 두 차례의 나선 정벌에 조총 부대가 파견되었다.
③ 문신의 재교육을 위한 초계문신제가 시행되었다.
④ 백성들의 군역 부담을 줄이기 위해 균역법이 실시되었다.

25. (가)에 대한 설명으로 옳은 것은? [2점]

> (가) 은/는 양반 사대부의 자손이지만, 첩의 자식이라 하여 아버지를 아버지라 부르지 못하고 가문의 대를 이을 수도 없었다. 관직에 나아간다 해도 승진할 수 있는 품계가 제한되어 있었다. 이로 말미암아 (가) 에 대한 차별 철폐 요구는 조선 시대 내내 이어졌다.

① 향리직을 세습하였다.
② 최하층인 천인 신분이었다.
③ 정조 때 규장각 검서관으로 발탁되기도 하였다.
④ 사회적 차별을 타파하고자 조선 형평사를 조직하였다.

27. (가) 인물에 대한 설명으로 옳은 것은? [2점]

① 동의보감을 편찬하였다.
② 사상 의학을 확립하였다.
③ 청 문물의 수용을 주장하였다.
④ 북한산비가 진흥왕 순수비임을 밝혔다.

26. 밑줄 그은 '이 왕'의 업적으로 옳은 것은? [2점]

① 직전법을 실시하였다.
② 균역법을 실시하였다.
③ 초계 문신제를 실시하였다.
④ 나선 정벌을 위해 조총 부대를 파견하였다.

28. (가)에 들어갈 내용으로 옳은 것은? [2점]

① 중광단 결성을 주도하였어요.
② 기관지로 만세보를 발간하였어요.
③ 항일 운동 단체인 의민단을 조직하였어요.
④ 배재 학당을 세워 신학문 보급에 기여하였어요.

29. 다음 자료에 해당하는 사절단으로 옳은 것은? [2점]

> 동래부 암행어사 이헌영은 뜯어보아라.
> 일본의 조정여론·정세·풍속·인물·교빙·통상 등의 대략을 시찰하고 오는 것이 좋겠다. 반드시 이 점을 염두에 두고 일본 배를 빌려 타고 그 나라로 건너가 해관이 관장하는 사무를 비롯한 그 밖의 크고 작은 일들을 보고 듣고 …… 그것을 별도의 문서로 보고하라.
> – 고종의 봉서

① 보빙사   ② 통신사
③ 영선사   ④ 조사 시찰단

30. 다음 퀴즈의 정답으로 옳은 것은? [1점]

이곳은 고종이 아관 파천 이후 환궁한 곳으로, 당시 명칭은 경운궁이었습니다. 8·15 광복 후에는 이곳에서 미·소 공동 위원회가 개최되었습니다. 지도에서 이곳은 어디일까요?

① (가)   ② (나)
③ (다)   ④ (라)

31. 다음 책이 국내에 유포된 이후의 사실로 옳은 것은? [1점]

조선이라는 땅덩어리는 실로 아시아의 요충을 차지하고 있어 그 형세가 반드시 다툼을 불러올 것이다. …… 러시아를 막을 수 있는 조선의 책략은 무엇인가? 오직 중국과 친하며 일본과 결속하고 미국과 연합하여 자강을 도모할 따름이다.

조선책략

① 강화도 조약이 체결되었다.
② 이만손 등이 영남 만인소를 올렸다.
③ 프랑스군이 외규장각 도서를 약탈하였다.
④ 오페르트가 남연군 묘 도굴을 시도하였다.

32. 다음 서술형 평가의 답안에 들어갈 내용으로 옳은 것은? [3점]

서술형 평가
○학년 ○반 이름: ○○○

◎ (가), (나) 조약이 체결된 공통적인 배경을 서술하시오.

(가) 제3관 조선국이 지불한 5만 원은 피해를 입은 일본 관원의 유족 및 부상자에게 지급하여 특별히 돌보아 준다.
제5관 일본 공사관에 일본군 약간 명을 두어 경비를 서게 한다.

(나) 제4조 규정에 따라 조선 상인이 북경에서 교역하는 경우와 중국 상인이 조선의 양화진과 서울에 들어가 영업소를 개설하는 경우를 제외하고, 각종 화물을 내지로 운반하여 상점을 차리고 파는 것을 허가하지 않는다.

답안

① 미국에 보빙사가 파견되었다.
② 부산, 원산, 인천이 개항되었다.
③ 구식 군인들이 임오군란을 일으켰다.
④ 영국이 거문도를 불법으로 점령하였다.

33. 밑줄 그은 '이 신문'으로 옳은 것은? [1점]

사진은 서울 양화진 외국인 선교사 묘원에 위치한 영국인 베델의 묘비이다. 베델은 양기탁과 함께 이 신문을 창간하여 일제의 국권 침탈을 비판하고, 국채 보상 운동을 전국으로 확산시키는 데 기여하였다.

① 독립신문

② 제국신문

③ 황성신문

④ 대한매일신보

34. 밑줄 그은 '개혁'의 내용으로 옳은 것은? [2점]

군국기무처는 오늘 과거제 폐지를 의결하였습니다. 이 기구는 출범 이후 조혼 금지, 과부 재가 허용 등의 개혁을 추진해 왔습니다.

군국기무처, 과거제 폐지 의결

① 신분제를 폐지하였다.
② 단발령을 시행하였다.
③ 별기군을 창설하였다.
④ 원수부를 설치하였다.

35. (가)에 들어갈 내용으로 옳은 것은? [3점]

<1910년대 항일 독립운동>
1. 국내
  1) 임병찬 등이 독립 의군부 조직
  2)   (가)
  3) 여성 독립운동 단체인 송죽회 결성

① 김원봉 등이 조선 의용대 창설
② 박상진 등이 대한 광복회 조직
③ 이회영 등이 신흥 강습소 설립
④ 대한 독립군이 봉오동에서 승리

36. 다음 의병에 대한 설명으로 옳은 것은? [2점]

항일 의병 운동

○○ 의병

- 계 기: 고종의 강제 퇴위와 군대 해산
- 의병장: 이인영, 허위 등
- 특 징: 해산된 군인의 합류로 전투력이 향상됨
- 활 동: 국제법상의 교전 단체로 인정해 줄 것을 요구함

① 서울 진공 작전을 추진하였다.
② 공화정 수립을 목표로 활동하였다.
③ 조선 혁명 선언을 활동 지침으로 삼았다.
④ 독립 공채를 발행하여 자금을 마련하였다.

37. (가) 조약의 결과로 옳은 것은? [3점]

① 갑오개혁이 실시되었다.
② 백두산정계비가 세워졌다.
③ 일본에 외교권을 빼앗겼다.
④ 이만손이 영남 만인소를 올렸다.

38. (가) 운동에 대한 설명으로 옳은 것은? [1점]

① 동아일보사가 주도하여 일어났다.
② 일제가 제암리 학살 등을 자행하였다.
③ 진주에서 시작하여 전국으로 확산되었다.
④ 순종의 인산일에 학생들의 주도로 전개되었다.

39. 다음 퀴즈의 정답으로 옳은 것은? [3점]

① 신간회
② 신민회
③ 의열단
④ 한인 애국단

40. 밑줄 그은 '이 단체'에 대한 설명으로 옳은 것은? [2점]

서재필은 정변 실패 후 일본을 거쳐 미국으로 망명하여 의사로 활동하다가 정부의 요청으로 귀국하였다. 그 후 독립신문을 창간하고, 개화 지식인들과 협력하여 이 단체를 창립하였다.

① 만민공동회를 개최하였다.
② 신흥 무관 학교를 설립하였다.
③ 파리 강화 회의에 김규식을 파견하였다.
④ 일본의 황무지 개간권 요구를 철회시켰다.

41. 다음 방송의 소재가 된 인물에 대한 설명으로 옳은 것은? [2점]

① 삼균주의를 제창하였다.
② 서유견문을 집필하였다.
③ 조선 의용군을 창설하였다.
④ 조선 혁명 선언을 작성하였다.

42. 다음 인물 카드의 (가)에 들어갈 인물로 옳은 것은? [1점]

① 나석주
② 윤봉길
③ 안창호
④ 이봉창

43. 다음 상황이 전개된 민주화 운동에 대한 설명으로 옳은 것은? [2점]

① 유신 헌법 철폐를 요구하였다.
② 4·13 호헌 조치의 철폐를 요구하였다.
③ 신군부의 비상계엄 확대를 반대하였다.
④ 이승만 대통령이 하야하는 결과를 가져왔다.

44. (가)의 결과로 옳은 것은 〈보기〉에서 모두 고른 것은? [2점]

〈보 기〉

ㄱ. 동양 척식 주식회사가 설립되었다.
ㄴ. 한국인의 1인당 연간 쌀 소비량이 감소되었다.
ㄷ. 쌀 유출을 막기 위해 함경도에서 방곡령이 선포되었다.
ㄹ. 늘어난 생산량보다 더 많은 쌀이 일본으로 반출되었다.

① ㄱ, ㄴ   ② ㄱ, ㄷ
③ ㄴ, ㄷ   ④ ㄴ, ㄹ

45. (가)에 대한 설명으로 옳은 것은? [2점]

이 책자는 대한민국 임시 정부 산하 군대인 (가) 의 기관지 「광복」입니다. 한국어판과 중국어판 두 종류로 발행된 「광복」은 (가) 의 선전과 홍보를 목적으로 간행되었습니다.

① 국내 진공 작전을 계획하였다.
② 조선 혁명 간부 학교를 설립하였다.
③ 자유시 참변 이후 3부를 조직하였다.
④ 봉오동 전투에서 일본군을 격퇴하였다.

46. 밑줄 그은 '이 섬'에 대한 설명으로 옳은 것은? [2점]

○○군청에서는 우리나라의 가장 동쪽에 있는 이 섬을 방문한 사람들 중에서 신청자를 대상으로 명예 주민증을 발급하고 있습니다.

① 정약전이 자산어보를 저술한 곳이다.
② 영국이 러시아 견제를 빌미로 불법 점령하였다.
③ 미국이 제너럴 셔먼호 사건을 구실로 침략하였다.
④ 대한 제국이 칙령 제41호를 반포하여 영유권을 재확인하였다.

47. (가) 전쟁 중에 있었던 사실로 옳지 <u>않은</u> 것은? [1점]

(가) 사진전
국군의 압록강 철수 | 흥남 철수 | 거제 포로 수용소

① 모스크바 3상 회의가 개최되었다.
② 판문점에서 휴전 회담이 진행되었다.
③ 학도병이 낙동강 전선에서 혈전을 치렀다.
④ 국군과 유엔군이 인천 상륙 작전에 성공하였다.

48. 다음 자료에 해당하는 인물로 옳은 것은? [2점]

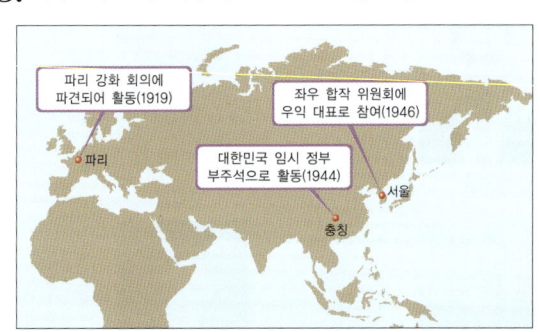

파리 강화 회의에 파견되어 활동(1919)
좌우 합작 위원회에 우익 대표로 참여(1946)
대한민국 임시 정부 부주석으로 활동(1944)

① 김규식 ② 이동휘
③ 이상재 ④ 이승만

49. (가)에 들어갈 인물로 옳은 것은? [2점]

현대사 인물 카드
- 재단사, 노동 운동가
- 생몰 : 1948년~1970년
- 주요 활동
  - 1965년 서울 평화 시장 삼일사에 견습공으로 취직
  - 1969년 바보회 조직
  - 1970년 노동청에 「평화 시장 피복 제품상 종업원 근로조건 개선 진정서」 제출, 근로 기준법 준수를 외치며 분신

① 김주열

② 박종철

③ 이한열

④ 전태일

50. 다음 기사 내용이 보도된 정부 시기의 사실로 옳은 것은? [2점]

□□신문

OECD 가입과 향후 과제

▲ OECD 가입 발표 모습

어제 대한민국이 경제 협력 개발 기구(OECD)에 가입하였다. 이로 인해 선진국으로서의 위상을 확보하고 국제 경쟁력을 높일 수 있을 것이라는 기대가 크지만, 회원국으로서 부담해야 할 막대한 비용과 의무 또한 생각하지 않을 수 없다. 따라서 정치권 및 정부와 기업, 국민의 적극적인 노력이 필요하다.

① 한반도 비핵화에 공동 서명하였다.
② 한일 월드컵 축구 대회가 개최되었다.
③ 한미 자유 무역 협정(FTA)이 체결되었다.
④ 국제 통화 기금(IMF)에 긴급 구제 금융을 요청하였다.

한국사능력검정시험
실전모의고사

기본

제**4**회

이 시험지의 무단 복제, 복사, 전재 행위는 저작권법에 저촉됩니다. 파본은 구입처에서 교환하실 수 있습니다.

2026

한국사능력검정시험
실전모의고사

기본

제5회

제5회 한국사능력검정시험 문제지

1. (가) 시대의 사회 모습으로 옳은 것은? [1점]

① 고인돌로 덮개돌을 끌었다.
② 철제 괭이로 밭을 일구었다.
③ 갈판과 갈돌로 도토리를 갈았다.
④ 주먹도끼, 찍개 등을 도구로 사용하였다.

2. 밑줄 그은 '이 나라'에 대한 설명으로 옳은 것은? [2점]

> ○ 이 나라는 크기가 작아 큰 나라 사이에서 핍박을 받다가 결국 고구려에 복속되었다. 고구려는 …… 대가(大加)로 하여금 이 나라의 조세(租稅)와 맥(貊), 포(布), 물고기, 소금 및 기타 해산물을 통괄하여 거두어 천 리 거리를 운반하게 하였다.
> － 『삼국지』 동이전 －
>
> ○ 이 나라의 혼인하는 풍속에서는 여자 나이 10세가 되면 혼인을 허락하고, 신랑 집에서는 여자를 맞이하여 장성하도록 키워 며느리로 삼는다. [여자가] 성인이 되면 친정으로 돌아가게 한다. …… 돈이 지불되면 신랑 집으로 돌아온다.
> － 『삼국지』 동이전 －

① 영고라는 제천 행사를 거행하였다.
② 특산물로 단궁, 과하마, 반어피 등이 있었다.
③ 사회 질서를 유지하기 위해 범금 8조를 만들었다.
④ 가족의 유골을 한 목곽에 모아 두는 풍습이 있었다.

3. 지도와 같은 형세를 이룬 시기에 있었던 사실로 옳은 것은? [3점]

① 신라가 한강 유역을 차지하였다.
② 백제가 국호를 남부여로 칭하였다.
③ 대가야가 신라의 공격으로 멸망하였다.
④ 고구려가 충주 고구려비를 건립하였다.

4. 밑줄 그은 '이곳'에서 일어난 사실로 옳은 것을 〈보기〉에서 모두 고른 것은? [3점]

이곳은 장수왕 때 천도한 고구려의 수도로, 고려 시대에는 서경이라고 불렸다. 조선 시대에는 활발한 상업 활동을 한 유상의 근거지이기도 하였다.

〈보 기〉
ㄱ. 장보고가 청해진을 설치하였다.
ㄴ. 안창호가 대성학교를 설립하였다.
ㄷ. 조만식이 물산 장려 운동을 시작하였다.
ㄹ. 조선 후기 송상이 근거지로 삼아 활동하였다.

① ㄱ, ㄴ ② ㄱ, ㄷ
③ ㄴ, ㄷ ④ ㄴ, ㄹ

5. 밑줄 그은 '왕'의 업적으로 옳은 것은? [2점]

역사신문
제△△호 · 553년 ○○월 ○○일

신라, 한강 유역을 차지하다

김무력이 이끄는 신라군은 백제군을 몰아내고 한강 하류 지역을 점령하였다. 이로써 신라는 백제와 함께 551년에 고구려를 공격해 한강 상류 10개 군을 장악한 지 2년 만에 한강 유역 대부분을 차지하게 되었다. 이에 왕은 점령한 지역에 신주(新州)를 설치하고 김무력을 군주(軍主)로 임명하였다.

① 이사부를 보내 우산국을 복속시켰다.
② 화랑도를 국가적 조직으로 개편하였다.
③ 이차돈의 순교를 계기로 불교를 공인하였다.
④ 관리 선발을 위하여 독서삼품과를 실시하였다.

6. (가) 나라의 문화유산으로 옳은 것은? [2점]

찬란한 철의 왕국 (가) 특별전
500여 년의 역사를 만나다.
2025.○○.○○.~○○.○○.

① 돌사자상
② 금동 대향로
③ 말머리 가리개
④ 연가 7년명 금동 여래 입상

7. (가)에 들어갈 내용으로 적절하지 <u>않은</u> 것은? [2점]

활동지
주제: 신라 말의 사회 상황 이름 ○○○
활동 내용 혜공왕 이후 신라 멸망까지의 상황을 만화로 표현한다.
(가)

① 진골만의 세상은 이제 그만!
② 나라 이름을 후백제로 하겠노라.
③ 김흠돌의 난을 속히 진압하라.
④ 원종과 애노의 봉기에 동참하세.

8. (가) 인물에 대한 설명으로 옳은 것은? [2점]

① 세속 5계를 만들었다.
② 화엄일승법계도를 남겼다.
③ 유불 일치설을 주장하였다.
④ 수선사 결사를 제창하였다.

9. 밑줄 그은 '이 국가'에 대한 설명으로 옳은 것을 모두 고른 것은? [2점]

자료는 일본 나라 현 헤이조쿄 유적에서 출토된 목간으로, "고려에 보낸 사절이 귀국하였으므로 덴표호지 2년(758) 10월 28일에 (사절의) 위계를 두 단계 올린다."라고 적혀 있다. 목간에서 일본이 이 국가를 '고려'라고 지칭한 사실은 당시 이 국가가 고려, 즉 고구려를 계승한 국가로 인식되고 있었음을 말해준다.

〈보 기〉
ㄱ. 전성기에 해동성국이라 불렸다.
ㄴ. 9서당 10정의 군사 조직을 갖추었다.
ㄷ. 전국을 5경 15부 62주로 나누어 다스렸다.
ㄹ. 지방관 감찰을 위해 외사정을 파견하였다.

① ㄱ, ㄴ
② ㄱ, ㄷ
③ ㄴ, ㄷ
④ ㄴ, ㄹ

10. 밑줄 그은 '이 탑'으로 옳은 것은? [1점]

① 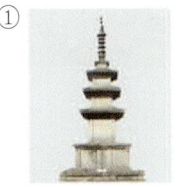 불국사 삼층 석탑
② 분황사 모전 석탑
③ 법황사지 칠층 전탑
④ 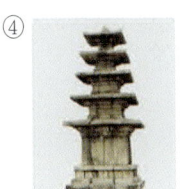 정림사지 오층 석탑

11. 밑줄 그은 '이 전투'로 옳은 것은? [2점]

① 고창 전투
② 관산성 전투
③ 영릉가 전투
④ 처인성 전투

12. 다음 상황과 관련 있는 고려의 대응으로 옳은 것은?
[3점]

① 용장성을 구축하였다.
② 동북9성을 축조하였다.
③ 화통도감을 설치하였다.
④ 초조대장경을 조판하였다.

13. (가) 인물로 옳은 것은?
[1점]

① 김종서　　② 김윤후
③ 이성계　　④ 최무선

14. 다음 자료에 나타난 시기의 경제 상황으로 옳은 것은?
[2점]

> ○ 왕 6년, 은병을 화폐로 삼았는데, 은 1근으로 만들되 우리나라 지형을 본뜬 것으로 속칭 활구라 하였다.
> ○ 왕 7년, "화폐를 주조하는 법을 제정하니, 주조한 화폐 15,000관을 재추(宰樞)와 문무 양반 및 군인에게 하사하여 화폐 사용의 시초로 삼으며, 화폐의 명칭은 해동통보로 하라."라고 명하였다.

① 고구마와 감자가 재배되었다.
② 관리들에게 전지와 시지가 지급되었다.
③ 시장을 감독하기 위한 동시전이 설치되었다.
④ 청해진을 중심으로 해상 무역이 전개되었다.

15. (가)에 해당하는 탑으로 옳은 것은?
[3점]

> □□신문
> 제△△호　　　　　○○○○년 ○○월 ○○일
> 우리 품에 돌아온 문화재
> (가) 기념 메달 출시
> 한국조폐공사는 국보 제86호인 (가) 을 기념하는 메달을 출시했다. 이 탑은 고려 시대 원나라 탑 양식의 영향을 받아 대리석으로 제작되었다. 1907년 일본으로 무단 반출되었다가 10여 년 만에 반환되었다. 현재는 국립 중앙 박물관에 전시되어 있다.

①
정림사지 오층 석탑

②
경천사지 십층 석탑

③
월정사 팔각 구층 석탑

④
화엄사 사사자 삼층 석탑

16. (가) 인물에 대한 설명으로 옳은 것은? [2점]

① 정방을 설치하였다.
② 삼국사기를 편찬하였다.
③ 화약 무기를 개발하였다.
④ 고려에 성리학을 소개하였다.

17. 다음 글을 쓴 인물로 옳은 것은? [1점]

> 훌륭한 재상을 얻으면 육전(六典)이 잘 거행되고 모든 직책이 잘 수행된다. 그러므로 임금이 할 일은 한 사람의 재상을 정하는 데에 있다고 하였다. 재상은 위로는 임금을 받들고 밑으로는 모든 관리를 통솔하여 만민을 다스리는 자리이니, 그 직분이 매우 큰 것이다.
> - 「조선경국전」-

① 정약용
② 정도전
③ 정상기
④ 주세붕

18. 밑줄 그은 '책'이 간행된 시기의 역사적 사실로 옳은 것은? [2점]

① 칠정산이 간행되었다.
② 동의보감이 편찬되었다.
③ 경국대전이 반포되었다.
④ 대동여지도가 제작되었다.

19. (가) 왕의 재위 기간에 있었던 사실로 옳은 것은? [3점]

① 훈민정음이 반포되었다.
② 동의보감이 편찬되었다.
③ 노비안검법이 시행되었다.
④ 신문고가 처음 설치되었다.

20. 밑줄 그은 '이 전쟁' 시기에 있었던 사실로 옳은 것은? [2점]

이곳은 일본 교토의 귀무덤으로, 코무덤이라고도 불립니다. 도요토미 히데요시가 일으킨 이 전쟁 당시 일본군이 전쟁의 공적을 증명하고자 베어 온 조선인들의 귀와 코가 이곳에 묻혀 있습니다.

① 이종무가 대마도를 정벌하였다.
② 곽재우가 의병장으로 활약하였다.
③ 임경업의 백마산성에서 항전하였다.
④ 김윤후가 적장 살리타를 사살하였다.

21. (가) 제도에 대한 설명으로 옳은 것은? [2점]

이 그림은 (가) 의 시행을 관장한 선혜청을 그린 것입니다. (가) 은/는 토지 결수를 기준으로 공납을 부과하여 특산물 대신 쌀, 베, 동전 등으로 납부하게 한 제도입니다.

① 양반에게도 군포를 부과하였다.
② 1년에 2필씩 걷던 군포를 1필로 줄였다.
③ 비옥도에 따라 토지를 6등급으로 나누었다.
④ 관청에 물품을 조달하는 공인이 등장하였다.

22. 밑줄 그은 '직업'으로 옳은 것은? [3점]

문화 탐방: 조선 후기 서민 문화

조선 후기에는 심청전, 춘향전 등 한글 소설책을 전문적으로 읽어 주는 직업이 생겼다. 이들은 인물과 장면, 분위기에 어울리는 목소리로 실감나게 소설책을 읽어서 사람들에게 인기가 많았다.

① 검서관
② 보부상
③ 여리꾼
④ 전기수

23. (가)에 들어갈 문화유산에 대한 설명으로 옳은 것은? [2점]

유네스코 세계유산 카드
- 종목: 사적 제122호
- 등재 연도: 1997년
- 주요 건물: 돈화문, 인정전, 선정전, 대조전 등
- 특징: 태종 때 별궁으로 세워짐. 임진왜란 이후 정궁 역할을 함. 궁궐의 후원은 조선의 정원 조경을 잘 보여줌.

① 서양식 건물인 석조전이 있다.
② 유네스코 세계유산으로 등재되었다.
③ 아관 파천 이후에 고종이 환궁한 곳이다.
④ 태조 때 한양으로 천도하면서 창건되었다.

24. (가)에 들어갈 그림으로 가장 적절한 것은? [1점]

한·일 회화 특별전

우리 박물관은 17세기 이후 한국과 일본에서 나타난 회화의 새로운 경향을 엿볼 수 있는 특별전을 마련하였습니다.

● 기간 : 2025년 ○○월 ○○일 ~ ○○월 ○○일
● 장소 : △△박물관 특별 전시실

　(가)　　　　일본 우키요에
조선 민화

①   ②

③   ④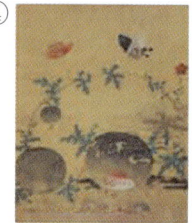

---

25. (가) 종교에 대한 설명으로 옳은 것은? [2점]

역사 신문
제△△호　　　　　　　　　　　○○○○년 ○○월 ○○일

(가), 농민 사이에서 급속도로 확산

교조 최제우의 처형 이후에도 (가) 은/는 교세가 줄지 않고 있다. 제2대 교주 최시형이 교리와 교단을 정비하고 '사람이 곧 하늘'임을 강조하면서, 지배층의 폭정에 시달리는 농민들 사이에서 급속히 확산되고 있다.

① 동경대전을 경전으로 삼았다.
② 단군 숭배 사상을 통하여 민족의식을 높였다.
③ 미륵불이 내려와 세상을 구제한다고 주장하였다.
④ 중국에 다녀온 사신들에 의해 서학으로 소개되었다.

---

26. (가) 인물에 대한 설명으로 옳은 것은? [2점]

> 사족이 있는 곳마다 평민을 못살게 하지만 가장 심한 자들은 서원에 모여 있다. …… (가) 이/가 크게 노하여 "진실로 백성에게 해되는 것이 있으면 비록 공자가 다시 살아난다 하더라도 내가 용서하지 않겠다. 하물며 서원은 우리나라 선유(先儒)를 제사한다면서 도둑의 소굴이 되었음에랴."라고 하였다.
> 　　　　　　　　　　　　　　　　　　　-「근세조선정감」-

① 친위 부대인 장용영을 설치하였다.
② 조선의 기본 법전인 경국대전을 편찬하였다.
③ 환곡의 폐단을 없애기 위해 사창제를 실시하였다.
④ 관리들의 재교육을 위해 초계문신제를 운영하였다.

27. 다음 지도에 대한 설명으로 옳은 것은? [2점]

이 지도는 1402년 김사형, 이무가 발의하고 이회가 실무를 맡아 제작한 세계 지도입니다. 지도 아래쪽에서 조선 초기 학자인 권근이 쓴 발문에 의하면, 중국에서 들여온 세계 지도에 조선과 일본의 지도를 보완하여 새로 편집하였다고 합니다.

① 대량 인쇄가 가능한 목판으로 제작되었다.
② 우리나라 최초로 축척을 사용하여 만들어졌다.
③ 현존하는 우리나라에서 가장 오래된 지도이다.
④ 각 지방의 산천, 인물, 풍속 등이 자세하게 담겨 있다.

28. (가)에서 (나)로 수취 제도를 변화시킨 왕의 업적으로 옳은 것은? [2점]

① 집현전 설치
② 직전법 실시
③ 속대전 편찬
④ 5군영 체제 완성

29. 다음 가상 인터뷰의 (가)에 들어갈 내용으로 옳은 것은? [1점]

내각 총리대신 김홍집과의 대담

이번에 새롭게 실시하는 개혁의 주요 내용은 무엇입니까?

태양력과 건양 연호 사용, (가) 등이 있습니다.

① 단발령 시행
② 박문국 설치
③ 대전회통 편찬
④ 삼정이정청 설치

30. (가)에 들어갈 교육 기관으로 옳은 것은? [1점]

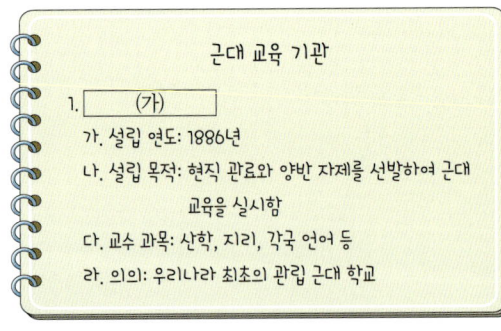

근대 교육 기관
1. (가)
가. 설립 연도: 1886년
나. 설립 목적: 현직 관료와 양반 자제를 선발하여 근대 교육을 실시함
다. 교수 과목: 산학, 지리, 각국 언어 등
라. 의의: 우리나라 최초의 관립 근대 학교

① 광혜원
② 박문국
③ 원산 학사
④ 육영 공원

31. 밑줄 그은 '그'로 옳은 것은? [1점]

그는 1883년에 보빙사의 일원으로 미국을 방문하였다가 1년 여 동안 유학 생활을 하였으며, 귀국길에 유럽 등을 둘러보았다. 그리고 1894년에 군국기무처에 발탁되어 여러 개혁 법안을 입안하였다. 주요 저서로는 서양 문물을 소개한 「서유견문」이 있다.

① 신채호 ② 양기탁
③ 유길준 ④ 이회영

32. 밑줄 그은 '이 기구'로 옳은 것은? [2점]

이 기구는 1894년에 의정부 산하의 정책 의결 기구로 설치되었다. 여기서 채택된 의안은 국왕의 재가를 거친 후에 국법으로서 효력을 발휘할 수 있었다. 총재에 김홍집, 부총재에 박정양이 임명되었으며, 189개의 개혁 안건을 포함하여 약 210건의 의안을 심의, 통과시켰다.

회의 모습

① 탁지아문 ② 삼정이정청
③ 군국기무처 ④ 통리기무아문

33. (가)에 들어갈 내용으로 옳은 것은? [2점]

① 지계를 발급하였어요.
② 재정을 호조로 일원화하였어요.
③ 청에 조공하는 허례를 폐지하였어요.
④ 왜와 내통한 자는 엄벌에 처하였어요.

34. 다음 자료의 민족 운동에 대한 설명으로 옳은 것은? [2점]

지금 국채 1,300만 원은 우리 대한의 존망과 관계되는 것입니다. …… 현재 국고의 상태로는 이를 갚기 어렵습니다. …… 2,000만 명이 3개월만 금연하여 그 대금으로 한 사람에게서 매달 20전씩 거둔다면 1,300만 원을 모을 수 있습니다.

① 조선 물산 장려회의 주도로 전개되었다.
② 신간회의 지원으로 민중 대회가 추진되었다.
③ 일제의 황무지 개간권 요구 철회를 주장하였다.
④ '한민족 1천만이 한 사람 1원씩'을 구호로 하였다.

35. (가) 인물의 활동으로 옳은 것은? [2점]

이곳은 서울특별시 강북구 수유동에 있는 독립운동가 (가) 의 묘역입니다. 그는 1907년 이상설, 이위종과 함께 네덜란드 헤이그에 특사로 파견되었다가 그곳에서 순국하였습니다. 그의 유해는 1963년이 되어서야 고국의 품으로 돌아와 이곳에 안장되었습니다.

① 조선책략을 유입하였다.
② 영남 만인소를 주도하였다.
③ 한국독립운동지혈사를 저술하였다.
④ 을사늑약 체결의 불법성을 폭로하였다.

36. 다음 자료의 근대 문물이 수용된 시기에 볼 수 있는 모습으로 옳지 않은 것은? [1점]

전화 전차

① 경인선 개통
② 광혜원 개원
③ 명동 성당 건립
④ 경성 제국 대학 개교

37. 다음 법령이 시행된 시기에 볼 수 있는 모습으로 적절한 것은? [2점]

제4조 정부는 전시에 국가 총동원상 필요한 경우에는 칙령이 정하는 바에 따라 제국 신민을 징용하여 총동원 업무에 종사시킬 수 있다.
⋮
제8조 정부는 …… 물자의 생산, 수리, 배급, 양도, 그 밖의 처분, 사용, 소비, 소지 및 이동에 관하여 필요한 명령을 할 수 있다.

① 조선 태형령을 관보에 게재하는 관리
② 조선인의 집회를 단속하는 헌병 경찰
③ 치안 유지법 위반으로 구속되는 독립운동가
④ 국민 징용령에 따라 탄광으로 강제 동원되는 노동자

38. 다음 상황 이후에 전개된 사실로 옳은 것은? [3점]

때는 해동 무렵이어서 얼음이 풀린 소자강은 수심이 깊었다. 게다가 얼음덩이가 뗏목처럼 흘러내렸다. 하지만 앞에 있는 이 강을 건너지 못하면 영릉가로 쳐들어갈 수 없었다. 밤 12시까지 영릉가에 들어가 반드시 공격을 알리는 신호탄을 올려야만 했다. 양세봉 사령은 전사들에게 소자강을 건너라고 명령하고 자기부터 강물에 뛰어들었다.

① 중·일 간에 미쓰야 협정이 체결되었다.
② 북로 군정서 등이 청산리 전투에서 승리하였다.
③ 대한 독립군 등이 봉오동에서 적군을 격퇴하였다.
④ 조선 의용대가 조직되어 대일 항일전에 참여하였다.

39. 다음 인물 카드의 (가)에 들어갈 인물로 옳은 것은? [2점]

〈연보〉
1904 경북 안동 출생
1927 조선은행 대구 지점 폭탄 투척 사건에 연루되어 구속됨
1939 시 '청포도' 발표
1940 시 '절정' 발표
1944 베이징 감옥에서 순국

(앞면)　　　(뒷면)

① 이상
② 심훈
③ 이육사
④ 윤동주

40. (가)에 대한 설명으로 옳은 것은? [3점]

> 1. 상하이와 러시아령에서 설립한 정부들을 일체 해소하고 오직 국내에서 13도 대표가 창설한 한성 정부를 계승할 것이니 국내의 13도 대표가 민족 전체의 대표임을 인정함이다.
> 2. 정부의 위치는 아직 상하이에 둘 것이니 각지의 연락이 비교적 편리하기 때문이다.
>   ⋮
> 4. 정부의 명칭은 (가) (이)라고 할 것이니 독립 선언 이후에 각지를 원만히 대표하여 설립된 역사적 사실을 살리기 위함이다.

① 경학사를 조직하였다.
② 기관지인 만세보를 발행하였다.
③ 비밀 결사인 대한 광복회를 조직하였다.
④ 구미 위원부를 설치하여 외교 활동을 펼쳤다.

41. 다음 자료의 사회 운동에 대한 설명으로 옳은 것은? [2점]

> 조선 민족 2천만의 한 사람으로서 갑오년 6월부터 백정의 칭호가 없어지고 평민이 된 우리들이다. 애정으로써 상호 부조하며 생활의 안정을 도모하고 공동의 존영을 기하려 한다. 이에 40여만의 단결로써 본사의 목적인 그 주지를 선명하게 표방하는 바이다.

① 정부에 헌의 6조를 건의하였다.
② 사회적 차별 철폐를 주장하였다.
③ 중국의 5·4 운동에 영향을 주었다.
④ 광주에서 시작하여 전국적으로 확산되었다.

42. (가)~(다)를 일어난 순서대로 옳게 나열한 것은? [3점]

(가)	(나)	(다)
김좌진, 청산리 대첩	이회영, 신흥 강습소 설립	윤봉길, 홍커우 공원 의거

① (가) - (나) - (다)
② (가) - (다) - (나)
③ (나) - (가) - (다)
④ (다) - (나) - (가)

43. 다음 주장을 펼친 단체로 옳은 것은? [2점]

① 보안회
② 신간회
③ 신민회
④ 근우회

44. (가)의 회의에서 결정된 내용으로 옳은 것은? [3점]

> ○ 한국의 독립 부여는 금번 (가) 의 신탁 관리 결의로서 수포로 돌아갔으니 …… 3천만의 총역량을 발휘하여 신탁 관리제를 배격하는 국민 운동을 전개하여 자주 독립을 완전히 획득하기까지 3천만 전 민족의 최후의 피 한 방울까지라도 흘려서 싸우는 항쟁 개시를 선언함.
> — 신탁통치 반대 국민 총동원 위원회 —
>
> ○ 이러한 국제적 결정은 금일 조선을 위하여 가장 정당한 것이라고 우리는 인정한다. …… 문제의 5년 기한은 그 책임이 (가) 에 있는 것이 아니라 실인즉 우리 민족 자체의 결점(장구한 일본 지배의 해독과 민족적 분열)에 있다고 우리는 반성하지 않으면 안된다.
> — 조선 공산당 중앙 위원회 —

① 5·10 총선거 실시
② 조선 건국 동맹 조직
③ 미·소 공동 위원회 설치
④ 유엔 감시 하에 남북한 총선거 실시

45. 다음 법률에 따라 시행된 정책으로 옳은 것은? [2점]

> ……
> 제5조 정부는 다음에 의하여 농지를 취득한다.
>   1. 다음의 농지는 정부에 귀속한다.
>   (가) 법령 및 조약에 의하여 몰수 또는 국유로 된 농지
>   (나) 소유권의 명의가 분명치 않은 농지
>   2. 다음의 농지는 적당한 보상으로 정부가 매수한다.
>   (가) 농가 아닌 자의 농지
>   (나) 자경하지 않는 자의 농지
> ……
> 제13조 분배 받은 농지에 대한 상환액 및 상환 방법은 다음에 의한다.
>   1. 상환액은 당해 농지의 주생산물 생산량의 12할 5푼을 5년간 납입케 한다.
> ……

① 농지 개혁법
② 산미 증식 계획
③ 농촌 진흥 운동
④ 토지 조사 사업

46. (가)에 대한 탐구 활동으로 옳지 않은 것은? [2점]

○○ 박물관
Q&A로 알아보는 역사 상식
Q. (가) 의 역사에 대해 알려주세요.
A. 「삼국사기」에 '신라 지증왕 때 이사부가 우산국을 복속시켰다.'라고 쓰여 있습니다. 「고려사」에는 '우산과 무릉 두 섬은 서로 거리가 멀지 않아 날씨가 청명하면 가히 바라볼 수 있다.'라고 기록되어 있습니다.

① 세종실록에서 지리지 부분을 살펴본다.
② 일본의 공식 기록인 태정관 지령을 찾아본다.
③ 양헌수 부대가 프랑스군을 격퇴한 장소를 조사한다.
④ 대한 제국이 반포한 칙령 제41호의 내용을 분석한다.

47. (가)에 들어갈 장소로 옳은 것은? [2점]

① 광성보
② 임진각
③ 건청궁
④ 판문점

48. (가)에 들어갈 민속놀이에 대한 설명으로 옳은 것은? [1점]

① 집단노동요이다.
② 굿거리장단의 율동적인 가락을 지녔다.
③ 유네스코 인류 무형 문화유산에 등재되었다.
④ 함경도의 대표적인 민요로 어랑타령으로 불린다.

49. (가)에 들어갈 내용으로 가장 적절한 것은? [2점]

① 제암리 학살의 만행 보고
② 사할린 강제 징용의 실태
③ 관동 대지진과 한인 학살 사건
④ 일본군 '위안부'와 전쟁 범죄 문제

50. 다음 정부 시기에 있었던 사실로 옳은 것은? [2점]

① 개성 공단 조성에 합의하였다.
② 남북 조절 위원회를 설치하였다.
③ 한반도 비핵화 공동 선언을 채택하였다.
④ 처음으로 이산가족 고향 방문을 성사시켰다.

한국사능력검정시험
실전모의고사

기본

제 5 회

이 시험지의 무단 복제, 복사, 전재 행위는 저작권법에 저촉됩니다. 파본은 구입처에서 교환하실 수 있습니다.